中国少数民族设计全集

The Design Collection of Chinese Ethnic Minorities

傣族

中国少数民族设计全集编纂委员会 编

图书在版编目（CIP）数据

中国少数民族设计全集．傣族／中国少数民族设计全集编纂委员会编；熊建新，胡春涛，倪玉湛著．—太原：山西人民出版社，2019.9

ISBN 978-7-203-10976-1

Ⅰ．①中⋯ Ⅱ．①中⋯ ②熊⋯ ③胡⋯ ④倪⋯ Ⅲ．①傣族－民族文化－研究－中国 Ⅳ．① K28

中国版本图书馆 CIP 数据核字（2019）第 180395 号

中国少数民族设计全集．傣族

编　　　者：	中国少数民族设计全集编纂委员会
著　　　者：	熊建新　　胡春涛　　倪玉湛
责任编辑：	陈俞江
复　　审：	吕绘元
终　　审：	阎卫斌
装帧设计：	谢　成

出 版 者：	山西人民出版社　人民美术出版社
地　　址：	太原市建设南路 21 号
邮　　编：	030012
发行营销：	0351 - 4922220　4955996　4956039　4922127（传真）
天猫官网：	https://sxrmcbs.tmall.com　电话：0351 - 4922159
E — mail：	sxskcb@163.com　发行部
	sxskcb@126.com　总编室
网　　址：	www.sxskcb.com
经 销 者：	山西出版传媒集团・山西人民出版社
承 印 者：	山西出版传媒集团・山西新华印业有限公司

开　　本：	889mm × 1194mm　1/16
印　　张：	35.75
字　　数：	425 千字
印　　数：	1—1 000 册
版　　次：	2019 年 9 月　第 1 版
印　　次：	2019 年 9 月　第 1 次印刷
书　　号：	ISBN 978-7-203-10976-1
定　　价：	430.00 元

如有印装质量问题请与本社联系调换

中国少数民族设计全集编纂委员会

总 主 编　（按年龄排序）
　　　　　　张夫也　王立端　戴晋明　廖 军　王 琥　李豫闽　过伟敏　顾 平
　　　　　　王 强　李 岗
执 行 主 编　王 琥
编 务 统 筹　张明山

中国少数民族设计全集编辑工作委员会

主　　　任　刘伟冬
编　　　委　（排名不分先后）
　　　　　　王 琥　王 峰　王 强　王立端　王浩滢　白 波　过伟敏　许 星
　　　　　　许边疆　李 岗　李 丽　李豫闽　成光虎　肖 飞　余 强　汪传跃
　　　　　　罗 力　杨明朗　陈 述　陈见东　邱 珂　胡万明　顾 平　郑 静
　　　　　　郭立忠　姬 莹　张夫也　张泽国　张明山　张秋平　张耀引　梁盛平
　　　　　　樊 进　谢 玮　熊 伟　熊 微　熊建新　蔡克中　葛 芳　鞠 斐
　　　　　　魏 洁　廖 军　戴晋明

中国少数民族设计全集出版工作委员会

主　　　任　胡彦威　周 伟
执 行 主 任　姚 军　欧京海
编 务 统 筹　阎卫斌　周小龙
编　　　辑　（排名不分先后）
　　　　　　王新斐　史美珍　冯 昭　冯灵芝　吉 昊　吕绘元　刘小玲　任秀芳
　　　　　　孙 琳　孙宇欣　李广洁　李建业　李 靖　员荣亮　张小芳　张志杰
　　　　　　张书剑　何赵云　陈俞江　吴春华　武 静　周小龙　柳承旭　郝文霞
　　　　　　赵 玉　赵晓丽　席 青　秦继华　高 雷　郭向南　阎卫斌　崔人杰
　　　　　　傅晓红　蔡咏卉　翟丽娟　樊 中　薛正存　魏 红　魏美荣
整 体 设 计　谢 成

中国少数民族设计全集·傣族

本册著者　熊建新　胡春涛　倪玉湛
参 与 撰 写　廖方容　齐瑞文　熊　枫　黄凌玉　谢亨渊
　　　　　　　蔡克中　贺雪岚　童　翌　符　沙　蔡　轩
　　　　　　　吴奕苇　黄　鹏　王　健　张　帅　史俊伟
　　　　　　　王若霖　徐贤如　王浩军　王　柯　张子扬
　　　　　　　单　悦　王逸群　朱思晴　刘金玲　黄雪清
　　　　　　　洪淑莹　杨晓东　王　志　张　晴　张中勤
　　　　　　　徐海峰　梁倩倩　邹　毅　温小伟　林志兵
　　　　　　　肖永平　王子悦　陈安玲　黄　路　高梦竹
　　　　　　　陈荣喆　易　挺　沈开婧　薛　莹

求同存异　和合共荣

刘伟冬

中华民族，是一个由56个民族组成的大家庭。在漫长的文明发展史中，汉族和各少数民族都为中华文明的繁荣发展贡献了自己的聪明才智。纵观中华文明史，其实就是一部各族群之间"求同存异，和合共荣"的文化演进史。

从根子上讲，4000年前的"中国"，仅指北方中原地区，居住在这里的相传是上古时期黄帝部落和炎帝部落的后裔，故而自称"炎黄子孙"。其时的"中国"，不过是黄河中下游（西起陇山，东至泰山）区域。在千年发展与民族融合之后，尤其是晋末"衣冠南渡"，南迁的中原汉族与南方百越民族彻底融合，来自北方的鲜卑等民族融入汉族，使汉族前所未有地壮大发展，逐渐形成后来疆域辽阔、人口众多、物产繁盛、文化昌明的中华民族的主体族群。特别值得强调的是，自从作为一个民族整体之后，中华民族就从未中断过自己的民族发展史——这在世界历史上是硕果仅存、独一无二的。

中华民族具备兼容并蓄、虚心好学的民族天性。仅以设计学范畴的事例讲：在数千年文明发展历史中，中华民族在不断向外输出优秀的文明成果（如烧造之陶瓷砖瓦、营造之榫卯斗拱、织造之丝绸刺绣、锻造之"失蜡"分模等），影响全人类的日

常生活与生产方式的同时，也不断地吸纳域外各民族的优秀文明成果，如汉魏之印度佛教和西域音乐、隋唐之西亚服饰和家具、宋元之东洋印染和漆艺、明清之西洋机器与建筑……在中华民族内部，这样的文化交流更是从未停止过，而且是风生水起、枝繁叶茂，愈发流畅、深入，中华民族各族群之间"求同存异，和合共荣"的文化大演进，共同创造了中华民族极为灿烂辉煌的造物文明历史。仍以设计学范畴为例：原本是匈奴人发明的单足绳圈，被晋代的汉族人设计成铁质双镫；最早是鲜卑人原创的毡毯卷边，被晋代的汉族人改造成"高桥马鞍"，这宗中国式马具设计案例，被誉为"13世纪中国传入欧洲的最重要文化成果"（李约瑟语）。再如，西域（今新疆地区）是全世界最早的皮靴生产地，哈尼族为主的红河地区出现了全世界最早的梯田。再如，全世界最早的"干栏式建筑"和全世界最早的稻米人工育种、栽培，均起源于长江中下游的百越地区；全世界最早的竹藤编结器物起源于闽越地区……由中华民族共同创造、发明，后来又影响了全人类文明进程的优秀造物设计案例很多，不胜枚举。几千年中华民族的文明史，就是各种文化多元融合、共同发展的最好例证。不了解中华民族内部各族群的文明交流史，就无法真正理解中国文化史，也不能理解为什么中华民族总是能在逆境中成长强大。甚至可以说，能否完整地理解中华民族的文化史，是检验每一个当代中国知识分子（特别是文史哲专业的学者）文化立场的"试金石"。

随着改革开放的逐渐深入，各民族地区的经济与社会状态已发生了天翻地覆的变化。令人遗憾和担心的是，由于各地区政策执行力度不平衡，保护措施不得力，少数民族的文化特性正在逐步衰退，有些地区的少数民族文化特征甚至已经消失殆尽，仅仅

存在于徒具形式，充满口号、标语的民族文化村旅游景点中。有学者预言，再不加快整理抢救工作，中国的少数民族可能在物质形态和文化内涵的特征上，若干年后将不复存在。

从少数民族地区反映古代中国社会某些面貌的文化遗存看，这些少数民族之所以一直与汉族地区差距巨大，存在多方面的原因，其中历代汉族统治者对少数民族的歧视政策是主要原因。此外这些地区本身就处于偏僻荒地，不是沙漠就是山区，自然条件远不及汉族聚集地区，社会发展水平滞后。20世纪50年代，有相当比例的少数民族在当时仍处于原始农耕社会或奴隶制社会，不要说通电、通水、通汽车，不少人一辈子连铁器长什么样都没见过。部分少数民族聚集地的各种自然条件也较差，缺肥少水，基本生活来源，一靠老天爷恩赐的"望天收"农作物；二靠家庭手工作坊制作些竹藤编结物和土织、土陶等土特产来换取粮食；三靠养猪、兔、羊和鸡、鸭、鹅等家禽来换取日用品，如灯油、农具、衣物和油盐酱醋等；四靠为土司、头人和大户们出卖劳力（社会底层奴隶身份），年老即被抛弃。中华人民共和国成立后，党和政府在这些地区实行社会主义改造，打倒以土司、巫师和头人为首的剥削阶级，将土地和生产资料一律收归集体所有，解放了全体少数民族民众，使他们历史上第一次有了自由劳作和生活的权利。

中华人民共和国成立之初，党和政府就高度关注民族事务问题，为如何保护、关心各少数民族制定了一系列方针、政策，也为当代中国社会处理民族问题、保护民族文化树立了光辉典范。中央人民政府政务院于20世纪50年代初发布了《关于民族事务的几项决定》，为新中国民族政策奠定了最初的思想基础，其主要内容是：一、各大行政区军政委员会（人民政府）须指导各有关

求同存异 和合共荣

省、市、行署人民政府认真推行民族区域自治及民族民主联合政府的政策和制度，并随时向政务院报告推行经验，请示者须事前向政务院请示。二、各大行政区军政委员会（人民政府）须指导各有关省、市、行署人民政府认真并有计划地实行政务院在1950年颁发的《培养少数民族干部试行方案》，并将该项工作进行情况定期加以检查，每半年向政务院报告一次。中央民族学院及西北、西南、中南各军政委员会和新疆省人民政府的民族学院，必须依计划实行，并向政务院报告。三、政务院于1951年下半年适当时间将同时召开有关少数民族的卫生、教育及贸易三个专业会议，责成政务院文教委员会、中财委指导中央卫生部、教育部、贸易部开始筹备，并责成中央民族事务委员会协助进行。有关部门如农业部、文化部也须派人参加。四、责成中央人民政府各委、部、会、院、署、行注意建立有关民族事务的业务。五、在政务院文教委员会内设民族语言文字研究指导委员会，指导和组织少数民族语言文字的研究工作，帮助尚无文字的民族创立文字，帮助文字不完备的民族逐渐充实其文字。六、扩大中央民族事务委员会委员名额，责成中央民族事务委员会提出补充名单的建议，并于1951年下半年召开中央民族事务委员会扩大会议，检查与总结关于推行民族区域自治及民族民主联合政府的经验。

20世纪50年代，中央人民政府和政务院，曾多次组织"中央慰问团""土改工作队"和"普查工作队"等，花费大量人力和物力，深入各少数民族地区，进行了大量较为翔实的社会历史调查。50年代这轮由政府统筹、由中央民委组织行政领导和人类学、社会学专家学者以及民族同志组成工作队与考察队的少数民族大考察活动，1953年正式启动，1956年结束（个别地区延期至1958年才结束）。直接成果之一，就是为1956年国务院公布的55

个少数民族的正式定名和划分,提供了可靠的依据。

从当时考察的资料看,各少数民族的社会发展水平参差不齐,不少民族呈现类似汉族曾经历过的各种历史发展状况,为我们今天考察、了解并研究过去的历史以及各学术分支问题,提供了绝好的活体范本。比如以"设计发生学"研究为例,以山寨(村落)为主的初级社会组织形态,原始手工业在农耕环境中的地位,原始造物的手工技艺与设备、工具等,都是我们极感兴趣的研究对象。

在西北、西南和东北各少数民族聚集地区,有些古时流传下来的本民族手工造物技术,迄今仍保存良好。其吸收了汉族和其他兄弟民族的技术长处之后演变出来的各时段手工造物技术,则印证了各民族互相融合、取长补短的史实。更有些原始手工艺,特别具有艺术和历史研究价值。以维吾尔族人为例,本世纪初,笔者在新疆喀什城艾格孜艾日克老街看到几样手工艺绝活:其一是整条街的维吾尔族乐器店,除了热瓦普、曼陀林和冬不拉等少数维吾尔族知名乐器外,全是些笔者叫不上名来却似曾相识的弹拨乐器和拉弦乐器,于是从心里认可了"西域古乐成就了中国传统民乐"这句话所言不谬。其二是亲眼所见一个拖着鼻涕的不到10岁的维吾尔族小男孩,拿着电砂轮在铜壶上信手飞快地刻着精美细腻的图案,一不要底稿,二没有图纸,真是佩服得五体投地,也相信了"汉族人长于热铸,西域人长于冷锻"这个说法。其三是在喀什近郊著名的大巴扎"金器一条街"上看见近百家金店生意红火,家家门前毡毯上都围坐着一群金店伙计和顾客,正在热烈讨论、共同设计着花样繁多的未来金饰嫁妆,感受到了"中国传统样式的金银首饰工艺,最富有创意的设计和最先进的工艺制作,原来在维吾尔族人手里"这句大实话。还有,笔者

求同存异　和合共荣

在云南景洪县城集市上，曾亲眼见过景颇族老乡用古老的"焖烧法"烧出的红彤彤的土陶——跟笔者一知半解的仰韶彩陶的烧制工艺几乎一模一样。还有，笔者在大西北甘陕宁各省亲眼所见的回族、保安族、裕固族和东乡族老乡巧手做出的那些花样繁多、样式复杂的面塑造型，真是个个精妙绝伦。这方面的事例实在太多了。

50年代的少数民族地区社会大普查，以及半个多世纪以来社会各界对其丰富而珍贵的考察、研究，意义深远，价值极为重大。这些地区客观上保存的较为完整的、与数千年前中国原始社会最初形态近似的许多社会特征，为我们研究社会的最初形态形成和当时的经济、文化、政治的基本状况以及"设计发生学"的相关课题，提供了珍贵的类型学"活化石"范本，价值非凡。改革开放以来，这些少数民族地区也获得了前所未有的巨大发展，人民生活日新月异；但与此同时，少数民族地区的民族性在不可避免地愈发衰减、退化，甚至消失。如果我们再不采取保护措施，若干年后，各少数民族的许多宝贵民族文化遗产将无法挽救地彻底消亡，这部分同属于全人类精神财富和中华民族集体智慧的宝藏，我们将再也看不到了。

在"设计发生学"问题上，我们一向秉持文化多元论的观点，认为人类文明是全世界人民共同创造的，各国家、地区、民族均做出过大小不一、形态各异的贡献；同理，中华民族的灿烂文明是中国的各族人民共同创造的，每个民族都对中华传统文化做出过贡献，也都应当得到尊敬和肯定。中国的各少数民族在中华文明漫长的演化过程中，都曾经以自己独特而充满智慧的文明成果，补充、完善甚至改良着中华文明。比如，古代西域的龟兹古国各民族创造或引自西亚的弹拨乐器和拉弦乐器以及音律、曲式，彻底改造了中国古代音乐，新创作出代表中国古乐精髓的江南丝竹；南疆的维吾尔族和北疆的哈萨克、塔塔尔、塔吉克等族首创了制革术，并引进古波斯革皮书籍装帧术和制靴术、制毡术、毛衣编结术；海南岛的黎族率先种植棉花并纺织棉布，传入内地后棉织业逐渐形成中国古代手工行业的"天下第一营生"……保护少数民族的民族文化特性，就是保护我们的历史遗产，就是传承我们的文明。我们应进一步发扬文化兼容的优良传统，把振兴中华的百年民族复兴梦，逐步落实为将大中华建设成为中国各民族共同拥有的美好家园。

由上千名来自全国各高等艺术院校的教授、研究生组成的55支团队参与编撰的《中国少数民族设计全集》（55卷），正是有识之士基于对各少数民族的民族文化特性正在快速衰减、消亡的严重现实问题的深切忧虑而进行的抢救、发掘、整理中国少数民族文化遗产的重要文化工程。经过两年精心筹划，六年努力写作，在国家出版基金管理部门的支持下，在山西人民出版社和人民美术出版社的策划和组织下，目前《中国少数民族设计全集》的书稿编撰工作已基本完成，即将付梓。在长达八年的漫长过程中，全国兄弟院校各团队涌现出的各种可歌可泣的事迹经常感动着笔者，并不时鞭策着全体作者克服千难万险，一路向前。有的分卷作者身患绝症仍不眠不休地忘我工作，有的分卷作者遭遇各种意外仍坚持工作。特别是，很多民族同志公而忘私、不计较个人得失，有人不惜将自己赚钱的企业关张歇业，全身心地投入各自所负责分卷的繁重编撰工作中；有人义无反顾地将自己珍藏多年的本民族实物、资料和研究成果无偿提供给相关分卷作者。大家万众一心，克服各种复杂得难以想象的困难，以确保这部凝聚了众人八年心血的巨著，能按计划如期完成。借此机会，笔者谨

求同存异　和合共荣

代表本丛书编委会全体成员，向领导、编辑和作者们表示衷心的感谢！

作为一项文化创举，笔者深信《中国少数民族设计全集》必将在未来岁月的长期检验中，愈发显现其非凡的、独特的文化价值。

2017年夏季于南京

前言

一、傣族传统造物历史概述

傣族是中国西南部一个历史悠久的民族，现有人口约122.2万，主要聚居在云南省西双版纳、德宏两个自治州和耿马、孟连两个自治县，还有散居于附近其他县。从族源上看，傣族是古越人的后裔。"傣族"一词是20世纪50年代本民族自称的族名，在不同的地区不同傣族支系也有不同的称呼，西双版纳的傣族自称为"傣泐"，德宏的傣族自称为"傣那"，瑞丽和耿马等地的傣族自称为"傣绷"，金平等地的傣族自称为"傣雅"。傣族有本民族的语言和文字。傣语属于汉藏语系壮侗语族壮傣语支，主要有傣泐语和傣那语两个方言区。傣泐语流行于西双版纳及其邻近地区，傣那语流行的地区包括德宏全州，耿马、沧源、孟定、镇康、双江、景谷、景东等地。傣文是随上座部佛教传入后逐渐完善起来的拼音文字，中国境内有傣泐文、傣那文、傣绷文、傣端文等4种。云南地处云贵高原，地势西北高，东南低，全省山脉都是自北向南的横断山脉，两山之间夹着一条从北至南的河流，江河下游是平坝区。傣族就居住在低纬度、低海拔的平坝地区。这些区域地势平坦，土地肥沃，灌溉便利，气候属于准热带和亚热带气候，全年雨水调匀，无干旱洪涝灾害。这些地理、气候条件，有利于耕种水稻，也适合种植甘蔗、茶叶、香蕉等。

傣族人在长期的农业生产实践中创造了灿烂的农业文明，傣族的造物文化与设计思想也就根植于这个强大的母体之中，是其农业文明的重要组成部分。傣族造物历史源远流长，各历史阶段产生的传统手工艺以及创造的物质产品，是人类非物质文化和物质文化的

卓越代表。它们具有丰富的文化形态、精湛的工艺技术、独特的艺术品格、强大的思想基础，并因其文化的累积性、传承性和深刻性使之延续至今，历久弥新，在历史上展现出独特的民族魅力和强大的精神力量。

追根溯源，傣族的造物与设计融合了三方面的文化精髓。第一是本民族独特的造物文化等，如冶金技艺、纺织制陶、干栏建筑、饰齿文身、铜鼓文化等，这些都是古越族文化和习俗在傣族中保留、传承至今的重要内容，而且其中所蕴含的造物技艺与设计理念是傣族独特民族性的一部分，为民族的识别及民族身份的认同提供了最为直观的内容指标。第二是吸收融合汉族及其他各少数民族的文化。在傣族文化发展的过程中，傣族与其他各民族之间的文化互相渗透、相互影响，形成相互融通的文化发展态势。如地处滇中一带的傣族历史上与汉族以及其他民族杂居，在造物文化上相互借鉴，使文化呈现出多样化的形态与风格，丰富和提高了本民族的文化品质。第三是东南亚宗教文化的影响，尤其是南传上座部佛教对傣族造物文化产生了深刻影响。由于佛教思想渗透于傣族人生活之中，傣族造物也渲染上了上座部佛教的色彩。大量有佛教意味的纹样如佛塔纹、莲花纹、忍冬纹、万字纹等出现在日用器物之上，或器形直接源自佛塔、莲花的造型，功能也大多与赕佛有关。由此可见南传上座部佛教思想对傣族生活、造物的深远影响。

傣族传统手工艺种类繁多，有纺织、编织、制陶、造纸、剪纸、制银、冶炼等等。这些手工艺历史悠久，生产出来的产品不但能满足本民族日常生活的物质需求，而且有的是极受欢迎的工艺美术品，如傣锦、髹漆竹编、陶器、银器、手工纸等。这些传统手工艺品的生产是围绕家庭来进行的，生产批量小，生产形式相对单一，而且传统工艺的传承与延续受制于以家庭为单位进行农业生产的规模与

需求能力。整体来看，传统手工艺基本无法从传统的农业基础上独立出来。但在机器化工业生产与市场经济的背景下，无论是在生产效率，还是在产品价格，或是在满足日常生活需求的范围上，传统手工艺都失去了其优势，自然要受到前所未有的冲击，渐渐在物质生活的舞台中隐退，因此有些手工艺成为国家级和省级非物质文化保护的对象。以傣锦为例，物美价廉的现代纺织用品、服饰等逐渐在市场上取代了傣锦的历史地位。传统手工傣锦的制作费时费力，做工复杂，制作成本高，而另一方面，傣锦的需求在减少，使用范围在缩小，现代傣族人开始追求经济实用、便捷的大众化消费。在这种情况下，傣锦的传承出现断代，傣族村寨擅长织锦的人已经不多，大多数年轻人更倾向于去外地务工，不愿意继承这种费时费力的传统手工艺。又如傣族手工造纸，20世纪70年代，机器制造的纸张大量进入云南少数民族地区，成本高、生产周期长的手工造纸在市场上无法与之竞争，在需求量急剧下降的情况下，傣族的手工造纸业逐渐萎缩甚至被淘汰。

从20世纪80年代以来，随着少数民族地区旅游业的兴起，旅游市场逐渐繁荣，民族文化的自觉意识也逐渐提高，传统的手工艺品在新一轮的市场竞争下开始了另一种转向，傣族织锦、傣族刺绣、傣族木雕、傣族乐器、傣族金银器、傣族陶器以及傣族漆器等多种传统手工艺品从以往传统日常消费品转变为旅游商品、文化消费品。如德宏和西双版纳生产的傣锦、傣族挎包，织工精致，除保留了传统的手工制作方法以及民族传统风格外，在图案纹样方面进行了创新，这些产品在旅游商品市场上大受欢迎，并随着旅游业的发展进入国外市场；在新的消费环境下，手工造纸也是傣族文化的一道亮丽风景线，手工纸的主要用途已经不是用于抄写佛经了，而是大量用于商品包装、工艺品装饰。由此可见，传统的手工艺与文化市场、

旅游产业和文创产品开发紧密结合，与时俱进，这将会带动传统民族手工艺品与手工艺技术的传承与革新，使之重焕生机。

二、傣族生活方式与传统造物设计

傣族传统服饰体现了多样性和简洁性的特点。傣族男子服饰各地差异不大，而傣族女子服饰在西双版纳、德宏、新平、元江、文山、河口等地则各有不同。西双版纳傣族女性着紧身短衫，束腰，着长筒裙；德宏傣族女性上身着无领大襟领褂，下身穿黑色长裤，束围腰；新平、元江等地的傣族女性着短上衣，束花腰；文山、河口等地的傣族女性上衣为斜襟、低领、长袖，下身着筒裙，束绣花围腰。从整体上看，傣族女性服饰简洁典雅，轻便秀丽，配以各式各样的发型（椎髻、辫发、被发和绕头）、头饰（花布、红缨穗、孔雀羽翎、流苏、鸡枞帽、银簪花、银泡等）、佩饰（胸颈饰、首饰、衣饰、腰坠饰）等，呈现出各式各样的服饰风格。傣族服饰设计着眼于人体审美性与日常功能性两方面，其款式、色彩、纹样、材料、佩饰、工艺以及彰显出来的文化内涵在少数民族服饰中都是独树一帜的。傣族容妆也体现了其独特的审美观念，如染齿和包齿，而傣族文身这种较为独特的身体装饰方式则包含了族群标志、装饰图样、抵御侵害、成年仪式等功能。

傣族传统居住方式与建筑设计完美诠释了人类与环境相依存的思想。傣族村寨布局特点是选择在平坝近水处聚族而居，或沿水而居，或坐山朝水居，或半山、山地而居。寨子由寨门、寨心（宰曼）、寨神庙（丢拉曼）、民居、水井、寺庙、佛塔、菩提树等基本要素组成，其结构和布局统摄在"万物有灵"的原始宗教观念之中，体现了依靠自然、尊重自然的设计理念。傣族建筑可分为民居建筑、宗教建筑和官方建筑等几种类型。民居主要形式是干栏式，傣族竹楼的外部造型、内部结构与功能在西双版纳、德宏、孟连等地有所

差别，但都是适应热带气候、地理环境的产物；而在气候变化大、平坝少山地多、依山麓而居的傣族地区，民居形式则是平顶土掌房。宗教建筑主要为上座部佛教寺庙，整体风格上保留了传统干栏式建筑式样，也有受汉文化影响的院落式，同时也受到泰国北部、缅甸佛教建筑风格的深厚影响。另外，既可以作为单独的建筑，也可以作为寺庙一部分的傣族佛塔形制多样，有金钟式、金刚宝座式、折角多边式、亭阁式等。官方建筑主要指傣族宫廷建筑，其设计沿用传统干栏式和楼阁式。傣族居住方式与建筑设计都源自本民族独特的生存环境、人文精神和宗教信仰，体现了天人合一、顺应自然又再造自然的设计思想与方法。

　　傣族主食为粳米和糯米，肉食以猪肉为主，牛肉、鸡鸭鱼肉辅之，还有一些奇特的虫菜，如蛇、鼠、蜻蜓、蛹、蚊、蝉、蝗、蚁、蛙、蜂之类。蔬菜除了一般的新鲜蔬菜外，棕树嫩蕾、芭蕉嫩叶也在可食用的蔬菜之列。另外还有如苦凉菜、鱼腥草、荆芥、香菜、水蕨菜、香蓼、香茅草等特有草木，不但具有独特的香气，有的还有药用功效，这些都体现了傣族风味饮食的特点。傣族在食材加工、菜式设计、烹饪工艺以及餐饮器具设计方面也独具特色。傣族菜式的特点是香、辣、酸、冷，这与潮湿炎热的气候环境有关，加工方式有烤、炸、焖、煮、蒸等，特色菜式丰富多样，烧烤、油炸类有香茅草烤鱼、油炸蚂蚁等；蒸焖煮类有蒸鱼肉干、蒸鱼籽、青苔炖鸡蛋、叶子蒸肉、蒸猪脑、蒸蜂蛹、椰子煮鸡等；汤类如鸡枞汤；冷菜类有酸牛皮、凉牛筋、卤牛肉、酸鱼等。傣族餐饮器具设计保持了自然、质朴、环保的特点。芭蕉叶、笋叶壳、荷叶和竹筒都可以是傣族包饭、煮饭的餐具，碗、筷、盘等餐具多以竹、木制成，这些餐饮器具就地取材，沿袭了以自然物为器或稍作加工的设计思维与传统。陶制炊具如土锅、土碗、陶盆、陶罐、瓦片等是傣族一大特色，一些特色菜如酸笋小花鱼、

酸粑菜以及瓦片烤鳝鱼等的独特风味与这些土罐、陶瓦是分不开的。傣族也使用如铁三脚、铁锅、铜锅、铜壶等炊具，一定程度上展现了傣族在金属锻造方面的技艺。

傣族传统出行方式有步行、牛马出行与舟车出行等，相应的用具建造、制作设计是傣族人的智慧结晶。傣族饲养牛、马和象，主要用来运输货物或作为代步工具。随着边境贸易的发展，牛帮或马帮兴盛起来。瑞丽傣族的牛车，车轮高大，以木制作，别具一格；马车所配马鞍以木为构架，附皮具，适合长途运输，经久耐用。傣族的水上交通工具主要是竹筏和木船。竹筏以竹竿并列固定而成，前头上翘，便于在水中行进。造船的材料是耐水泡、质地柔软、密封性能好的水冬瓜木，造船的工具有砍刀、铁锤及马掌钉。泼水节期间所用龙舟制作精巧，不但选料讲究，而且装饰华美，常扎以龙、孔雀、大鱼等形象的彩花，涂饰彩绘，而一般的独木舟则制作简单，将一棵大树凿空即可。傣族桥梁有竹桥、木桥和石桥。竹桥为竹结构，桥柱用竹子架成，桥面铺上竹子，最后在桥面上铺以编好的竹笆；傣族木桥用耐水的上等木料架设，桥柱以两根粗木料为一架，下部打入河底，上部用一横杠相连，再铺桥面。石桥在德宏、景谷、双江一带的傣族地区较多，其形式有单孔拱桥、多孔拱桥或石墩木面桥，风格基本上与汉族地区的石桥风格相同。傣族传统出行用具的建造、制作设计是傣族人适应当地气候与环境，融合本民族生活智慧和审美经验的产物。

傣族文娱、休闲方式与日常杂具涉及的范围非常广，包括乐器、游艺器具以及雕塑、绘画、造纸、制伞、剪纸工艺等，设计与制作工艺各有千秋。傣族乐器主要有打击乐器、吹管乐器、拉弦乐器等，其中打击乐器包括鼓、铓锣、镲、韵板、铜钟、嘎拉萨等；吹管乐器主要有傣笛、巴罗系双簧竹笛和杜。这些乐器的设计颇具傣族风情，

是外在形式美与功能美的完美结合。游艺器具有藤球、龙舟、孔明灯、丢包、高升、陀螺等，是配合特定民族节日、体育运动而设计的。傣族雕塑常见的有木雕和泥塑，广泛运用于佛像、佛塔、佛寺门窗柱饰、祭祀用具、日常器具上。傣族绘画形式包括壁画、连环画、年画、幡布画以及佛经、书籍的封面及插图等。造纸、制伞和剪纸是傣族传统的手工艺，造纸以构树皮、竹子为原料，大致包括剥皮、浸泡、蒸煮、洗涤、捶打、捞纸、晒纸、研光、揭纸等多道工序，制作工具有纱布帘、地坑、木桩、木槌等；制伞主要原材料为手工纸、竹木材等，伞可以作为生活用品、礼品和宗教用品；傣族剪纸既可以作为刺绣的纸样稿，也可以作为竹楼的装饰品、赕佛祭品以及丧葬用品等。

三、傣族生产方式与传统造物设计

傣族传统农耕包括整地、犁地、插秧、灌溉、收获、打谷等过程，农具设计与实际功能相适应，每一过程都有相应的实用工具。整地农具有芟刀、耙、板锄、条锄、铁铲等，适用于水田稻作的刀是傣族的独特发明，可削埂除草、砍芟谷茬。犁具主要有三角框架长犁柄曲辕犁、三角框架短犁柄曲辕犁和大框架（大四角或大三角）直辕犁三种类型，其设计直接与工具对土地的适用性相关。第一种类型具有长直的犁柄，犁辕与犁身平行，犁铧有三角形、菱形和叶形几种，一般无犁壁，适用于土层薄、不宜深耕的山地；第二类型犁身有弧度，犁柄短，犁辕曲度大，适于耕作平坦的旱地和水田；第三种类型犁身下部弯曲，犁辕多以竹子制作，成直辕，犁柱靠前，为大框架结构，一般无犁壁，犁铧呈三角形，并向右偏转，适于水田翻土。碎土农具有杌、耖、耙等。播种农具有小掘棒、葫芦等。农耕的最后程序是收获打谷然后扬净晒干装入谷仓储存，收获农具主要为用于割取谷物穗头的爪镰和用于收割茅草的柄镰，打谷、脱

粒农具有打谷棍、笋壳扇、掼谷架等。以上这些农具的设计都以实用为圭臬，为实现可用性目标，采用自然材料，因地域性差异而变幻出不同的外观和可操作性方法，这些农具设计体现了因人造物又因地制宜、因时制宜的朴素人本造物思想和变通的设计理念。

傣族传统编织工艺体现在纺织、竹编等方面，傣锦是纺织工艺中的卓越代表，具有浓郁的傣族特色。原料主要有棉和丝，还有木棉、麻以及毛等，使用工具主要有轧花机、卷棉棍、纺车、缠线车、倒线机、牵经线车、提花织机等，制作织锦包括弹棉花、制棉条、纺纱、缠线、上浆、晒棉纱、染色、倒线、编花上机等复杂工序。在工艺上，棉织锦采用通纬起花，丝织锦采用通纬起花和断纬起花。傣锦注重色彩搭配和纹样构图，通常以本色为地，织以红、黑、绿等色，典型图案有孔雀、大象、狮子、佛塔、树木、花草等。傣锦主要用于制作筒裙、挎包、床单、被面、窗帘、手帕等，也是极好的赕佛用品。刺绣也是傣族重要的传统手工艺之一，材料主要有土布、绸缎和彩丝，以绣针为工具，工序一般包括备料、画底样、剪料、贴底样、运针施色线等。傣族刺绣手法变幻莫测，技法娴熟，能灵活搭配红、黄、绿等颜色，善用金银线以及银色锡箔纸、电光片等材质装饰布面。傣族竹编手工艺历史悠久，日常生活中使用各种自编竹器，如竹床、竹柜、竹席、篾桌、竹凳、竹篮、竹盒、竹篓、笆箩、饭盒、槟榔盒、秧箩等等，使用的材料是竹子，制作过程包括选竹、破篾、编织（烘烤定形、连接、泡篾、编制、收口收边）、装饰（上色、上漆、印烫、彩绘等）等工序。傣族传统编织工艺是傣族智慧的结晶，凝结了丰富的审美内涵与民族精神。

傣族陶器制造、银器制造等工艺也有独特之处，前者质朴实用，后者精巧美观。陶器制造是傣族一项原始的传统手工艺，傣族不仅能烧造各种土碗、土锅、土罐等日常生活用陶，还能烧造用于装饰

的陶质工艺品，如陶象、陶马、陶牛、陶灯等，制陶的原料主要是取自田间的黏土，制造过程包括晒干、舂细、过筛、调水、揉泥等工序。陶器制造工具主要有木质轮盘、竹木刮、木拍、鹅卵石、竹片、竹刀等。其最突出的特点是采用慢轮手工制作，泥条盘筑，露天烧造。傣族银器制造是一项富有浓郁地方民族风情的传统手工艺，银器种类多样，有碗、杯、筷、壶、盒、腰带、手锅、耳环、项圈、刀鞘等等，运用广泛，主要用于日常生活、女性装饰和赕佛等。制造银器的工具有锤、钳、尺板、焊条机、剪刀等，设备有锅、机床、木桩等，工艺技法包括锻打、抽丝、纽丝、焊接、镀金、洗涤、錾刻、翻模。傣族银饰设计巧妙，工艺考究，是少数民族金银器制作手工艺的杰出代表。

傣族传统类食品加工包括榨糖、腌制、制茶等，在加工工序与工具设计方面民族特点鲜明。传统甘蔗榨糖工序为机械压榨、过滤蔗汁、煮糖、干燥等，经过干燥即得到易储存的赤砂糖（红糖）。榨糖所用到的工具是甘蔗榨糖机，由木制机架、带齿压榨辊和动力杠杆组成，其特点是传递动力的齿形为人字齿，这种齿轮相当于两个对称的斜齿轮，可以抵消轴向力，工作原理是通过动力传输，以齿轮带动压榨辊转动，从而压榨甘蔗获得糖汁，其动力可采用牛力、人力和水力。腌制食物如腌生鱼生肉、腌酸菜酸笋等，腌制是傣族食品加工的特殊方法，腌制过的食物酸辣可口，风味独特。傣族制茶的特色是竹筒制茶，制茶工具是一端带节的新鲜竹筒，材料为傣族地区茶树上一芽二三叶的鲜茶叶，制茶的工序是杀青、揉捻、装筒、压紧、烘烤，经过这样的工序后，将竹筒剖开即成竹筒茶。竹筒茶汤色明亮，茶香浓郁，并伴有独特的竹香。

傣族传统酿酒、制酱等工艺并不复杂，但具有纯天然性和独特的风土味，加工过程中使用的工具和器具简单而实用。傣族的酒有

米酒、糯米酒、竹筒酒等，全由家庭自酿，酿制的原料有糯米、紫米、小红米、高粱，采用传统工艺土坛发酵、小锅蒸馏，并配合山泉水酿造而成。喝酒时以杯酌饮，或用蕨秆、鹅翎管围坐咂酒。篾藤酒具设计独特，陶罐为盛酒器，用藤篾沿器壁编织。傣族善制酱料，如牛肉酱、猪肉酱、竹虫酱、螃蟹酱、鱼酱、花生酱、菜花酱、番茄酱、酸笋酱等，一般作为菜肴的调味品。除酸笋酱外这些酱料多采用舂和调拌的加工方法，不需要经过发酵就可以食用，但酸笋酱的制作与之不同，以鲜毛竹笋为原料，须经碾磨成浆、浸泡发酵、过滤除渣、蒸发水分等工序，并加入生蒜、芫荽、辣椒粉、盐就可以食用，也可以作为蘸酱食用，其特点是酸辣可口。

四、傣族礼俗宗教与传统造物设计

傣族宗教神像设计主要围绕着南传上座部佛教信仰展开，其体系并不复杂，崇奉的对象主要为释迦牟尼，兼及佛弟子、罗汉、大地女神、佛祖的书记官等。佛像造型最突出的特点是面相瘦削，顶髻为火焰状或宝瓶状，姿势一般为坐、立、行、卧四种，手印多为降魔印、禅定印和说法印。大殿主尊佛像和室外单体的立、行、卧佛像都是大型佛像。一些中小型佛像摆放于主尊周边，室外或佛寺的回廊、戒堂、僧舍、佛塔及其他宗教场所等。大型佛像一般为泥塑或铜铸，佛像形式单一；而小型佛像形式丰富，姿态多样，质地不一。傣族佛教佛像与东南亚中南半岛国家上座部佛教佛像有着非常深厚的渊源。除了上座部佛教佛像外，傣族还保留了一些原始宗教的塑像形式，这些原始宗教诸神并没有形成系统的偶像，其塑造的方式大多是隐喻式的，如家神没有具体的形象，通常立一根柱子为代表；寨神一般以树代替，或者以四方柱为象征，顶部为塔状，周围雕刻宗教符号和花纹图案。这些原始宗教塑像具有非具象性，风格朴拙，充满强烈的神秘感。

　　傣族传统婚丧是傣族最为重要的两项人生礼仪，相应的行序与器物设计复杂繁琐。傣族的婚礼日期一般选在泼水节，活动以新娘、新郎为中心，由专门的司仪主持仪式，其中最富傣族特色的仪式是拴线礼，将白线拴在新郎和新娘的肩上、双腕上，象征将两颗心拴在一起，寄寓白头偕老、永不分开之意。婚礼上男女双方准备的礼物也都寄寓了美好的象征意义，如长刀表示刀耕及勇武，芭蕉象征两人一条心，糖象征婚后生活甜蜜，等等。婚礼举办完成后开始进餐、歌手唱贺婚歌或颂诗，并通宵达旦舞蹈以示欢庆。傣族葬礼有土葬和火葬等，丧葬仪式统摄于原始宗教和南传上座部佛教的思想观念下，尽管不同地区有不同习俗，但仪式遵照一定的宗教仪轨和程序来展开，由当地巫师或僧侣主持，土葬仪式一般包括报丧、入殓、出殡、埋葬、超度等，火葬是一种只有活佛、佛爷等人才可享受的高贵葬礼，比较盛大的仪式是拉尸典礼，仪式结束后再举行火葬，并将骨灰盛入瓦坛中安葬，有的地方葬后也建石塔供奉。

　　傣族传统节日受南传上座部佛教影响较大，很多节日由宗教节日演化而来，如泼水节、关门节、开门节、赕塔节等，相关行序与器物设计一定程度上也满足了赕佛的需求。泼水节是傣历的新年，有放高升、赛龙舟、丢包、泼水、赶摆、浴佛、诵经、赞哈演唱、舞蹈表演等一系列节日活动。关门节，意为佛祖入寺，在这一天，傣族人虔诚赕佛、听经和祈祷，接下来的三个月内禁止男女恋爱、结婚。开门节，意为佛祖出寺，解除禁止男女恋爱、结婚的禁令，人们到寺庙拜佛，并举行娱乐活动，包括放烟花、放高升、点孔明灯和唱歌跳舞。赕塔节，是另一个佛教节日，赕塔前要打扫卫生、修路并准备祭祀品等。赕塔节这一天早上在寺庙里听经，然后抬着祭祀用品绕塔祷告，结束之后举行跳传统舞蹈、放高升等活动。除了以上节日外，一些非南传上座部佛教地区，如云南新平、元江、

金平、红河以及德宏的部分地区,最隆重的节日是春节,除此还有端午节、中秋节等,主要因为受汉文化影响比较大;另外,如金平傣族的新米节、祭龙节以及新平、元江傣族花街节也是富有地方特色的民族节日。

傣族传统祭祀包含了自然崇拜、祖先崇拜等内容,相应的祭祀行序与器物设计则体现了浓郁的原始宗教色彩,具有象征性与功利性特点。傣族自然崇拜中与农耕生产相关的重要神灵是水神和谷神,与渔猎活动相关的是鱼塘神与猎神。傣族祖先崇拜较典型地体现在寨神和勐神上,傣族还崇拜以个体家庭为单位的家神和以血缘关系为纽带的家族神。这些祭祀活动基本上没有偶像,相关的行序具有原始宗教的神秘性与象征性,如放水仪式中从水源处放一个竹筒扎的筏,上置黄布幡,以此象征水神乘筏巡视;在谷神祭祀中要于田头设置神台,竖一根一丈多高的竹竿或树干,上挂一箩筐;猎神往往用一棵大树来代表,寨神也有类似的代表方法。祭祀活动中准备的供品,有鸡、酒、糯米饭、槟榔、花束、甘蔗、芭蕉、蜡条等。祭勐神比较特殊,用公牛作为祭品,而且对牛的外形有严格的要求,如两只牛耳和两只牛角长度相等,牛鼻孔要下垂,毛无杂色等,体现了祭祀勐神的神圣性。祭祀要选择特定的场所,如水渠、田头、山上、鱼塘、村边树林等,通过祭祀仪式来表达与生产生活直接相关的实际诉求,如保佑沟水畅流、五谷丰登、地方太平等。傣族祭祀活动体现了丰富的精神内涵,通过这种共同参与的社会群体性活动,凝聚了民族精神,并引导规范了社会行为,是傣族传统文化的重要组成部分。

目录

第一章　傣族传统建筑　001

傣族宣慰街佛寺　002
傣族曼苏满佛寺　006
傣族勐海曼短佛寺　010
傣族瑞丽大等喊佛寺　014
傣族菩提寺　018
傣族勐泐大佛寺　022
傣族曼飞龙塔　025
傣族瑞丽姐勒大金塔　029
傣族勐海景真八角亭　032
傣族孟连宣抚司署　036
西双版纳傣族民居　040
瑞丽傣族民居　044
金平傣族民居　049
孟连傣族民居　052
傣族土掌房　056

第二章　傣族传统服饰　061

傣族妇女古典服饰　062
西双版纳傣族女性盛装　066
西双版纳傣族女服　070
德宏傣族女服　073
普洱傣族女服　077
傣族绣花土布女服　081
傣族亮布挑花女服　085
傣族婚礼女服　089
傣族花绸织锦男服　093

傣族僧服　097
傣族树皮衣　101
傣族银镀金垂帘发饰　105
傣族镀金银项圈　110
傣族银簪　114
傣族镀金镶珠套筒银耳柱　117
傣族臂钏　121
傣族银手镯　125
傣族银戒指　128
傣族银牌扣　131
傣族饰牌　134
傣族银腰带　138
傣族筒帕　142
西双版纳傣族筒帕　146
德宏傣族筒帕　149
傣族腰箩　152
傣族鸡枞帽　156
傣族笋叶帽　160
傣族童帽　164
傣族沙弥帽　168
傣族绣花鞋　171
傣族竹拖鞋　174

第三章　傣族传统餐饮　177

傣族锤花银盆　178
傣族银槟榔盒　181
傣族竹根饭盒　184
傣族竹编饭盒　188

　　傣族食品盒　191
　　傣族饭煲　195
　　傣族圜底釜　198
　　傣族陶壶　201
　　傣族陶灶　204
　　傣族陶甑　207
　　傣族提梁土锅　210
　　傣族土锅　213
　　傣族酸鱼　216
　　傣族赶摆黄焖鸡　220
　　傣族竹筒饭　223
　　傣族香茅草烤鱼　226

第四章　傣族传统生活用具　229
　　傣族餐桌　230
　　傣族方桌　234
　　傣族方凳　237
　　傣族条凳　240
　　傣族竹编圆凳　243
　　傣族净水瓶　247
　　傣族文身工具　250
　　傣族挑水罐　254
　　傣族莲花瓶　257
　　傣族扫帚　260
　　傣族髹漆彩绘竹编提篮　263
　　傣族竹编摇篮　267
　　傣族竹箱　271

　　傣族油灯　275
　　西双版纳傣族鸡笼　279
　　新平傣族鸡笼　282
　　傣族大型象脚鼓　285
　　傣族中型象脚鼓　290
　　傣族光邦鼓　294
　　傣族佛寺大、小鼓　297
　　傣族韵板　300
　　傣族葫芦笙　304
　　傣族竹板琴　307
　　傣族椰子胡　310
　　傣族排铓　313

第五章　傣族传统生产工具　317
　　傣族轧花机　318
　　傣族板锄　321
　　傣族分水器　324
　　傣族苤刀　328
　　傣族打谷棍（一组）　331
　　傣族钉耙　335
　　傣族镰刀　338
　　傣族竹鞘砍刀　341
　　傣族砍刀1　344
　　傣族砍刀2　346
　　傣族笋壳扇　349
　　傣族筛子　352
　　傣族贮种葫芦　355
　　傣族背篓　358

  傣族挑篮　362
  傣族簸箕　366
  傣族撮网　369
  傣族夹网　372
  傣族鳝鱼笼　375
  傣族渔篓　379
  傣族捕鱼箩　383

第六章　傣族传统手工艺　387

  傣族造纸　388
  傣族剪纸　393
  傣族织锦　398
  傣族鸟兽纹织锦花布　403
  傣族花卉纹漆套盒　406
  傣族竹胎漆茶盒　409
  傣族竹胎髹漆槟榔盒　414
  傣族竹编髹漆蜡条盒　418
  傣族竹编髹漆提篮　422
  傣族刻花竹罐　427
  傣族木雕老人　431
  傣族牙刻鱼图案圆印　435
  傣族木雕孔雀　438
  傣族黑陶瓶　441
  傣族彩绘陶凤　445
  傣族彩绘陶孔雀　449
  傣族彩绘陶麒麟　452
  傣族彩绘陶象　455

傣族银槟榔盒　458

第七章　傣族传统民俗和宗教　461

傣族婚礼　462
傣族丧葬礼仪　465
傣族泼水节　468
傣族泼水节面具　472
傣族丢包　475
傣族升小和尚　479
傣族赕白象　483
傣族象脚鼓舞　486
傣族银乳钉纹钵　491
傣族银高脚连体钵　495
傣族金扇　499
傣族文身　503
傣族莲花盆　507
傣族贝叶经　510
傣族木雕佛像　514
傣族铜佛像　517
傣族佛幡刺绣片　520
傣族木雕神兽　523
傣族阿索　526
傣族木雕龙杖头　531
傣族象牙镂雕　535
傣族铜麒麟　539

第一章 傣族传统建筑

傣族宣慰街佛寺

图一　傣族宣慰街佛寺主图

宣慰街佛寺是西双版纳最高级别的佛寺，位于景洪县。寺庙由寺门、佛殿、经堂、僧舍和鼓房组成，寺外有较大的场地。

佛寺的顶部为三重檐五坡面，沿正脊、重脊和戗脊布置成排的火焰状、塔状和孔雀等禽兽状琉璃制品，使轮廓更加丰富多彩，屋面靠屋脊中部及角部瓦上有卷草石灰塑，使得外观更为华美。佛殿沿东、西纵向布置，佛像向东而坐，上座部佛教认为释迦牟尼觉悟的时候是面向东方的。入口在东端山面，由于山面有中柱，所以入口不在正中，一般偏向北侧。佛殿为落地式，建于高台基上。佛殿柱梁均涂油漆，其上有拜佛者逐年赕佛所献的金粉花饰称金水，整个佛殿金碧辉煌。

佛殿内的佛像为高大的单尊像，所以傣族佛殿屋顶大多高耸，为了打破这种高大屋顶的呆板形象，便将屋顶设计成歇山式，并在大面积的屋顶面上分作高低三段或五段，在各条屋脊上成排地布置火焰状和各种兽状的装饰，经过这样处理，使呆板的大屋顶变得丰富多彩，使之成为佛殿最突出的造型部分。宣慰街佛寺以前是西双版纳最大、最高等级的寺庙。佛殿为重檐歇山顶，但与汉族寺庙的重檐歇山顶有所不同。宣慰街佛寺的佛殿整体造型特点是大陡而微有曲面，屋顶中间突起，两侧分三层，逐层降低。从外形来看，这种屋顶轮廓富有变化，有层次感；从功能来看，这种设计有利于空气的对流。

图片来源

图一　贺雪岚　制图

图二　沈开婧　制图

图三至图五　符沙　制图

图六　蔡轩　制图

图二　傣族宣慰街佛寺手绘图

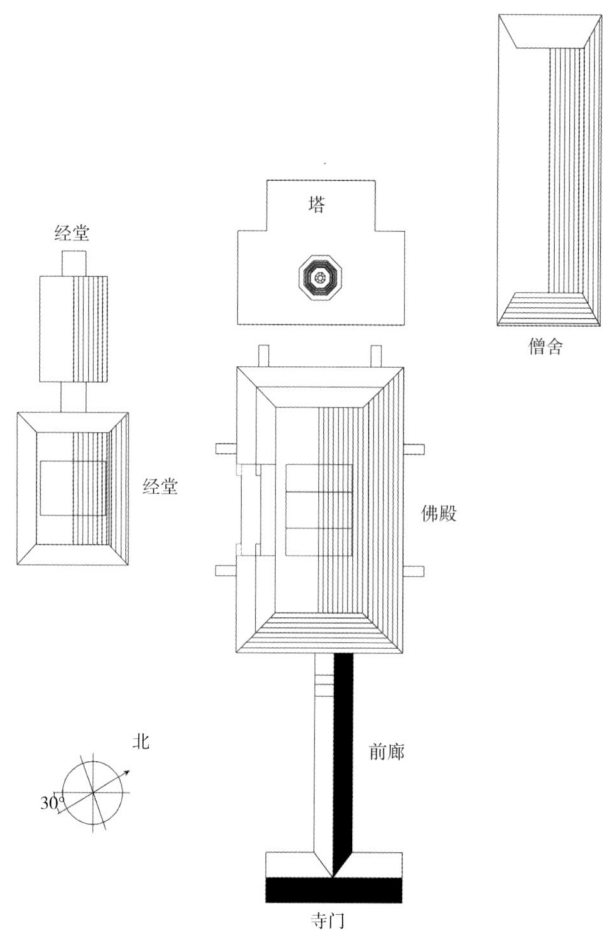

图三 傣族宣慰街佛寺总平面图

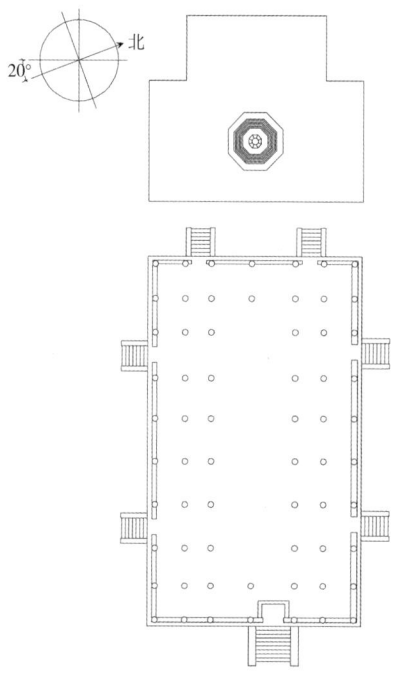

图四 傣族宣慰街佛寺佛殿、塔平面图

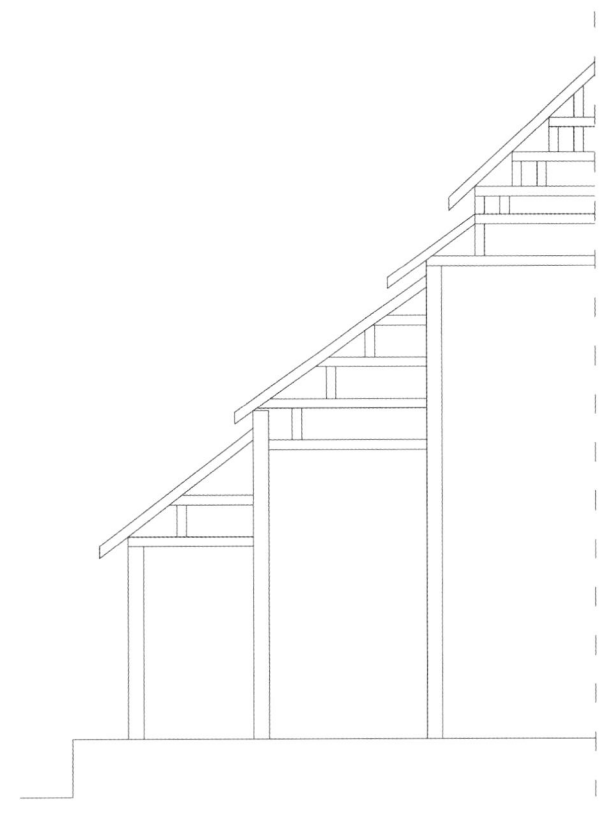

图五　傣族宣慰街佛寺大殿剖面图

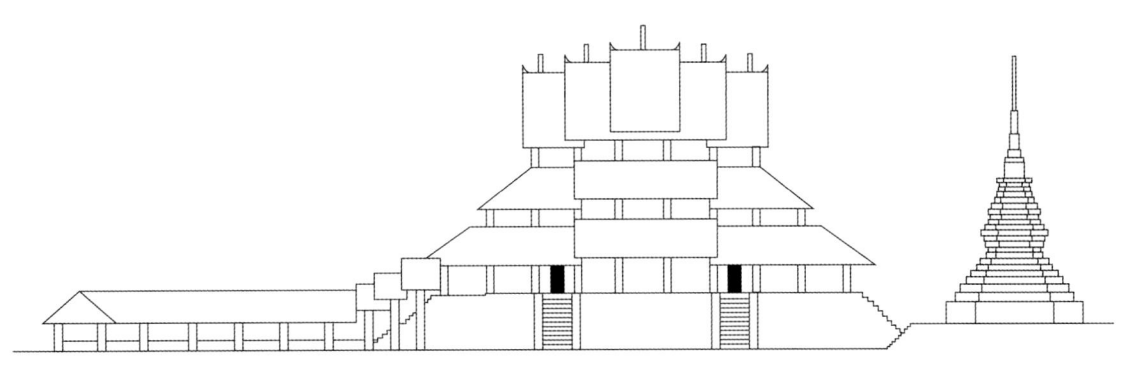

图六　傣族宣慰街佛寺佛寺立面图

第一章　傣族传统建筑

傣族曼苏满佛寺

图一　傣族曼苏满佛寺主图

曼苏满佛寺位于景洪县橄榄坝。主要建筑有寺门、引廊、佛殿、佛塔和戒堂，从东到西依次排开，但整体布局讲究非对称性均衡。

傣族佛殿的最大特点是殿身呈东西方向分布，屋顶为歇山式，中部高，为两坡屋顶，四周覆盖单坡屋顶。殿内巨佛盘坐。佛坛两边挂着许多傣语称为"董"的长幡，每条长幡都织有美丽的图案。大殿用的柱子，直径有尺余，以红色为基色，用金粉加以粉饰，殿内梁柱之上，或画龙，或描凤，或绘有各种吉祥图案，给人以金碧辉煌之感。佛殿两侧墙壁上绘有傣族壁画，内容为"佛本生经"故事图、飞禽走兽及各种装饰图案。

曼苏满佛寺的戒堂建筑形式、风格都与大殿基本相同，不过规模比较小巧、精致。戒堂顶部为两重檐歇山顶，上檐的两边和下檐的四边都是三面坡，中坡略高，两侧略低。檐下有高墙环绕，上开窗户。屋脊上装饰佛塔和若干鸱吻。

建筑在曼苏满佛寺内的塔为单塔。塔基呈方形，四角各有蹲兽1尊。塔身为折角"亚"字形，从下往上以三层逐层缩小的须弥座相叠而成。塔刹底部似一覆置的喇叭，上饰环状线脚，再往上还有一些金属制作的轮状饰物，呈"串"字形。整个佛塔造型秀丽，这是各地所有单塔中的一种普遍形式。

曼苏满佛寺不仅标志着傣族建筑的卓越成就，而且在中国建筑史上具有不可忽略的重要意义。

图片来源

图一　贺雪岚　制图
图二　沈开婧、贺雪岚　制图
图三、图四　蔡轩　制图
图五、图六　符沙　制图
图七　陈荣喆、贺雪岚　制图

图二　傣族曼苏满佛寺手绘图

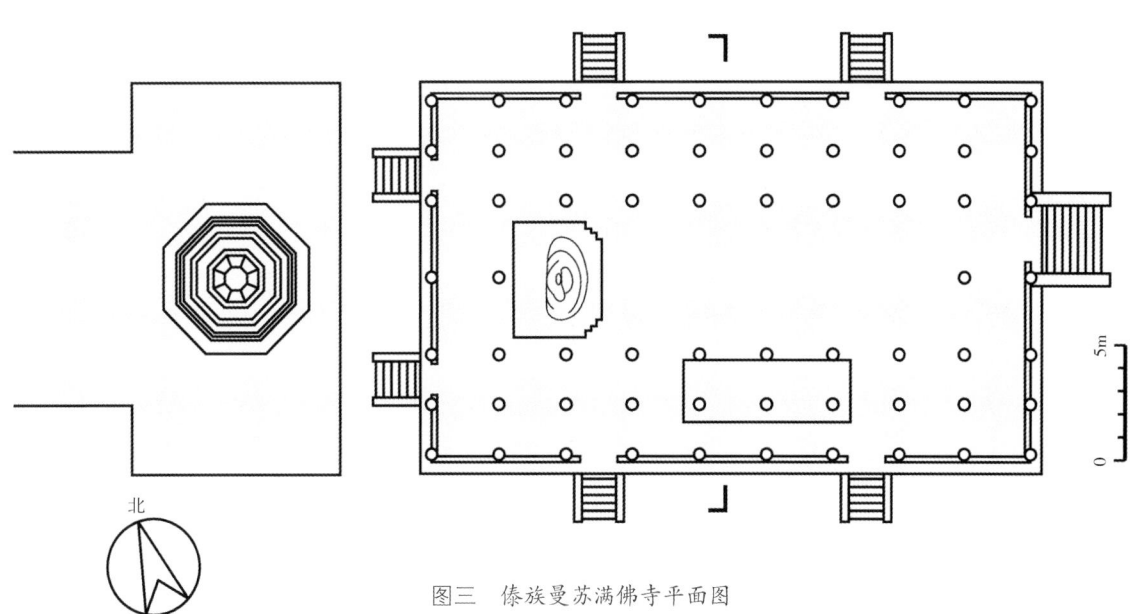

图三　傣族曼苏满佛寺平面图

图四　傣族曼苏满佛寺剖面图

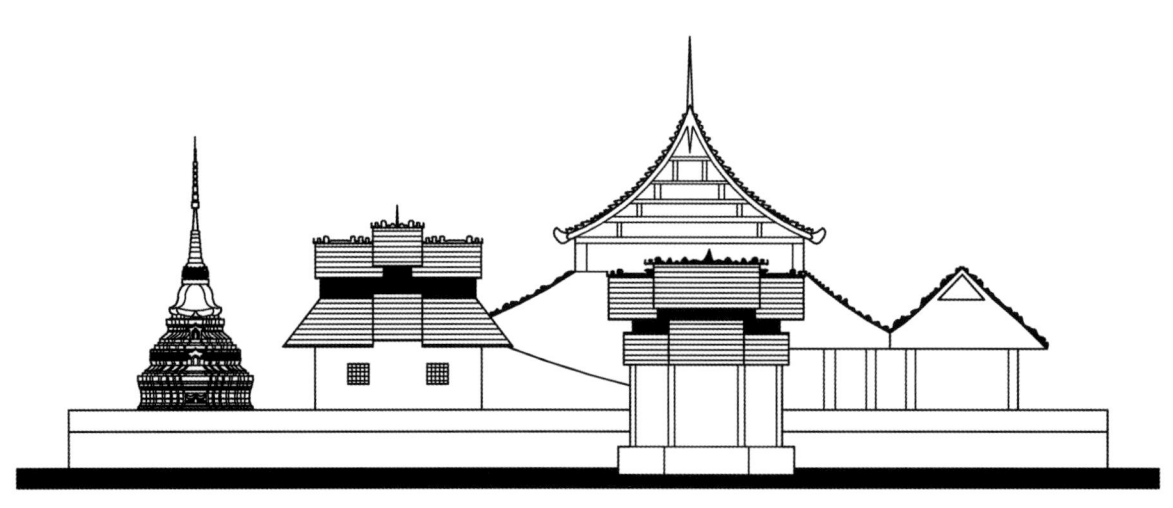

图五　傣族曼苏满佛寺立面图

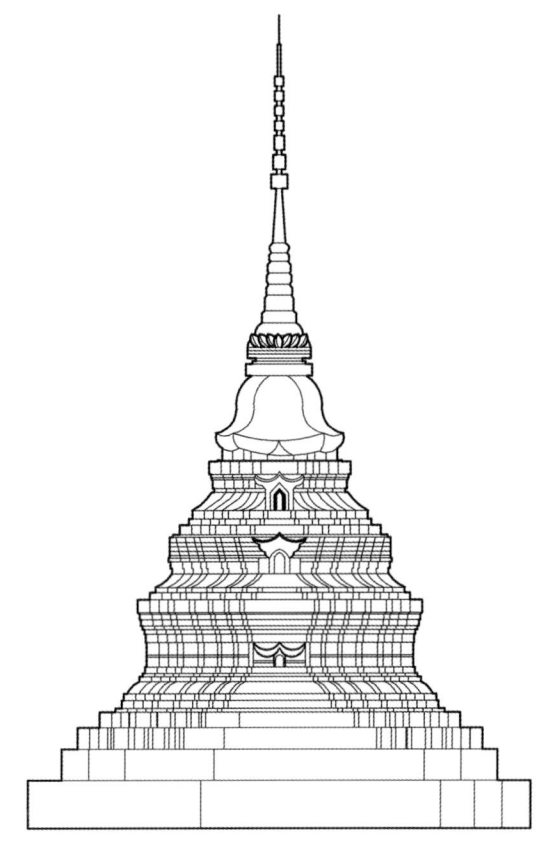

图六　傣族曼苏满佛寺佛塔线描图

图七　傣族曼苏满佛寺大殿内部图

第一章　傣族传统建筑

傣族勐海曼短佛寺

图一　傣族勐海曼短佛寺主图

　　曼短佛寺，位于西双版纳傣族自治州西部勐海县勐遮乡曼恩村公所境内。据史籍载，此佛寺始建于公元950年，是小乘佛教传入后建的最早佛寺之一。佛寺主要由大殿、戒堂、僧舍、佛塔和八角亭等建筑组成。

　　佛寺基座高约1米，长约30米，白色台阶层层相叠，台阶间有横向条沟，有膨有敛，凸凹相间。寺宇正面和背面墙壁分为9格，每两格间有一突露墙外的花瓶形方柱。柱间墙壁设有窗状方框，墙上有黄色、绿色、白色浮雕。寺宇屋面覆瓦，分前、后、左、右4个大面，重檐。正面与后面的重檐屋面，由5个板块叠盖，有"五面坡"之称。其中有2个板块布于屋角两边，呈同一水平；上再搭2个板块，又呈同一水平；第五板块搭于第三、四板块之间。形如五块积木搭成的横向阶状桥体。上檐亦是五面，形同下檐。中间板块连接的屋脊较高，两侧略低，亦成台状。屋脊正中有座精巧的华盖式小塔立于脊顶，傣语称其为"帕萨"。每台脊角上都有一只吉祥鸟翘首而卧，两旁镶有饰物，使屋脊显得格外美观。

　　主体建筑大殿阔4间，宽约10米，深8间，长约18米。大殿是抬梁、穿斗结合的梁架结构，重檐歇山式屋顶，上下两檐都是五面坡。平面布局不用檐柱，四面偏厦为墙抬梁，墙体与檐口由斜撑连接着。殿内外建筑构件上雕饰有傣族寺庙常见的龙凤、花草等纹饰。大殿内设有高2米的佛坛，有涂金粉的巨佛盘坐。佛寺右侧，建有一座与景真八角亭形状相似的八角亭。

曼短佛寺的建筑造型和装饰艺术集中地体现了傣族古代建筑高超的技艺。

图片来源

图一　贺雪岚　制图

图二　陈荣喆、贺雪岚　制图

图三至图六　蔡轩　制图

图二　傣族勐海曼短佛寺手绘图

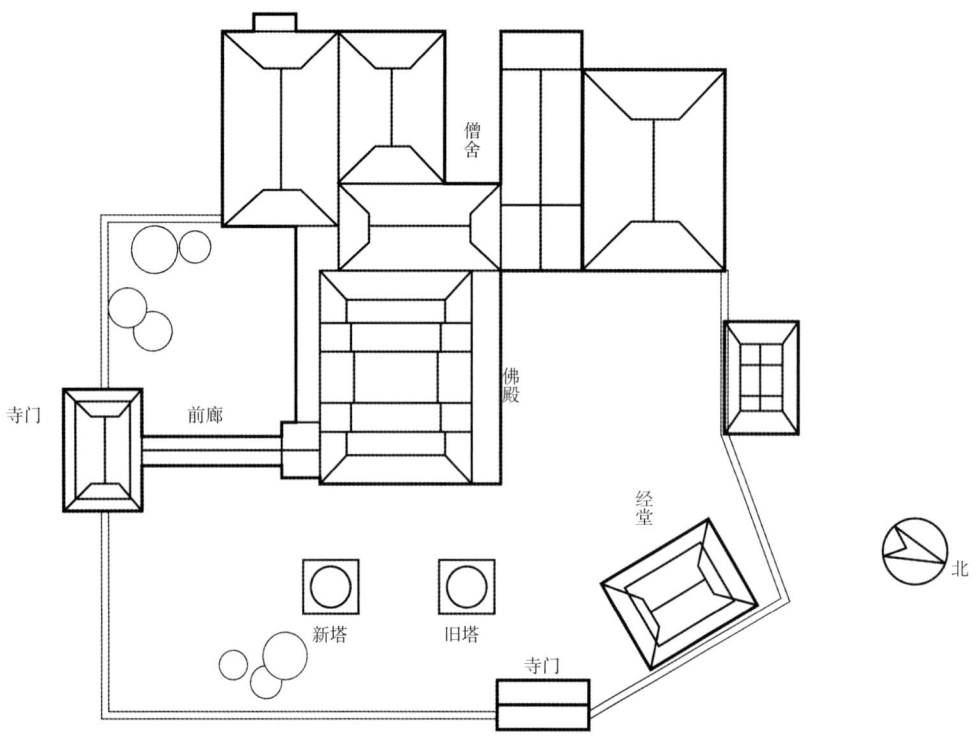

图三　傣族勐海曼短佛寺总平面图

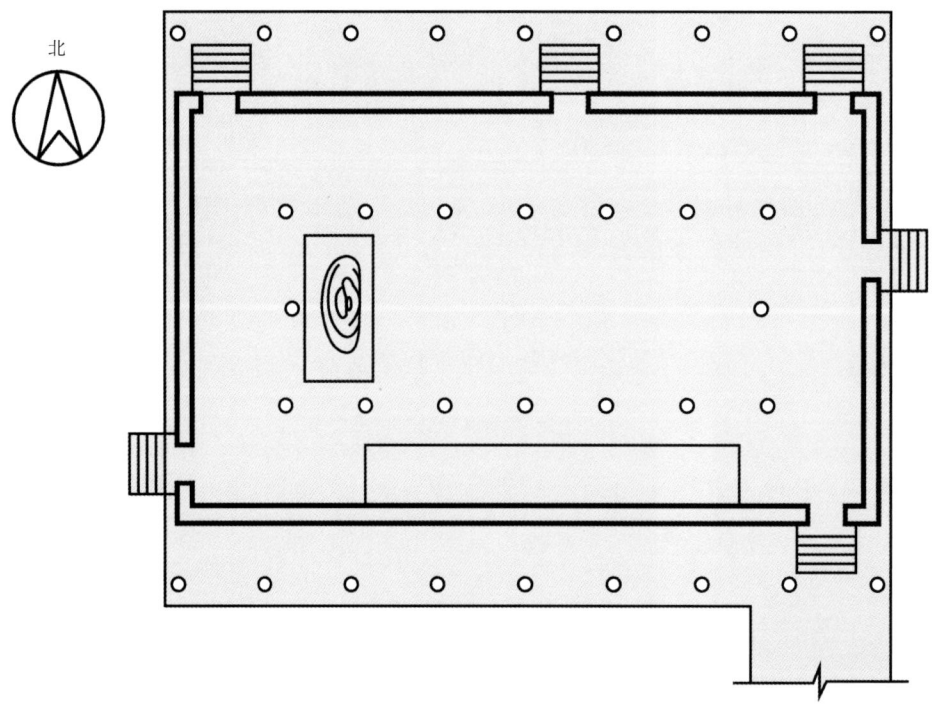

图四　傣族勐海曼短佛寺大殿平面图

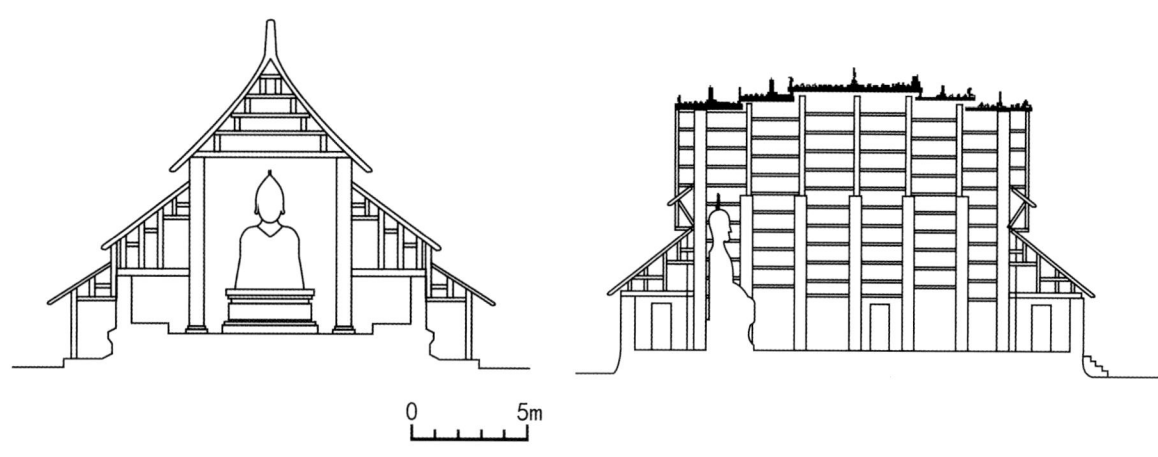

图五　傣族勐海曼短佛寺大殿剖面图

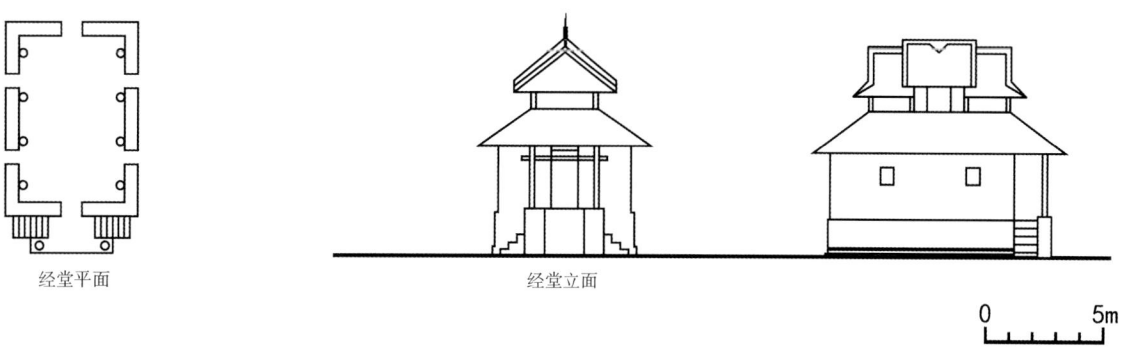

经堂平面　　　　　　　　　经堂立面

图六　傣族勐海曼短佛寺经堂平面和立面图

傣族瑞丽大等喊佛寺

图一　傣族瑞丽大等喊佛寺主图

傣族信奉小乘佛教，"奘寺"是小乘佛教的寺院，在傣族的每个寨子里都有这样一座寺院。大等喊佛寺是傣族南传上座部佛寺的代表，位于德宏瑞丽姐相乡大等喊村内，"大等喊"是寨名，意为"大金水塘"，当地人称作"等喊弄奘寺"。该寺始建于清乾隆年间（1736—1795），1918年和1958年曾两次重修，1981年再次翻修。寺院占地面积5 792平方米，建筑面积376平方米，由佛殿、僧舍、泼水亭组成。

这是一座典型的傣式建筑，三层山顶重檐楼台，左右是两间重檐顶亭阁，走廊与亭阁相连。佛殿和僧舍为干栏式建筑，楼下架空不用，楼上为活动空间。佛殿平面呈矩形，东西纵向布置，入口在东端，殿内佛像陈列于西端面东。木楼板分为二至三段，高各差一步，供朝拜者跪拜。屋顶现用瓦楞铁皮覆盖，明亮而轻巧，造型独特，上层屋顶为歇山式，下层屋顶为四坡式，构成重檐歇山式，上层屋顶中部又升起数层重叠的小屋顶，利于采光通风。入口引廊屋顶也分段，高低错落，有的也有重叠的小屋顶。重重叠叠，轮廓优美，这是大等喊佛寺的突出特点。

大等喊佛寺属于自然式、村落式布局，这种布局富有生活情趣，是傣家人自然天性的表现。寺院内的佛殿和僧舍属于傣族典型的建筑形式——干栏式建筑，与傣族民居建筑风格是一致的，都是为了适应多雨、潮湿的气候而设计的。

图片来源
图一　贺雪岚　制图
图二　沈开婧　制图
图三至图六　蔡轩　制图

图二 傣族瑞丽大等喊佛寺手绘图

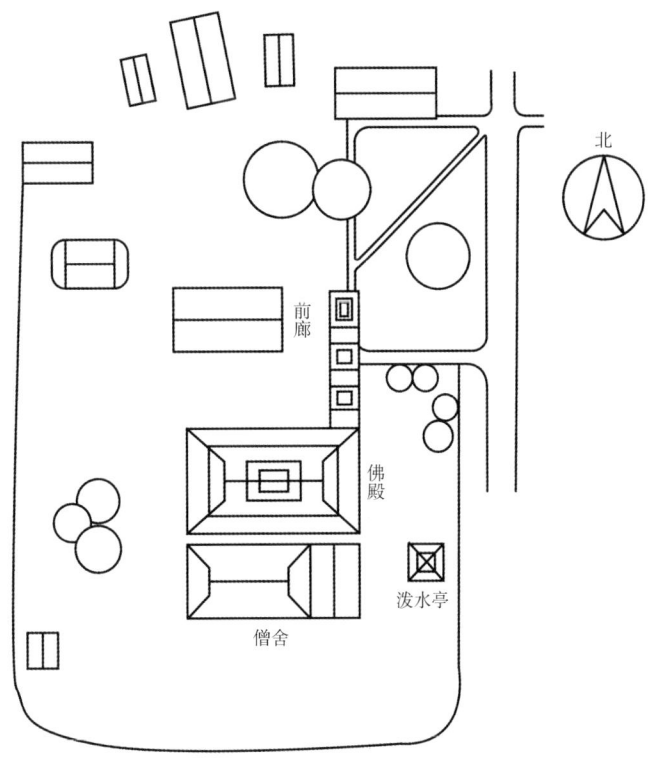

图三 傣族瑞丽大等喊佛寺总平面图

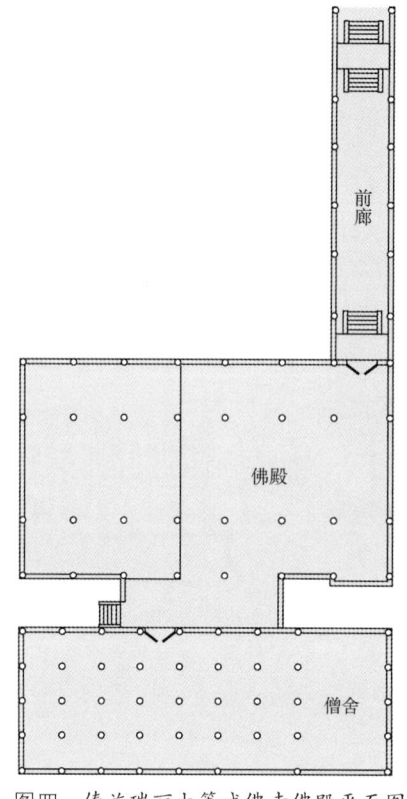

图四　傣族瑞丽大等喊佛寺佛殿平面图

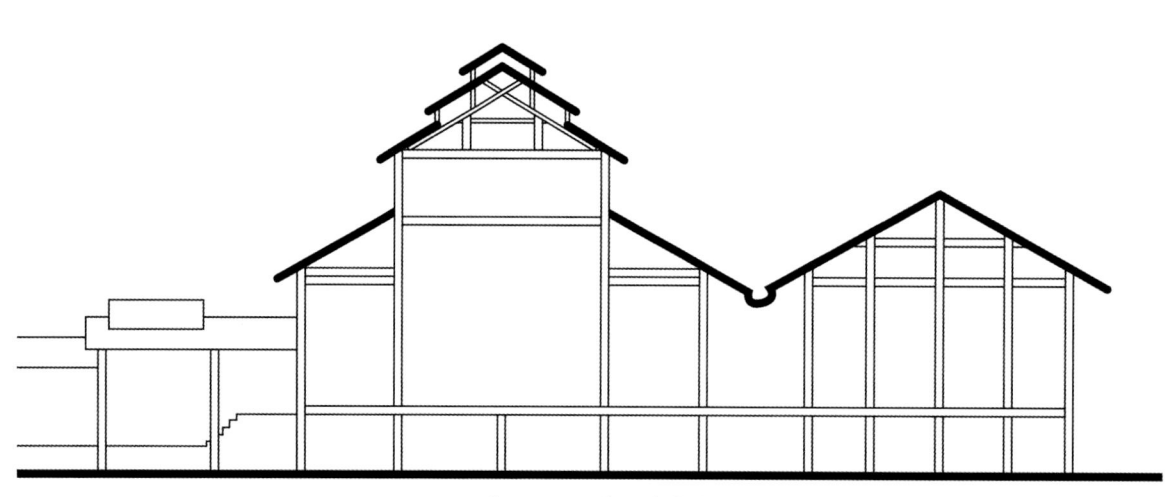

图五　傣族瑞丽大等喊佛寺佛殿剖面图

图六 傣族瑞丽大等喊佛寺佛殿立面图

傣族菩提寺

图一　傣族菩提寺主图

　　菩提寺位于云南芒市芒市镇西南路中段。据相关资料记载，菩提寺始建于清康熙十六年（1677），后经多次修缮，现在的为1978年所修。傣族语称"奘相"，意为宝石寺，属于南传上座部佛教寺庙，因寺庙前面有一棵生长茂盛的菩提树而得名为"菩提寺"。

　　菩提寺坐西向东，现有正殿、藏经楼和受戒亭三大建筑。正殿建筑风格最为独特，融汉式、傣式、梵式等风格于一体。殿前台阶两旁立一对"嘎朵"（缅甸传说中的一种奇兽，守护佛殿）。正门面对东方，为月洞式。在内部空间的处理上，于主房两侧各增设偏厦一间，形成三个独立而又相连通的佛殿。整个建筑由53根木柱支撑，楼下悬空，为傣族建筑的干栏式，12根大柱穿过楼板直抵梁架，支撑起中堂顶架的正殿，两侧略小的木柱承托副梁，构成两侧的偏厦。整个空间宽敞，佛殿正前方塑释迦牟尼金身像，两侧为傣族打扮的功德证人和土地神。

　　大殿屋顶为上小下大的汉族重檐歇山式，屋顶的举折及屋角出翘如大鹏展翅，造型优美，线条飞扬，富有流线感；屋脊、檐面、翘角上都装饰有鸱吻，更增强了建筑外部线条的丰富性；正脊中央的"提桨"采用了黄铜镂空、璎珞垂吊工艺，其工艺来源于缅甸。

　　菩提寺为南传上座部佛教的著名寺庙，正殿建筑融多种风格于一体，匠心独运，技艺卓绝，是中国建筑史上不可多得的建筑佳作。

图片来源

图一　胡春涛　摄影
图二、图五　蔡轩、贺雪岚　制图
图三、图四　蔡轩　制图
图六　蔡克中　制图

图二　傣族菩提寺手绘图

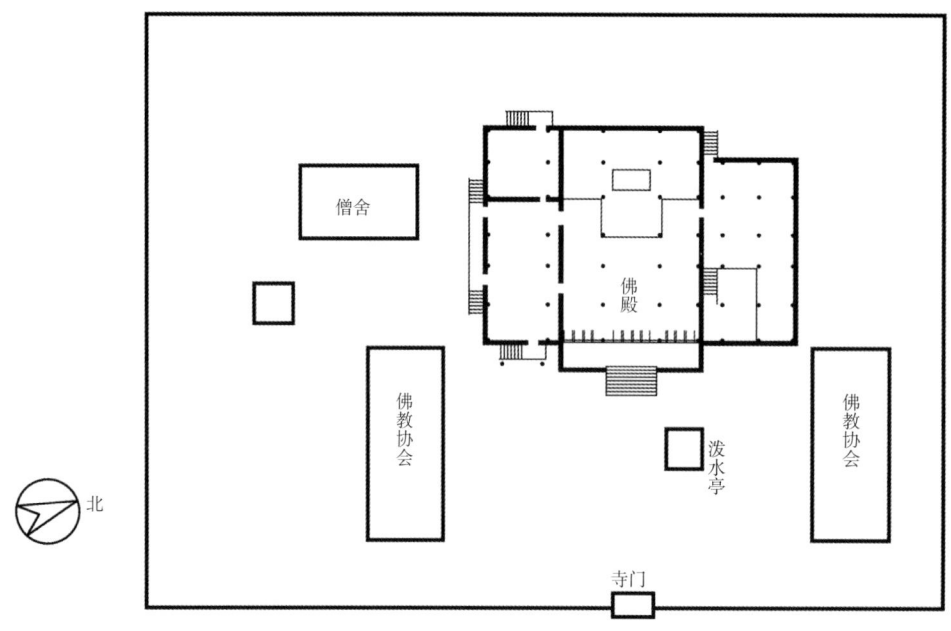

图三　傣族菩提寺总平面图

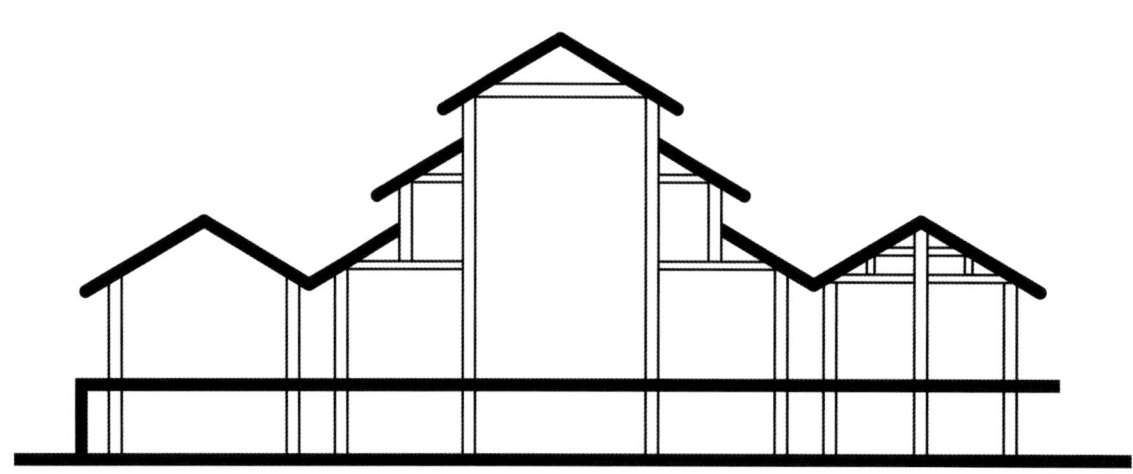

图四　傣族菩提寺佛殿剖面图

图五　傣族菩提寺大殿内部图

图六　傣族菩提寺佛殿殿前"嘎朵"

傣族勐泐大佛寺

图一　傣族勐泐大佛寺主图

　　勐泐大佛寺位于云南省西双版纳傣族自治州州府景洪市城郊，是在古代"傣王朝"的皇家寺院景飘佛寺的原址上恢复重建的。据史料记载，景飘佛寺始建于明代，是南传佛教象征十二版纳的标志性建筑之一，该建筑1848年在战争中被毁。佛寺于2005年开始重建，于2007年11月3日一期工程竣工。

　　勐泐大佛寺布局整齐，建筑繁多。寺院大门分为三门。景飘大殿也称为正殿，长49米，宽29米，高35米，是整座寺院的核心建筑，也是僧众朝暮集中修持的地方，大殿里供奉的是本师释迦牟尼佛的佛像。景飘大殿浓缩了西双版纳小乘佛教建筑的精髓，是目前同类大殿建筑之最。景飘大殿坐西向东，屋顶由三层坡面相叠而成，中间高，两侧递减，整体造型高低错落，层次分明。屋顶正脊至檐面之间的戗脊上面排列着各式各样的瓦饰，正脊上的瓦饰为火焰状，戗脊上端的造型大多为风格独特的凤。佛殿内部宽阔，殿内前部中央佛座上塑大型释迦牟尼金像，墙壁上绘有《乘象入胎》《树下修行》《终成正觉》等大型佛传故事壁画。大殿后面两侧有配殿、星期殿、长寿殿、戒堂、方丈楼、钟楼、藏经阁等建筑。从大殿后广场一直前行，在壮观的"八十罗汉托钵"的台阶两侧，分布着泰国、斯里兰卡、缅甸、老挝四个主要信仰南传上座部佛教的国家的不同建筑风格的殿堂。泰国殿、斯里兰卡殿、缅甸殿和老挝殿四殿之后即为万佛塔和大佛，塔高80米，直径45米，八角四门。吉祥大佛真身采用黄铜锻造手法，高45米，面向西双版纳景洪市区，俯视芸芸众生。大佛为底座35米×35米，高9米的方形建筑，上下两层放置释迦牟尼真身小佛像共9999尊。

勐泐大佛寺为中心对称格局，布局错落有致，内部装饰富丽堂皇，是傣族小乘佛教寺院的代表。

图片来源
图一　贺雪岚　制图
图二、图四　陈荣喆、贺雪岚　制图
图三　吴奕苇、蔡轩　制图

图二　傣族勐泐大佛寺全景手绘图

图三　傣族勐泐大佛寺景飘大殿立面图

图四　傣族勐泐大佛寺景飘大殿内部图

傣族曼飞龙塔

图一 傣族曼飞龙塔主图

曼飞龙塔，因形如竹笋，又名"笋塔"，位于云南省景洪市勐龙镇曼飞龙寨的曼阁佛寺，是金刚宝座式的群塔。

曼飞龙塔建于南宋嘉泰三年（1203）。塔为砖石结构，由主塔和八座环绕的小塔组成，周长42.6米，直径8.6米。塔基为须弥座式，由内及外有三圈：主塔居中，通高16.3米，塔身为多层葫芦形，塔刹为金色，下为莲花座，上有铜质的华盖和风铎；中圈为8座实心小塔，环绕着主塔的8个方向，塔高9.1米，塔身亦为多层葫芦形，塔刹贴有金箔；最外圈为8个佛龛，龛内供金佛一尊，内壁两侧为佛像浮雕，佛龛正脊和垂脊上都装饰有龙、凤、孔雀等陶塑，佛龛券门沿面有花草、卷云纹饰。塔的砌砖外粉刷有植物胶砂浆，起到保护层的作用。

主持建造塔的人是勐龙古巴南批，建造原因是出于对佛祖的崇拜，曼飞龙塔正南的佛龛下原生岩石上留有一人踝印迹，传说是释迦牟尼的足印。西双版纳的塔大多数为舍利塔，唯独曼飞龙塔是个例外。

曼飞龙塔是中国建筑史上不可多得的建筑佳品，造型优美，秀丽挺拔，布局错落有致，富有韵律。西双版纳曼龙飞塔的建筑风格将当地建筑传统与东南亚国家流行的南传上座部佛教佛塔的建筑样式融于一体，具有浓厚的民族特色与东南亚艺术色彩，既体现了傣族人精湛的建筑技艺，也体现了中外建筑艺术的交流与融合。

图片来源

图一　邹文，梁冰主编.中国建筑经典.北京：人民美术出版社，2000：111.

图二　吴奕苇　制图

图三　蔡轩　制图

图四　蔡克中　制图

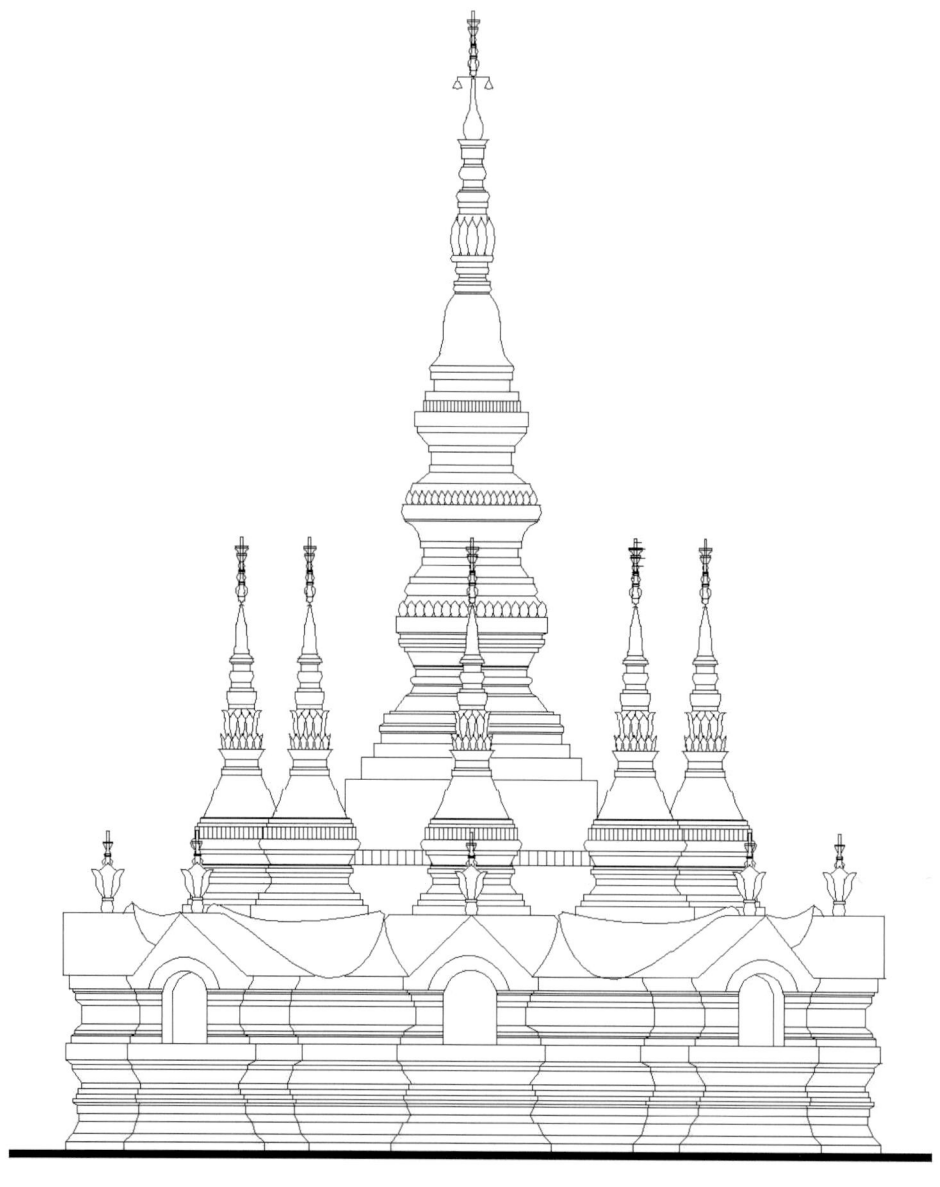

图二　傣族曼飞龙塔立面图

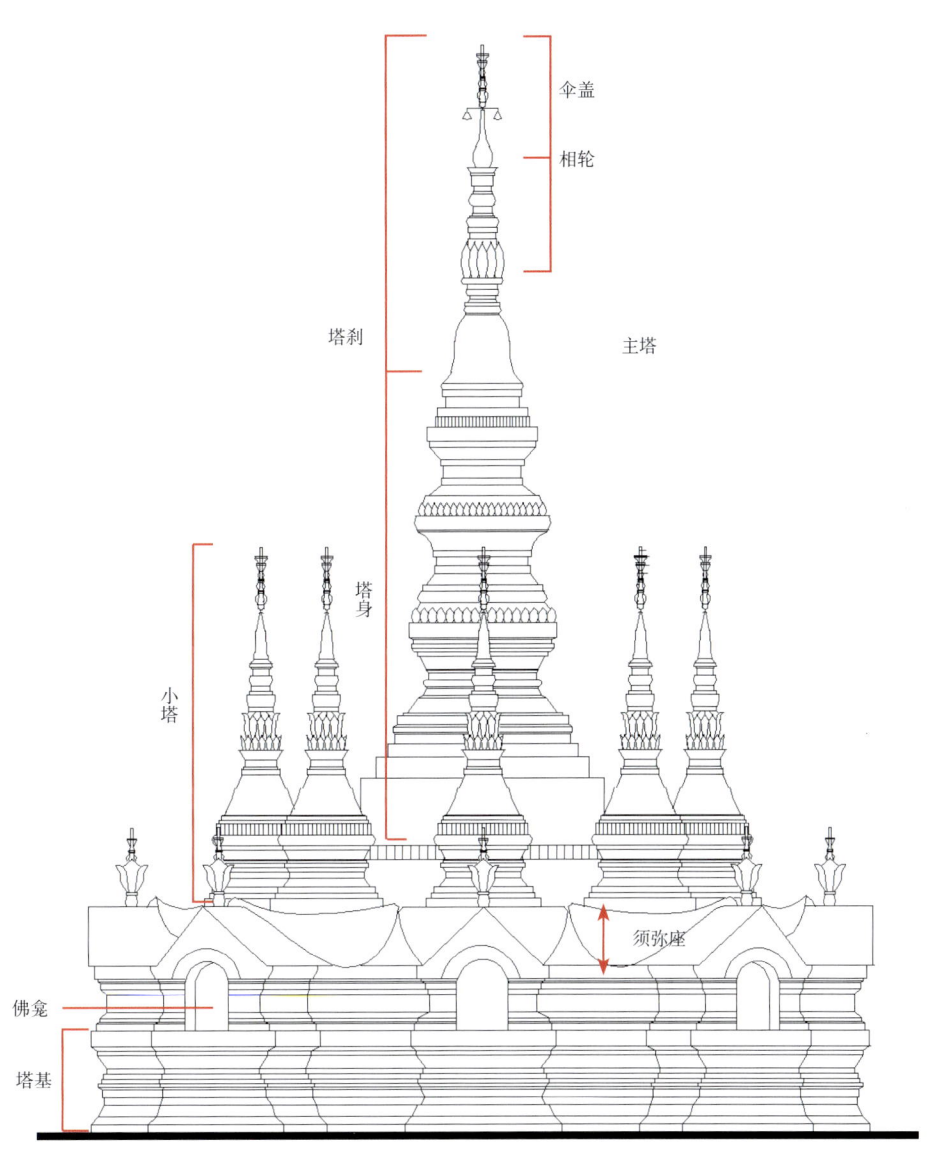

图三　傣族曼飞龙塔结构名称图

图四　傣族曼飞龙塔佛龛细节图

傣族瑞丽姐勒大金塔

图一 傣族瑞丽姐勒大金塔主图

姐勒大金塔，位于瑞丽市姐勒乡西南约300米的土丘上。据传姐勒大金塔始建于17世纪，现在的塔历经多次维修重建而成。

旧塔塔身用土坯建造，主塔高10余米，周围以数小塔围之。新塔基本依照原塔建造，塔基为圆形，直径为30米，用长方青石建造，塔群为钢混结构。主塔高39.5米，塔身为正八棱形，首层呈石鼓状，贴满金色瓷砖，金碧辉煌，如众星拱月，雄伟壮丽。四周环绕2号塔4座，3号塔4座，4号塔8座，为圆锥状，其上为5层至12层相轮。塔身均涂金粉；塔座皆用石灰浆刷为白色；塔刹由莲花座纪念瓶组成，塔冠均以金属制成宝伞、风标，系着上百只风铃。

姐勒大金塔规模宏大，体量雄浑。洁白的塔身，金色的塔顶，相互映衬，在阳光的照射下显得金碧辉煌，群塔的设计者们充分考虑到了光色产生的视觉效果。这种群塔的形式独具民族特色，与傣族地区流行的缅塔不同，姐勒大金塔具有简洁的外形，充满升腾的气势，如雨后春笋，洋溢着勃勃生机。姐勒大金塔所具有的艺术成就，使之不仅是德宏佛塔建筑之冠，而且是东南亚著名佛塔之一。

图片来源
图一　贺雪岚　制图
图二　吴奕苇　制图
图三、图四　符沙　制图

图二　傣族瑞丽姐勒大金塔立面图

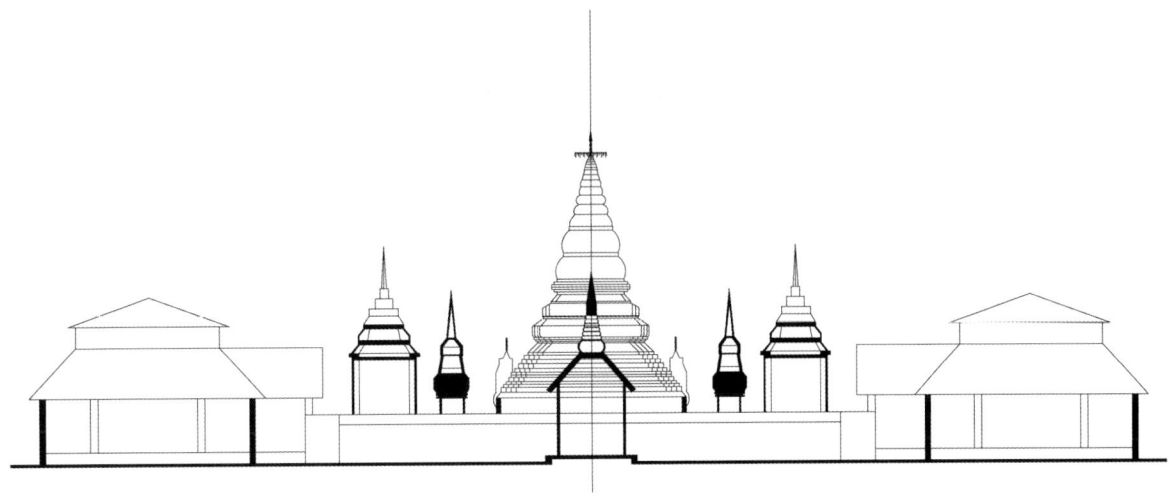

图三　傣族瑞丽姐勒大金塔立面图

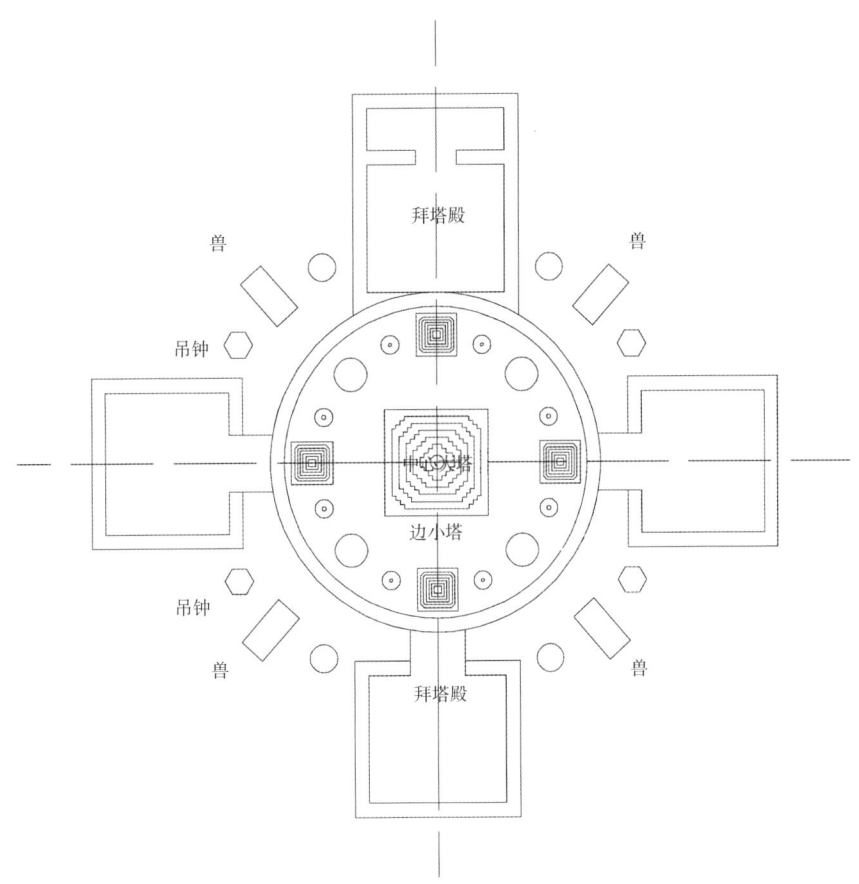

图四　傣族瑞丽姐勒大金塔平面图

第一章　傣族传统建筑

031

傣族勐海景真八角亭

图一　傣族勐海景真八角亭主图

　　景真八角亭位于云南省西双版纳傣族自治州勐海县景真寨。据相关资料记载，佛寺始建于傣历1063年（清康熙四十年，1701），是景真地区中心佛寺的附属建筑——布苏，意为"顶状莲花"，即这座建筑是仿照佛陀的帽子建造的。

　　景真八角亭为八角形砖木结构的攒尖顶式建筑，坐北向南，由基座、亭身、屋顶和刹杆组成。亭座为亚字形须弥座。亭身有31个面，32个角，墙面上装饰有31幅描绘象、狮、虎等形象的彩色绘画。南面开拱形正门，门上方设卷龛，内置一尊铜佛像，大门上雕有傣族风格的太阳花、双龙图案，门前有一木梯与石阶相连，两侧各立着一头雄狮和一条神龙。亭内室有24面墙壁，都绘制有金水壁画。屋顶最为精彩，为全木结构攒尖顶，圆形的屋檐由8组11层连续的硬山式小屋脊组成，每组小屋脊呈台阶状向上收缩，最后收束于一直径为1.9米的宝盖下。宝盖上为高达4米的塔刹。

景真八角亭整体造型结构独特，类似冠冕，构思新颖，设计奇巧，建筑技巧卓绝，是南传上座部佛教建筑中的精品，也是西双版纳傣族建筑工艺水平的集中代表。

图片来源

图一　贺雪岚　制图
图二　高梦竹　制图
图三　吴奕苇　制图
图四、图五　符沙　制图

图二　傣族勐海景真八角亭手绘图

图三　傣族勐海景真八角亭立面图

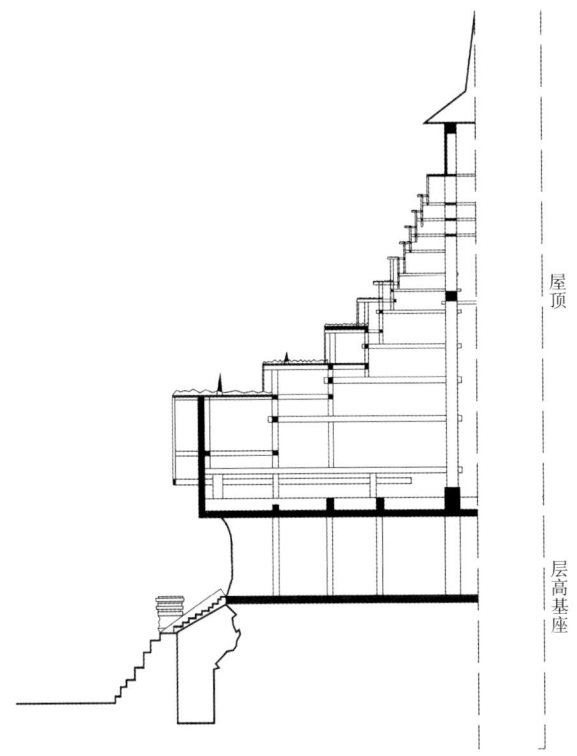

图四 傣族勐海景真八角亭剖面图

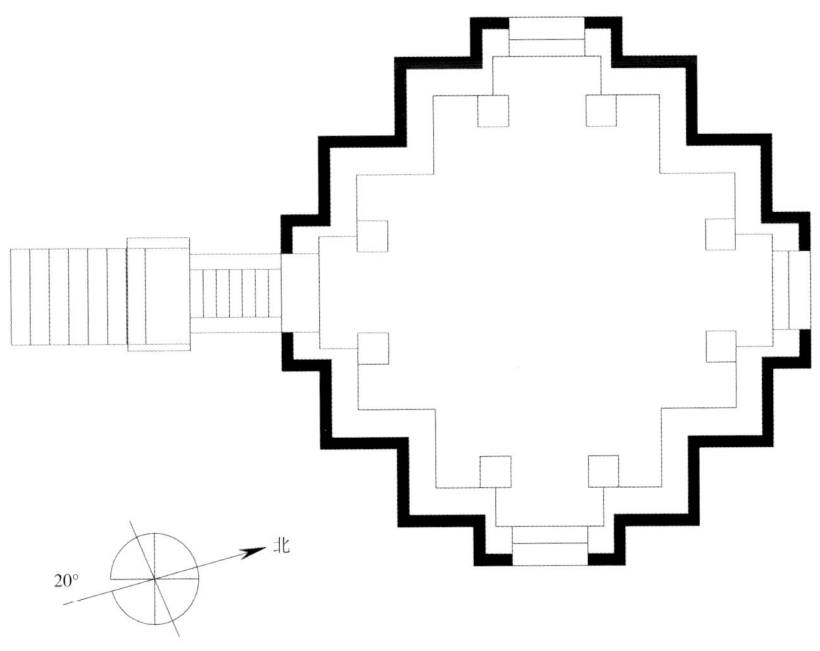

图五 傣族勐海景真八角亭经堂平面图

傣族孟连宣抚司署

图一 傣族孟连宣抚司署主图

孟连宣抚司署通常叫"孟连土司府",是当地傣族世袭土司刀氏的衙门,这是云南18座土司府中保留较好的一座土司府,位于云南省孟连傣族拉祜族佤族自治县老城内。

宣抚司建筑群坐北向南,大门是二叠小歇山式飞檐斗拱门堂,叠砌13级石踏道。孟连宣抚司占地面积约12484平方米,分作正厅、议事厅、后厅、厢房、内庭以及其他一些附属建筑,如谷仓、厨房、监狱,外有2米多高的围墙,四周有4道侧门。主体建筑是规模最大的议事厅,三层大楼系三重檐歇山顶干栏式建筑,长24米,宽15.8米,高10.26米。面阔7间,进深5间,干栏桩柱6排47根对称排列,檐枋下有象鼻昂斗拱8朵,并有花卉、动物木雕,题材多为"双凤朝阳""虎落平阳""鹬蚌相争""犀牛望月"等典故。二楼是宣抚召集大小头领议会的地点,也是审判室。议事厅中央设有佛龛,龛下陈列着宣抚的大座椅和案桌,两边有两个大木架,上面陈列着刀、叉、矛、戟等兵器。厅堂宽敞,前后各有一长排坐栏,供人纳凉憩息。议事厅后面为后厅,是一楼一底的建筑。屋角雕刻细密,纹饰精美,各种图案的雕刻，栩栩如生，纹路新颖。在天花板和柱子上，则用金粉印制出傣族风格浓厚的花卉动物图案。楼下有地楼及坐栏，是土司避暑乘凉之处。

正厅为一楼一底重檐硬山顶式建筑，全檐下有斗拱6朵，面阔5间，进深5间，前厦檐下有"龙凤呈祥""八仙祝寿"等浮雕，是土司的居室，土司及一妻二妾就居于楼上。东西有客厅，厅里设有勐神神坛，是土司接见下属和过往官员的地方。西面有天桥，与厨房相连。左右厢房为一楼一底硬山顶沿廊式对称建筑，是官员办公的地方。厨房和粮仓系干栏式傣家竹楼。

整个土司府建筑布局合理、完整，古色古香，雄伟壮丽，体现了傣族人民的智慧和独创精神。整个建筑系土木结构，主体风格为傣族干栏式，在飞檐、斗拱、浮雕和花格木雕窗等方面，又吸收了汉族的建筑风格，是傣、汉两民族建筑合璧的典型代表。

图片来源
图一　贺雪岚　制图
图二　沈开婧　制图
图三至图五　符沙　制图

图二　傣族孟连宣抚司署手绘图

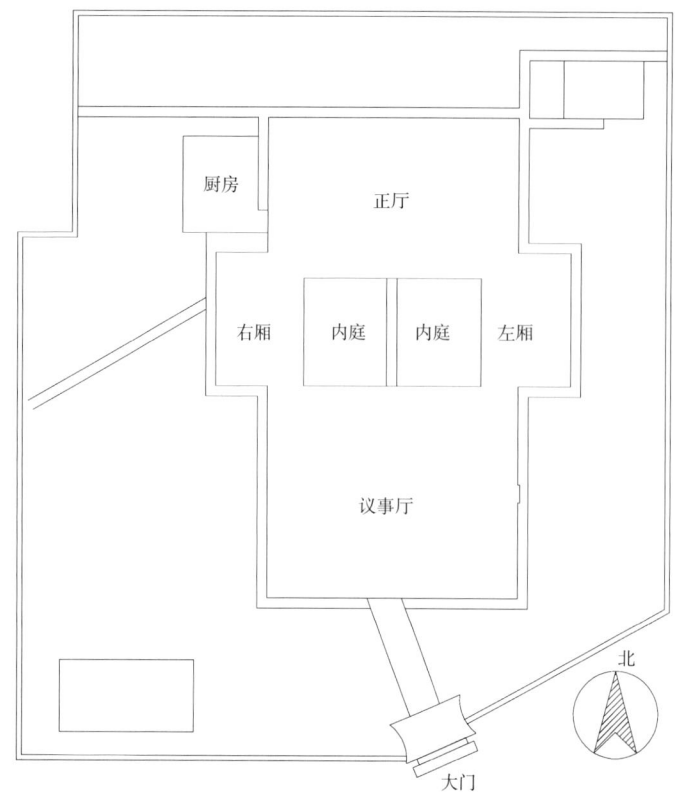

图三　傣族孟连宣抚司署总平面图

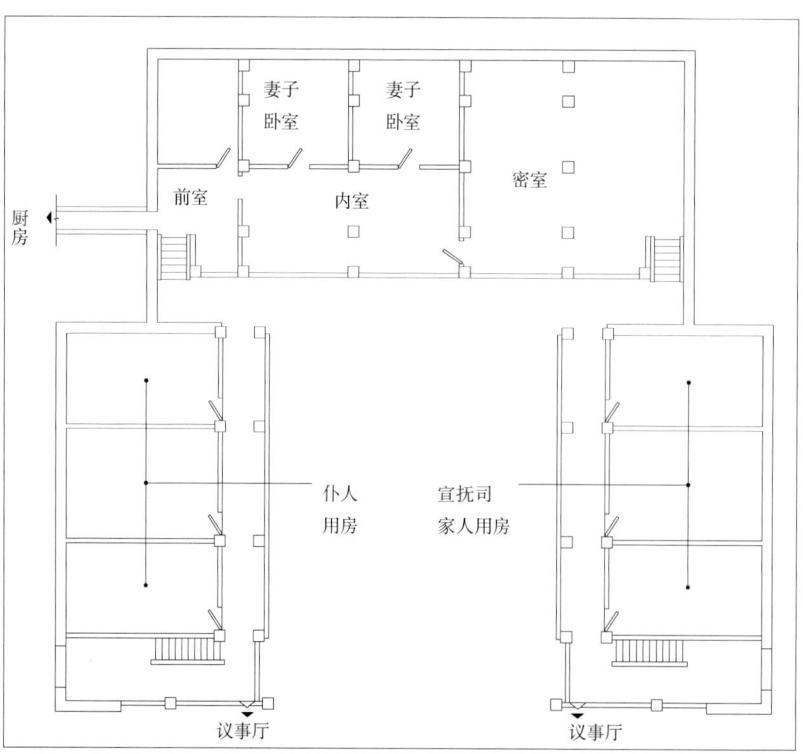

图四　傣族孟连宣抚司署孟连宣抚司住所平面图

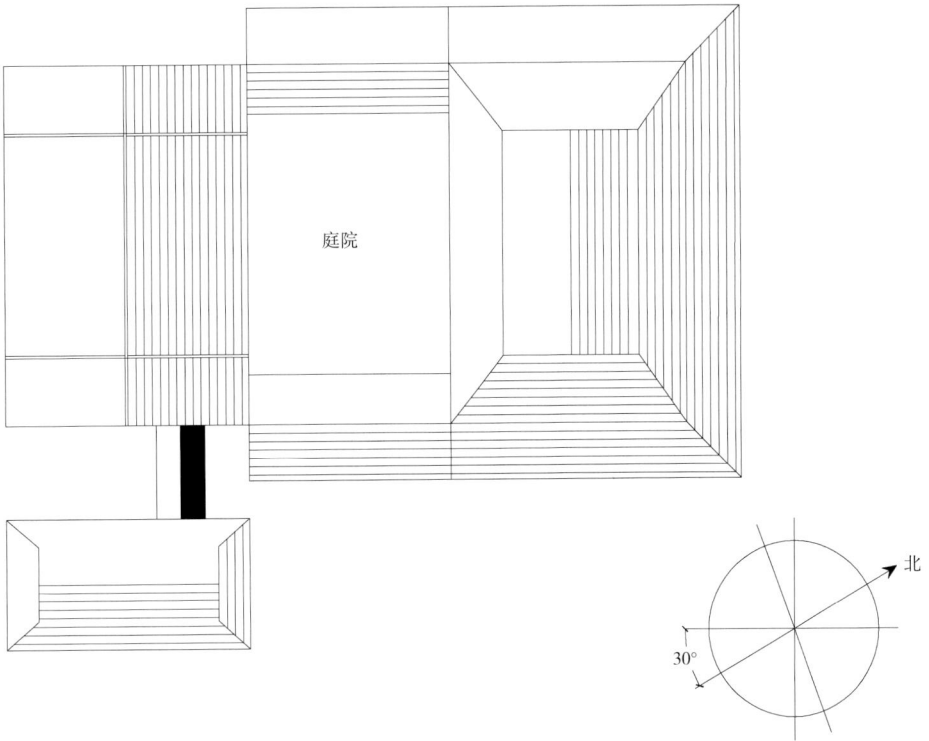

图五　傣族孟连宣抚司署俯视图

西双版纳傣族民居

图一　西双版纳傣族民居主图

西双版纳傣族民居为干栏式竹楼，整体布局呈方形，一般为上下两层，上层为人生活起居之处，里面是正屋，因功能不同区分为厅堂和卧室。厅堂前半部分设火塘，火塘上设置铁三脚架，用于烹饪、取暖、照明，火塘靠墙壁处堆放木柴，放置水桶、碗柜等，整个空间是作为厨房使用的；后半部分为客室，可供吃饭、休息以及客人住宿之用。卧室陈设比较简单，无床和桌椅，只铺有垫子，席地而卧，室内墙壁无窗，采光很差，但能避免室外热浪卷入，保持室内清凉。正屋外有走廊、晒台等，晒台用于晾晒衣物、纳凉等，亦可在这一空间中开辟小菜园，用于种植傣族人喜食的葱、姜、芫荽、辣椒、薄荷、香茅草等烹饪佐料。竹楼的下层无墙壁，这层空间主要用于饲养家禽牲畜，放置生产生活工具以及堆放柴火等杂物。

西双版纳傣族民居最大的特点是能避洪水和内涝，也能避炎热气候条件下的热毒和疾患，亦能免于毒蛇猛兽的侵扰与伤害。这些功能性特点的形成与炎热多雨的自然条件以及生活习惯密切相关，也使得竹楼的设计趋于与地理环境、生态环境相适应。竹楼陡屋面利于排水，而应对炎热的气候环境，西双版纳民居主要采用遮阳、避晒的方式，硕大的屋顶可以使整个建筑笼罩在浓荫下，给人带来凉爽感觉；另外，低垂檐避免了仰光直射，加之室内少窗或者不开窗，都保证了获得室内阴凉的效果。

图片来源

图一　贺雪岚　制图
图二　贺雪岚　制图
图三至图五　吴奕苇　制图
图六、图七　符沙　制图

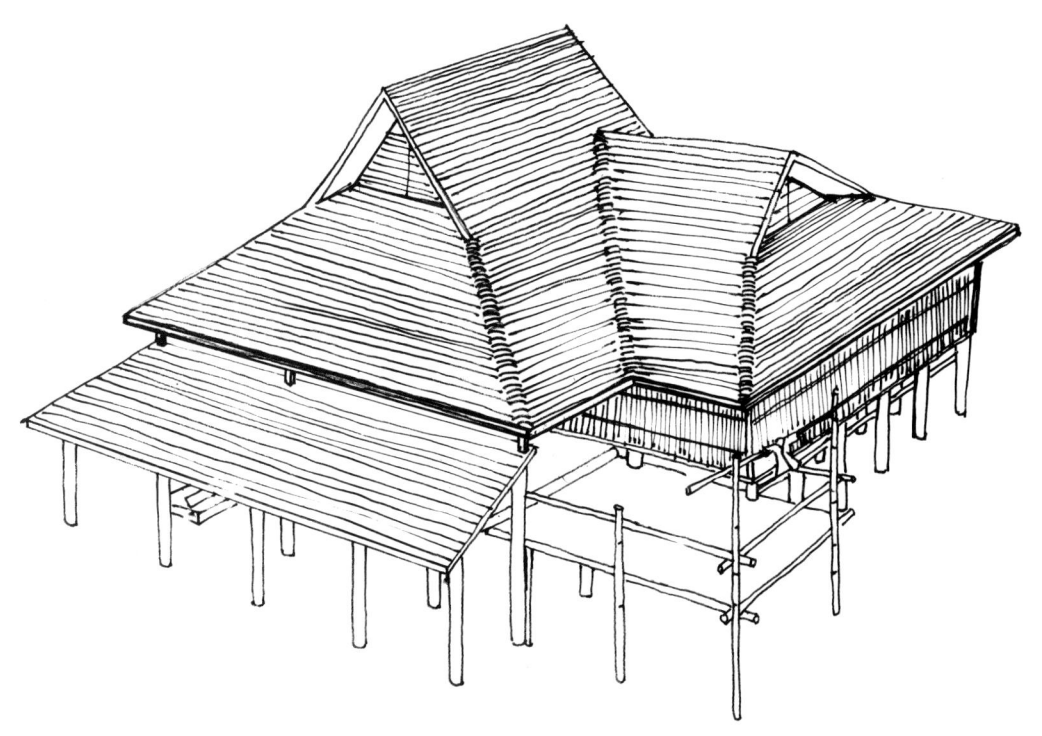

图二　西双版纳傣族民居手绘图

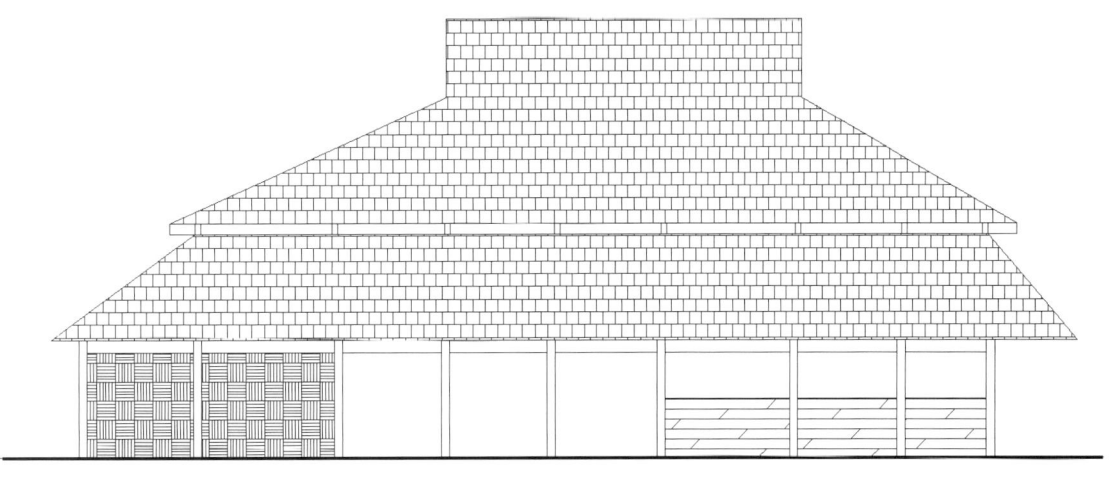

图三　西双版纳傣族民居立面图

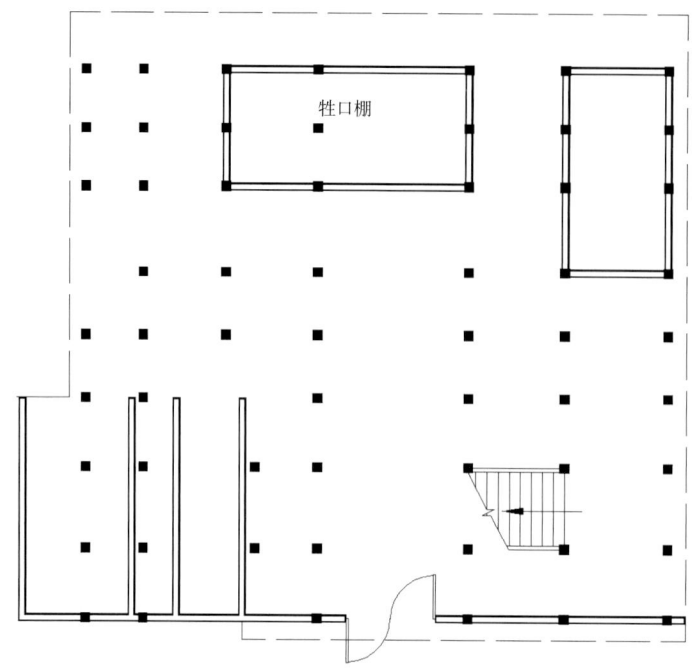

图四 西双版纳傣族民居一层平面图

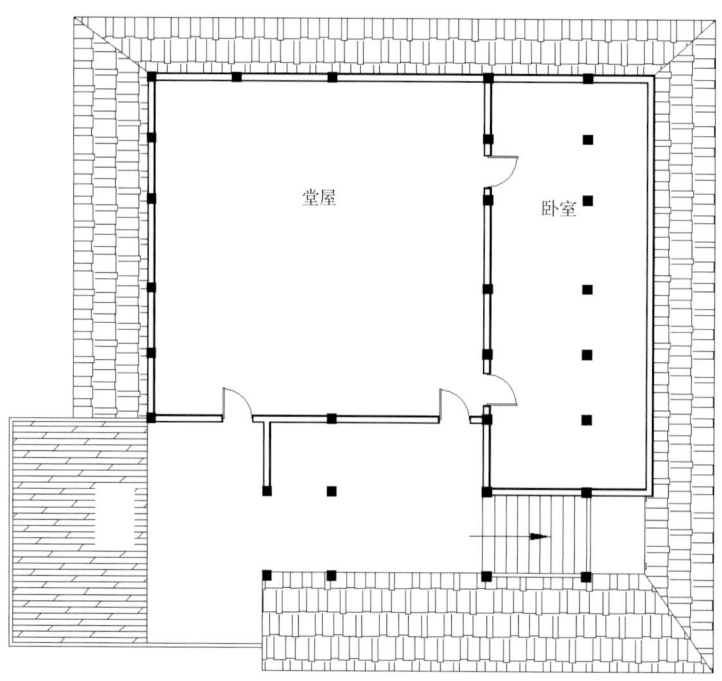

图五 西双版纳傣族民居二层平面图

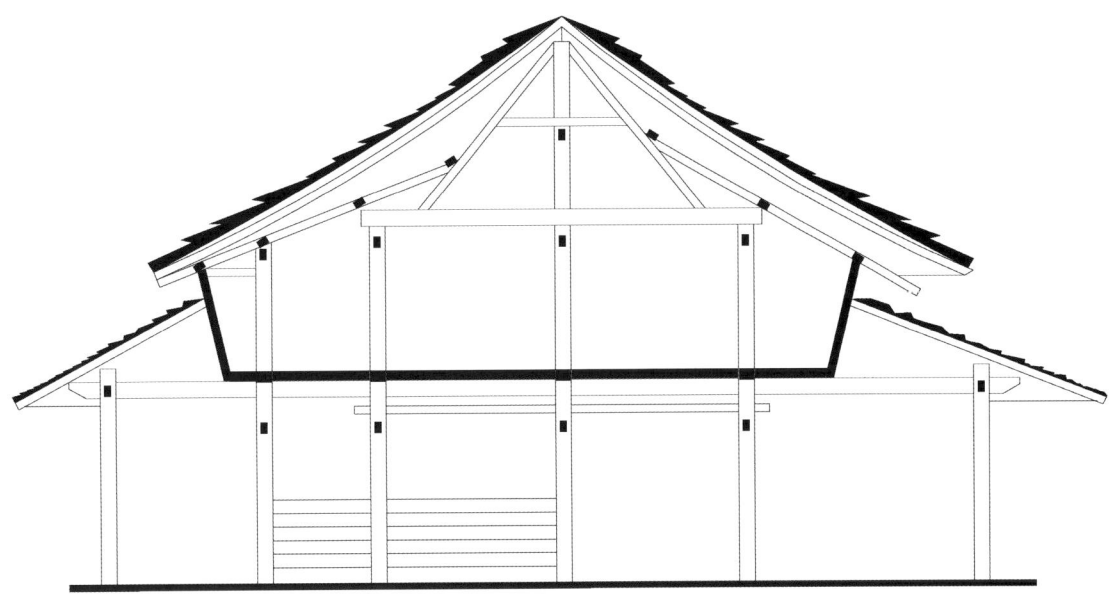

图六 西双版纳傣族民居剖面图

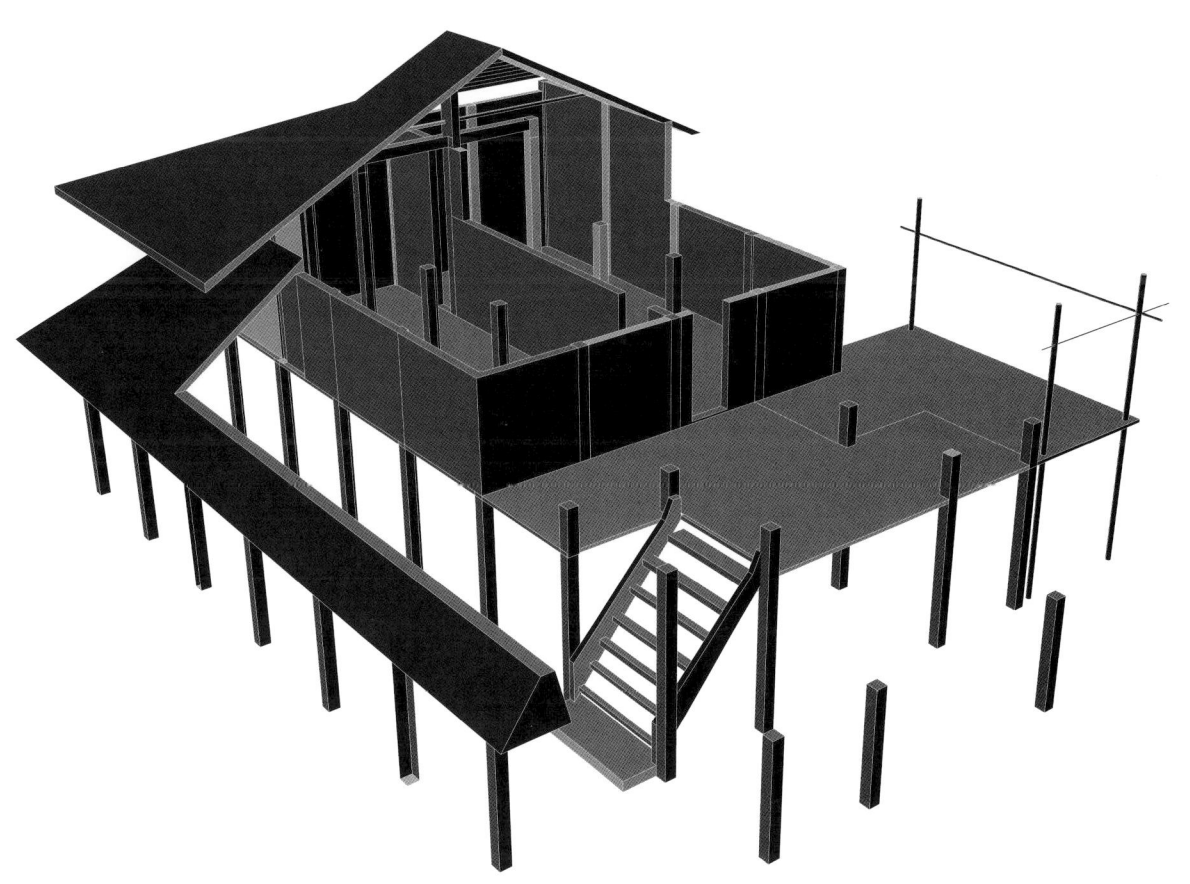

图七 西双版纳傣族民居剖视图

第一章 傣族传统建筑

瑞丽傣族民居

图一　瑞丽傣族民居主图

瑞丽市在德宏州最西部，气候、地形和生活习惯与西双版纳地区大同小异，但瑞丽傣族民居的特点与西双版纳傣族民居有许多不同之处。

从结构布局来看，瑞丽傣族竹楼由干栏和平房组成：干栏是两层长方形住房；平房是厨房，位于干栏式住房之后。干栏式竹楼分上下两层，下层架空，用于堆放杂物；上层分前厅堂和后卧室。厅堂中设火塘，用于烧茶，外有前廊和晒台；卧室一两间，无床椅，席地坐卧。竹楼屋顶为歇山式，脊长，坡面平缓，外墙开窗，有的西墙外还有挑阳台以避免日晒。

主、辅楼梯是瑞丽傣族民居设计的一大特点。主楼梯设置在靠山面一端，通过主梯，可以从底层上至二楼走廊，然后再进入厅堂内；位于卧室一端的楼梯为辅助楼梯，通过它保持与底层平房卧室的联系。主、辅楼梯的设计方便了生活，使功能使用有了主次和内外之分。

瑞丽傣族民居与西双版纳傣族民居不同点是无坡檐屋面，堂屋外墙开窗，有的还是落地窗,这样设计,有利于空气对流,以降低室内气温,瑞丽傣族民居在设计上成功地达到了实际的效果,为对付炎热气候提供了另一种与环境相适应的具体方法与措施。

图片来源

图一　贺雪岚　制图
图二　蔡轩　制图
图三　吴奕苇　制图
图四、图七、图八　符沙　制图
图五、图六　吴奕苇、符沙　制图

图二　瑞丽傣族民居手绘图

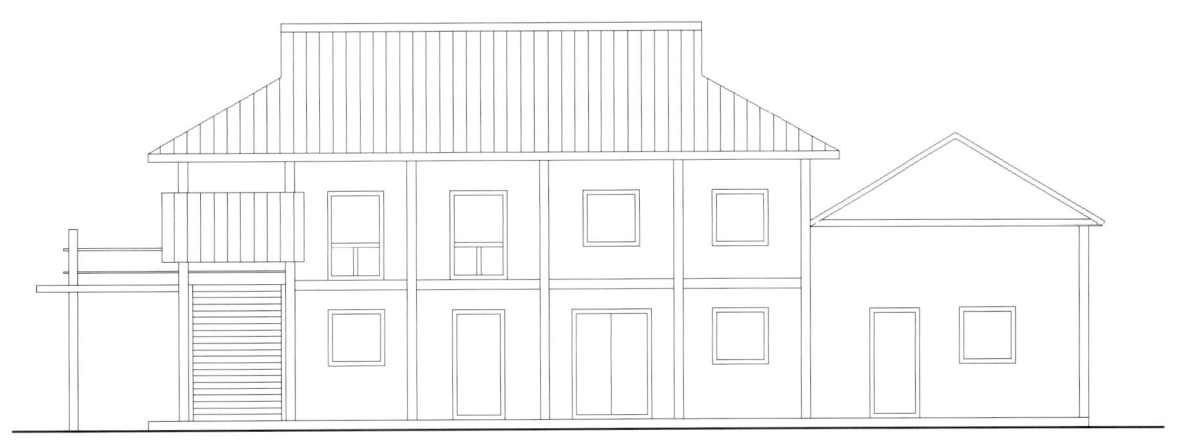

图三　瑞丽傣族民居立面图

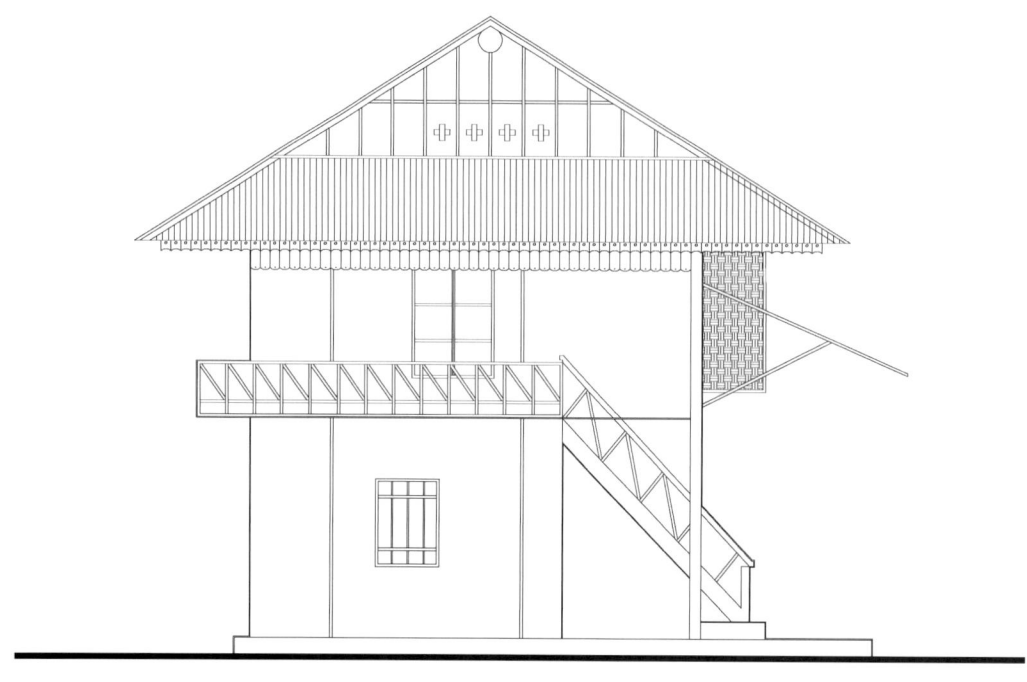

图四　瑞丽傣族民居侧视图

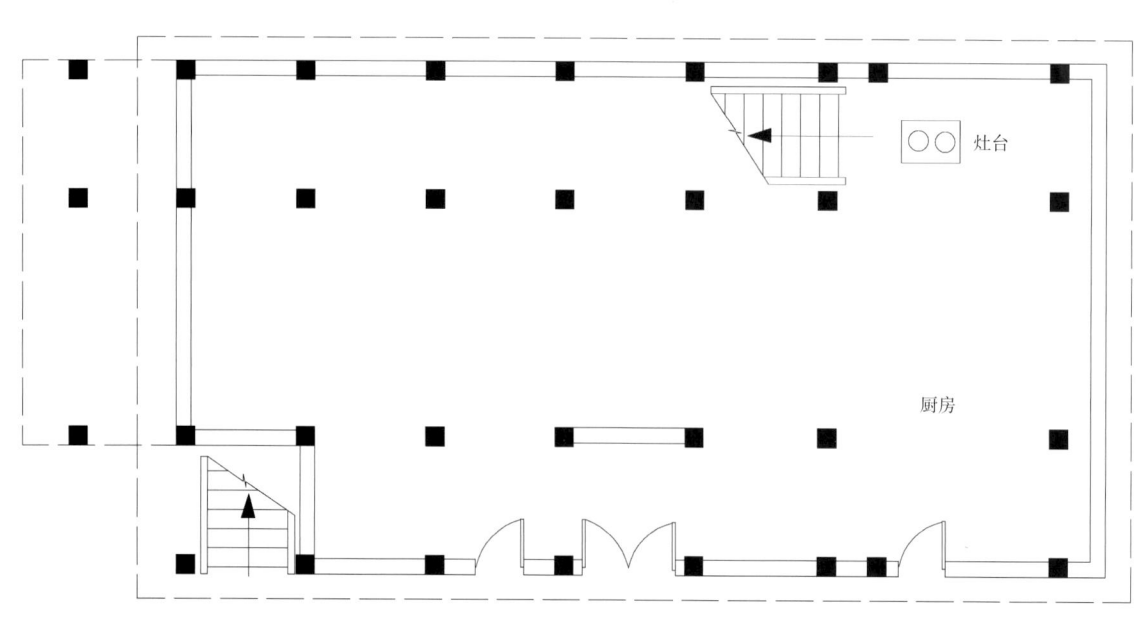

图五　瑞丽傣族民居一层平面图

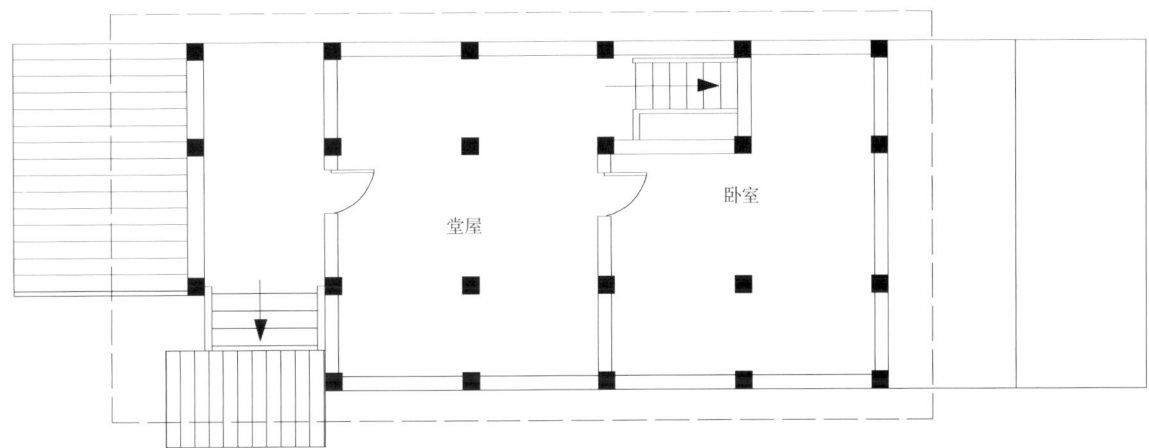

图六　瑞丽傣族民居二层平面图

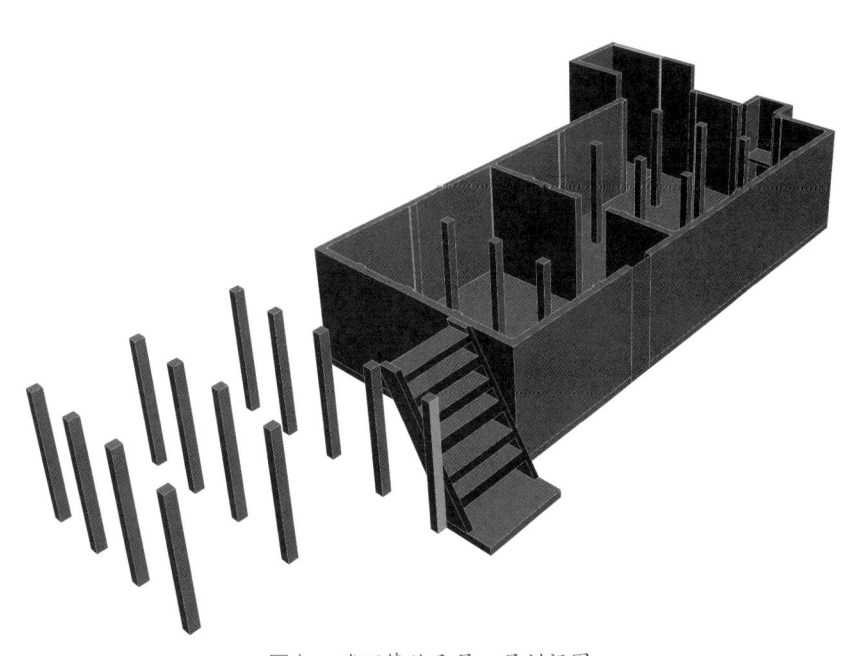

图七　瑞丽傣族民居一层剖视图

第一章　傣族传统建筑

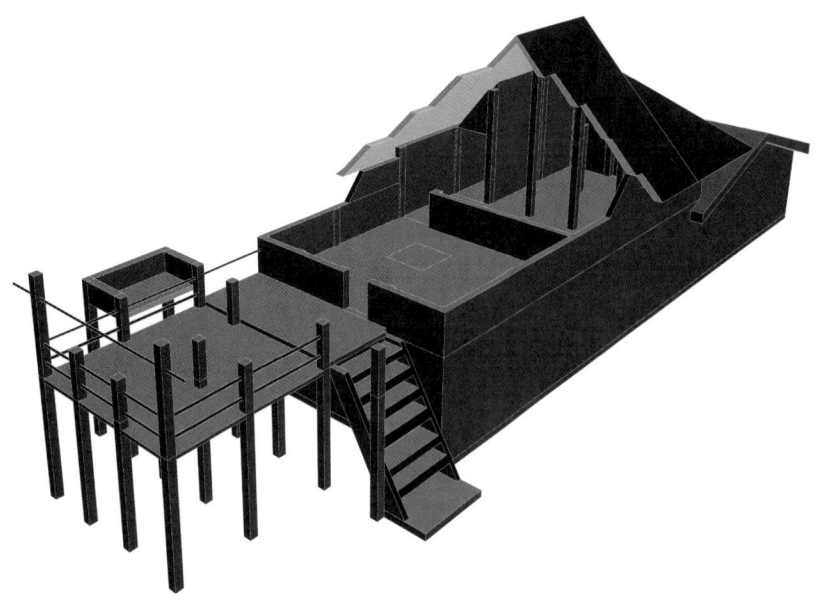

图八　瑞丽傣族民居二层剖视图

金平傣族民居

图一　金平傣族民居主图

　　金平苗族瑶族傣族自治县位于红河哈尼族彝族自治州的南部。金平傣族居住的房屋属于干栏式建筑。房屋一般坐东向西，依山而建。结构分作上下两层，上层四周皆有以竹木编成的墙壁，供人居住，室内的布局一般为：阳台搭建在前门的一方，用于晒谷物、衣物等。正房与阳台之间正对楼梯口有一个走廊，后门与楼梯口之间也有一个走廊，前后走廊可以相通，用作平时乘凉。正门的左边是全家人的卧室，卧室之间用篱笆墙围隔，每一个卧室均有一道卧室门，门上挂绣有龙、凤等图案的布帘；最里面正对后门楼梯口叫"伙罗荒"。卧室的排序为："伙罗荒"旁是祖父母的卧室，依次是父母、儿子、女儿的卧室。子女卧室旁紧靠前门楼梯口的一间主要用于堆放谷子及杂物。屋里一般设有两个火塘，火塘是用四块木板围成四边形、中间堆上一些泥土做成的，进门的右边是大火塘，主要用来烧饭做菜；小火塘一般设在祖父母卧室和父母卧室之间，作平时烧开水或冬天烤火取暖之用，一般不用来烧饭做菜。大火塘旁边是饭桌，饭桌旁是后门,最里面紧挨后门与"伙罗荒"及祖父母卧室正对处,设有一个床位,家里来的客人便被安排在此处住。下层堆放柴火、农具及杂物,并圈养家畜等。

干栏式建筑的建造程序大致是:先于地上立竹木柱,再在桩上搭建横木,上铺木板或竹排构成居住层,再架梁;墙壁均用竹篾编成,屋顶呈"人"字形,用草排覆盖。整座房屋顶尖底方,建于若干根桩上。

金平傣族民居的房屋高出地面,具有防潮、通风散热、卫生舒适、冬暖夏凉等优点,同时还可防御蛇虫野兽的侵扰,和抵御一般性水灾,是傣族人对环境的适应性的体现。

图片来源
图一　贺雪岚　制图
图二至图五　蔡轩　制图

图二　金平傣族民居手绘图

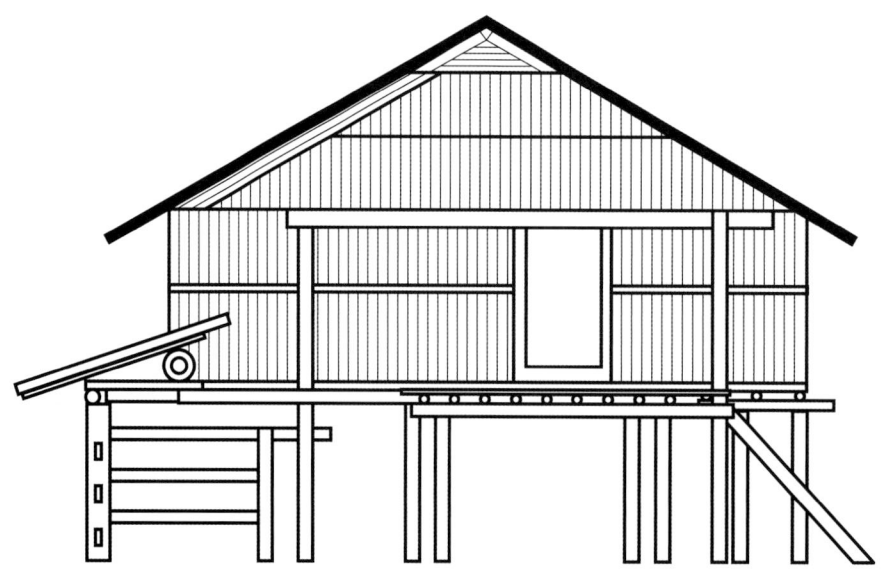

图三　金平傣族民居立面图

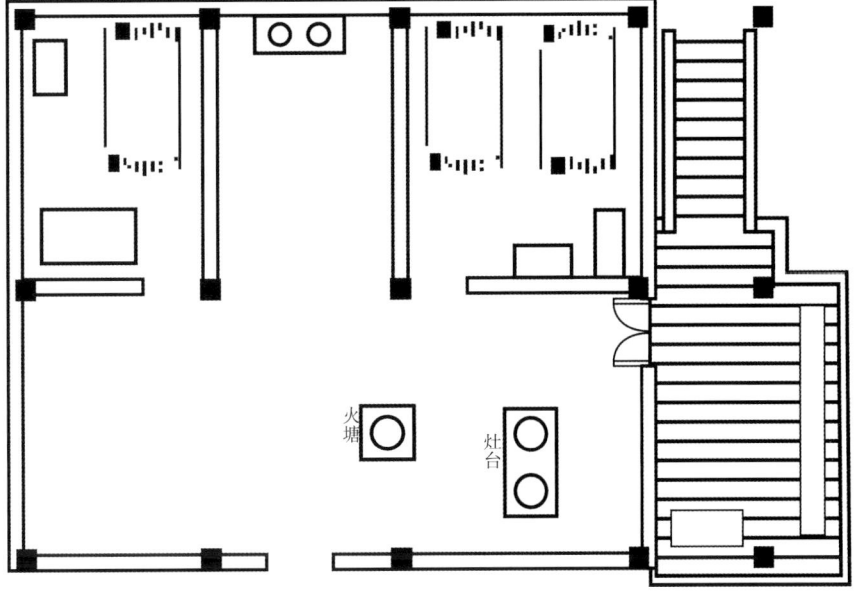

图四 金平傣族民居平面图(一)

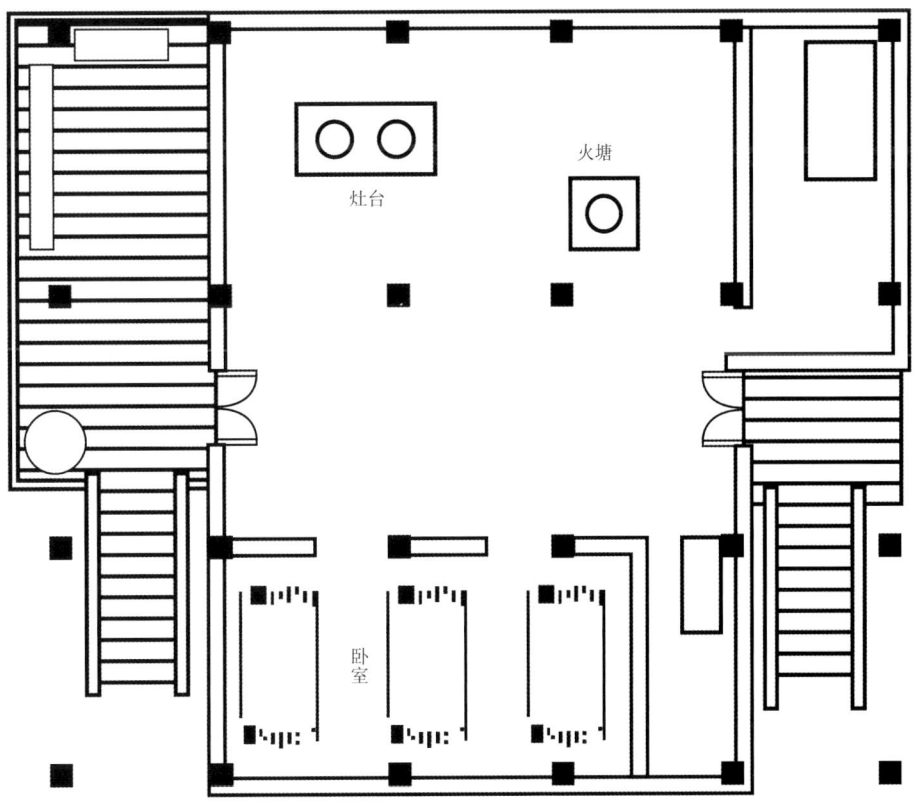

图五 金平傣族民居平面图(二)

孟连傣族民居

图一　孟连傣族民居主图

　　孟连地区的傣族民居外形上与西双版纳地区的相似，但实际有诸多不同。孟连傣族民居没有明显的前廊，而且二楼空间较为复杂，层次增多，一般可横向区分为三个有大小、功能差异的空间，这三个空间甚至还有等级上的差别。第一间为前室，空间狭小，设有客火塘，供家务劳动之用，一般的客人能进到此室；第二间为堂屋，空间宽敞，设主火塘，为家庭活动中心，地位较高的亲友、客人及族人才可以到堂屋里来；第三间为卧室，只有家人才能进入这个空间。这三部分的室内地板有高低之别，目的是区分不同的使用空间。孟连傣族民居的这种空间划分方式带有明显的等位渐进和私密渐进观念，这种观念源于土司强化自身统治地位时所划分出来的阶级等级观念，也与原始宗教中对鬼的忌避观念有直接联系。

　　孟连地区竹楼有别于其他地区竹楼的特点是其楼梯分为两段，在两段楼梯交接转折处扩展出一个平台，可以作为邻里之间聊天交流的场所。这种处理空间的手法与二楼空间的私密渐进有所区别，其功能意义不仅在于上下交通的需要，更在于信息的传递，突破了空间的限制，加强了与外界的交流。

　　孟连竹楼屋顶还有一个最明显的特点，就是从室内到室外展台通道上的檐口处理，常见有两种形式：一种是将檐口屋顶截断一块，单独向上多撑起一些；另一种是做成老虎窗式的三角形出入口，其目的都是为了适当地增加室内外进出口处的净空高度。

图片来源

图一　贺雪岚　制图
图二、图六　陈荣喆　制图
图三至图五　符沙　制图

图二　孟连傣族民居手绘图

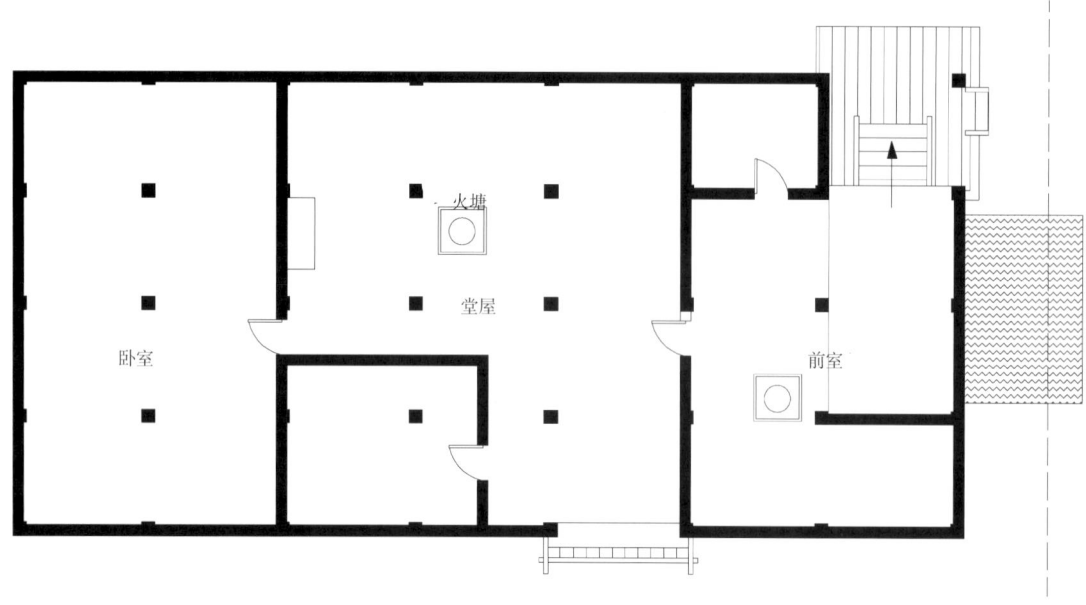

图三　孟连傣族民居平面图

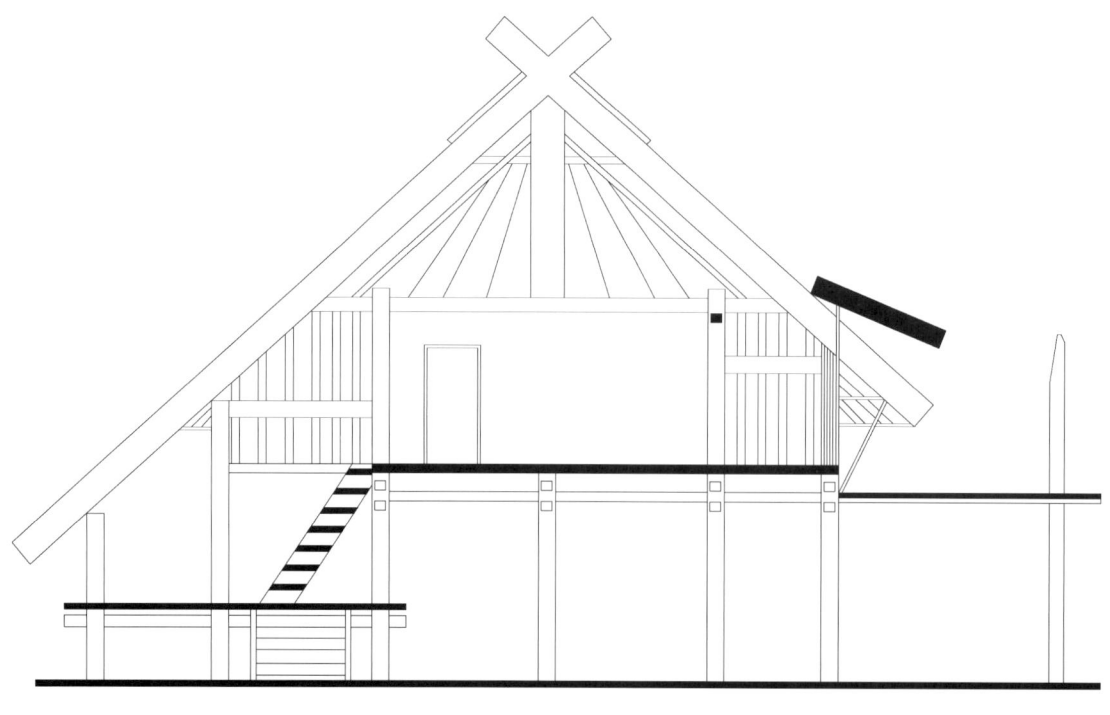

图四　孟连傣族民居剖面图

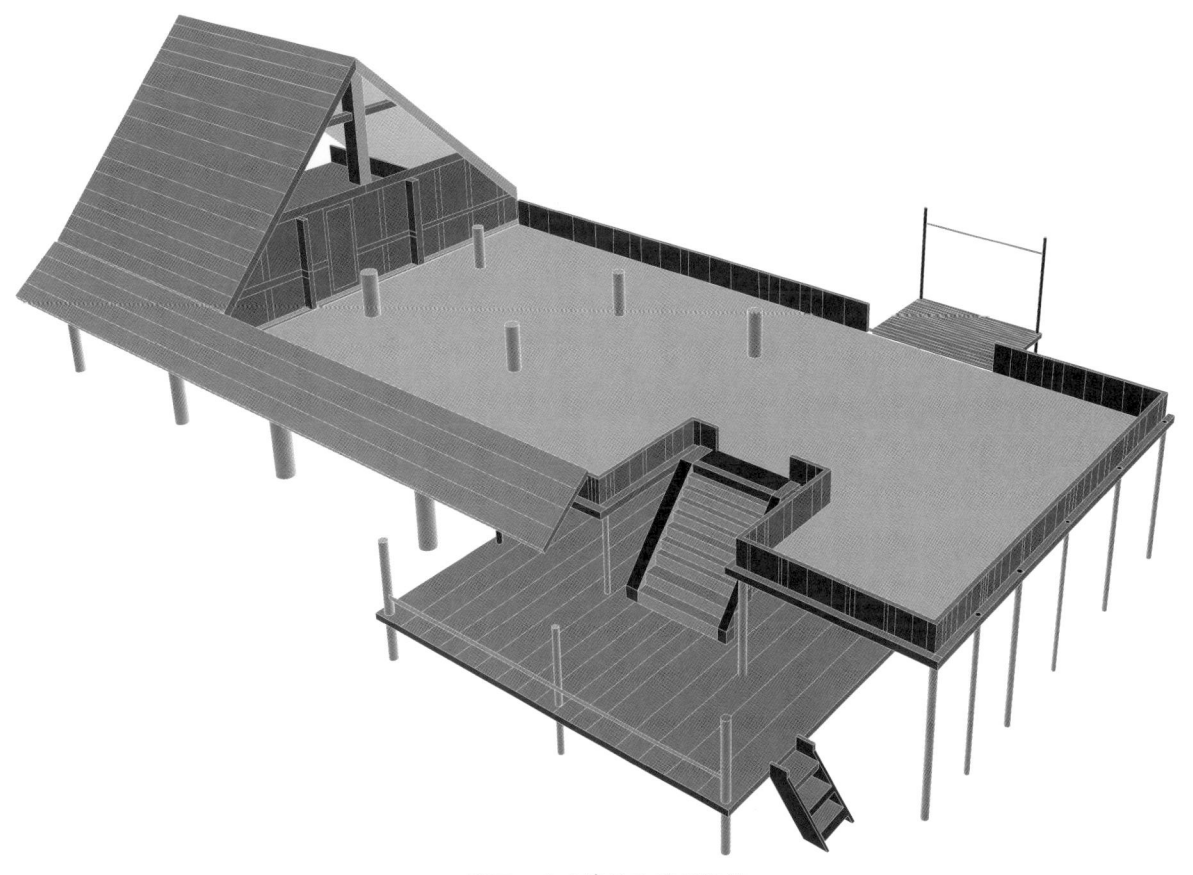

图五　孟连傣族民居剖视图

图六　孟连傣族民居檐口图

傣族土掌房

图一　傣族土掌房主图

土掌房大量分布于云南中部和东南部地区的红河流域，是傣族、彝族、哈尼族等少数民族的主要民居形式。傣族土掌房一般建在山腰偏下、靠近河谷底部的平坦地带，盖土掌房的材料以土、石、木为主，这些材料都是就地取材，便捷经济。建造程序基本为：打地基、夯土墙、搭木架和铺屋顶。首先在平地上砌筑基台，选用夹板、冲墙棒、拍板等工具夯筑土墙，然后立承重木柱，搭建大平梁、楼梁和穿枋等大木作构件，木料选用坚硬结实的椎栗树，最后在屋顶铺上泥土压紧夯实即可。

土掌房整体呈长方体或正方体，一般为上下两层，也有三层的，从下至上层层垒进，呈阶梯状。整体布局上，下层为厨房、餐厅、杂物间等，上层为厅堂、卧室、粮仓和阳台，上下层之间有楼梯连接。室内宽敞，大者拥有十数间房屋。

土掌房容易建造，合理利用了当地的材料，经济实惠，所建造的房屋结实、耐久，而且还有冬暖夏凉的优点，特别适合于干热河谷地带的气候，是傣族人对环境的适应性选择。

图片来源
图一　贺雪岚　制图
图二　高梦竹　制图
图三至图四　吴奕苇　制图
图五至图七　蔡克中　制图

图二 傣族土掌房手绘图

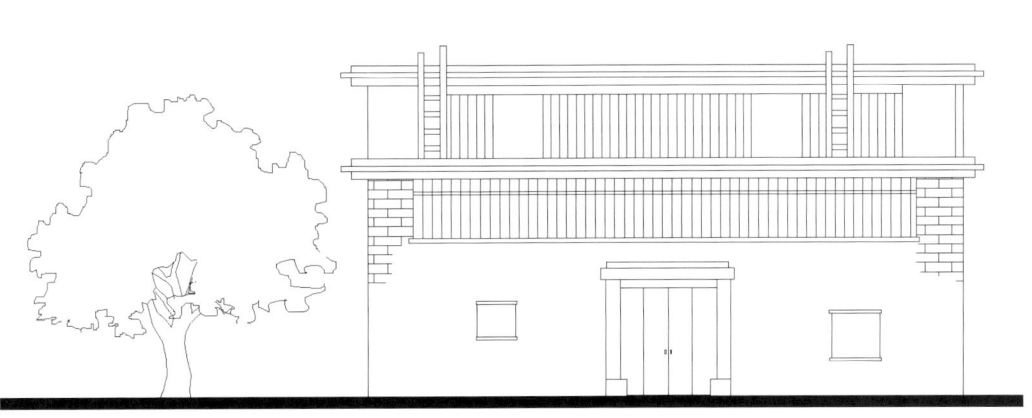

图三 傣族土掌房立面图

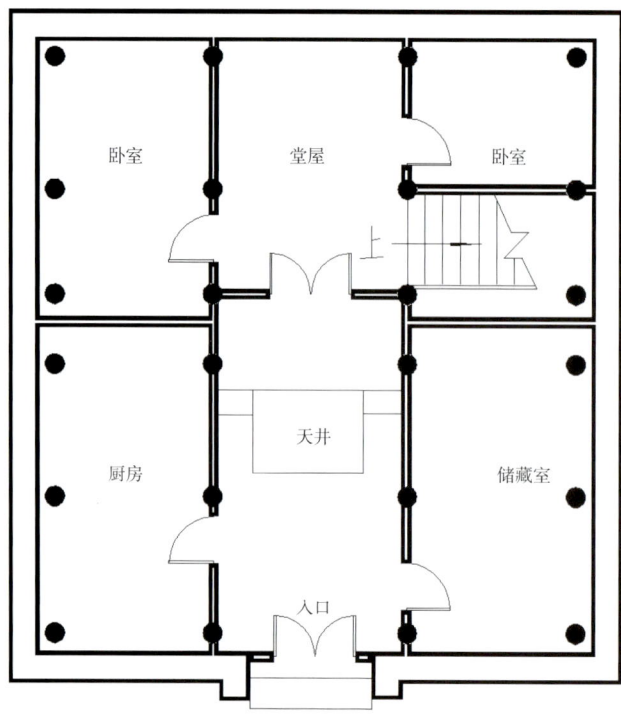

图四　傣族土掌房平面图

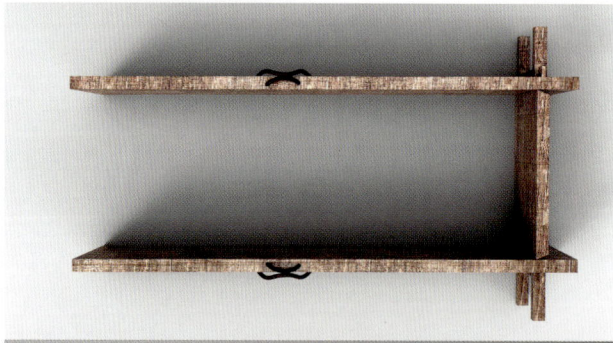

图五　建造傣族土掌房使用的工具木板夹

图六　建造傣族土掌房使用的工具冲墙棒

图七　建造傣族土掌房使用的工具拍板

第二章 傣族传统服饰

傣族妇女古典服饰

图一 傣族妇女古典服饰主图

此套傣族妇女古典服饰由冠、上衣及筒裙组成。三山冠，以深红色为底，帽子表面装饰繁杂华美，通体施以细网格状纹，边缘有黑白相间的条状裹边，并缀有珍珠。帽子正面中间位置可见一黑色植物装饰图案，下方是连续的黑色桃心形。上衣为缎面短袖收腰对襟，红白格子配以红色大花及碎花，领口、门襟、袖口、底边以花边作为装饰。裙子为筒裙，长可齐脚背。裙腰部分是带状蓝色碎花，其下主体部分是大红花朵点缀，与上衣的纹饰相似。领主家眷穿上这样华美的衣服，行走起来光彩照人。

这套服装用料讲究，色彩儒雅活泼，能够体现出傣族贵族高雅的审美情趣，能够突显出女性高贵的气质。傣族妇女这种古典服饰，过去只有领主的家眷才能穿着，一般普通妇女是不可以穿这种华丽的衣服的。在现在节日盛典的演出现场可看到这类衣服，穿戴者时常在腰间配一条银腰带，手腕、耳孔、脖子上皆佩戴银饰。

这套服饰也是瑞丽傣族女性服饰的典范，今天在服饰上已经不存在等级的差异了。紧身短衣和色彩斑斓、五颜六色筒裙之间的搭配无不突显出傣族姑娘的玲珑秀美，给人以修长、飘逸的动态美感。这套傣族古典服饰无论是款式、图案还是色彩都堪称完美的艺术，它是傣族审美情趣的直接体现，同样也是对自然环境、生活习俗的适应性选择的结果。傣族人大多居住在气候炎热的雨林地区，筒裙简便凉爽，有利于通风散热，而且筒裙的色彩多为白色、嫩黄色、浅红色、天蓝色等浅色调，较少吸收紫外线，因此，筒裙更具有清爽凉快的特点。另外，筒裙穿戴方便，便于傣族人在日常生活与劳动生产中穿用。这些体现在古典服饰上卓越的工艺技术与设计理念是一种宝贵的服饰文化资源，将传统民族服饰的精华应用于当代的服装设计行业，可以走出一条既富传统意义又具时尚精神的道路。

图片来源

图一　刘正，杨源.中国织绣服饰全集6.少数民族服饰.天津：天津人民美术出版社，2005：421.

图二、图三　齐瑞文　制图

图四至图六　张晴　制图

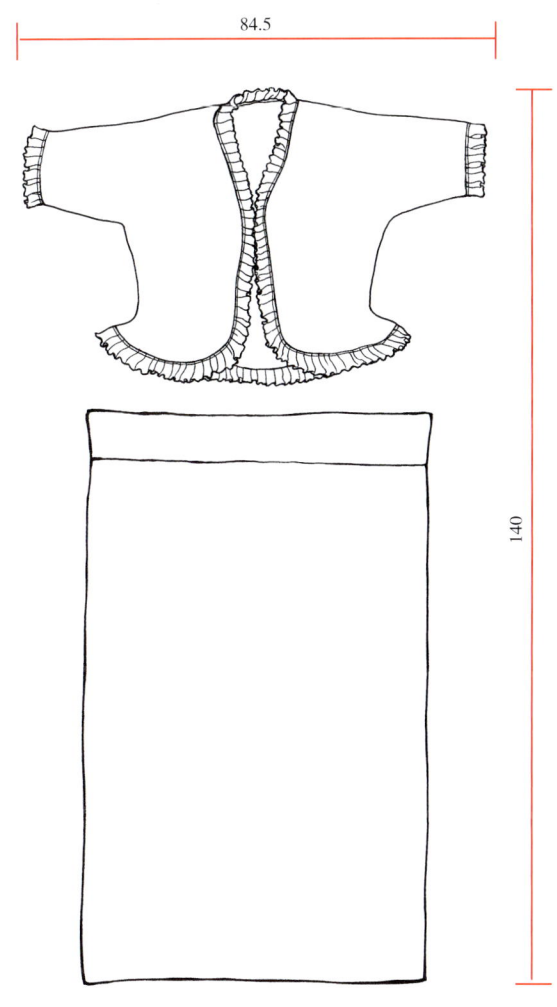

图二　傣族妇女古典服饰尺寸图（单位：cm）

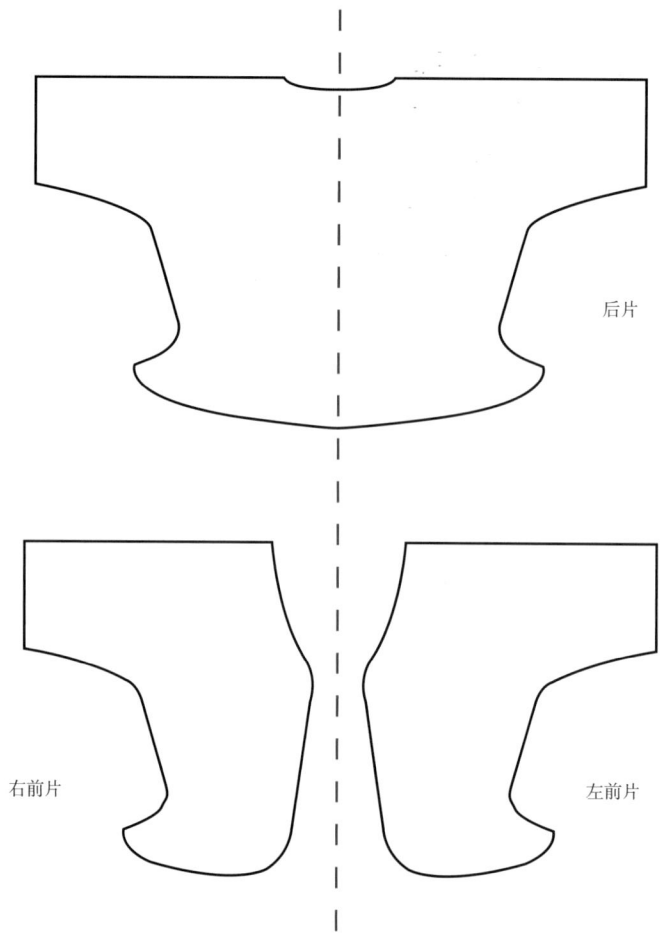

图三 傣族妇女古典服饰上衣开片图

图四 傣族妇女古典服饰头饰线描图

图五　傣族妇女古典服饰头饰展开效果图

图六　傣族妇女古典服饰布料花纹细节图

第二章　傣族传统服饰

西双版纳傣族女性盛装

图一　西双版纳傣族女性盛装主图

本案例现藏于云南省博物馆，采集自云南西双版纳。衣长58.3厘米，裙长93厘米，为西双版纳傣族女性盛装。

这套女装上衣为对襟、短衣、圆领、窄袖，布料为蓝地团狮纹缎，黑缎圆领上镶6枚镀金银泡，领扣为一枚蝶形镀金镶珠银扣，两侧双肩处各有镶珠银泡2组，每个银泡上坠鱼鳞银须一条，对襟两侧各镶圆形镀金银牌4枚，上有浮雕八仙人物图案，人物两两相对。八仙是道教人物形象，由此可见这套服饰纹饰借鉴了道教图案。银牌间有四排镀金银盘扣。上衣衣袖接拼红缎金丝银线绣凤，接袖处镶镀金银花17枚。衣后肩坠鱼鳞须镶珠银泡5组，衣摆坠灯笼铃坠20组。女装的下身着筒裙，为黑地傣族织锦，织锦两旁于白、红、蓝底上绣动物、花等纹饰，裙底缎镶银蝴蝶链铃坠32组。

整套衣裙极尽装饰之能，充分运用银

饰、刺绣、织锦以及缎纹的装饰图案与技巧，合理地将不同质地、不同形态、不同色彩的图案有机地组合在一个整体之中，装饰手法精到，整体效果具有富贵华丽之气。此套服装在用料、做工、花纹、配饰方面讲究精工，制作上也精益求精，应该就是文献所载西双版纳贵族"衣文锦衣"（李京《云南志略》）、"贵者以锦绣为桶裙"（樊绰《蛮书》）的实物再现。

图片来源
图一 云南省博物馆.国宝集萃：云南省博物馆馆藏精品全集.昆明：云南人民出版社，2008：311.
图二至图七 齐瑞文 制图

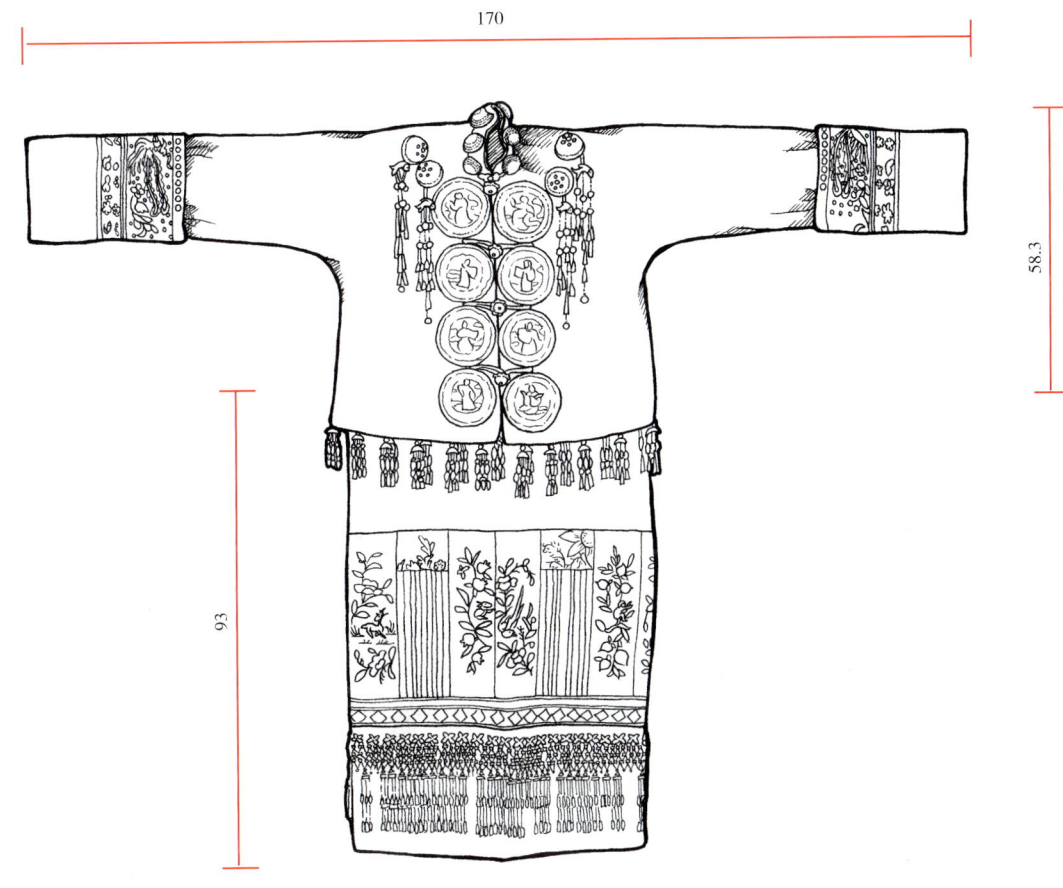

图二 西双版纳傣族女性盛装尺寸图（单位：cm）

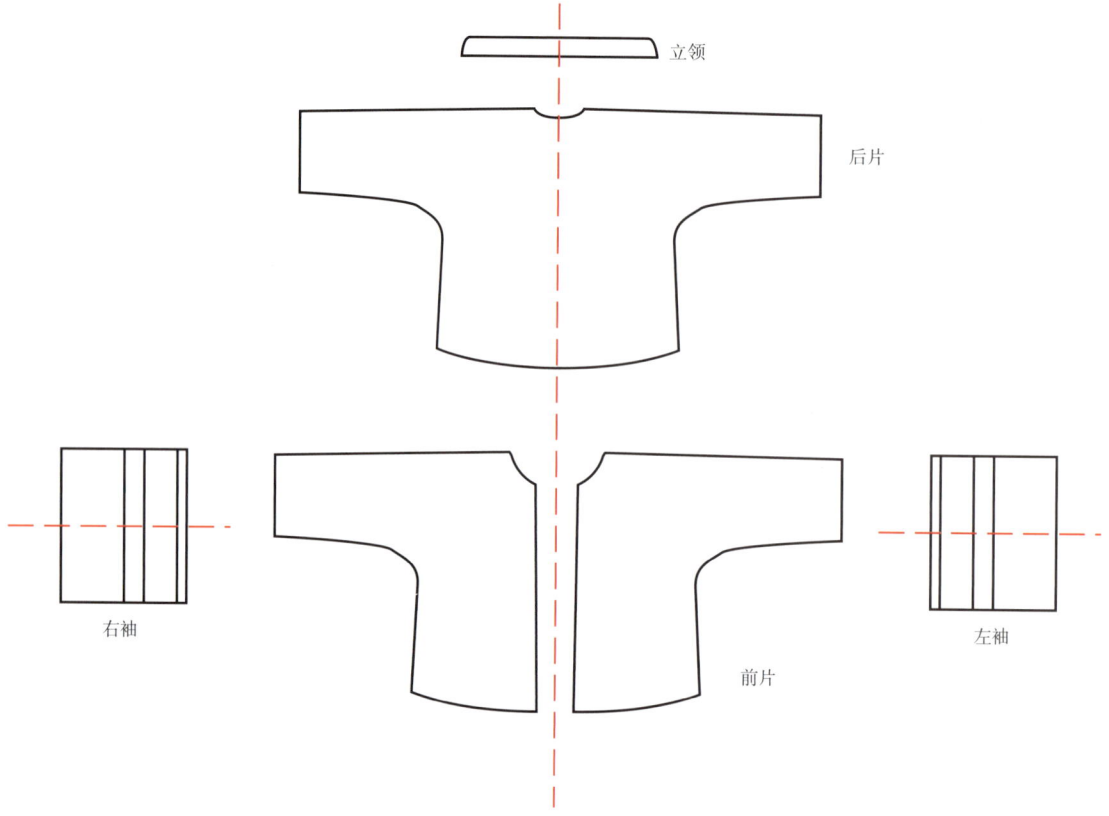

图三　西双版纳傣族女性盛装上衣开片图

图四　西双版纳傣族女性盛装袖口细节图

图五 西双版纳傣族女性盛装裙摆细节图（一）

图六 西双版纳傣族女性盛装裙摆细节图（二）

图七 西双版纳傣族女性盛装穿着效果示意图

西双版纳傣族女服

本案例为西双版纳傣族女服，藏于南京云锦博物馆。居住在西双版纳和德宏瑞丽的傣族自称为"鲁傣鲁南"，他们濒水而居，有住竹楼的习俗，服装上也独具一格。

本案例上衣布料为薄质绸缎，为蓝色对襟紧身短上衣，衣长仅过脐。袖子窄长，紧束臂肘。领口、门襟、下边及袖口装饰有花边，花边为红、白、绿相间的格子。裙子为黑、蓝二色搭配的长裙，黑色底上有红、黄、蓝线条作为点缀，也是用绸缎裁制，裙长及脚面。上衣和筒裙采用了同一面料，颜色一致，色彩更加耀眼夺目，具有强烈的视觉冲击力。

除了这套服装外，西双版纳傣族女性还搭配有其他的饰品，如腰束银腰带（见案例"傣族银腰带"），戴金耳环、金项链、银手镯，肩挎筒帕（见案例"西双版纳傣族筒帕"），手撑小花伞，这些构成了西双版纳傣族女性的典型装束。西双版纳傣族少妇和少女的装束没有区别，中老年妇女衣、裙的款式与少女的一样，但在颜色和用料上有所不同，选用色彩较深，如黑色、青色，用料较厚实。

西双版纳傣族女服依据人体的流线设计，将女子的曼妙身姿暴露无遗，充分展现了傣族女性的身材之美，加上所采用的轻柔面料与绣花相结合，给人一种洒脱飘逸之感。

图片来源
图一　贺雪岚　制图
图二至图五　童翌　制图

图一　西双版纳傣族女服主图

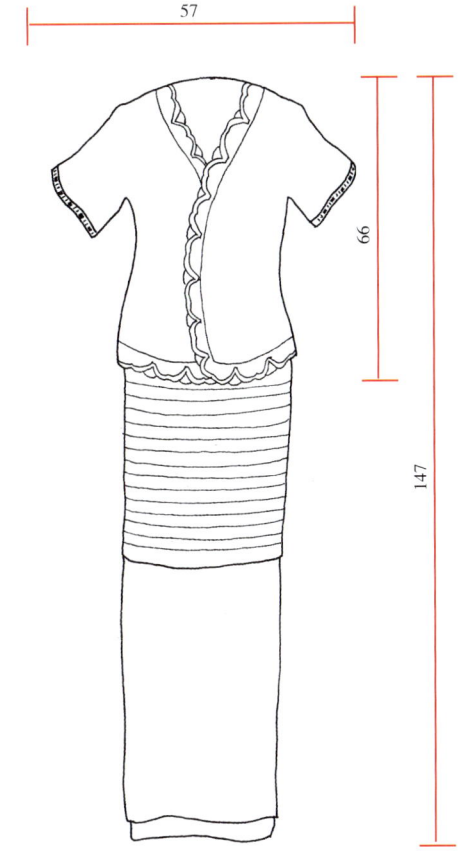

图二　西双版纳傣族女服尺寸图（单位：cm）

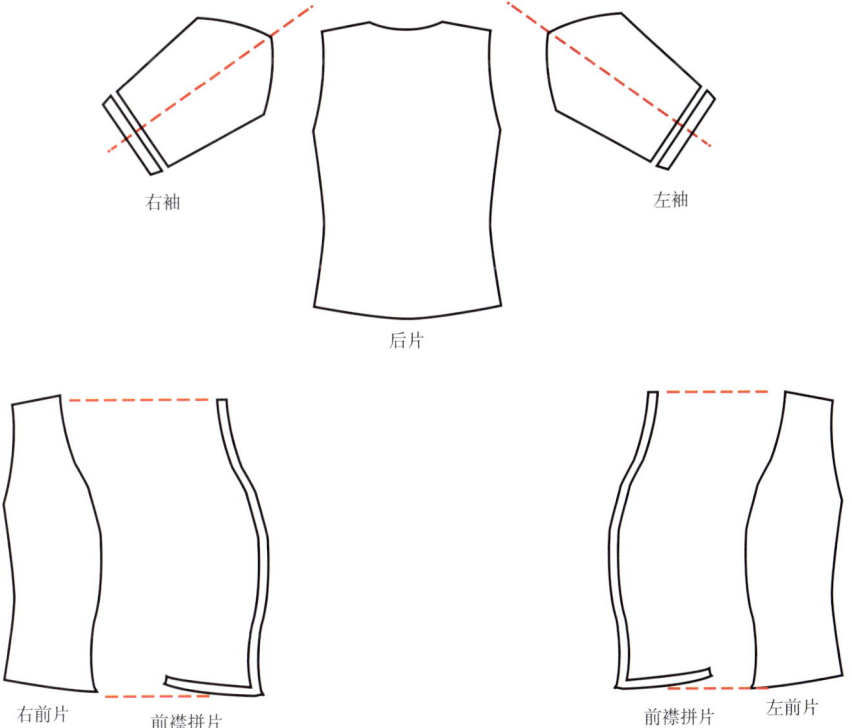

图三　西双版纳傣族女服上衣开片图

第二章　傣族传统服饰

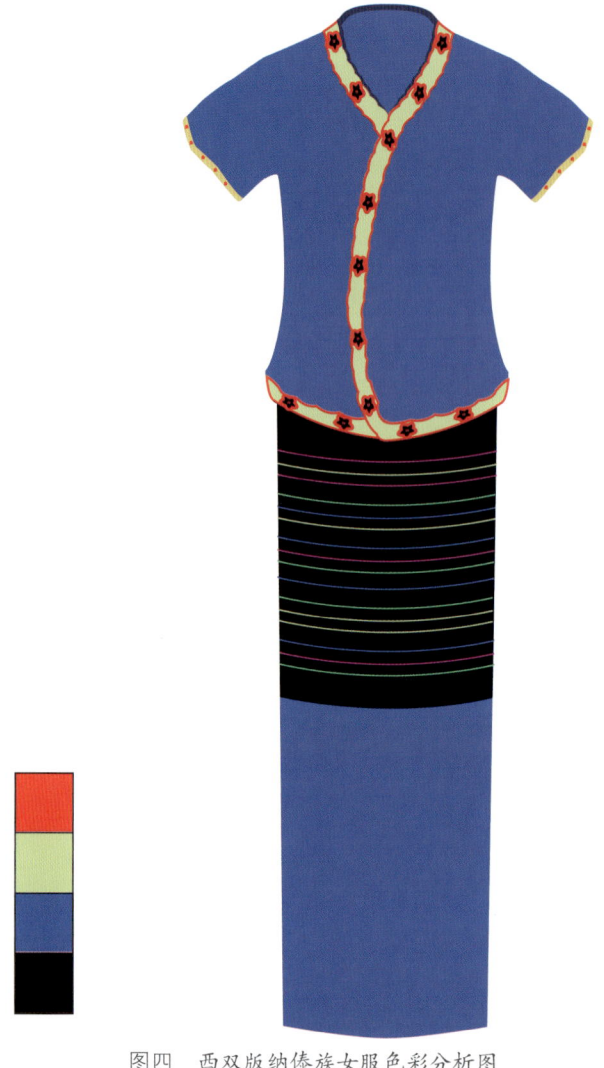

图四 西双版纳傣族女服色彩分析图

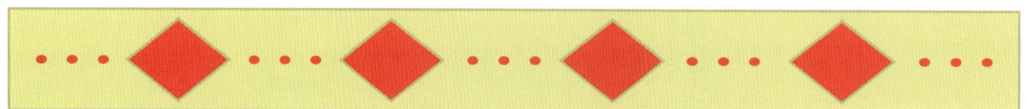

图五 西双版纳傣族女服前襟、袖口细节图

德宏傣族女服

图一　德宏傣族女服主图

本案例为德宏傣族支系"傣罗"的典型服饰，采集自芒市，现藏于云南省民族博物馆。

傣罗居住于红河河谷等距水源较远的地区，主要以德宏州为主，分布于保山、腾冲、昌宁、耿马、双江、临沧、景谷等地。傣罗服饰是傣族服饰中重要一支。

此件女服包括上衣和筒裙两部分。上衣为水红色布面长袖对襟，宽大肥硕。黑色立领，钉黑色蝴蝶形盘扣。袖口配有装饰，以黑色为底，主体为大红花卉，边为二方连续几何纹样。裙子为黑色长筒裙，共三层。最里面一层长至脚踝，通体黑色，无装饰。中间一层到膝盖位置，为整块黑红相间棉布，绣有大小几何纹样，以方形为主，下摆用鲜艳绸缎镶成花边。外面一层最短，仅到臀部，黑色。裙子左侧垂吊两条植物纹样飘带。该筒裙穿的时候左边稍稍高于右边，看上去较为自由活泼，加上裙侧的飘带，行走起来尤生动感。裙子下面为黑色裹绑腿，以绸缎花边为饰。

这套服装是德宏傣罗女性婚后的着装。不同年龄阶段的傣罗有不同的着装，女子婚前上身穿白色或浅蓝色大襟短衫，胸前佩金银质的龙、凤或花朵等饰物，下身不着筒裙而穿黑色长裤，束青色绣花小围腰，有的还披色彩艳丽的披巾。老年妇女上衣较宽大，色彩也较素雅。

总体来讲，德宏傣罗女服色彩厚重斑斓。上衣多为水红色、肉色、天然色等，裙多为黑色、大红、大紫等深色，二者搭配协调，宽松灵动，这也是德宏傣罗服饰与其他傣族支系服饰区别明显的地方。女性上衣宽大，穿着凉爽舒适，也方便人体活动。这种服装款式的设计与选择也是对当地较为炎热气候环境适应的结果。

图片来源
图一　刘正，杨源.中国织绣服饰全集6·少数民族服饰.天津：天津人民美术出版社，2005：425.
图二、图三　齐瑞文　制图
图四至图七　张晴　制图

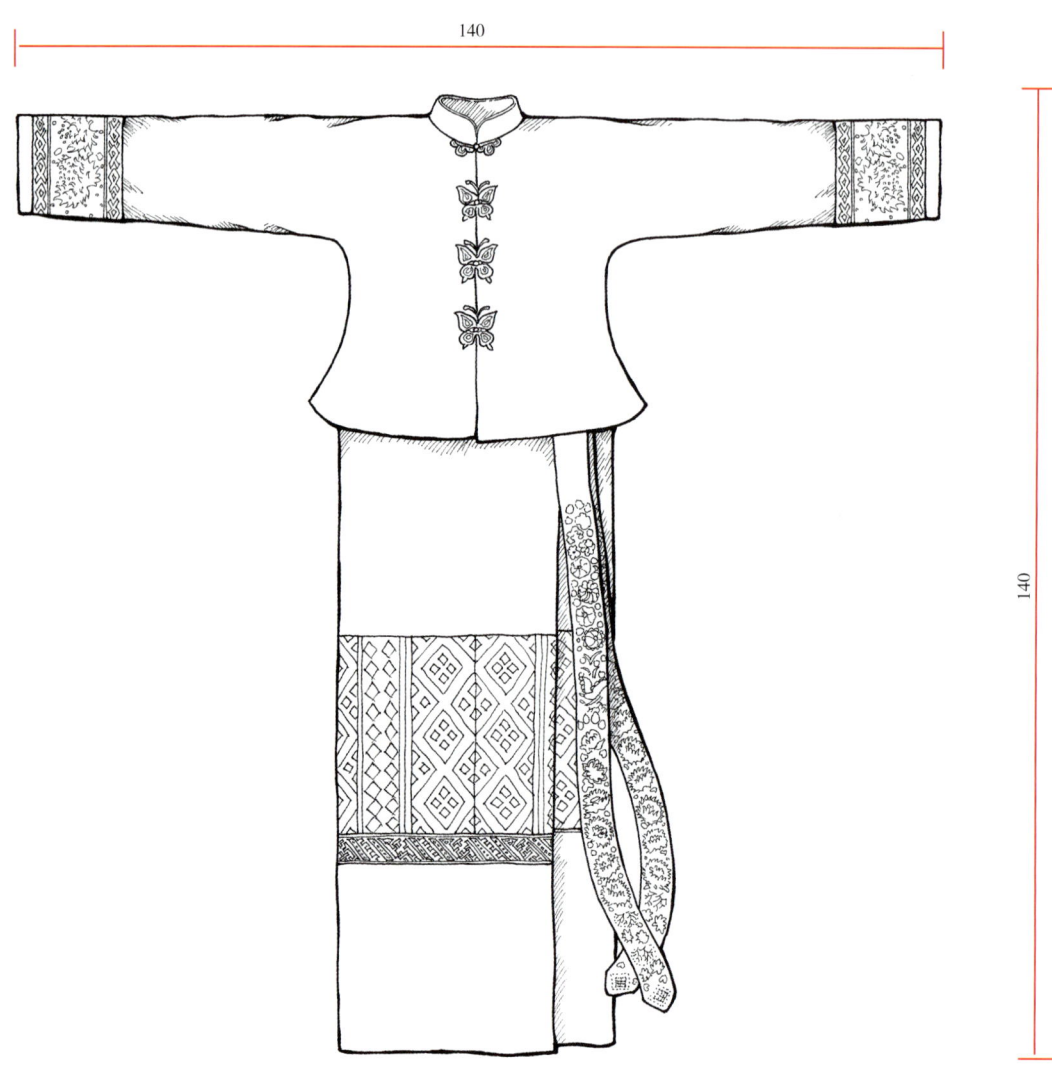

图二　德宏傣族女服尺寸图（单位：cm）

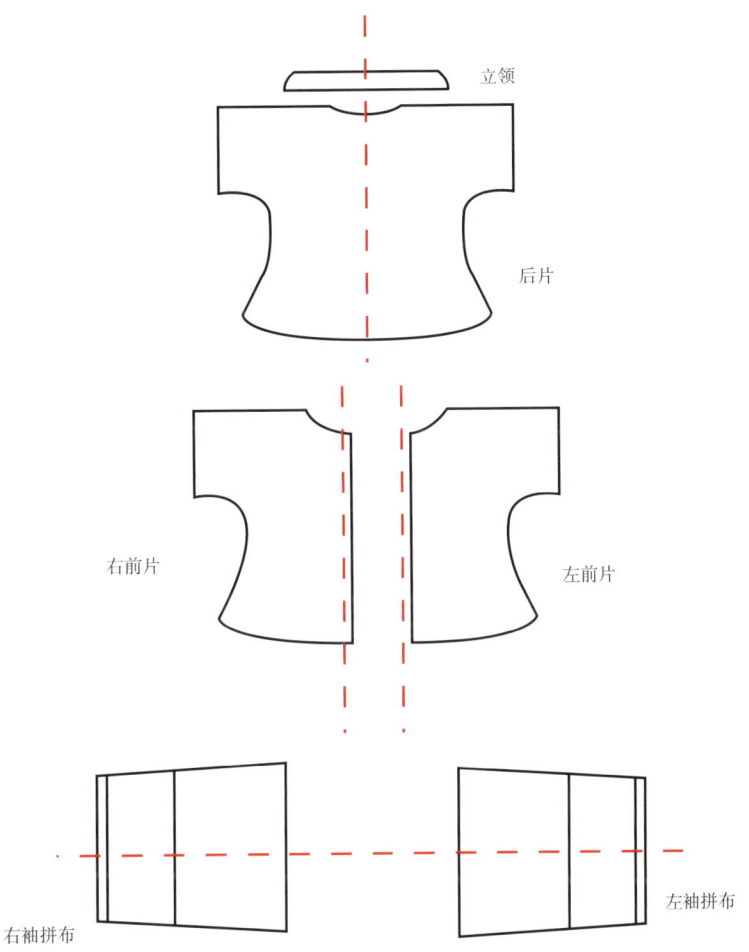

图三　德宏傣族女服上衣开片图

图四　德宏傣族女服衣袖绣花细节图

第二章　傣族传统服饰

图五　德宏傣族女服裙摆绣花细节图（一）

图六　德宏傣族女服裙摆绣花细节图（二）

图七　德宏傣族女服腰带绣花细节图

普洱傣族女服

图一 普洱傣族女服主图

本案例藏于云南省博物馆。衣长49厘米，裙长97厘米。衣服为收腰对襟，通体呈黑色。领口及门襟有简单的装饰，其中领口部分为红、粉、白相间的细密方格，领以下门襟较为单纯，为单条红、粉方格。衣服底部配有白底蓝色几何纹样边。裙子主体为粉色，腰带部分为白色，裙摆部分为浅蓝色，下带红底黑色的几何纹样作为点缀。

普洱傣族妇女对衣着较为讲究，追求紧身、轻盈、淡雅的装束。在上衣里，往往着各色紧身内衣，再套上对襟袖衫。窄袖短衣和筒裙的搭配充分展示了傣家女子婀娜苗条的身段。傣族女子喜欢将长发挽作髻顶于脑后，在发髻上插上花朵或者发簪，与轻盈的衣服搭配，更显清丽脱俗。饰物有银腰带、彩珠项圈和各种金银首饰。

本案例的普洱傣族女服，上身的黑色和下身的粉色进行搭配，既显露出典雅，又不失灵动与活泼。

图片来源

图一 刘正，杨源.中国织绣服饰全集6·少数民族服饰.天津：天津人民美术出版社，2005：423.

图二、图三、图七 齐瑞文 制图

图四至图六 张晴 制图

图二 普洱傣族女服尺寸图（单位：cm）

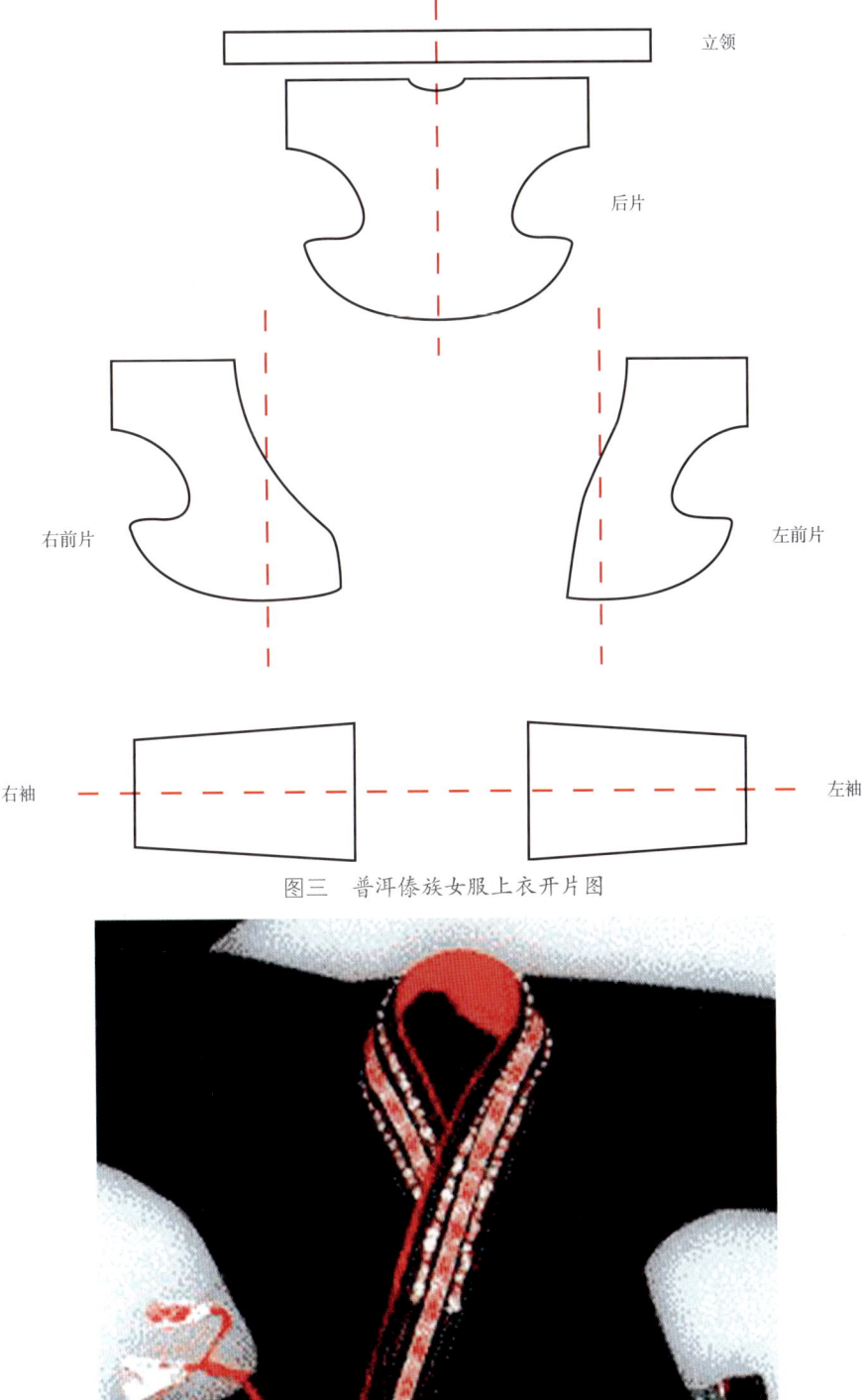

图三　普洱傣族女服上衣开片图

图四　普洱傣族女服上衣襟缘绣花细节图

第二章　傣族传统服饰

079

图五　普洱傣族女服上衣裙摆绣花细节图（一）

图六　普洱傣族女服上衣裙摆绣花细节图（二）

图七　普洱傣族女服上衣穿着效果示意图

傣族绣花土布女服

图一　傣族绣花土布女服主图

本案例现藏于中央民族大学博物馆，民国期间采集自云南元江。

其基本式样是由上衣和裙子组成。上衣用自织自染藏青色土布制成，分为两部分：一是贴身内衣，为圆领、无袖、斜襟、右衽褂衣，短小紧身，领缘、胸前及下摆缀银饰；二是外衣，对襟无扣开衫，袖窄，长及腕，较内衣更为短小，仅掩胸，下摆绣花，袖口镶彩色布条。内衣、外衣均有装饰，因外衣无扣，故内衣多露于外。内衣胸前和领口及下摆沿边的装饰映衬出女性特有的韵味。

元江地区傣族女子下装多为及膝过小腿的短裙，她们喜在裙下摆约16厘米宽的地方以彩线绣以各式花纹图案。穿时，需从头往下套，往往1至3条裙子同时叠穿，绣花下摆依次错开，不仅有层次感，更显出女子的婀娜多姿。另，在裙子前面上半部还围以饰有花边的长方形围裙，腰间多以花腰带系牢裙子。甚至系于腰间、缀满花饰的腰箩也成为傣族女性的装饰品。

因服装底色较深，故银、刺绣、彩布在其上的装饰就成为元江地区傣族服饰的一大特色。其装饰是：便装多在襟边、衣下摆、袖口、领口饰以色彩斑斓的刺绣花边或绸缎布条；盛装则镶嵌着成排的银泡、银铃，挂上银链等，琳琅满目，极为耀眼。所饰银铃，常镶钉成三角形图案。

从色彩上看，藏青色的面料、雪亮的银饰、彩色的织锦，三种对比强烈的颜色融合于一体，不仅与傣族人生活的周边环境色彩和谐统一，而且反映出傣族人热烈、直爽的民族性格。

图片来源

图一　艾比布拉.五彩霓裳：中央民族大学博物馆馆藏民族服饰集粹.北京：中央民族大学出版社，2006：61.

图二、图三　齐瑞文　制图

图四至图六　张晴　制图

图七　齐瑞文、贺雪岚　制图

图二　傣族绣花土布女服尺寸图（单位：cm）

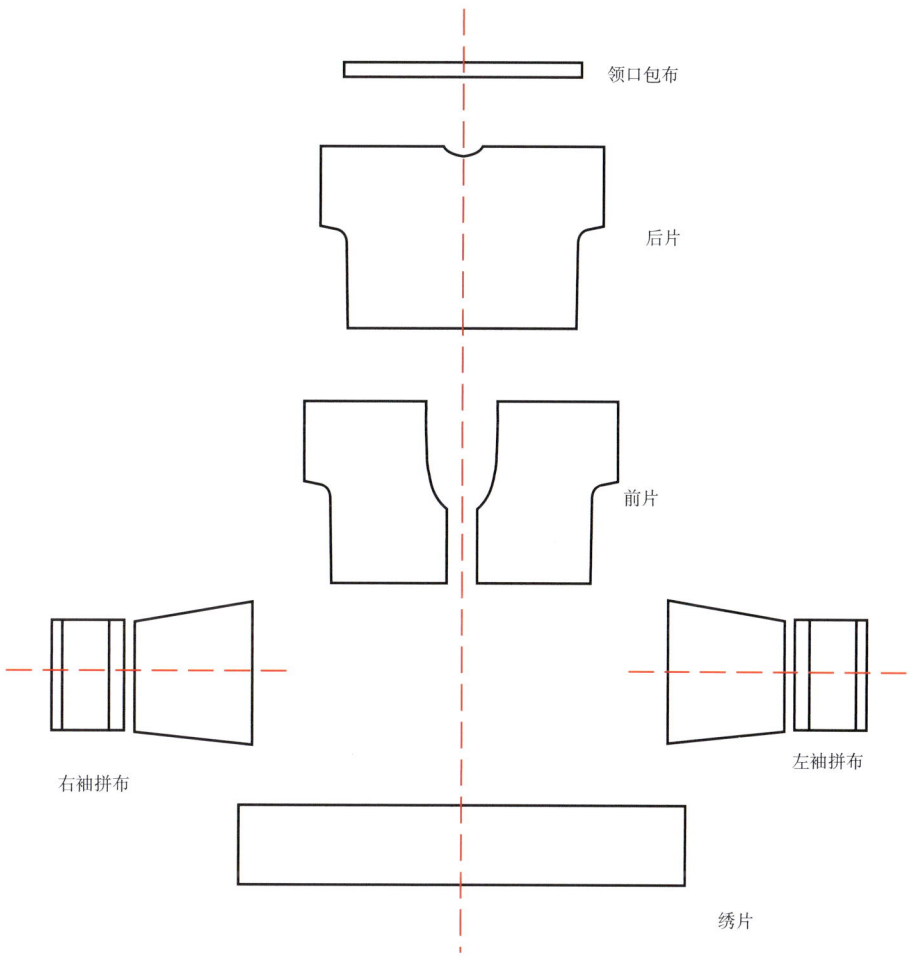

图三　傣族绣花土布女服上衣开片图

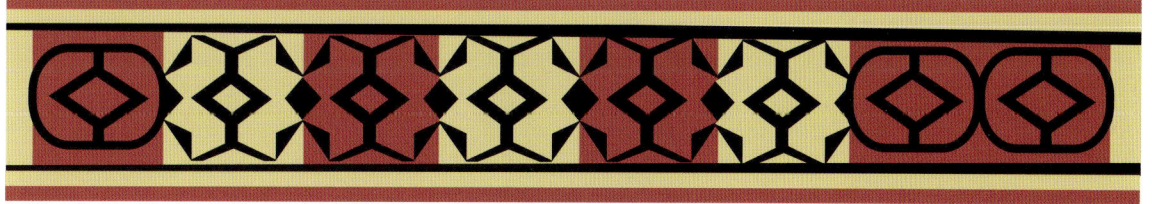

图四　傣族绣花土布女服上衣装饰细节图（一）

图五　傣族绣花土布女服上衣装饰细节图（二）

图六　傣族绣花土布女服裙摆装饰细节图

图七　傣族绣花土布女服穿着效果示意图

傣族亮布挑花女服

图一 傣族亮布挑花女服主图

本案例现藏于云南民族博物馆，采集自云南元江。

这套女服上衣为黑色无领、右衽斜襟、短袖衣，衣领内侧衬以红色棉布作饰、外侧饰有白底绣花卉图案刺绣块，钉五彩花形大盘扣，领口缀银泡，襟缘等处绣花，衣领口至衣右衽襟边处以上百颗银泡镶嵌作饰并坠挂造型各异的银质鱼铃坠。袖口镶蓝底和红花两条缎边，袖口沿用红、黄、蓝、白几种色线绣丁字图案。衣摆绣花镶边，右腋下系织锦帕。下身着长至脚背的黑土布筒裙，裙边以绿色绸料绲边，腰系上端衬以六寸宽的翠绿色缎子紧护于腹部的长方形围腰，围腰两侧常以两三寸宽的白布作饰。

其服饰特点为整套服饰以黑色为主，衣身局部以红色、绿色棉布及银白色银泡、银铃坠搭配作饰。文山傣族传统服饰也具有如此特点，但服饰更鲜艳华丽。自制土布的蓝色、黑色是本色，搭配有各种艳丽的织锦，上有方块、八角、龙凤、花鸟、蛇等暗花纹样，再缀以银泡、银鱼铃坠等金属饰品以及五彩缤纷的缨穗就更显灵动典雅。

图片来源
图一　胡春涛　摄影
图二、图三、图五、图六　童翌　制图
图四　童翌、贺雪岚制图

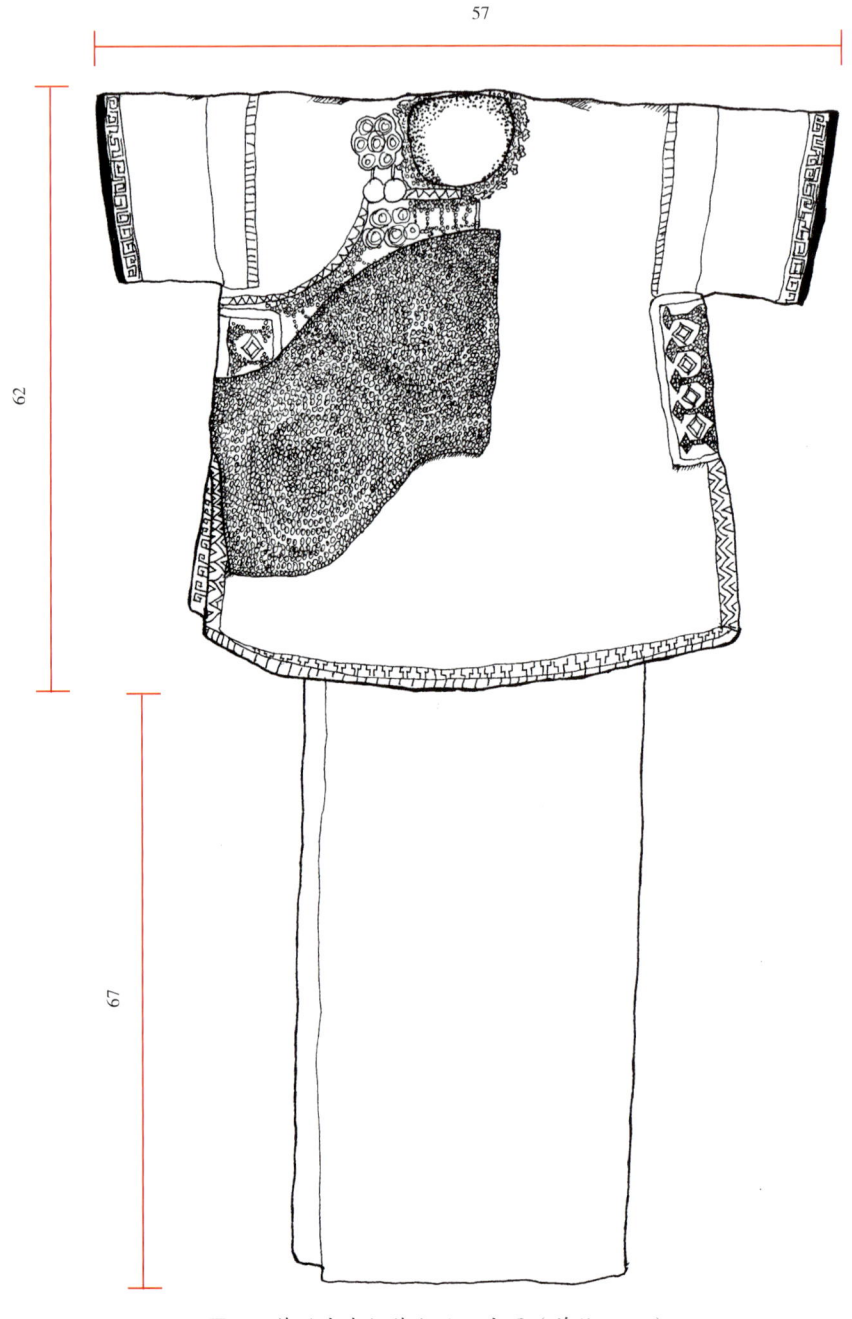

图二　傣族亮布挑花女服尺寸图（单位：cm）

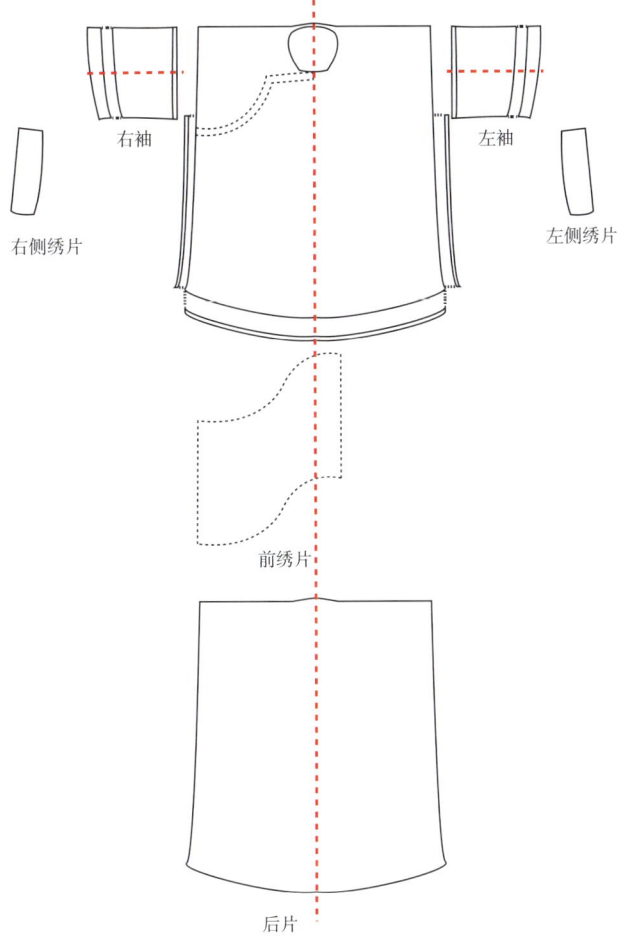

图三 傣族亮布挑花女服上衣开片图

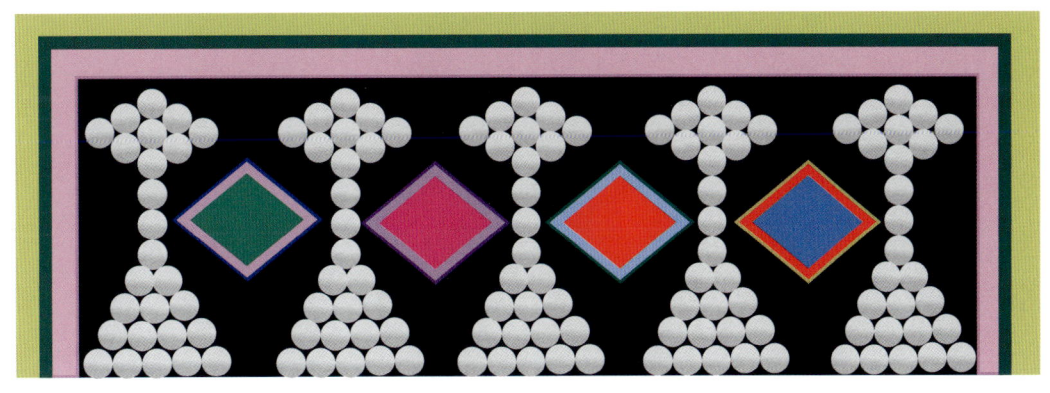

图四 傣族亮布挑花女服上衣侧边细节图

087

第二章 傣族传统服饰

图五　傣族亮布挑花女服袖口细节图

图六　傣族亮布挑花女服穿着效果示意图

傣族婚礼女服

图一 傣族婚礼女服主图

本案例现收藏于云南民族博物馆，采集自云南芒市，是当地女性结婚时的盛装。

这套婚礼女服上衣为对襟、立领，布料为红地梅花纹缎。对襟两侧各镶四枚八边形镀金银饰牌，八枚银饰牌的装饰图案一致，中间为浮雕龙凤纹，外几何纹环绕。对襟左侧边缘从上至下镶四枚银泡。上衣衣袖接拼黑缎花卉纹绣，金丝银线绣凤，衣摆坠银须数条。下身着筒裙，裙为长方形缎料围拢而成，腰系花腰带。裙有两层，外层裙子是用黄、红、黑等色绸条拼接，再补以织锦而成，沿边用银线抠边。裙底也镶有数组银链。

在婚礼上，当地傣族女性还有包头的习惯，先把头发梳理好，扎成一个发髻，把发髻用银叉固定，然后盖上一块黄色或白色的小手巾，盖好后，将头饰插上去，头饰比未婚的高一倍左右。前后和左右各戴有镀金银垂帘发饰。脖子上还佩戴有银项圈，有两种，一种为镶珠镀金银项圈（见案例"傣族项圈"），另一种为刻花银项圈。傣族女子结婚的时候穿上绣花鞋，这样从头到脚的婚礼装束就齐备了。

这套服饰与西双版纳女性盛装（见案例"西双版纳傣族女性盛装"）有共同之处，都擅长用银泡、银牌、银链来装饰上衣，银饰琳琅满目。这套女服的特点是上衣宽松，色彩鲜艳，以红色调为主，突出了结婚的喜庆色彩。

图片来源
图一　胡春涛　摄影
图二至图九　童翌　制图

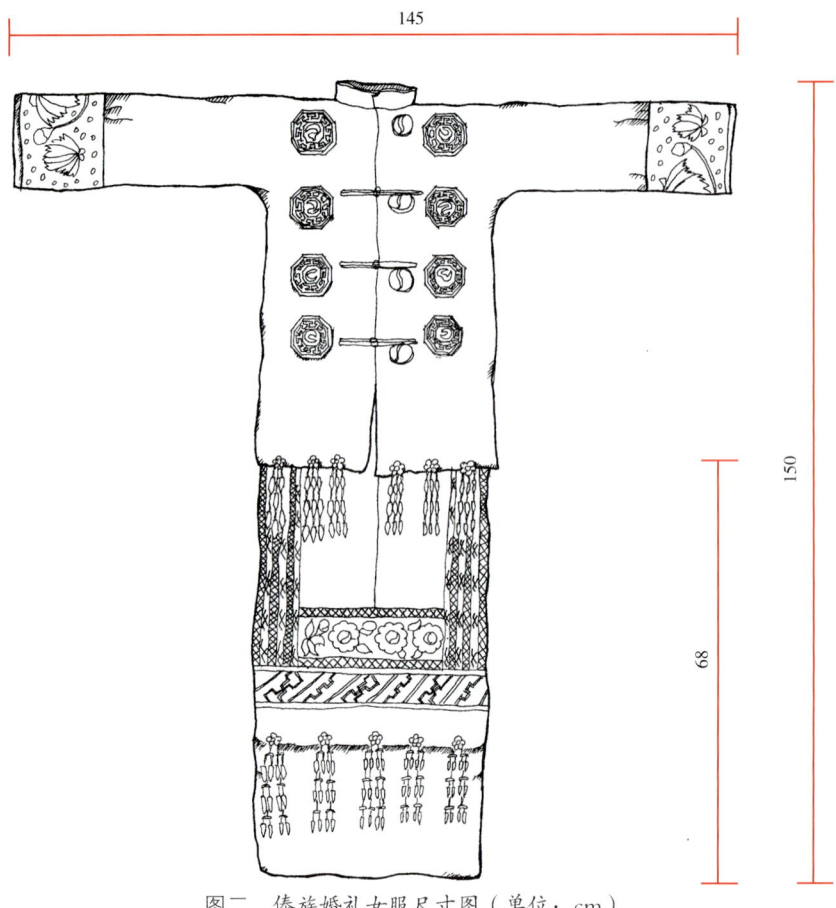

图二　傣族婚礼女服尺寸图（单位：cm）

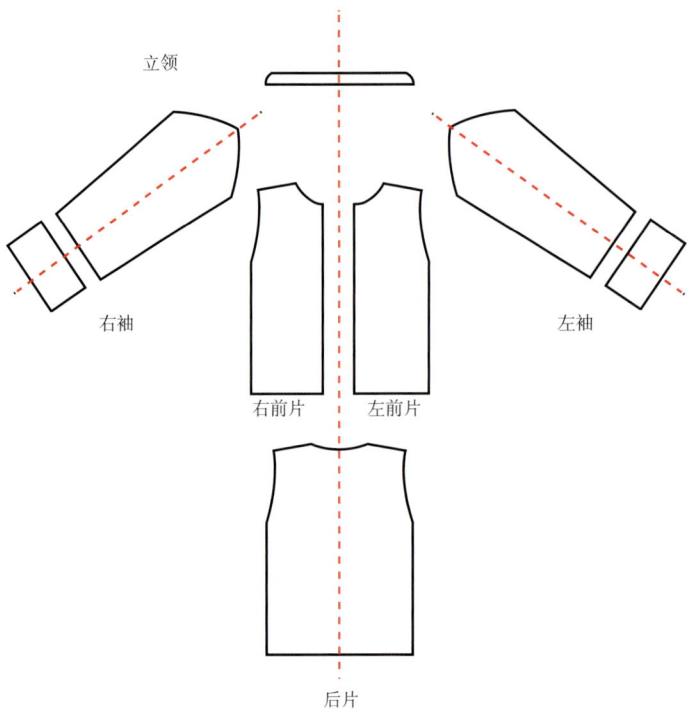

图三　傣族婚礼女服上衣开片图

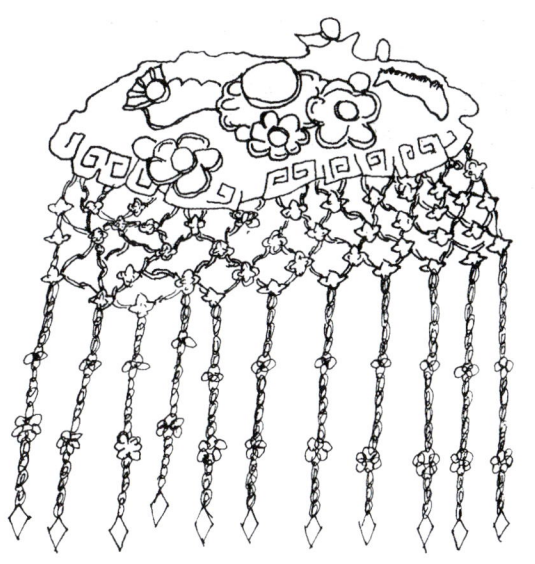

图四 傣族婚礼女服头饰细节图

图五 傣族婚礼女服银片细节图（一）

图六 傣族婚礼女服银片细节图（二）

图七 傣族婚礼女服袖口细节图

图八　傣族婚礼女服裙摆细节图

图九　傣族婚礼女服穿着效果示意图

傣族花绸织锦男服

图一 傣族花绸织锦男服主图

本案例采集自云南德宏，为民国时期傣族男子所穿服饰，现收藏于中央民族大学博物馆。

这套男装上衣为圆领对襟，布料为紫红花绸。领为黑色，领口有方形银牌扣（见案例"傣族银牌扣"），下有四排扣，纽扣为鎏金银扣。袖口有缎边两条，一条为白边，上绣有鹭鸶、雉鸡、花草、蜂蝶和山石，设色淡雅清丽；另一条为绣金线龙纹黑边。下着筒裙，这和德宏地区傣族女子的下身着装是一样的。筒裙布料为青织贡呢，中间嵌有一方竖状的织锦。织锦上有着丰富、细密的几何图形，如直线、折线、平行线、三角形、正方形、菱形、矩形等，巧妙地运用了点、线、面的组合，而且色彩绚丽，装饰性强。最下面一排小菱形里面嵌套一中心对称"卐"字。万字纹饰为佛教符号，在傣族日常生活用品上常见佛教的纹饰，可见佛教在傣族生活中的重要影响。

整套服装庄重而典雅，应该是傣族上层贵族日常生活中所穿服饰。绸缎布料的使用，服装款式的设计，图案的选择都突出体现了这个阶层的特质。上衣的紫红与筒裙的纯青色搭配突显出高贵的气质，既热烈又不失沉着与庄严。袖口的缎边、对襟上的排扣以及筒裙上的织锦纹饰，这些富有装饰性的线条与块面，使整套服饰成功地达到了最佳的审美状态。

图片来源

图一 艾比布拉.五彩霓裳：中央民族大学博物馆馆藏民族服饰集粹.北京：中央民族大学出版社，2006：59.

图二至图四 齐瑞文 制图

图五、图六 张晴 制图

图七 齐瑞文、贺雪岚 制图

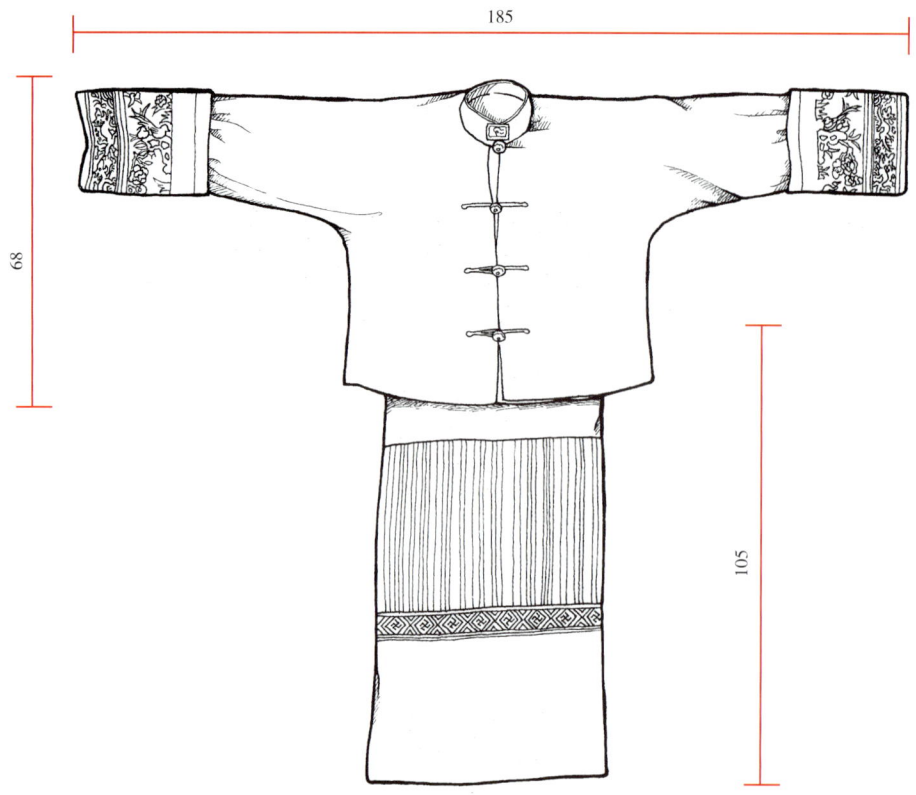

图二　傣族花绸织锦男服尺寸图（单位：cm）

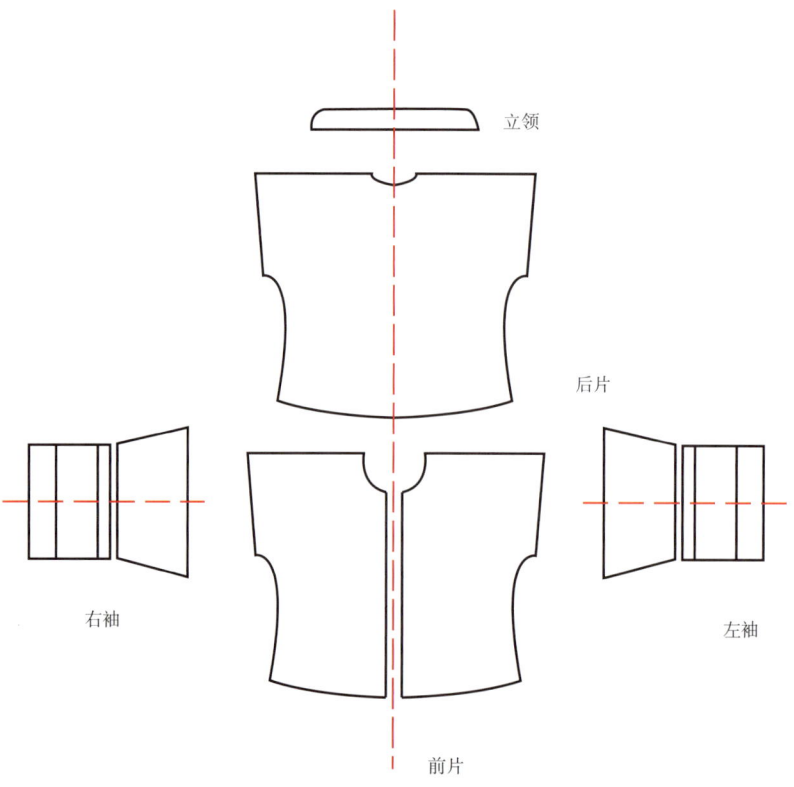

图三　傣族花绸织锦男服上衣开片图

图四 傣族花绸织锦男服袖口细节图（一）

图五 傣族花绸织锦男服袖口细节图（二）

第二章 傣族传统服饰

095

图六　傣族花绸织锦男服筒裙织锦细节图

图七　傣族花绸织锦男服穿着效果示意图

傣族僧服

图一　傣族僧服主图

本案例现收藏于云南民族博物馆，采集自勐海县。

按照佛教的制度，僧侣的服装仅限于三衣。傣族地区流行的是南传上座部佛教，佛教僧人所着僧服在款式上基本遵循了三衣的规制，只是在色彩方面有所变化。

本案例的傣族僧侣服装大致分作三部分：袈裟、上衣和筒裙。袈裟样式为一条状方单，穿时先将一端搭于左肩，然后将较长的一段自身后绕至右腋下最后再折回到胸前，披于左肩背后，右肩袒露。上衣，其形如大襟坎肩，穿时将两襟交叠塞入裙中，左襟在上，右襟在下。裙的式样为傣族男女喜欢穿的筒裙，以约300厘米长的布匹对接成双层筒状，裙高出脚面数尺，折叠捆系于腰间，裙高130厘米左右。此套僧服还佩有橙色四棱帽。

这套僧服裁剪和制作也相对简便，色彩单纯，袈裟、上衣和筒裙都是一个颜色，整体上能够与世俗服饰区别开来，具有很强的可识别性和视觉效果，富有南传上座部佛教的宗教特色。

图片来源
图一　胡春涛　摄影
图二至图四　童翌　制图
图五　童翌、贺雪岚　制图

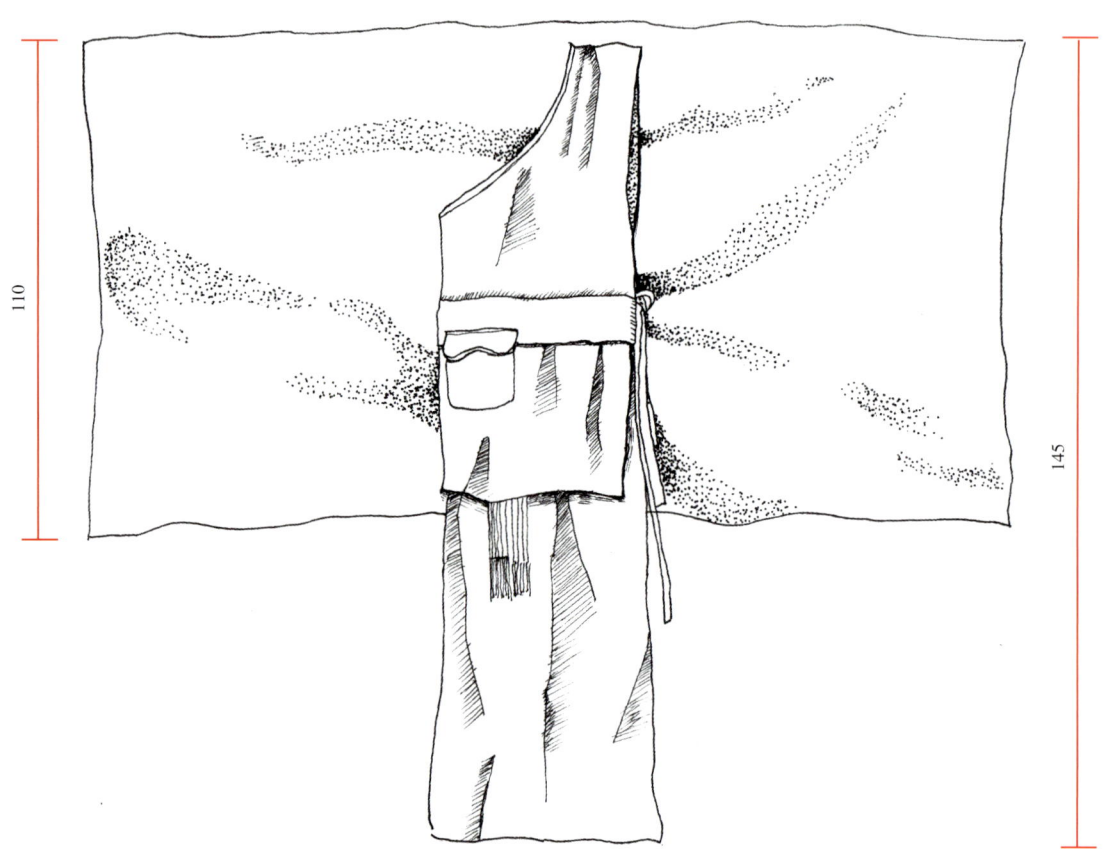

图二　傣族僧服尺寸图（单位：cm）

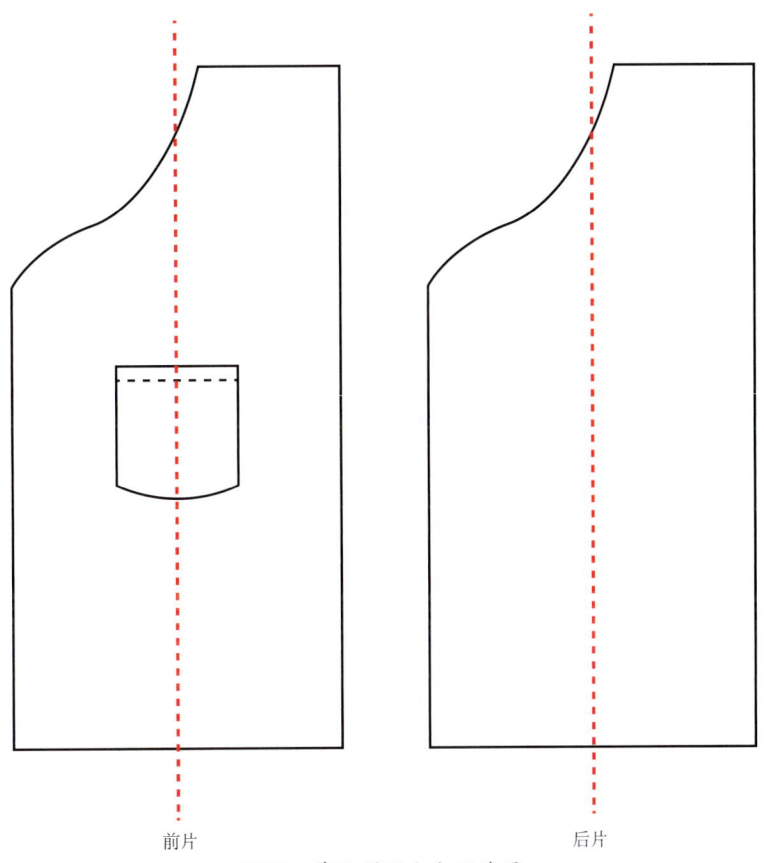

前片　　　　　　　　　后片

图三　傣族僧服上衣开片图

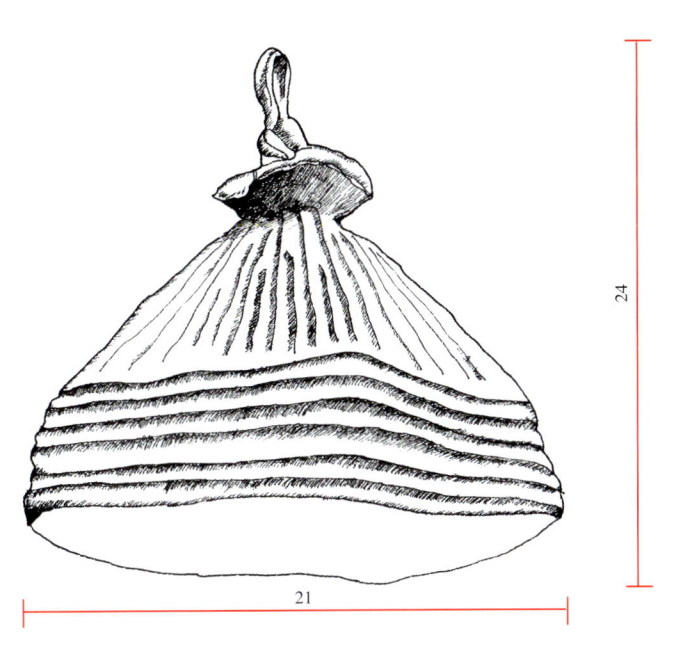

图四　傣族僧服僧帽尺寸图（单位：cm）

第二章　傣族传统服饰

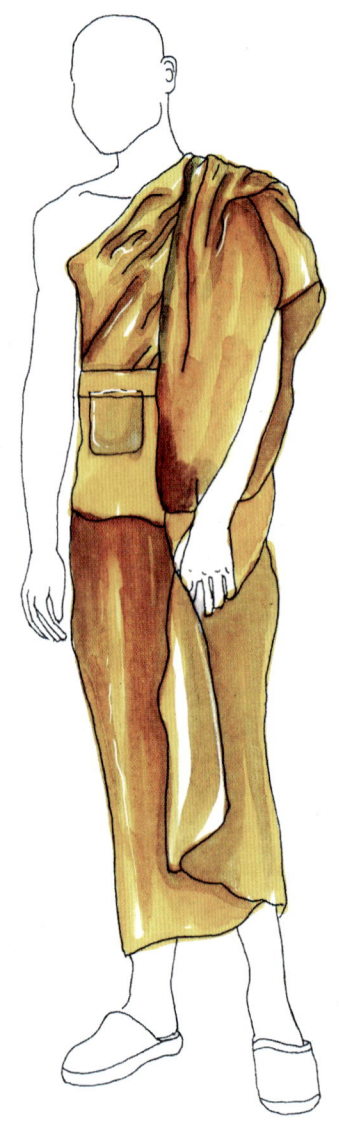

图五 傣族僧服穿着效果示意图

傣族树皮衣

图一　傣族树皮衣主图

本案例现藏于云南民族博物馆，采集自云南勐腊。

加工树皮衣不需要任何纺织工艺，树皮衣是以箭毒木或构树为原材料加工而成的。加工的第一步为制作树皮布，大致经过剥皮、浸泡、打制、去浆、晾干等工序。选好木料后，锯断树干，再用特制的木槌敲击木头较细一端的树皮。沿着树干从细到粗敲击树皮，待树皮柔软后，在木头中慢慢剥出一个圆圈，随后顺着圆圈的形状，一边敲击，一边把树皮从树干上从上往下翻，直到整张树皮从树干上剥离出来。把刚剥下来的树皮拿到河边，找一块较平的石头作垫板，用扁平木棒反复、均匀敲击，将树皮放入水中浸泡，使树皮膨胀，用脚踩踏，用手搓洗洗掉毒液。撕去最外层硬皮和杂质，放入水中浸泡，取出，反复均匀敲拍，再冲洗、去杂质，漂白，最后得到纯白的树皮纤维。用木架子把树皮纤维撑开，去厚补薄、拉平、脱水，使纤维分布均匀，晒干。把晒干的树皮纤维挂在木杆上，再用木棒敲拍，促使树皮上的干杂质脱落、纤维松软，最后制成完整柔软的树皮布。使用的工具就是砍刀、剥皮工具、拍打工具这三类。

树皮布加工好后，接下来就是剪裁、缝制。首先准备线，把树皮纤维拆下几根，放在腿上搓成线。其次，制竹针，将黄竹篾削成竹针，再用火熏，即成耐用的黄竹针。上衣的制作：根据身高尺寸，选一块长方形树皮布，在中间挖一个洞，然后对折，并在对折的两侧，分别缝合三分之二，留三分之一为手臂穿出孔，这样就做成了一件无袖衣裳。如要做成对襟上衣，从衣裳面襟中央剪开即可。裤子用筒状树皮布或块状的树皮布缝制而成。裁一样长的两截筒状树皮布，把每截筒状树皮布剪开二分之一，再把两截剪开的部分，对称缝合。最后用搓好的粗线缝好裤头，固定裤腰即可。用块状树皮布制作男裤，还要在裤子的裆部添加一块三角形布。男帽：剪一截小的筒状布，用搓好的线扎至一端，帽子制成，帽无檐。

质地柔软、透气、防潮、防虫，这种方法加工的树皮布通常用来做服装和被子。据说它不仅是中华服饰文化的"老祖"，也是人类服饰萌发期的缩影。

图片来源

图一　胡春涛　摄影
图二至图五　童翌　制图

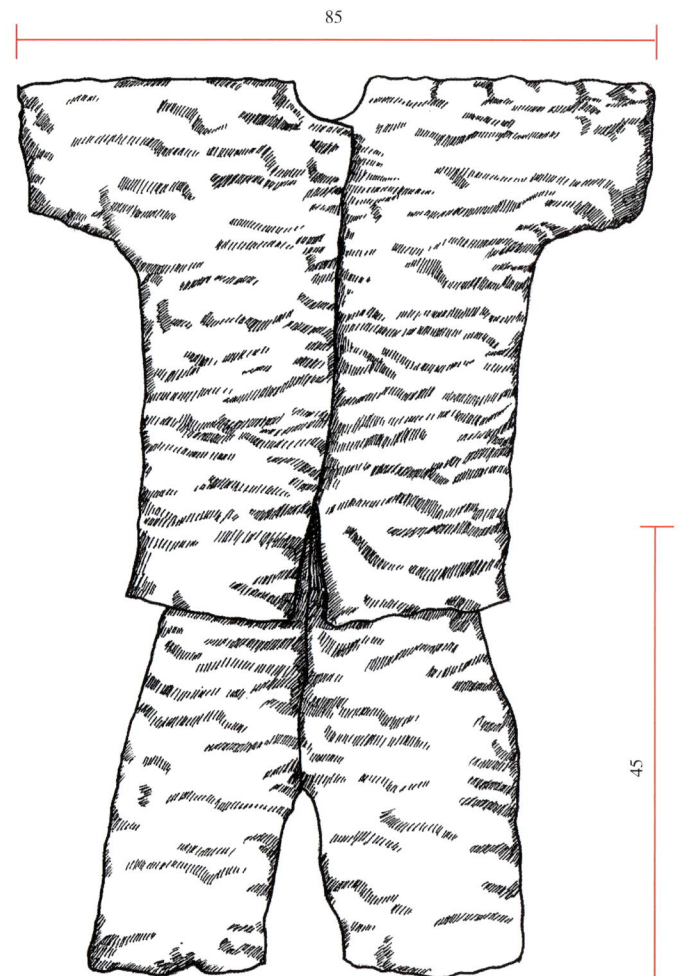

图二　傣族树皮衣尺寸图（单位：cm）

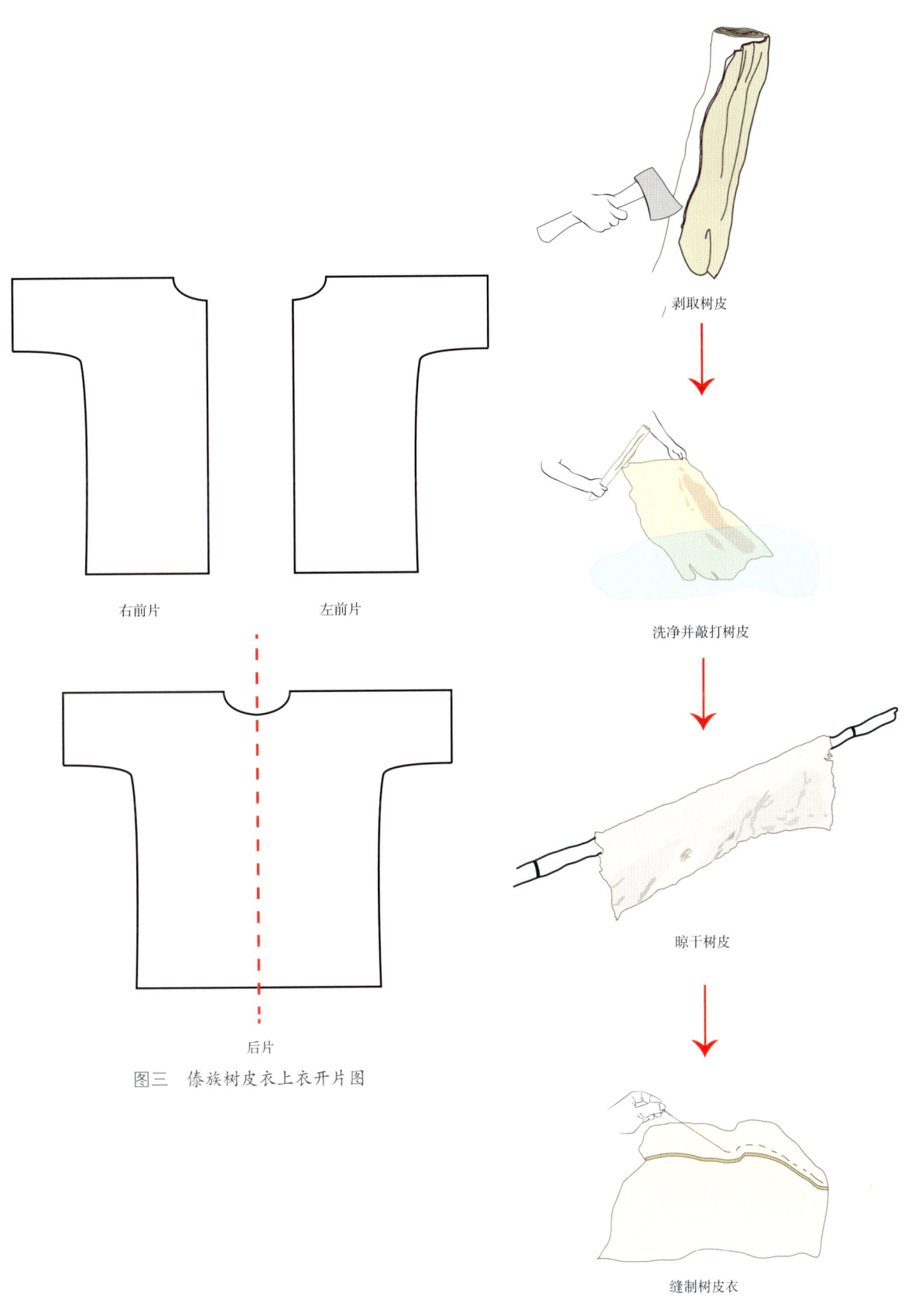

图三　傣族树皮衣上衣开片图

图四　傣族树皮衣制作流程图

第二章　傣族传统服饰

图五　傣族树皮衣穿着效果示意图

傣族银镀金垂帘发饰

图一　傣族银镀金垂帘发饰主图

本案例采集自西双版纳，现藏于云南省博物馆，通长16厘米，主体高7厘米，宽13厘米，重54克，是傣族女性结婚时佩戴于头发上的装饰用品。

该发饰正中央是南传上座部佛教塔顶造型，采用了模铸方式制作而成。左右各镶嵌红宝石一颗，宝石周围有银边将其包裹固定，边缘处还镶有一圈由银丝屈曲盘成的花纹。其后一层为翼状飞檐分列两边，下饰一排如须发般整齐排列下垂的扭丝银须。往后一层为镂刻的半月形底边，边坠两层饰物，一层为芝麻银片小铃坠，一层为银链纵横交错的网状结构，网状的边缘坠有三瓣花纹饰。整体布局上密下疏，上繁下简，上重下轻。整件发饰装饰在质、色、形方面达到了和谐统一。

这件银饰运用了锤鍱、浇铸、镂刻、镶嵌、花丝、镀金等工艺加工，基本包括了传统银饰加工的所有工艺，可以说是傣族传统银饰加工技术的集大成者，也是傣族工艺品中的代表之作。整个发饰金光耀眼，生动富有灵气，新颖、独到的设计和考究的款式，细腻的、耐人寻味的细节处理，都给人以强烈的视觉冲击力和美感。具有特殊象征意义图形的塑造提升了整件工艺品的立意，佛塔寄寓了人们美满、平安的愿望，在整件首饰中成为点睛之笔。

图片来源
图一　胡春涛　摄影
图二至图八　梁倩倩　制图

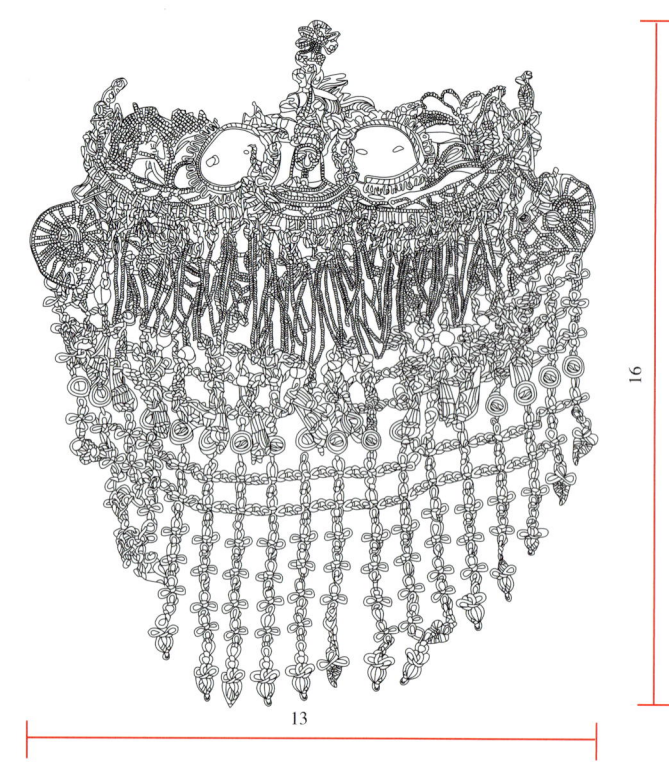

图二　傣族银镀金垂帘发饰尺寸图（单位：cm）

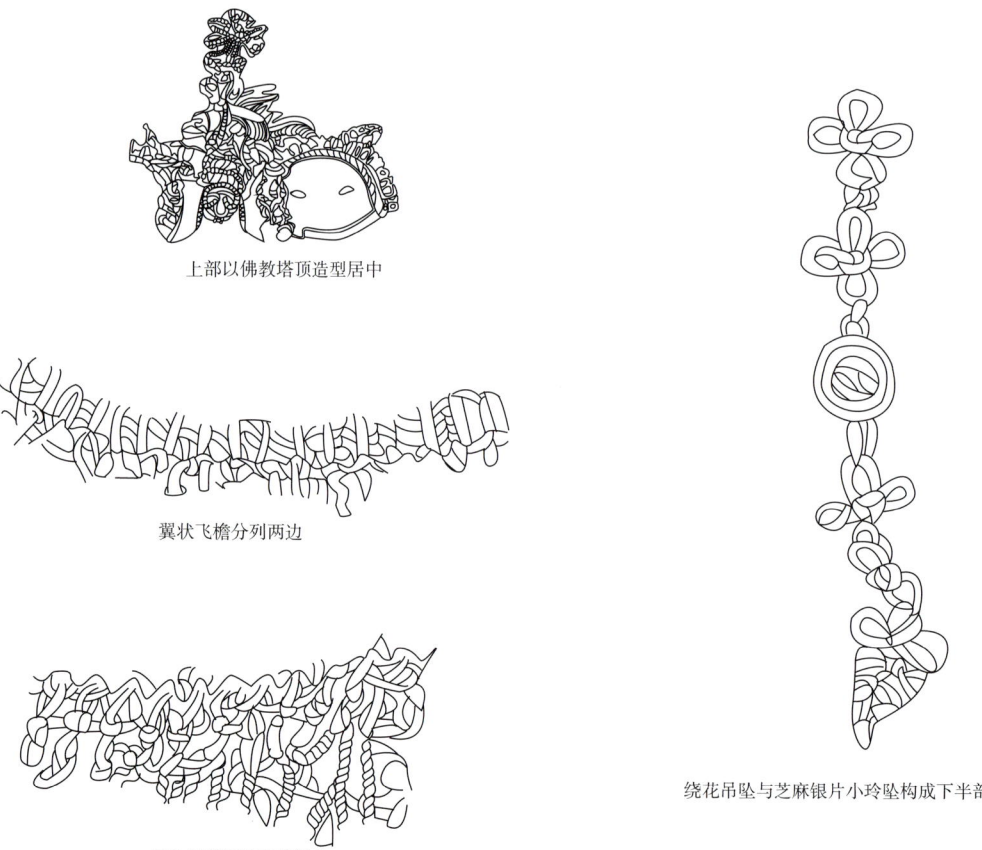

上部以佛教塔顶造型居中

翼状飞檐分列两边

扭丝银须衔接下半部分

绕花吊坠与芝麻银片小玲坠构成下半部分

图三　傣族银镀金垂帘发饰细节图

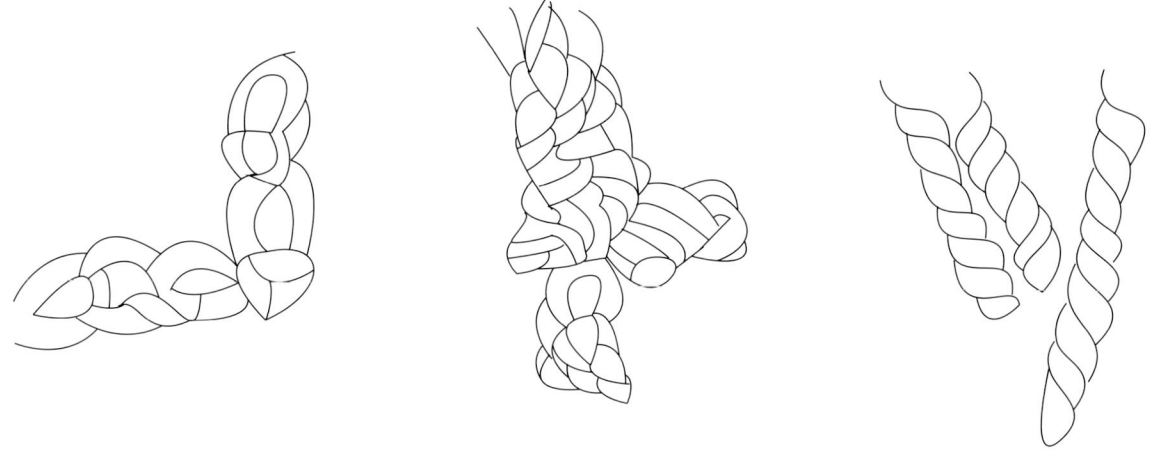

图四　傣族银镀金垂帘发饰纹饰图（一）

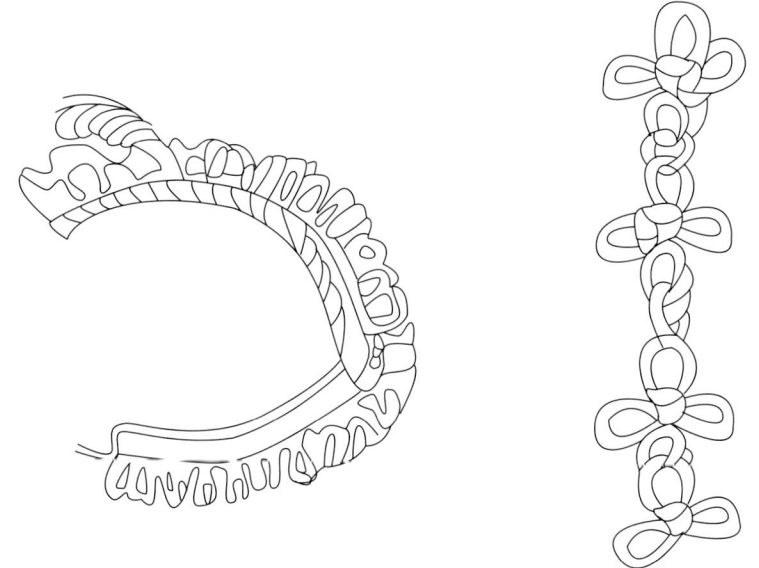

图五　傣族银镀金垂帘发饰纹饰图（二）

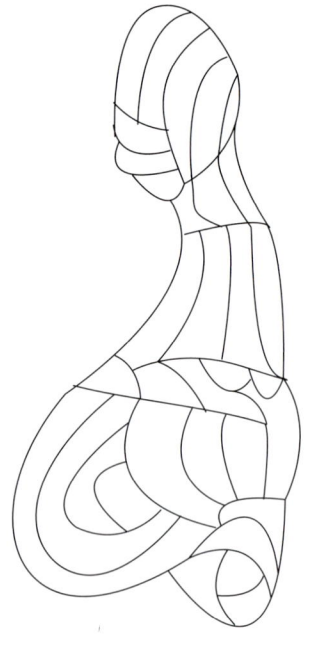 

图六 傣族银镀金垂帘发饰纹饰图（三）

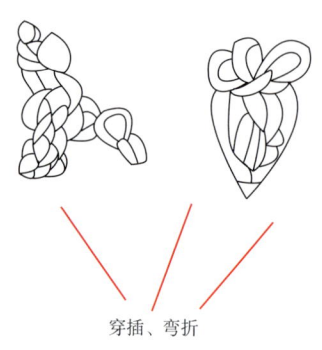 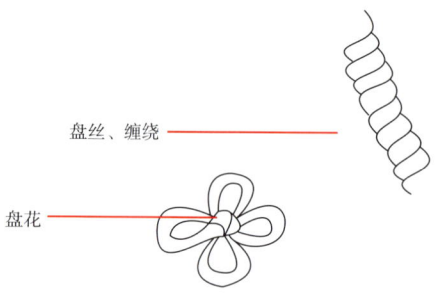

 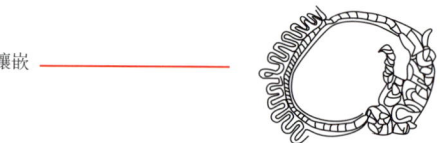

图七 傣族银镀金垂帘发饰制作工艺图

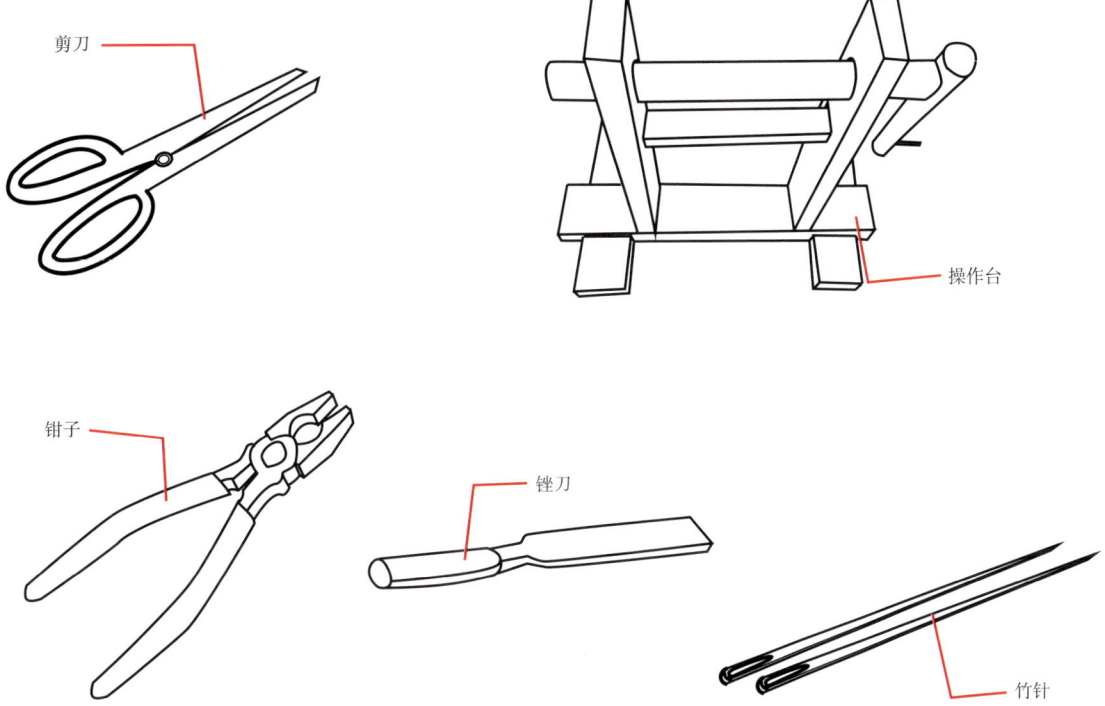

图八　傣族银镀金垂帘发饰制作工具图

傣族镀金银项圈

图一　傣族镀金银项圈主图

本案例现藏于云南省博物馆，采集自西双版纳。银质，直径为29厘米，重413克，为傣族富裕人家女子结婚时所佩带的装饰物。

此项圈装饰繁复，用银片制作而成，整体呈圆圈状，上窄下宽。最复杂的装饰集中在圈面的下半部分，镶嵌有三颗大的红宝石和两颗大的绿宝石（其中一颗绿宝石脱落），大的红宝石外又镶嵌着一圈小的红、绿宝石，大的绿宝石外用细银线扭结成螺帽状作装饰。大的红、绿宝石相互错开排列，宝石间贴有高浮雕双龙双凤，龙凤的身上也镶嵌着数颗红绿宝石，龙的周围还装饰有精致的花卉。底部圈面镂刻连续花叶纹，并錾刻有细腻的连珠纹、折带纹等。项圈最上部作两雁交颈状，两旁錾刻忍冬纹饰。整件饰物色彩绚丽，造型多样，雍容华美。

本案例工艺精湛，集锤鍱、镂刻、錾刻、镶嵌、花丝、鎏金等多种传统工艺于一体。不同的技法、不同的形态有机组合在一个整体中，形成富有层次感、具有丰富内容的综合体，由此可见制作者的娴熟的技能，高超的技艺。

整个项圈图形的设计非常符合婚礼习

俗主题，寓意美好吉祥，寄托了人们对婚姻生活的美好祝愿。龙凤结合寓意太平盛世，高贵吉祥。两雁交颈，蕴含雁首之礼，象征婚姻幸福美满。忍冬纹样原本为佛教纹饰，在此处也有深刻含义，寓意"长久"。本案例是傣族工艺品中的代表之作，在设计、工艺、立意方面都堪称完美。

图片来源

图一　胡春涛　摄影
图二至图六　张中勤　制图
图七　张中勤、贺雪岚　制图

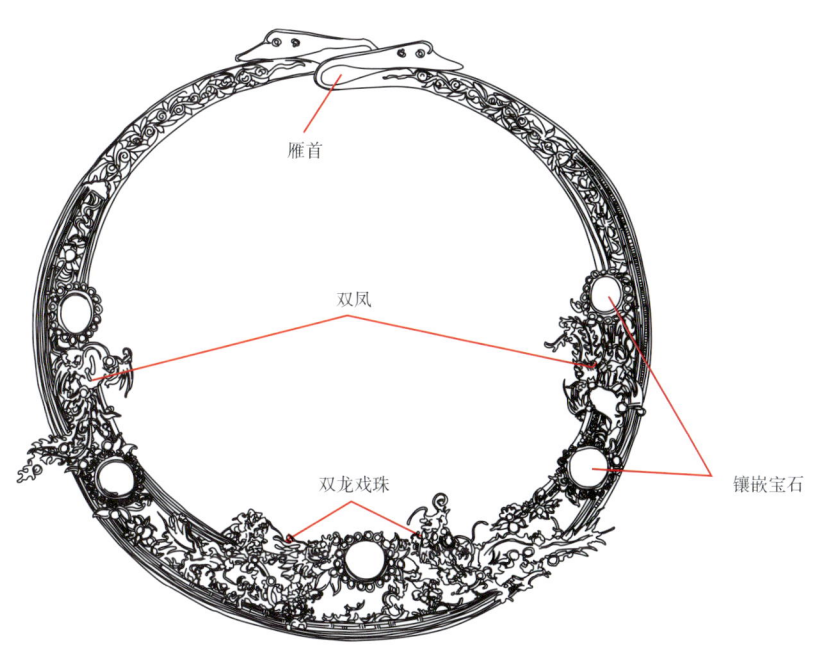

图二　傣族镀金银项圈结构名称图

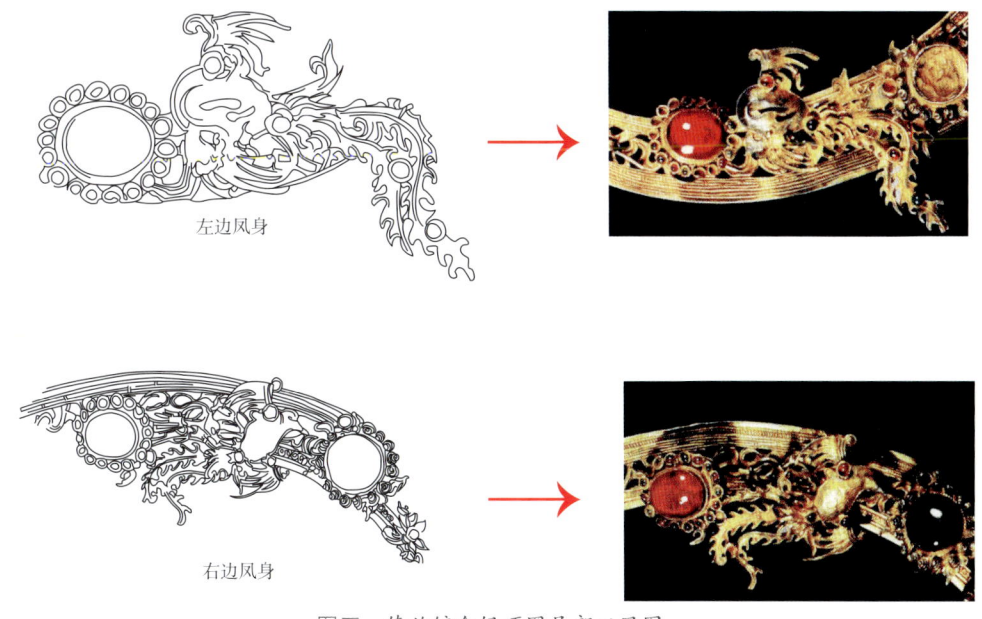

图三　傣族镀金银项圈局部双凤图

双龙结合，寓意太平盛世，高贵吉祥

图四　傣族镀金银项圈局部双龙图

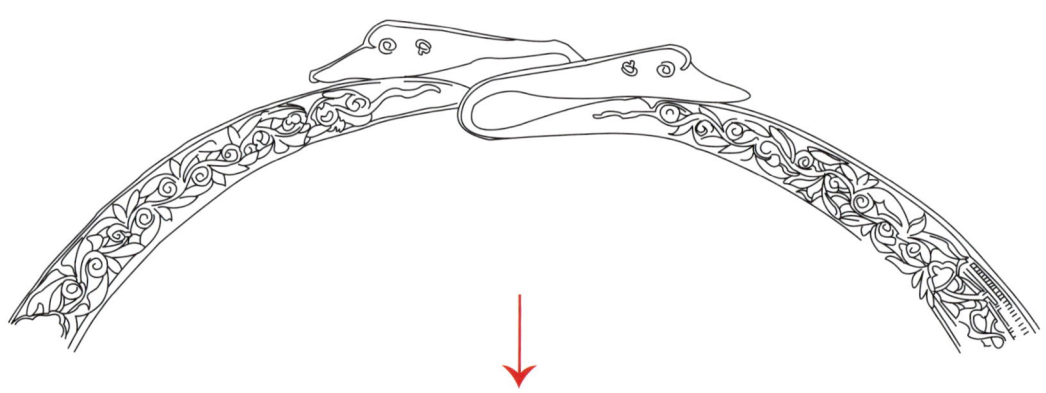

项圈尾部两雁交颈：蕴含"雁首之礼"，象征婚姻美满幸福，寄托人们的美好愿望

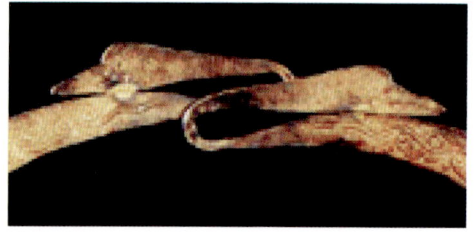

图五　傣族镀金银项圈局部雁首

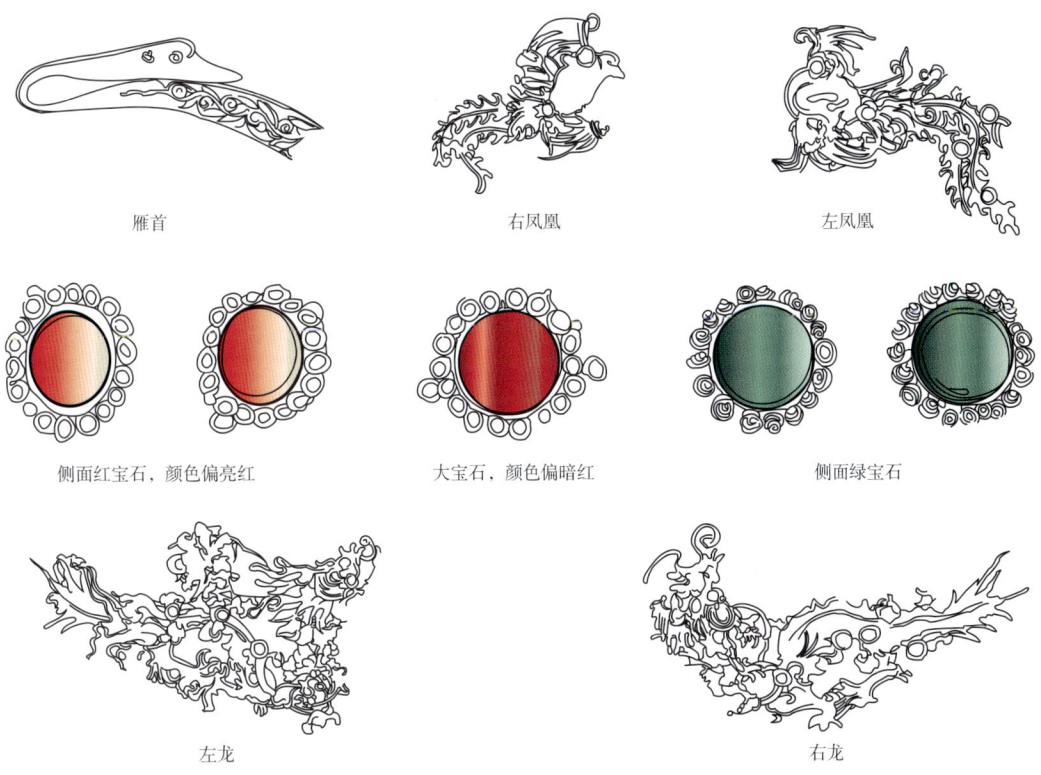

图六　傣族镀金银项圈元素构成图

图七　傣族镀金银项圈佩戴效果示意图

傣族银簪

图一 傣族银簪主图

本案例现藏于上海博物馆，采集自云南澜沧。

簪是用来别住发髻起着固定作用的条状物，簪一般包括长针和簪头。本案例的银簪为光素长针挺，长约15厘米，一头细，一头粗扁，粗扁的一端向上弯曲，形成一个钩状，上镶有花瓣形的簪头，这是起装饰作用的部分。簪头整体呈团花状，但非平面延展，而是呈现出一定的层次感、立体感。粗扁的一头与银花瓣盘焊接在一起，花瓣中央有一颗乳钉凸起，上又与一层银花瓣相连，形成上下两层，上层花瓣的造型与下层花瓣不同，下层花瓣由15片花瓣组合而成，每一片花瓣边缘有用银丝线搓成的细绳作装饰，而上层是由5组独立花朵组合而成的整体，每个独立花朵只有3片花瓣，中间花蕊是凸起的乳钉，花瓣边缘也是用银丝线缠绕成的银绳装饰的，在最顶头2组花朵之间还镶嵌有一颗稍大的乳钉。整个簪头的中央为一颗最大的乳钉，往外依次是3圈银丝线缠绕的花瓣。

此银簪运用了多种传统的工艺手法，如锤鍱、镶嵌、花丝等，比较突出的是花丝工艺，将银条加工成粗细不同的丝线，细银线可以扭丝作为边饰，粗银线可以用来塑造花瓣的造型。银簪既有实用价值，是女性用来固定发髻的器物，又具有很强的装饰作用，是做工精巧、细致的工艺品。

图片来源
图一　胡春涛　摄影
图二至图七　肖永平　制图

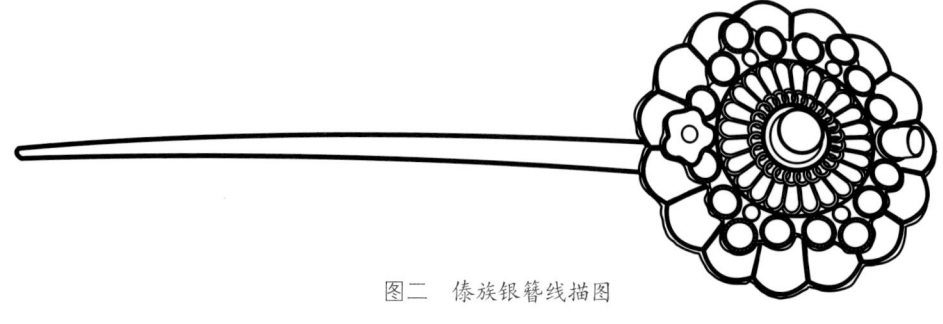

图二 傣族银簪线描图

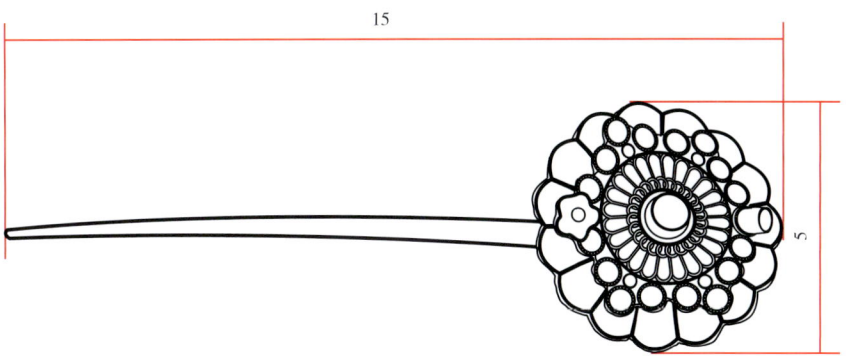

图三 傣族银簪尺寸图（单位：cm）

图四 傣族银簪头部正视图

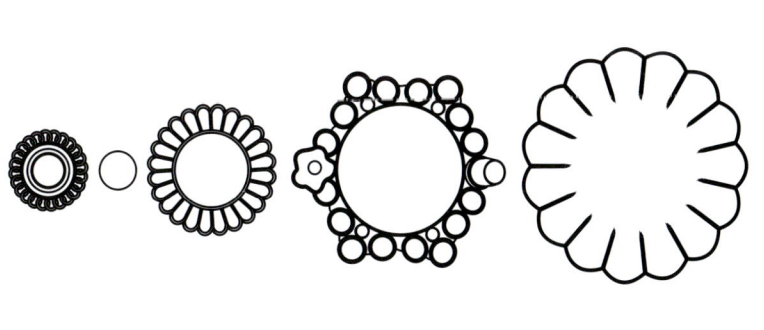

图五 傣族银簪开片图

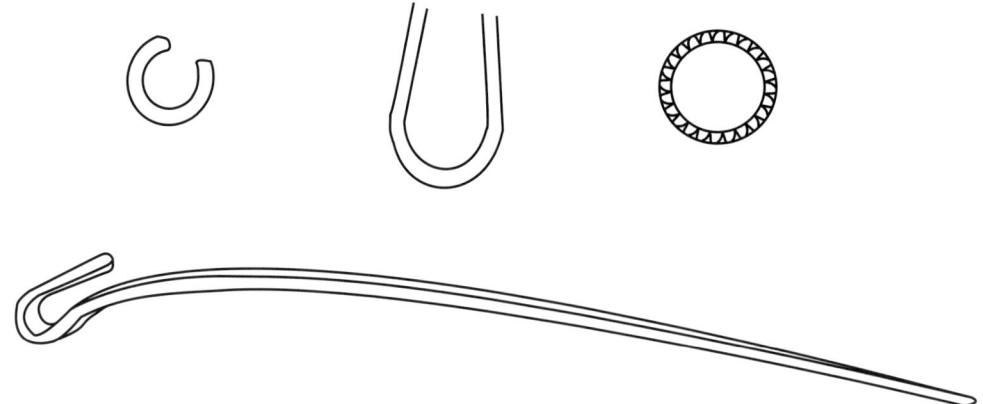

图六　傣族银簪细节图

图七　傣族银簪佩戴效果示意图

傣族镀金镶珠套筒银耳柱

图一　傣族镀金镶珠套筒银耳柱主图

本案例采集自云南瑞丽，现藏于云南民族大学博物馆。在云南，耳柱的佩戴与流行可追溯至南诏国时期，现存的《南诏图传》中就描绘了多个佩戴耳柱的形象。柱体呈金色，耳柱无性别之分，是南诏王族女性和少数民族部落男性官民喜欢佩戴的饰物。现在耳柱主要为傣族女性佩戴的首饰。

此镀金镶珠套筒银耳柱高2厘米，重6.5克。由连着顶花的套壳和连着足盘的套心两件组成。顶花直径1.9厘米。顶花分五层，最顶部为一颗宝珠，由尖状花瓣形银丝线包围固定，第二层为用银丝线制成的花瓣，第三、四层为镂刻的花瓣，第五层为圆形花瓣，花瓣上又有由圆珠和银花丝组合而成的小花朵。整个顶花从上至下渐次变大，似一朵盛开的鲜花，又似塔状。套壳直径0.7厘米，套心直径0.5厘米，足盘直径1.3厘米。戴时先将套壳从前面插入耳洞，再从后面将套心插进套壳，使顶花和足盘恰好把耳垂夹紧，正面看去，嵌珠的顶花仿佛是嵌在耳上似的，精致、亮丽而别有意趣。这种类型的耳柱在德宏傣乡流传已久，据说明代和清代时曾是达官贵人家女子特别喜爱的装饰品。

傣族制作耳柱的材料多种多样，有各种金属、骨骼、牙、角、玉、红绿松石、竹、木等。有的是实心管柱，有的是空心管柱。有的为单件，有的由两截套合而成。除了本案例的这种套筒形式外，在德宏、临沧的傣乡还有一种套筒形似象足的象足耳柱，也比较流行，深受傣族女性的喜爱。

制作这件耳柱采用了的多种工艺手法，如花丝、镶嵌、锤鍱、镂刻、鎏金等，设计

第二章　傣族传统服饰

独具匠心，能够发挥各种工艺的特点，造型变化多端，层次感强，布局疏密得当。一些细微处也可见设计和制作者的细腻心思，如足盘的外侧镶有一圈细银丝线缠绞而成的银绳，除了装饰效果，其更重要的还是发挥了实用的功能，将套心插入套壳时起着增加摩擦力的作用。将套心和套壳设计成螺纹也是从实用的角度出发，使两者能紧密套合在一起，更有效地避免滑落丢失。

图片来源

图一　贺雪岚　制图

图二至图八　梁倩倩　制图

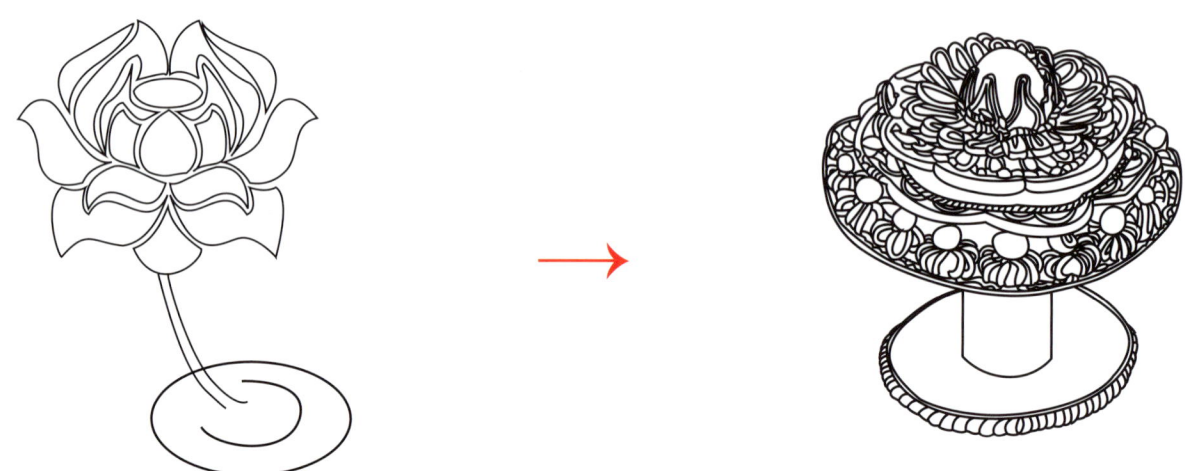

图二　傣族镀金镶珠套筒银耳柱相似结构

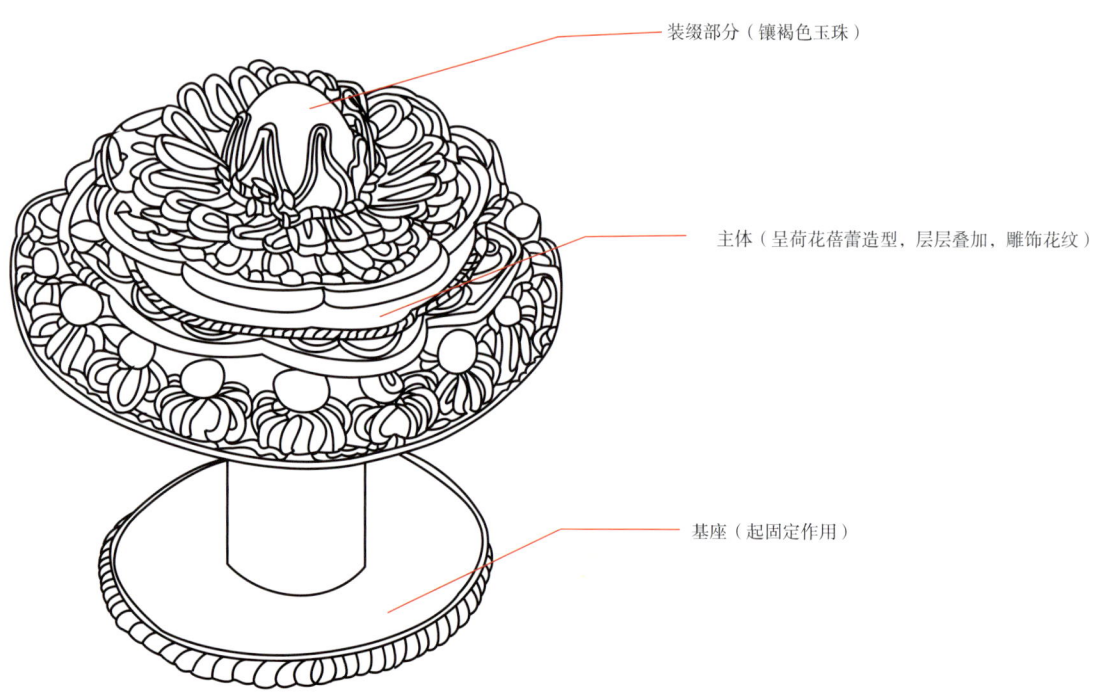

图三　傣族镀金镶珠套筒银耳柱结构名称图

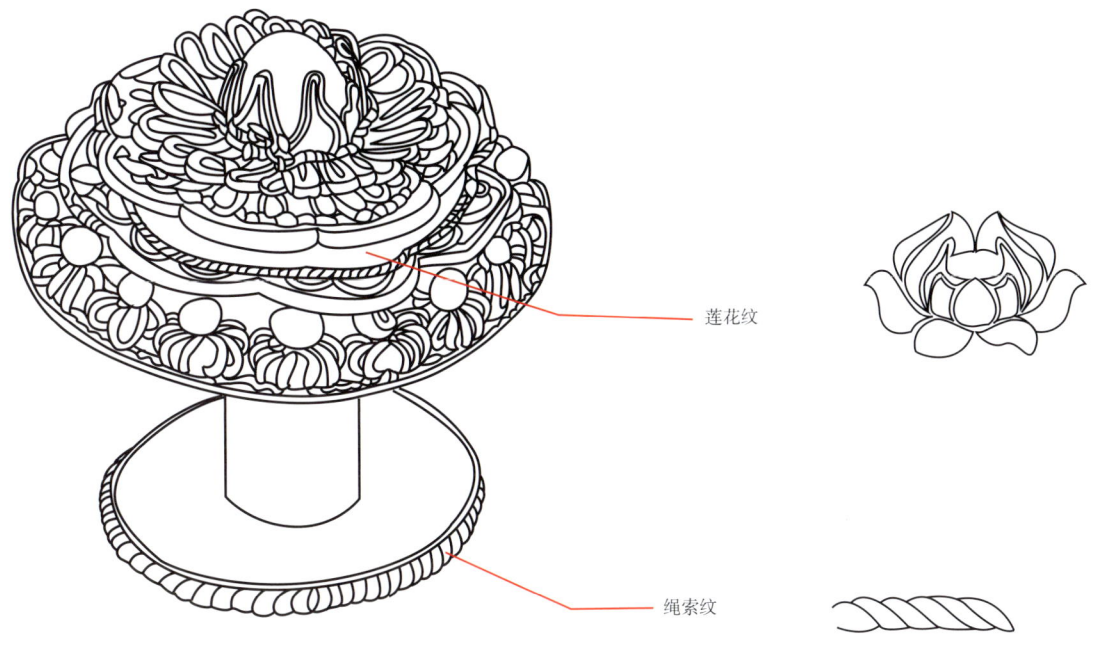

图四　傣族镀金镶珠套筒银耳柱纹样效果示意图

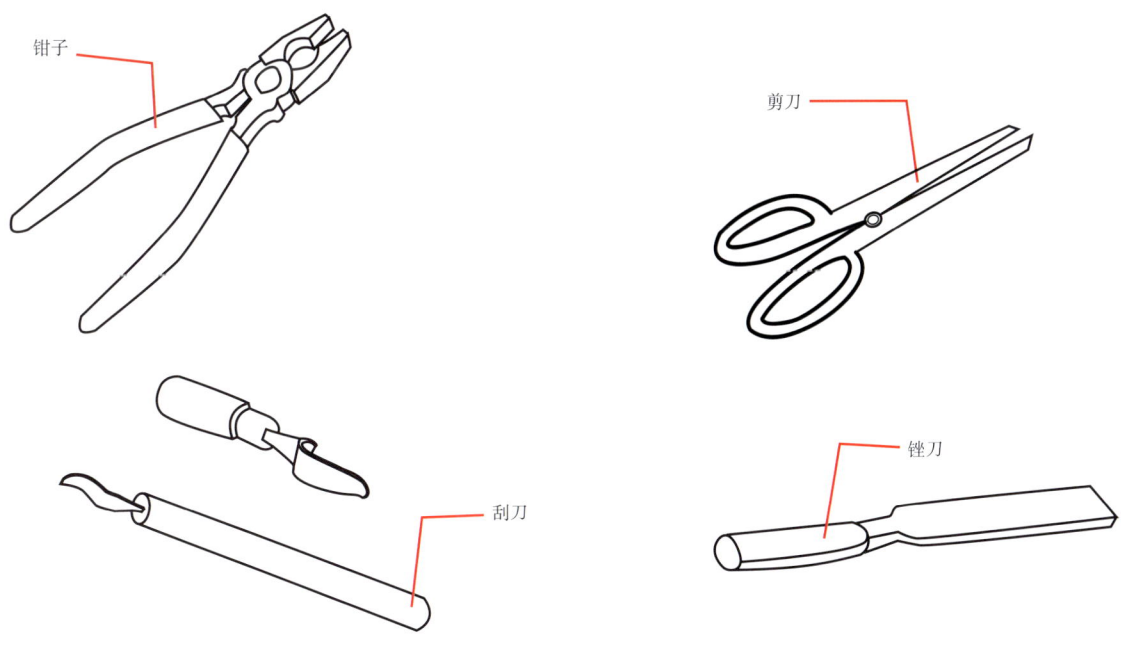

图五　傣族镀金镶珠套筒银耳柱制作工具图

第二章　傣族传统服饰

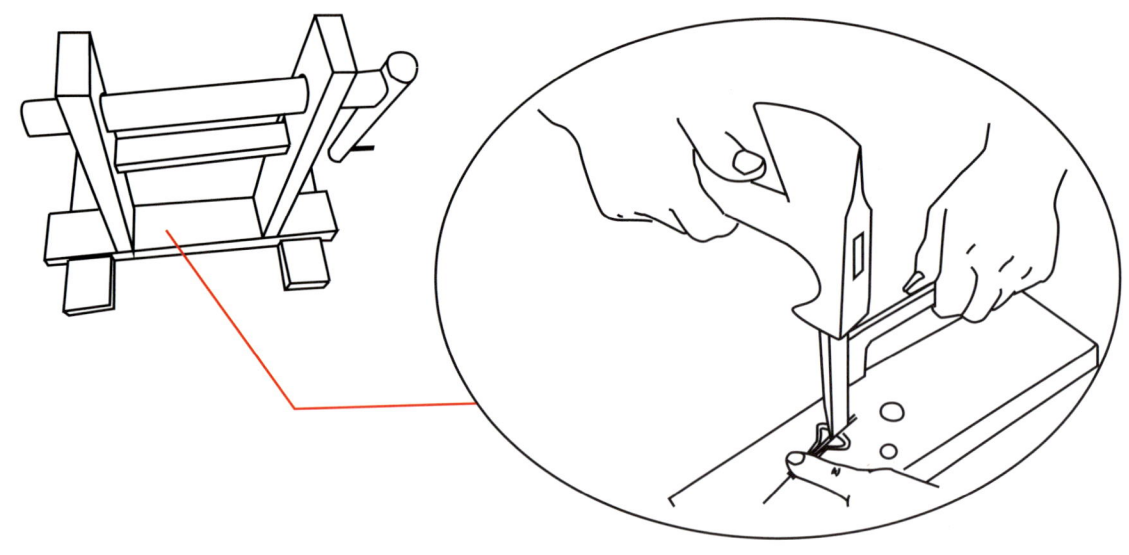

图六　傣族镀金镶珠套筒银耳柱制作台图

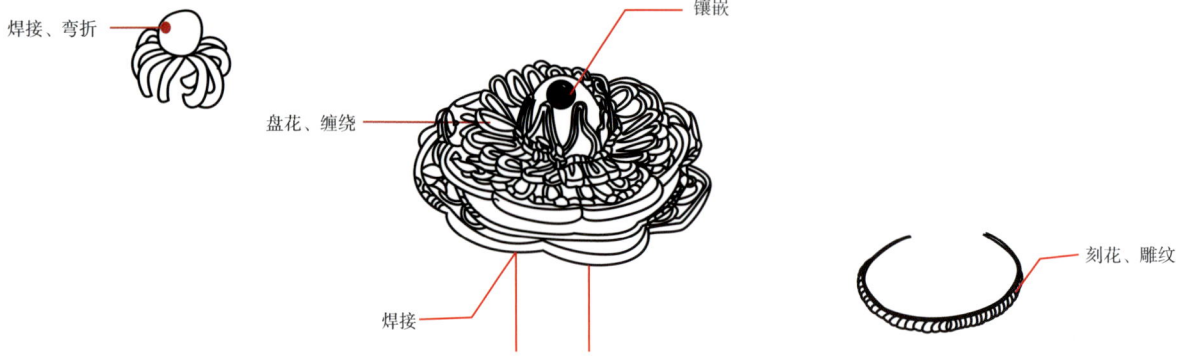

图七　傣族镀金镶珠套筒银耳柱工艺分析图

傣族臂钏

图一　傣族臂钏主图

本案例现收藏于云南省博物馆，采集自勐腊县。臂钏是缠绕在手臂上的环形装饰物，早在汉晋时期云南的少数民族就已经开始佩戴臂钏。形式和工艺则可追溯至战国时期的扁体宽片镯，如云南鳌凤山墓出土的铜片，将铜打成较宽的铜片后握弯制成，上錾刻有几何纹饰和动物纹饰。在南诏国时期的壁画中绘有佩戴臂钏的人物，形象地展现了臂钏的佩戴效果。

本案例的臂钏整体呈圆筒状，中间宽扁，逐渐往两侧收缩，至两端变圆，形成光滑的银条，盘绕成螺旋形共6圈，螺旋圈之间相互叠压，也可根据手臂长短、个人喜好拉伸或收缩。臂钏的表面錾刻有简略的花卉图案。

制作这件臂钏运用了锤鍱、錾刻的方法，首先将银块锤扁，拉伸，形成中间宽、两头窄的扁形银长条。然后在其中一侧进行细部加工——錾刻上花纹，工具为大小不同、纹理各样的錾子，用小锤敲打錾子，在银条上刻出所需要的花纹图案。然后将錾刻上纹饰的扁银条盘成圈，有花纹的一侧在外。臂钏从上到下要有粗细的渐次变化，以适合手臂从上至下的粗细变化。最后稍加打磨，一件臂钏就制作而成了。

臂钏适合上臂丰满修长的女性佩戴，能够为裸露的手臂平添无穷的魅力。本案例的臂钏制作精良，工艺精湛，是傣族饰品中的代表之作。

图片来源
图一　胡春涛　摄影
图二至图七　王志　制图

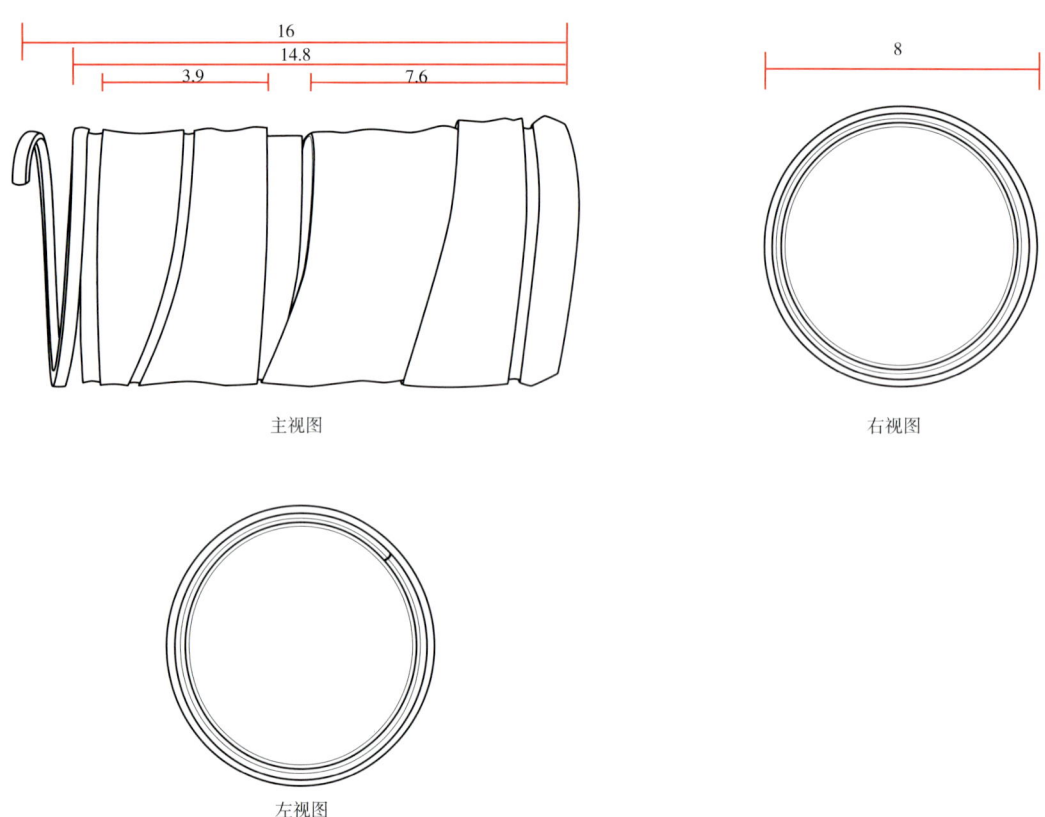

图二 傣族臂钏三视、尺寸图（单位：cm）

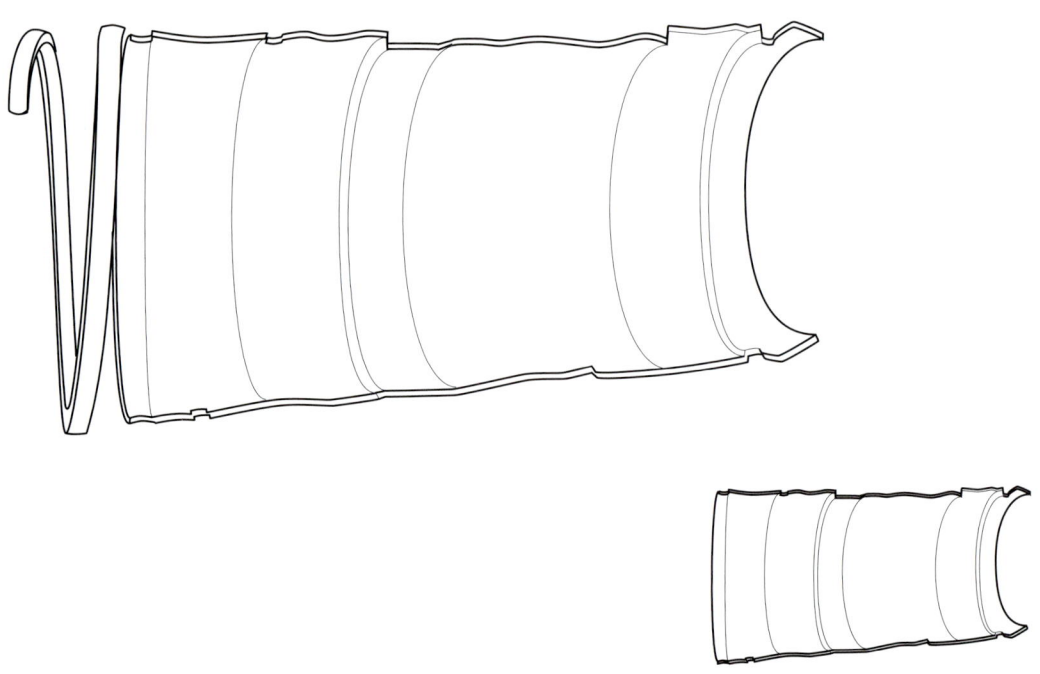

图三 傣族臂钏剖面图

图四　傣族臂钏纹样细节图（一）

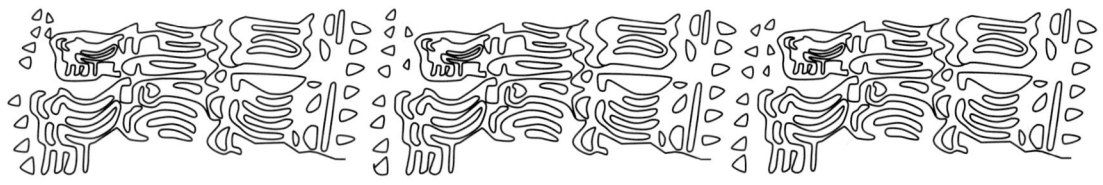

图五　傣族臂钏纹样细节图（二）

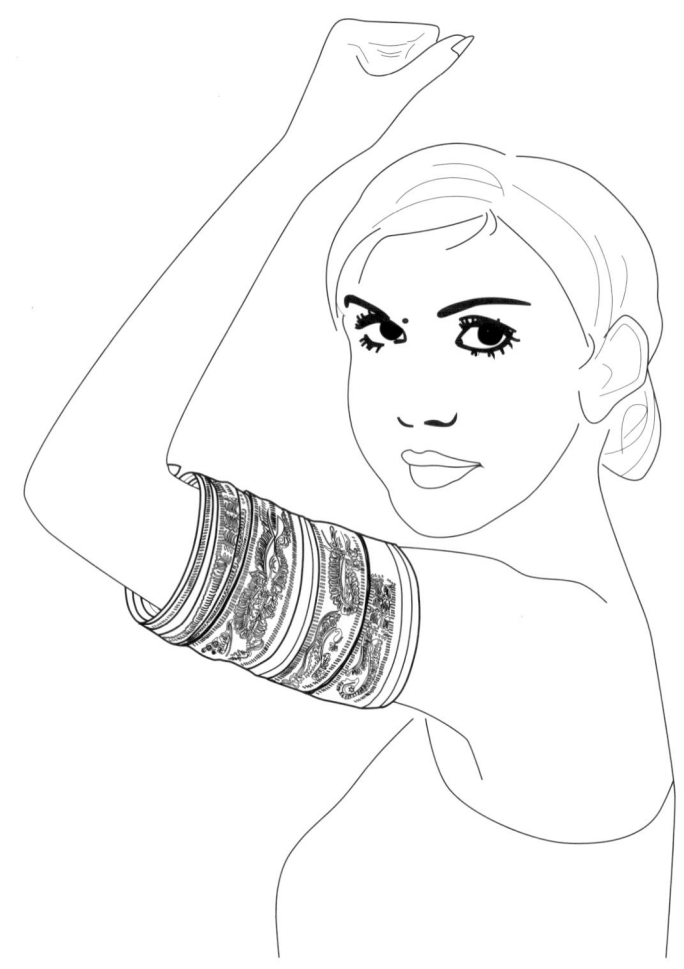

图六　傣族臂钏佩戴效果示意图

傣族银手镯

图一 傣族银手镯主图

傣族的传统首饰种类众多，手镯是最为常见的一类，一般多为银质，样式众多，制作精致。

傣族银手镯的制作工艺有铸造、锤打、扭丝、錾刻、焊接、车花等，形制有粗细、大小、宽窄、空心与实心之别，并且饰有植物纹、动物纹、几何纹等各种纹饰。本案例的一对银手镯，为空心錾花银手镯，现藏于云南民族博物馆，属傣族手镯中较粗大者。两件手镯的形制和纹饰完全相同，外径7.5厘米，内径5.2厘米，宽3.5厘米，缺口宽0.5厘米，内部中空，截面为弓形，厚2.3厘米。该手镯为达到宽、大、厚的效果，同时为了节约银料降低成本、使佩戴时更为轻便等，采取了空心的式样。整体结构通过锤打的方式成形，外表面满錾花形纹和几何纹，极为富丽。

傣族的空心银手镯也有较为纤细的式样，同样是满錾花纹，装饰华丽。傣族也有实心的手镯，截面较薄，更显纤细，表面亦錾有各种纹饰。此外，傣族还有采用扭丝工艺制作的手镯，有的较为粗大，即把6~8根较粗的银管扭转在一起，两端焊接起来，然后用细银丝把焊接的部分加以捆扎固定，再将其弯成圆形；有的则较纤细，先把实心的细银丝扭成麻花状，然后再将其螺旋盘转为若干圈，并用细绳捆绑在两个端口处，以防止变形。

傣族的银手镯不仅是平常的装饰物，而且是傣族男女之间定情的信物，亦是参加赕佛等盛大集会时的佩戴之物，因而在傣族人民的生活中具有非同一般的意义。

图片来源
图一 倪玉湛 摄影
图二、图三、图五 张帅 制图
图四 倪玉湛 摄影

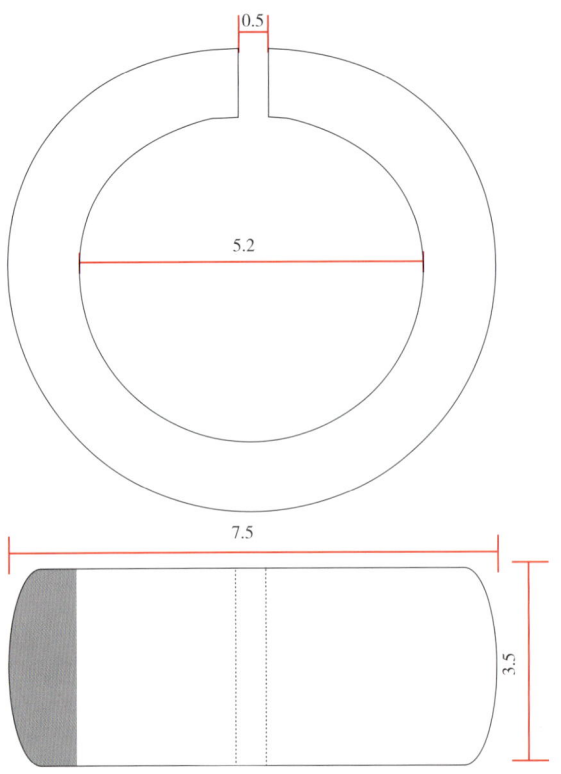

图二　傣族银手镯尺寸图（单位：cm）

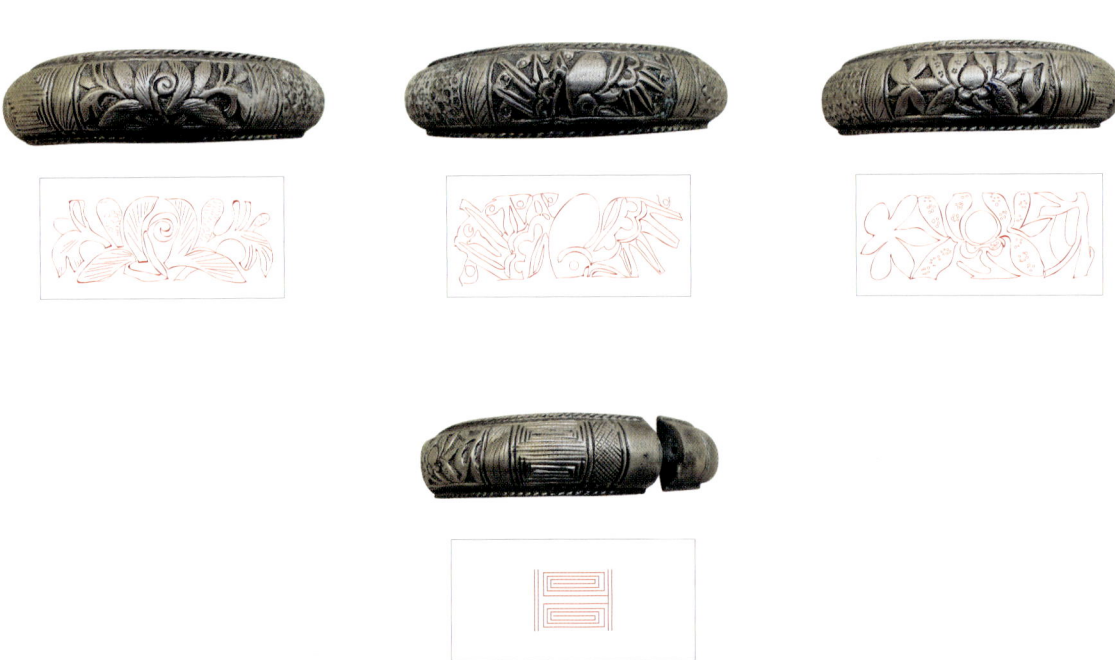

傣族银手镯的纹样多依据动植物进行抽象设计，采用二方连续或四方连续的方式，外框用回纹等，拼接出紧凑的图纹，形成简洁、明快的抽象纹样，增加装饰感和美感，加工方法常为錾刻。

图三　傣族银手镯纹样分析图

图四 傣族银手镯比较分析图

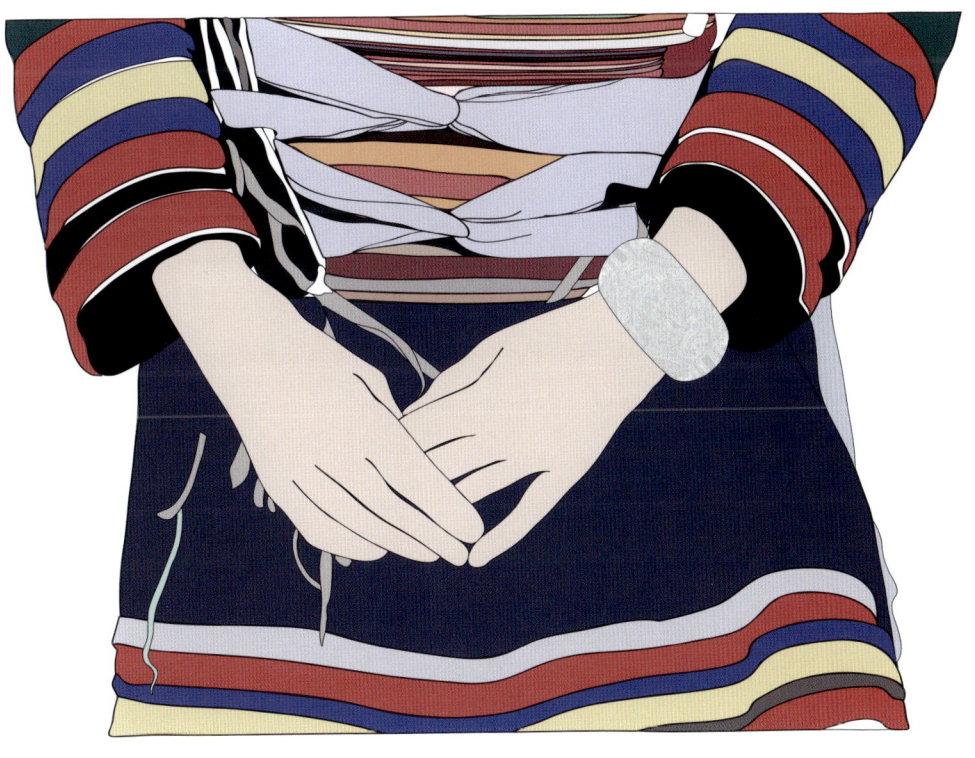

图五 傣族银手镯佩戴效果示意图

第二章 傣族传统服饰

傣族银戒指

图一　傣族银戒指主图

戒指为手指上的装饰物，其造型娇小玲珑，世界上几乎所有民族都有佩戴戒指的习俗。戒指不仅仅是装饰品，还是定情的信物。傣族首饰的制作工艺较为发达，首饰种类繁多，其中又以银戒指最为常见。

本案例的傣族银戒指为云南民族博物馆藏品，由戒面和戒环两部分构成，戒指内径2厘米左右，戒面形状为六边形，两个对角连着细细的戒环，戒指平展开后总长6.28厘米，宽2.2厘米。戒面上装饰有各种花纹，最外圈为菱格状的几何纹，由錾刻的技法刻出，纹饰凹陷较浅。再往里为一圈连珠纹，围合成六边形，连珠纹由管状工具錾刻而成。在戒面的中心部位，也就是连珠纹围合的区域内，又镂刻出葫芦纹，葫芦腹部錾刻出云头纹，葫芦纹周边还有盘绕的绶带纹，以镂刻的技法制作。葫芦在傣族的推原神话中具有十分重要的地位，葫芦被认为是人类以及其他有生命的动植物的祖先。葫芦在傣族人民的生活中也极为重要，傣族的民间故事《葫芦信》说的就是以葫芦为载体来传送信件，傣族过去也把葫芦作为贮种的工具。

傣族银戒指制作简易，造型小巧，纹饰美观，佩戴舒适，是傣族传统首饰工艺的代表。

图片来源

图一　张帅　摄影
图二至图五　张帅　制图

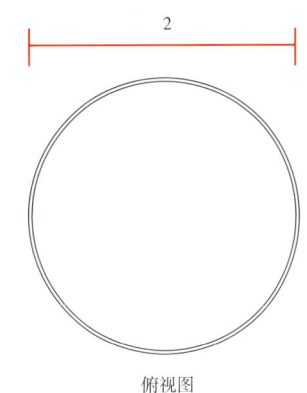

俯视图

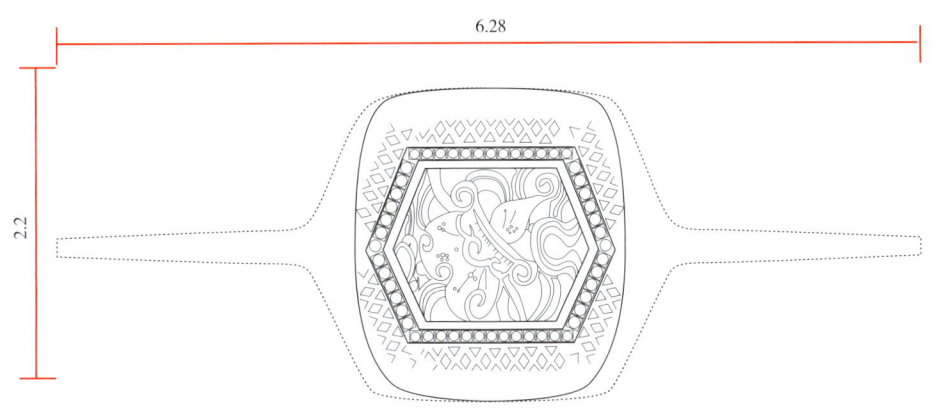

主视图（虚线为展开图）

图二　傣族银戒指视角、尺寸图（单位：cm）

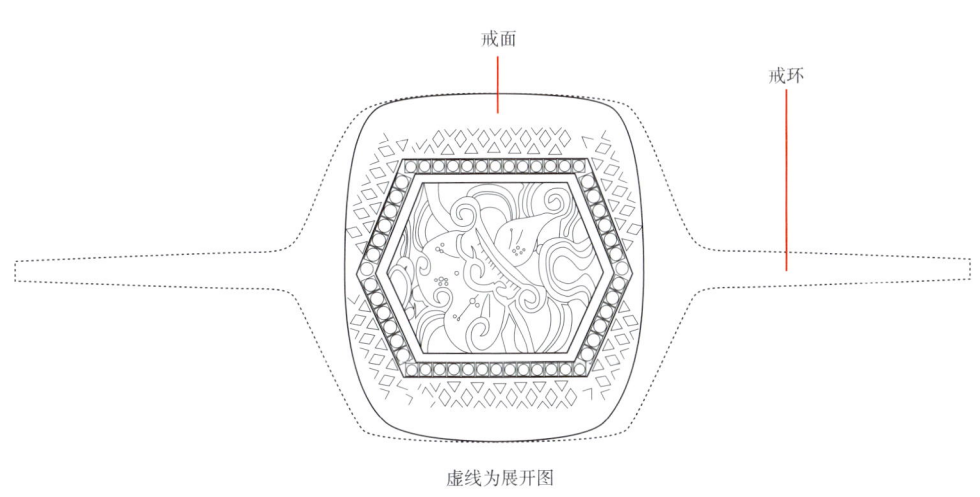

虚线为展开图

图三　傣族银戒指结构名称图

图四 傣族银戒指纹样分析图

图五 傣族银戒指佩戴效果示意图

傣族银牌扣

图一 傣族银牌扣主图

傣族所用扣饰，即用于联结衣襟并具有装饰性或纯粹用作装饰的扣子，形状有方、圆、椭圆或花瓣形多种。其中带套口的叫套扣，带挂钩的叫挂扣，用银币缝缀在衣服上、围腰上的叫币扣，还有呈牌状的叫牌扣。本案例即属牌扣，采集自云南芒市，现藏于云南民族大学博物馆。牌扣作为上衣领扣或襟扣使用，在芒市、盈江、梁河、耿马等地比较流行。

此牌扣重7.5克，左为扣心，右为扣面。扣面装饰有由银丝线交织的菱形格纹，并在每个交叉点上镶嵌有圆珠。扣面上的圆珠既有装饰作用，也有增加摩擦力，方便扣合牌扣的作用。扣面中有一圆扣眼，扣心插入与之吻合，两者扣合起来形似长方形银牌，扣眼内有两耳，起着固定扣心不使之脱落的作用。使用时，将扣心推入呈一定角度的扣面即可。在扣心和扣面上各有上下两个小孔，它是用来穿线将牌扣固定在衣物上的线孔，而贯穿于二小孔间的凹槽，为线槽，起着固定线的作用。牌扣表面镀有金粉，整体耀眼夺目。

制作这件牌扣采用了模铸的方法，先将牌扣模型做好，注入熔化的白银，待其冷却后，拆除模型，将其打磨即可成型。纹饰加工采用了花丝、镶嵌、鎏金的工艺技巧。此件牌扣小巧精致，巧妙的设计，既能发挥服饰配件的实际功用，也能为傣族服饰增添装饰感和美感。

图片来源

图一 马毅生.云南民族文物身上饰品.北京：文物出版社，1991：41.

图二至图五 张中勤 制图

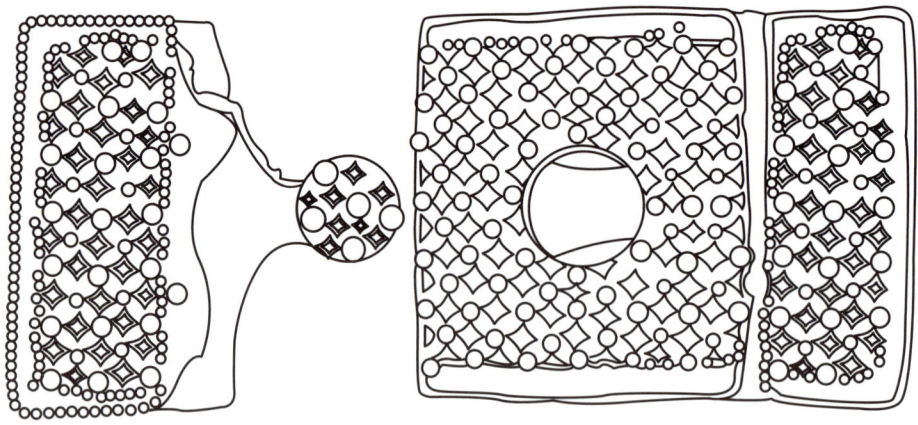

图二 傣族银牌扣线描图

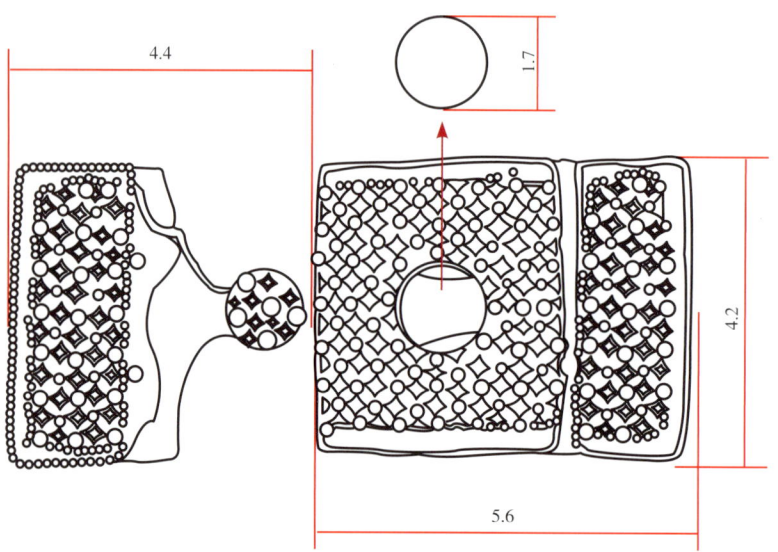

图三 傣族银牌扣尺寸图（单位：cm）

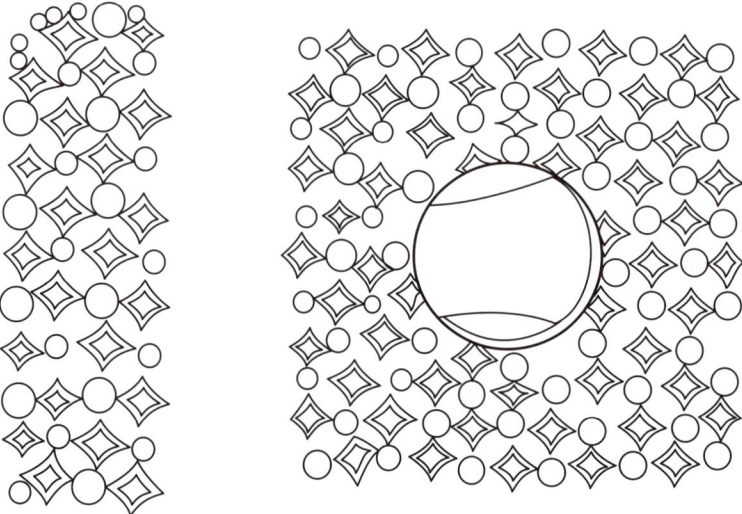

图四 傣族银牌扣纹样效果示意图

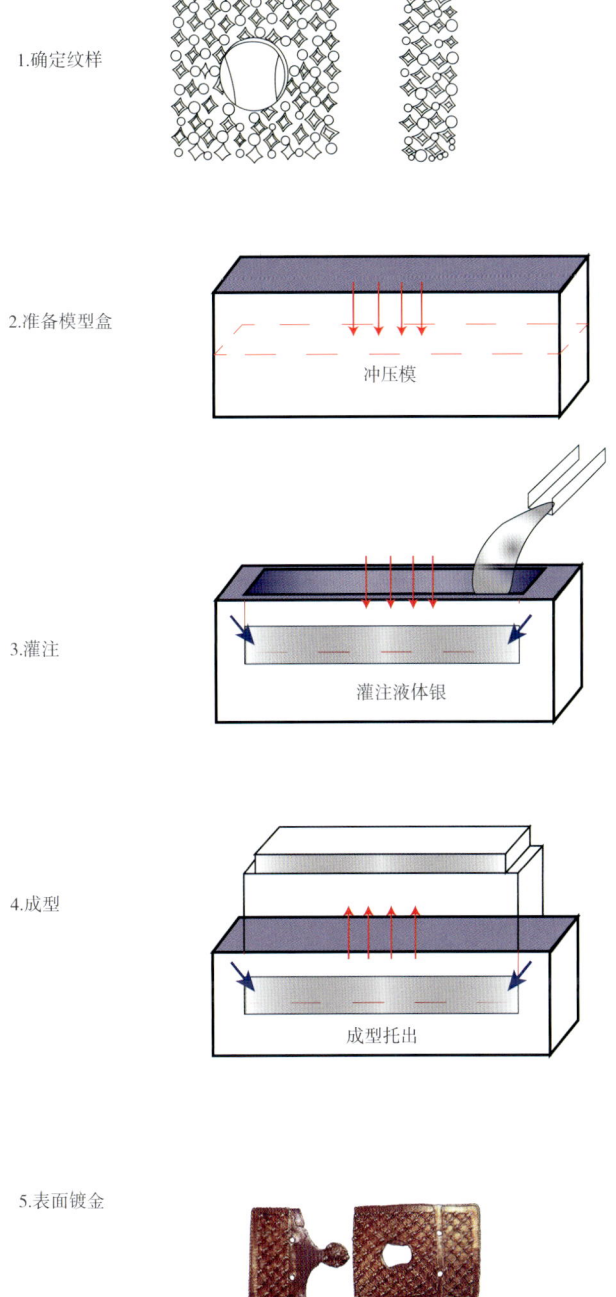

图五　傣族银牌扣制作流程图

傣族饰牌

图一 傣族饰牌主图

本案例采集自云南梁河，为清代傣族女子衣服上的装饰，现藏于云南民族大学博物馆。直径10.7厘米，重28克。圆形，边刻三层花纹，中镌一舞象，在环绕着的瓶花、石山、拱券栏杆间舞动。这是一个具有象征意义的画面：拱券栏杆代表高台，取"台"的谐音作"太"；瓶花，以"瓶"音代"平"；石山代表风景，简称"景"；大象即"象"。以上四物合起来便是"太平景象"。用于饰牌，既是对盛世的赞美，又是对民众心愿的反映。同属于一套饰牌的还有三片：二龙戏珠、双凤朝阳、麒麟望月镀金银饰牌，同样采用了谐音、象征的表现方式。

此饰牌用薄银片打制，表面镀有金粉，制作时采用了傣族通常使用的锤鍱锻造工艺，饰牌上凸起的花纹用模具锤鍱而成，精细处也运用了錾刻工艺。整体来看，立体感强烈，构图饱满，主体图像突出，次要图像层次分明，起到烘托主体图像的作用，由此可见制作者精湛的技艺。

饰牌列成两排缝缀于上衣对襟左右，十分醒目、耀眼。傣族饰牌的表现题材多样，如日、月、鱼、虫、花、鸟、龙、凤、大象、麒麟、山水等，甚至还有道教题材八仙等（见案例"西双版纳傣族女性盛装"），不管题材如何，都含有祈吉求丰之意。采用的是明清时期比较流行的谐音、象征、隐喻等方式。

图片来源
图一　贺雪岚　制图
图二至图七　徐海峰　制图

图二　傣族饰牌线描图

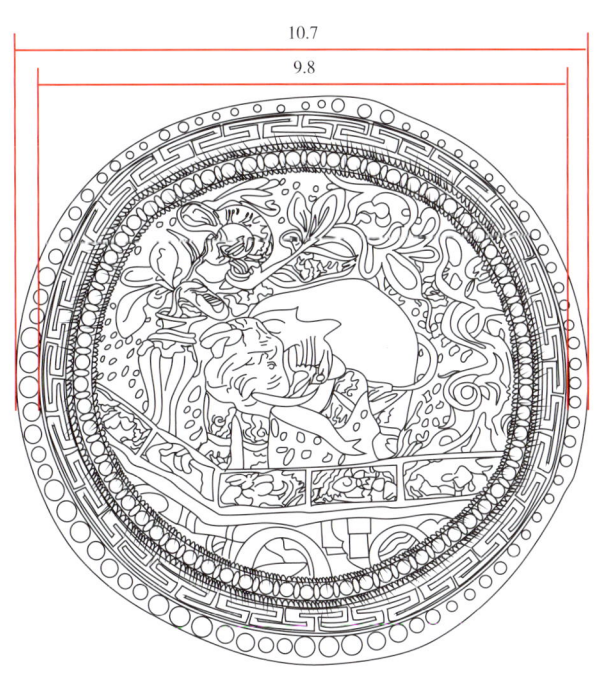

图三　傣族饰牌尺寸图（单位：cm）

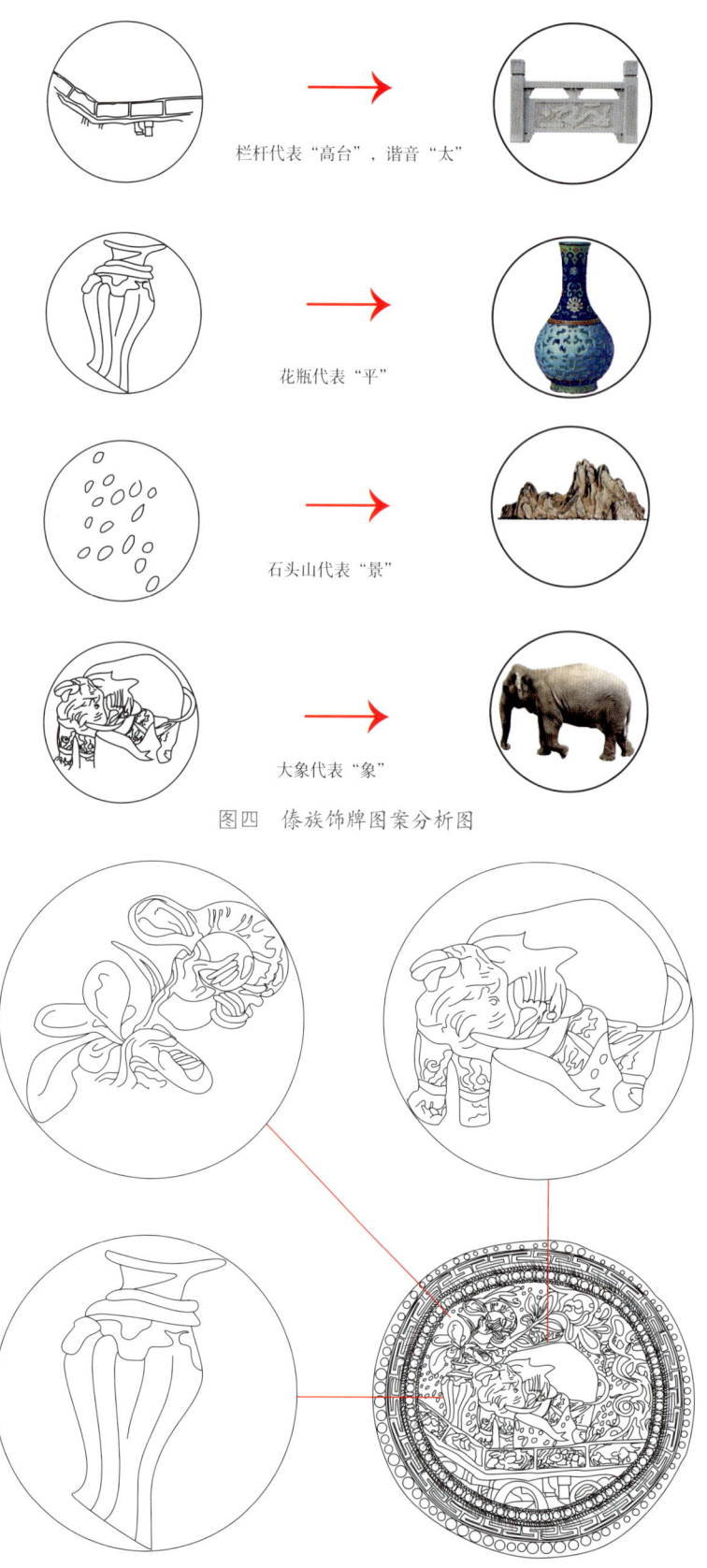

栏杆代表"高台",谐音"太"

花瓶代表"平"

石头山代表"景"

大象代表"象"

图四 傣族饰牌图案分析图

图五 傣族饰牌细节图

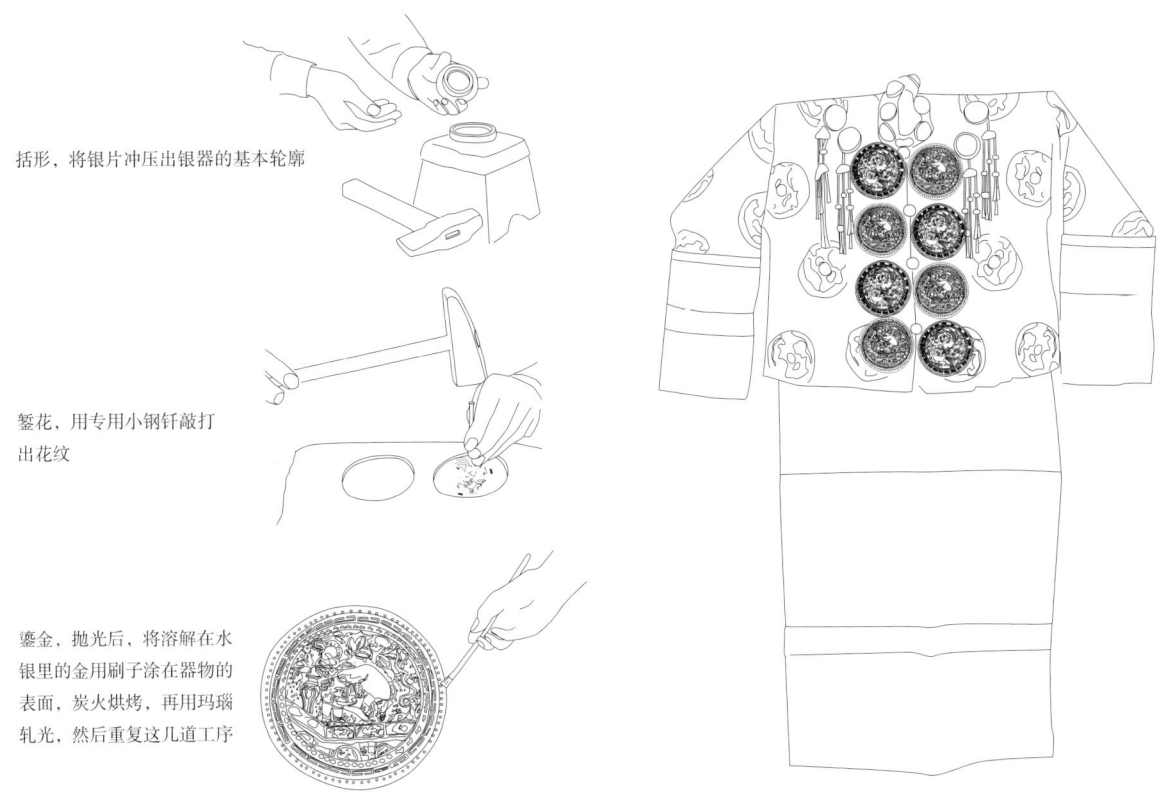

图六 傣族饰牌工艺分析图

括形，将银片冲压出银器的基本轮廓

錾花，用专用小钢钎敲打出花纹

鎏金，抛光后，将溶解在水银里的金用刷子涂在器物的表面，炭火烘烤，再用玛瑙轧光，然后重复这几道工序

图七 傣族饰牌使用情境图

傣族银腰带

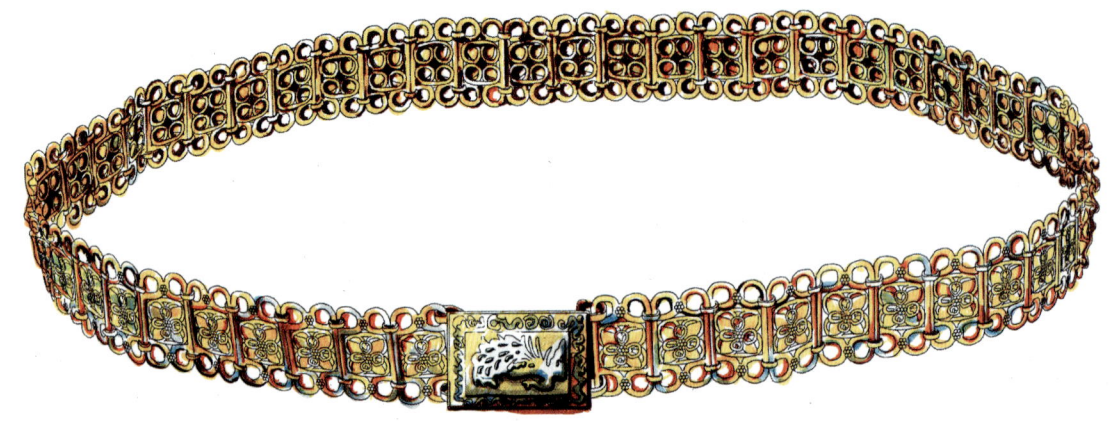

图一　傣族银腰带主图

本案例是傣族的传统装饰品，现藏于中央民族大学博物馆，20世纪80年代采集于云南西双版纳。银腰带是傣族女性的重要佩饰，常系于筒裙外的腰间，往往以宽、大、重者为贵，既可作为传家的宝贝，也可作为定情的信物。

银腰带用银丝、银片编制而成，表面镀有金粉，以带宽和纹细为美。银腰带采用传统手工艺制作而成，在制作过程中运用了浇铸、模压、花丝、錾刻、焊接等多种工艺。白银材料较为珍贵，质地柔软，延展性也比较好，是制作首饰、佩饰的理想原材料。由银丝编结成连环扣，再一个一个地接起来，在带钩处镶上花卉图案，以增加美感。银腰带上装饰着孔雀、花朵等纹样。在傣族银腰带上最常见的纹饰就是孔雀和大象，它们都象征着幸福、吉祥、平安。银腰带的每一个细节都精致而富有美感，错落有致而富有节奏感，工艺细腻而不落俗套。傣族银腰带制作工艺复杂，结构合理，纹饰美观，佩戴方便，体现了傣族银匠的精湛技艺。

西双版纳傣族女性服装与银腰带相搭配，更显其整体清丽优雅。而且傣族妇女喜穿筒裙，纤细的腰间系着一条纯银制的银腰带，将人体衬托得更加婀娜多姿，优美娴雅。银腰带的使用与设计体现了傣族极高的审美情趣，同样也是傣族生活习俗与自然环境相适应的结果。

图片来源
图一　贺雪岚　制图
图二、图三、图五至图七　肖永平　制图
图四、图八、图九　张帅　制图

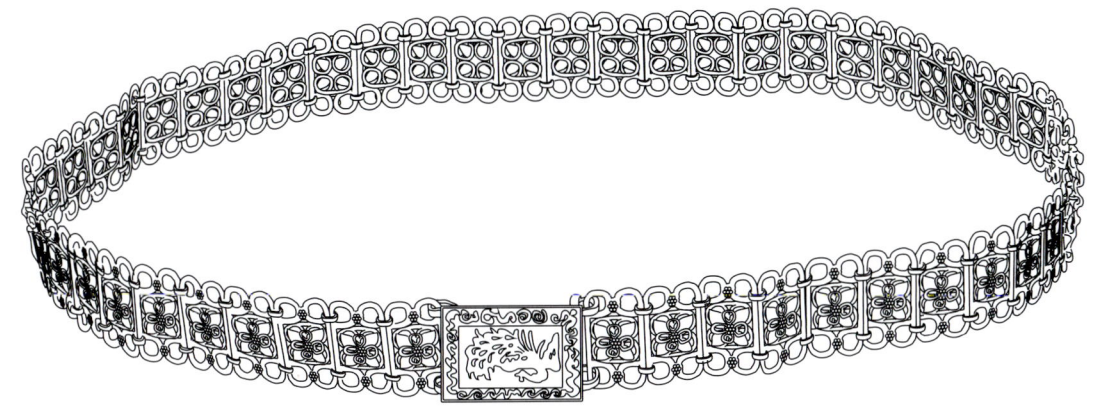

图二 傣族银腰带线描图

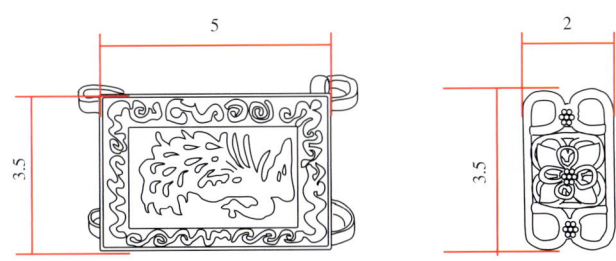

图三 傣族银腰带尺寸图（单位：cm）

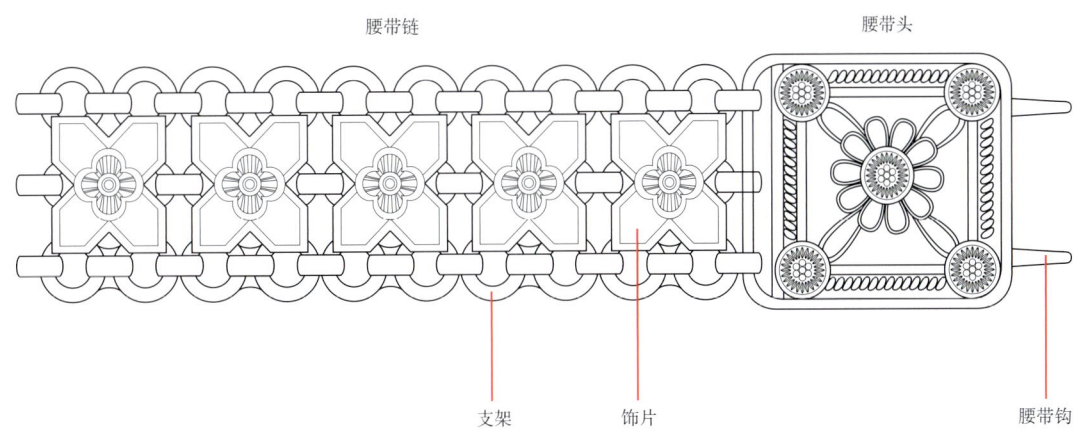

图四 傣族银腰带结构名称图

正面　　　　　　　　　　　　　　　　反面

图五　傣族银腰带细节图（一）

正面　　　　　　　　　　　　　　　　反面

图六　傣族银腰带细节图（二）

图七　傣族银腰带连接方式图

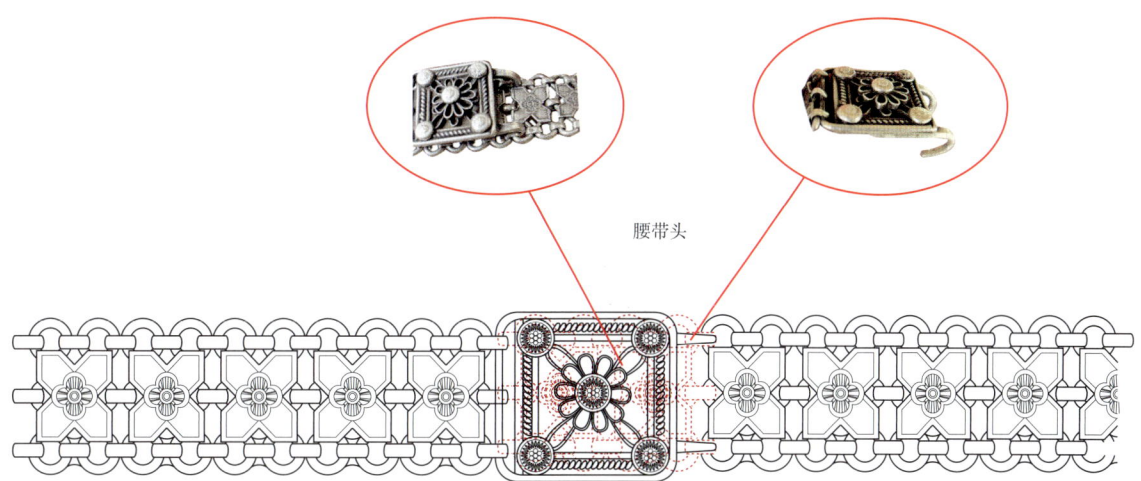

腰带头

图八　傣族银腰带扣接示意图

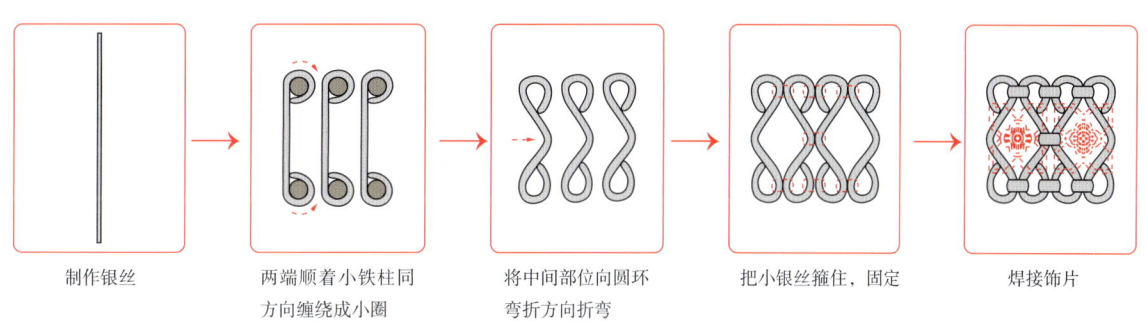

制作银丝　　两端顺着小铁柱同　　将中间部位向圆环　　把小银丝箍住，固定　　焊接饰片
　　　　　　方向缠绕成小圈　　　弯折方向折弯

图九　傣族银腰带腰带链制作流程图

第二章　傣族传统服饰

141

傣族筒帕

图一　傣族筒帕主图

　　挎包，傣语称"筒帕"，是傣族日常生活中使用频率极高的用品，傣族人民不论是劳动、出行还是聚会、赶集，都会背上一个挎包，它既是可以装东西的实用品，还是一种工艺品。傣族男女也会将筒帕视为定情信物，相互交换。傣族使用筒帕已有上千年的历史，除傣族外，云南的基诺族、佤族、景颇族等少数民族也使用筒帕，但均不如傣族使用普遍。

　　筒帕的形制是一个单肩挎包的式样，挎包上多有丰富的图案装饰，有象征幸福与吉祥的孔雀，还有象征五谷丰登的大象，以及各种植物纹、几何纹，图案的造型别致、色彩绚丽，体现了傣族织锦工艺的极高水平，并且与傣族华丽的服饰形成了绝妙的组合。

　　本案例中的这件筒帕属于较小者，纹饰

也略简单,采集自景洪橄榄坝曼春满村,总高52厘米,背带宽7厘米,包体部位高24厘米,宽25厘米,筒帕两侧的背带下还缀有流苏,长、宽均在7厘米左右。该筒帕由白色粗棉布裁减而成,包体部位由两片布料与一条对折的长条形布料(背带)缝制而成。筒帕所用的布料上还有各种彩线交织出的几何图案,具有一定的装饰效果。

筒帕的佩戴方式比较随意,既可单肩挎或斜挎,亦可将背带缠于腰际或者挂在脖子上。傣族的筒帕还被开发成了旅游纪念品,材料也由过去的棉、麻,发展到现在的丝、毛和棉混纺,并且还织有"西双版纳"等字样,逐渐成为现在家喻户晓的傣族手工制品。

图片来源
图一　倪玉湛　摄影
图二至图五　张帅　制图

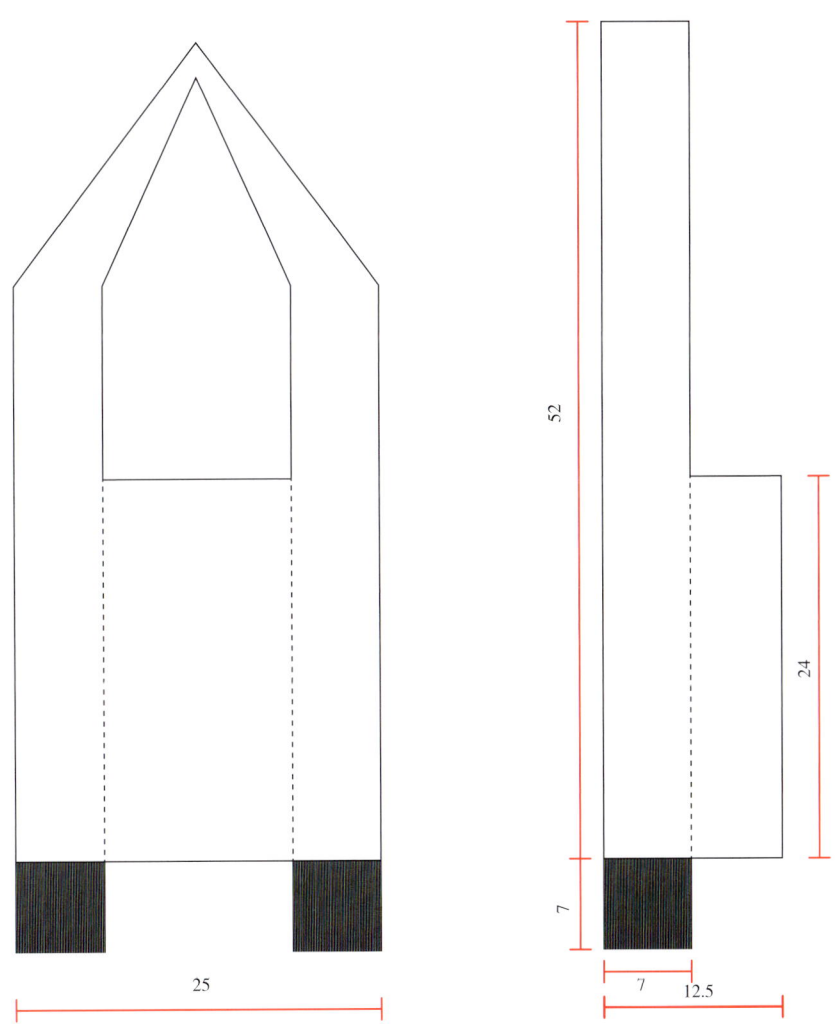

图二　傣族筒帕尺寸图(单位:cm)

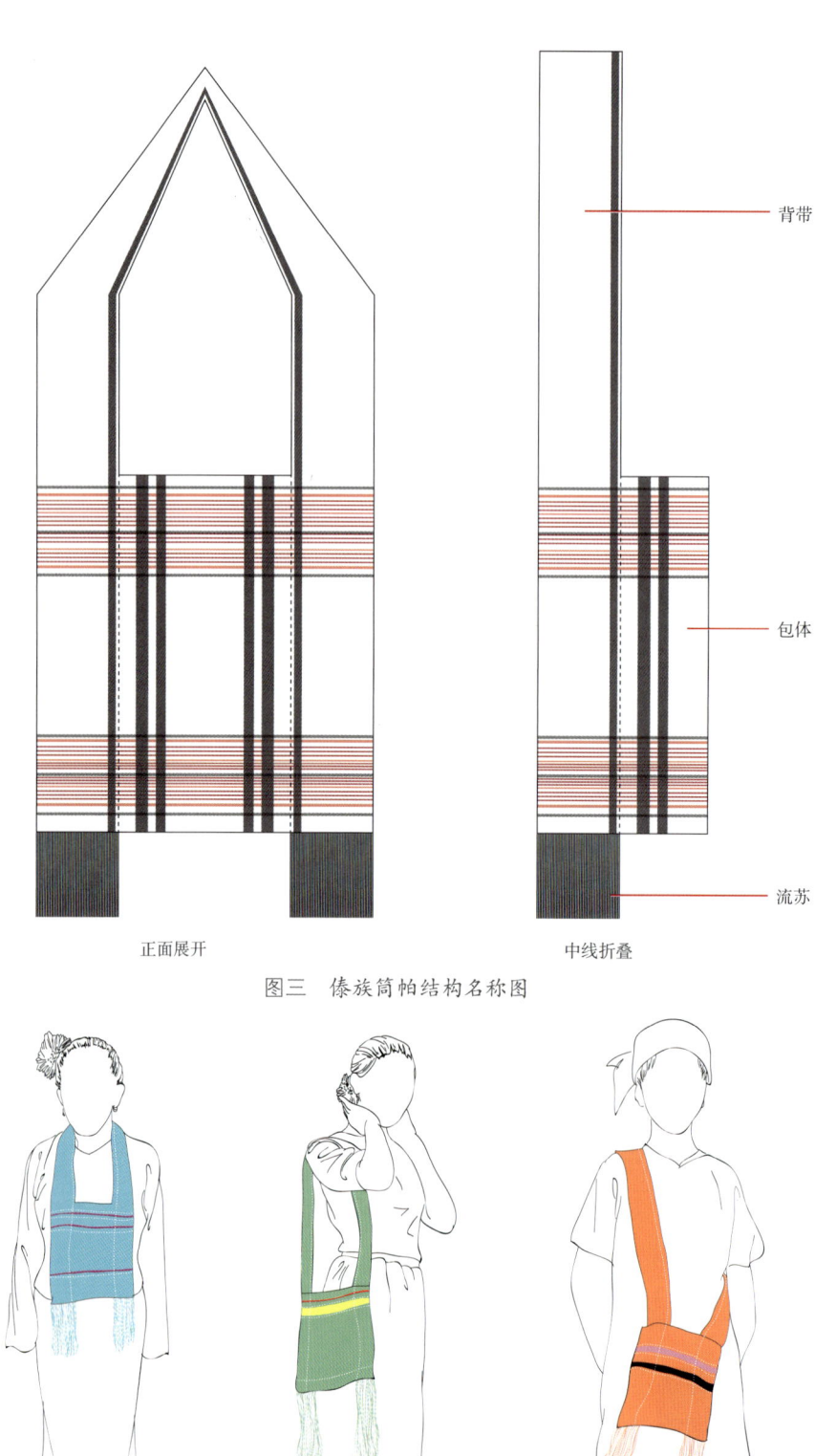

正面展开　　　　　　　　　　　中线折叠

图三　傣族筒帕结构名称图

图四　傣族筒帕不同佩戴方式图

图五 傣族筒帕佩戴效果图

西双版纳傣族筒帕

图一　西双版纳傣族筒帕主图

本案例采集自西双版纳，筒帕的包主体长和宽都为24厘米。本案例的筒帕为麻纺织而成，整体呈肉桂色，包括了肩带、包主体及垂吊带状物。肩带素净无装饰，包主体上有多组几何纹样，皆为二方连续图案。最上方的图案稍大，黑色，上下方皆有细密红、橙、黑等颜色的边饰。第二组图案稍小，有黑色、粉色、褐色的几何纹样，包的底边饰有一组流苏垂吊物。

云南的很多少数民族都制作和使用筒帕，如傣族、佤族、基诺族、景颇族、德昂族、白族等，其中以傣族筒帕的制作历史最为悠久，可追溯到1000年前。材质从最初的麻、棉纺织发展到现在的丝、毛和棉混纺。除了丝绸线、羽毛线和各种颜色的棉线外，有的还要用到各种颜色的圆珠子和银须。制作的一般工序是：将各色多股丝线打成纬管，又一梭一梭织成半成品，再裁剪开来，拼缝而成，最后搓好穗子，钉好扣子即成筒帕。还有一种方式是通过刺绣的方法在布料上绣上大象、孔雀、莲荷、童子等图案，一般多运用平绣、包花绣和钉片绣等技艺绣制。制作筒帕的一般是女性，傣族女孩长到八九岁就开始跟着家里的年长的女性成员学习这种技艺。筒帕除了是实用的生活用品和装饰用品外，还是男女之间传达情感的信物。

本案例的筒帕在质、色、纹方面体现了西双版纳傣锦的特点，以白色为底，以红、黑、黄、绿、紫等各种颜色配制图案，以红色和黑色纬线织成的花纹为多见。一般用苎麻织成平段地编织，以较粗的染色苎麻或其他色线当作纬线织入，以纬线织成各种图案，大多是传统的几何图形和花卉、鸟兽图案，如象征吉祥幸福的孔雀图案，象征五谷丰登的大象图案等。整体上看，西双版纳筒帕制作精致，装饰图案形象生动，色泽鲜丽，对比强烈，绣工精美，风格质朴，具有浓郁的民族特色。

图片来源

图一　陈力.云南民族包.昆明：云南人民出版社，2004：72.

图二至图五　童翌　制图

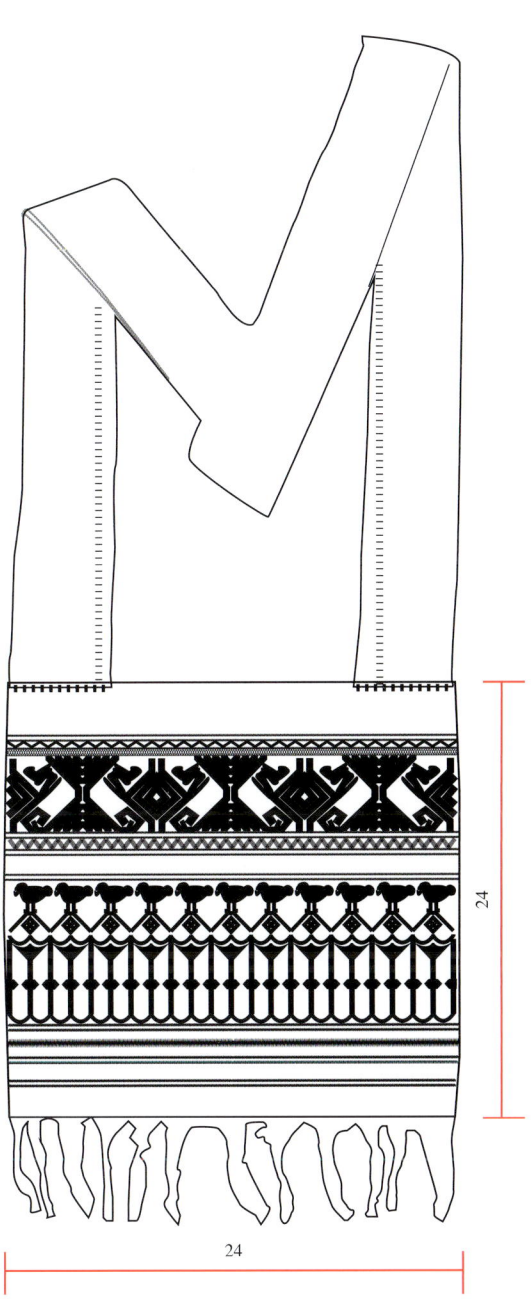

图二 西双版纳傣族筒帕尺寸图（单位：cm）

图三 西双版纳傣族筒帕色彩分析图

第二章 傣族传统服饰

图四 西双版纳傣族筒帕图案分析图（一）

图五 西双版纳傣族筒帕图案分析图（二）

德宏傣族筒帕

图一　德宏傣族筒帕主图

本案例采集自云南德宏，为傣族老年人使用的筒帕，包主体宽26厘米，长28厘米。

该筒帕由三部分组成，即肩带、包主体及垂吊饰物。肩带纯黑色，较宽，可减小对肩部的负重压强。包主体黑底，正面中间位置绣有一神兽形象，神兽作蹲立状，抬首卷尾。周围用红、绿、白色织线绣出蝴蝶、花卉作为装饰。筒帕背面中间位置绣有一仙鹤，仙鹤做展翅飞翔状，下方有祥云两片，周围绣有蝴蝶、花卉。筒帕包主体下面附有两片缨穗垂吊作为装饰。德宏筒帕是具有地方特色的民族工艺品，工艺精致、造型大方、装饰美观、色彩鲜艳，彰显出浓郁的生活气息和鲜明的民族风格特点。

德宏筒帕和西双版纳筒帕具有不同的风格，它们的区别主要在于两地织锦之间的差别。德宏傣锦色调较为浓艳，常使用黑、红、翠绿、黄、蓝等色彩的丝线和棉线，而且掺用金丝棉线来纺织。德宏的傣锦也不像西双版纳的傣锦那样要留出空白的空间，而是将图案布满整个锦面，显得典雅华丽，图案多以菱形、方形、三角纹、六边形、回形纹为主，对比鲜明，色彩艳丽，结构严谨，重叠紧密。另外，德宏织锦所用的棉纱要比西双版纳的细，因而做工显得更为精细一些，手感也更为柔软一些。这些都决定了两地筒帕之间的差异，表现出鲜明的地域风格。

图片来源
图一　陈力.云南民族包.昆明：云南人民出版社，2004：75.
图二至图七　童翌　制图

图二　德宏傣族筒帕尺寸图（单位：cm）

图三　德宏傣族筒帕色彩分析图

图四　德宏傣族筒帕图案分析图（一）

图五　德宏傣族筒帕图案分析图（二）

图六　德宏傣族筒帕图案分析图（三）

图七　德宏傣族筒帕图案分析图（四）

傣族腰箩

图一　傣族腰箩主图

　　腰箩，又叫"秧箩"，是傣族赶街集会、下田劳动必佩挂的装饰物。

　　腰箩，形似喇叭，中间略细，下部稍宽呈方形，用细篾皮和篾芯编制而成。因饰有多彩的棉线球、料珠、串玲和错落有致的立体花纹图案，故又称"花腰箩"，是傣族妇女最有特色的腰部装饰物。其系带用彩色丝线编织而成，系在腰间与美丽的花腰带融为一体。

　　腰箩的编制方法巧妙，先要准备好的材料与工具有竹篾、专用模型框架、专用十字支架、尼龙线、染料和清光漆等。首先从编制箩底开始，用4根粗竹篾（其对折长度和腰箩的高相等）通头放置4个角，从4个角开始编制腰箩的底部并放置十字支架；再用2—4毫米宽的竹篾编制箩身至3层左右时放置箩脚，同时将专用框架放上去继续编制箩身花纹，待编到高11厘米后再用1—2毫米宽的竹篾编制上半层箩身，至13.5厘米后可用扭篾的方法封口；接下来用藤篾编制3个小箩耳，侧面2个位于齐扁花纹处，正面1个位于从箩底起至箩身5—7厘米处；紧接着用绿色染料将整个腰箩染成绿色，再上2层清光漆；最后是用尼龙线编制穿于耳上的背带，至此傣族腰箩的编制就全部完工了。

　　傣族腰箩编织精巧，美观实用，既是生

产、生活用具，又是美化生活的装饰物和艺术品。傣族女性身着轻盈飘逸服装，腰系腰箩，相互衬托，交相辉映。

图片来源
图一、图六　贺雪岚　制图
图二至图五　王志　制图

参考文献
王明东.心智与审美：云南少数民族文化管窥.昆明：云南大学出版社，2010.

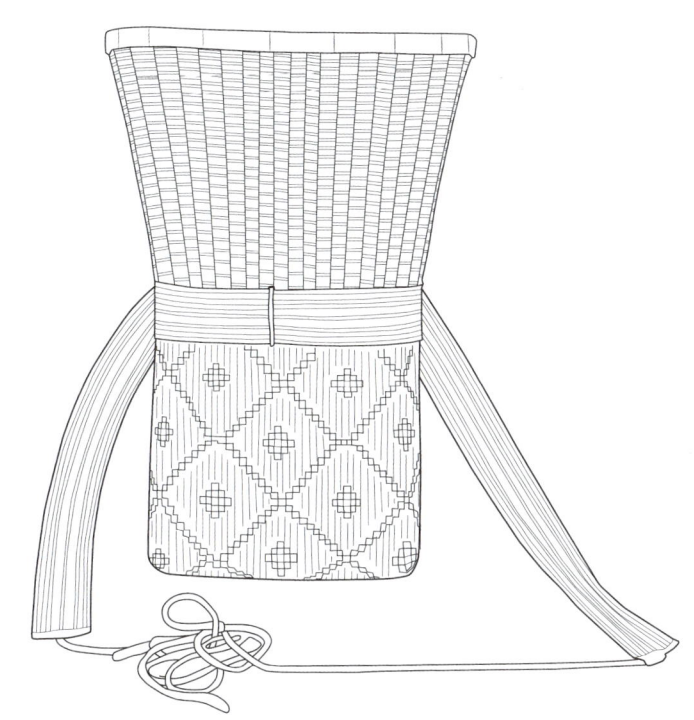

图二　傣族腰箩线描图

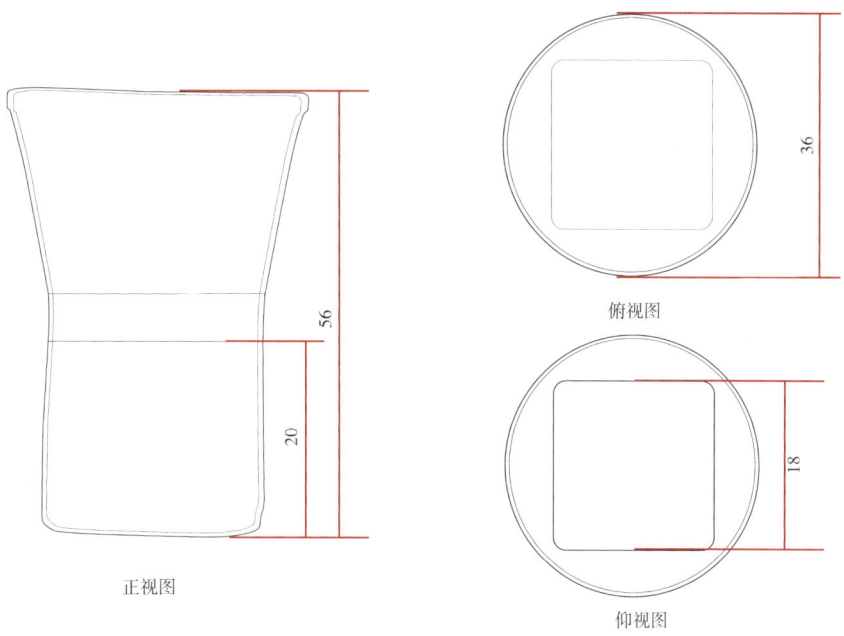

图三　傣族腰箩视角、尺寸图（单位：cm）

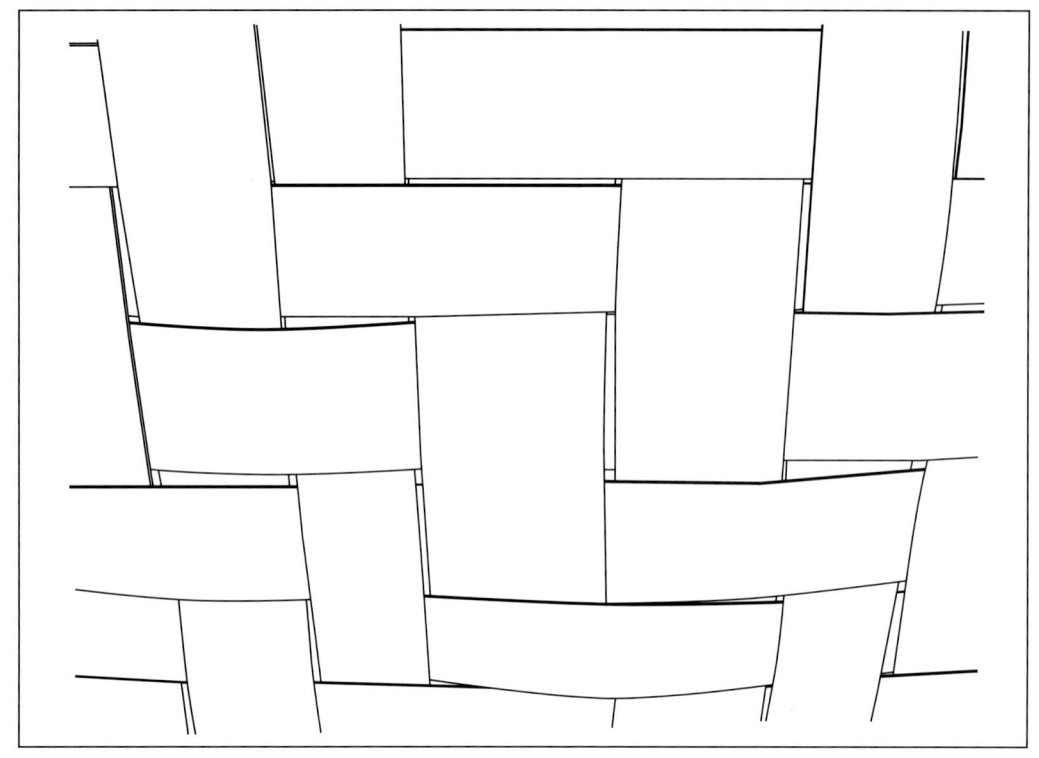

图四　傣族腰箩纹理图

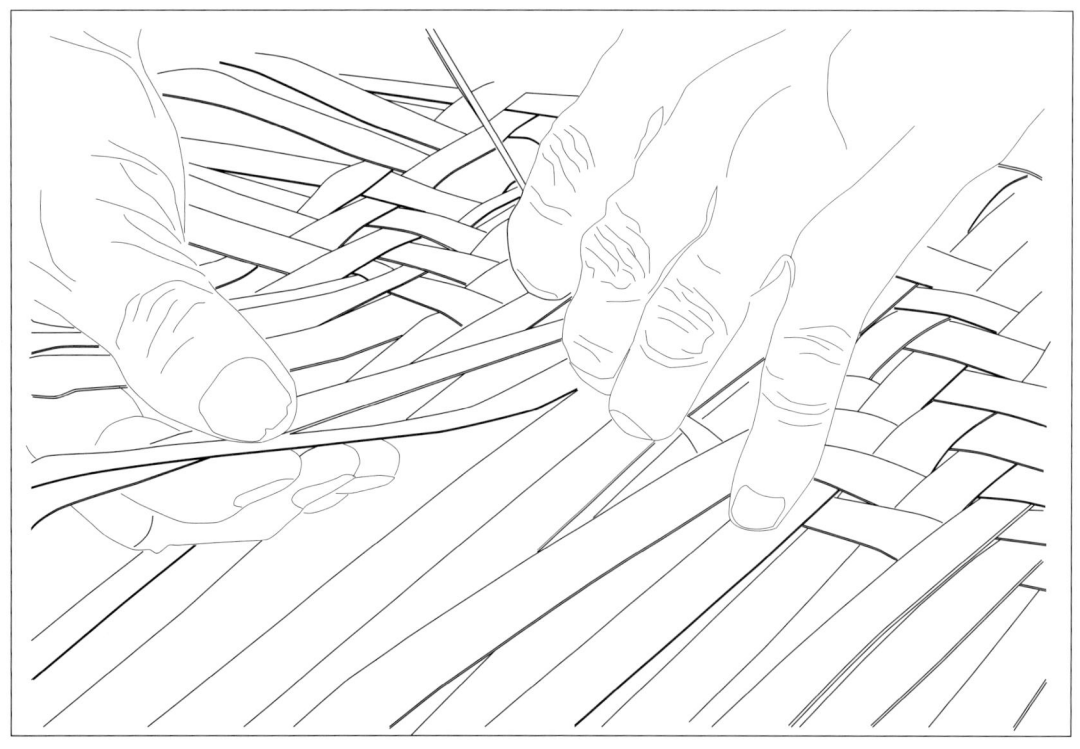

图五　傣族腰箩编织图

图六 傣族腰箩使用情境图

傣族鸡枞帽

图一 傣族鸡枞帽主图

鸡枞帽，是傣族服饰中重要的部分，由于这种帽子的形状与野生的鸡枞菌相似，所以被称之为"鸡枞帽"。帽周略翘，成碟状，没有帽身，鸡枞帽中间有一个精巧的尖角，尖角与帽周之间形成下陷的圆弧形。鸡枞帽的戴法也是别具特色，戴时不直接顶在头上，而是从右向左斜或戴或系在包好的发髻上。

鸡枞帽的制作关键在于其帽面的设计，首先用铁丝固定2根弹性很好的金竹，然后将其每根破成两半，以细篾扎住顶部，编成鸡蛋大小的尖塔状。沿着4根金竹条，用2~4毫米宽的细篾斜面编织，向周围延伸成圆帽状；底面以若干根细金竹条交叉支撑；中间铺上凤尾竹叶，用金竹片编成帽圆圈，再将编好的帽面和支撑竹条用篾皮缠绕锁边。至此一顶鸡枞帽就完成了。鸡枞帽的帽面要比帽圆圈稍大6厘米左右，固定在上下支撑的竹条上后，才会呈现出中间似塔尖高耸，帽周略往上翘的优美造型。

傣族鸡枞帽不仅发挥了其作为帽子应该有的实用性价值，如遮阳，而且突显了它的装饰功能，一顶小小笠帽，给傣族人增添了无穷的风情，俏皮中尽显绰约风姿，与腰间挎着的小秧箩，上下呼应，得自然之巧妙，达到一种浑然天成的艺术效果。傣族鸡枞帽超越了作为一般装饰物的界限，更为重要的是鸡枞帽成为傣族的民族标识。由于其独特的造型和不同于一般的穿戴方式，鸡枞帽成为可识别程度非常高的民族性标志。

图片来源
图一　陈山　摄影
图二至图五　温小伟　制图
图六　温小伟、贺雪岚　制图

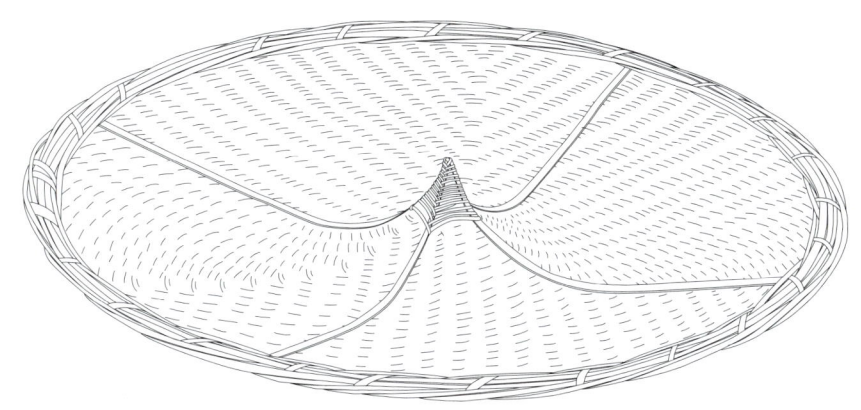

图二　傣族鸡枞帽线描图

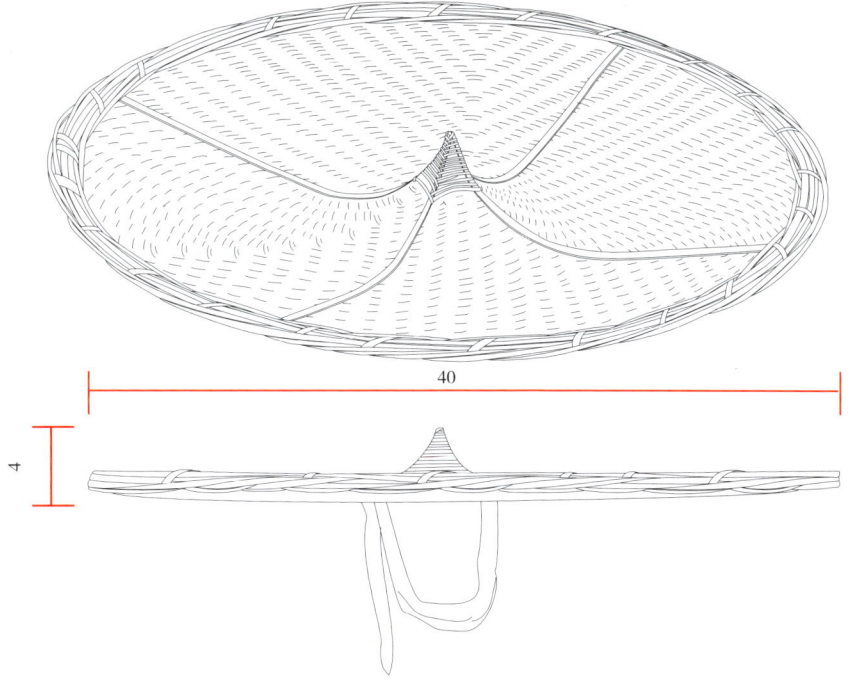

图三　傣族鸡枞帽尺寸图（单位：cm）

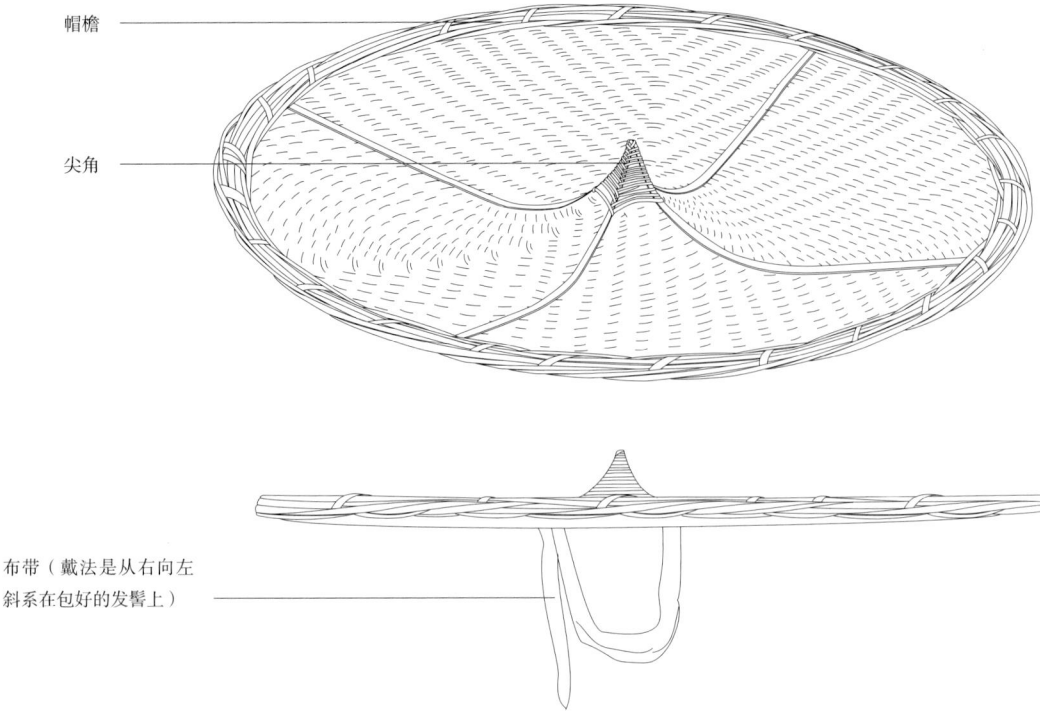

图四 傣族鸡㙡帽结构名称图

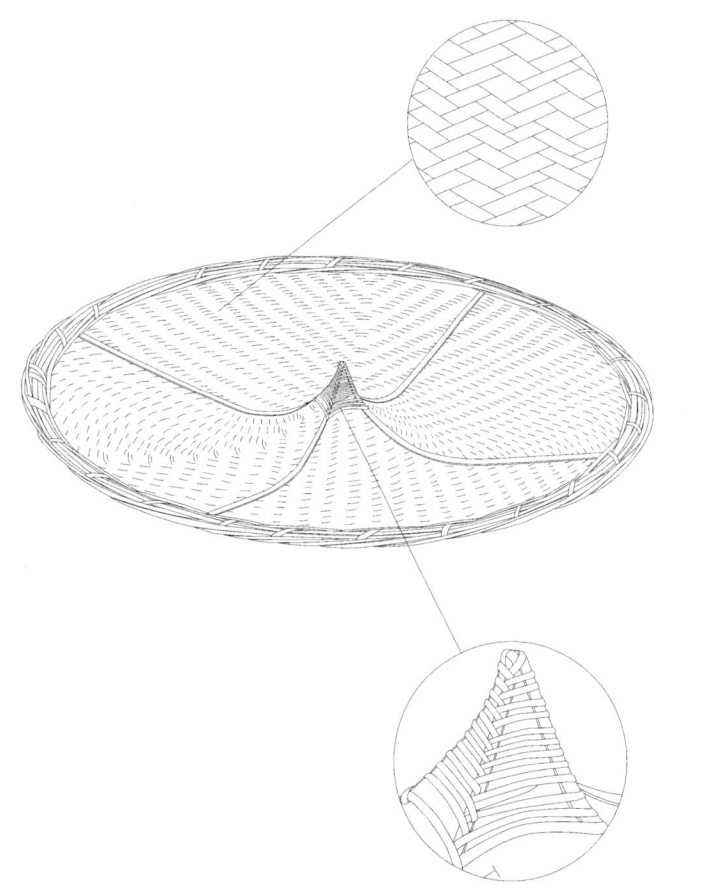

图五 傣族鸡㙡帽局部分析图

图六 傣族鸡枞帽佩戴效果示意图

傣族笋叶帽

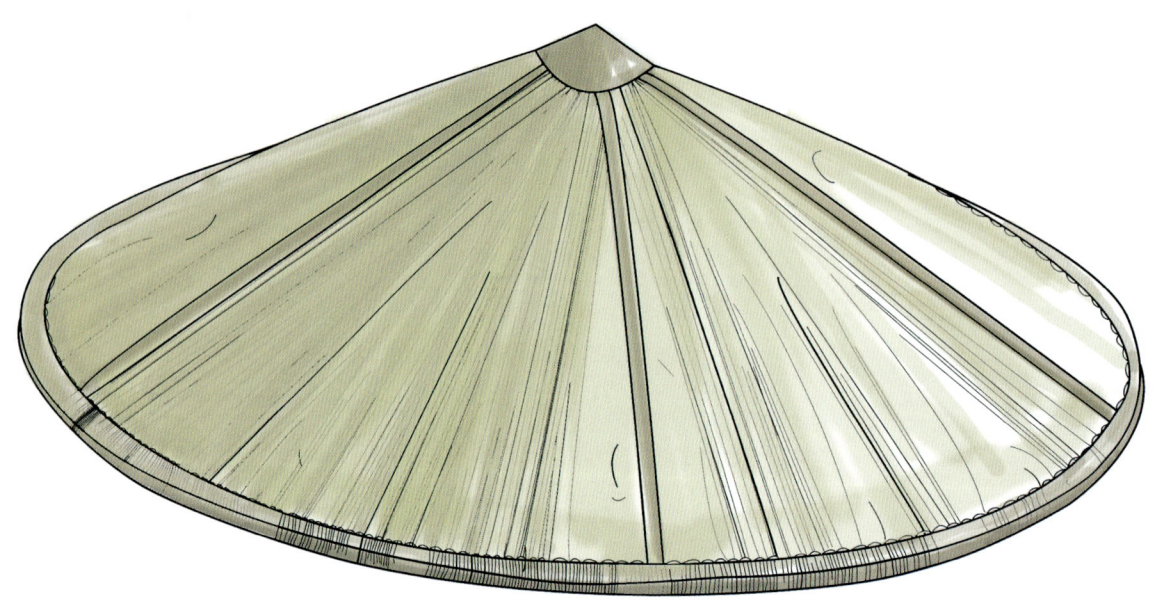

图一　傣族笋叶帽主图

　　本案例采集自云南德宏。云南德宏芒市傣族现在仍然制作和销售这种笋叶帽。制作的材料为竹子和竹笋叶，傣族村寨屋前屋后都种植有竹子，竹子成为傣族居住环境中不可或缺的元素，也成为傣族制作生活用具最容易获取的造物材料。

　　笋叶帽整体呈扁体圆锥状，制作的一般工序是：先准备竹材和笋叶，将砍回来的竹子破成细竹条，并将其放入铁桶内用水煮，然后用煮软的竹条搭建骨架，即先用细竹条绕成一个竹圈，再将两根竹条弯曲呈十字拱形交叉，将其相互固定后另用稍宽的竹篾片绕成一个小竹圈，大小以人的头部大小为准，将其固定在事先搭好骨架内部的最下端（帽顶的内部）作为帽圈。接着按照帽子的形状、大小将准备好的笋叶剪制成三角形，最后用尼龙线将笋叶和骨架缝合在一起。这样一顶笋叶帽就制作成功了。近年来，傣族在制作工艺上作了改进，在做好的笋叶帽上涂上颜色，绘上一些花草图案，增加花边装饰，这种生活中功能性强的实用器具逐渐演化成了颇具装饰性与民族风味的工艺品。

　　由于笋叶比较光亮，一定程度上能够反射光线，有阻挡紫外线照射的作用。加之竹材原本清凉，笋叶帽能够给身处亚热带丛林的傣族人民带来清爽。笋叶帽是傣族人利用自然、改造自然成功的例子。

图片来源
图一　贺雪岚　制图
图二至图六　梁倩倩　制图

 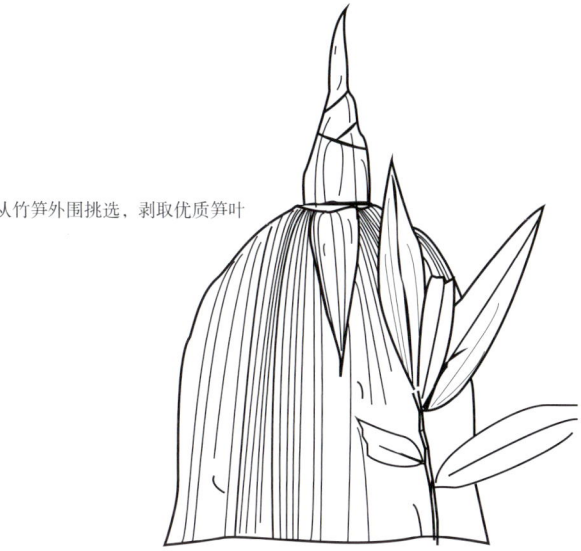

从竹笋外围挑选，剥取优质笋叶

图二　傣族笋叶帽材料图

劳作时，避风挡雨

劳作时，遮阳挡光

图三　傣族笋叶帽设计分析图

第二章　傣族传统服饰

竹片条的处理与编织

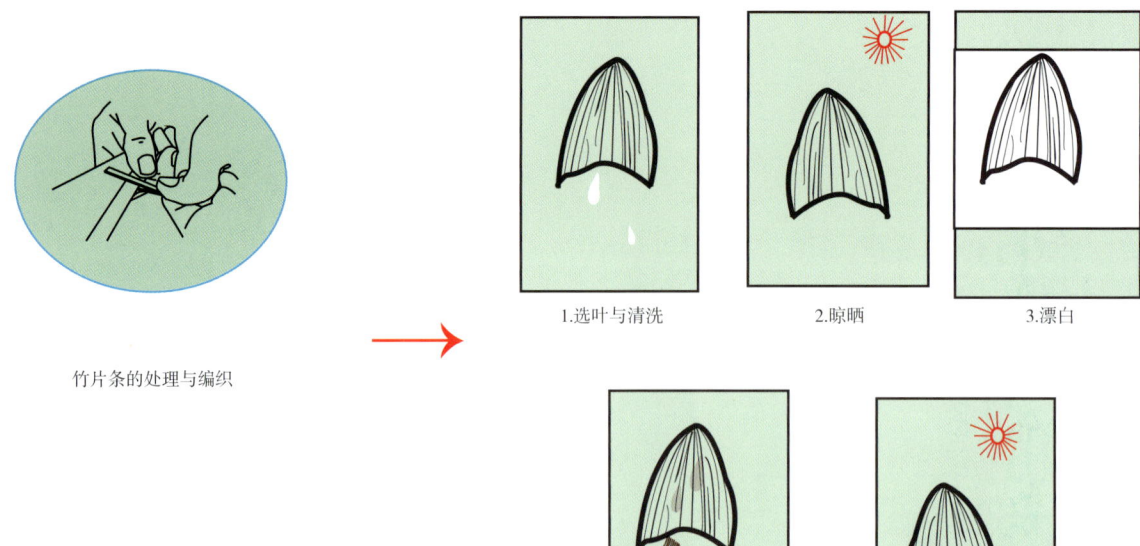

1.选叶与清洗　　2.晾晒　　3.漂白

4.上防水油　　5.晾晒

图四　傣族笋叶帽制作流程图（一）

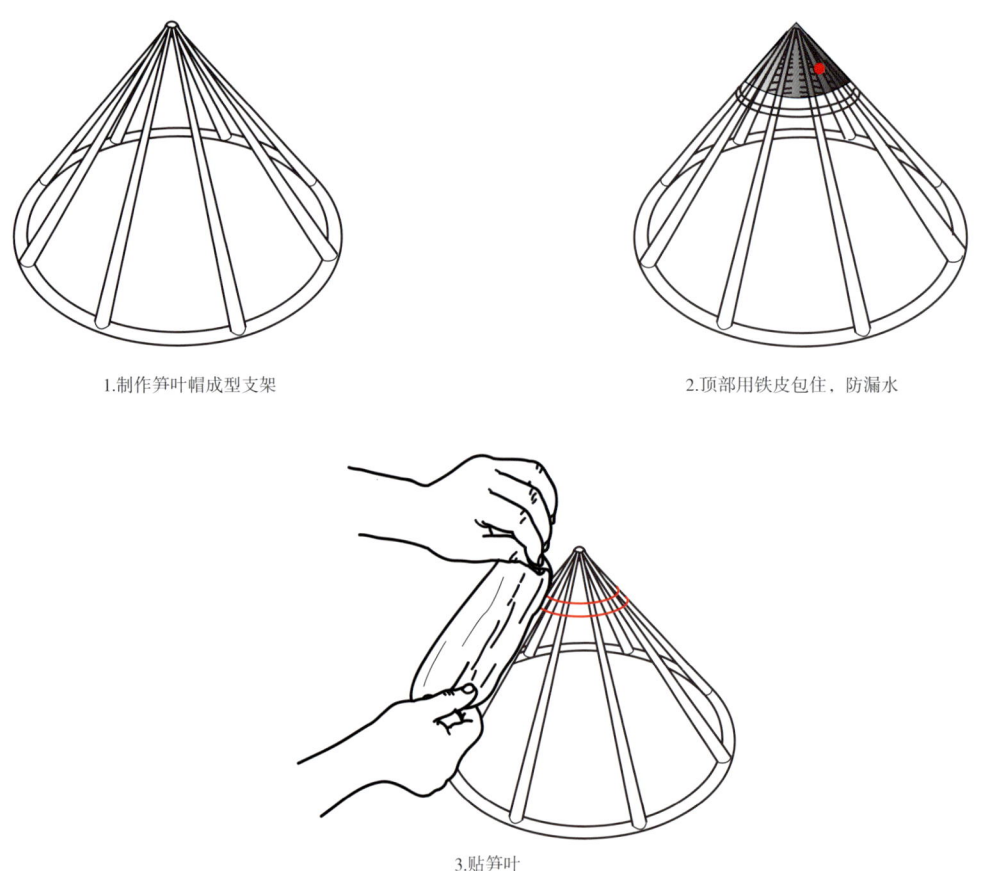

1.制作笋叶帽成型支架　　2.顶部用铁皮包住，防漏水

3.贴笋叶

图五　傣族笋叶帽制作流程图（二）

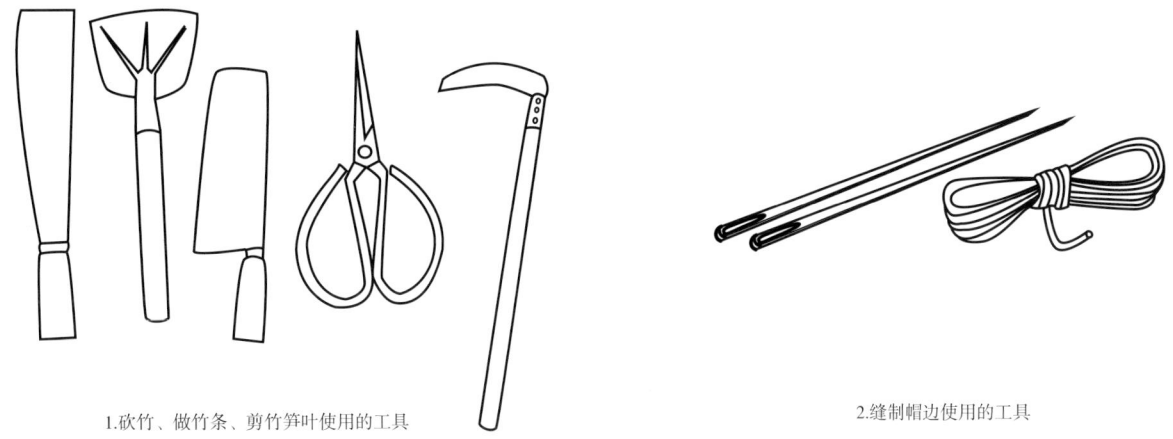

1.砍竹、做竹条、剪竹笋叶使用的工具

2.缝制帽边使用的工具

图六 傣族笋叶帽制作工具图

傣族童帽

图一 傣族童帽主图

本案例采集自云南西双版纳,为无檐圆帽,用于儿童佩戴。从结构上看,童帽可分为帽身和帽顶。帽身呈瓜棱形、半球形。遮顶部分被平均分割成八个三角形小块,每一小块为红底,绣花卉图案,平绣花瓣,金线勾枝干及边沿。帽围为黑底,用金线勾万字纹样,纹样相连,作二方连续排列。帽顶为银质,颜色发暗,底为覆钵形半球体,上雕有凹凸花卉纹饰;顶为镂空花球,小巧玲珑。帽顶用料讲究,做工精细,使用了锤鍱和焊接技艺,由此可见傣族银饰制作工艺的精湛。

本案例搭配协调,首先是色彩搭配悦目,帽身的遮顶部分以喜庆的暖色调为主,在大红的底上分布了桃红、粉红、胭脂红、土黄等块面色,金线勾勒,小块青色点缀,整体洋溢着喜庆生机的气氛;帽围大面积的黑色相互映衬,形成非常和悦的视觉效果。其次,硬质的金属材料与软质的布料也搭配得相得益彰。

此童帽还寓意吉祥,帽身上用金线勾勒了"卍"字纹样。万字纹样是中国传统吉祥符号,这种纹样向两边延伸,万字与万字相互连接,寓意吉祥连绵不断,万福万寿不断头,寄予了长辈希望小儿平安富康的热切愿望。

图片来源

图一 胡春涛 摄影
图二 贺雪岚 制图
图三至图七 蔡克中 制图

图二 傣族童帽线描图

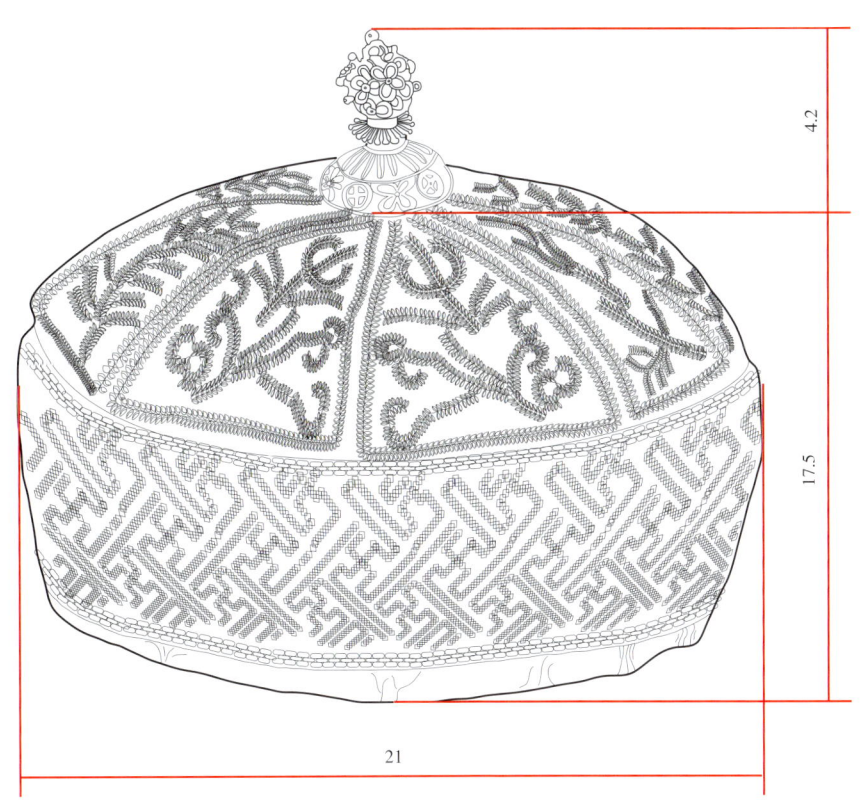

图三 傣族童帽尺寸图(单位:cm)

第二章 傣族传统服饰

图四 傣族童帽开片图

图五 傣族童帽局部分析图

1.原材料采集

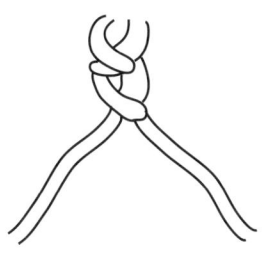
2.编织

3.织合

4.织物组合拼接

图六 傣族童帽制作流程图

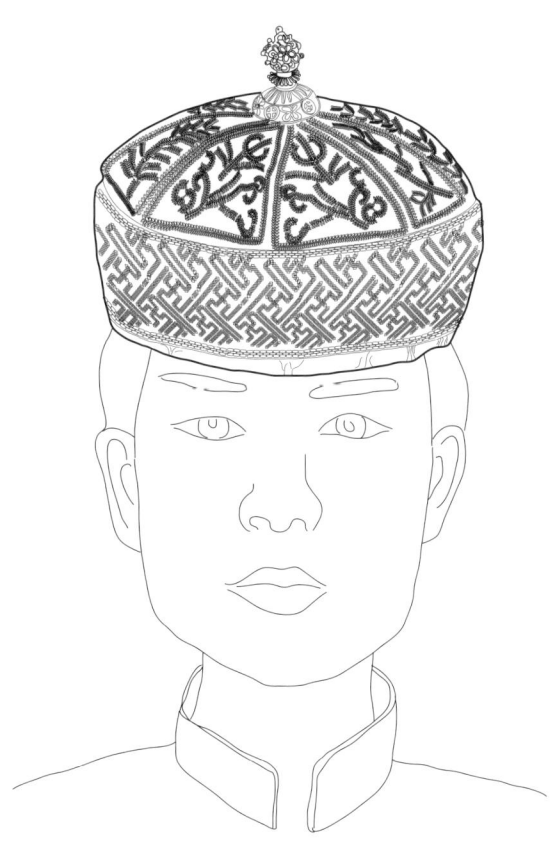

图七 傣族童帽佩戴效果示意图

傣族沙弥帽

图一　傣族沙弥帽主图

本案例现藏于云南省博物馆，采集自云南孟连。帽围直径为19厘米，高为8厘米。按照南传上座部佛教的习俗，西双版纳傣族男性在孩提时代就要出家修行，有这样经历的人才会得到社会的接受与尊重。这顶帽子，是入佛寺时父母专为他们准备的。

这顶帽子是以黑色、黄色为主的无檐小圆帽，类似于小瓜皮帽，顶部呈圆形，帽顶中央有一个圆形小提纽。整个帽子以黑色纯棉布做底料，帽围、帽顶贴上黄色面料，帽围贴上一圈，帽顶分成6个区间，区间内贴黄色面料，间隔黑色底料。黄色面料上再绣上黑色的花纹，帽顶装饰为6个缠枝花卉纹，缠枝屈曲盘旋；帽围上镶有4个缠枝花卉、缠枝忍冬纹，相互错开分布，形态与帽顶上的花卉纹饰相似。这些缠枝花卉纹的边缘都以金箔包裹，以红线包边。

制作工序及方法：首先要准备好剪纸底样，也可直接在织物上勾画出底样；然后把底样贴于衬布上；最后的程序就是用绣花针施色线，按图样进行刺绣。刺绣技法很多，这顶帽子比较突出地使用了垫绣的方法，在绣制之前，先在图案花纹部位垫上棉花，然后用绣花线齐密地绣出表层，把棉花包在里面，绣成后具有浮雕般立体感。依据不同制品的图稿形状，先用羊毛或棉花垫底，上盖各色绸缎，然后按图刺绣，有的还须补充局部描绘，这样绘出的作品，图案玲珑浮凸，有立体感，效果近似浮雕。

这顶帽子用料考究，加工精细，色彩搭配协调，鲜艳夺目。

图片来源
图一　胡春涛　摄影
图二至图五　童翌　制图

图二　傣族沙弥帽尺寸图（单位：cm）

帽顶

帽檐

图三　傣族沙弥帽开片图

第二章　傣族传统服饰

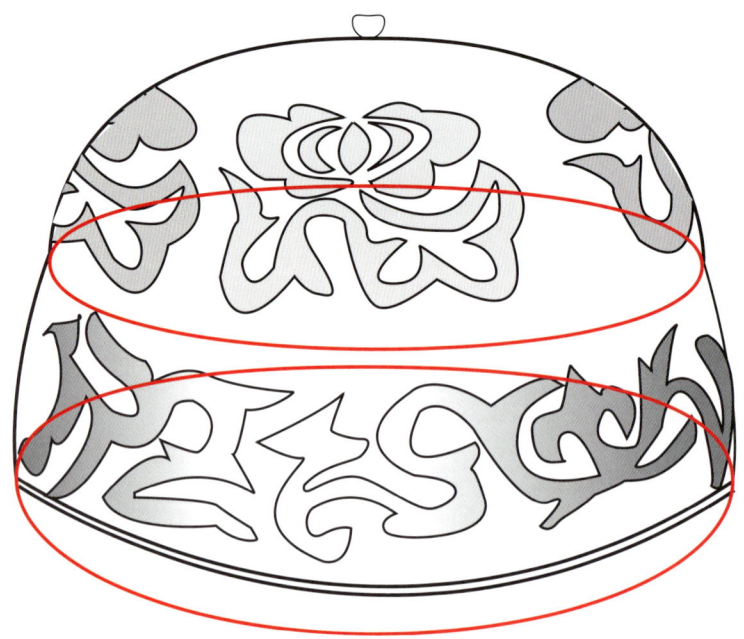

图四 傣族沙弥帽骨式图

图五 傣族沙弥帽佩戴效果示意图

傣族绣花鞋

图一 傣族绣花鞋主图

本案例现藏于云南省博物馆。整体造型像鱼，圆口、无绊，鞋尖高出鞋底约10厘米，似鱼嘴前凸。花纹分布在鞋面和鞋底外侧，鞋面为黑底，上绣有花卉纹饰，鞋底边缘为三角纹，彩线颜色为红、黄、绿、青等，花色淡雅，蕴恬静于秀美之中。

先用干竹箬叶剪出鞋底模样。用旧布依样层层加厚，先用白布作鞋底，并用细针密线，把几层布料缝合在一起，再将剪好的鞋面罩上绒布绣花，图案各式各样，多为禽鸟花卉，有时在鞋头缀毛线绒球。然后再用粗线将绣有各种花卉图案的鞋帮缝在鞋底上。鞋帮的布料或红或蓝，其样式为浅口型的椭圆状。鞋身的前部微微上翘，呈钩状。鞋尖上还饰有红色或其他色泽鲜艳的布花。

刺绣精美，做工讲究。绣花鞋的刺绣讲究工艺，尤其注重鞋面布局、花样搭配、色彩调和以及刺绣技巧，同时也富有寓意，如双蝶恋花、龙翔凤舞、莲生贵子、榴开百子等典型的绣花鞋纹样，传达了纯洁的男女情怀以及生生不息的力量。

傣族的鞋饰与其他民族的鞋饰相比，就有了明显的区别而另具特色。轻巧精细是傣族鞋饰的共同特点。从鞋子的形制来看，圆头上翘、圆口、无梁，反映出傣族宽厚温和的民族性格。刺绣花纹的彩线选用浅淡的红、蓝、绿等颜色，金银丝线与彩线并排绣或单独扭绣，通过丝光的润泽和金银线的点缀，纹饰呈现出鲜艳明快、高雅华贵的效果。鞋底的边沿一改其他绣花鞋"毛边"的粗犷，用白布仔细包裹，再绣上五彩的水草纹，给人以精致的感觉。

图片来源
图一 贺雪岚 制图
图二至图五 齐瑞文 制图

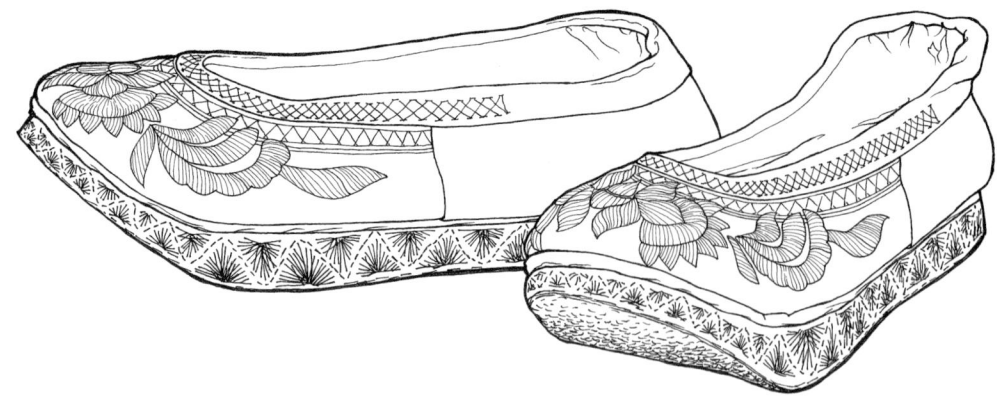

图二　傣族绣花鞋线描图

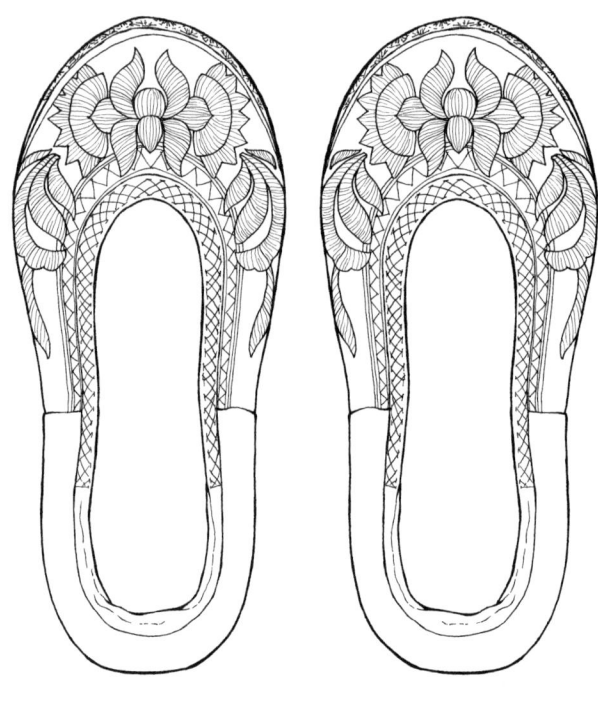

俯视图

左视图

图三　傣族绣花鞋视角图

图四 傣族绣花鞋绣花图案展开图(一)

图五 傣族绣花鞋绣花图案展开图(二)

第二章 傣族传统服饰

傣族竹拖鞋

图一 傣族竹拖鞋主图

竹拖鞋，即竹屐。长25厘米，宽12厘米，高4厘米。造型简单，取大竹筒破成两半，削平凸面，鞋底两侧剖成弧状，呈桥形。接着在鞋面前端及后跟两边烙眼，最后用一股棕绳穿前段孔洞，分两股穿后跟两边孔洞。穿时前端绳头夹在脚拇指与脚食指之间。

据民间传说，因古代人类居住于深山密林之中，常常受到山中人熊跟踪伤害，这种木屐的结构是为了迷惑其视线而设计的，因为穿这种竹屐所留下来的脚印无法辨别其前后。从功能的角度来分析，其形制与山地的自然环境有着非常紧密的关系。将鞋底削成桥形，减轻了鞋的重量。竹子原本清凉，竹屐能够给生活在炎热地带的人带来一股透体的清凉。另外，穿竹拖鞋在潮湿多雨的气候下的山地行走，竹拖鞋具有防滑的功能。

竹拖鞋是一种比较大众化的生活用具，其一直延续到今天还在普遍使用，由此亦可见竹拖鞋极好的实用性、便利性。

图片来源
图一　贺雪岚　制图
图二至图四　徐海峰　制图

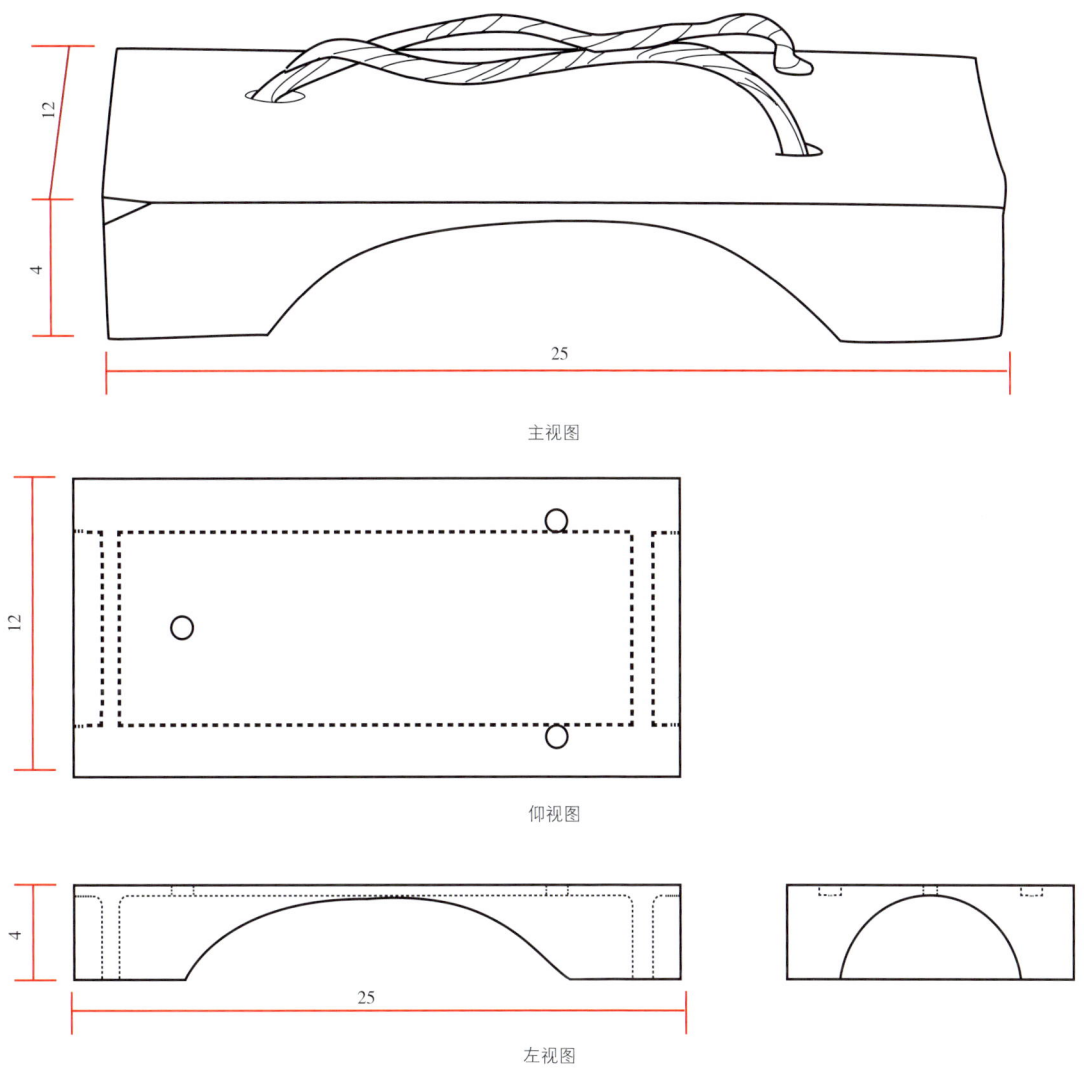

主视图

仰视图

左视图

图二 傣族竹拖鞋视角、尺寸图(单位:cm)

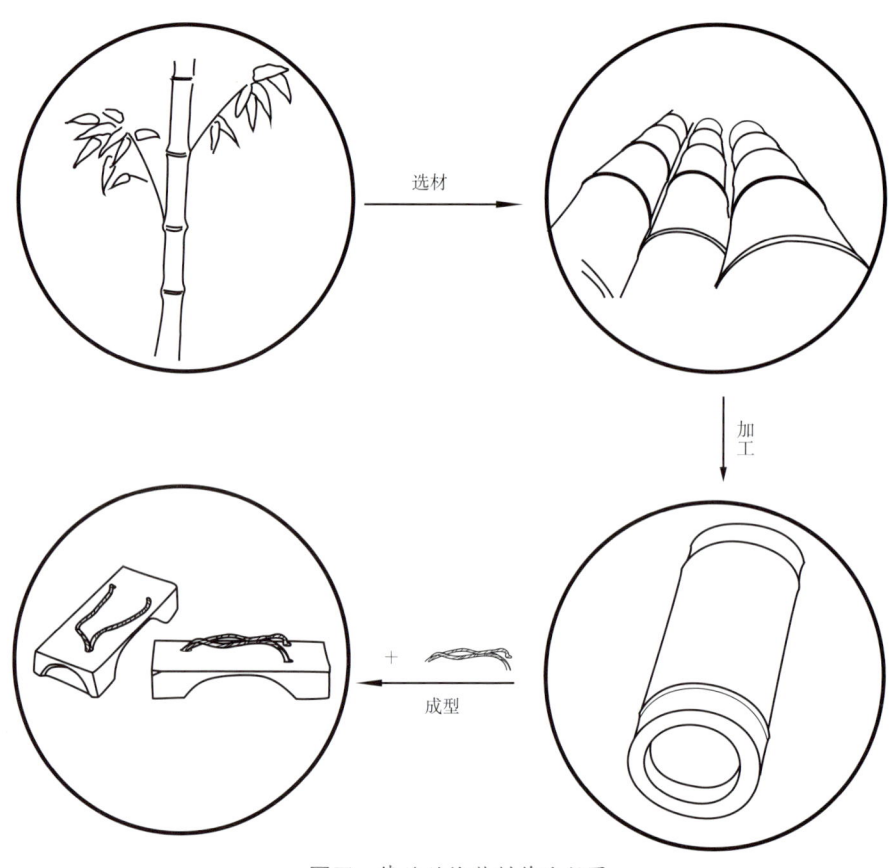

图三 傣族竹拖鞋制作流程图

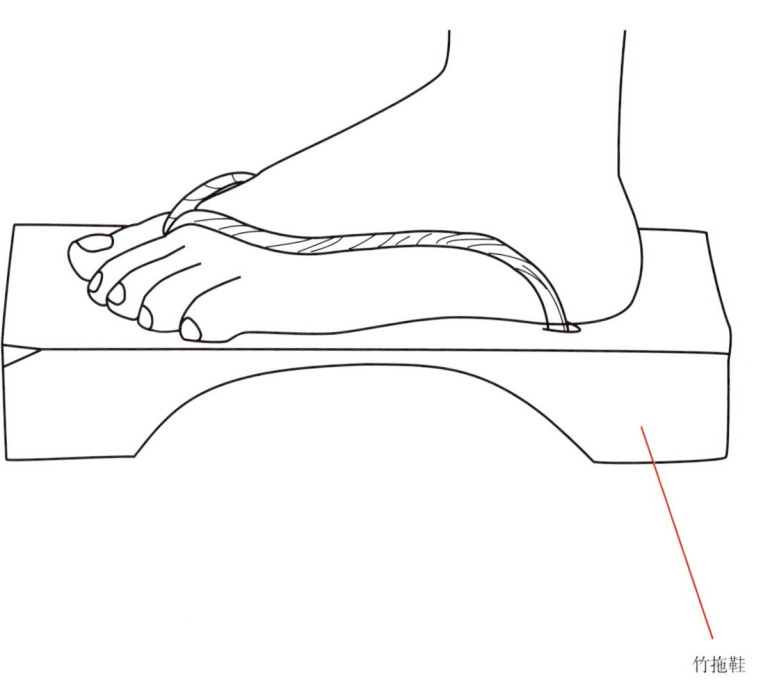

竹拖鞋

图四 傣族竹拖鞋穿上效果示意图

第三章 傣族传统餐饮

傣族锤花银盆

图一　傣族锤花银盆主图

此案例现藏于上海博物馆，20世纪上半叶采集于西双版纳。此盆圆形、宽沿、直壁、平底，通体纹饰，以花卉、几何纹样为主，盆底中央为十字菱形花瓣纹单独纹样，周围为一圈圈同心圆，向外辐射，每一层内都装饰有花纹，分别为联珠纹、尖形花瓣纹、卷云纹、圆形花瓣纹，纹饰线条凸起，光洁可人。宽沿口刻满纹饰，主要是连续的缠枝花卉纹和联珠纹组合而成的图案，盆沿边缘稍稍卷起收边。

本案例运用了锤鍱锻造工艺：其方法是先锤打银板，使之逐渐延展开成薄片状，再将薄银片置于凸起的盆形模具上锤鍱，在边沿处稍稍卷边并剪去多余的银片，盆的器形大体就形成了。接下来就是制作装饰花纹，制作盆底部及盆壁的花纹同样采用模冲的方法，尤其是对造型要求精准的纹样，一般在银器制作中多采用此法。在坚硬的模具上有阴刻纹饰，将银片与模具敲打至紧密结合，沿着留在器形上依稀可见的纹饰线用小铁锤敲打钝形錾子，在盆上就形成了向内凸起的线条纹饰。而盆沿上的纹饰则是錾刻上去的，所用工具是尖形錾子，将盆沿托在铁砧上，用小铁锤敲打不同形状的錾子，这样就形成了盆沿的阴刻纹饰线。最后整体抛光，一个银盆就制作完成了。

整个器形优雅脱俗，制作精密，尤其是纹饰，凸凹有致，变化多端，具有强烈的明暗对比，装饰性强。

图片来源
图一　胡春涛　摄影
图二至图六　杨晓东　制图

图二 傣族锤花银盆线描图

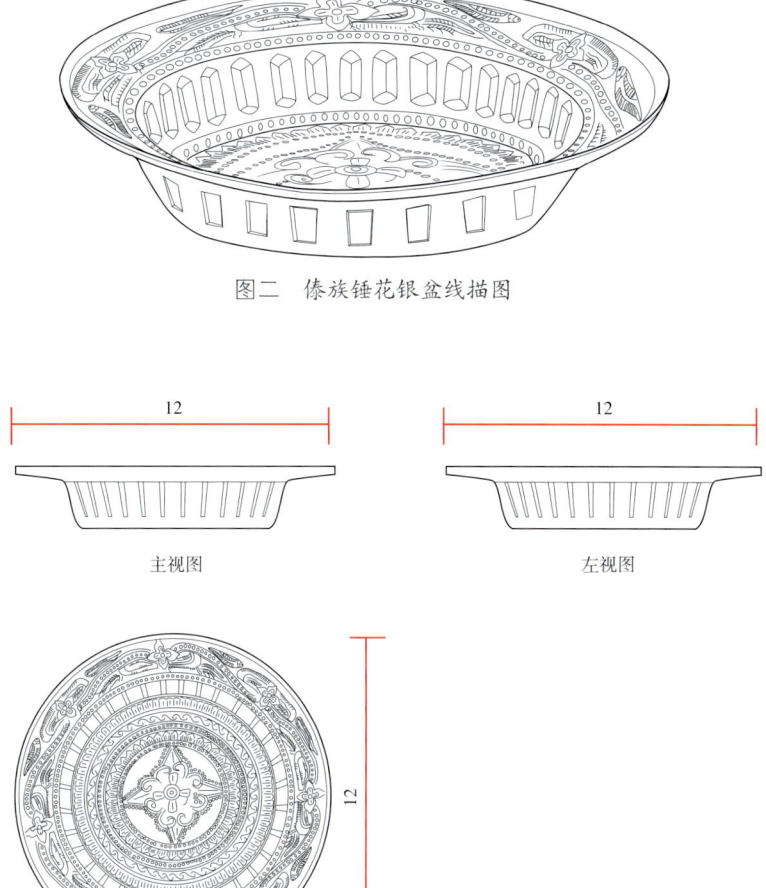

图三 傣族锤花银盆三视、尺寸图（单位：cm）

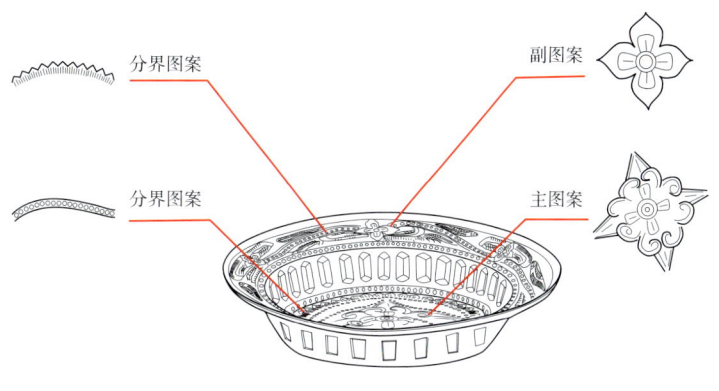

图四 傣族锤花银盆图案分析图

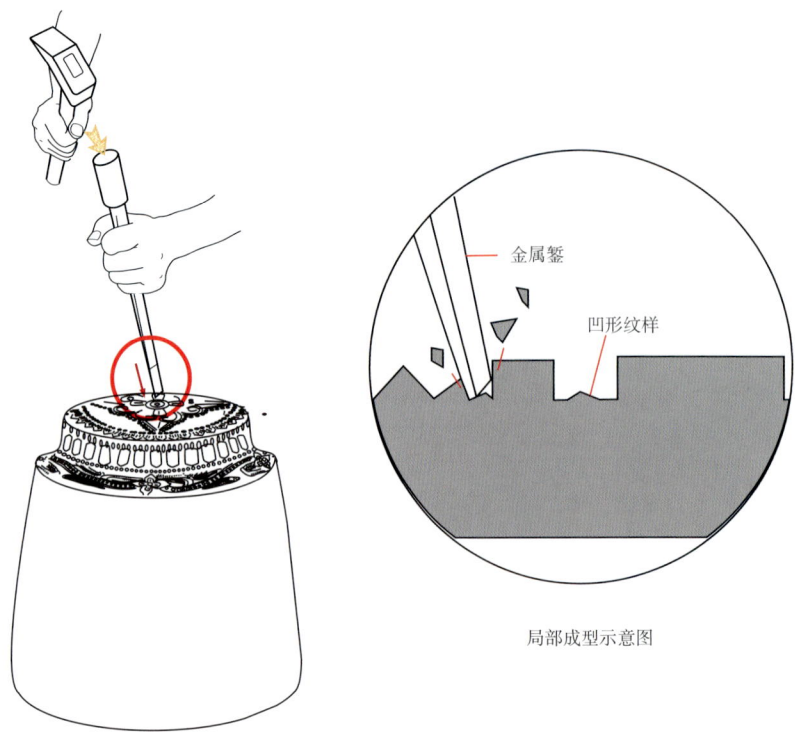

图五　傣族锤花银盆模具工艺图

图六　傣族锤花银盆制作流程图

傣族银槟榔盒

图一 傣族银槟榔盒主图

槟榔盒是云南傣族人民用于盛放槟榔的器皿，造型比较多样，有圆柱体、长方体等等。多以竹子编成，并且髹漆，较为讲究的则以银来制作，一般称银槟榔盒，由于材料珍贵，制作技艺精湛，过去多是傣族权贵阶层所拥有的物品。本案例中的傣族银槟榔盒，现藏于云南民族博物馆，整体由盒盖与盒底两部分以子母口的形式扣合而成，通高10.2厘米；盒盖高7.1厘米，盖顶最大直径12.5厘米，侧壁自盖顶斜向内收，并垂直向下，微鼓，盖口朝下，为母口，直径10厘米；盒底与盒盖形制相同，口朝上，为子口，高6.4厘米，底部最大直径11.8厘米，口径9.6厘米。

槟榔属棕榈科，产于东南亚以及我国南方地区，为常绿乔木，夏季开花，秋季结果，果实为橙红色的橄榄形，可以入药，性温、味辛苦，具有消积、化痰、杀虫、行气利水的功效。傣族人嚼槟榔时十分讲究，先将石灰抹于芦子叶上，再配上旱烟丝，把槟榔裹起来放入口中咀嚼。嚼槟榔还和傣族的日常生活和礼仪活动的关系非常密切，如在傣族的婚礼中槟榔就是不可或缺的。由于嚼槟榔的行为在傣族社会中较为重要，故盛放槟榔的盒子也被精心加以设计和制作。而造型别致、纹饰生动优美又富于变化的银槟榔盒就是典型的代表。

傣族有着悠久的金属工艺品生产历史，

制作银制品的工艺更是达到了很高的水平。由于白银质软,银槟榔盒多是以锻打和焊接的方式成形的,而纹饰则是以锻打和錾刻的方法制作。银槟榔盒上的纹饰种类较多,题材多样,有人物纹、动物纹和几何纹饰等。主体纹饰多为凸起的阳纹,呈浅浮雕效果,附属纹饰多是凹下的阴纹。本案例的银槟榔盒,制作工艺极为高超,造型规整,盖顶装饰一周凸起的小莲瓣纹,再往里一周则为16个重复的纹饰单元,盖顶中心有一凸起的变形兽纹,被周边的莲瓣纹环绕。器壁上下各有若干组几何纹,中间有一圈花纹带,以宝瓶纹、长吻兽纹和象纹三个一组做二方连续式排列,每个纹饰均位于方形的开光中。槟榔盒底部的纹饰也极为精美,在圆形的外底部,阴刻了一只俯首啄食的孔雀,形象逼真,羽毛刻画细腻写实,体现了傣族匠人敏锐的洞察力和高超的技艺水平。

图片来源
图一　倪玉湛　摄影
图二至图五　王健、王若霖　制图

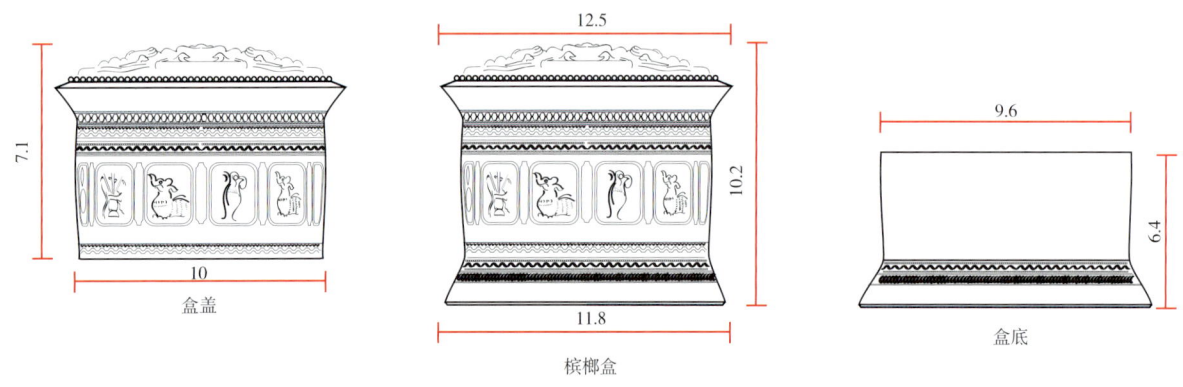

图二　傣族银槟榔盒尺寸图(单位:cm)

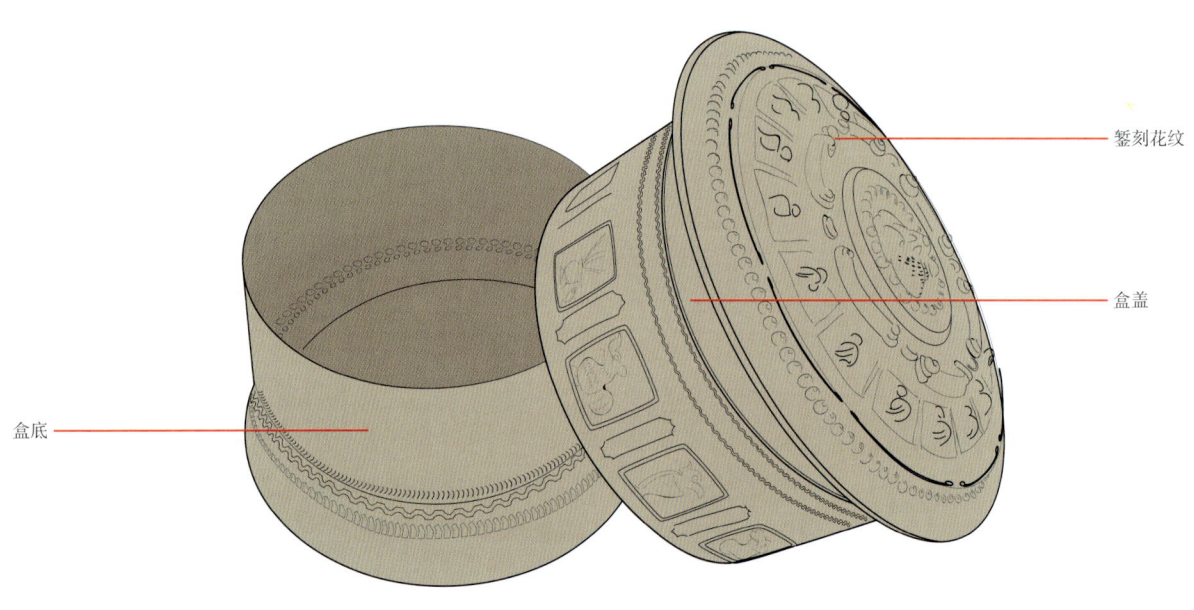

图三　傣族银槟榔盒结构名称图

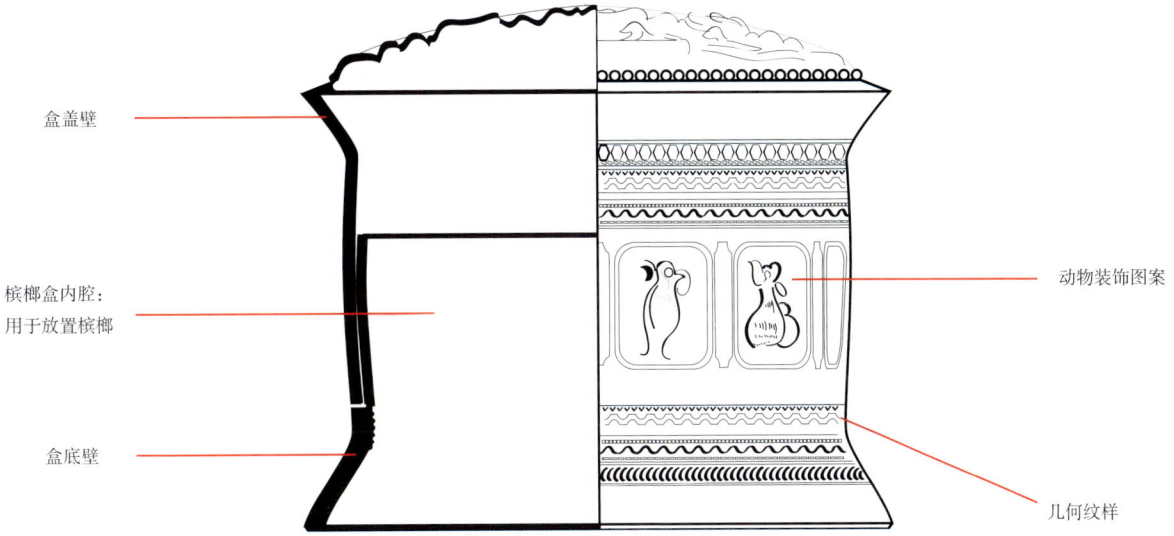

图四 傣族银槟榔盒结构分析图

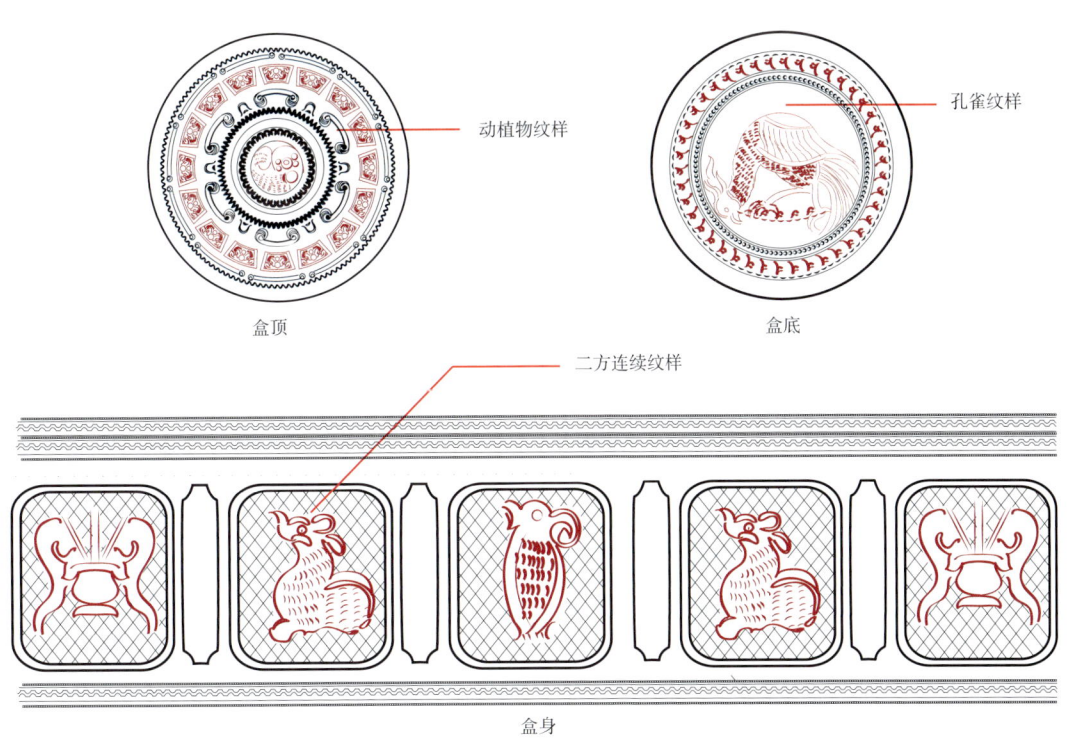

图五 傣族银槟榔盒纹样分析图

第三章 傣族传统餐饮

183

傣族竹根饭盒

图一　傣族竹根饭盒主图

　　本案例采集自西双版纳，高31厘米，直径22厘米。此饭盒造型别致，可分作盒盖和盒身两部分，盒盖中间有纽，两侧有穿耳。盒身鼓腹，圈足，有对称穿耳，与盒盖的穿耳连通，系有草编提梁。饭盒表面不太均匀，可见竹根粗糙的纹理。

　　此饭盒是用竹根制作而成的，制作的程序和工具都比较简单。从竹林间土里刨取一段老壮竹根，先进行粗加工，用砍刀进行砍削，将竹须等不需要的部分砍去，并将挖来的竹根放于水中浸泡。浸泡处理后，乘其发软，砍成饭盒的大致外形，区分出双耳、盖纽、盒座。后进行细加工，将整只初具外形的竹根从上三分之一处分作两半，上为盖，下为身，再将内部掏空，最后在双耳处凿孔，以草编绳索连接即成。在制作过程中要用到的工具有镢头、砍刀和凿子。刀法主要为砍和凿。整个饭盒刀工简练浑厚，造型朴拙敦实，砍削后的竹根还留有自然的纹理，具有一种朴实自然的美感。

用竹制作生产工具和生活工具是傣族地区的一个显著特点。竹子对于傣家的食、住等都有着重要的作用。竹根厚实，质地紧密坚韧，用竹根制作而成的饭盒，不易破碎，经久耐用，而且盛的饭有种竹子的自然沁香。此件竹根饭盒在处理双耳时也别具匠心，用绳索将盒盖和盒身连接在一起，既能将盖子固定住，又能灵活伸缩。傣族人还用竹根来制作其他饮食器具，如碗、杯等，这些器具是古代傣族以竹木为餐具的佐证。而且器具的制作，充分显示出傣族人的"物尽其用"的观念，体现了一种朴素、实用的造物思想。

图片来源

图一　李艺主编，杨德聪副主编.人类学家的博物馆：云南省博物馆民族文物藏品选.昆明：云南民族出版社，2001：22.

图二至图七　易挺　制图

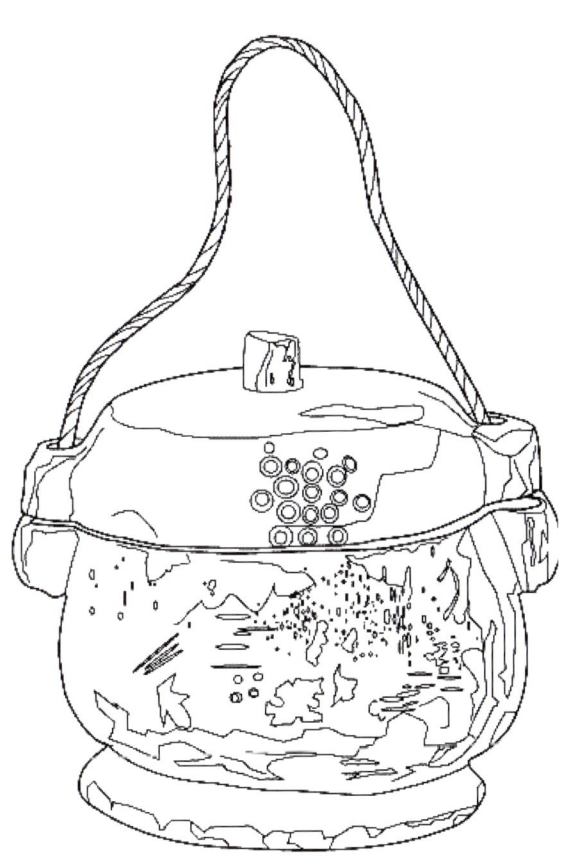

图二　傣族竹根饭盒线描图

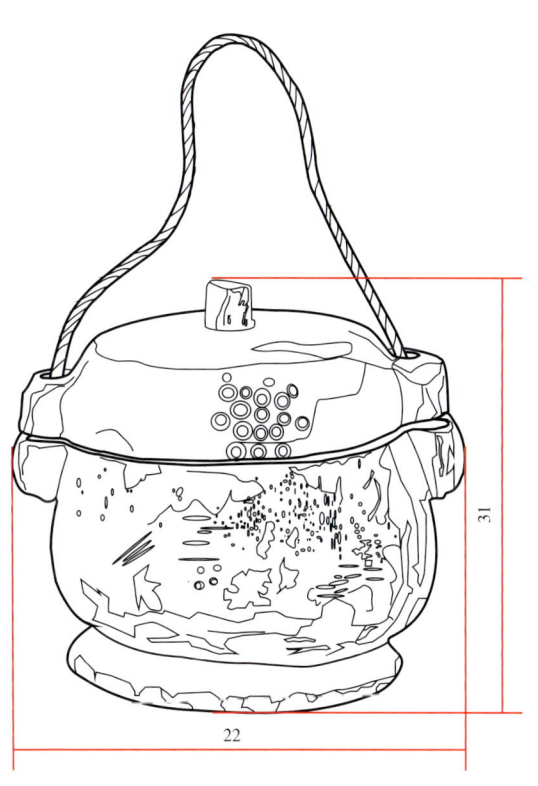

图三　傣族竹根饭盒尺寸图（单位：cm）

| 主视图 | 左视图 | 俯视图 |

图四　傣族竹根饭盒三视图

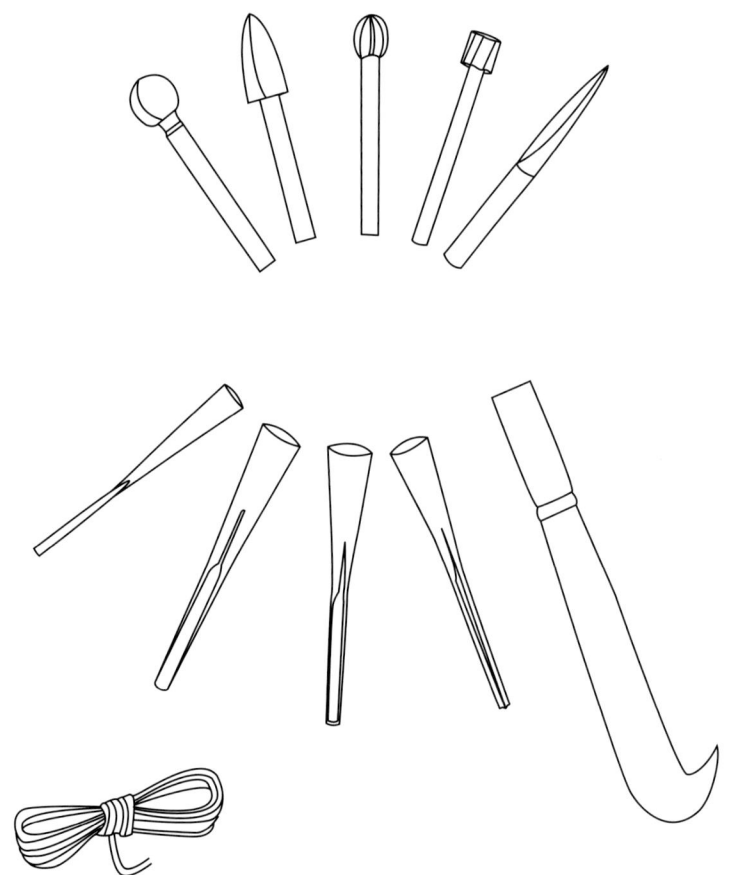

图五　傣族竹根饭盒制作工具图

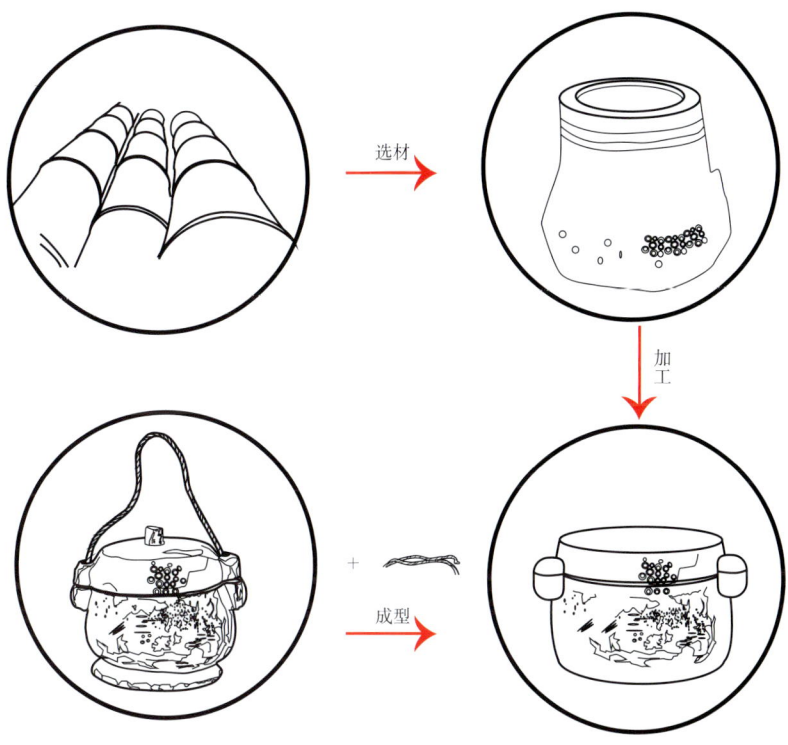

图六 傣族竹根饭盒制作流程图

图七 傣族竹根饭盒使用情境图

傣族竹编饭盒

图一 傣族竹编饭盒主图

本案例为云南傣族的传统饮食器具，采集自云南民族村。该饭盒在傣族过去的日常生活中是非常普及的，是用来盛装糯米饭的器皿，形制主要有圆形和椭圆形两种。本案例中的饭盒形制为圆形，由盒盖与盒底两部分组成，并以子母口的形式上下扣合。盒盖顶部直径19.5厘米，口沿直径18.5厘米，高4.9厘米；盒底直径19厘米，盒底口沿直径16.4厘米，高5.1厘米；饭盒扣合后，通体高7厘米。

该饭盒制作工艺主要分三步。第一步选材，多选取竹节较长、空心、竹质柔软、竹丝较细的竹子作为编织的原材料。第二步分解材料，根据编织需要将竹子剖成粗细不同的扁篾条。第三步编织，饭盒顶部与底部、饭盒侧面均采用"压二挑二"的斜纹编织法，篾条之间紧紧相扣，缝隙极小，有较好的防漏效果。饭盒侧面由两层编织结构组成，比较厚实。

傣族人喜好吃糯米饭，甚至有的地区一日三餐都吃糯米饭。常以竹饭盒盛之，取用时，先用手将糯米饭捏成团，再食之。当他们在远离村寨的田地里从事农业劳动时，也常用各种式样的竹编饭盒携带糯米饭。竹编饭盒不仅方便携带，而且透气性良好，在湿热的气候下，仍然可以保证所盛食物的新鲜度，可以较好地保留糯米饭的原味，还能透出淡淡的竹香。

图片来源
图一 倪玉湛 摄影
图二至图五 倪玉湛 制图

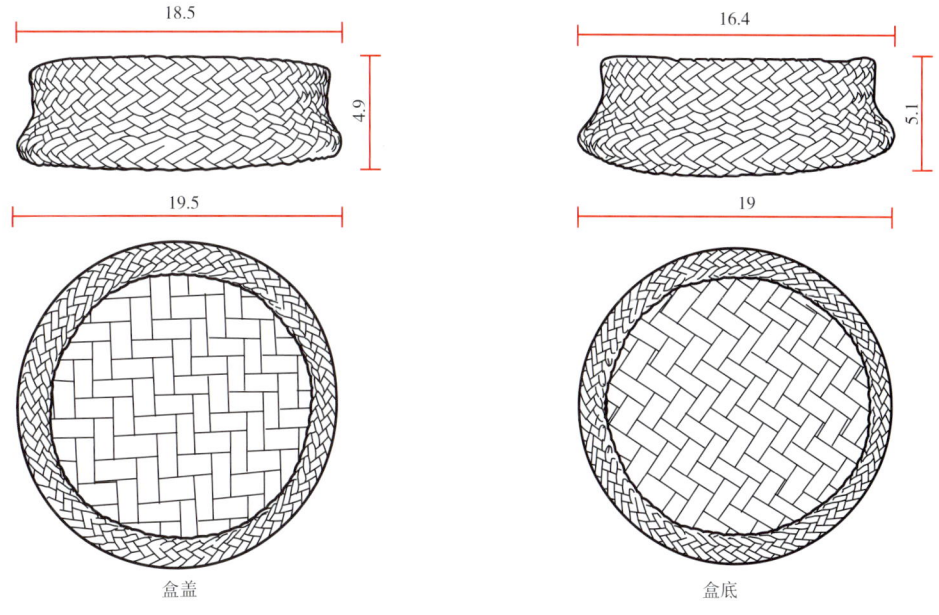

图二 傣族竹编饭盒盒盖与盒底尺寸图（单位：cm）

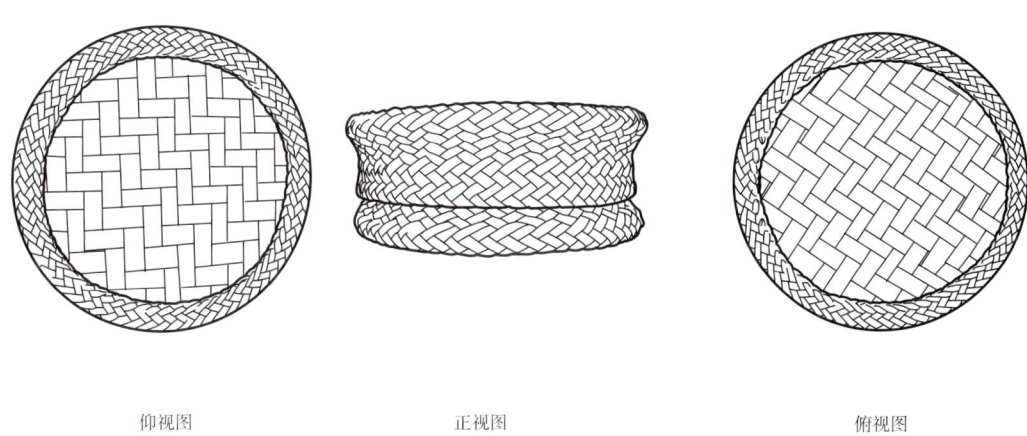

仰视图　　　　　　正视图　　　　　　俯视图

图三 傣族竹编饭盒三视图

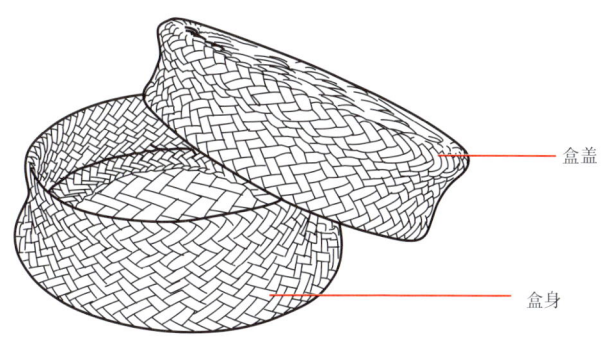

图四 傣族竹编饭盒结构名称图

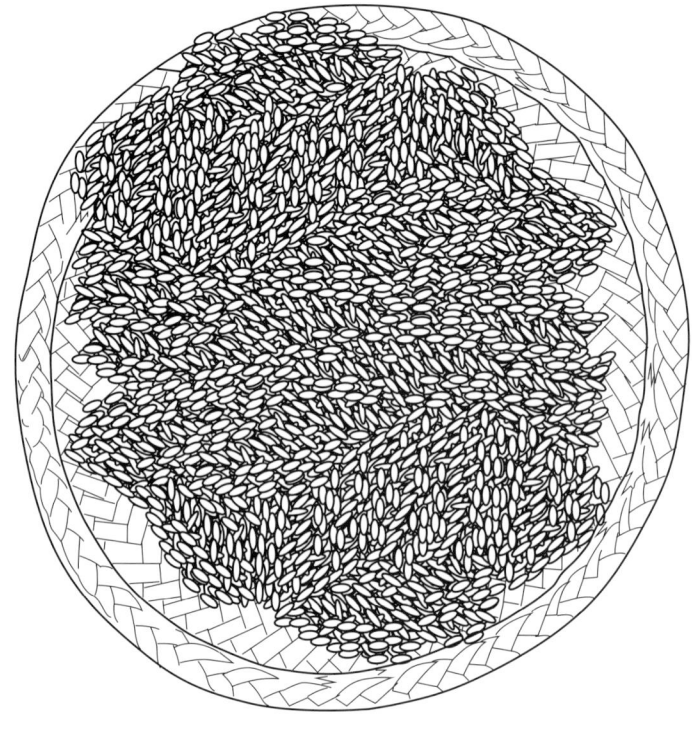

图五　傣族竹编饭盒使用情境图

傣族食品盒

图一 傣族食品盒主图

本案例是傣族用来盛放赕佛食品的器具，高27.5厘米，最大直径为18.5厘米。这件食品盒由三部分组合而成：盒盖、盒身、盒座。整个器形呈南传上座部佛教佛塔形状，三个组成部分类似佛塔的塔刹、覆钵塔身和塔座。盒盖上部为四层尖塔状盖纽，盒身呈覆钵状，盒身下束腰，圈足。这件器具层次分明，错落有致，造型别致，而且极尽装饰之能，通体浮雕装饰纹样，主体纹饰为卷草纹，按照二方连续的方式分布，不同的装饰带之间以波浪纹相隔。纹饰繁密，富丽优雅。

傣族木雕工艺具有悠久的历史，傣族泼水节比赛所划龙舟，龙头与龙尾均用彩绘木雕工艺做成。还有佛寺门窗柱饰、祭祀用具、牛车前直立的鹤头、屋架上悬挂的鱼鸟、盛水木瓢的柄等，都使用了木雕工艺。雕刻的图像有龙、麒麟、孔雀、人物、佛像、花卉等，其中花卉属最常用的表现题材。木雕凝聚着傣族人民的智慧和艺术创造力，此件木雕食品盒采用的是浮雕的手法，雕刻之前要在表面描好图案，然后将非图案的空白部分剔除，留下凸出的图案。雕刻工具为一些简单的刻刀和小凿子。雕好图像后要经过打磨，以前打磨工具通常是细沙石、动物生皮、树皮纤维、毛树叶等。为防止器具开裂、渗水和腐坏，最后要涂上生漆或桐油。

本案例的食品盒器形优美，装饰细腻，制作精巧，是能代表傣族精湛工艺技术的工艺品。

图片来源

图一 李艺主编，杨德聪副主编.人类学家的博物馆：云南省博物馆民族文物藏品选.昆明：云南民族出版社，2001：30.

图二至图五 黄路 制图

图二 傣族食品盒尺寸图（单位：cm）

图三 傣族食品盒细节说明图

图四 傣族食品盒打开示意图

第三章 傣族传统餐饮

图五　傣族食品盒使用情境图

傣族饭煲

图一　傣族饭煲主图

本案例为云南傣族日常生活中使用的饭煲，是用来盛装米饭的容器，采集自云南民族村。饭煲总高23.5厘米，器身最大直径20.6厘米，两侧贯耳最大间距25厘米，底径21厘米，纽高4厘米。

饭煲整体由器盖与器身构成，二者以子母口相扣。器盖近圆台形，顶面微凸，上有一圭形纽，盖两侧附贯耳；器身形制为直口、圆腹、圈足，两侧亦附有贯耳。器盖与器身扣合时两侧贯耳对齐，并通过一根穿过贯耳纵向孔洞的提绳相连，提绳在器身贯耳的下部打粗结，以防在提取时脱落。饭煲用傣族地区所产的巨龙竹的根部雕琢而成，运用了切削、剜制、钻孔、打磨等基本工艺。巨龙竹雄壮笔直，高有2000多厘米，其根部径粗可达30多厘米，并且竹壁较为厚实，非常适合雕制饭煲。

傣族每餐以米饭为主食，米饭蒸好后先倒入一个大木盘中，再用木棒搅拌使其热气散去，然后将饭装入饭煲中并搅匀。傣族食用米饭的传统方式是用左手将米饭攥成团往嘴里送，因为热气早已散去，所以不至于烫手，而盛米饭的饭煲透气性较好，不至于使米饭变馊变硬。饭煲整体造型质朴粗犷，结构紧凑，尺度适宜，较好地体现了因材施艺的设计原则，同时极大程度地满足了实用需求。饭煲是傣族传统饮食器具，体现了傣族人民的生活智慧。

图片来源
图一、图三　徐贤如　摄影
图二、图四　黄鹏　制图
图五　倪玉湛　摄影

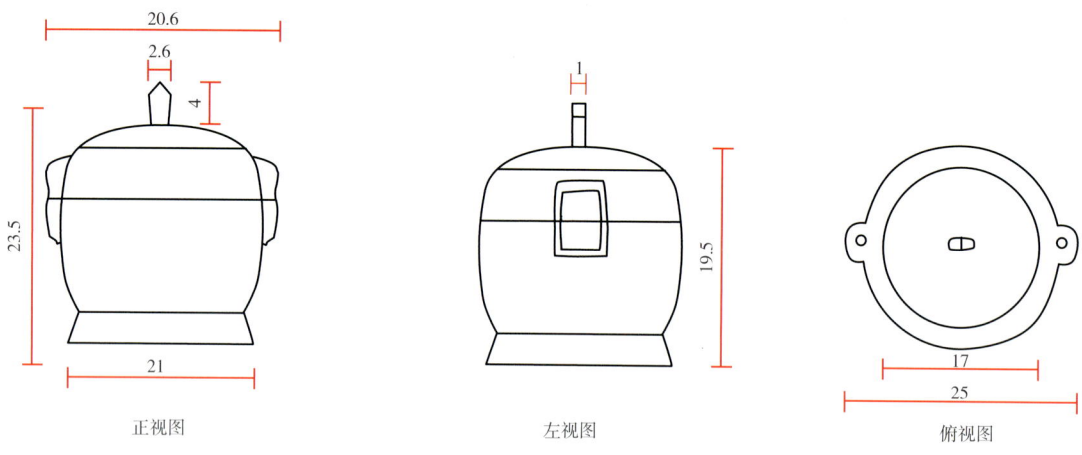

图二 傣族饭煲三视、尺寸图（单位：cm）

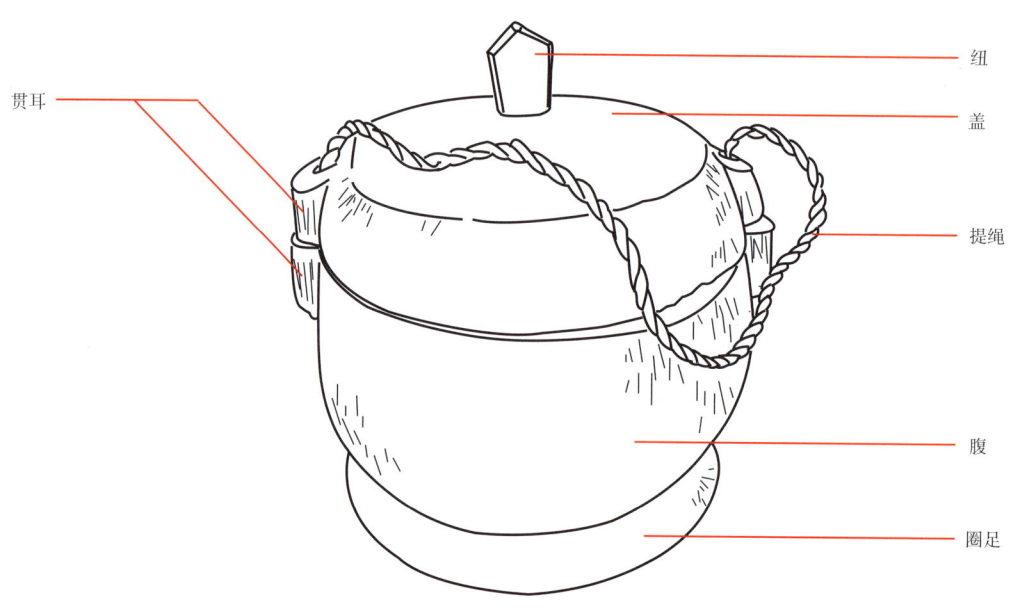

图三 傣族饭煲结构名称图

图四 傣族饭煲打开示意图

图五 傣族饭煲比较分析图

第三章 傣族传统餐饮

傣族圜底釜

图一　傣族圜底釜主图

本案例为云南西双版纳傣族日常生活器皿，采集自勐海县，现藏于云南民族博物馆。形制为侈口、鼓腹、圜底，腹部和底部饰有绳纹。总高15厘米，口径23厘米，腹最大直径21.5厘米，颈高4厘米。圜底釜是傣族重要的炊煮器具之一，可用来烧水、煮食物，或者配合陶甑一起使用。

圜底器始出现于新石器时代，如西安半坡遗址就曾出土过为数众多的彩陶盆，其造型上最具特色的就是底部为球面形，也就是我们常说的"圜底"。圜底器应是最早出现的器物类型之一，最初模仿的是以葫芦制作的容器，后来才逐渐演化出平底器、三足器、圈足器等一系列器物类型。傣族的圜底釜不论在工艺上还是在造型上都具有活化石的作用。圜底釜在制作时与众多的平底或圈足的器物稍有不同，多须将其置于双腿上进行制作，尤其是在进行压按花纹的时候，必须将器物置于腿上，一手拿鹅卵石抵住器内壁，另一手拿陶拍在相应的外壁上进行压印。

圜底釜造型饱满、圆润、匀称、稳重。侈口的造型便于端取，也方便加盖或者置放陶甑；圆鼓的腹部可以获得更大的容量，也可以获得更大的受热面积；腹部的绳纹既增加了使用时的摩擦力，又具有一定的装饰性。本案例由于工艺技术较高，釜底虽然圆鼓，但在放置时依然能够保持很好的平衡性。

图片来源
图一　王柯　摄影
图二、图三、图五　黄鹏　制图
图四　王浩军　制图

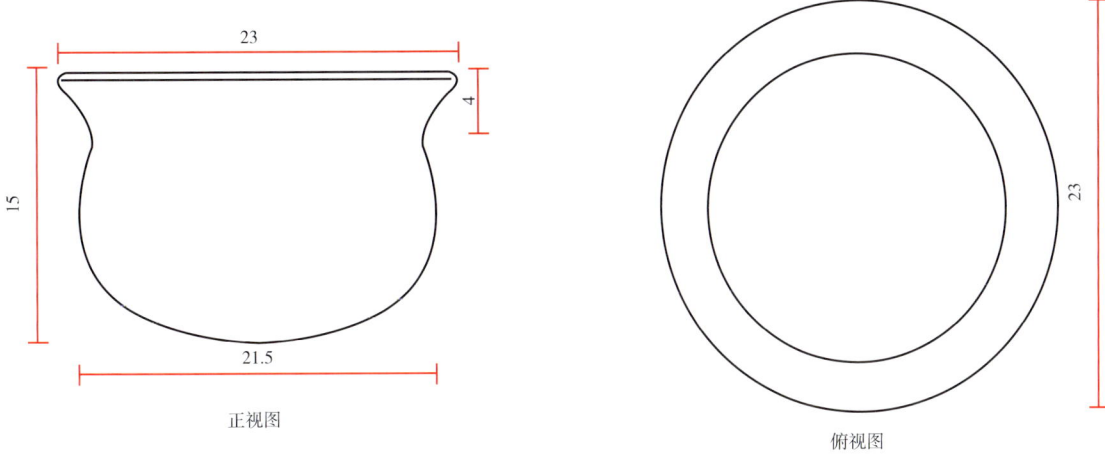

图二 傣族圜底釜视角、尺寸图（单位：cm）

图三 傣族圜底釜结构名称图

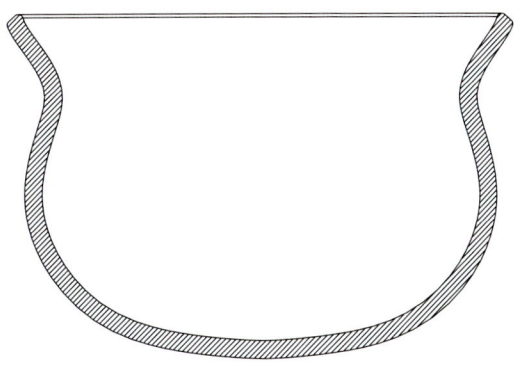

图四 傣族圜底釜剖面图

图五 傣族圜底釜使用情境图

傣族陶壶

图一　傣族陶壶主图

本案例是云南新平傣族的红陶茶壶，采集于云南新平县戛洒镇大槟榔园村，通高8.5厘米，总长15.5厘米，口径5.8厘米，底径10.5厘米；壶盖直径6厘米，壶盖高度1.8厘米，盖纽直径1.2厘米。茶壶制作于附近的土锅寨，随着与外界交流的日益频繁，这类茶壶的花样也层出不穷，成为傣族陶器制品中较为精美的器物。

陶壶由壶身和壶盖两部分构成。壶身平底鼓腹，壶流短直，壶鋬扁宽；壶盖为凹陷状，中间镶有圆形纽，边缘呈锯齿形。壶身贴塑一圈细泥条，从壶口延至下腹部，共计12根，绳纹下方接近底部模印有斜线纹，斜线纹恰与绳纹方向相反，二者交相呼应，动势均衡，纹理变化丰富。壶嘴、壶盖和壶鋬基本位于一条直线上，又显得宁静平和。茶壶采用慢轮手工捏制而成，器身捏好后，依次粘接壶口和壶鋬，再用湿布反复擦拭壶身与各部位的衔接处，这样不仅能使整件器物各部位牢固结合，而且在烧制后显得更加光亮平滑。壶盖的制作略为粗率，先依壶口大小制作一圆形泥饼，边缘用竹签切割成锯齿状，然后再将球形的盖纽粘接上去，壶盖中心区域略向下凹，可以与壶口更好地扣合。

传统上，傣族人以糯米为主食，经常须要饮茶帮助消化，因此茶壶是傣族人民必不可少的生活用具。该茶壶精致小巧，造型上均衡稳定，是一件既实用又美观的作品。

图片来源
图一　倪玉湛　摄影
图二至图五　张帅　制图

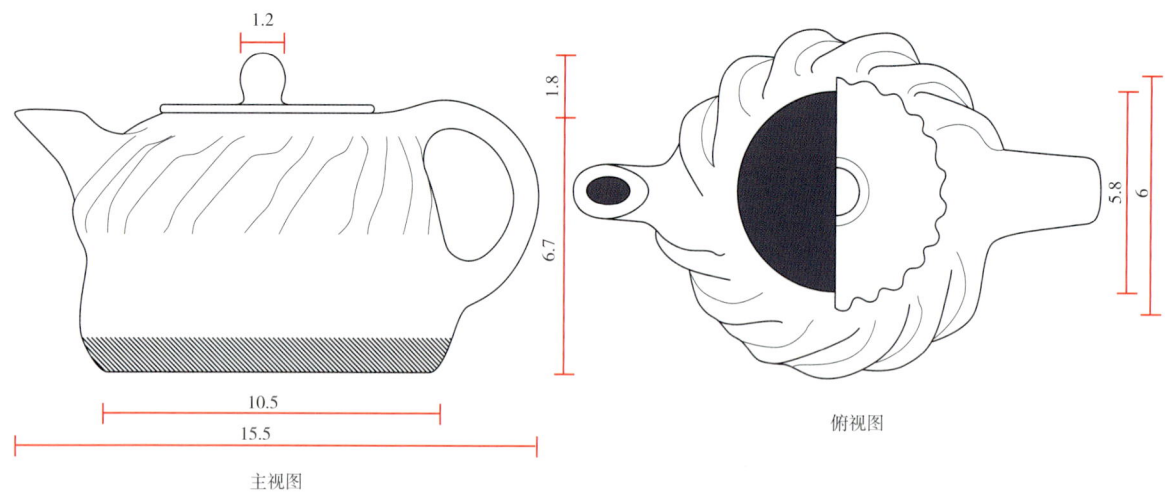

主视图　　　俯视图

图二　傣族陶壶视角、尺寸图（单位：cm）

图三　傣族陶壶结构名称图

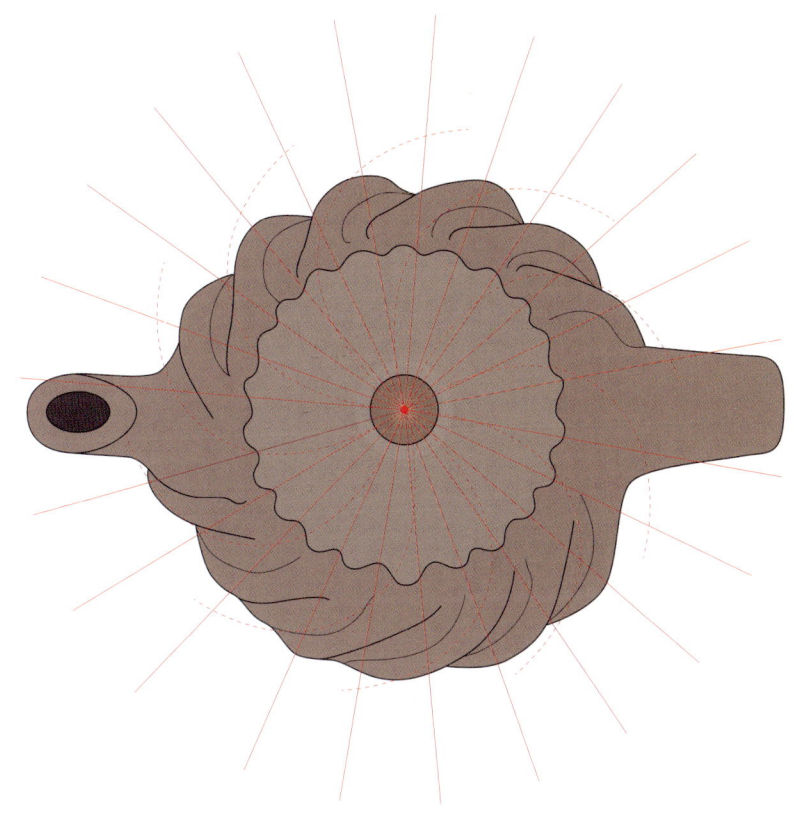

图四 傣族陶壶美学分析图

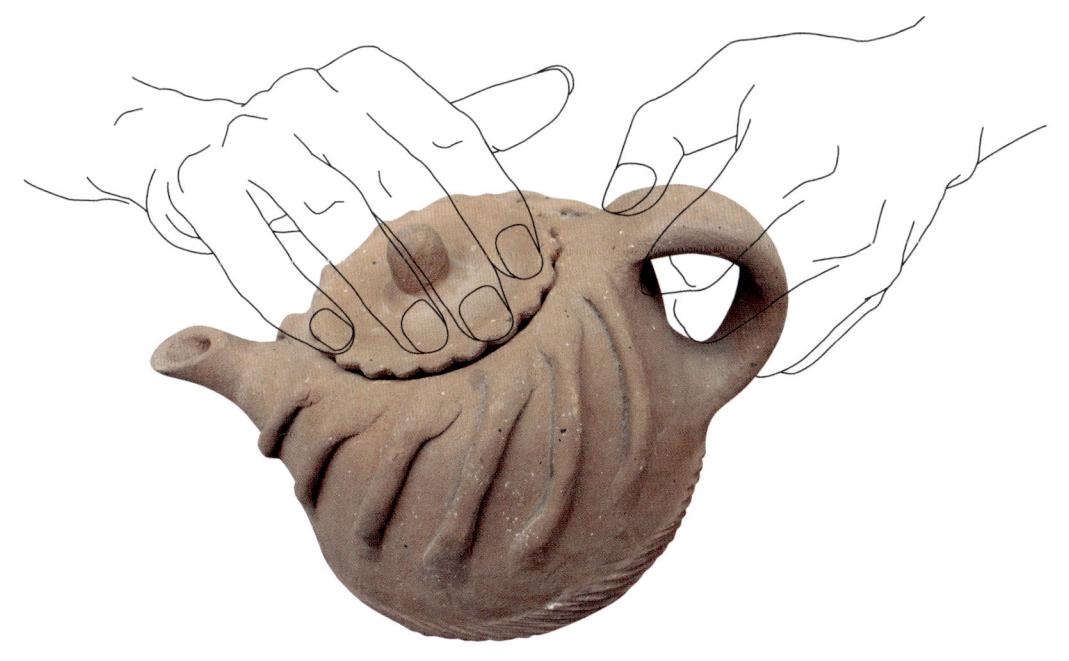

图五 傣族陶壶操作示意图

傣族陶灶

图一　傣族陶灶主图

本案例为西双版纳勐海县傣族手工制作的陶灶，现藏于云南民族博物馆。陶灶是傣族日常生活用品中较为重要的器类，以陶土和细砂为制作材料，并用慢轮配以手工捏制而成，形制为侈口、鼓腹、平底、圈足。

陶灶敦厚圆润，整体呈横宽状，通高15.2厘米，灶沿最大直径20厘米，底部最大直径19.5厘米。灶沿内壁有3个呈等距分布的柱形突起，并且略高于口沿，这样设计的目的是为了方便架锅，同时还具有通风、透火的功能。灶口与圈足表面光洁平滑，灶身则模印有斜线纹，是用刻有纹理的木拍在陶坯表面压印而成，压印时还须在陶灶内相应位置垫上鹅卵石，这样可以使陶坯紧实牢固，不致变形。在两突起之间的灶身上开有一长方形灶口，用以添加燃料和观望火势，灶口有明显的竹刀切割痕迹，长10厘米，宽7厘米，距离灶底约3.8厘米。夹砂陶器的砂主要成分是石英，具有耐高温、耐磨的特性，但石英砂的掺入，容易降低陶器的延展性，故而陶灶的器壁往往会做得稍厚一些，以免坯体变形破损。

整件器物均衡稳定、造型简洁、制作规整、使用便利。胎土中刻意加入石英颗粒，体现了材料性能和实用功能的统一。而侈口、鼓腹、圈足的造型则符合使用过程中的稳定性需求，并且视觉上也较为美观。但总体而言，陶灶仍是一件以功能性为主的实用型陶器。

图片来源
图一　黄鹏　摄影
图二至图五　黄鹏　制图

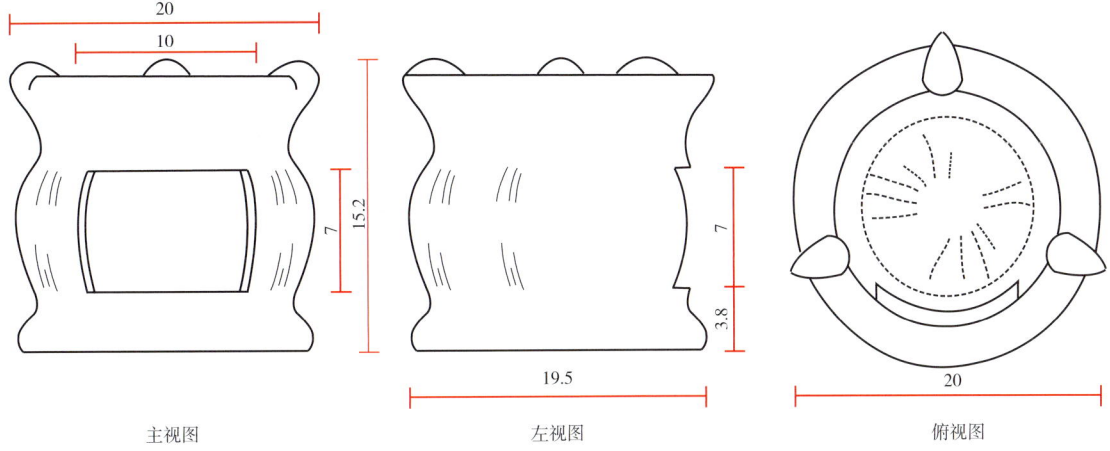

图二　傣族陶灶三视、尺寸图（单位：cm）

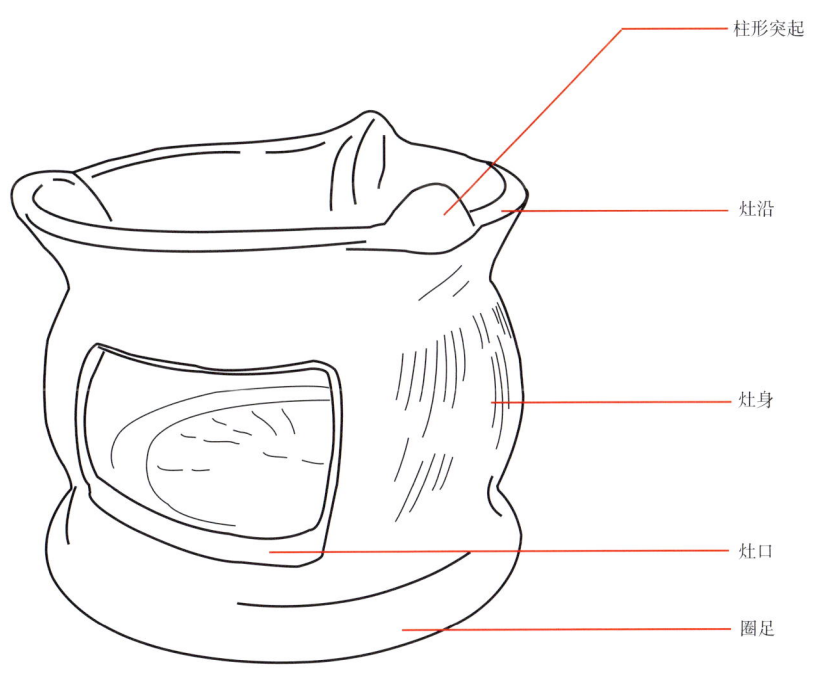

图三　傣族陶灶结构名称图

图四　傣族陶灶制作示意图

图五　傣族陶灶使用情境图

傣族陶甑

图一　傣族陶甑主图

本案例是云南西双版纳傣族日常生活中使用的陶甑，采集于勐海县，现藏于云南民族博物馆。该陶甑造型小巧，整体呈圆筒形，口沿下附有扁平的双耳，总高7.5厘米，口径9.5厘米，底径8厘米，双耳最外侧的间距为14.8厘米，壁厚0.8厘米，底部的中心区域戳有密密麻麻的小孔，共计20余个。

陶甑在傣语里称"嗨"，是用来蒸煮食物的日常饮食器具，也就是我们通常所说的蒸锅。甑的出现在历史上是很早的，在原始社会时期人们就已开始使用甑来蒸制食物。傣族的制陶技术保持和传承得较好，由于成型和烧制工艺较为原始，故又被称作"原始制陶"。该陶甑的制作工艺极为简单，材质为泥质加砂红陶，用手在慢轮上把甑体和甑耳整体捏塑成型，然后再用细竹篾由外至内戳出孔洞，最后阴干进行烧制。

陶甑主要用来蒸制糯米饭，使用时要放在装水的土锅、陶釜之上，并用灶进行加热。甑底部的小孔有利于蒸汽的上升，同时由于孔径较小，亦能防止饭粒下漏；两耳浑厚结实，便于用手提拿；黏土加砂的材质既耐热，又具有一定的透气性，故能很好保留食物的新鲜口感。由于容量较小，陶甑蒸出的糯米饭仅能满足一人的食量。陶甑的设计实用精巧，既体现了傣族人民适度节约的生活理念，又体现了傣族人民务实朴素的生活作风。

图片来源
图一、图四　王柯　摄影
图二、图三、图五　黄鹏　制图

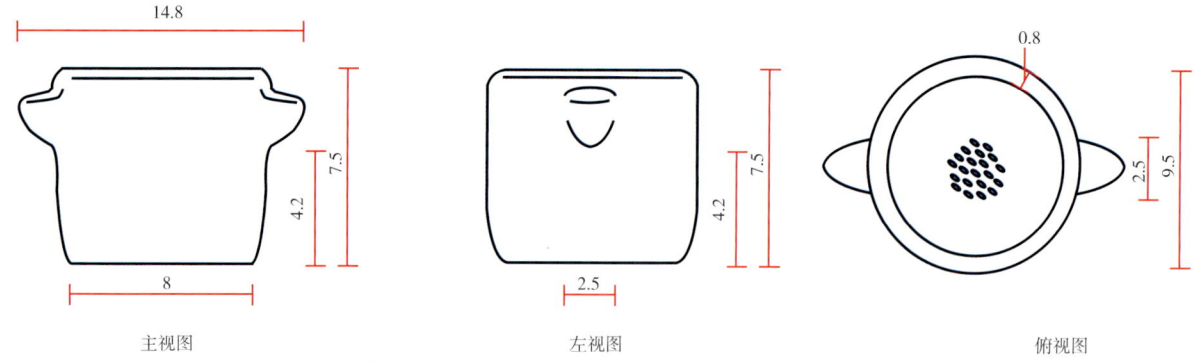

图二 傣族陶甑三视、尺寸图（单位：cm）

图三 傣族陶甑结构名称图

图四 傣族陶甑底部细节图

图五　傣族陶甑使用情境图

傣族提梁土锅

图一　傣族提梁土锅主图

本案例为云南傣族传统炊具，采集自云南耿马，现藏于云南民族博物馆。整体由提梁、盖子和锅身三部分构成，通高25.5厘米。提梁直径2.5厘米，整体呈圆弧状，与锅口两侧相接，提梁顶部距锅口11.5厘米；锅盖呈覆碗形，高5厘米，口径17厘米，圈足捉手直径6.4厘米，高1厘米；锅身为敞口、圜底的罐状，高14厘米，口径19.8厘米，折口高3.5厘米，颈部直径18厘米，锅身最大直径21厘米。

提梁土锅的陶质细腻，呈红褐色，光素无纹，表面有细砂斑点，可知为夹砂红陶，耐高温，便于加热食物。有提梁的土锅，比普通土锅的制作工艺要复杂，首先要考虑提梁直径大小与隔热率的问题，还要充分考虑与锅身粘接的问题，因为提梁由一根粗壮的泥条搓成，由于本身较重，提梁在塑形和粘接时强度和黏性很难把握。锅身的制作一般采用较为普遍的泥条盘制法，多是在转盘上完成塑形后，又放在双腿上使用鹅卵石和木槌最终压紧定形。烧制时一般采用平地堆烧法，由于温度不高，故而胎色呈红褐色。

　　傣族人过去广泛使用这种锅具，现在受新的生活方式的影响，已很少再使用。提梁土锅整体造型较为优美，视觉上也比较协调。但该土锅在设计上并不完美，问题出在提梁上，由于提梁较粗，与锅口之间的空间又较小，且被完全固定在锅口正上方，因而盖子的拿取不太方便。

图片来源
图一、图五　倪玉湛　摄影
图二至图四　倪玉湛　制图

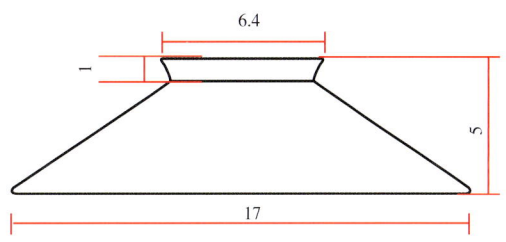

图三　傣族提梁土锅盖子尺寸图（单位：cm）

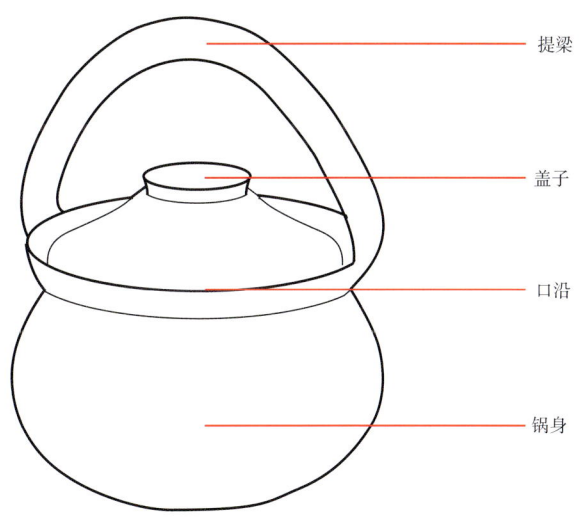

图四　傣族提梁土锅结构名称图

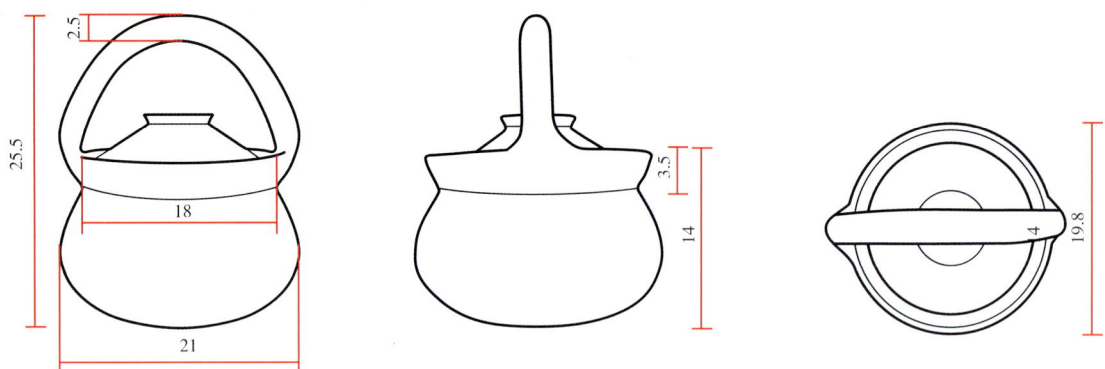

图二　傣族提梁土锅三视、尺寸图（单位：cm）

图五　傣族提梁土锅俯视图

傣族土锅

图一 傣族土锅主图

土锅是云南傣族重要的炊具。傣族民间故事《土锅的来历》讲的是住在景洪曼勒寨的一对夫妇因嫌用竹筒做饭不方便而尝试烧造土锅的故事，他们经过反复试验，最终摸索出用土制作并用火烧造的土锅制作工艺。需要指出的是，"土锅"一词有时也作为傣族陶器的泛称。

本案例中的土锅采集自云南民族村，整体由器盖和器身两部分组成，总高29.5厘米；盖呈覆碗形，高12.5厘米，圈足捉手直径15厘米，口径28.5厘米；锅身呈罐形、直口、鼓腹、圜底，高17.5厘米，口径28厘米，腹最大直径30厘米。锅身口沿部位饰有一圈用竹签戳成的小圆洞，呈折线状排列。器盖和器身均用泥陶盘筑法制成，制作时需要用鹅卵石垫住内壁，然后再用光洁无纹的木槌在外面拍打压实，使其结构规整、质地紧密。

土锅主要用来烹煮食物，使用时须将其架在灶上。用土锅煮的食物，味道纯正，并可长久保温。在举行某些佛事活动或营建新房时，土锅也可用来盛水和盛物，由于底部较为圆鼓，须要垫上竹圈或竹篾垫才能保持稳定。土锅还可用作火葬罐出现在丧葬仪式中。该案例整体风格质朴敦实，简洁大方，其盖子的设计也极为巧妙，倒置过来可作碗来使用，具有良好的实用性。口沿处的纹饰比较简约，以二方连续式进行排列，体现了装饰的规律性。

图片来源
图一 倪玉湛 摄影
图二至图四 倪玉湛 制图

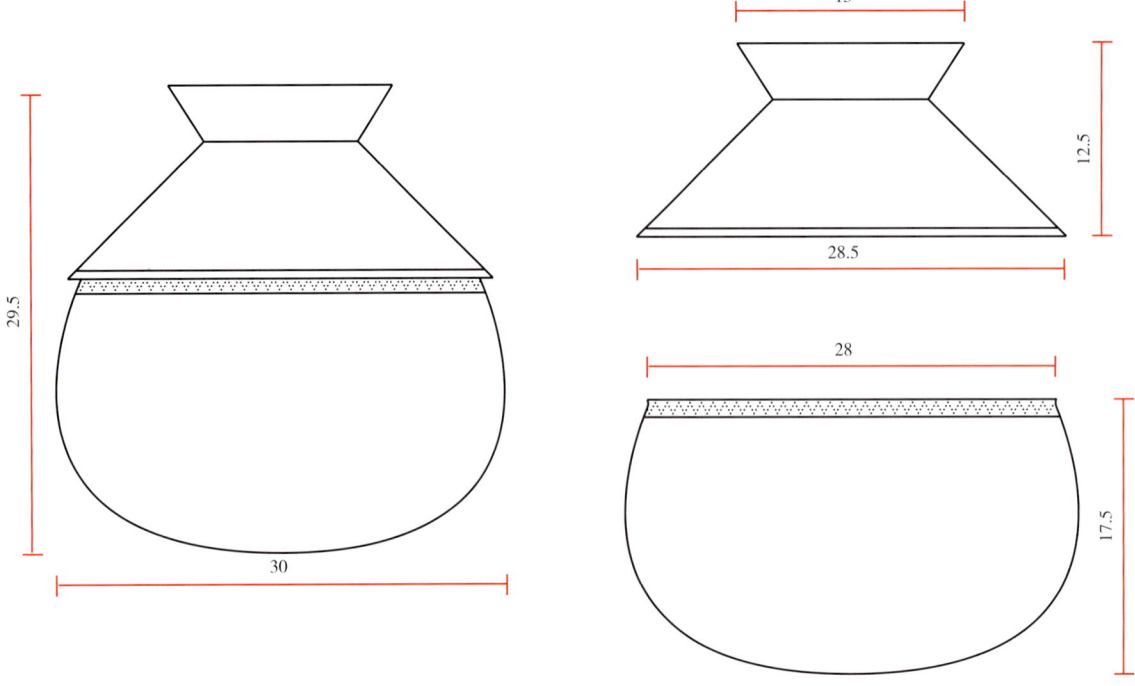

图二 傣族土锅尺寸图（单位：cm）

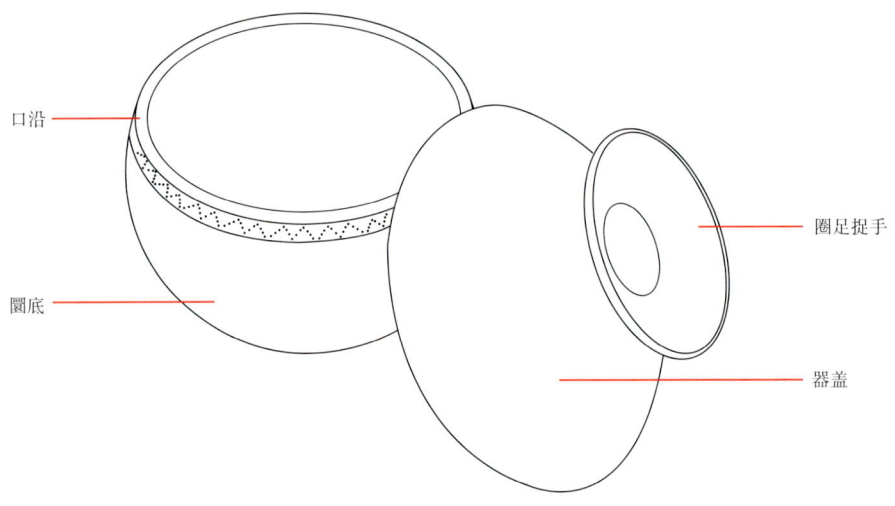

图三 傣族土锅结构名称图

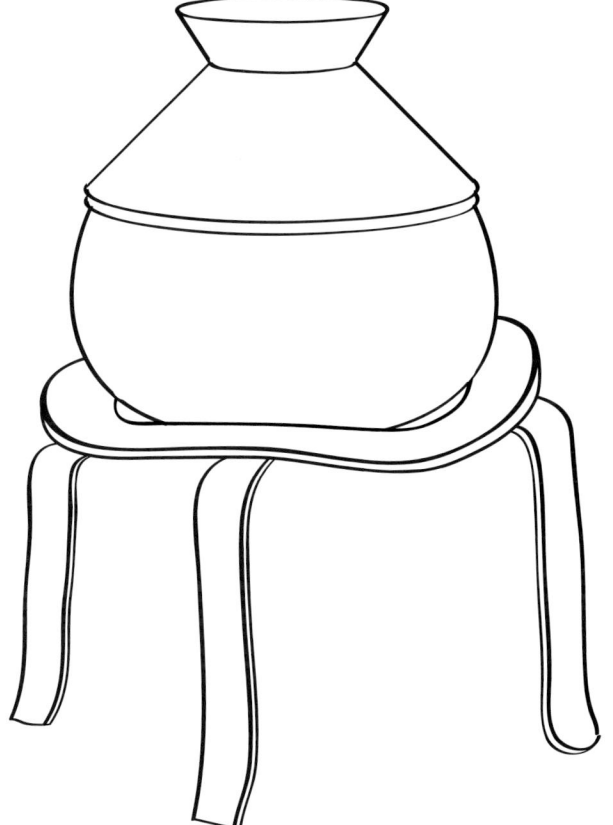

图四　傣族土锅使用情境图

傣族酸鱼

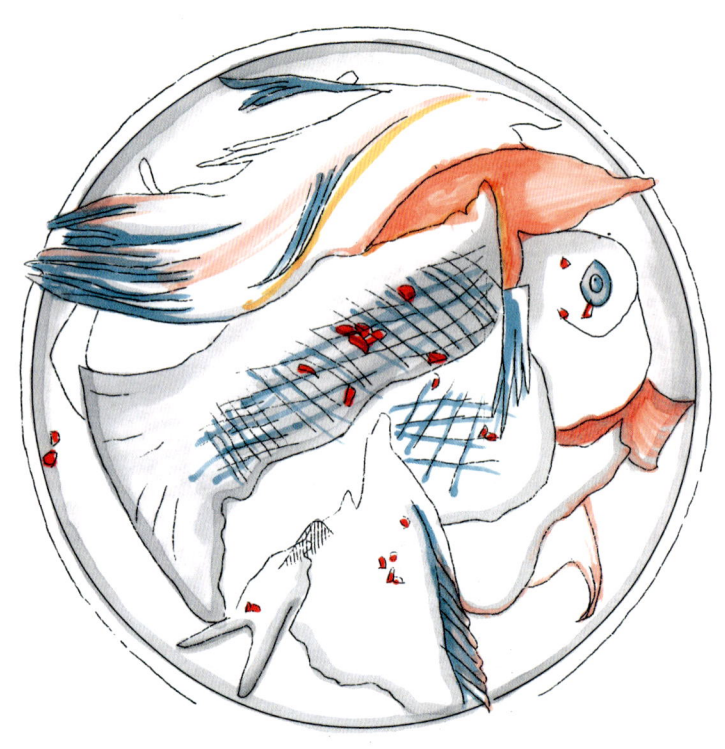

图一　傣族酸鱼主图

酸味食品广受傣族人民喜爱，酸菜、酸笋几乎每餐必备。独具特色的菜式，有酸鱼、酸肉、撒撇、酸蕨菜等。酸鱼是傣族传统的腌制食品之一。云南西双版纳是个神奇美丽的地方，世居在这里的各族人民爱水嗜鱼，尤其是临水而居的傣族，饮食中更是少不了鱼虾。因为当地四季如夏、炎热潮湿，捕捞的鱼虾如果不及时食用，很容易腐坏变质。为适应这种气候条件，傣族人民自古就掌握了腌制酸鱼的技艺。

制作酸鱼的主料是鱼，通常是小鱼；还有一些配料，如盐巴、辣椒面、花椒面、草果面、糯米、米粉、辣椒、生姜等。制作的方法是：将打捞上来的新鲜鱼除去内脏，用水清洗干净，放入盆内，撒上盐，一般两斤的鱼放一两多的盐，有的还要加上辣椒面、花椒面、草果面、糯米搅拌均匀后，塞进竹筒压紧，用芭蕉叶密封保存。腌制的时间为冬天十天，夏天一星期。之后再把鱼取出，滤去水分，拌上米粉、辣椒和生姜。加入生姜去腥，米粉去咸，辣椒调味。然后，再放回竹筒内腌制两三天，傣家酸鱼便腌制成功了。味道独特，鲜美可口，且便于存放。腌制酸鱼味道很独特，吃时用油煎，酸辣适中。可存放七八个月，甚至一年。酸鱼可蒸、可煮，鲜、香、嫩。腌至七八个月，鱼骨变酥，可以生吃，也可以蘸着用花椒和辣椒拌炒过的调料食用。

鲜鱼经腌制成熟后，不论是蒸食，还是煮、煎而食，均色泽金黄，酸香扑鼻，入口酥化，胃口顿开。食时，酌量取出酸鱼。开火，锅内加入植物油，油热时，下酸鱼煎至两面金黄即可装盘上桌。

傣族常吃不易消化的糯米食品，常食酸味菜肴有助于消化，如酸菜、酸笋、酸豌豆粉、酸肉、酸果、干酸菜。酸鱼开胃化食，是深受傣族人喜爱的风味食品。

图片来源
图一　贺雪岚　制图
图二　蔡轩　制图
图三　陈荣喆　制图
图四　蔡克中　制图
图五　高梦竹、蔡轩　制图

姜末

辣椒面

鱼

糯米

盐

图二　傣族酸鱼制作食材图

1.剖除内脏，用清水洗净

2.加入盐、辣椒面、花椒面、糯米搅拌

3.塞入竹筒密封保存

4.若干天后将鱼倒出来

5.滤去水分，加入其他佐料搅拌后再塞入竹筒

图三　傣族酸鱼制作流程图

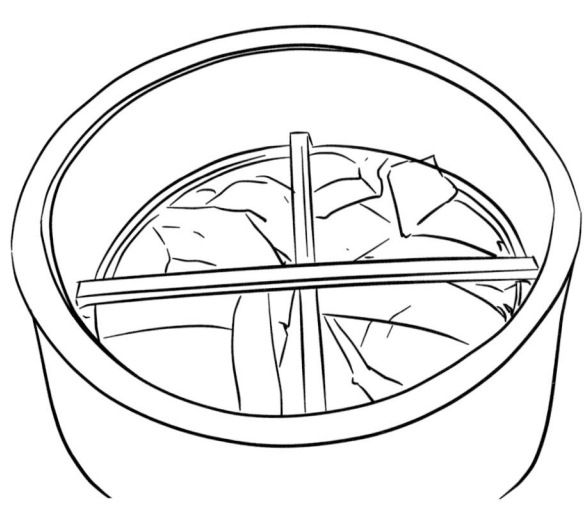

图四　傣族酸鱼竹筒封口细节图

图五　傣族酸鱼成品效果示意图

傣族赶摆黄焖鸡

图一　傣族赶摆黄焖鸡主图

黄焖鸡是颇具傣族地方特色和民族风味的名菜。赶摆，就是赶集。赶摆是傣族男女青年寻找对象的好机会。赶摆黄焖鸡以鸡肉焖制而成，为赶摆而制作、销售。但又不仅仅是销售的菜品，其中蕴涵着傣族独特的民族文化。

主料为壮母鸡，辅料为番茄，调料有姜丝、蒜丁、葱花、香菜末、香茅草（又名香巴茅、大枫茅，主要产于西双版纳和德宏。茎秆粗壮，高1~2米，叶呈灰白色，粗糙，其味异香，嫩芽、鲜叶可作调料）末、辣椒面。

具体的制作方法是：

将壮母鸡宰杀，用热水浸烫，去毛，洗净，开膛掏出内脏处理干净，将鸡按头、颈、翅、腿、胸、爪6个部位砍成几块，再用凉水漂洗干净。葱、香菜切成末，姜切成丝，蒜切成丁，番茄切成粗丁备用。

烧红铁锅，加入猪油，油微热时放入姜丝、蒜丁、辣椒面煸炒，再放入鸡肉、番茄丁，用大火炒至鸡肉微黄，起锅倒入小锅，注入清水，以刚刚没过鸡肉等食材为宜；然后盖上锅盖，放大火上煮沸后改小火焖煮，烧至水分稀少；最后收汁，并撒上盐巴、葱花、香菜末、香茅草末等调味、上色、增香即可出锅。此菜色泽金黄缀绿，鸡肉软嫩，清香辛辣味厚，具有浓郁的傣家风味。

制作和出售黄焖鸡的都是傣族妇女。在赶摆的日子里出售黄焖鸡还是傣族小姑娘物色意中人的方式。如果前来问询的人不是意中人，姑娘态度冷淡，或者故意抬高价钱。如果来者是意中人，姑娘则笑脸相迎，拿出凳子让小伙子坐在自己身旁，谈到投机处，姑娘端出鸡，小伙子拎着凳，双双隐入树林中品尝黄焖鸡。

傣族的黄焖鸡，是一道风味名菜，里面包含着的是主人的心意，是傣族男女情感沟通和表达情爱的重要渠道。爱情的魅力和生活中的美有机地结合在一起，在傣族的饮食文化中集中地表现出来，构成了中华民族生活美学中难得而又多彩的篇章。

图片来源
图一　伍小娇　摄影
图二、图三　蔡轩　制图
图四　贺雪岚　制图

图二　傣族赶摆黄焖鸡制作食材图

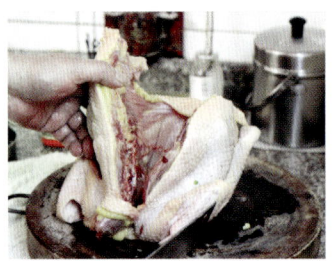
1.剁鸡

2.放入少量的油，爆炒姜、蒜

3.放鸡肉翻炒，炒出油来

4.放入调料和糖将鸡肉炒匀

5.放入适量水，大火煮开后改小火，最后收汁即可

图三 傣族赶摆黄焖鸡制作流程图

图四 傣族赶摆黄焖鸡成品效果图

傣族竹筒饭

图一 傣族竹筒饭主图

竹筒饭是傣族人喜爱的传统食品之一，流行于滇南，主要在傣族、哈尼族、拉祜族、布朗族、景颇族、基诺族等民族中盛行。竹筒饭烹制方式为烧烤，一般有普通竹筒饭和香竹糯米饭之分。傣族喜欢吃香竹糯米饭，做香竹饭之前，先要准备竹筒，将香竹从有节的地方断开，每一节保留一个竹节做筒底用。制作竹筒时，也可以多留出一小节竹子当作手柄，当竹筒饭烧熟时可以用来握住竹筒，不至于烫伤手。将泡好的米装入新鲜竹筒里，加点水，用芭蕉叶把筒口塞紧，做好一批后放在炭火上慢慢烧烤，竹筒表层烧焦了，筒口冒出蒸汽十分钟左右，饭就煮熟了。捶打竹筒的外壁，竹筒内壁的竹膜便贴在饭上，用刀剖开竹筒，竹的内膜与饭连在一起，呈长筒状。香竹饭柔软、细腻、可口，带有竹子的清香和炭火烧烤的干香，是待客的绝佳食品。

竹筒饭做饭方式便捷，能够因地制宜，是当地人适应环境，享受自然馈赠的最好例子。而且竹筒成本低，是最为实用的炊具。无论是竹筒的选择，还是制作的工序和方法，以及竹筒饭的味道，都颇具传统性，显示出傣族人在长期的生活实践中积累的丰富经验，足以证明傣族竹筒饭的悠久历史，以及傣族早期采用竹筒作为炊具的历史事实。

图片来源
图一 贺雪岚 制图
图二、图三 蔡克中 制图
图四、图六 沈开婧 制图
图五 沈开婧、贺雪岚 制图

图二 傣族竹筒饭竹筒的制作

图三 傣族竹筒饭带柄的竹筒

1.准备竹筒

2.将泡好的糯米塞入竹筒

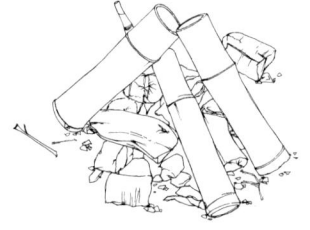

3.塞满后密封放到火上烤

4.剖开即食

图四 傣族竹筒饭制作流程图

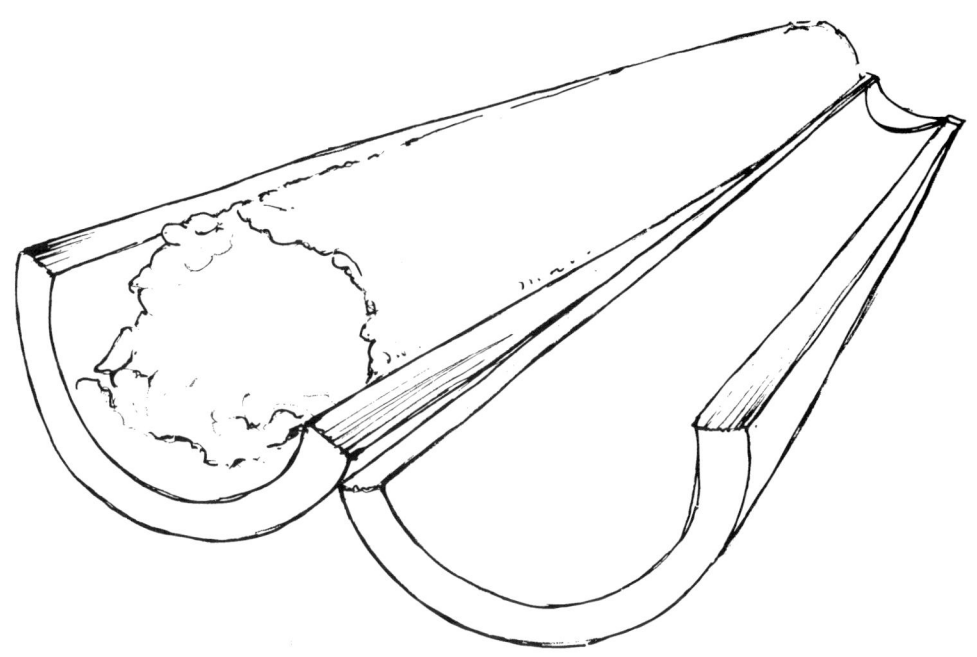

图五 傣族竹筒饭剖开效果图

图六 傣族竹筒饭食用情境图

傣族香茅草烤鱼

图一　傣族香茅草烤鱼主图

香茅草烤鱼是傣族一道别具风味的菜肴，这道菜肴材料独特，制作独到，鲜香可口，是傣族人招待亲朋不可缺少的一道菜。

香茅草烤鱼的主料是罗非鱼。罗非鱼甜美刺少，肉质嫩滑，是炭烤菜肴主选的食材。佐料有葱、姜、小米椒、香菜、香茅草、盐等，其中香茅草是傣族人烧烤常用的香料，香味独特，还能起到和胃通气醒脑的功效，深受傣家人的喜爱。

制作香茅草烤鱼大致要经过以下几道工序：

1.清洗罗非鱼。先将鱼的鳞片去掉，在鱼背下刀，划开口子，去掉内脏，清洗干净。

2.准备佐料。将葱、姜、蒜、小米椒、香菜剁碎，拌上食盐腌制后备用。

3.填充佐料。将准备好的佐料均匀铺在鱼肚子里，然后合拢鱼肚子，用两三根香茅草捆好。

4.炭火烧烤。将捆缚好的鱼用竹片夹住，放在炭火上烧烤。烤至外焦里嫩，香气扑鼻，即可下架。

5.准备就餐。把香茅草去掉，将鱼肚打开，将鱼放在盘子里即可食用。

香茅草烤鱼是傣族的特色菜品。用这种方法烤制的鱼具有香、脆、酥、嫩的特点，经烧烤的香茅草散发出独特的香味，鱼肚子里佐料的味道经高温加热后渗进鱼肉，中和了鱼肉原本的腥味，使之更为鲜香可口。鱼肉外脆内酥，肉质鲜嫩，口味辣爽，能大大增进食欲。掌握了各种食材的特性，并用烤制的方法使之相互调和，傣族香茅草烤鱼成品色、香、味俱全，能满足视觉、嗅觉、味觉上的全方位享受。

图片来源

图一　廖雯雯　摄影

图二至图五　贺雪岚　制图

图二　傣族香茅草烤鱼主要制作食材图

图三　傣族香茅草烤鱼制作流程图

图四　傣族香茅草烤鱼成品效果图

图五　傣族香茅草烤鱼食用情境图

第四章
傣族传统生活用具

傣族餐桌

图一　傣族餐桌主图

本案例中的大、小两件竹制餐桌，在西双版纳极为常见，是傣族人民日常生活中最为重要的家具之一。两件餐桌均采集自景洪橄榄坝曼春满村，大餐桌为圆形，桌面最大直径69.2厘米，底径81.5厘米，总高36厘米，桌面部分厚5厘米。小餐桌桌面为方圆形，桌面宽43.5厘米，总高28.5厘米，底径45厘米，桌沿外敞，高5厘米。

大餐桌为傣族日常使用的饭桌，常与竹编方凳和圆凳配合使用。大餐桌由桌面和桌底两部分构成，桌面由宽而薄的竹篾采用较复杂的编法编成，先由6根竹篾交叉后构成编织的中心，竹篾之间不能留缝隙，然后依次围绕中心向周边扩散编织。由于采用的竹篾颜色深浅不同，交织出的纹理产生了错觉，极像一个个顺序排列的小正方体。桌面的外围和口沿采用斜纹编法，以宽竹篾锁边。桌底的结构比较有特色，桌腿用竹条弯制成迂回转折的结构，被固定在三层竹圈上，最上层竹圈直径61厘米，并与桌面连接，中间的竹圈直径73厘米，起到固定桌腿的作用，最底部的竹圈则为桌子底座。桌底之所以设计成这样的结构，是因为过去这种餐桌也可作为鸡笼使用，吃饭时饭粒掉到地上，鸡可伸头去啄食。但现在随着傣族生活习惯的改变和卫生意识的提高，这种情况已很难见到。

小餐桌是傣族的供桌，是寺庙里摆放贡品的小桌子，也可作为餐桌使用。小餐桌的桌面先用较细的竹篾条以"压一挑一"的方法进行编织，同时留出足够的缝隙，再将较宽薄的竹篾穿插进去。桌沿外敞的部分也是以"压一挑一"的方法编成，纵向篾条比较稀疏，横向篾条比较密集。小餐桌的桌底呈束腰的圆筒形，纵向的篾条斜编，横向穿插编入若干组双股篾条，底部以斜纹编法密集编织，用于提高强度。

大、小餐桌在使用时均可铺上芭蕉叶，

用餐完毕后将芭蕉叶撤除，既省去了擦桌子的麻烦，又可使桌面长期保持清洁。

图片来源
图一、图四　倪玉湛　摄影
图二至图三、图五至图七　王健、王若霖　制图

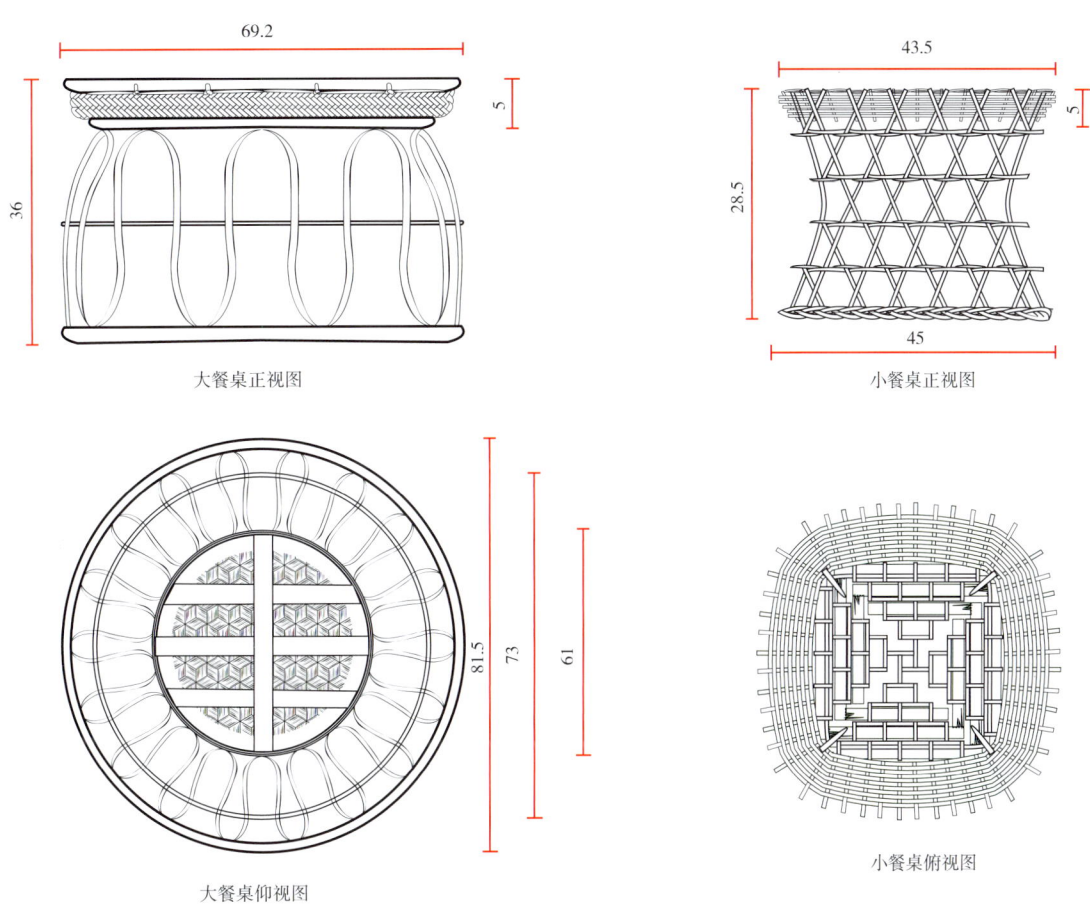

图二　傣族餐桌四视、尺寸图（单位：cm）

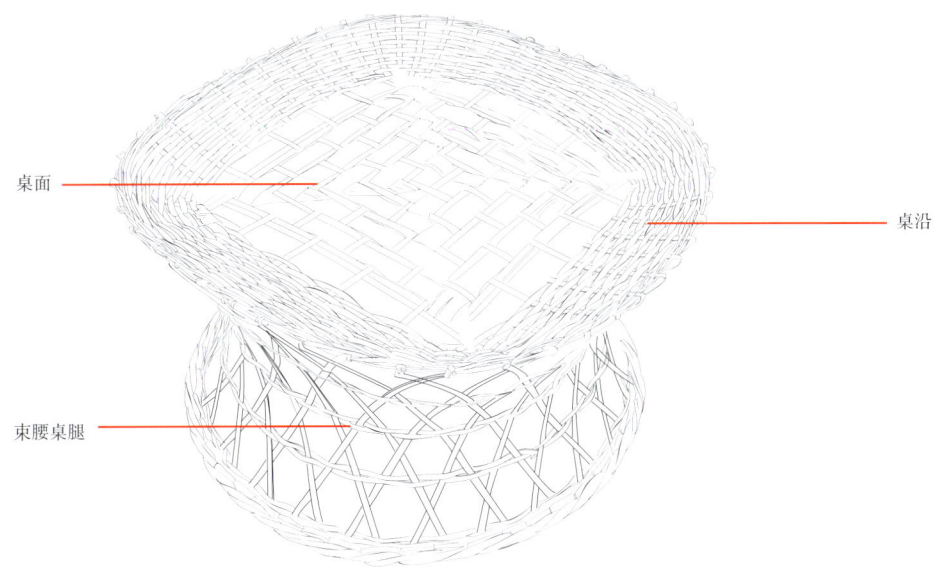

图三　傣族小餐桌结构名称图

图四 傣族大餐桌桌面纹理图

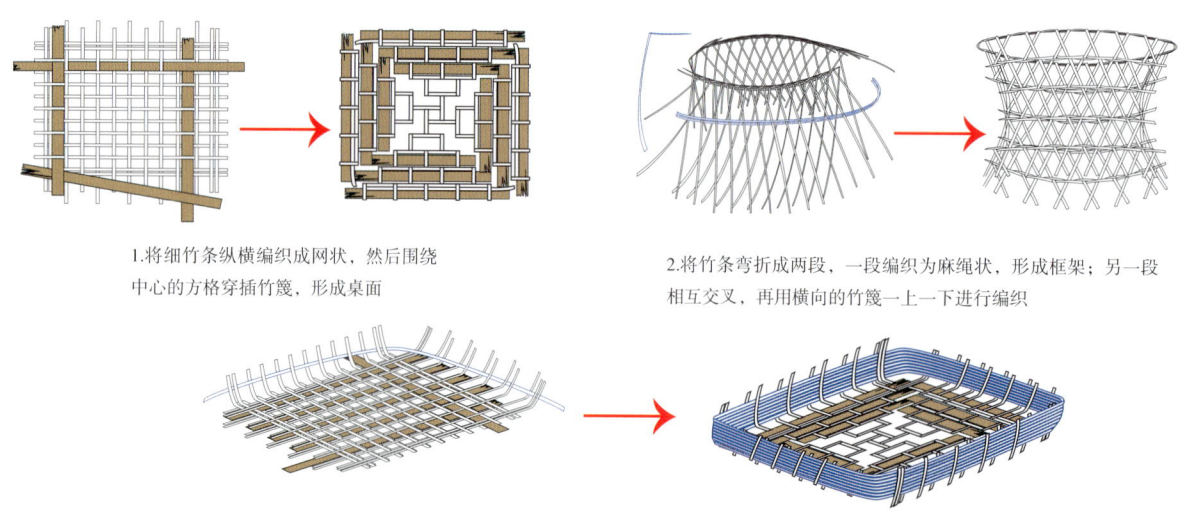

1.将细竹条纵横编织成网状，然后围绕中心的方格穿插竹篾，形成桌面

2.将竹条弯折成两段，一段编织为麻绳状，形成框架；另一段相互交叉，再用横向的竹篾一上一下进行编织

3.把编织桌面剩余的竹篾末端立起，用长条状竹篾穿插形成侧面

图五 傣族小餐桌编结方式图

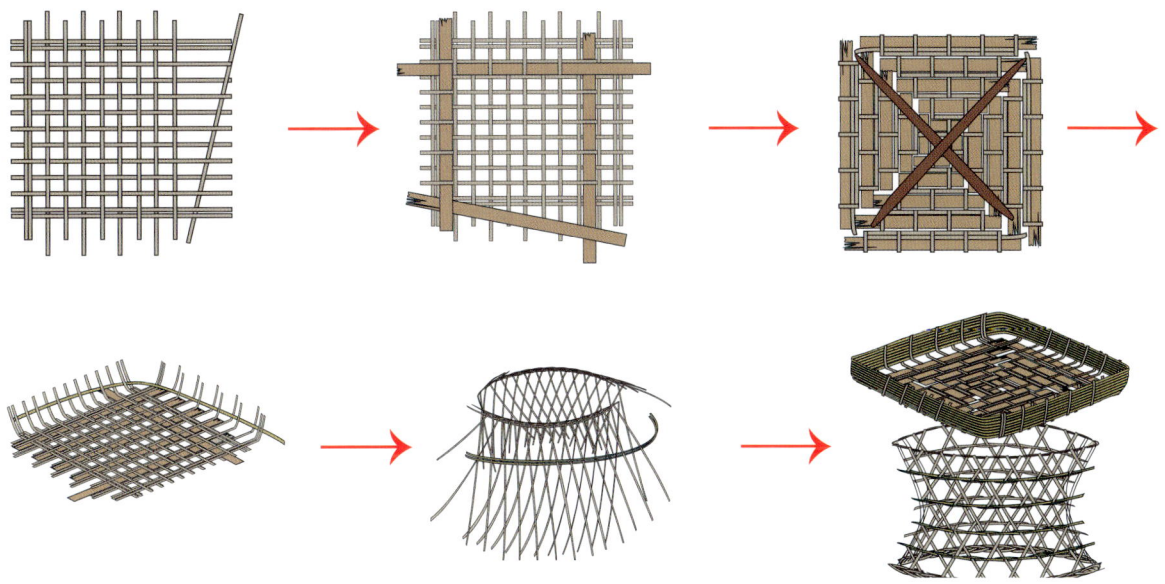

图六　傣族小餐桌制作流程图

图七　傣族小餐桌使用示意图

第四章　傣族传统生活用具

233

傣族方桌

图一　傣族方桌主图

本案例为云南新平傣族的竹编方桌，整体由桌沿、桌面和桌身构成。桌沿边长76厘米，桌子总高53厘米，桌沿高3厘米，桌底宽92厘米，桌子背面有六根起加强作用的细竹竿，三根一组，相互垂直，每组最外侧的两根相距27厘米。

傣族聚居地区盛产竹子，傣族人民与竹子的感情极为深厚，不仅建筑上大量使用竹材，日常生活器具与生产工具也多以竹子编织，方桌就是其中较为常见的用具。该桌子大体制作工艺如下：桌面是由细竹篾以六根为一组，以斜纹编法编织而成，这种编织方法较为简单，即纬篾在穿过经篾时，须采取"压二挑二"的方式，同时，相邻的两组纬篾必须间隔一条经篾，方能形成斜纹的效果。斜纹比纵横交错的直纹更有灵动性，艺术效果较好。桌身圆中带方，以两根竹篾为一组，采用六角孔编法编成，桌身下部以竹篾"压一挑一"编法加固，底部收口为绳辫状。桌身上部外加两条较宽的竹条，并用篾丝捆绑起来，形成方桌的立沿。为使桌面能够承受重物，又用六根竹竿加以支撑。

傣族的竹编方桌主要用作饭桌，吃饭时坐在矮凳上，桌子的高度刚好适合吃饭时的坐姿，用饭完毕后，桌上亦可以摆放一些饮食器具。由于质量较轻，所以搬移挪动时也较为省力。方桌的整体结构较为稳固，运用了多种编织的手法，形体方中有圆，视觉上较为协调，因此是一件既实用又不乏美观的生活用具。

图片来源
图一至图五　黄鹏　制图

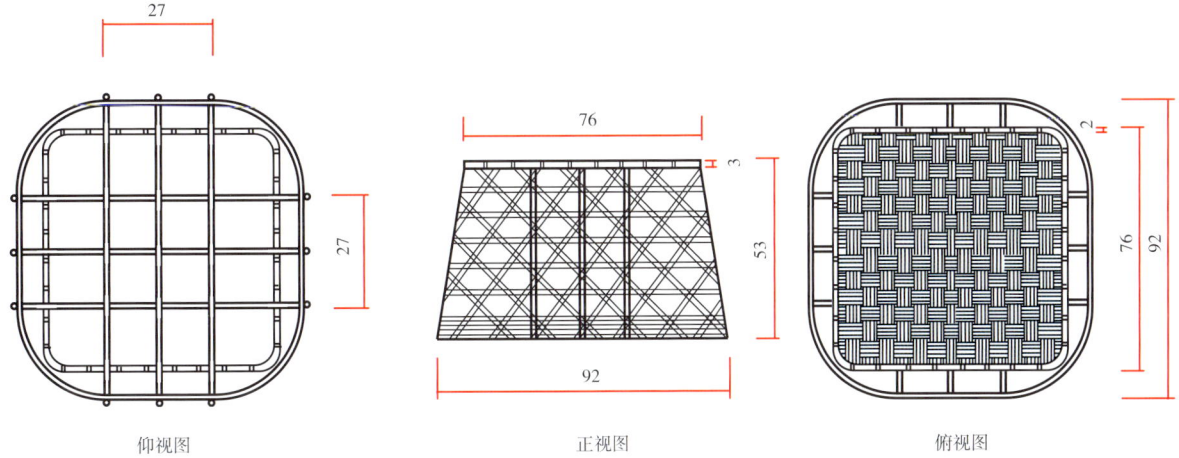

图二　傣族方桌三视、尺寸图（单位：cm）

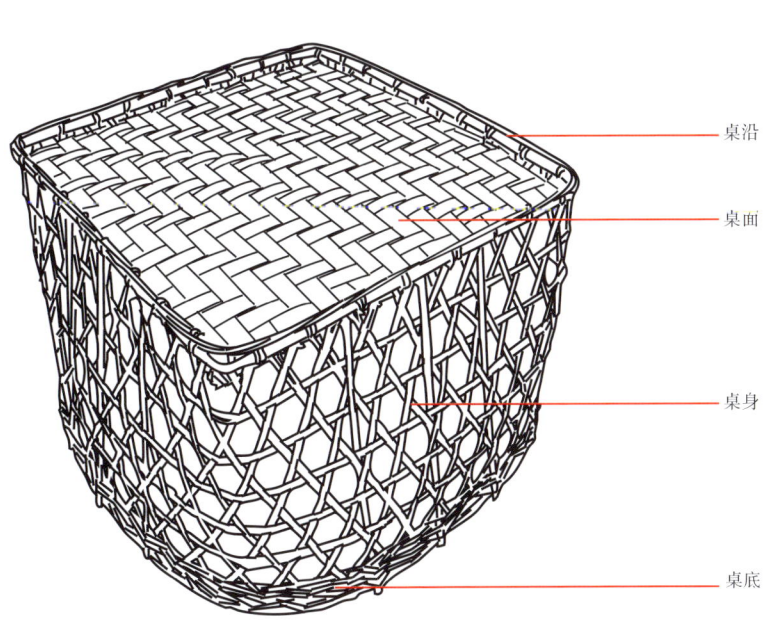

图三　傣族方桌结构名称图

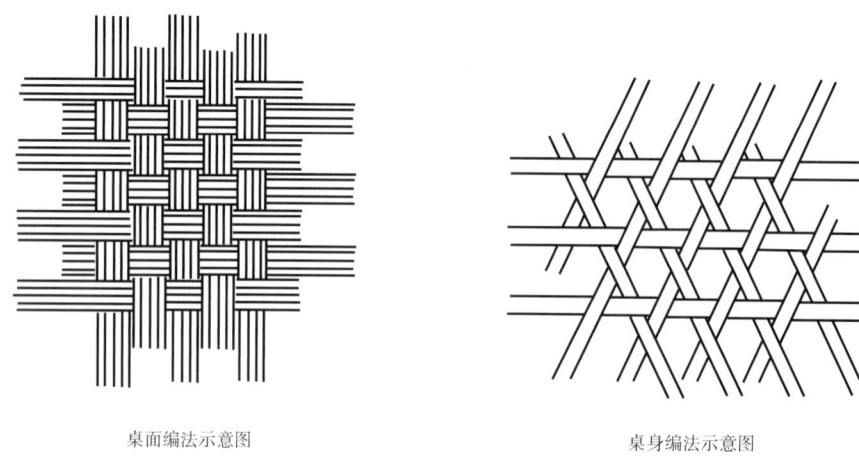

桌面编法示意图　　　　　　　　　桌身编法示意图

图四　傣族方桌编织工艺示意图

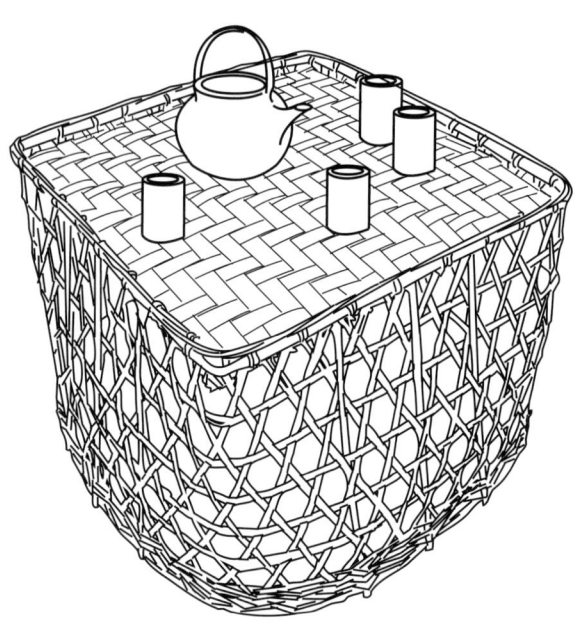

图五　傣族方桌使用情境图

傣族方凳

图一　傣族方凳主图

方凳是傣族日常生活中的重要家具，使用极为普遍，常以竹、木材料制成，体积较小，灵活方便，是傣族聚餐、休憩、饮茶中的主要坐具，常和圆桌组合在一起使用。本案例是傣族方凳的传统式样，采集自景洪橄榄坝曼春满村，造型小巧，采用竹、木混合材料制作，通高20厘米左右，凳面软屉边长22.3厘米，底部木枨边长26厘米。

方凳以竹木混合材料制作，整体由竹编软屉与竹、木框架组合而成。竹编软屉以斜纹编法编织而成，每根竹篾宽0.5厘米左右，编织时先排列横向篾条，纵向篾条以"压三挑三"的方法进行穿插编织，为编出斜向的纹理，每根纵向的篾条必须与之前编入的篾条错开一个横向篾条。软屉的底面以四根竹篾为一组，采用"压一挑一"的方法经纬交织。竹编软屉是整体包裹住木质框架的，由于软屉面积不大，故可以保证方凳使用时的强度。方凳的框架由上下2个方形木框以及它们之间的8根竹质肋板组合而成。木质方框由4根扁长方体木料通过榫卯结构拼嵌制成，竹质的肋板为扁体的梭形，上、下各有圆柱形的凸榫，并分别插入方凳上、下木框的卯孔中。肋板的中间宽厚，可有效承担落座时的压力。傣族的新式方凳，其形制、工艺与传统方凳类似，但整体略为修长，更显轻盈高挑，并且表面涂有清漆，美观性也较好。除竹木混合材料的方凳外，傣族还有纯木质的方凳，不仅框架是木质的，凳面也用一块完整的木板替代了竹编的软屉，更为结实耐用。傣族的方凳工艺简单，造型古朴大方，是极为实用的传统家具。

图片来源
图一　倪玉湛　摄影
图二、图三、图五　王健、刘金玲　制图
图四、图六　王健　制图

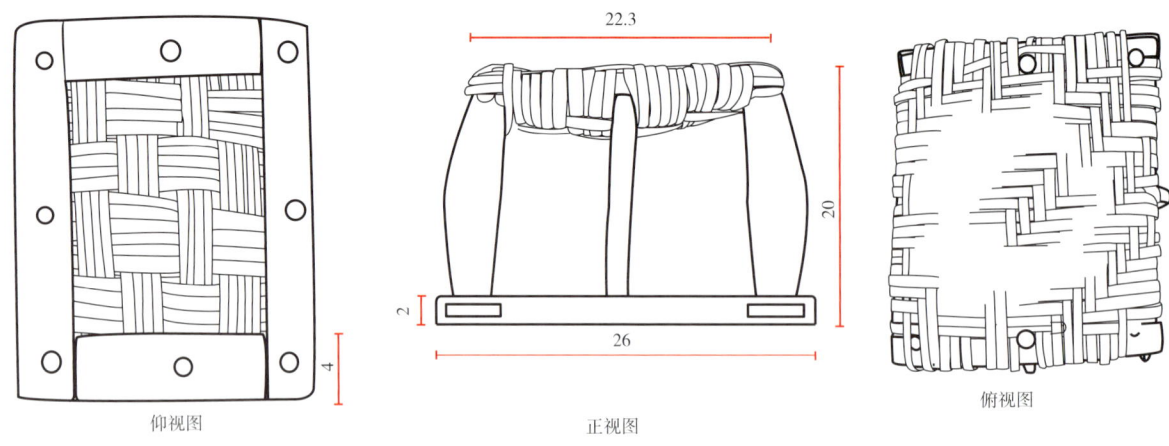

图二　傣族方凳三视、尺寸图（单位：cm）

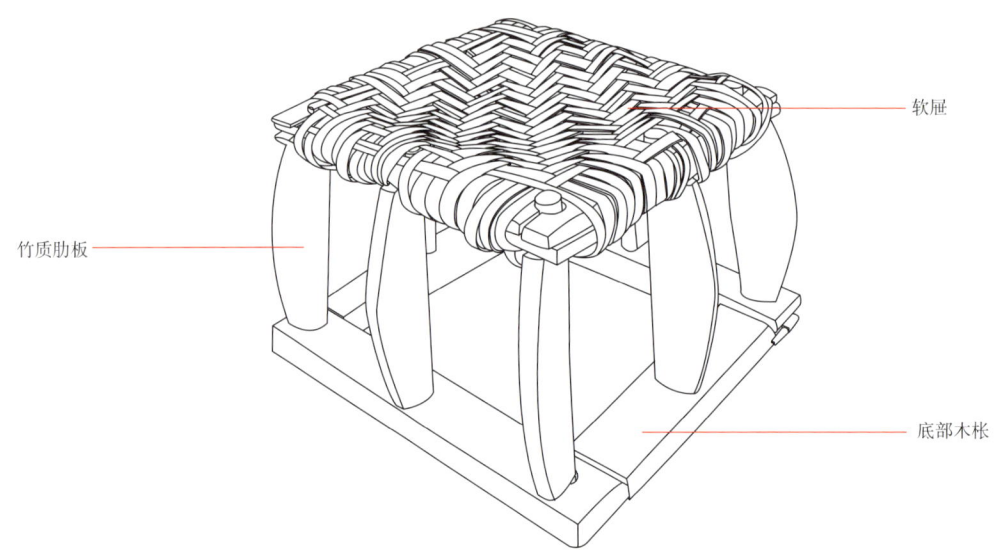

图三　傣族方凳结构名称图

软屉顶面编织方式　　　　　　　软屉底面编织方式

图四　傣族方凳软屉编织方式图

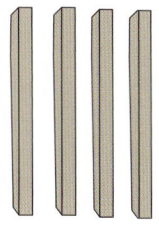 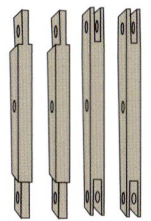 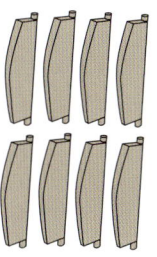 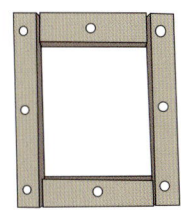

1.制木架粗坯　　　2.加工木枨安装结构　　　3.加工肋板安装结构　　　4.安装1

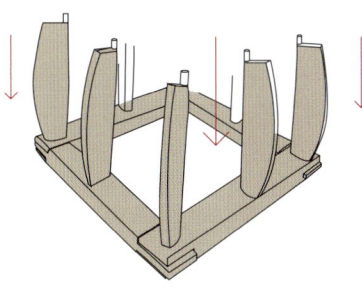  

5.安装2　　　6.编织凳面　　　7.安装完成

图五　傣族方凳制作流程图

旧式方凳　　　　　　　　　　　新式方凳

图六　傣族两种不同的方凳

第四章　傣族传统生活用具

239

傣族条凳

图一　傣族条凳主图

本案例为云南新平傣族制作使用的木制条凳，是日常生活用具之一。

这种凳子的凳面由于长和宽的比例较大，呈长条形，故称之为条凳，整体由一块面板、四条凳腿和两根横枨构成，各构件均以榫卯结构相连，结构牢固稳定。面板由一块整木制成，长100厘米、宽15.5厘米、厚2.5厘米。面板上开有四个卯孔，长3.5厘米、宽1.5厘米，卯孔距相邻一侧的面板短边12厘米，距相邻一侧的面板长边3.5厘米左右，卯孔内可见凳腿的榫头，榫卯结合紧密。凳总高26.8厘米。凳腿截面尺寸4.5厘米×3.3厘米，凳腿外撇，接地端最大间距20.3厘米。两侧凳腿之间由横枨相连，横枨近山字形，长10厘米、高4厘米、厚1厘米。

条凳虽然结构简单，但是坚固耐用。面板是整体式的结构，因而具有良好的机械强度，由横枨连接并向外撇开的凳腿增加了使用时的稳定性。条凳凳面较长，可容两人同时并坐，凳高也考虑了与其相配的方桌的高度。条凳不仅可以用来坐，亦可用来置物，还可以用来登高踩踏，并且体积小、移动方便，是非常实用的日常生活用具。

图片来源
图一　王柯　制图
图二、图三、图五　黄鹏　制图
图四　王浩军　制图

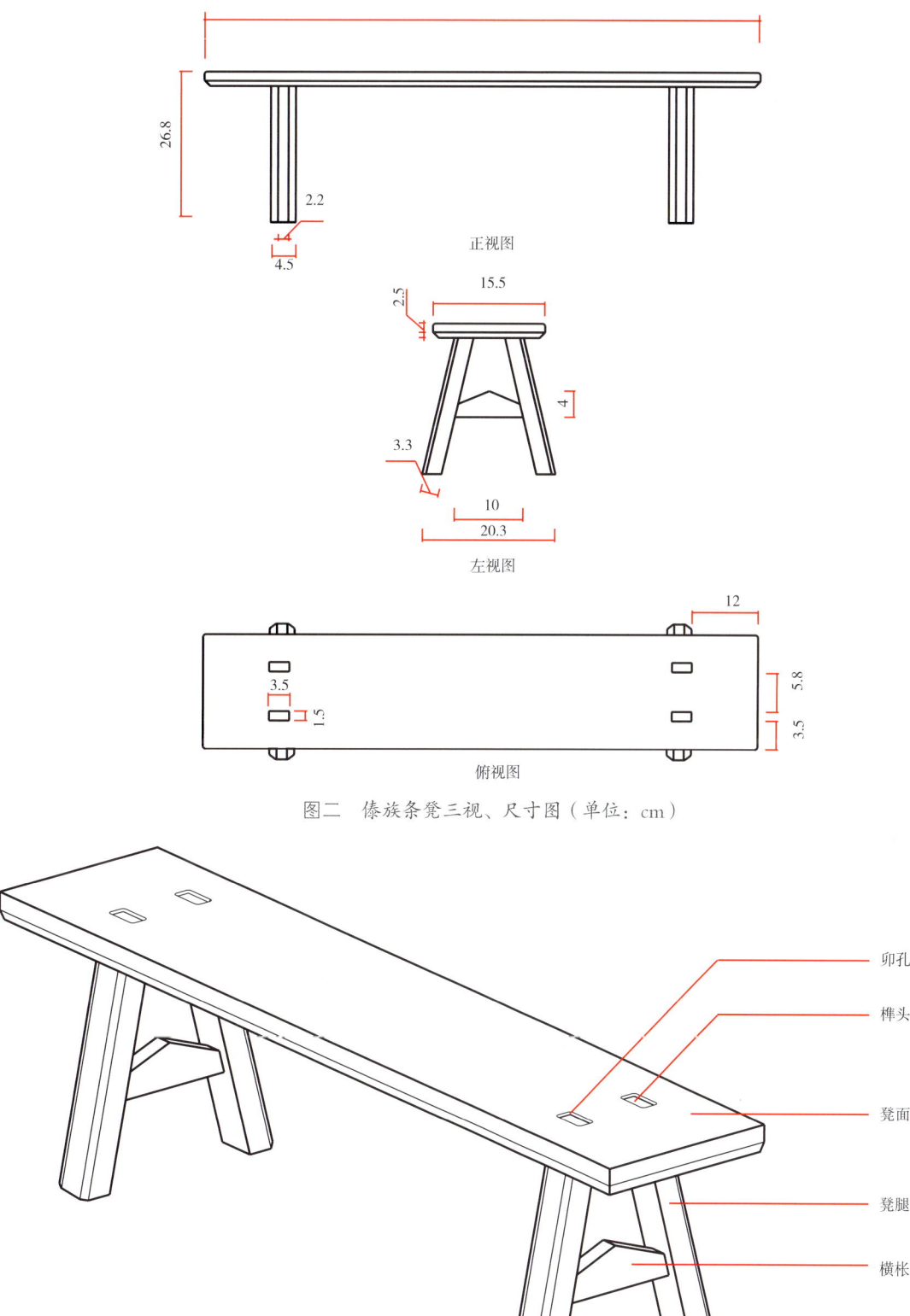

图二 傣族条凳三视、尺寸图（单位：cm）

图三 傣族条凳结构名称图

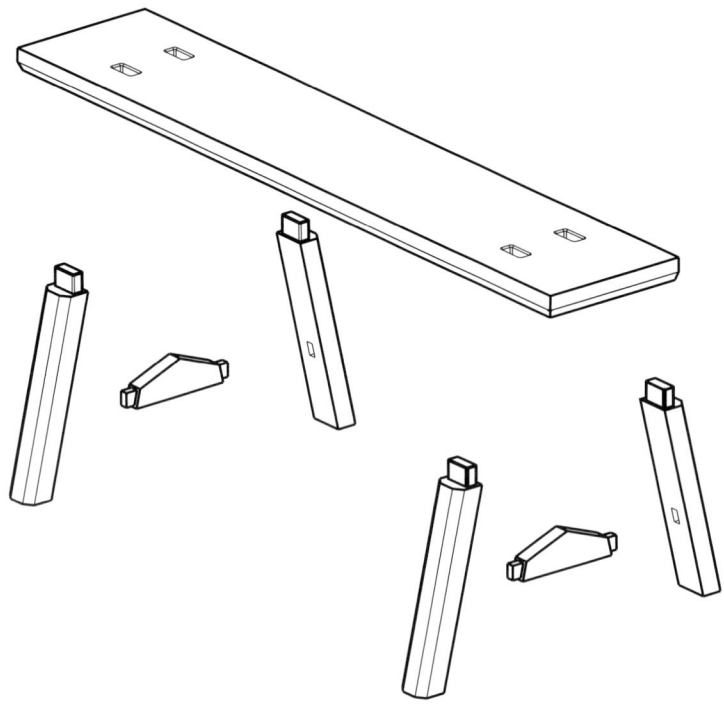

图四 傣族条凳解析图

图五 傣族条凳使用示意图

傣族竹编圆凳

图一　傣族竹编圆凳主图

竹凳在傣族日常生活中极为常见，主要有方、圆两种式样，是平时吃饭、喝茶、纳凉、休息时的主要坐具。本案例为傣族的竹编圆凳，采集自景洪橄榄坝曼春满村，分高、矮两种式样，形制和工艺基本相同。由于傣族的餐桌不高，故较高的圆凳通高也只有30.5厘米，底径39厘米，凳面直径30厘米、厚4厘米；较矮的圆凳通高19厘米，底径38.5厘米，坐面直径29厘米、厚3厘米。

竹编圆凳的制作工艺并不复杂，凳面和支座须分开制作。凳面由竹篾采用斜纹编法编织而成。编织时先将篾条横向排列，然后再穿插纵向的篾条，穿插时要按照三根在上、三根在下的规律，每穿插一根纵向篾条时都要与事先编入的纵向篾条间隔出一条横向篾条，以使其产生斜向纹理。凳面编好后，将其与事先做好的竹圈进行捆绑固定。圆凳的支座由一组相交成"×"形的竹篾支架围圈排列而成，每组支架上部与凳面上的竹圈、下部与支座底部的竹圈以榫卯结构相连接。为增加支架强度，圆凳支座一周还均匀分布有四根起加强作用的竹条，竹条通体缠绕竹皮，并与"×"形支架在相交处用竹篾条捆绑结合，竹条上、下分别插入凳面和底部的竹圈中。有时为增加凳面的强度，还要在凳面内底再加一个竹圈，使其正好嵌入凳面的竹圈中，并用十字形结构进行加固。

傣族的竹编圆凳，造型优美，小巧轻便，结实耐用，是傣族人民生活智慧的直接体现。

图片来源
图一、图四　倪玉湛　摄影
图二、图三、图五、图六　王健、王若霖　制图

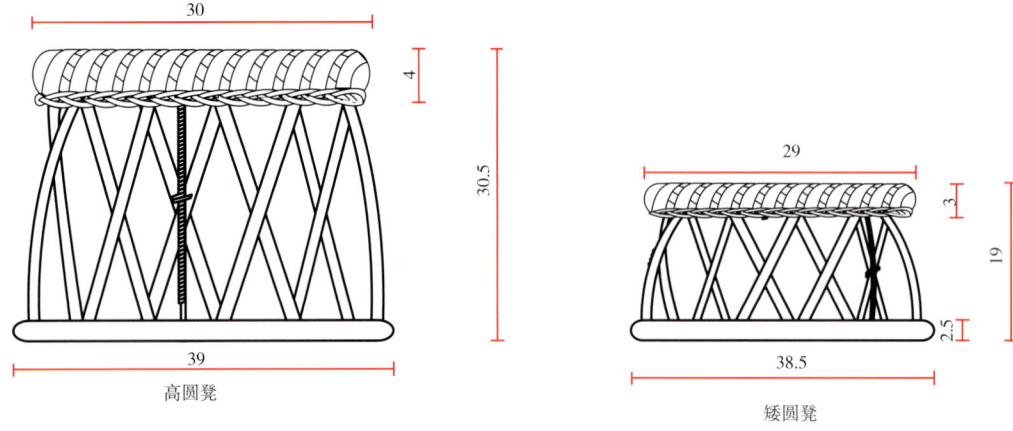

图二　傣族竹编圆凳尺寸图（单位：cm）

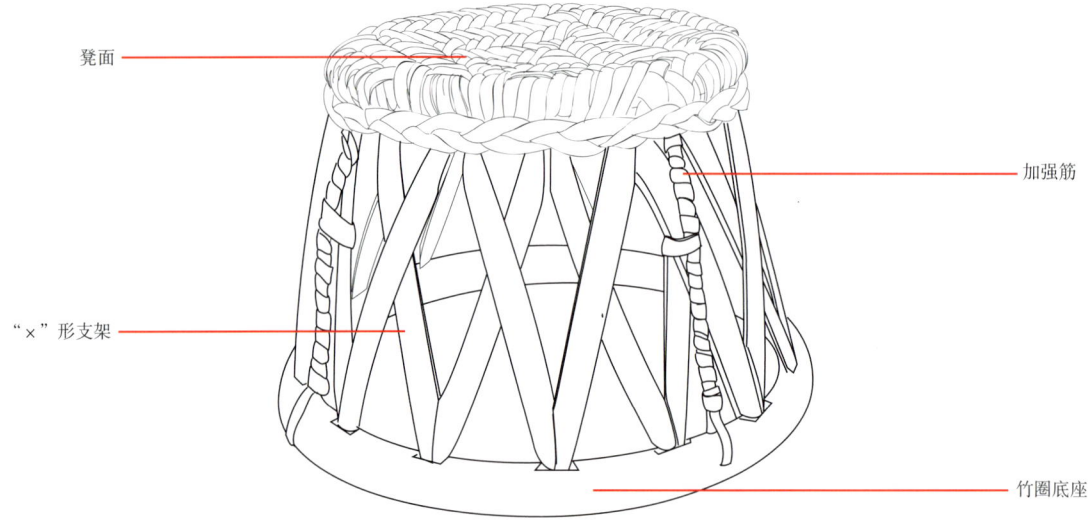

图三　傣族竹编圆凳结构名称图

图四 傣族竹编圆凳仰视图

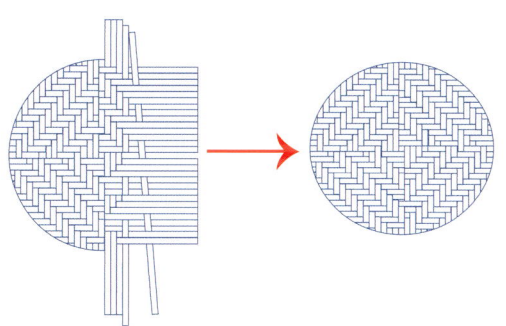

1.凳面编结：将竹篾横向排列，然后穿插纵向的篾条，按照三根在上、三根在下的规律，每穿一根纵向篾条时都要与事先编入的纵向篾条间隔出一条横向篾条，以使其产生斜向纹理

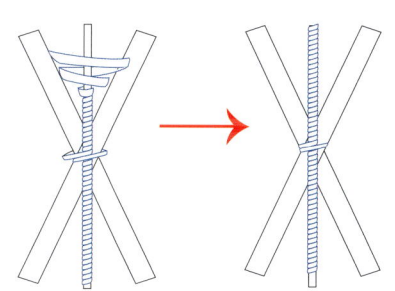

2.加强结构编结：在相互交叉的支架之间加一根纵向竹条，用竹篾螺旋式捆绑进行加固

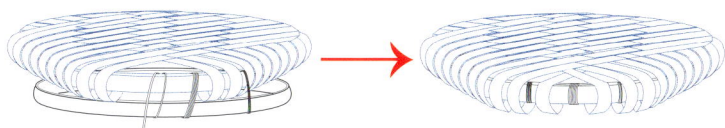

3.收边编结：多余的竹篾向内弯，竹篾绕着凳子的骨架和凳底的竹条，然后把竹篾的末端别进去，用竹框压紧，然后固定竹框

图五 傣族竹编圆凳编织方式分析图

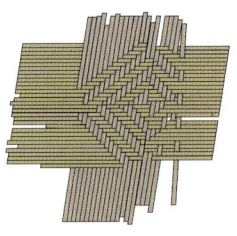
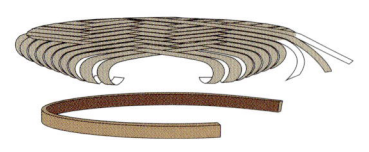
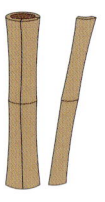

1.编织凳面　　　　　　　2.进行收边　　　　　　　3.加工支撑结构

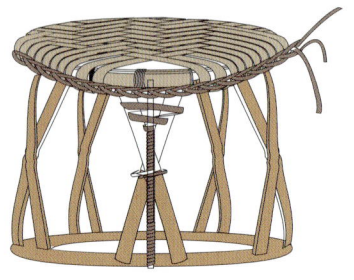

4.进行安装　　　　　　　　　5.固定加强结构

图六　傣族竹编圆凳制作流程图

傣族净水瓶

图一　傣族净水瓶主图

　　净水瓶，又称冷水瓶、圣水壶，西傣语里称作"那木端"，是傣族日常生活和公共活动中重要的盛水器。本案例采集自云南西双版纳景洪市，现藏于云南省博物馆，整体似一葫芦，通高27.7厘米，口径4.8厘米，底径12厘米，器身曲线凹凸有致，自上而下呈三段式鼓出，直径分别为8厘米、10.5厘米、14厘米，圈足最窄处8.1厘米。全器造型优美，纹饰多样。

　　水在傣族人的生活中具有非同寻常的意义，除满足人们基本的生活所需外，水还被傣族人视为一种圣洁的物质，具有丰富的文化内涵。在原始宗教祭祀活动中，傣族人用水祭祀各种神灵；在佛事活动中，傣族人用水供奉佛陀。净水瓶就是在举行上述活动时用于盛水供奉的容器，同时在日常生活中也作为普通的盛水器使用。净水瓶由于结构特殊，需要依器身形制的特点分段制作然后再进行黏合，表面的纹饰通过刻画、戳印和模印的方法制成。其中，口部和下腹部纵向的线纹是刻画的；颈部的几何纹、中腹和下腹的莲瓣纹、圈足上的象纹和植物纹是用纹饰模压印

第四章　傣族传统生活用具

的；下腹部的圆圈纹和密点折线纹分别使用竹管和竹签戳印，在下腹部，折线纹和纵向的线纹又共同组合成莲花的式样。

净水瓶造型优美，整体挺拔灵动又不失稳重大气，体现出较好的韵律层次，错落有致的器身非常便于用手握持。器表上的花纹形式多样，排列有序，既层次分明又彼此呼应，并且运用了多种加工方法，实现了装饰的丰富性。

图片来源
图一　倪玉湛　摄影
图二至图五　倪玉湛　制图

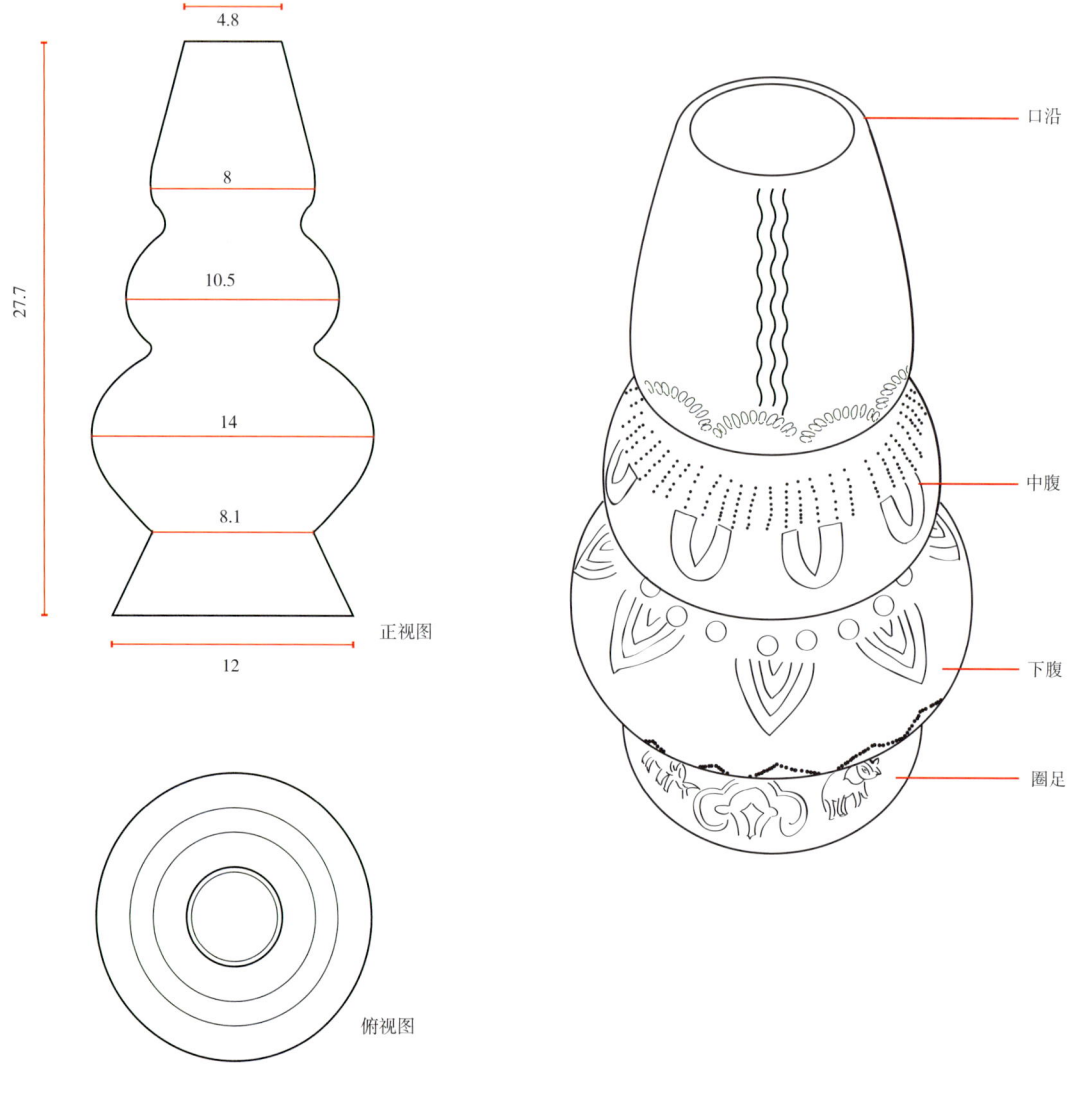

图二　傣族净水瓶视角、尺寸图（单位：cm）

图三　傣族净水瓶结构名称图

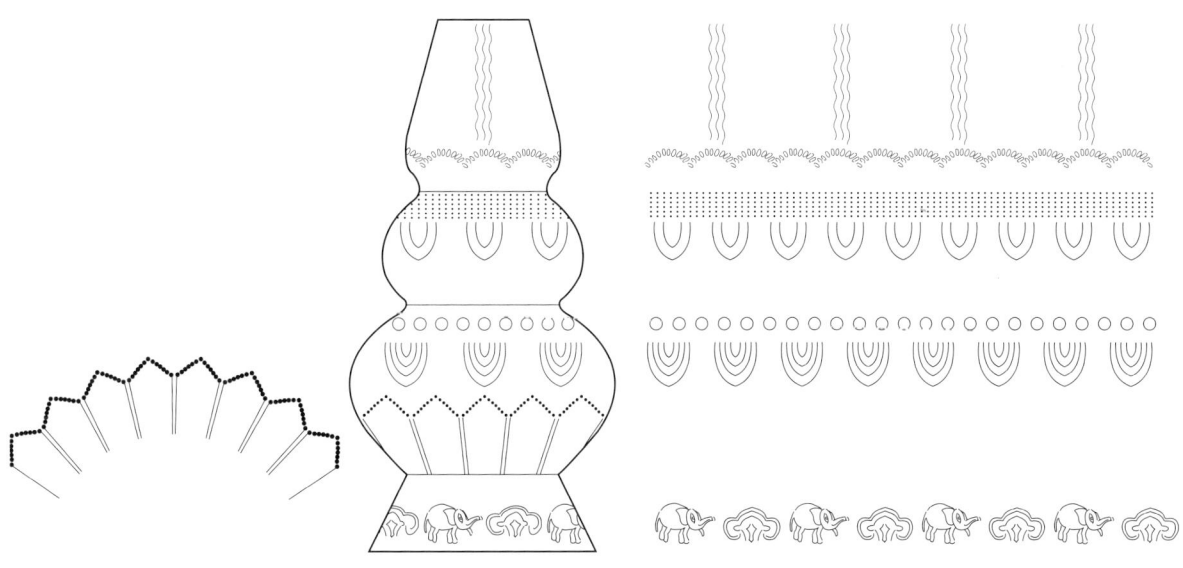

图四 傣族净水瓶纹样展开图

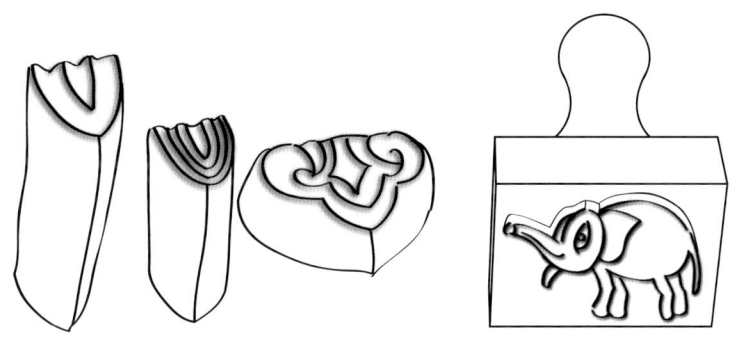

图五 傣族净水瓶印花模具

第四章 傣族传统生活用具

傣族文身工具

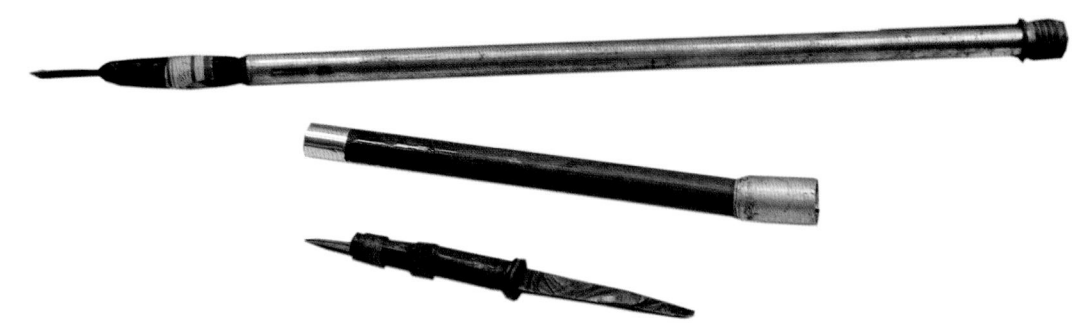

图一 傣族文身工具主图

本案例采集自云南临沧，现藏于云南民族博物馆。

傣族男子有文身的习俗，用针在腿、胸、背、臂等处刺出各种纹饰，并涂以蓝靛或胆汁等染成青色。早期傣族文身多使用藤针，目前多使用金属针，由红铜、铁或不锈钢制作而成。

本案例是傣族文身工具，由针头、针杆和持重体三部分组成。第一部分是主针，长16厘米，针尖一破为二，收拢为笔尖状，笔头可储存染料，尾端是联结管；第二部分，长10厘米，为管柱体，也是文身师握针处，两端内部有螺纹，可连联结上下两段；第三部分，长8厘米，呈两头尖中间粗的菱形，其主要作用是增强垂直力量，调节针与染料在皮肤上产生的效果。使用的时候一般左手贴于皮肤，用大拇指、食指抵住针头，右手握住针管，上下戳动，将染料顺着针尖浸入皮肤。

图片来源
图一　胡春涛　摄影
图二至图七　陈安玲　制图

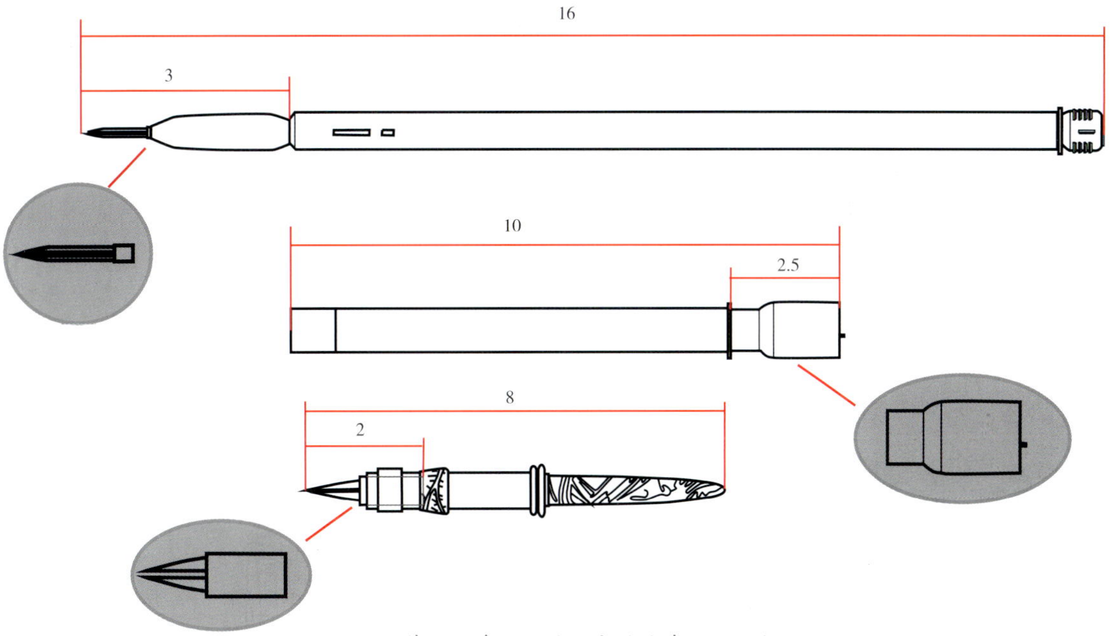

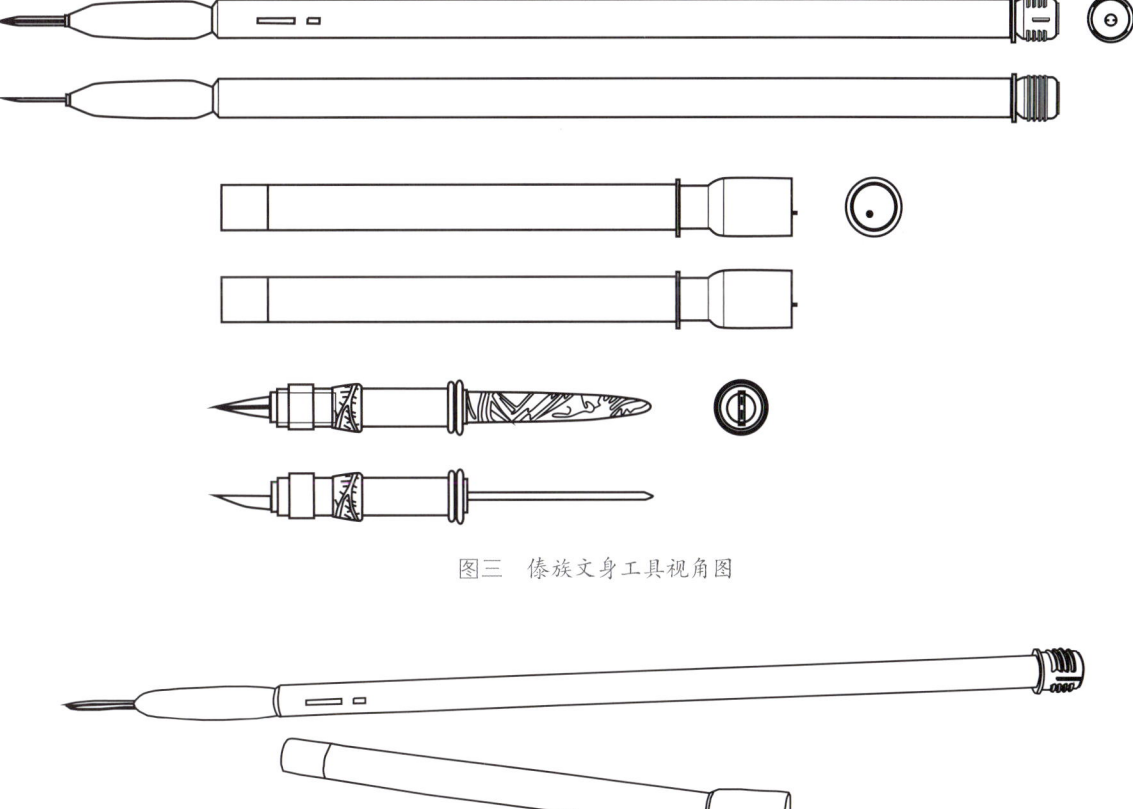

图二　傣族文身工具的尺寸图（单位：cm）

图三　傣族文身工具视角图

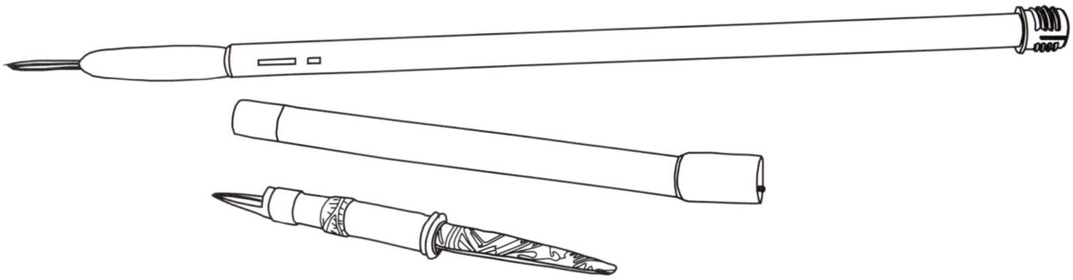

图四　傣族文身工具线描图

第四章　傣族传统生活用具

251

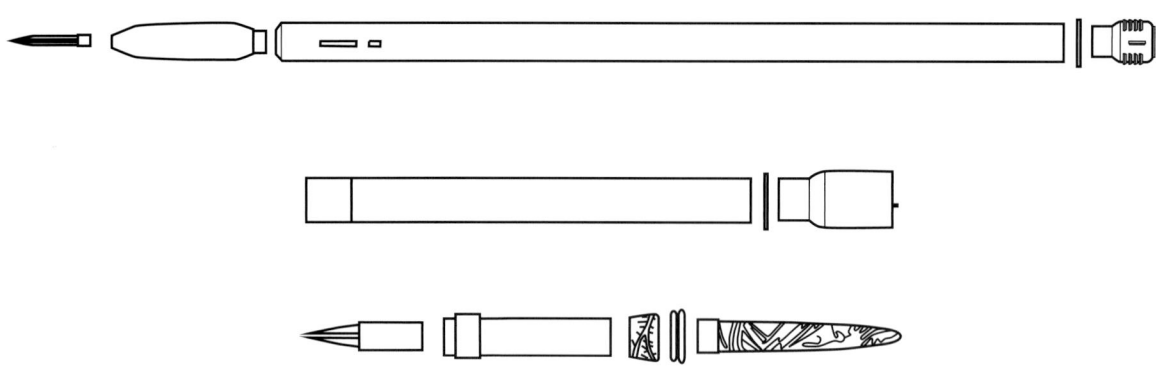

图五 傣族文身工具解析图

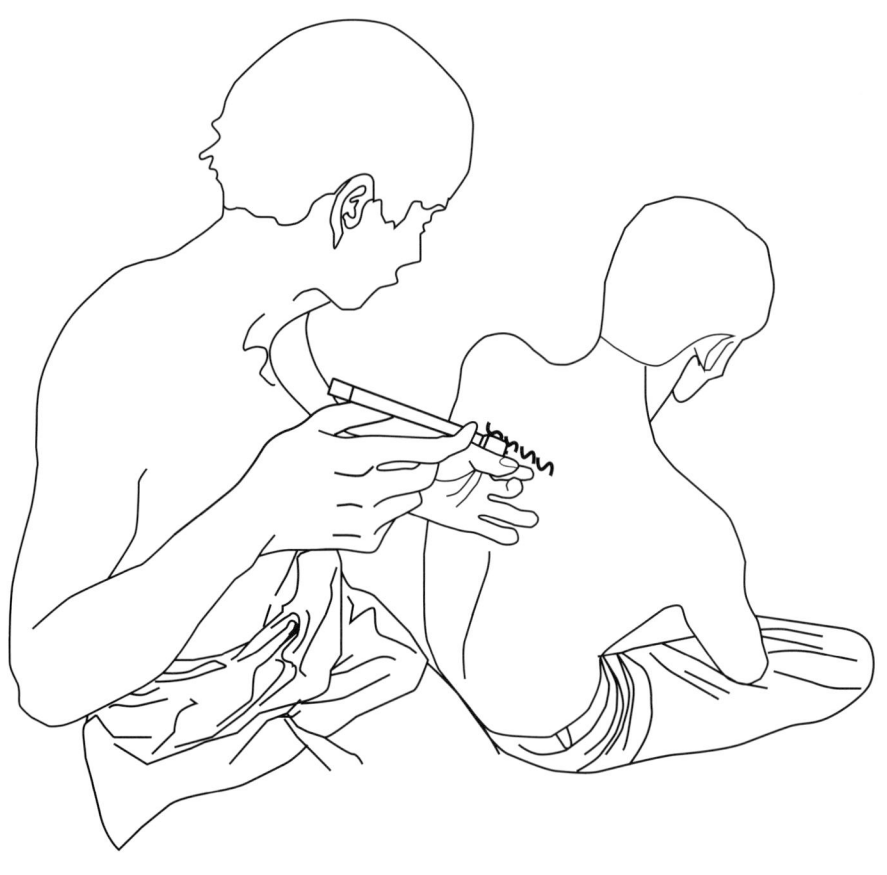

图六 傣族文身工具使用情境图

傣族男子手臂上的文身（文身是傣族男子的特征之一，是傣族男子壮美的标志）

图七　傣族文身效果示意图

第四章　傣族传统生活用具

傣族挑水罐

图一　傣族挑水罐主图

挑水罐是云南傣族日常生活中用于取水和储水的生活器具，应用较为普遍。本案例采集自云南西双版纳，现藏于云南民族博物馆。挑水罐整体由器盖和器身两部分构成，总高17厘米；盖子呈圆台形，高6厘米，盖纽呈树杈形；罐身敞口、鼓腹、平底，高13.5厘米，口径16厘米，底径10厘米，罐身最大直径20厘米。罐身饰有压印的几何纹饰，肩部为一周涡形纹，腹部为一周直棱纹。

器盖和器身是分别制作的，但一般没有孰先孰后的规定，往往凭制作者的经验来控制口径的大小。盖子的成形工艺较简单，先制一饼状泥坯，然后再在其周边用泥条盘筑法制成器盖侧壁，将其倒扣，然后再用手捏制出盖纽，与盖体粘接，最后进行阴干烧制。器身分两部分制成，先制一泥饼作为底，再在其上用泥条盘出器身，然后再用泥条盘出敞口部，并与器身相粘接。在陶坯的修整阶段，用刻有纹饰的陶拍在器身外壁进行压花，同时用鹅卵石在器壁内抵住陶拍压印的相应部位，这样不仅外壁可以压出清晰的花纹，内壁也能得到修整，还能使器壁的强度增大。

傣族人近水而居，他们的生活和劳作都离不开水，因此，对水的依赖是傣族文化的特征之一。村寨中多见各种造型的水井，每日清晨给两只挑水罐套上竹络，或者直接放入挑篮中，并挂在扁担两端，由妇女前去挑水。挑水罐盛装的水甘甜清凉，缘于夹砂陶多掺杂石英砂，使得器具的气孔较大，吸水性较强，水相对容易发生汽化，而汽化过程需要吸热，陶制挑水罐盛装的水自然要比其他器具装的水清凉得多。又由于透气性较好，用挑水罐储水还可使水保持长时间不腐。

图片来源

图一　倪玉湛　摄影
图二、图三、图六　倪玉湛　制图
图四、图五　倪玉湛　摄影

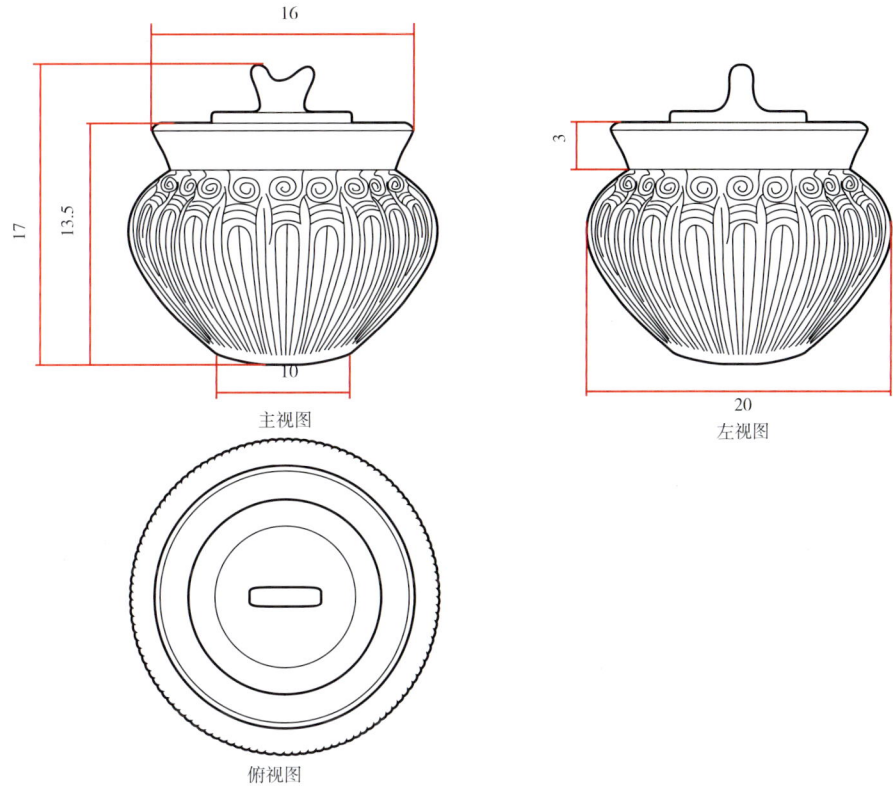

图二　傣族挑水罐三视、尺寸图（单位：cm）

图三　傣族挑水罐结构名称图

图四　傣族挑水罐盖子

图五　傣族挑水罐底部

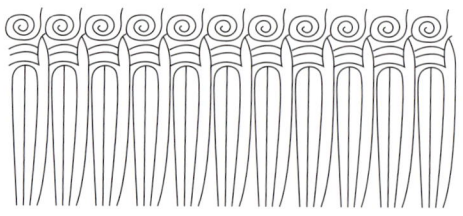

图六　傣族挑水罐纹样展开图

傣族莲花瓶

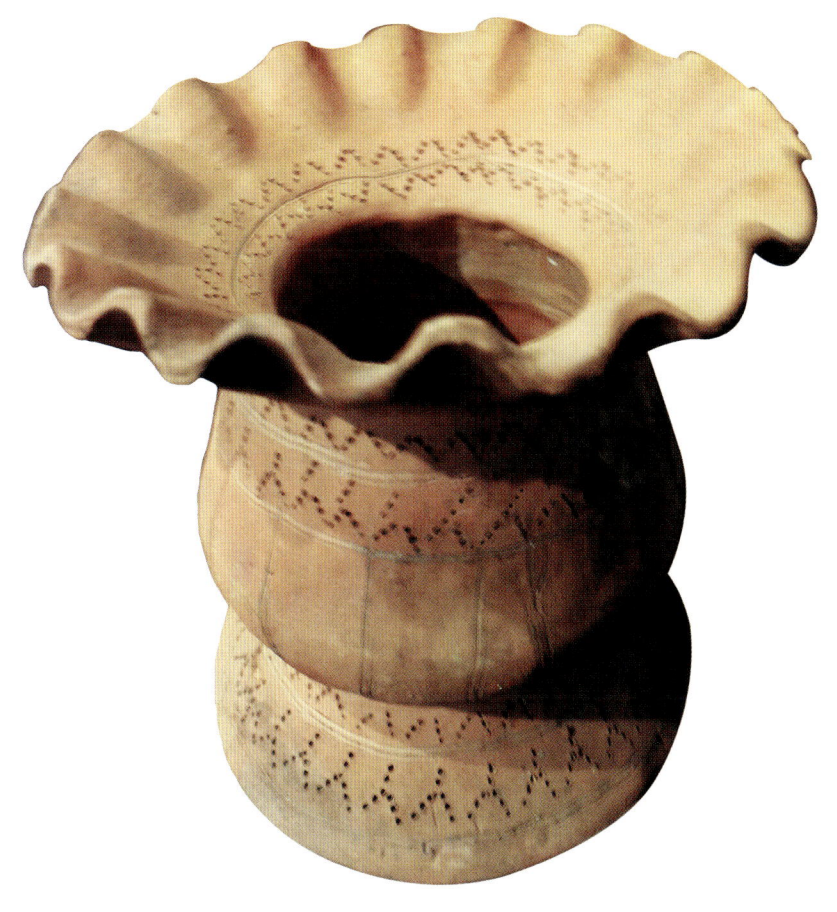

图一　傣族莲花瓶主图

本案例为云南傣族传统公共生活用具——莲花瓶，又称"新锅"，采集自云南民族村，整体为折口、鼓腹、圈足的式样，总高17厘米，折口最大直径16.5厘米，高3.8厘米，瓶内口直径6厘米，瓶颈直径9.6厘米，圈足上部直径10.3厘米，底部直径15.6厘米，高3.8厘米。

莲花瓶主要采用傣族特有的慢轮制陶工艺制作，为典型的泥质红陶作品，制作时采用了泥条盘筑法，折口、瓶身和圈足须要分开制作再进行粘接，最后再将折口捏制成曲折的莲叶形。在莲花瓶的口沿、颈部和圈足上装饰有弦纹和点状折线纹，是用刻画和戳印的方法加工而成，莲花瓶的腹部还有呈等距排列的纵向直线纹，也是用刻画的方法制成。莲花瓶是云南西双版纳傣族重要的佛事用品，主要用来盛放佛爷的簸席。簸席是佛爷专用的生活用具，佛爷去室外诵经，需要三个小和尚分别捧着佛像、扇子和装有簸席的莲花瓶三样物品陪同。佛爷诵经时，小和尚将莲花瓶中的篾席取出，铺在地上供佛爷打坐。

莲花瓶的折口制作成莲叶形用来象征莲花，同时，瓶身所装饰的点状折线纹也是在模拟莲花。傣族信仰小乘佛教，佛经中有"花开见佛性"一说，而这里的"花"就指的是莲花，人若有了莲的特性就可以感悟到佛性，因此，莲花瓶的造型和装饰有着明确的宗教内涵。莲花瓶造型优美，比例均衡和谐，纹饰丰富，寓意深刻，是一件设计上较为出色的公共生活用品。

图片来源
图一　倪玉湛　摄影
图二至图五　倪玉湛　制图

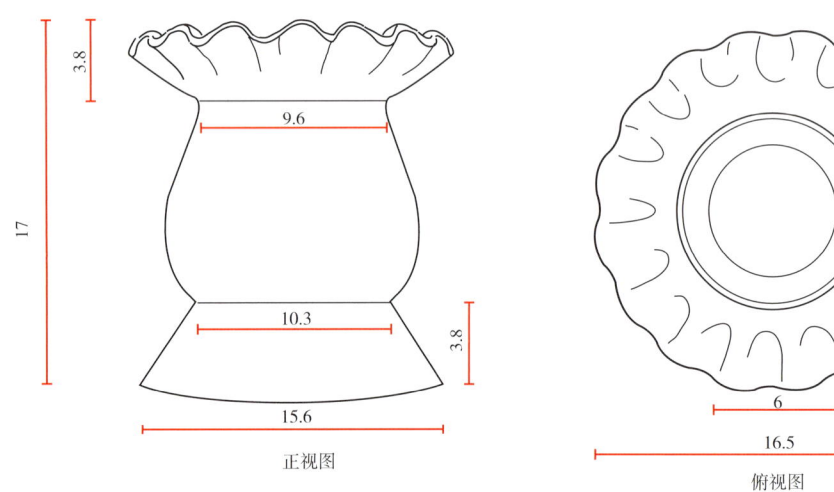

图二　傣族莲花瓶视角、尺寸图（单位：cm）

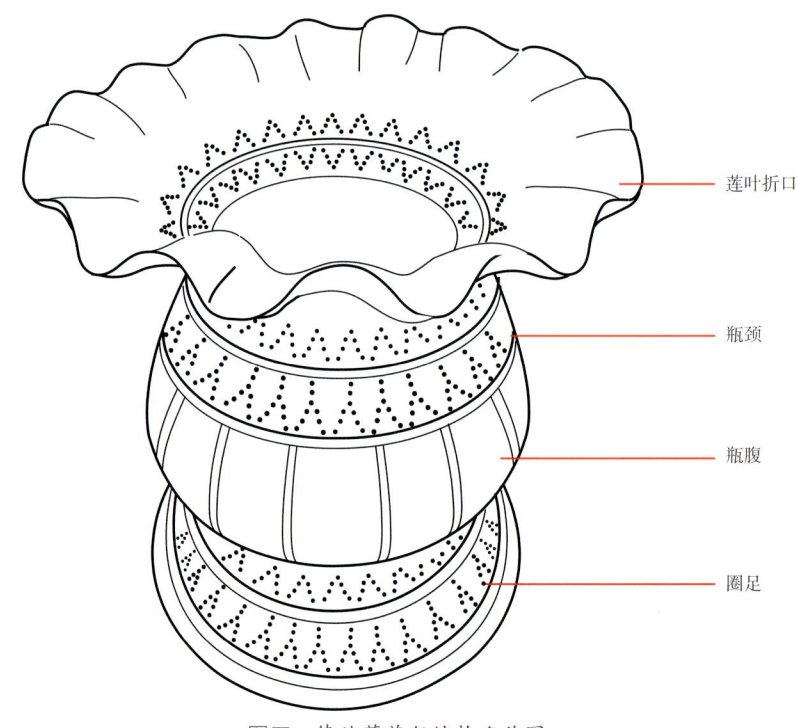

图三　傣族莲花瓶结构名称图

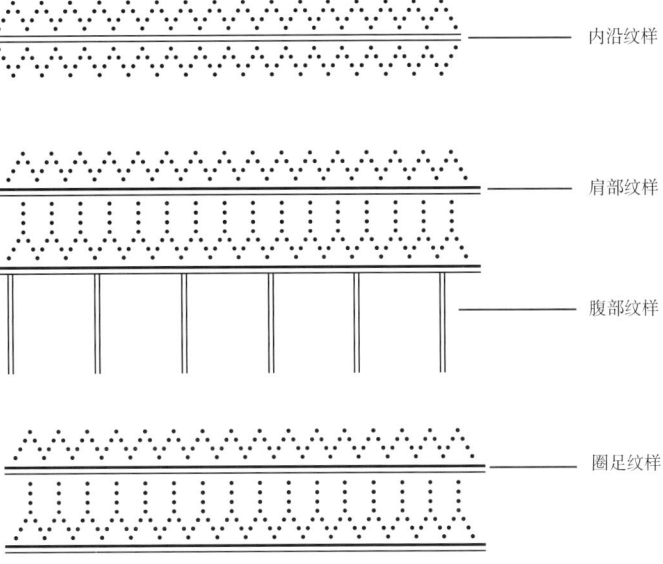

图四 傣族莲花瓶纹样展开图

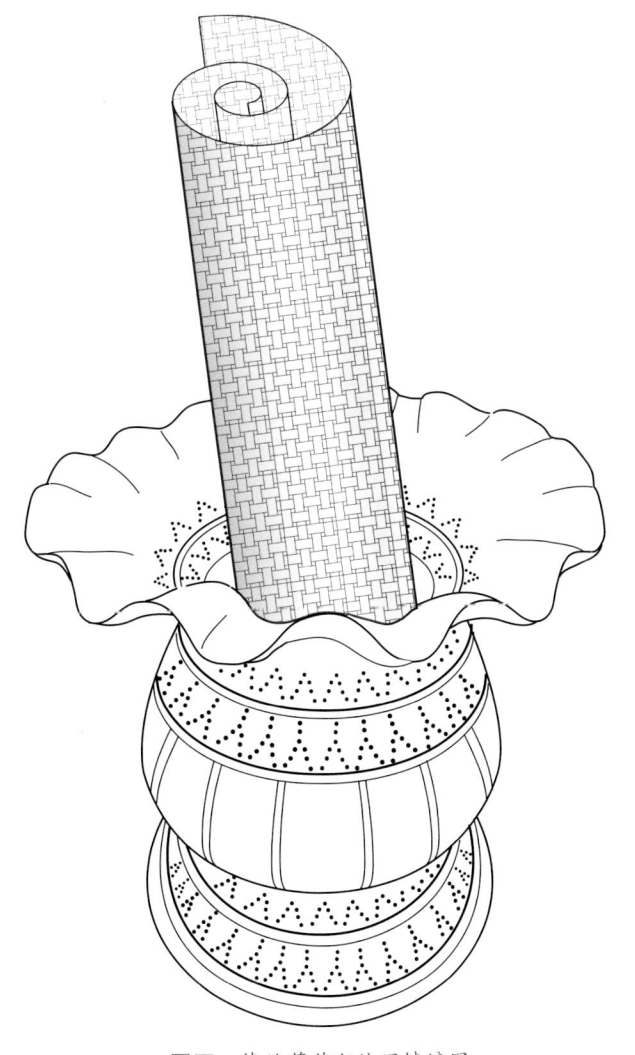

图五 傣族莲花瓶使用情境图

傣族扫帚

扫帚是扫地除尘、去除污垢的主要工具,相传是夏代的少康发明的,如《太平御览》引《世本》曰:"少康作箕帚"。实际上,扫帚的出现要比文献记载的早得多,当人类有了固定的居所并产生了清洁的意识后,扫帚或类似于扫帚的清洁工具自然会被发明出来。在我国古代,围绕扫帚的放置和使用还产生了一些礼仪规范。在当今社会,扫帚依然是家庭必备的生活用具,傣族家庭也是如此。

本案例为云南傣族传统生活用具——扫帚,采集自景洪橄榄坝曼春满村,整体由扫帚把和扫帚头两部分构成。扫帚把长119.5厘米,顶端直径3厘米,中段直径3.5厘米,底端直径5厘米,扫帚头长41厘米、高30厘米。该扫帚的制作工艺并不复杂,首先将一根长约160厘米的竹竿劈成两片,选取其中一片将其一端用火烤弯,以形成扫帚头,然后再把扫帚草分束捆扎在扫帚头上。扫帚草又名落帚草、落帚,为藜科地肤属草本植物,是傣族捆制扫帚的主要材料。扫帚头捆制完毕后,再将另一竹竿片与扫帚头的内端对齐,捆缚于先前的那片竹竿片上,多出来的部分要砍掉,以使扫帚把外端平齐。这样,整个扫帚就制作完成了。

傣族的扫帚,大小适中,使用灵活,既可对室内进行清洁,亦可对室外进行打扫。由于扫帚草具有良好的韧性,不易磨损,扫帚把以竹材制成,轻便结实,故而傣族的扫帚充分发挥了材料的特性,体现了傣族人民卓越的生活智慧。

图一 傣族扫帚主图

图片来源
图一 王逸群 摄影
图二至图五 王逸群 制图

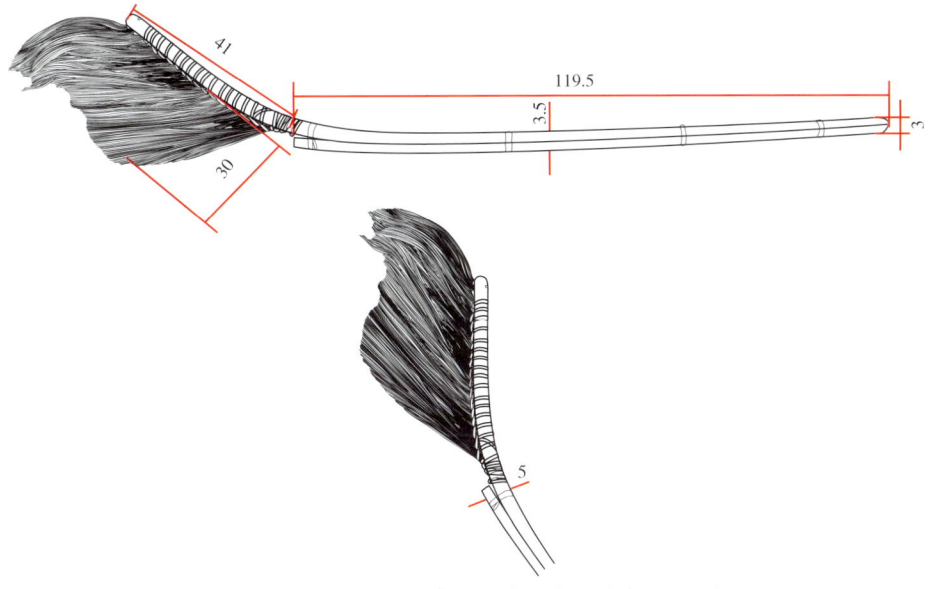

图二 傣族扫帚尺寸图（单位：cm）

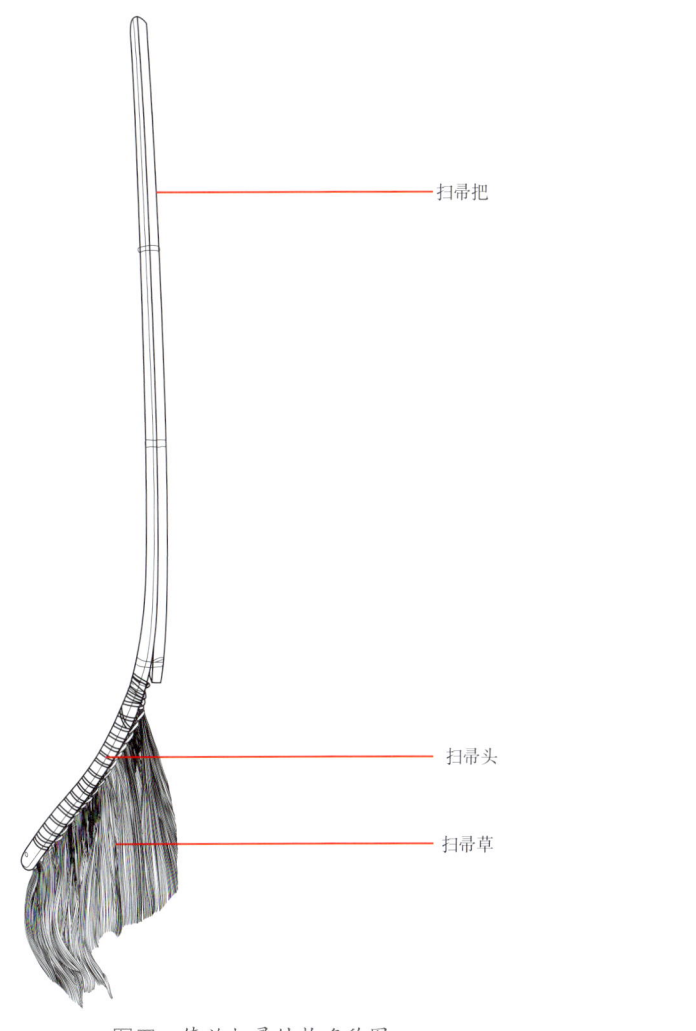

图三 傣族扫帚结构名称图

第四章 傣族传统生活用具

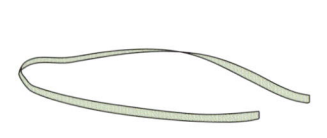  

1.取一根可用于捆绑的绳子　　2.用绳子进行穿插捆绑　　3.捆绑完毕

图四　傣族扫帚捆绑示意图

图五　傣族扫帚使用示意图

傣族髹漆彩绘竹编提篮

图一　傣族髹漆彩绘竹编提篮主图

本案例是云南傣族在赕佛时用于盛放物品的容器——髹漆彩绘竹编提篮，为私人藏品，整体由提手、盖子和篮筐三部分构成，通高35厘米，篮筐加盖总高23厘米，篮筐高18.2厘米，筐底距地面5.8厘米，盖子直径32.5厘米，篮筐口径32厘米，足径3.5厘米。提篮以竹编为胎，内外皆髹漆，还饰有彩绘和镶嵌。

提篮通体以竹材编成，篮筐底部用较宽的薄竹篾采用"压一挑一"的方法编织，每根竹篾之间留有方形孔洞，底部编好后原先的竹篾上折，构成篮筐侧壁的经篾。篮筐侧壁也采用相同的编法，只是纬篾较细，排列也非常密实，只在篮筐中部位置的一根纬篾的上、下各空出一根纬篾的缝隙，以形成篮筐外侧中部的两圈孔洞。篮筐口沿内、外侧以宽竹篾夹紧锁边，同时塞入事先做好的提手。提篮的盖子也采用"压一挑一"的编法编织，中间略鼓，盖缘还连有一个竹编的环耳。编环耳时须将提手事先套入环耳中，最后再与盖子编连。篮筐的腿为四根小竹棍，采用捆绑的方式与筐体相接。

提篮编好后，再进行髹漆处理。篮筐内髹黑漆，篮筐外侧壁抹较厚的桐油灰（筐底不抹），把竹编纹理完全覆盖后，再在篮筐外表面髹黑漆。盖子内外表面也抹有桐油灰，顶部还镶嵌有金属饰物，盖内外皆髹黑漆。黑漆上完后，又在盖子边缘、篮筐口沿、篮筐外侧壁中部的孔洞部位、四根竹腿等处髹红漆，再用金漆在其他部位进行彩绘，题材有龙、孔雀、莲花等各种动物纹和植物纹。

髹漆彩绘竹编提篮制作极为精美，工序复杂，工艺精湛，装饰华丽，是竹编工艺和髹漆工艺的完美结合，体现了傣族工匠高超的技术水平与深厚的艺术修养。提篮不仅是实用品，更是不可多得的艺术珍品。

图片来源
图一　倪玉湛　摄影
图二至图六　王健　制图

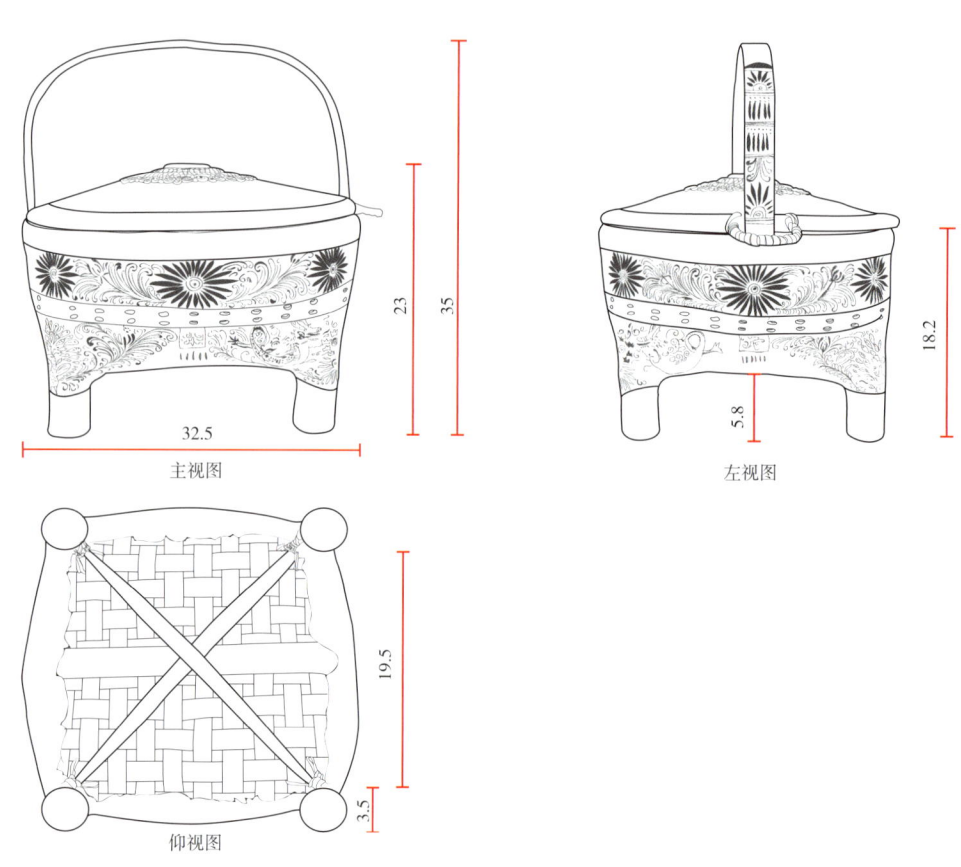

图二　傣族髹漆彩绘竹编提篮三视、尺寸图（单位：cm）

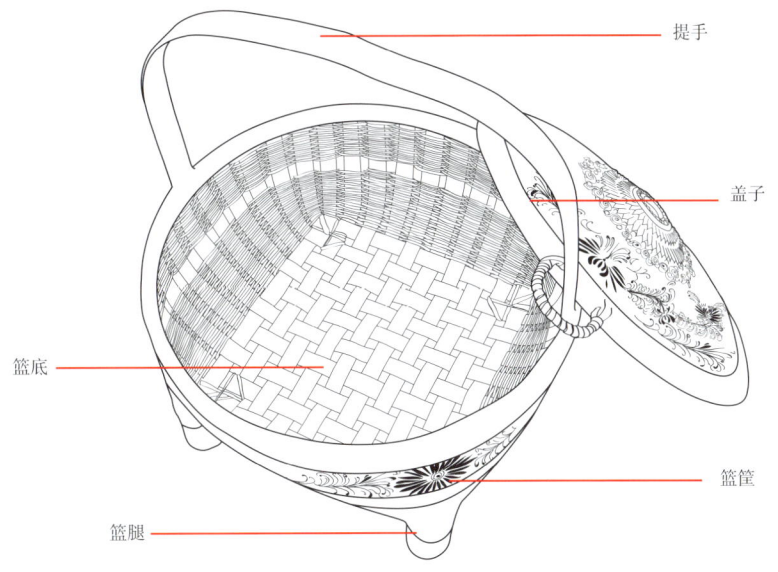

图三 傣族髹漆彩绘竹编提篮结构名称图

1.制作篮坯　　　2.篮筐外侧壁抹灰，底部不抹　　　3.髹黑漆

4.髹红漆　　　5.绘金漆花纹　　　6.堆雕、镶嵌

图四 傣族髹漆彩绘竹编提篮制作流程图

第四章 傣族传统生活用具

265

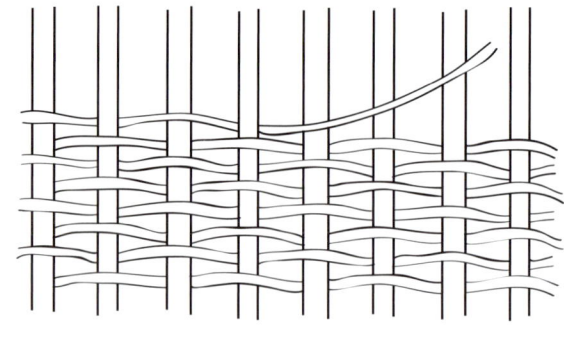

1.篮底四角孔编法：先将经篾排列好，纬篾以压一挑一法编织

2.篾丝编法：篾丝以压一挑一法反复绕编

图五　傣族髹漆彩绘竹编提篮编结方式图

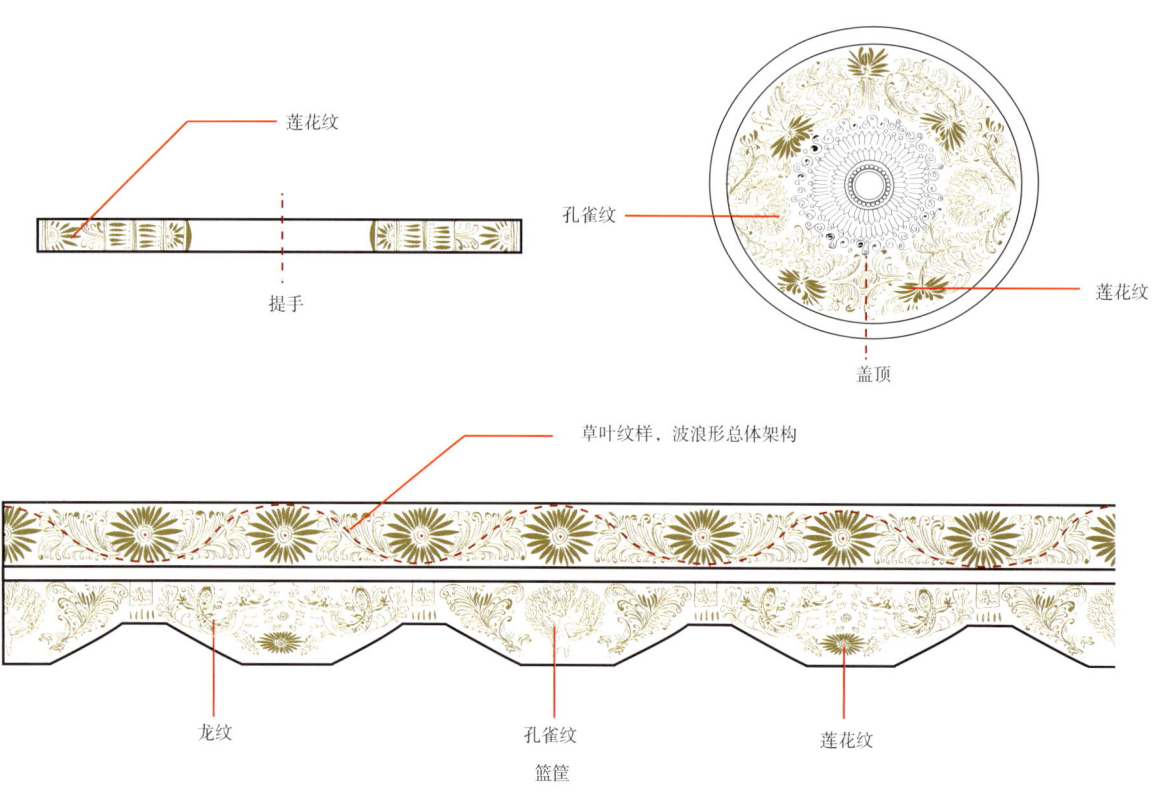

图六　傣族髹漆彩绘竹编提篮纹样效果示意图

傣族竹编摇篮

图一　傣族竹编摇篮主图

竹编摇篮，也称竹编儿童吊床，在云南西双版纳、德宏等傣族聚居地极为常见。本案例采集自云南景洪橄榄坝曼春满村，整体由挂钩、挂绳、摇篮和引绳四部分构成。挂钩大小和挂绳、引绳的长度较为自由，一般视其使用情况和环境而定。摇篮为一近长方体的篮筐，口部长107厘米，宽73厘米，摇篮最深处32厘米，篮底略向上鼓起，呈圆弧状。

摇篮通体以竹材编成，由篮底起编，最后在篮口处收编。由于篮底是儿童躺卧时的主要受力部位，故用双股宽约1厘米的篾条进行编织，采用最为简易的"压一挑一"编法，并且要留出约2厘米×2厘米的方形空隙。篮底长83厘米，宽38.5厘米，为增加强度，又在篮底穿插捆绑了两根较宽的竹条。篮底编完后，再向上编织篮身，原来的双股篾条开始分开，并分别与其邻组中的单根篾条进行交叉，这样可以使篮身的外围空间扩大，篮身横向再穿插编织双股篾条，形成六边形的孔洞，然后收口。最后再用宽度约4厘米的篾条将篮口内外夹住，并用绳子捆紧。

傣族的竹编摇篮体现了设计上的巧思。第一，摇篮就地取材，制作工艺也较为简单，故而可普遍推广。第二，摇篮的使用受环境影响较小，既可悬挂于室内，又可悬挂于傣家竹楼的底层空间。第三，由于竹子有较好的弹性，摇篮底部略微上鼓的设计可以有效缓解儿童躺卧时的压力，并使底面趋于平整，以免造成不适。第四，引绳的设置比较巧妙，家长可以使用引绳晃动摇篮，从而不必留在摇篮旁边，以达到做活与看孩子两不误的目的。

图片来源
图一　倪玉湛　摄影
图二、图四　王健、洪淑莹　制图
图三、图五、图六　王健　制图

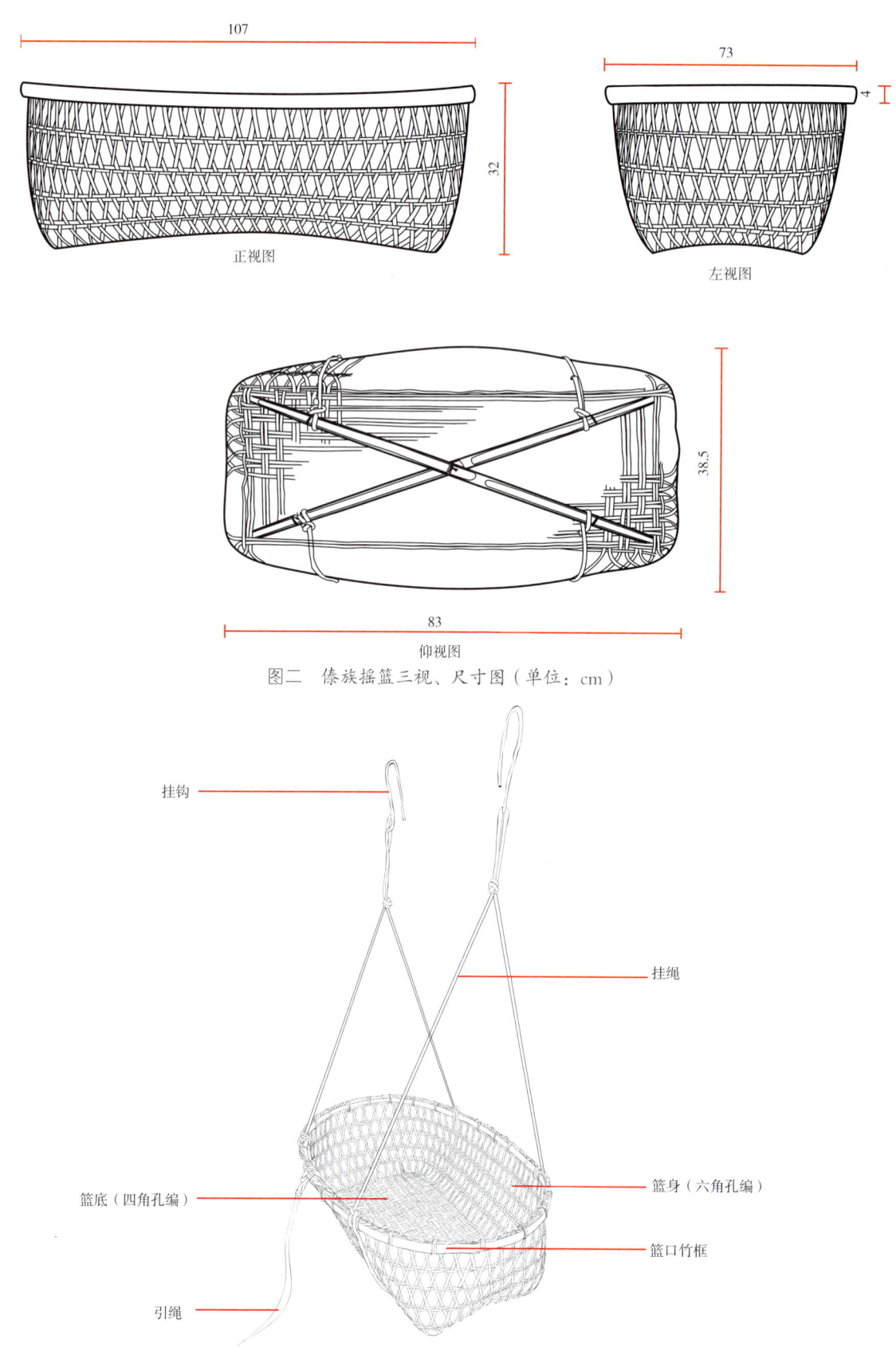

图二 傣族摇篮三视、尺寸图（单位：cm）

图三 傣族摇篮结构名称图

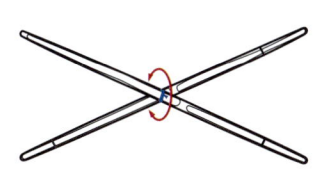
1.底部交叉结构

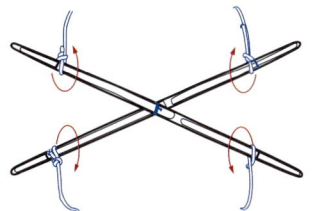
2.在四端系上绳子

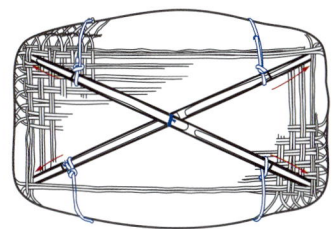
3.通过摇篮编织孔插入摇篮底部

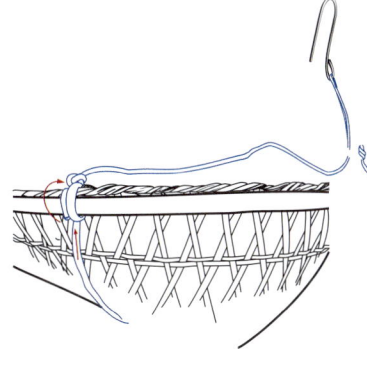
4.绳子从底部到口部，打结固定

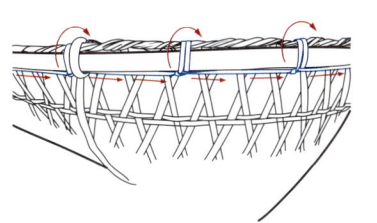
5.细绳沿着摇篮口部，等距离打结加强口部

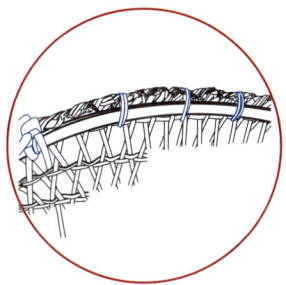
6.摇篮口内部

图四　傣族摇篮相关部件结构分析图

1.方形四角孔编法：经纬篾片等距、平行排列，压一挑一编作四角孔

2.六角孔编法：以三条竹篾起头，再以三条竹篾编织成六角孔

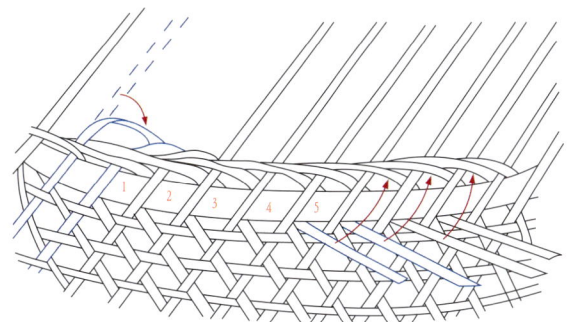
3.收边：于收口处加一个与编物口同等大小的竹框，使右上斜竹篾呈压二状，如上图这样收边

图五　傣族摇篮编结方式图

第四章　傣族传统生活用具

图六 傣族摇篮使用示意图

傣族竹箱

图一　傣族竹箱主图

本案例为云南傣族传统盛物器具——竹箱，也称"篾箩"，采集自云南新平县戛洒镇大槟榔园村。该竹箱由箱盖和箱体两部分构成，通高27厘米，长35.8厘米，底宽15.3厘米，顶宽13厘米。盖中部呈下凹的弧面形，其中间高度为5.5厘米，两侧高度为6厘米，盖面中心距箱底26.5厘米。箱体高23.5厘米，在箱体口沿下、对角线的方位上又设置了两个把手，里面穿有棉织的背带。

竹箱通体由竹篾编织而成。箱盖分两层，内层用宽约0.8厘米的竹篾以"压一挑一"的方法斜向交织而成，编织时使用了竹编的模具；外层的竹篾宽约0.5厘米，亦采用"压一挑一"的方法编成。盖顶的编织较为疏朗，留有方形的空隙，可看到内层的竹篾，盖顶还斜向穿插有细竹篾，将两层竹篾紧密贴合，盖侧面编织得较为紧密。盖口沿内外各捆缚有一圈宽竹篾，以使两层竹篾牢固结合在一起。箱体也由两层竹篾构成，总体编法与箱盖类似，但箱体中部还编织出了几何式的花纹，具有一定的装饰效果。此外，为增加箱体强度以及使内外两侧竹篾紧密结合，箱体口沿、侧面以及底部均穿插有较宽的竹篾。箱体上的把手也是竹编的，表面还缠有竹篾条。为增加美观度，竹箱通体还髹有清漆，以达到光滑亮泽的效果。

傣族的竹箱，造型规整得体、装饰简约得当，既是平时居家置物的器具，亦可在外出时斜挎于肩上，用于盛物，因而是十分便携的生活用品。

图片来源

图一　倪玉湛　摄影
图二至图五　朱思晴　制图

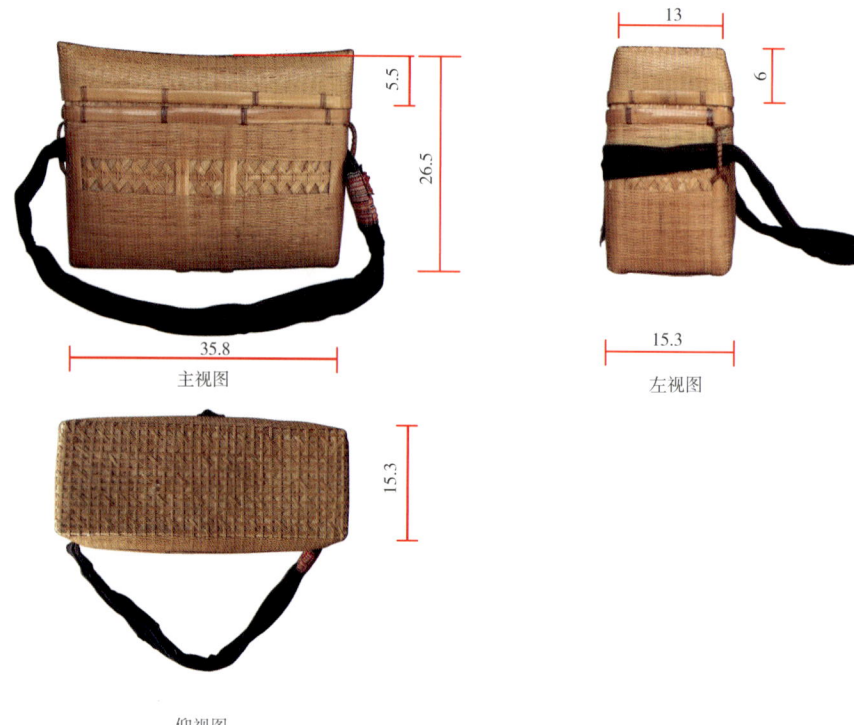

图二　傣族竹箱三视、尺寸图（单位：cm）

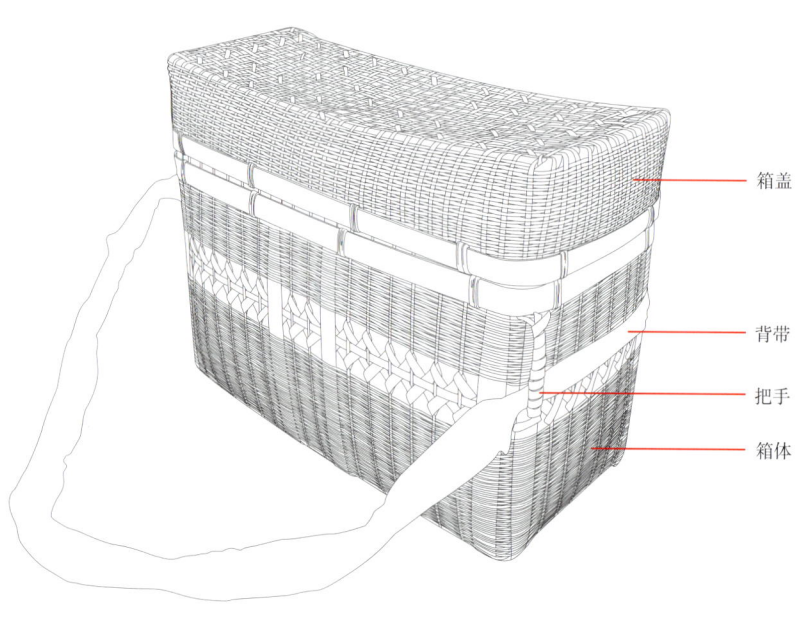

图三　傣族竹箱结构名称图

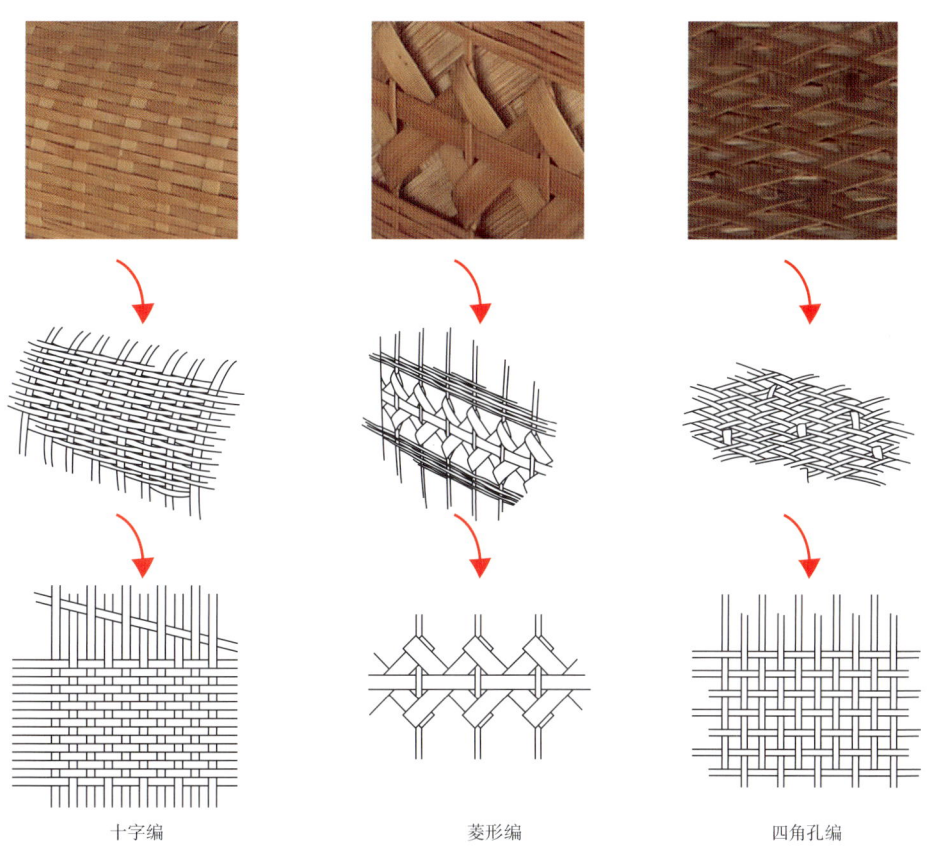

十字编　　　　　　　　菱形编　　　　　　　　四角孔编

图四　傣族竹箱编织过程中所用的三种编织方式图

图五　傣族竹箱使用情境图

傣族油灯

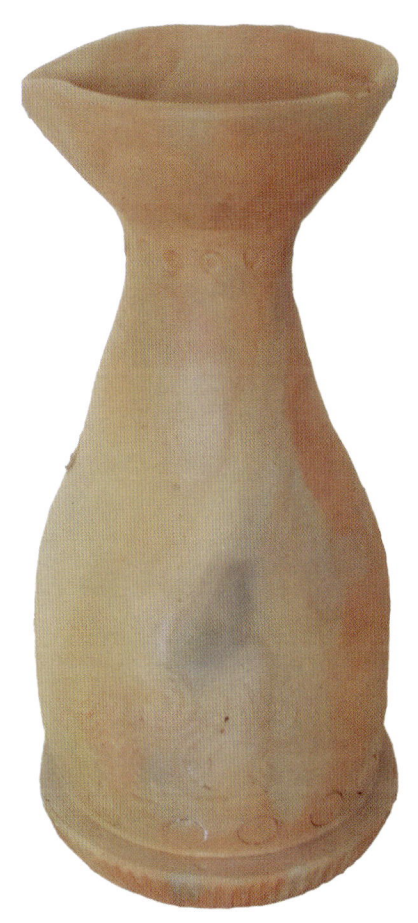

图一 傣族油灯主图

油灯在我国有很长的使用历史，是我国古代用于照明的主要设备，曾有学者认为我国的油灯最早出现于新石器时代，其造型似陶器中的豆，即《尔雅·释器》中所谓的"瓦豆谓之登（灯）"，其上部为灯盘，用于盛放油脂和灯芯，灯盘下有一立柱，柱下有座。在过去没有电的时代，傣族与汉族一样，灯具是家家户户必备的用品。本案例中的傣族油灯，采集自景洪，现藏于云南民族博物馆，通高24.5厘米，灯盘长11厘米，宽10厘米，灯体最细处直径5厘米，底座直径11.5厘米，座高2厘米，为傣族油灯中较大者。

油灯为陶质，分灯盘和灯体两部分。一般先制灯体，用泥条盘筑法从底部向上盘绕，并修整成形，灯体内壁依然留有泥条盘筑后的工艺痕迹。灯盘既可用泥条盘筑法制作，也可用手直接捏制，灯盘总体造型似一小钵，前部有伸出的流口。灯盘制好后，再与灯体粘接。然后使用一根圆柱形的竹棍，在灯盘流口正下方的灯体上戳一小洞，用于插放挑拨灯芯用的镊子或铁丝。灯体上下各有一周用小竹管戳印的二方连续纹样，灯体下部还有一圈几何纹，由同心圆和弧线构成。

油灯所用的燃料，过去是从油棕果中榨出的油，灯芯一般用棉线制作。在电灯未普及之前，油灯是傣家夜晚主要的照明设备。在佛寺里，油灯也被用来照明，"案上梵经皆贝叶，佛前灯焰透莲花"就是生动的写照，油灯也会被用于赕塔等宗教场合。过去佛寺油灯使用的燃料非常考究，用的是铁力木果实榨出的油。

傣族的油灯造型高挑，制作简易，造型古朴，装饰简约，使用方便，是比较典型的傣族传统生活用具。

图片来源
图一　倪玉湛　摄影
图二至图四、图六　王健、张子扬　制图
图五　王健　制图

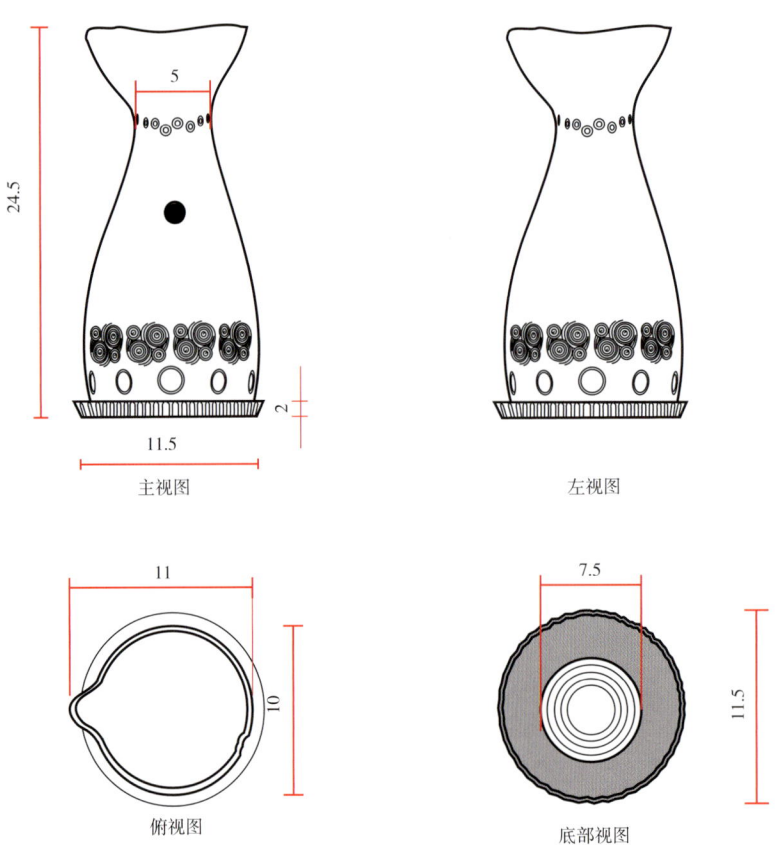

图二　傣族油灯四视、尺寸图（单位：cm）

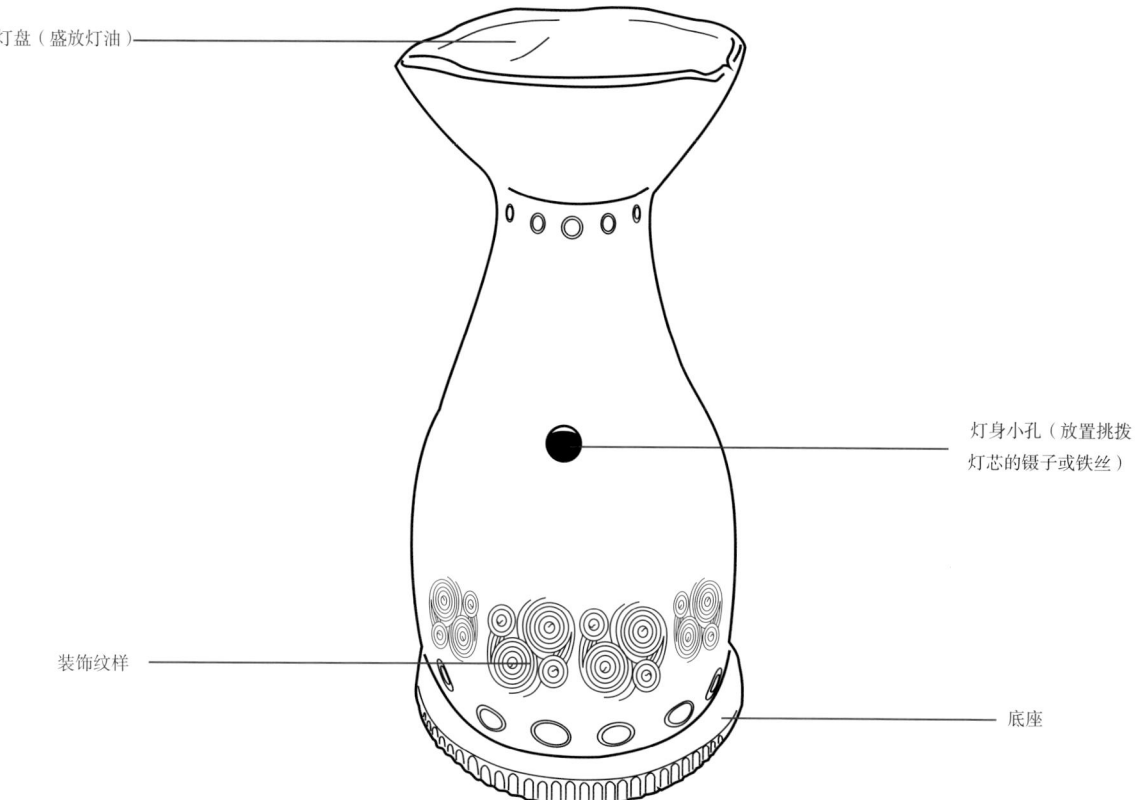

图三 傣族油灯结构名称图

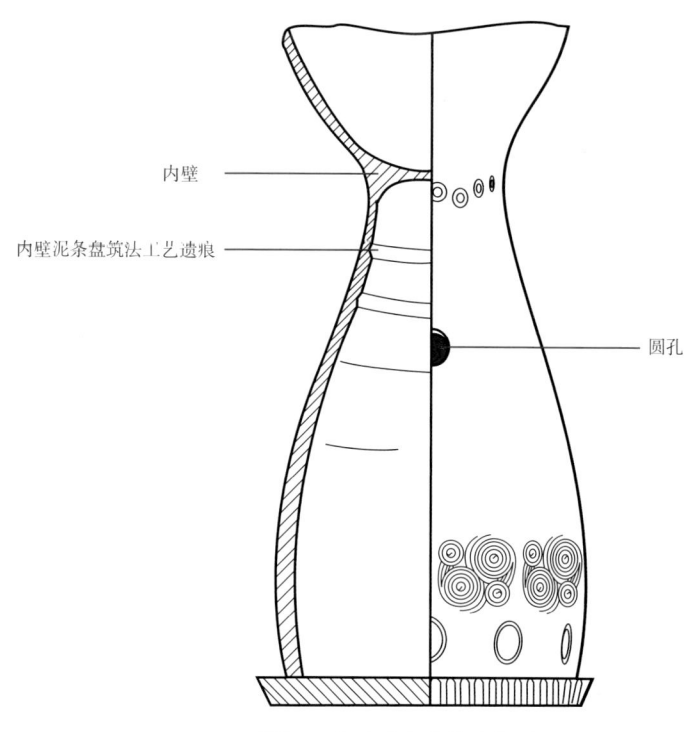

图四 傣族油灯结构分析图

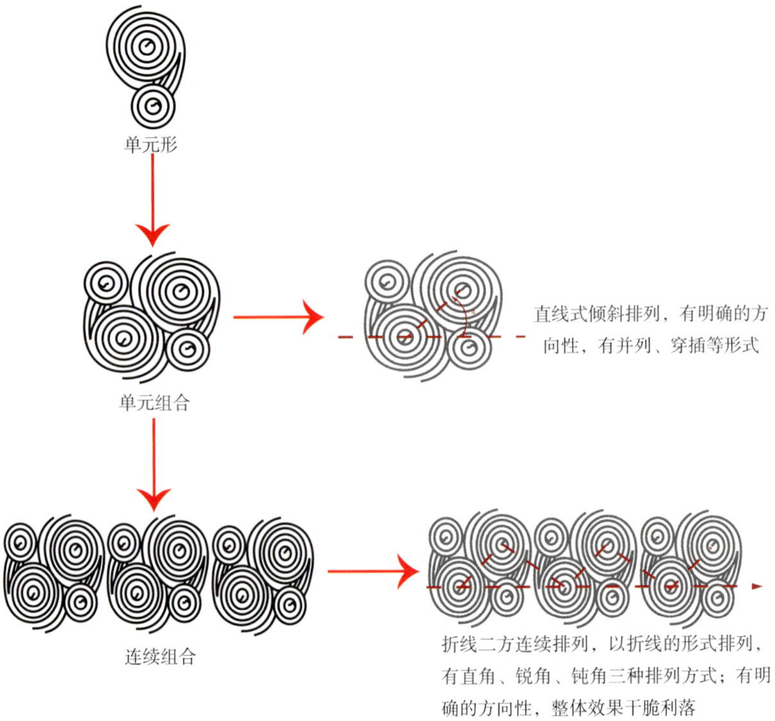

图五 傣族油灯纹样分析图

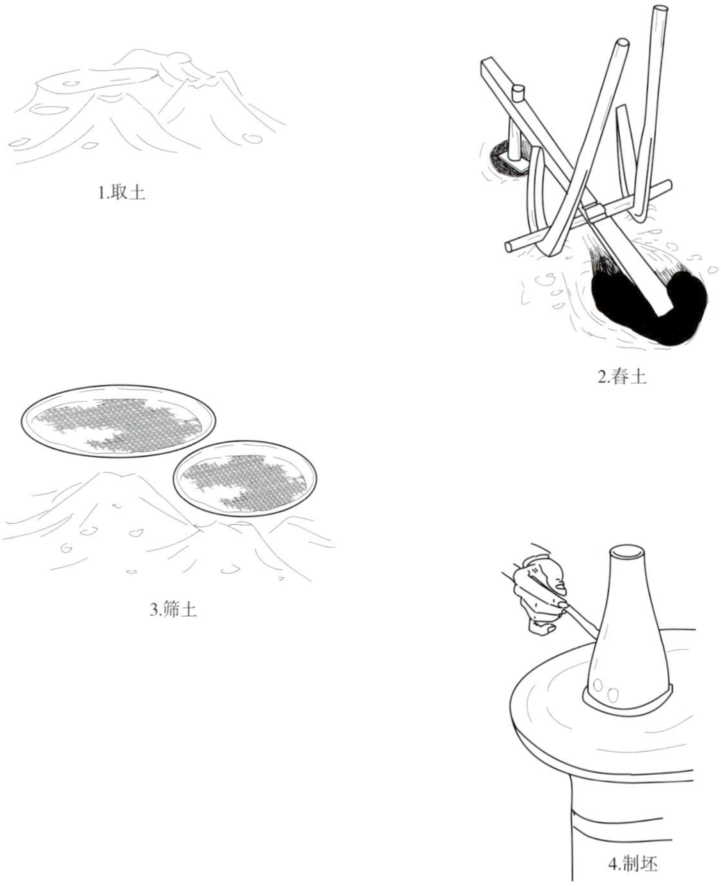

单元形

单元组合

直线式倾斜排列，有明确的方向性，有并列、穿插等形式

连续组合

折线二方连续排列，以折线的形式排列，有直角、锐角、钝角三种排列方式；有明确的方向性，整体效果干脆利落

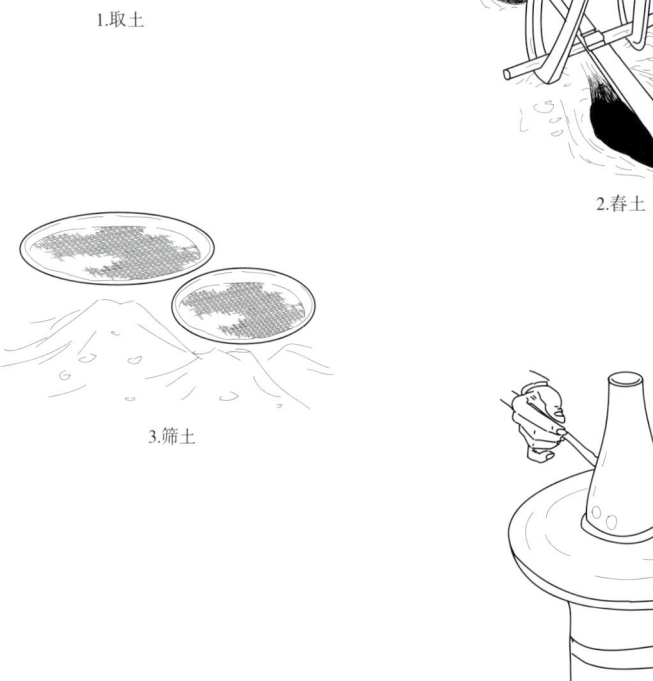

1.取土

2.舂土

3.筛土

4.制坯

图六 傣族油灯制作流程图

西双版纳傣族鸡笼

图一　西双版纳傣族鸡笼主图

西双版纳傣族使用的鸡笼十分有特色，其形制、编织方式和使用方法均与新平一带傣族所使用的鸡笼有很大的区别。本案例采集自景洪橄榄坝曼春满村，横置时鸡笼总长80厘米，高36厘米，整体近三棱柱形，转角平缓，一端有盖，一端有尖状凸起，并有背带。

该鸡笼通体由竹篾编成，笼身和笼盖须分别编织并捆缚在一起。编织前，须按鸡笼的大小选取适当的竹材，一般多选取竹节长、枝杈少、柔韧性好的竹子作为编织材料。首先需要将竹子分解成等距的条状，这一工序是最为关键的，如果竹子分解不均匀，就会直接影响成品的质量。笼身的编织方法较简单，采用传统的"压一挑一"的方法编成，必须从有尖状凸起的一端开始编，编织时可选用之前已经编好的鸡笼作为模具，或单独制作模具，模具的主要作用是使经篾定形。笼身留有方形的空隙，不甚规则。笼身还穿插了两根较宽的竹篾，以提高强度，笼口处又捆缚了一圈较宽的竹篾，其两端均为枝杈形，并且相互扣合插接。笼盖的编织较为密集，外形与笼身截面一致，也采用了"压一挑一"的编织方法。

鸡笼是傣族用来背鸡的工具，如若去市场交易，则将鸡装入笼中，使盖子部位朝下，再将鸡笼背在肩上。由于体积不大，笼中仅能容纳一两只鸡。鸡笼偶尔也会被用来圈鸡，使用时可横置，但容易将笼身弄脏。鸡笼在不用时，可将其悬挂放置，十分方便。

图片来源
图一　倪玉湛　摄影
图二、图三、图五、图六　黄雪清　制图
图四　黄雪清　摄影

图二 西双版纳傣族鸡笼尺寸图（单位：cm）

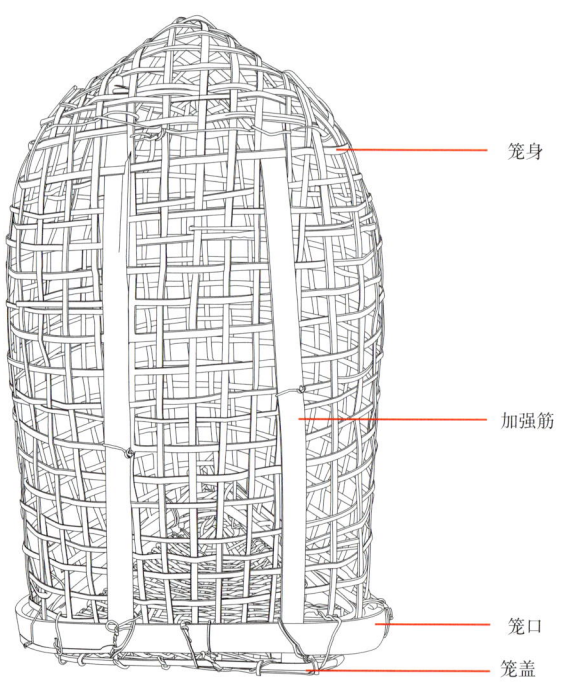

图三 西双版纳傣族鸡笼结构名称图

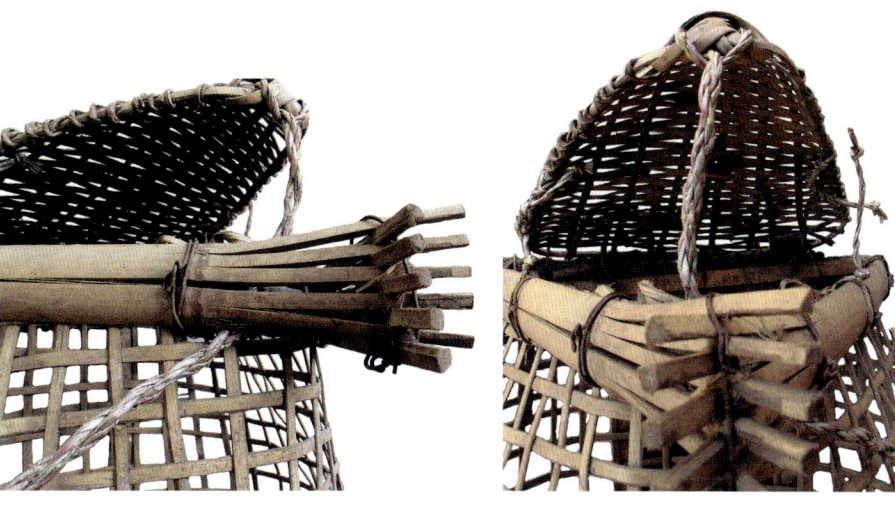

图四　西双版纳傣族鸡笼口部细节图

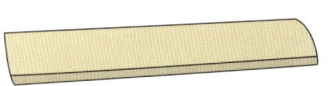

1.选一根竹子，劈成多个竹条

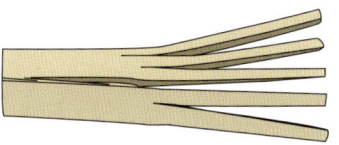

2.将竹条端部从中间劈开一段，均匀劈开各小段

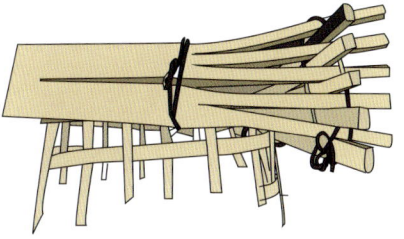

3.两个竹条相互交叉，并将铁丝捆绑在竹头交叉处用于加固

图五　西双版纳傣族鸡笼口部捆绑示意图

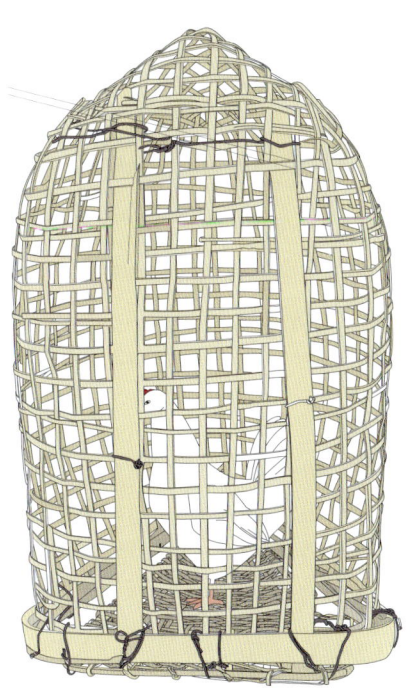

图六　西双版纳傣族鸡笼使用示意图

第四章　傣族传统生活用具

281

新平傣族鸡笼

图一 新平傣族鸡笼主图

本案例为新平傣族的竹编器物——鸡笼，采集自新平县戛洒镇大槟榔园村。鸡笼是傣族人日常生活中经常使用的竹制生活用具之一，可用于母鸡生蛋孵蛋，亦可用来笼养鸡、鸭。其整体为一筐状，上圆下方，口小底大，开口处为圆形，肩部为最大直径处，底面近正方形。口沿直径24厘米，肩部最宽处直径54厘米，底部边长37厘米，通体高34厘米。

鸡是古时六畜之一，在我国有较长的养殖历史。《诗经·国风·王风·君子于役》："鸡栖于埘，日之夕矣"，所谓"鸡埘"，即在墙壁上挖洞做成的鸡窝，鸡埘养鸡是古时北方的养鸡方式。傣族地区由于盛产竹子，故多使用竹编的鸡笼。鸡笼属于最基本的生活工具，鉴于其易损性和消耗性，其编织工艺主要是考虑使用时的实用性和制作时的方便性。鸡笼的编织方法比较巧妙，与鳝鱼笼的编法类似，即用多根较长的竹篾，从口部开始编织，进而向下转折交织侧面，再转折至底部，然后再由底部绕至口部，最后再将竹篾转至侧面下部插入合适的位置进行固定。这样的编织方法不仅可以减少竹篾的使用数量，而且可以使鸡笼整体稳固。鸡笼的肩部须用细竹篾进行绕编，鸡笼的侧面使用并排的宽竹篾作横向穿插编织。

若使用过程中竹篾有所破损，可以直接将一些竹篾穿插至已经损坏的部位进行修补，然后继续使用。鸡笼底部沿对角线方向还穿插了两个较为宽厚的竹篾进行加固。鸡笼的口部有时还须覆上一个用竹篾编织的圆盖，以防止鸡逃脱。若用鸡笼孵蛋，须在底部铺上稻草，母鸡即可在上面生蛋孵蛋。

本案例中的新平傣族鸡笼选材简单，造价低廉，结构合理，整体造型均衡稳定，虽看起来不甚精致，但体现了傣族人民节俭务实的生活态度。

图片来源

图一、图五　倪玉湛　摄影
图二至图四　倪玉湛　制图

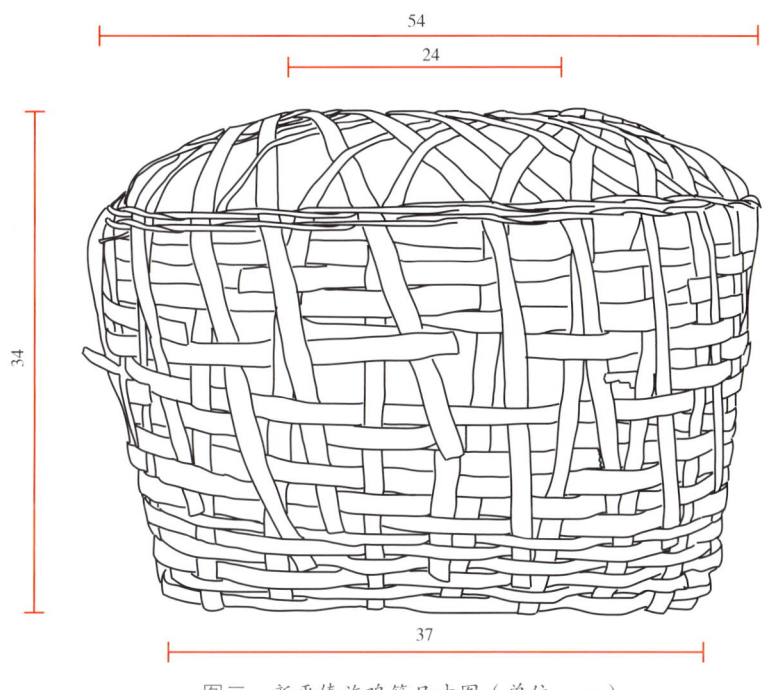

图二　新平傣族鸡笼尺寸图（单位：cm）

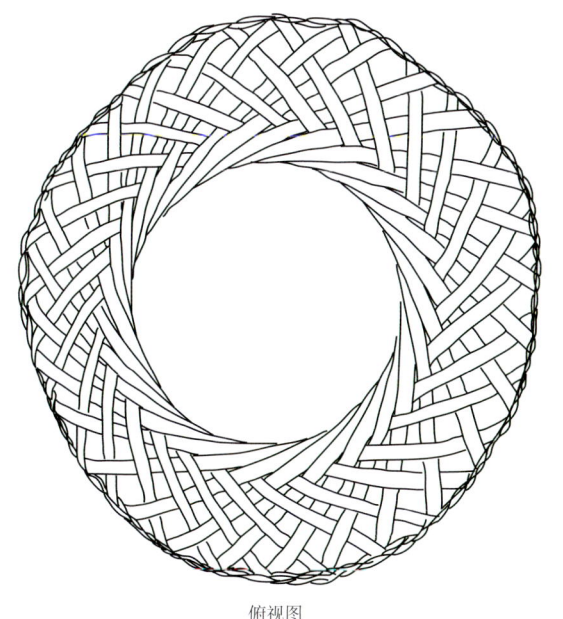

俯视图

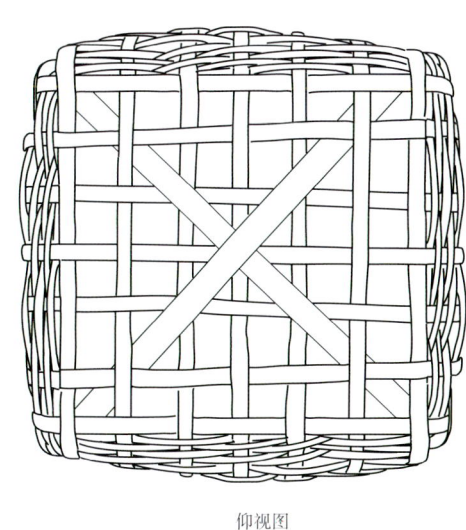

仰视图

图三　新平傣族鸡笼视角图

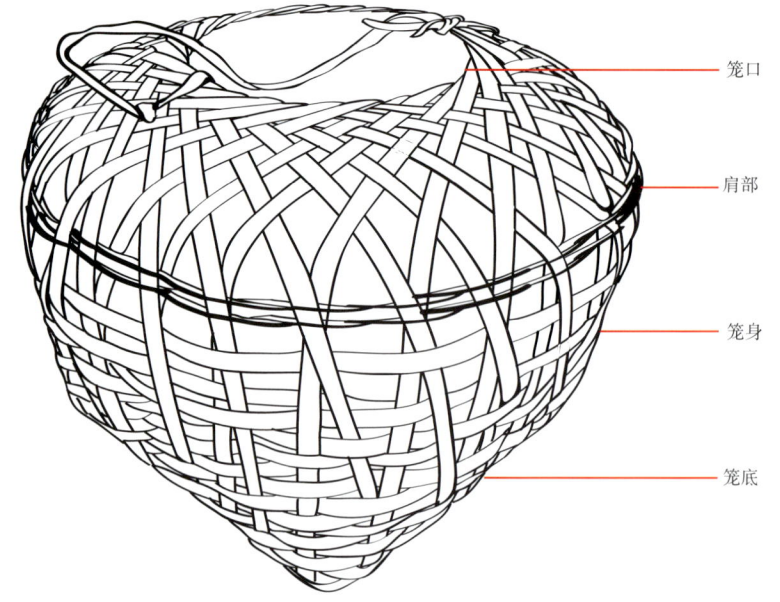

图四　新平傣族鸡笼结构名称图

图五　新平傣族鸡笼使用情境图

傣族大型象脚鼓

图一　傣族大型象脚鼓主图

象脚鼓流行于云南西双版纳等地，是傣族、佤族、景颇族、德昂族、拉祜族、哈尼族等民族的打击乐器。

本案例采集自盈江县，整高为130厘米，鼓面直径为30厘米，鼓底直径为23厘米。整体呈象脚形，鼓面绷有牛皮，鼓身中空，外面拉有牛皮绳子，中腰直，底部收缩，呈环状，并涂有黑红相间的漆。鼓身至鼓底系有宽带，带上绣有花卉纹，边缘缀红色穗子。象脚鼓造型优美，装饰大方富有民族特色，是傣族使用最广的乐器。

象脚鼓一般分为大、中、小三种类型。大型鼓称为"光亚"，音色浑厚而雄壮，高度一般在130到160厘米之间，最高者可达190厘米，鼓面直径30厘米左右。中型鼓称作"光吞"，音色激越而昂扬，高度一般在60到95厘米之间，鼓面直径为23到28厘米，由于尺寸适当，重量合宜，故而是应用最广的一种。小型鼓多见于西双版纳地区，音色明亮而清脆，高仅30到40厘米，鼓面直径在20厘米以下，既可用于表演，也可作为孩童的玩具。傣族女性也常用小鼓演奏，更显温柔婉约之美。本案例中的象脚鼓，属于大型鼓。

象脚鼓的制作比较讲究，第一步是选择木料。制作大型象脚鼓的材料通常有椿树、攀枝花树、杨柳树、云槐树、刺通树、牛嗓管树等品种，最好的是椿树，其次是攀枝花树和杨柳树。砍伐树木要在农历的八月，因为这一时段的树木质地好，不易被虫蛀，也不易开裂。

第二步是举行开工仪式。制作象脚鼓是村里的大事，开工要举行祭祀仪式，内容有敬童树、敬天官、敬水童、敬军事神、敬安全童、敬寨心、敬叫魂神、敬佛祖等。

第三步是下料。阴干处理后的木料要按照比例裁截。象脚鼓鼓长和鼓面直径比例通常是5：2。

第四步是凿空内部。先镂空鼓脚，再镂空鼓面，最后镂空鼓腰。镂空鼓面和鼓脚要求厚度适中，鼓面厚度不能超过鼓脚的三分之一，否则，音质、音色以及共鸣程度等便会产生怪异感。鼓腰是连接鼓面与鼓脚的重要部分，最后的音响效果往往取决于此。

第五步是凿刻外形，雕刻图案。鼓身外部按所需尺寸及形状进行凿刻、打磨。成形之后在鼓的腰部和下部雕刻上傣族传统的吉祥图案，有花卉、大象、马、鹿、蝴蝶、龙、凤、蝙蝠等。

第六步是绷牛皮。鼓面和拉带均用牛皮制作，选用上等的黄牛皮。鼓的响声与牛皮的质量有极大的关系。

第七步是打磨、上漆。鼓面绷好，吉祥图案雕刻完毕，再作精心打磨。打磨后的鼓身及鼓面用红、黄、绿、黑、白等各色油漆进行彩绘装饰，最后上一道清光漆，象脚鼓便制作完成了。

图片来源
图一　胡春涛　摄影
图二至图七　杨晓东　制图

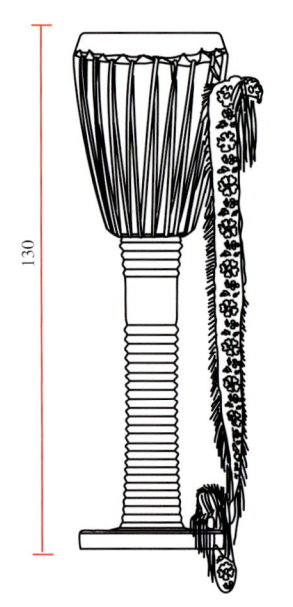

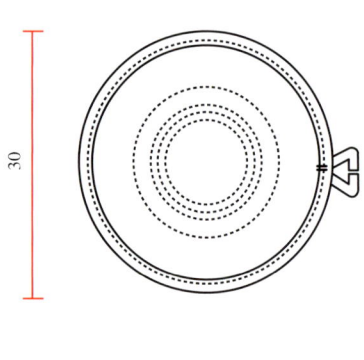

图二　傣族大型象脚鼓三视、尺寸图（单位：cm）

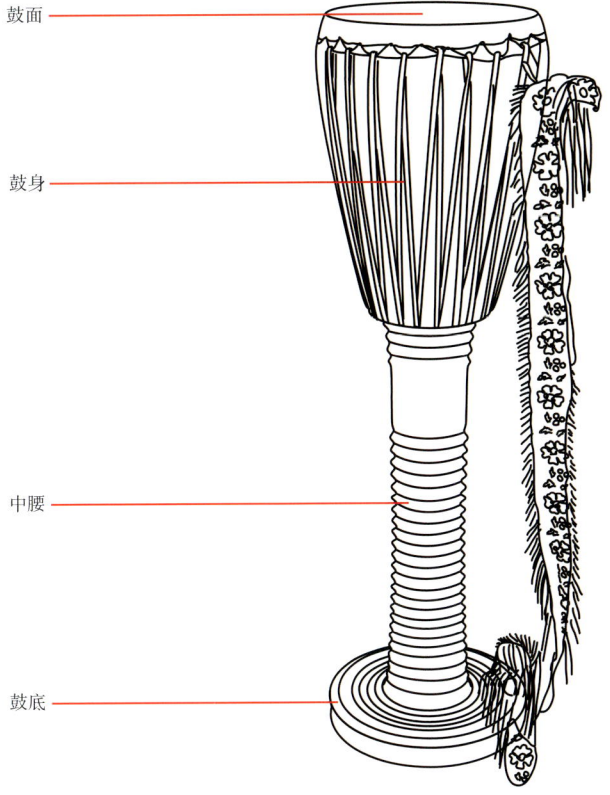

图三　傣族大型象脚鼓结构名称图

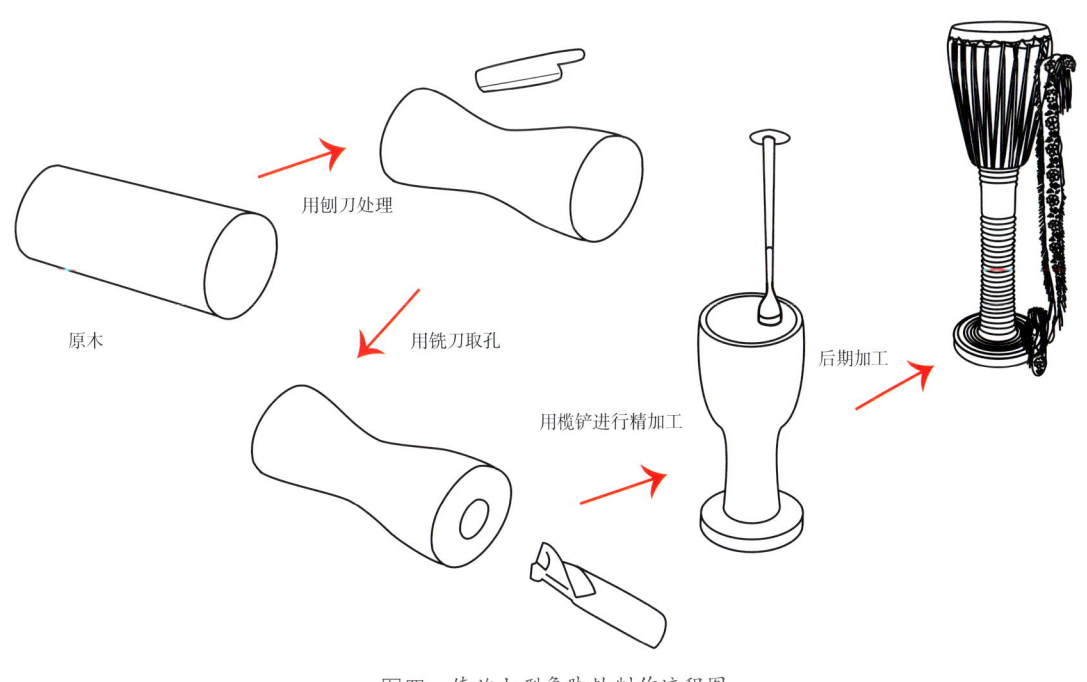

图四　傣族大型象脚鼓制作流程图

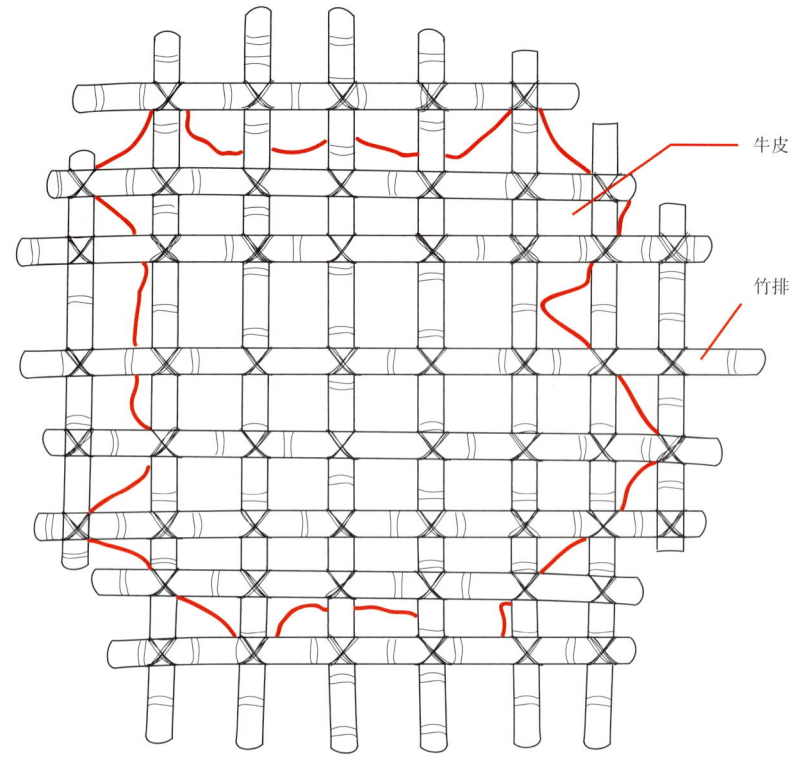

图五 傣族大型象脚鼓晾晒牛皮示意图

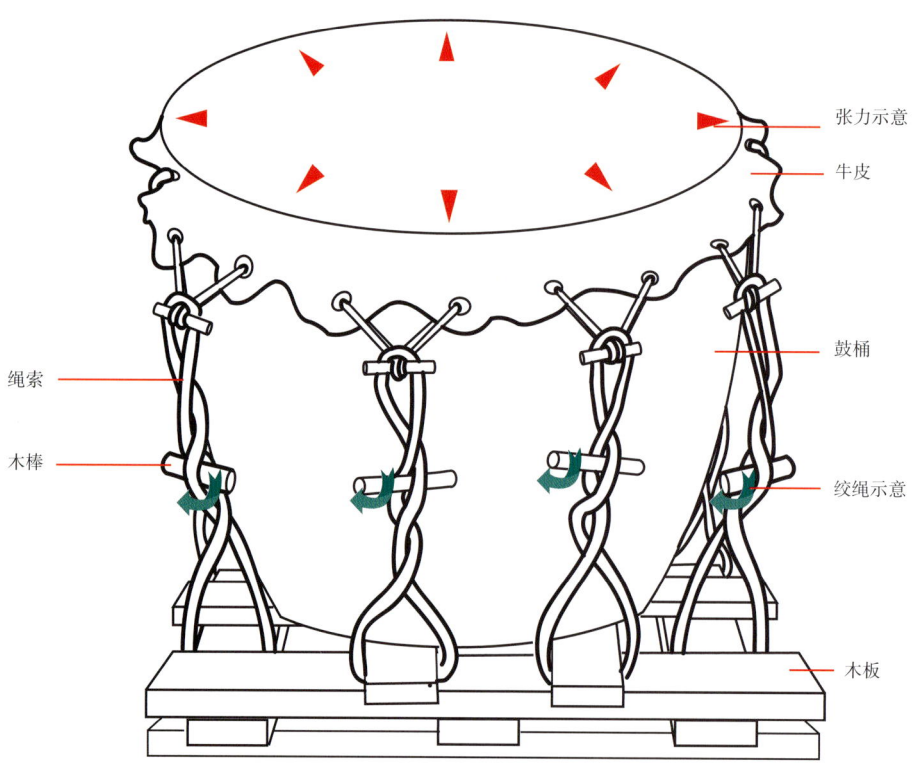

图六 傣族大型象脚鼓绷牛皮示意图

图七　傣族大型象脚鼓演奏示意图

第四章　傣族传统生活用具

傣族中型象脚鼓

图一 傣族中型象脚鼓主图

本案例为云南傣族中型象脚鼓，采集自云南民族博物馆，通高69.2厘米，鼓面外径27厘米，鼓腔高32厘米，鼓腰高29.2厘米，中间最细处直径10.8厘米，鼓足高8厘米，底径26厘米。因其形如象脚，故而得名。

象脚鼓是一种吉祥的象征，由于大象在傣族人的心中象征五谷丰登，故象脚鼓被视为可以使庄稼丰收的鼓。象脚鼓在傣族婚丧仪式以及宗教祭祀场合应用很普遍。在傣族舞蹈中，象脚鼓不仅是重要的伴奏乐器，而且是舞蹈中重要的表演道具，傣家人亲昵地称它为"嗷滚"，意思是"人的影子"。象脚鼓一般都有背带，演奏时将鼓斜挎在腋下，鼓面朝前，用拳头、手掌、手指、胳膊肘甚至是足部交替击打鼓面，也可用鼓槌进行击打。傣家鼓手在演奏时，有时还会在鼓的面心粘上糯米饭团，以调节鼓的音调和音色。

中型象脚鼓通常用攀枝花树或杧果树制成，外部通过削、刨、磨等方法制成鼓形，内部掏空，并用砂纸打磨光滑。中型象脚鼓从上到下由三部分构成，上段为鼓腔，顶部鼓面蒙有牛、羊皮，四周用拴系在鼓腔上的皮条勒紧固定；中段为鼓腰，常雕刻有各种图案，并且上漆；下段为鼓足，常被刮削出同心圆的阶梯状，并且涂以彩漆。

象脚鼓是傣族文化的表征，不仅造型优美、装饰华丽，而且音质独特，体现了傣族人民能歌善舞的天赋。

图片来源
图一　倪玉湛　摄影
图二至图四、图六　倪玉湛　制图
图五　王若霖、王健　制图

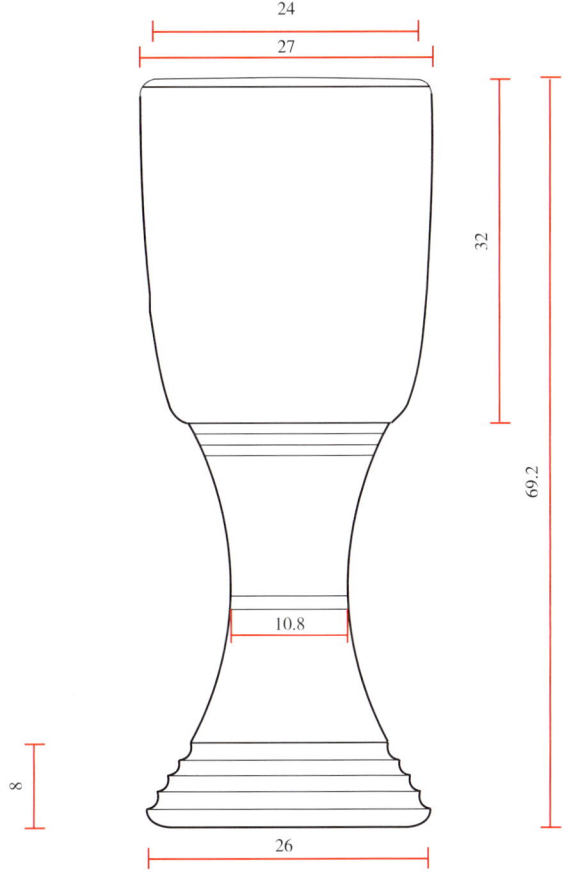

图二　傣族中型象脚鼓尺寸图（单位：cm）

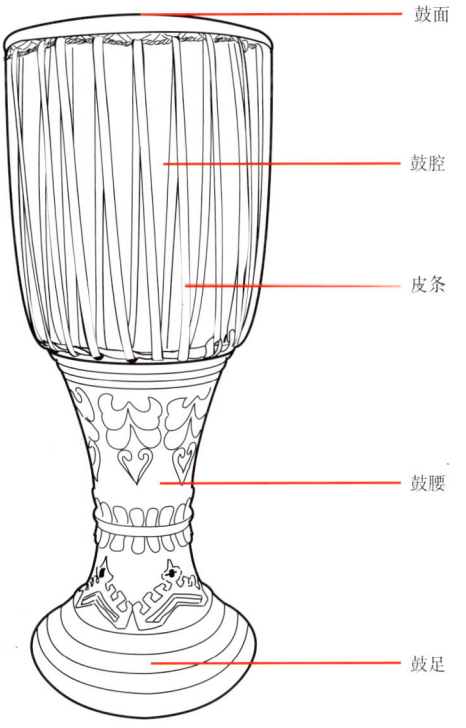

图三　傣族中型象脚鼓结构名称图

第四章　傣族传统生活用具

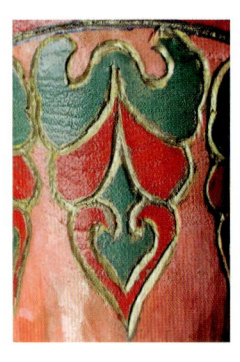

图四 傣族中型象脚鼓装饰细节图

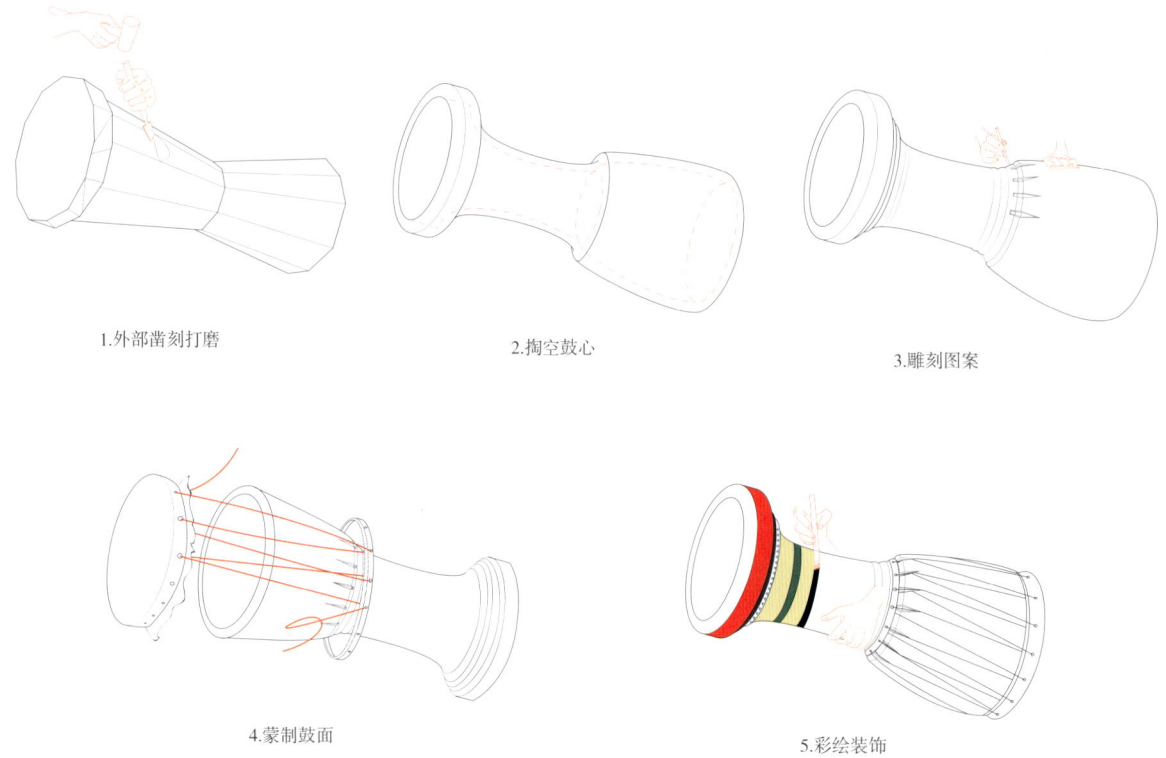

1.外部凿刻打磨　　2.掏空鼓心　　3.雕刻图案

4.蒙制鼓面　　5.彩绘装饰

图五 傣族中型象脚鼓制作流程图

图六 傣族中型象脚鼓演奏示意图

傣族光邦鼓

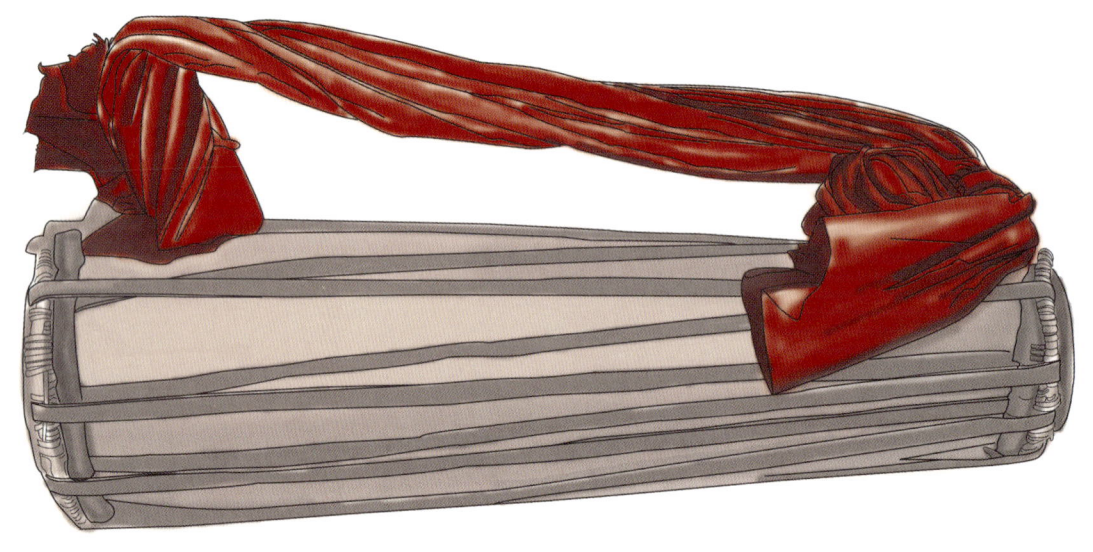

图一　傣族光邦鼓主图

本案例采集自德宏傣族景颇族自治州盈江县。"光邦"系傣语，别名"光两""光双腊""光宏""光勐央"等，是傣族民间一种传统敲击鼓点乐器。

鼓身大致呈圆锥体，鼓长100厘米左右，两端鼓面一大一小，直径分别约为23厘米、15厘米。两头的鼓面用牛皮条勒紧，可调节松紧。系上红绸鼓带可将鼓横挂在身上。另有鼓衣一件，表演时将红绸系于鼓上，自然飘垂摆动，是光邦鼓区别于其他鼓的一大特色。光邦鼓分雌雄两只，这是光邦鼓相比于其他打击乐器的独特之处。两只鼓结构一致，敲打时走在前的为雄，走在后的为雌，这与傣族人的信仰有关，他们认为天地万物雌雄结合才是最佳的组合，才是吉利的象征。

光邦鼓的制作一般采用楠木、攀枝花木等上好木材。两端蒙的皮用小母牛皮做成，制作过程中最关键的在小母牛皮的处理上，牛皮的柔软度决定了光邦鼓的音质。把晒干的小牛皮铺在平整的草地上，用槌子捶打，直至牛皮松软。捶好一张小牛皮，一般需要一整天的时间，而制作完成一只光邦鼓则需要花费一个月的时间。

光邦鼓是傣族传统民间舞蹈双面鼓舞离不开的伴奏乐器。演奏时将鼓挂在脖颈上，横置于胸前，右手持槌敲击低音的大鼓面，左手掌敲击高音的小鼓面，还要配以铓、镲，三者声响相互映衬。表演时将人员编为由鼓手、铓手、镲手三人组成的小组，鼓手左右手配合，左手掌拍击左边鼓面，右手以小木槌捶击右边鼓面，形成不同音色，相互映衬。其鼓点有五种节奏，一是左手起拍六次，右手敲击一次；二是左手起拍两次，右手执槌上下擂击鼓面；三是左手起拍两次，右手有节奏地变化擂击；四是左手起拍三次，右手执槌擂击鼓面一次；五是左手起拍两次，右手执槌上下敲击鼓面，这种鼓点表示鼓手要稍休息一会儿。

图片来源

图一　贺雪岚　制图

图二至图五　徐海峰　制图

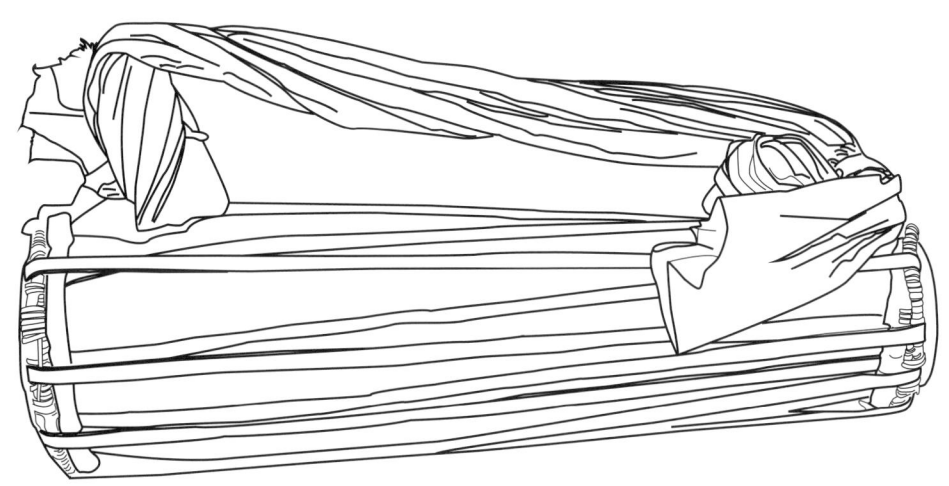

图二　傣族光邦鼓线描图

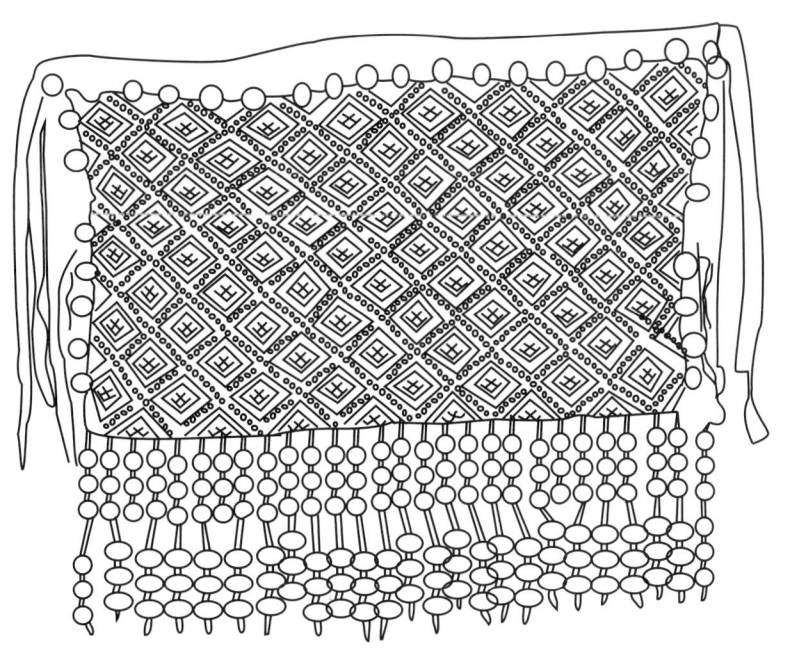

图三　傣族光邦鼓鼓衣线描图

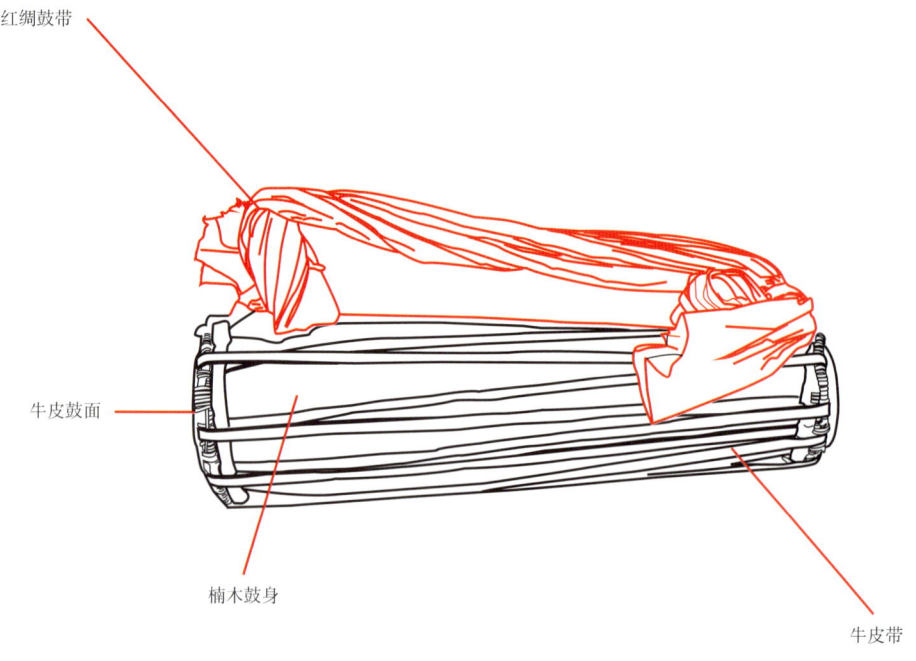

图四　傣族光邦鼓结构分析图

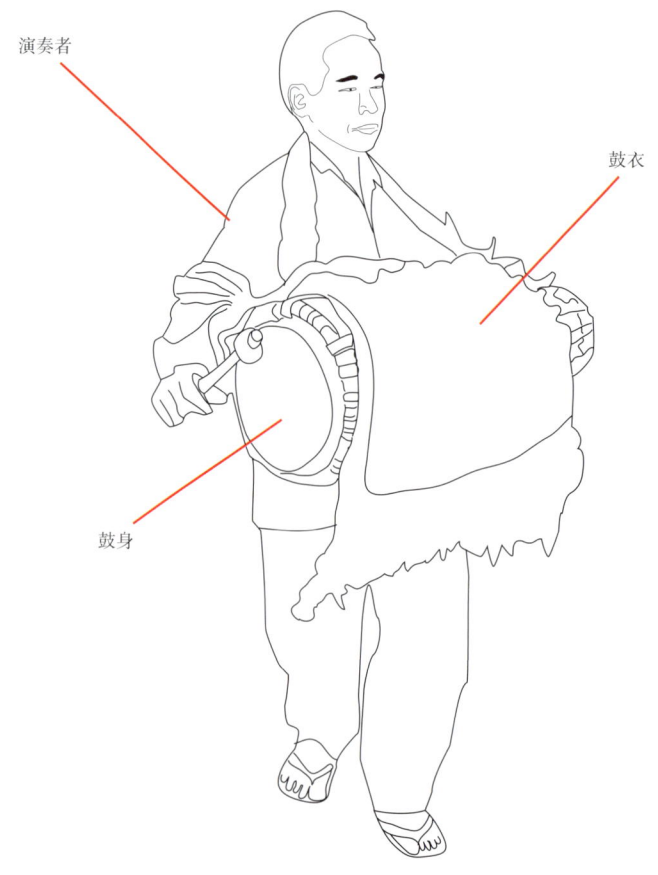

图五　傣族光邦鼓演奏示意图

傣族佛寺大、小鼓

图一 傣族佛寺大、小鼓主图

大、小鼓，俗称"母子鼓"，是傣族佛教寺院里的必备法器，一般被置于佛殿后的房檐下，或被架起，或被悬挂，平时不能随意敲打，仅在傣族特定节日如关门节、开门节以及一些重大的佛事活动中才能使用，体现了傣族独特的文化景观。本案例中的两只鼓，采集自景洪橄榄坝的曼乍佛寺，二者形制和工艺基本相同，但体量差别较大。

大鼓傣语叫"光弄"，"光"是鼓的意思，"弄"是大的意思，"光弄"意即大鼓。光弄体积庞大，造型敦实，总长172厘米，鼓面直径103厘米，鼓身中部直径112厘米，鼓身两端各有两圈木质销钉高高凸起，销钉外露部分高6厘米，最大直径3厘米。大鼓鼓槌较粗壮，表面蒙有红布，并且外罩绳网，通长42.5厘米，粗端直径9厘米，细端直径3厘米。

小鼓傣语叫"光囡"，"囡"是小的意思，"光囡"意即小鼓。光囡体积较小，造型灵巧，整体近圆柱形，总长35.5厘米，鼓面直径30.5厘米，鼓身最大直径35厘米，鼓身两端各有一圈木质销钉，销钉外露部分长4.5厘米，最大直径2.8厘米。小鼓鼓槌较细，通长42厘米，粗端直径3厘米，细端直径2厘米。小鼓在不用时一般被挂在大鼓旁边。

大、小鼓的鼓身多用红木、杧果木、黄心楠木等木料掏制而成，两端蒙有牛皮鼓面，并用金属铆钉和木质销钉加以固定。大鼓两端牛皮还额外加了一个铁圈，用于箍紧鼓面。德宏地区的傣族大鼓，鼓面则是用牛皮筋将两端的鼓皮往返勒紧，这种方法称作挽绦法。鼓身表面髹红棕色底漆，大鼓鼓身上还有金漆彩绘，两侧为缠枝莲纹，中间为团花莲纹，图案在绘制时使用了模板，即把已经镂空好的花纹模板贴于鼓面，然后再在空隙上填金彩，最后揭去模板，纹饰就被绘在了鼓面上，这样做不仅能省时间，还可保证花纹形状完全一致。

大、小鼓在使用时仅敲打一面，可用力度大小来控制音量的大小，通过敲打鼓面中心和边缘来改变音色。既可单独敲打大鼓，亦可双手执槌往复敲击大、小鼓。在傣族的节庆和宗教活动中，大、小鼓可作为集结和解散的号令，也可用于仪式和活动中的伴奏。

图片来源

图一　倪玉湛　摄影

图二至图六　王健　制图

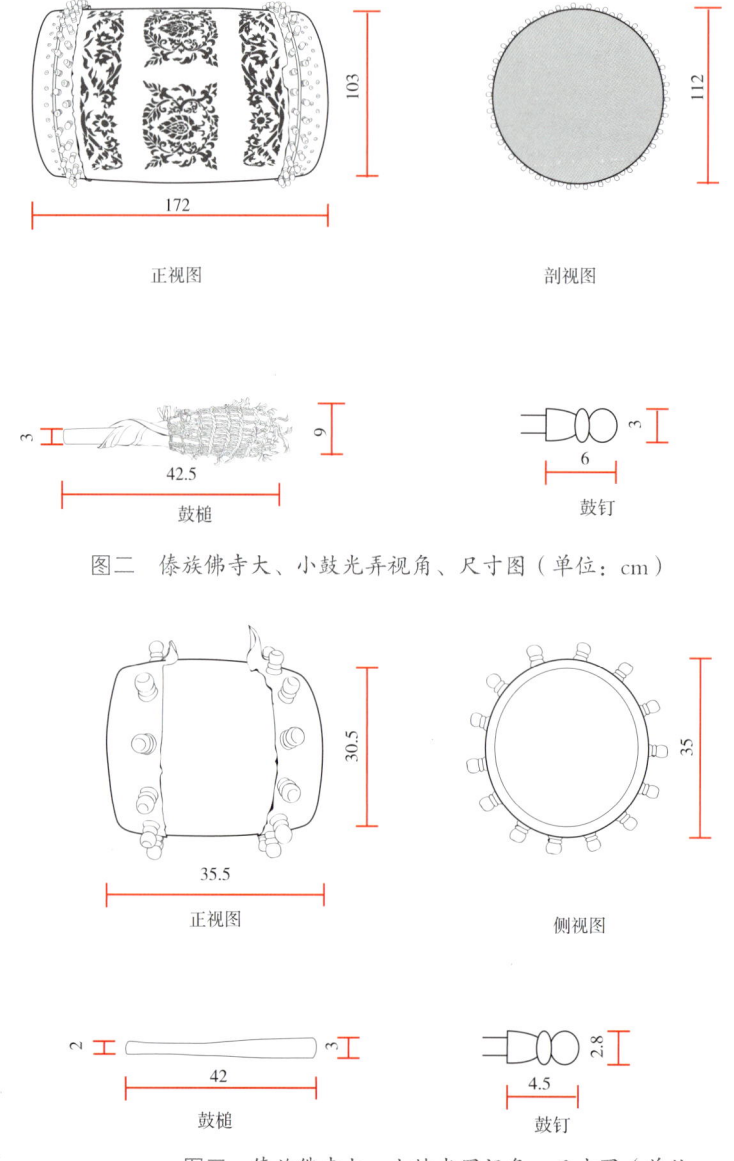

图二　傣族佛寺大、小鼓光弄视角、尺寸图（单位：cm）

图三　傣族佛寺大、小鼓光图视角、尺寸图（单位：cm）

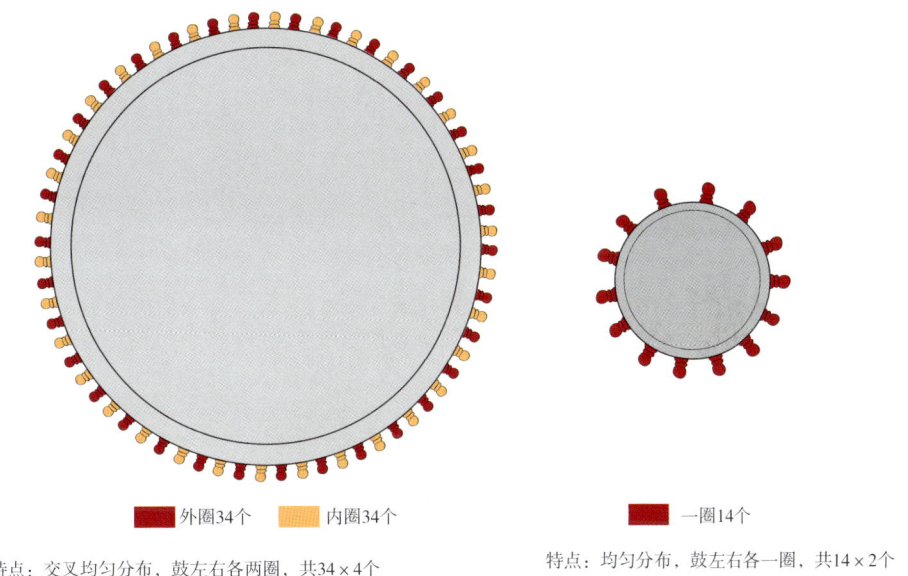

■ 外圈34个　■ 内圈34个　　　　　　■ 一圈14个

特点：交叉均匀分布，鼓左右各两圈，共34×4个　　　特点：均匀分布，鼓左右各一圈，共14×2个

图四　傣族佛寺大、小鼓光弄、光因鼓钉分布图

a.植物花草纹　　b.对称纹样　　　c.二方连续排列

图五　傣族佛寺大、小鼓纹样分析图

图六　傣族佛寺大、小鼓光弄、光因操作示意图

第四章　傣族传统生活用具

299

傣族韵板

图一　傣族韵板主图

　　韵板，又叫云磬，傣语叫"腊港"、"姐借"或"抵递"，为傣族传统体鸣乐器，仅被运用于宗教场合。韵板多呈三角形式样，大小不一，外形似鱼头。此外，傣族也有圆形的韵板，比三角形的厚重，尺寸也较大。韵板一般由白铜铸造，制作精致的韵板表面还阴刻有蕨类植物纹。

　　本案例中的韵板，现藏于云南民族博物馆，属形制较小者，通高16厘米，底部两侧弯角间距22.3厘米；韵板上部有一穿孔，孔径1厘米，上距韵板顶端4厘米；韵板整体厚度不一，两弯角外侧最厚，最厚达1.5厘米，中心部位较薄，最薄处为0.7厘米。傣族的三角形韵板，底部边缘翘起，颇具美感，两侧边缘还有小尖角，同时也有小豁口，从而打破了边缘的完整性，使韵板看起来更为灵动。韵板顶部浑圆，与底部的弯角形成了对比。此外，傣族圆形的韵板，顶端与三角形韵板相似，主体部位则为圆饼形，中间有略微的凸起，在使用上与三角形韵板略有不同。韵板多被悬吊起来用小木槌击打，其发声清澈嘹亮，余音持续时间较长，能够营造出良好的宗教氛围。

　　韵板仅在佛事活动中使用，寻常傣家是见不到的。在傣族佛寺的大殿中，佛祖造像的右前侧就悬挂着三角形和圆形韵板，当赕佛人捐公德时，和尚就左手扶绳，右手握槌敲击三角形韵板，以示庄重；当佛爷念经时，每念完几句经文，就敲击圆形韵板，以示告一段落。三角形韵板在佛寺中还可作为僧侣行动的号角，他们可以从不同的敲击方式中辨别出各种指令。佛爷出行时，往往由小沙弥提着小韵板进行敲击，以告知路人加以避让。过去，佛爷化缘时也由小和尚敲击韵板以告知村民，人们会送来斋饭，并虔诚地磕头。过去在傣族的上层社会中，土司进出议事庭时也会敲击韵板，以示庄重。韵板还可在大型宗教活动中为其他乐器伴奏，共同营造出威严庄重的宗教氛围。

图片来源

图一　倪玉湛　摄影
图二至图六　张帅　制图

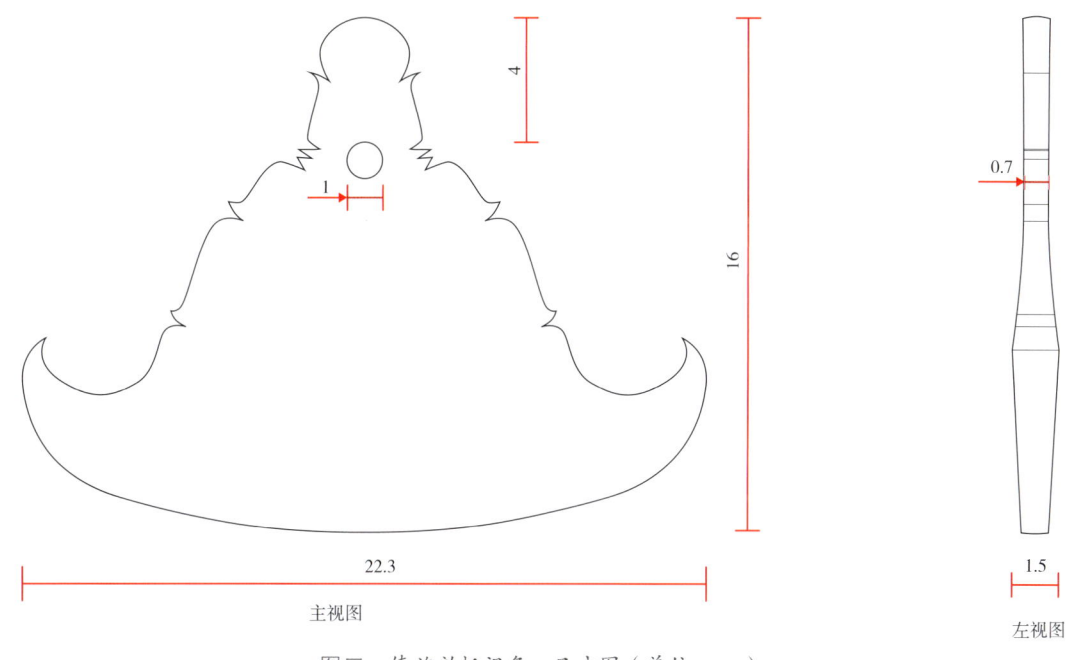

图二　傣族韵板视角、尺寸图（单位：cm）

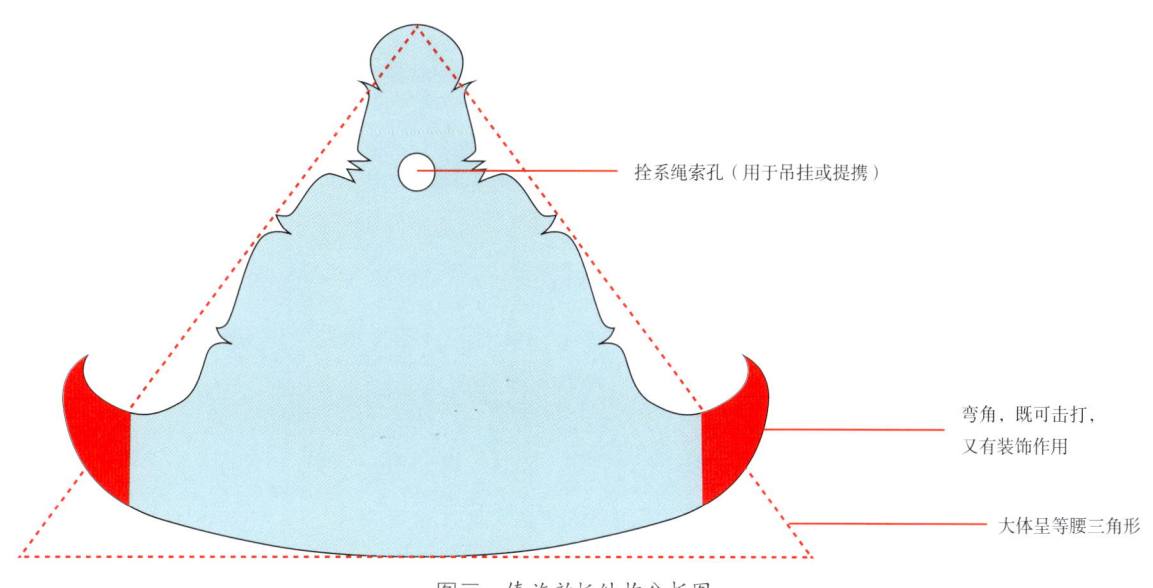

图三　傣族韵板结构分析图

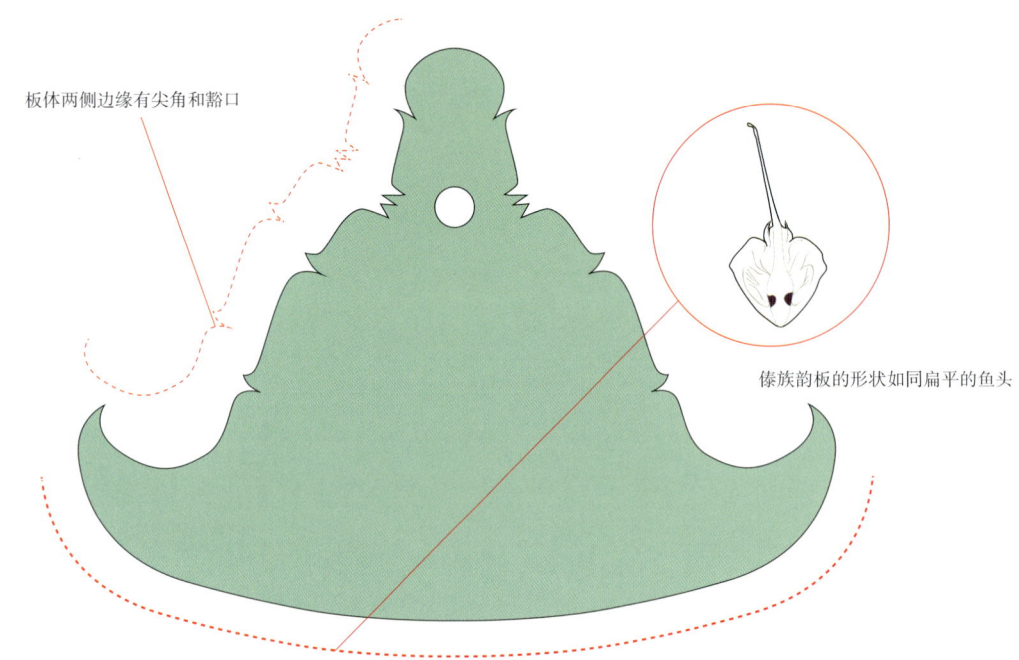

板体两侧边缘有尖角和豁口

傣族韵板的形状如同扁平的鱼头

傣族韵板形似扁平的鱼头。下面两个对称锐角向上翘起，底边向外微弧，板体两面有线纹、云纹等多种纹饰

图四　傣族韵板美学分析图

图五　傣族韵板及小槌比较分析图

图六 傣族韵板操作示意图

第四章 傣族传统生活用具

303

傣族葫芦笙

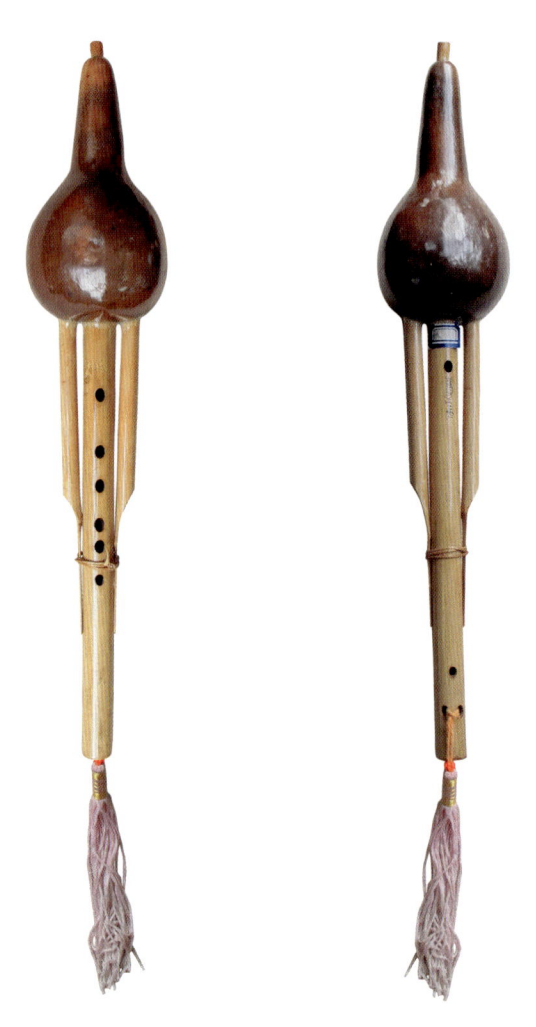

图一　傣族葫芦笙主图

葫芦笙，傣语称"朗道"，是傣族民间的传统簧管乐器，其发声独特而美妙，目前几乎已成为家喻户晓的民间乐器。傣族葫芦笙的故乡在云南德宏，过去是傣族的传情乐器，尤其体现在"邀少"（串姑娘）活动中。葫芦笙目前多被误称为葫芦丝，那是因为云南方言中卷舌的"笙"字常被误发为平舌的"僧"音，报道者又不加以考证，误以为是"丝"字，终致以讹传讹。除傣族外，葫芦笙也流行于阿昌族、德昂族等其他少数民族中。

葫芦笙由葫芦、簧片、主管和附管四部分构成，整体为一个葫芦下接三根竹管的式样。主管粗且长，附管细而短，主管和附管上均开有音孔，簧片位于主管内上部，过去多用竹叶或竹子制作，后来改用黄铜制作，葫芦顶部还有一个竹质的小吹管。目前流行的葫芦笙可发出C、D、降B、大G、大F等调。葫芦笙的演奏主要靠指法和气息来完成，演奏技巧有滑音、吐音、颤音、波音、叠音、打音等多种。

本案例中的葫芦笙，采集自云南民族博物馆，总长46.2厘米，吹管长1.2厘米，葫芦高18厘米、最大直径9.5厘米，主管长28.2厘米、直径2.1厘米，附管长11厘米、直径1.2厘米。葫芦笙的表面髹清漆，主管下还坠有流苏，优美而灵动。葫芦笙发声柔和优雅，有较强的抒情色彩，与傣族的歌舞结合在一起共同构成了独具民族特色的傣族乐舞文化。

图片来源
图一　倪玉湛　摄影
图二至图五　张帅　制图

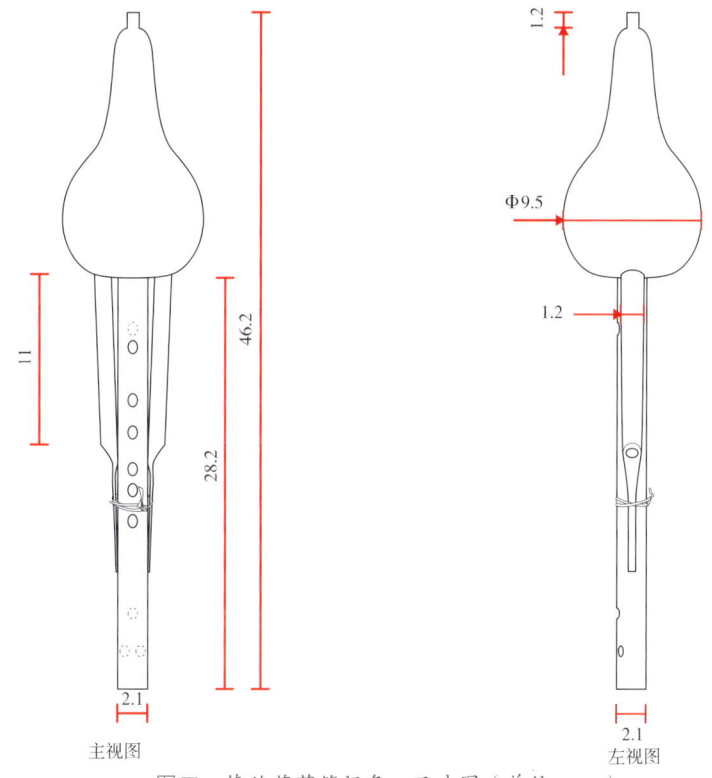

图二　傣族葫芦笙视角、尺寸图（单位：cm）

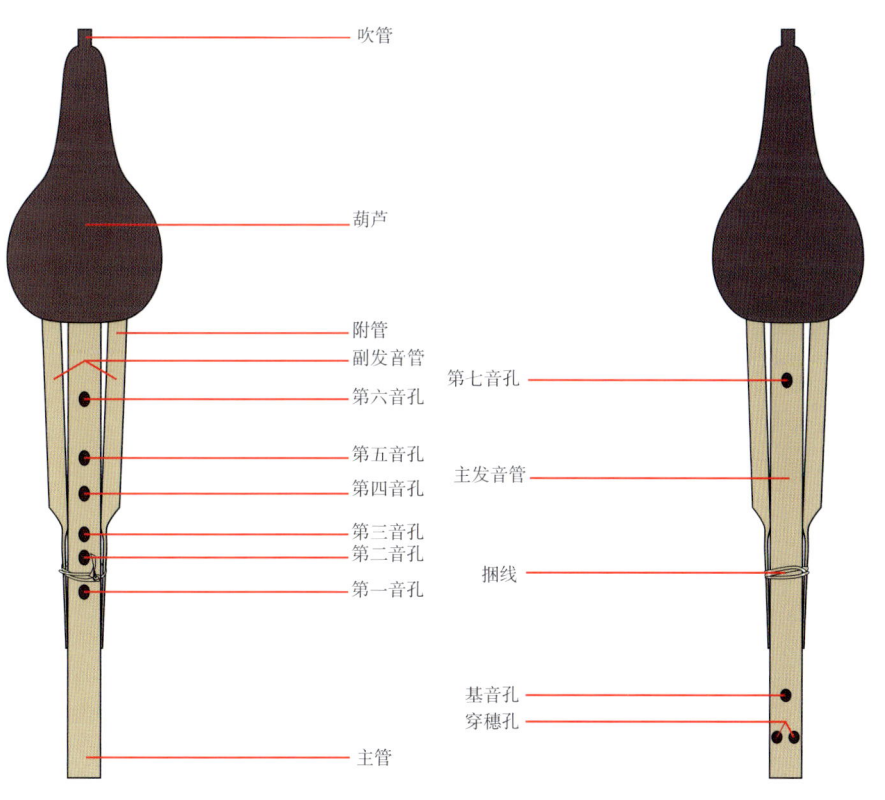

图三　傣族葫芦笙结构名称图

第四章　傣族传统生活用具

305

发 音	指 法	气 流
7	● ● ● ● ● ● ●	气流最缓
1	● ● ● ● ● ● ◐	气流最缓
2	● ● ● ● ● ● ○	气流加急
3	● ● ● ● ● ● ○	气流较急
4	● ● ● ● ● ○ ○	气流适中
5	● ● ● ● ○ ○ ○	气流适中
6	● ● ● ○ ○ ○ ○	气流适中
7	● ● ○ ○ ○ ○ ○	气流适中
$\dot{1}$	● ○ ● ● ● ● ● ● ○ ● ● ● ● ●	气流较缓
$\dot{2}$	● ○ ○ ○ ○ ○ ○	气流较缓
$\dot{3}$	○ ○ ○ ○ ○ ○ ○	气流更缓

注：表中第一至第七音孔的排列是按从右到左的顺序，"●"表示闭孔，"○"表示开孔

图四　傣族葫芦笙指法图

图五　傣族葫芦笙演奏示意图

傣族竹板琴

图一　傣族竹板琴主图

竹板琴，傣语称"嘎拉撒"，属傣族传统打击乐器，过去为宣慰使司专有，并在各种节庆活动以及宗教仪式中使用。竹板琴是以竹板作为发音体的打击乐器，普遍流传于东南亚及我国云南的傣族地区。傣族的竹板琴最初从缅甸传来，目前仅在个别佛寺中能够见到，流行的范围也较窄。

本案例中的竹板琴为西双版纳民族博物馆藏品，由竹质音板和木质共鸣箱共同构成。共鸣箱整体接近于船形，较长的外侧面上有浮雕彩绘花纹，中心部位是一朵莲花，莲花两侧为盘绕的花叶纹，所有的花、叶上均施彩绘，有红色、黄色、绿色、蓝色、黑色等，花纹外的部分施白色。共鸣箱较短的侧面光素无纹，外施蓝色，顶端为葫芦形，用于拴挂音板上的麻绳。共鸣箱内壁施红色。共鸣箱底部还有一束腰的底座，表面有浅浮雕的仰覆莲花纹，并施黄色、红色、绿色、蓝色等彩绘。

竹板琴的竹音板由竹板制成。竹子具有优良的弹性和振动性，强度较大，纹理通直，是制作乐器的优良材料。竹板琴上由麻绳串联的22根竹板的长度、宽度和厚度均不相同，由此而形成高低不同的音域，制作时要对每根竹片进行定音和调音，然后再将竹片按音高低顺序排列并串联起来。演奏时，将竹板琴置于地上，手持两个小槌对竹音板进行有节奏地敲击。

竹音板的发音虽然悦耳明亮，但是，由于被小槌反复击打以及曝露在温度和湿度变化较大的环境中，竹音板极易开裂，从而影响音质。因此，在竹音板的加工过程中，如何防止其开裂就成为非常棘手的问题。这一问题至今未能彻底解决，这也是竹板琴不甚流行的原因之一。

图片来源
图一　倪玉湛　摄影
图二至图四　王健　制图
图五　张子扬　制图

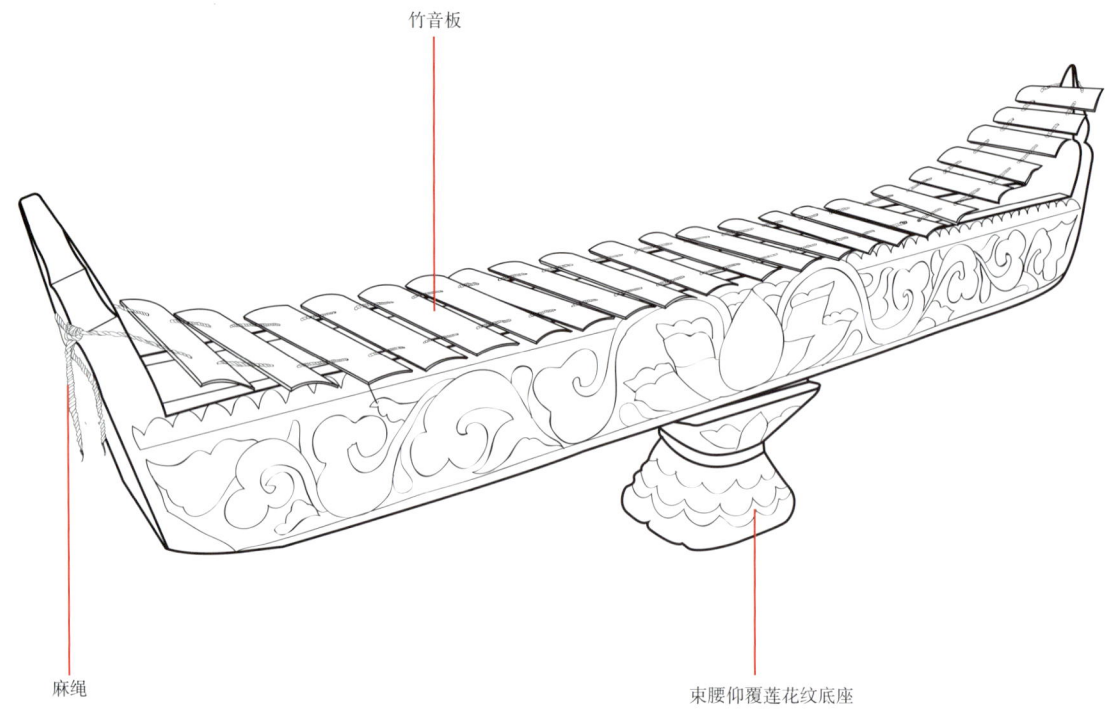

图二　傣族竹板琴结构名称图

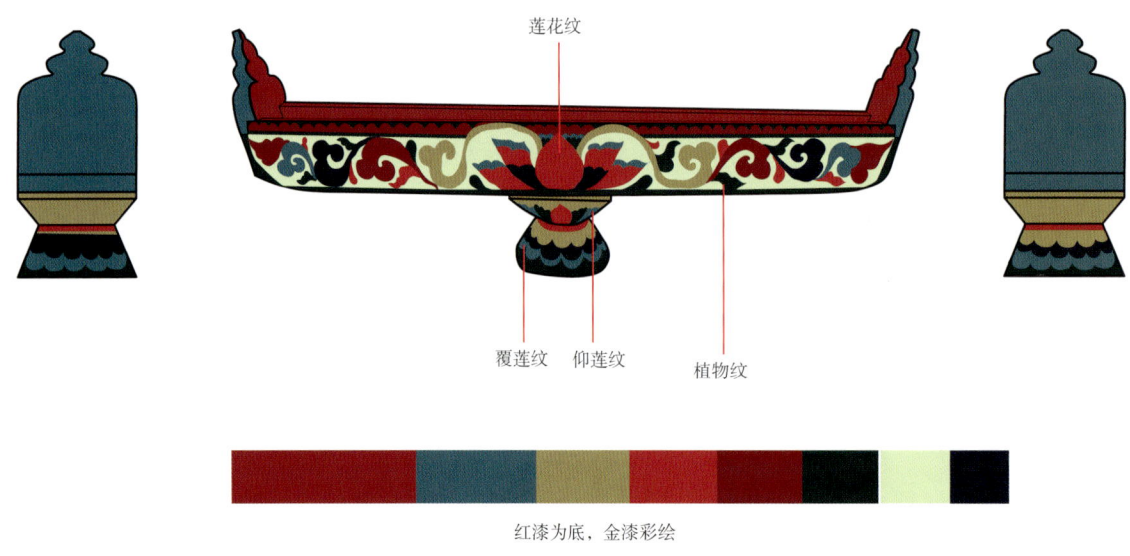

红漆为底，金漆彩绘

图三　傣族竹板琴图案及色彩分析图

1.挑选竹龄三年以上，经烈日晒过的竹子　　2.将砍下的竹子剖为四片　　3.泡在水中或泥水中约四个月

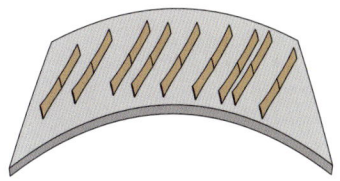 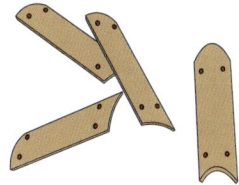 

4.捞出放在厨房天花板上自然晾干　　5.取其音色最好的进行打孔　　6.用麻绳或丝线将其串联起来

图四　傣族竹板琴的竹音板制作流程图

图五　傣族竹板琴演奏示意图

第四章　傣族传统生活用具

傣族椰子胡

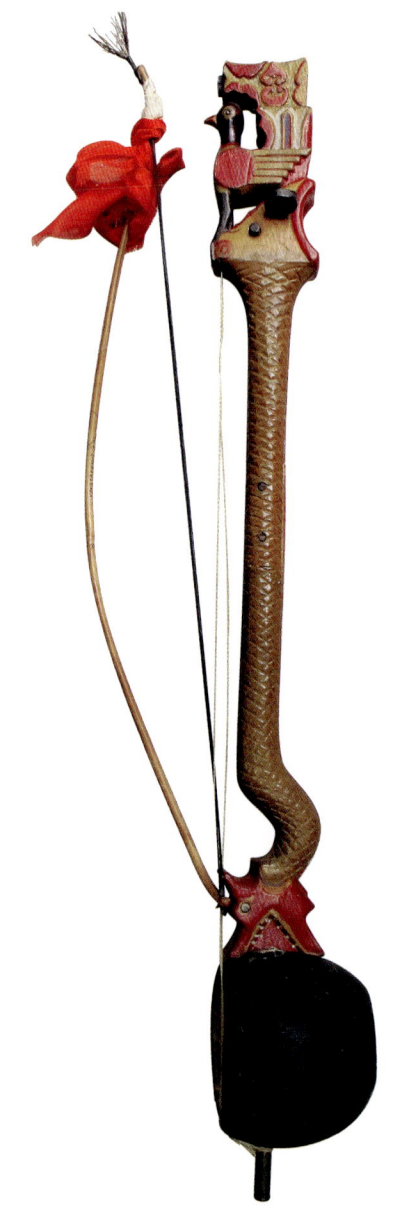

图一 傣族椰子胡主图

椰子胡,是傣族传统弦鸣乐器,属胡琴的一种,类似于二胡,其发音较小,音色柔和,多用于伴奏,亦可独奏,原流行于西双版纳傣族聚居地区,但目前已极少见到,几近失传。

本案例为云南民族博物馆藏品,由共鸣箱、琴杆、旋轴、琴弦、弓等部分构成,总长76厘米。共鸣箱由椰壳制成,两端各削开大小不同的开口,大口直径11厘米,小口直径7.8厘米,大口一端蒙有笋壳(原物已佚)。椰壳一端连着琴杆,其整体为一木雕的龙,怒目圆睁,张着大口,龙头和脊背髹红漆,龙身髹黄漆。木龙的尾部也就是椰子胡的顶端还雕有一直立的凤鸟,亦通身髹有各种彩漆,形象极为生动。木龙部分总长45厘米、宽3厘米、厚2.5厘米;凤鸟部分长14.5厘米、宽7厘米、厚2.5厘米左右。凤鸟身下的基座两侧还各有一旋轴,用于调节两根琴弦(多为钢丝)的松紧度。琴弦从旋轴处沿着龙脊一直下延到椰壳的大口处,并缚于椰子胡底端的子弹壳上。椰子胡的弓由竹子制成,弓弦为马尾,弦长55厘米,弓的最高点至弦12.5厘米,弓与琴分体,二者并不相连。

椰子胡的演奏方法较为特殊,先将琴杆套入琴弓中,然后琴面朝外,左手持琴,右手握弓,将弓的马尾与琴弦相接触,即可"左右开弓"进行演奏。马尾既可与单弦接触发出单音,亦可与双弦接触发出复音。演奏时,左手还可以转动琴身与右手配合,并用手指压弦以控制声音的高低强弱。

图片来源
图一 倪玉湛 摄影
图二、图三、图五 单悦 制图
图四 单悦、张帅 制图

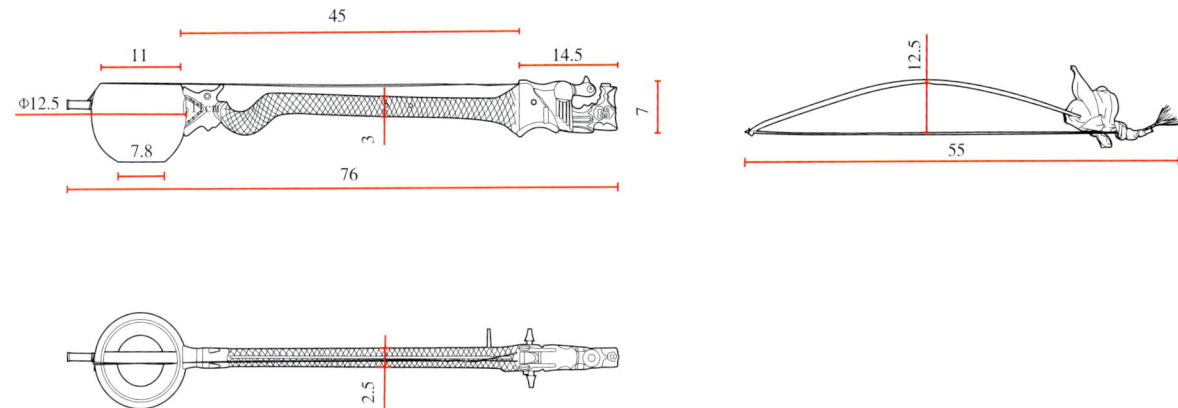

图二 傣族椰子胡尺寸图（单位：cm）

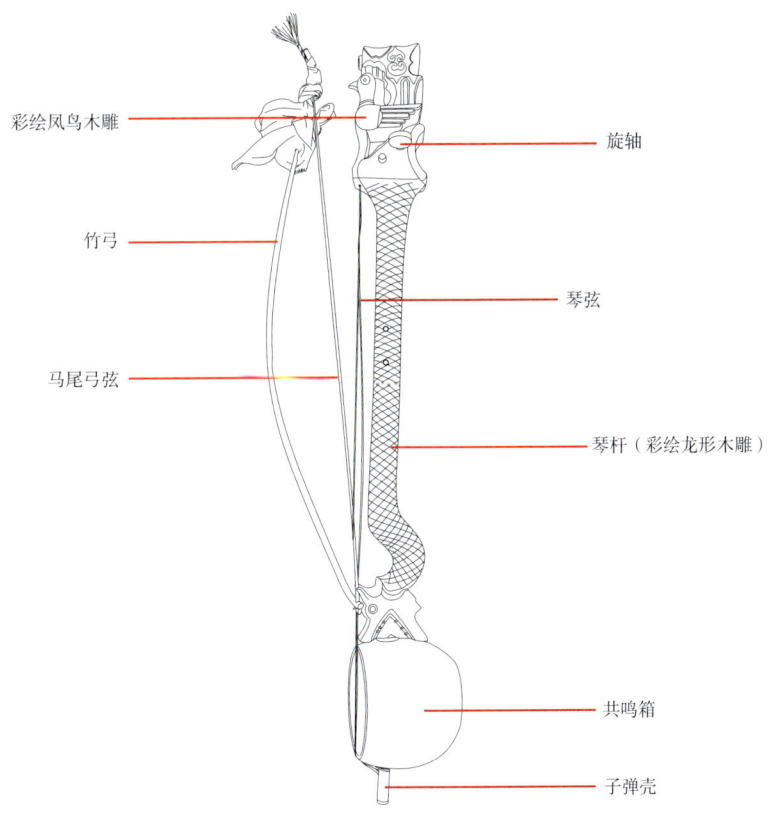

图三 傣族椰子胡结构名称图

第四章 傣族传统生活用具

311

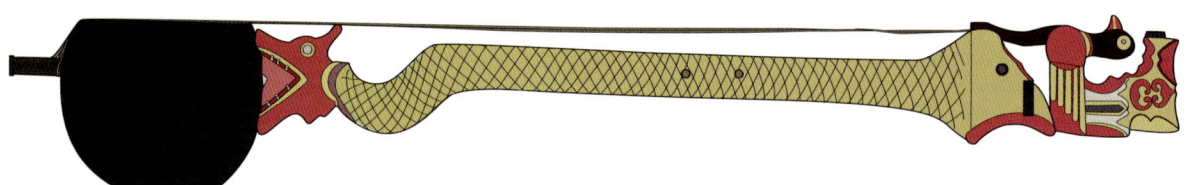

C:79	C:23	C:53	C:54	C:71	C:19	C:45	C:17	C:59	C:50	C:25	C:65
M:73	M:27	M:51	M:50	M:69	M:73	M:71	M:14	M:56	M:95	M:88	M:89
Y:72	Y:77	Y:91	Y:70	Y:85	Y:45	Y:47	Y:24	Y:74	Y:81	Y:65	Y:84
K:46	K:0	K:3	K:1	K:43	K:0	K:0	K:0	K:7	K:23	K:0	K:59

图四 傣族椰子胡色彩分析图

图五 傣族椰子胡使用情境图

傣族排铓

图一　傣族排铓主图

本案例源于云南德宏州，现收藏于云南民族博物馆。排铓是一种敲击体鸣乐器，流行于傣族、景颇族、德昂族等民族中。傣语称之为"蒙省""铓笙"，在云南省德宏和孟连等地使用。

排铓主要由铓、槌、连动杆和木架组成，铓有5面，大小不等，音调也不同。在制作上要考虑其面径和边宽，排铓一般按四度、五度或三度音程排列。每面铓旁边都置有一槌，槌连接在连动杆上固定于木架之上。整架排铓装饰精美，彩绘有红、黑、黄等颜色，雕刻技艺精湛，尤其是排铓木架之首，制作极讲究，运用浮雕、镂雕、圆雕等手法雕刻有卷草、莲花、孔雀、几何纹样，是一件极具视觉效果的乐器。

演奏排铓时，通常将其置于地上，演奏者下蹲，左手扶木架，右手握把柄摇动连动杆，连动杆上的铓槌同时击铓发出声响，音响浑厚洪亮。也可以两人肩抬排铓，由后面一人演奏，边走边奏。

排铓常用于节日庆祝，在人们跳孔雀舞、象脚鼓舞、马鹿舞等其他节日舞蹈时，排铓可为这些民间舞蹈伴奏，有时还可用于耍棍、耍拳等民间娱乐场合。

图片来源
图一　胡春涛　摄影
图二至图五　贺雪岚　制图

图二　傣族排铓线描图

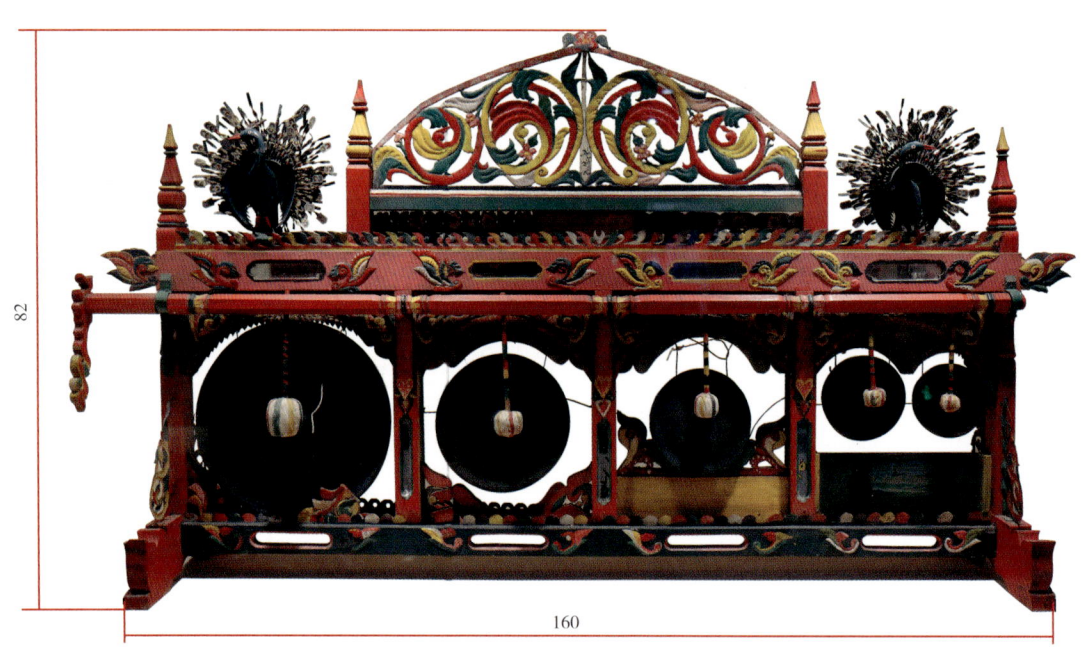

图三　傣族排铓尺寸图（单位：cm）

图四　傣族排铓演奏示意图

图五　傣族排铓演奏情境图

第四章　傣族传统生活用具

第五章 傣族传统生产工具

傣族轧花机

图一　傣族轧花机主图

本案例现藏于云南省博物馆，采集自西双版纳，是将棉絮与棉籽分离的手工操纵机器。

轧花机也叫压花机，木质，整体呈"T"形，用4块木板作轧花机的架子，最下方的木板横截面为正方形，上凿榫，将两根长木条插入其中作两侧的立木，立木上有凿孔，将另一块薄的木板插入连接，轧花机的木架子就搭建起来了。在木架的上方接入并列的两根圆木，下面的那根圆木与木质曲柄相连，一旦摇动木质曲柄，两根木轴便相互轧动，分离棉絮和棉籽。一般一人操作即可，操作时，人坐于轧花机后面，两脚踏在"T"形架上，右手摇动碾轴，使其带动上方辊轴旋转，左手放上棉花，利用两轴互相碾轧，可将棉絮和棉籽分离，棉籽被挤出落于车前，棉絮则顺着轧辊的转动落入车后。这种轧花车与王祯《农书》中所载的"木棉搅车"相似。一般来说，傣族妇女一人一天可轧棉5—10千克，轧花机工作效率要比手剥高多了。

结构简单，但在一些细微的设计中可见傣族人民极高的创造力，如为了避免两根圆木与轧花机木架上横梁相冲突，在圆木下方垫了一块方木，齿轮下方特意削去边角使之呈半圆弧形。只要一摇曲柄，下方的圆木就带动上方的圆木开始工作，动力的传导全来自木质齿轮呈螺旋状的设计。第一，曲柄的设计，避免了手柄距轧花机立木太近而擦伤手背；第二，曲柄摇杆的设计可以提高圆木的转速，摇杆转一圈，圆木可以转很多圈，提高效率，还可以省力。

图片来源

图一　胡春涛　摄影

图二至图五　梁倩倩　制图

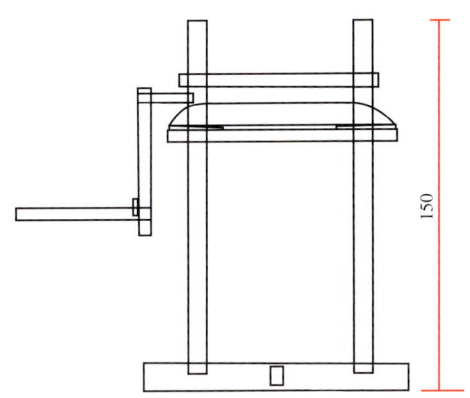

图二　傣族轧花机尺寸图（单位：cm）

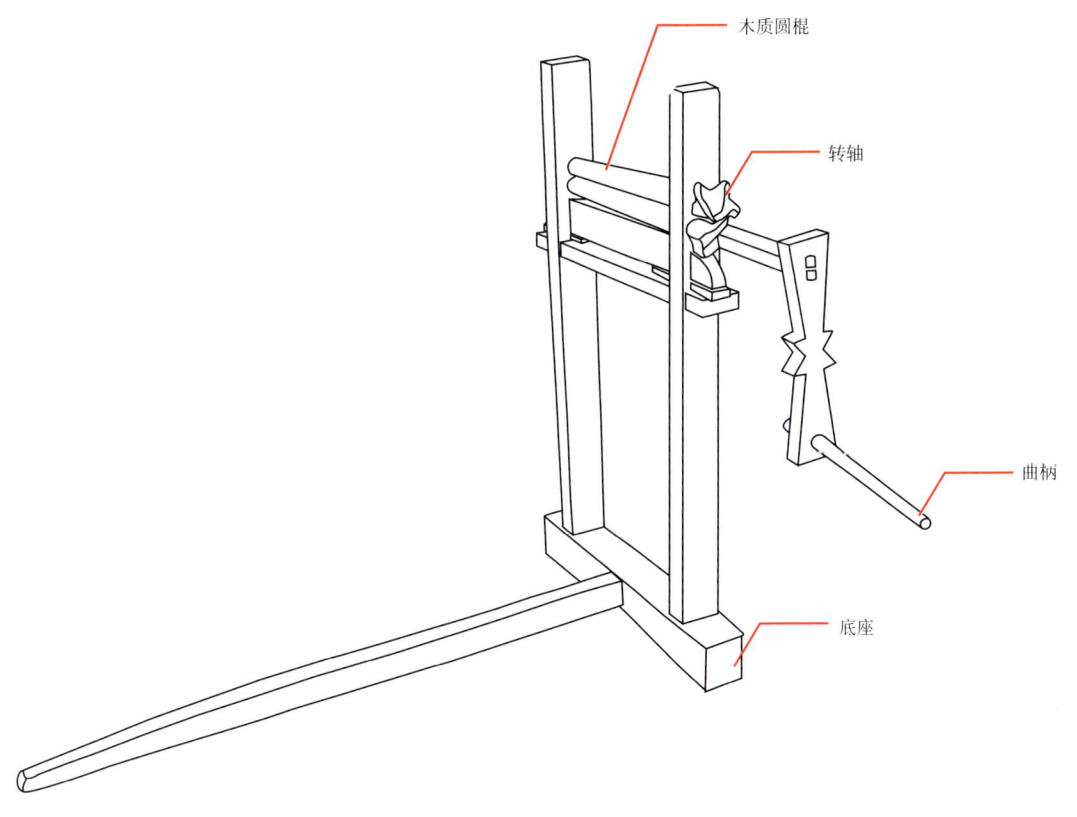

图三　傣族轧花机结构名称图

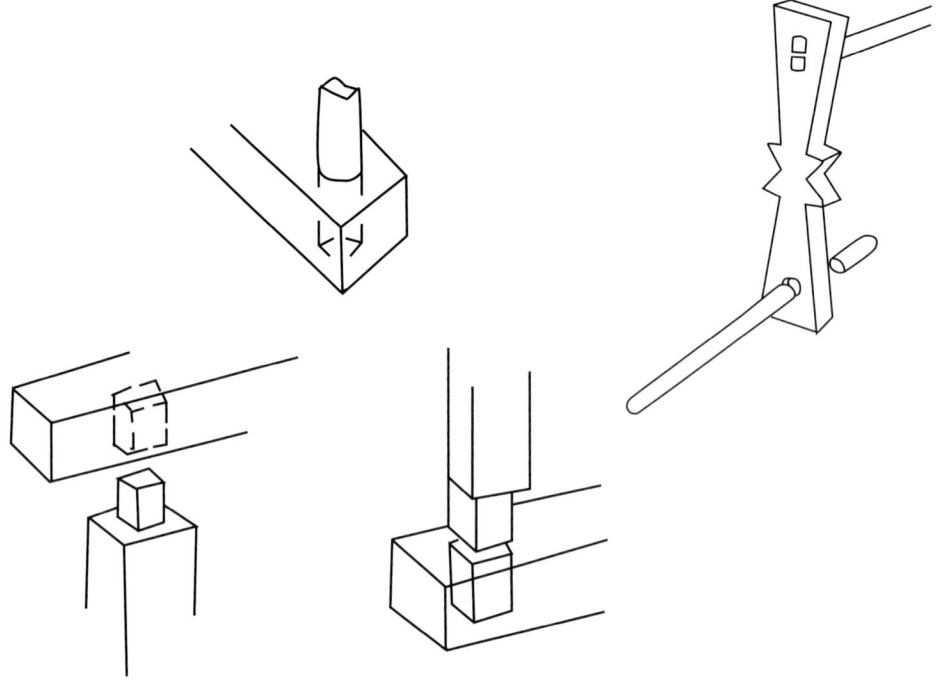

图四　傣族轧花机部分结构细节图

图五　傣族轧花机使用情境图

傣族板锄

锄头是极为常见的农具。傣族的农耕技术起源较早，稻作农业极为发达，故而锄头的使用也非常普遍。远古傣族先民使用的多是竹锄或木锄，当他们掌握了制铁技术后，铁锄便流行开来。

本案例中的板锄，采集自云南新平县戛洒镇大槟榔园村，整体由竹质锄把和铁质锄头组合而成。竹质锄把长141厘米，由一根竹竿制成，直径3厘米左右。锄头由锄叶和銎管两部分构成，总高25厘米，刃部宽17厘米，銎管外径5.5厘米，高4.5厘米。銎管是插接竹质把手的部分，由于其内径比竹竿稍大，故在竹竿和銎孔之间塞入三根销钉，以使两者牢牢固定，不至于在劳作时相互脱离。锄叶中部连接銎管的部位一侧鼓起，另一侧有凹槽，目的是为了能够更好地与銎管进行焊接，同时还可以增加锄叶的机械强度。

板锄主要用于掘土、松土、除草等劳作，操作时双手握住锄把，将锄头扬起，利用锄头的重力略微用力向下挥动，即可进行上述劳作。这种形制的板锄流行广泛，在云南西双版纳傣族中也极常见，锄把也有木质的，是十分方便、高效的农具。

图片来源

图一　朱思晴　摄影
图二至图五　朱思晴　制图

图一　傣族板锄主图

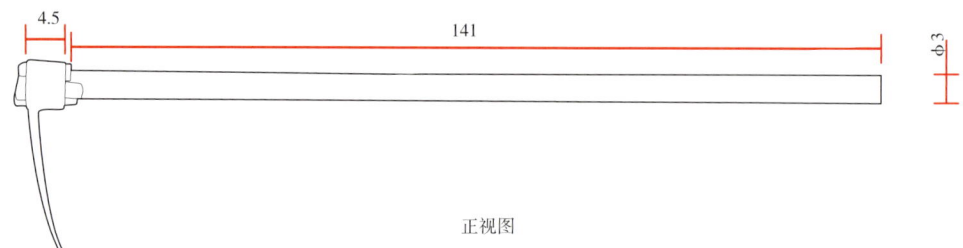

正视图

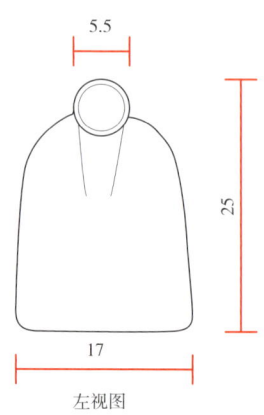

左视图

图二 傣族板锄视角、尺寸图（单位：cm）

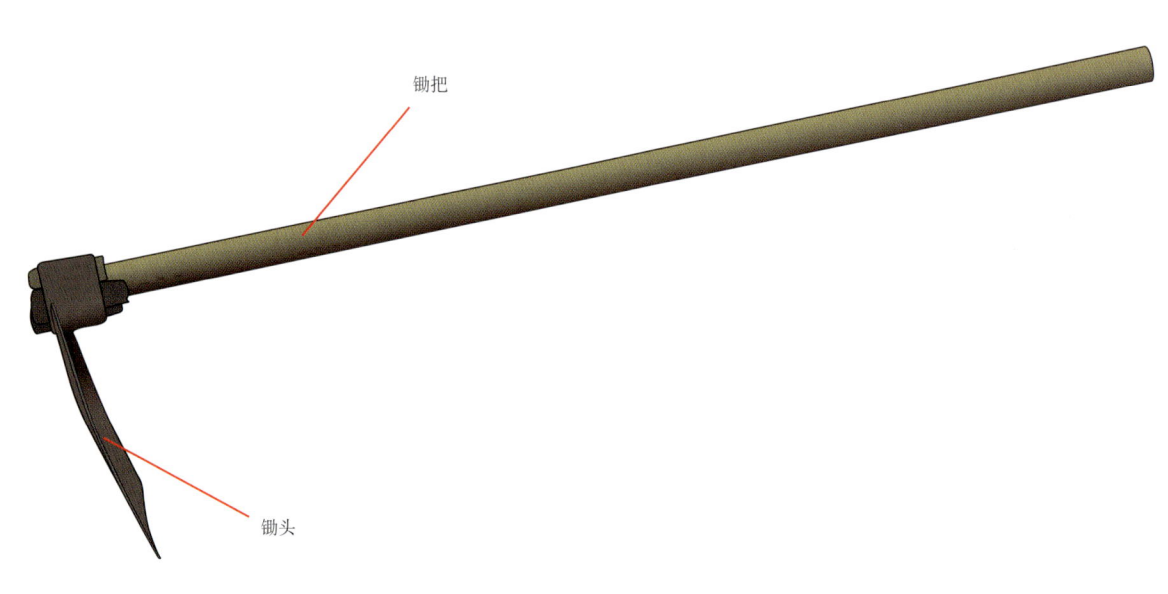

图三 傣族板锄结构名称图

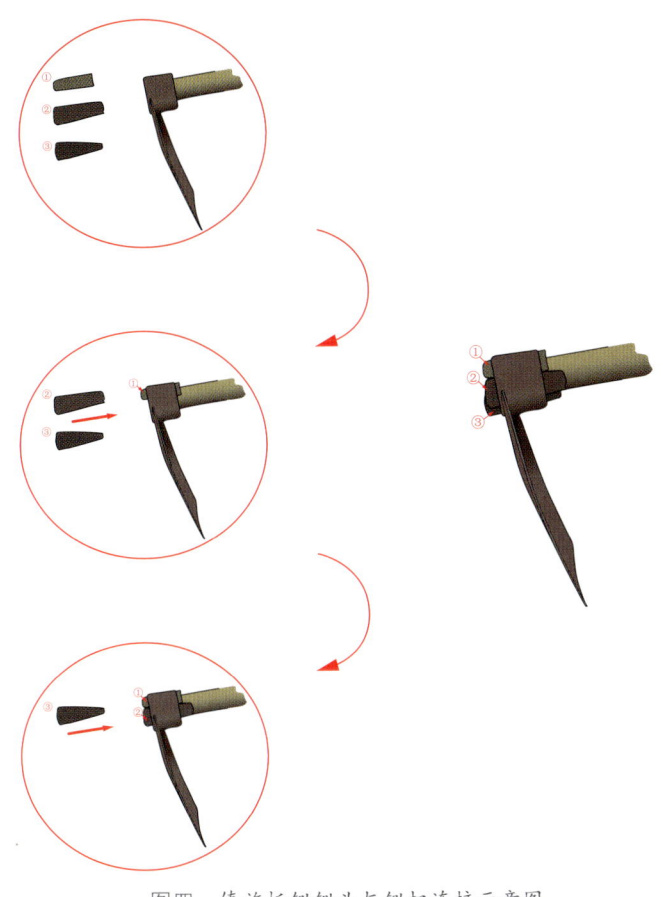

图四 傣族板锄锄头与锄把连接示意图

图五 傣族板锄使用示意图

第五章 傣族传统生产工具

傣族分水器

图一　傣族分水器主图

傣族拥有悠久的水稻种植历史，与稻作农业相适应，傣族的水利灌溉也形成了相对完善的管理体制，达到了较高的技术水平。傣族人民发明的一种极为特殊的灌溉配水设施——分水器，以及由此而产生的相关管理制度，是傣族人民对早期农业灌溉体系的卓越贡献。

分水器由两部分组成，一部分是木制的呈阶梯状圆柱形的配水量具，傣语叫"根多"，汉语称"竹筒塞"。根多的每段圆柱上均写有刻度，代表着配水的量级，如版纳（即1000纳，纳为傣族稻田面积计量单位，约为1/4亩）、800纳、700纳……依次递减。需要指出的是，并非所有刻度均和实际灌溉的稻田面积相一致，如同等面积的保水田和不保水田，前者的用水量相对较小。根多只是一种度量衡性质的工具，并不作为输水灌溉用。

分水器中实际用于输水的部分叫"南木多"，汉语称"水竹筒"，是水分流的通道。南木多一般选取直径10厘米的竹子制作，其长度以沟渠宽度为准，两端必须能伸出沟渠一部分。制作时一般要截取带有两个竹节的竹筒，顶端必须连着一个竹节，将竹筒剖成两半，挖掉竹筒内的第二个竹节隔断，并打磨光滑，然后再在顶端的竹节隔断处分别开挖半孔，孔径大小要用"根多"进行适配，制好后，将两半竹筒合并，用竹条捆缚结实。这种南木多抗压能力稍差。还有一种制法，就是保留竹筒上半段的完整性，仅从底部剖至第二个竹节处，横切下所剖部分的一半，然后将第二个竹节隔断除净打磨，再在顶端竹节上钻出需要的孔洞，最后将剖下的部分与原来部分捆扎结实。这种制法的抗压强度要大一些。

南木多要横埋在不同层级的沟渠之间以及沟渠与稻田之间，在埋设时非常讲究，一般埋于沟渠高度的1/3处，分水口一端位于干渠一侧（进水口）。如采取第一种制法，南木多原来被剖开的截面要与沟渠底面平行，如采取第二种制法，要将南木多整体部分置于上方，另一部分位于下方，方能更好地抗压。为避免在输水过程中分水口被堵塞，还须放置一个竹编筛箩，一般被装于进水口处。

图片来源

图一　倪玉湛　摄影

图二至图五　王健　制图

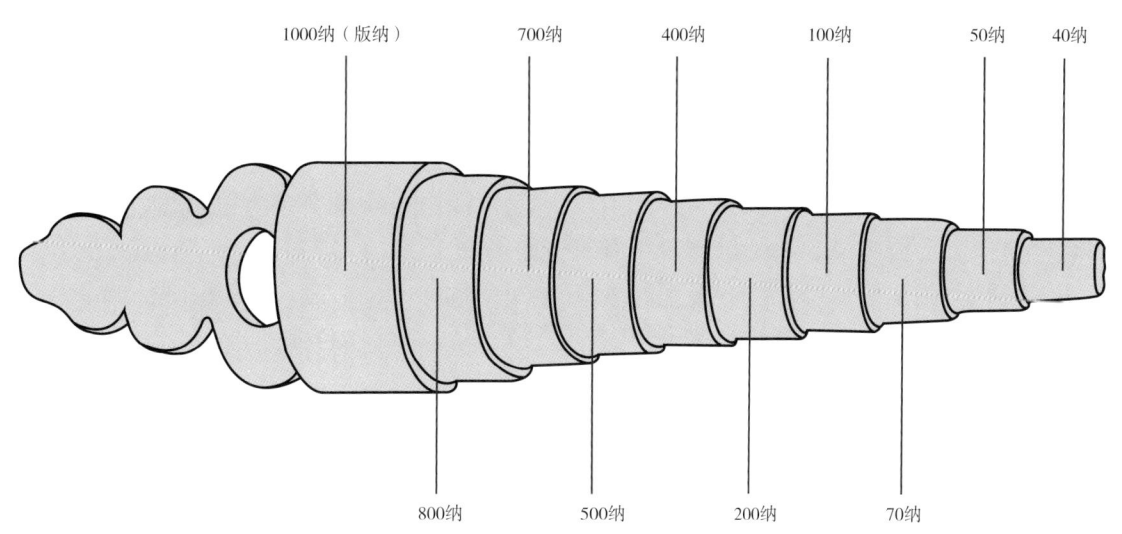

图二　傣族分水器根多配水量级示意图

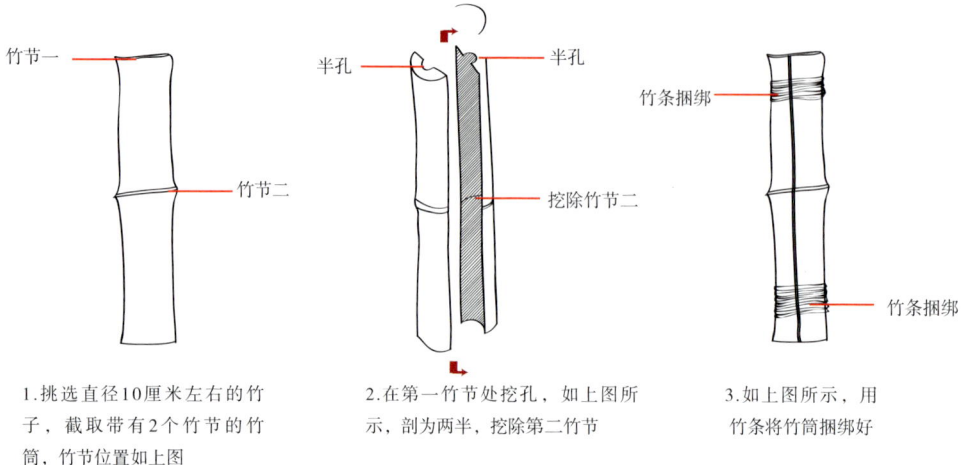

南木多制作方法一

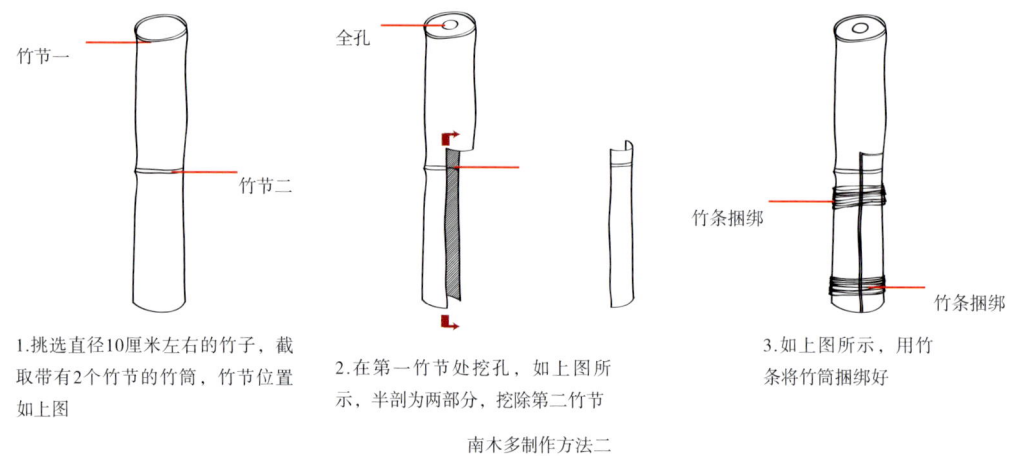

南木多制作方法二

图三 傣族分水器南木多的两种制作方法

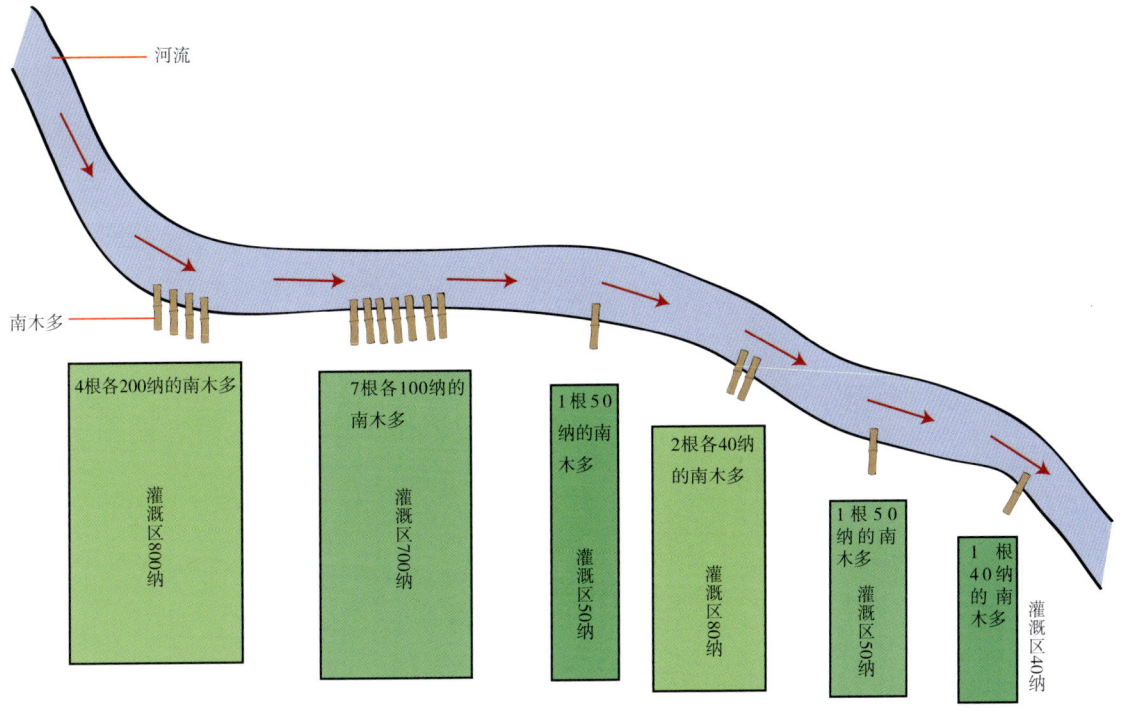

图四 傣族分水器南木多分水示意图

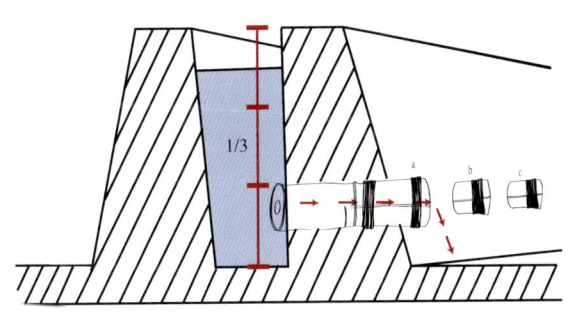

南木多埋放位置示意图

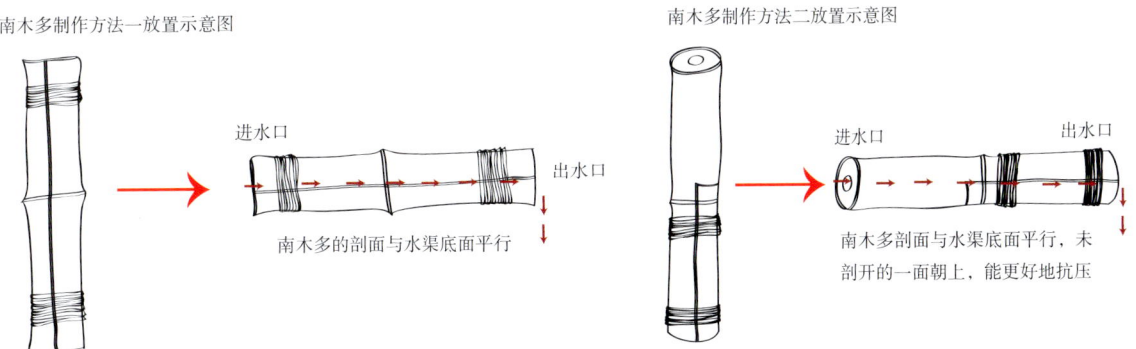

图五 傣族分水器南木多埋放示意图（注：➡表示水的流向）

傣族芟刀

《说文》："芟，刈草也"。芟刀，也称"艾（音刈）刀"，是割除稻秆和茅草的传统农业生产工具。使用芟刀刈除稻草的劳作方式出现得很早，四川地区出土的汉代《弋射收获》画像砖中就有芟草劳作的图像，而在现今的傣族地区一直沿袭着这种传统的生产方式，并且极具特色。

本案例由木质刀杆和铁质刀头两部分组成，采集自景洪橄榄坝曼春满村。刀杆为一细圆木，长100.5厘米，直径3.5厘米。刀头整体由銎部和刀片构成，銎长10厘米，銎孔上端最大直径为4厘米，内插刀杆，并用铁质铆钉加以固定。刀片三面开刃，总长27.4厘米；刀片从銎底弯折，与銎呈135度夹角，刀片根部宽4厘米，刀片外端宽7厘米。芟刀制作工艺较为简单，木质刀杆采用基本的木工工艺即可制作，铁质刀头运用了铸造和锻造工艺，刃部须事先进行锻打，然后进行打磨才会锋利。芟刀的使用简单而高效，双手握住刀杆，腰部略向下弯，使刀片与地面平行并保持适当距离，然后左右挥动，即可将稻秆或茅草拦腰切断。

从设计学的角度看，芟刀的设计十分合理，刀杆的直径非常便于握持，刀杆的长度非常便于挥动，刀片与銎部的夹角恰好符合切割操作的要求，同时由于铁质刀头质量较大，增加了劳作时的惯性，从而比较省力高效。因此，傣族的芟刀是功能性十分突出的设计作品。

图片来源
图一、图四　徐贤如　摄影
图二、图三　徐贤如　制图
图五　黄鹏　制图

图一　傣族芟刀主图

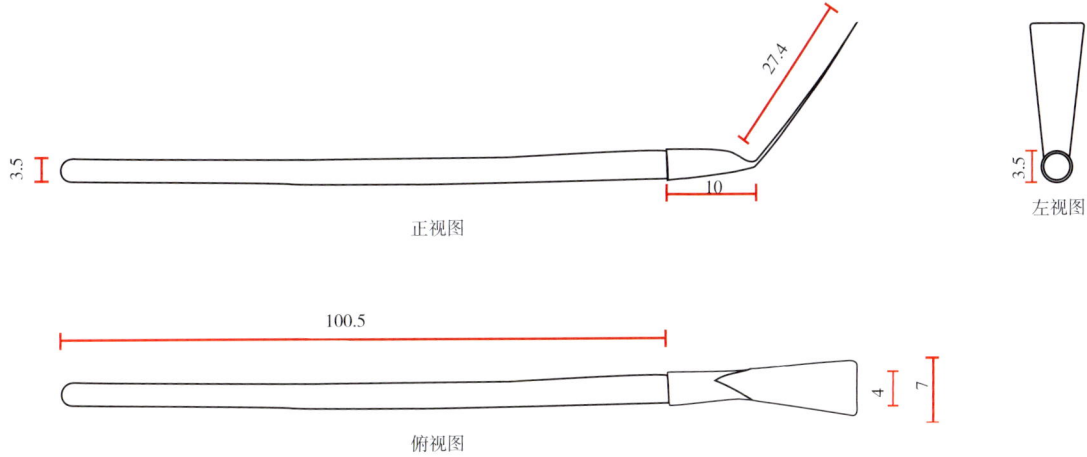

图二 傣族苤刀三视、尺寸图（单位：cm）

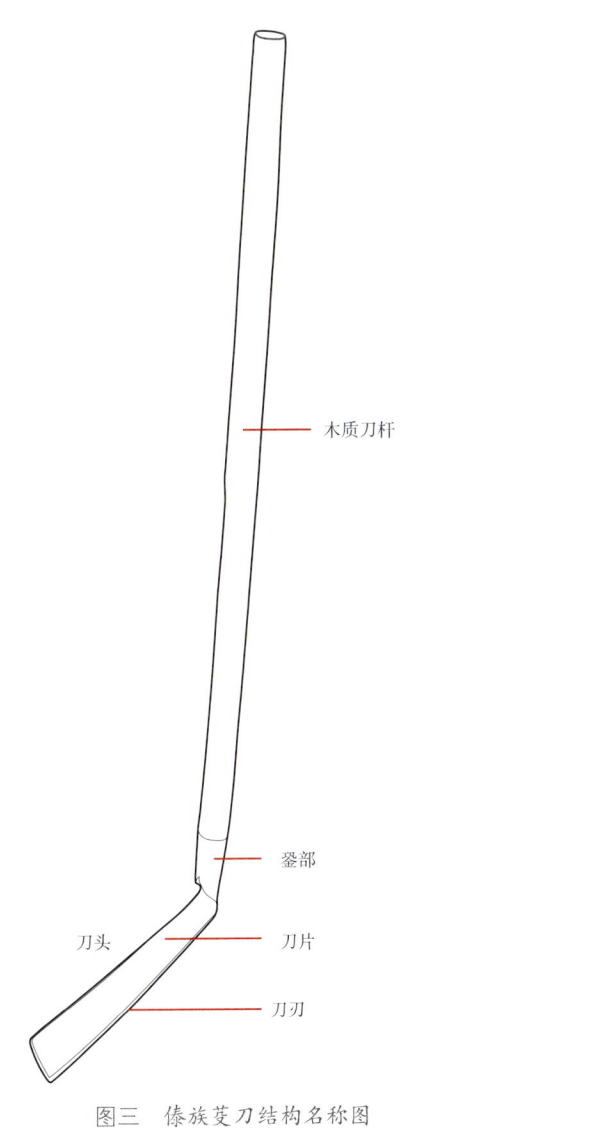

图三 傣族苤刀结构名称图

图四　傣族芟刀刀头细节图

图五　傣族芟刀使用示意图

傣族打谷棍（一组）

在云南少数民族的农业生产中，早期使用手搓或牛踩的方式进行谷物脱粒，后来发展出专门用于脱粒的工具，打谷棍就是其中的一种，在云南西双版纳和德宏地区的傣族中打谷棍使用较为普遍。

傣族的打谷棍主要有三种形制，多以竹、木等材料制作。第一种为"T"形，总长63厘米，柄为竹质，柄末端直径2.7厘米，以榫卯结构与木质棍头相连；木质棍头长30.6厘米，中间最宽处3厘米，厚2.5厘米，卯孔长2厘米、宽1厘米。第二种为曲尺形，也称"弯棍"，以竹茎为手柄，以竹枝为弯头，竹茎长81.3厘米，厚1.2厘米，末端宽2.8厘米，顶端宽2厘米，弯头长28厘米，有时弯头部位须要用火烘烤才能得到合适的角度。第三种为掌形，总长72.8厘米，柄部长15.5厘米，柄端截面3厘米×1.4厘米，用呈一定弧度的长竹片制成，先将长竹片预留一段作为手柄，然后把长竹片另一端纵向劈成三根等宽的竹齿，在竹齿与手柄的接触部位用火烘烤，使两边的竹齿向外撇开，以增加有效的打击面积。

打谷棍的主要功能是将稻谷从谷穗上脱离下来，使用时先将收获的稻谷置于大篾席上，然后手握打谷棍对稻谷不断进行击打，同时用笋壳扇将打下的碎屑扬走，即可完成稻谷的脱粒，这一劳作方式一般多在田间地头完成，操作极为简易。这组打谷棍选材适当，构造简单，设计上充分考虑了打谷时的方便和高效，是傣族人民在长期的生产活动中经验不断积累的成果。

图片来源
图一、图四、图七　史俊伟　摄影
图二、图三、图五、图六、图八、图九　史俊伟　制图

图一　傣族"T"形打谷棍主图

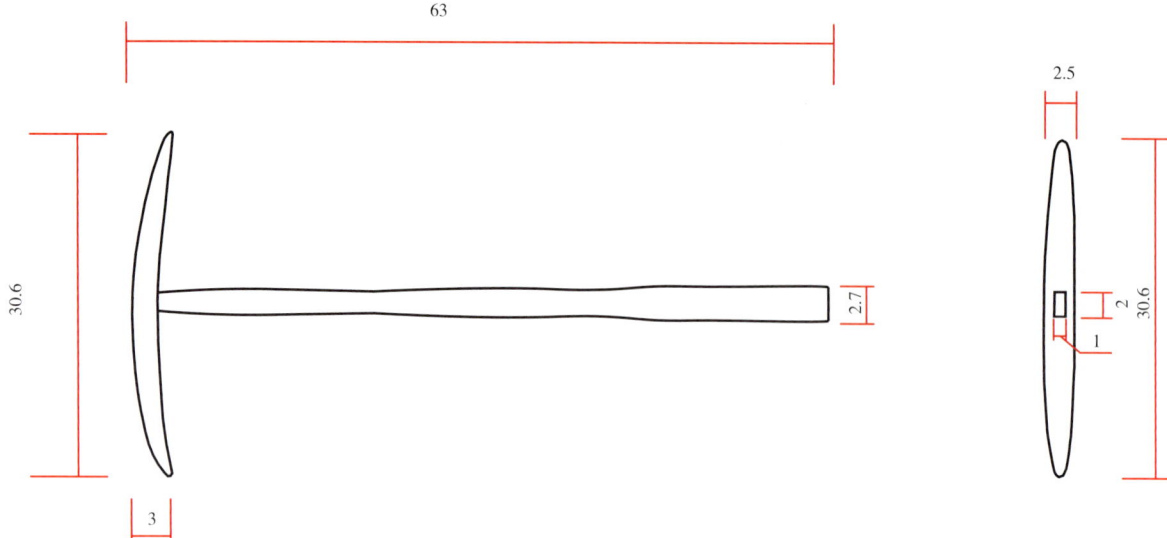

图二 傣族"T"形打谷棍尺寸图（单位：cm）

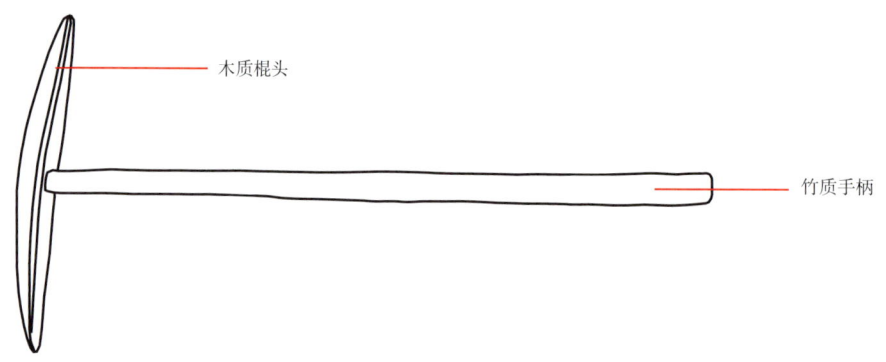

图三 傣族"T"形打谷棍结构名称图

图四 傣族曲尺形打谷棍主图

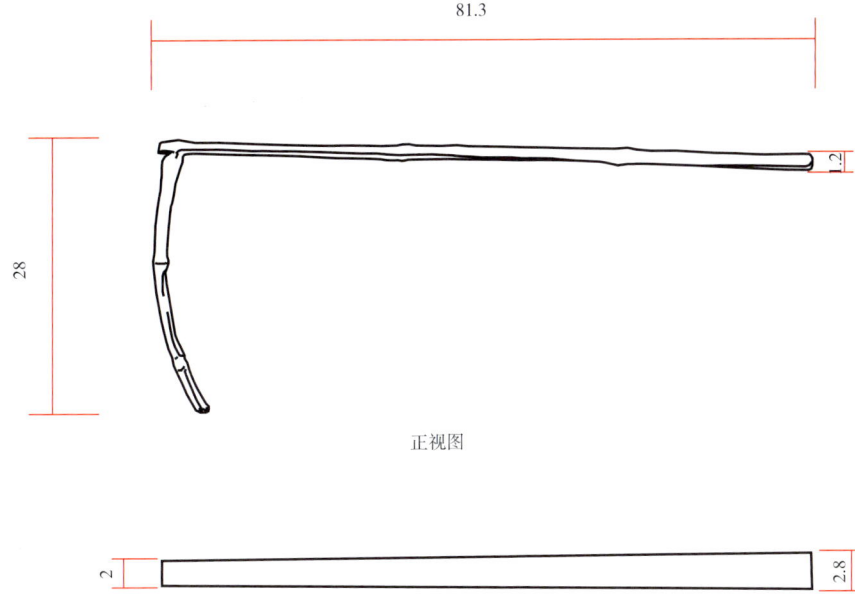

图五　傣族曲尺形打谷棍视角、尺寸图（单位：cm）

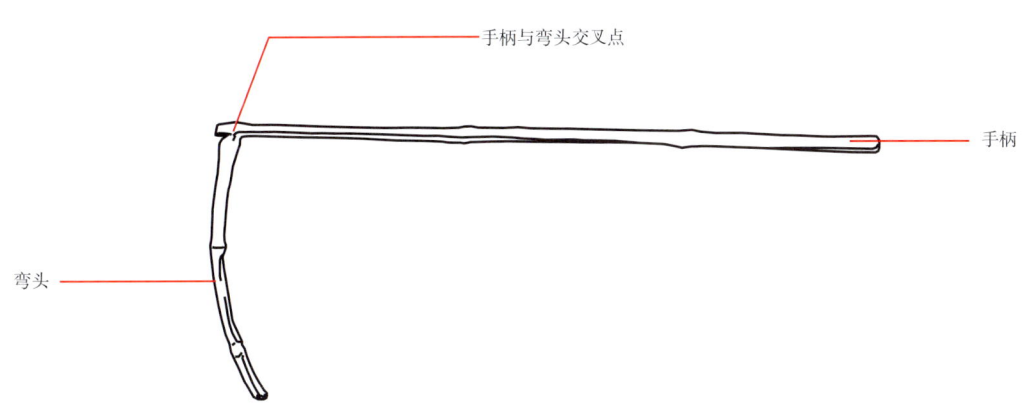

图六　傣族曲尺形打谷棍结构名称图

图七　傣族掌形打谷棍主图

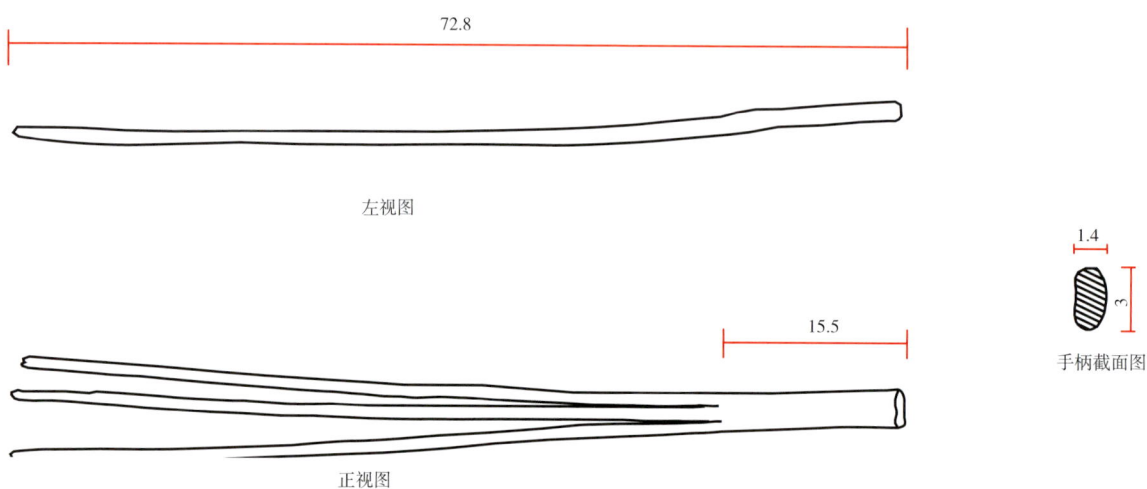

图八　傣族掌形打谷棍视角、尺寸图（单位：cm）

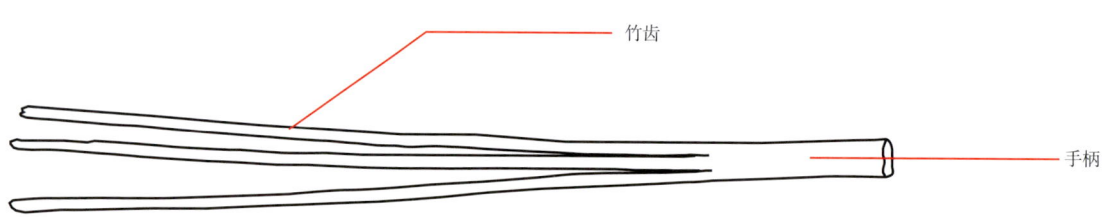

图九　傣族掌形打谷棍结构名称图

傣族钉耙

钉耙是传统农业生产中用于掘土、碎土、拢草、除草、集肥的常用工具，钉耙产生的时间很早，至今仍流行于我国的广大农村地区。钉耙按耙头的制作材料分，有铁耙和竹、木耙两种，汉族普遍使用的是铁耙，竹、木耙则多为少数民族常用的农具。

本案例为傣族木质钉耙，采集自云南景洪橄榄坝，整体由木把和耙头两部分构成，通长148.9厘米。木把的截面呈长方形，厚2.5厘米，外端宽3.4厘米、内端接近耙头的部分宽4.3厘米。耙头由耙座和耙钉两部分构成，耙座为一长方体木块，长39.6厘米、宽9厘米、厚3.8厘米，耙座外侧面上有一卯孔，长4.5厘米、宽1.3厘米，用于安插木把上的榫头；耙座底部均匀安插有9枚耙钉，耙钉长约8.5厘米（有磨损，原来可能更长）。

傣族钉耙通身以木材制成，制作流程并不复杂，将木把、耙座和耙钉分别制作完毕后，各组件再通过榫卯结构紧密相接，即可完成。使用钉耙时，木把是双手的握持部位，其棱角经过了打磨处理，故而握持起来较为舒适。耙座不仅是连接木把和耙钉的主要构件，其未插耙钉的一侧还可以用来敲击土块，又由于其本身就有一定的重量，故而在破土时更为便利。耙钉则是主要的作用功能区，可以用来进行拢草、平土等操作，使用时会有一定的磨损，但可以更换，以延长钉耙的使用寿命。

图片来源
图一　王逸群　摄影
图二至图五　王逸群　制图

图一　傣族钉耙主图

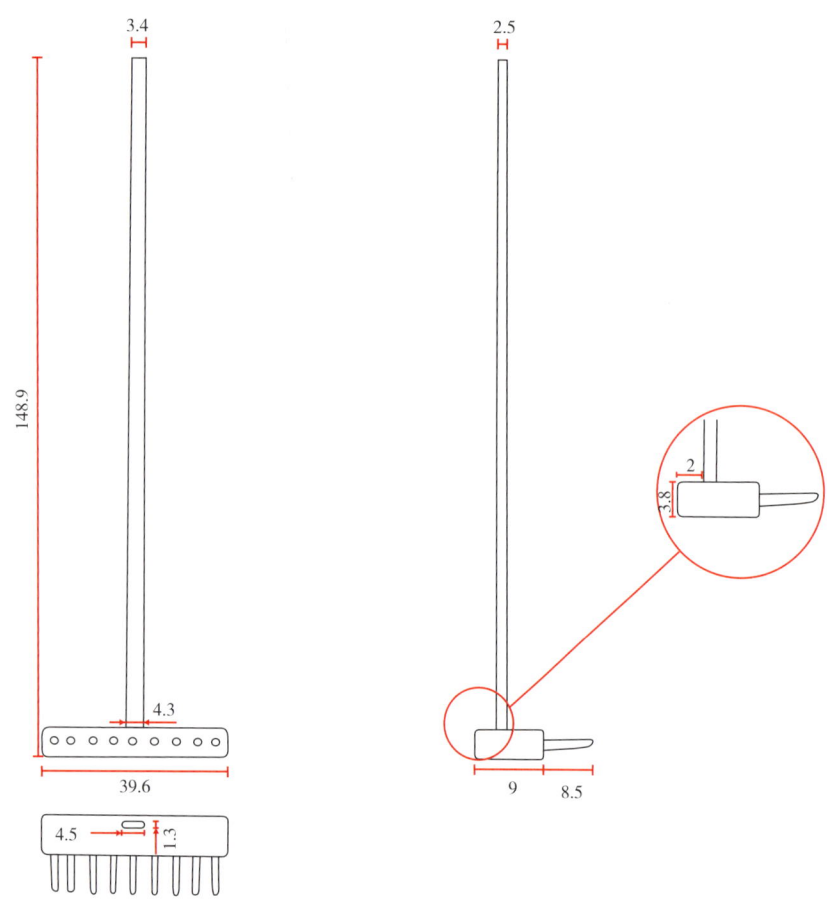

图二 傣族钉耙尺寸图(单位:cm)

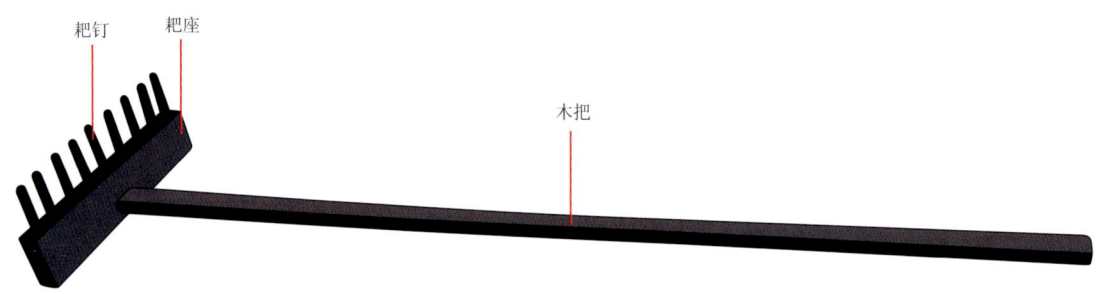

图三 傣族钉耙结构名称图

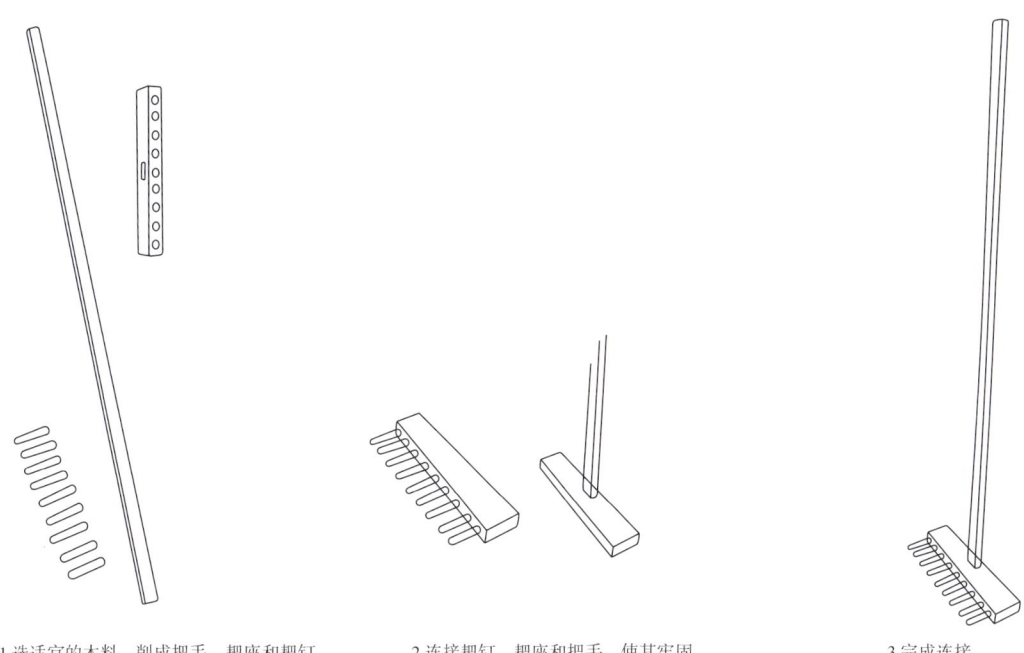

1.选适宜的木料，削成把手、耙座和耙钉　　2.连接耙钉、耙座和把手，使其牢固　　3.完成连接

图四　傣族钉耙制作流程图

图五　傣族钉耙使用示意图

第五章　傣族传统生产工具

傣族镰刀

图一　傣族镰刀主图

镰刀是用来收割庄稼、刈除杂草的农具。《周礼》："掌杀草，春始而萌之，夏日至而夷之"，所谓"夷之"，即是用镰刀除草的意思。古人还认为镰刀有廉洁的含义，如刘熙《释名》曰："镰，廉也，体廉薄也，其所刈稍稍取之，又似廉者也。"镰刀是伴随农业的出现而产生的，我国原始社会时期的裴李岗文化遗址就曾出土过石质镰刀，后来又出现了铜镰和铁镰。时至今日，镰刀仍然是农业生产中极为重要的工具。

本案例的镰刀，采集自云南景洪橄榄坝曼春满村，整体由铁质刀头和竹质把手组合而成，铁质刀头呈弯月形，曲线优美，顶端尖锐，中部最宽处2.5厘米，根部宽1.5厘米，刀头根部焊接有安插竹柄的短銎，銎长1.5厘米。镰刀头制作工艺简单，采用锻打的方法制成，还须经过淬火处理以增加强度，最后再把刀刃部分磨锋利。镰刀柄为圆柱状，由一段竹竿刮削而成，表面留有工艺痕迹，外露部分长18厘米，外端较粗，直径2.8厘米，内端塞入刀头的銎中。

镰刀的使用方法较为简单，先用左手握住一束稻谷或杂草，然后右手持刀，将刃部勾住稻束或草束，再向后刈割。操作时既可弯腰，也可采用蹲姿。傣族的镰刀不仅实用，造型也比较美观，弯月形的铁质刀头和笔直的竹质把手形成了曲与直的对比，在材料的触感上又形成了冷与暖的对比。

图片来源
图一　倪玉湛　摄影
图二至图五　单悦　制图

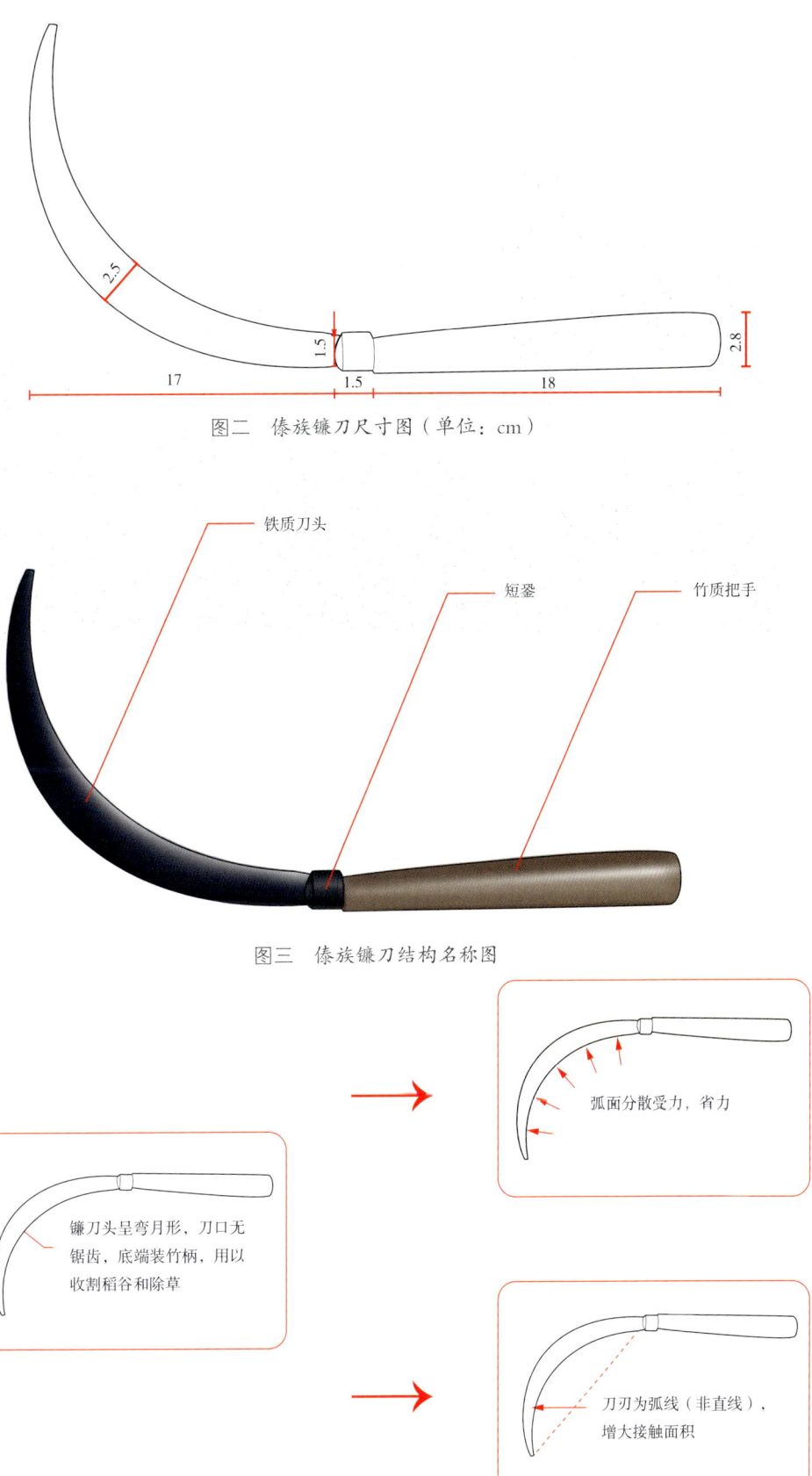

图二 傣族镰刀尺寸图（单位：cm）

图三 傣族镰刀结构名称图

图四 傣族镰刀刀头分析图

第五章 傣族传统生产工具

图五　傣族镰刀使用情境图

傣族竹鞘砍刀

图一 傣族竹鞘砍刀主图

本案例采集自德宏州。此案例分两部分：竹鞘和砍刀。竹鞘高24厘米，圈口直径9厘米，整体呈长方体，敞口；砍刀长48厘米，刀宽6厘米，由刀身和木柄组合而成，木柄为圆木棒，刀身前宽后窄，刀首前凸，呈鸟喙状。砍刀插入竹鞘内，需要用砍刀时就从竹鞘内抽出。

竹鞘是用竹子编织而成，竹鞘下部以小竹管并排穿合而成，竹鞘上部以细竹篾十字交叉编织而成，并由下往上渐次扩大，形成敞口状，方便砍刀插入竹鞘。在鞘身两侧留有双耳，穿入细竹丝编织成的竹绳，方便外出时将竹鞘砍刀背于背上，或系于腰间。

砍刀刀身是用铁料锻打而成，各少数民族基本都会打制这种简易的生活工具，其制作程序也相对比较简单，经过反复的淬火与锻炼后打制成形，将刀身装上木柄即可，使用前还须开刃。有的木柄上刻有绳索纹样，既有装饰效果，又能增加手和木柄的摩擦力；而且木柄稍长于砍刀：这些细节的设计能在工作中省去不少力气。

给砍刀配上竹编的刀鞘，一定程度上起到装饰美化的作用，其更重要的作用还在于防止在行走过程中背于身上的砍刀刮伤身体，因为相对于冷硬的刀刃，光滑和柔软的竹篾不易造成身体的伤害。另一方面，竹鞘还有利于保护砍刀。傣族认为给作为生活工具的砍刀配制刀鞘，其形式源于古代作为武器的刀剑和刀鞘、剑鞘，而傣族的这件竹鞘砍刀是古代知识与生活经验相结合的成果，功能完全服务于现实的需要。

图片来源

图一 云南省博物馆.人类学家的博物馆：民族文物藏品选.昆明：云南民族出版社，2011：16.

图二至图六 薛莹 制图

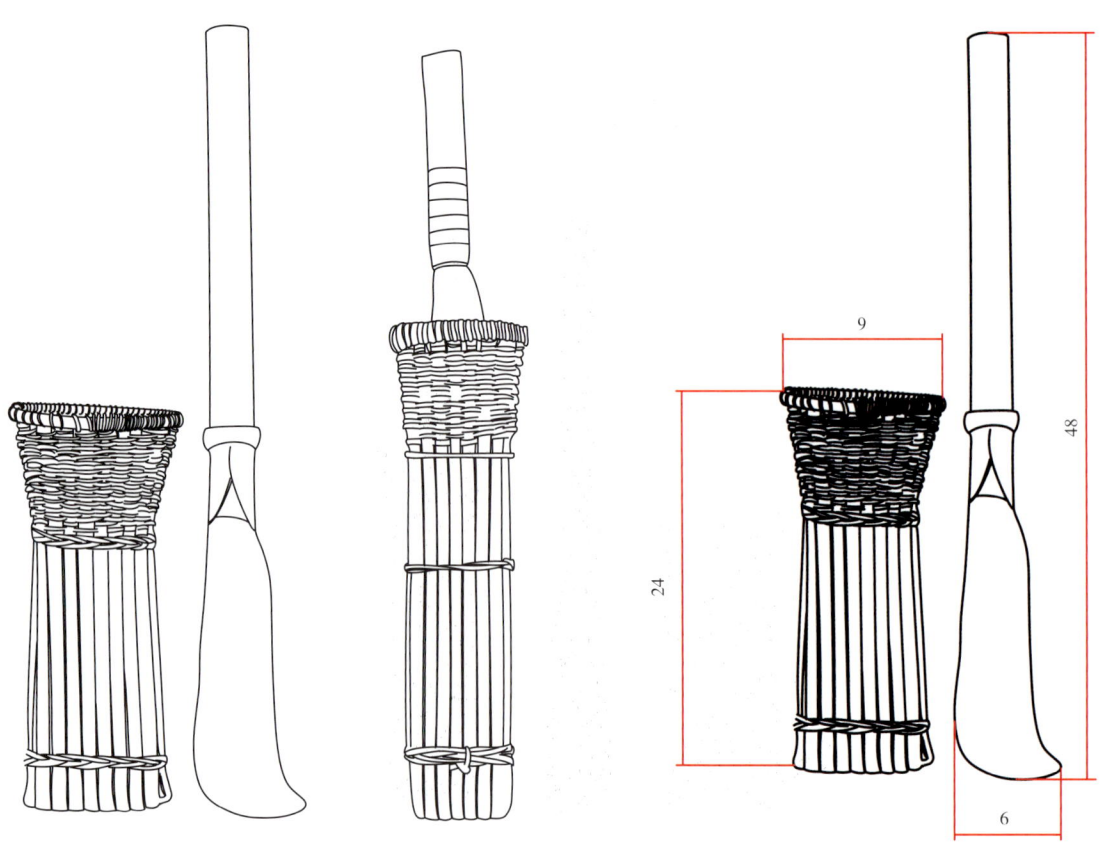

图二　傣族竹鞘砍刀线描图　　　　　图三　傣族竹鞘砍刀尺寸图（单位：cm）

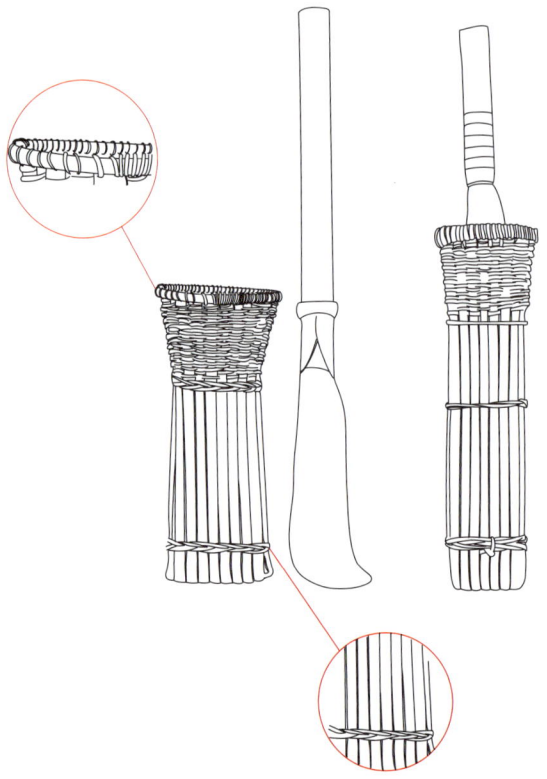

图四　傣族竹鞘砍刀局部分析图

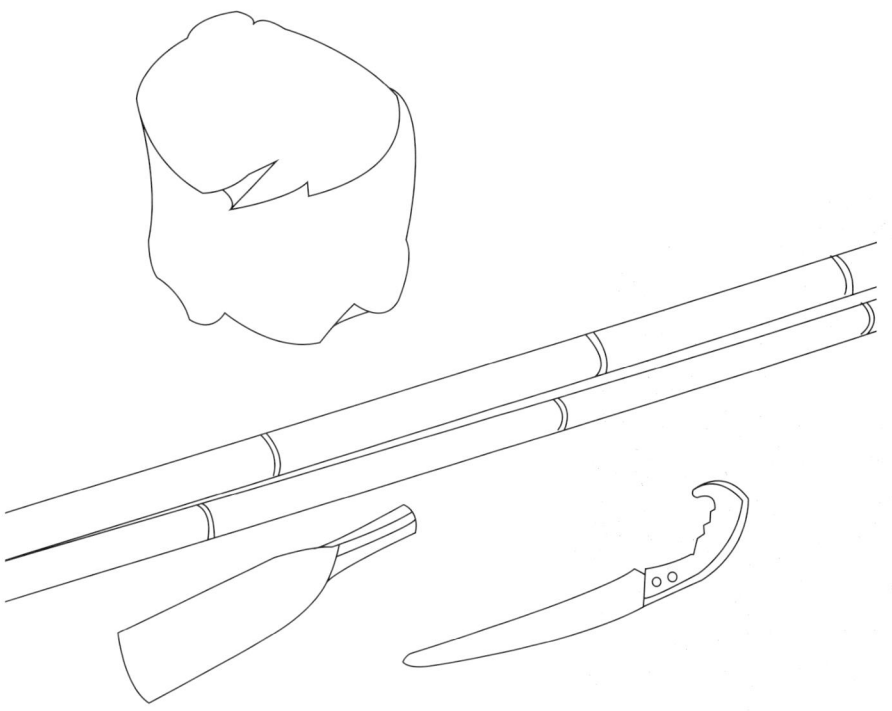

图五 傣族竹鞘砍刀制作工具图

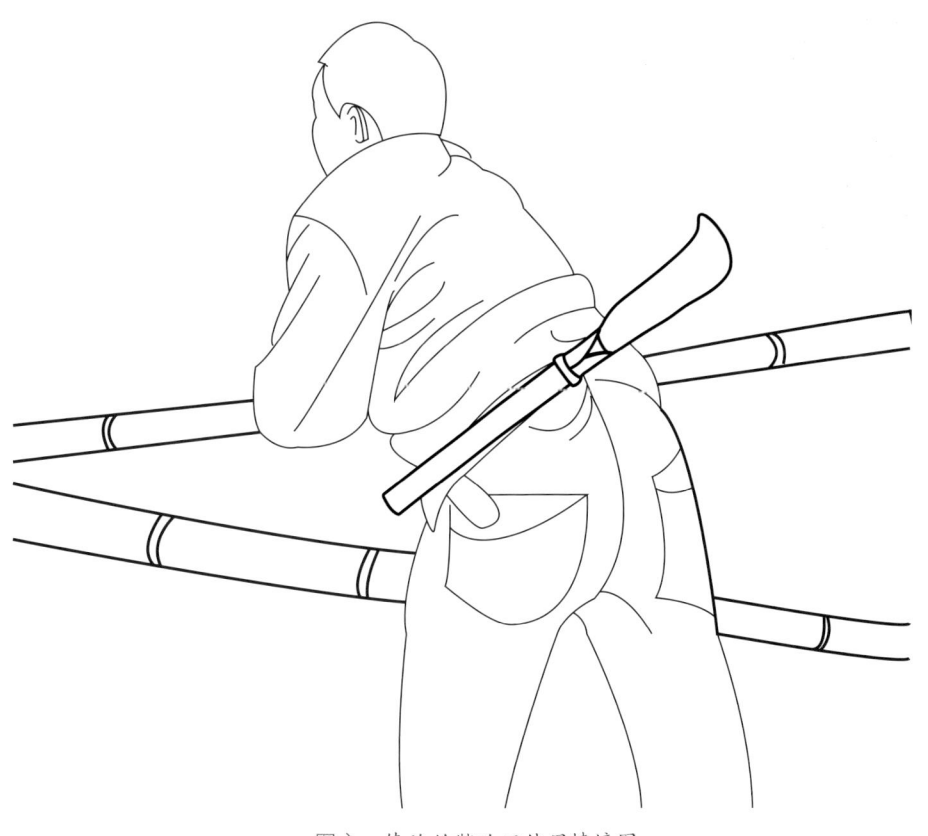

图六 傣族竹鞘砍刀使用情境图

第五章 傣族传统生产工具

傣族砍刀1

图一 傣族砍刀1主图

本案例为云南新平傣族传统生产工具——砍刀，采集自戛洒镇大槟榔园村。该砍刀通身为铁质，由刀把和刀身两部分组成，总长39.5厘米，刀把长12厘米，末端直径3厘米，刀身长27.5厘米，宽11厘米，刀背厚0.5厘米，刃部较为锋利。

笔者在大槟榔园村调研时，看到一傣族老者正用此刀在一块简易的砧板上切芭蕉秆，经询问获知砍刀是由傣族本地的铁匠制作，芭蕉秆则是用来喂猪的。傣族虽属农耕民族，但他们很早就掌握了各种金属生产工艺，近现代以来几乎每个傣寨都有专司金属制品生产的匠人。铁匠主要负责制造各种铁质农具和日常用品，如刀、犁、锅、铲等，一般只在农闲时从事生产，所用原料均是从外地输入的。该刀具制作工艺相对简单，是通过锻打的方式制作的，多选取造型适宜的铁片，通过不断地加热锻打，使其成形，为保证砍刀在使用过程中有足够的强度，刀身必须要经过淬火工艺处理。刀把部位的制作略为烦琐，须将一块连着刀身的铁片慢慢锻打成筒状，锻打时还须垫上圆柱形铁棍，使其能够顺利成形，不至于变形扭曲。

该刀具一般作为日常生产活动中的工具，尺寸、大小和重量适当。刀把的长度和直径较适合握持，但也有欠缺，如果能够在刀把上镶嵌木柄，工作效率可大幅度提高。

图片来源
图一、图四 倪玉湛 摄影
图二、图三、图五 倪玉湛 制图

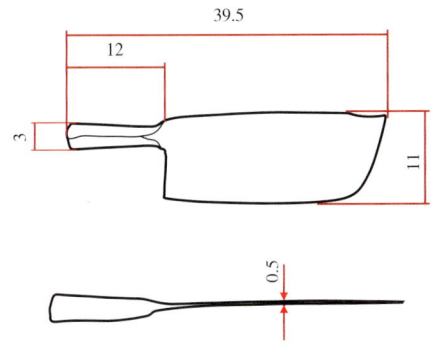

图二　傣族砍刀1尺寸图（单位：cm）

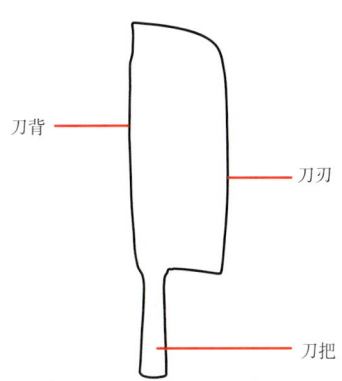

图三　傣族砍刀1结构名称图

图四　砍刀、砧板与芭蕉秆

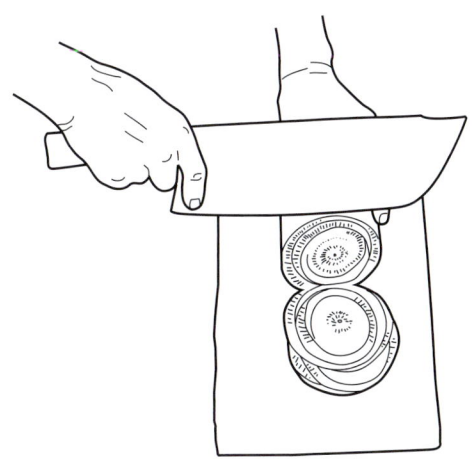

图五　傣族砍刀1使用示意图

傣族砍刀2

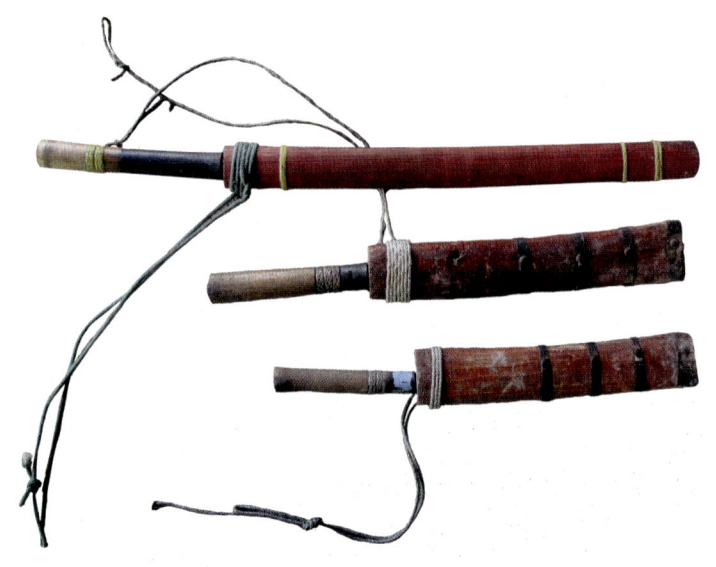

图一　傣族砍刀2主图

在傣族的日常生活和生产中，刀具的使用是非常频繁的。傣族生活的地区，竹子资源非常丰富，大到傣家的竹楼，小到捕鱼的鱼篓，均是用竹子制作的，故而刀具就派上了大用场。傣族群众对刀情有独钟，他们擅长制刀，过去在西双版纳，几乎每个寨子里都有专门负责制刀的铁匠，他们也擅长用刀，从刀耕火种、伐木采薪，到砍竹破篾、芟草割秧，样样得心应手。

本案例中的这组刀具是西双版纳傣族地区最为典型和常见的式样，虽然它们长短不一，但形制和制作工艺完全相同。刀具中最长者总长71厘米，较长者50.8厘米，最短者45厘米，刀体长度依次为66厘米、46厘米和42.8厘米，刀鞘的长度由长至短分别为51.7厘米、34.2厘米和30.5厘米，刀鞘宽度依次为4.5厘米、6厘米和5.7厘米。

刀具由刀体和刀鞘两部分组成。刀体分为刀把和刀身两部分，刀身由锻造工艺成形，还经过了淬火处理以增加强度，并且要在磨石上磨制刃部，以使其锋利；刀把部分由铁制鋬管和小竹棍（或木棍）构成，竹棍须插入鋬管中以便于手持，刀身和刀把通过焊接的方式结合在一起。刀鞘由两片竹子制成，要依照刀体长度和弯曲度进行制作，最后用铁片或绳子将其箍紧。

傣族的这组刀具整体比较和谐，刀体轮廓较为优美，不论是长度、重量，还是刀把和刀刃的比例，均非常适合日常的手工劳作。

图片来源
图一　倪玉湛　摄影
图二至图五　王健、张子扬　制图

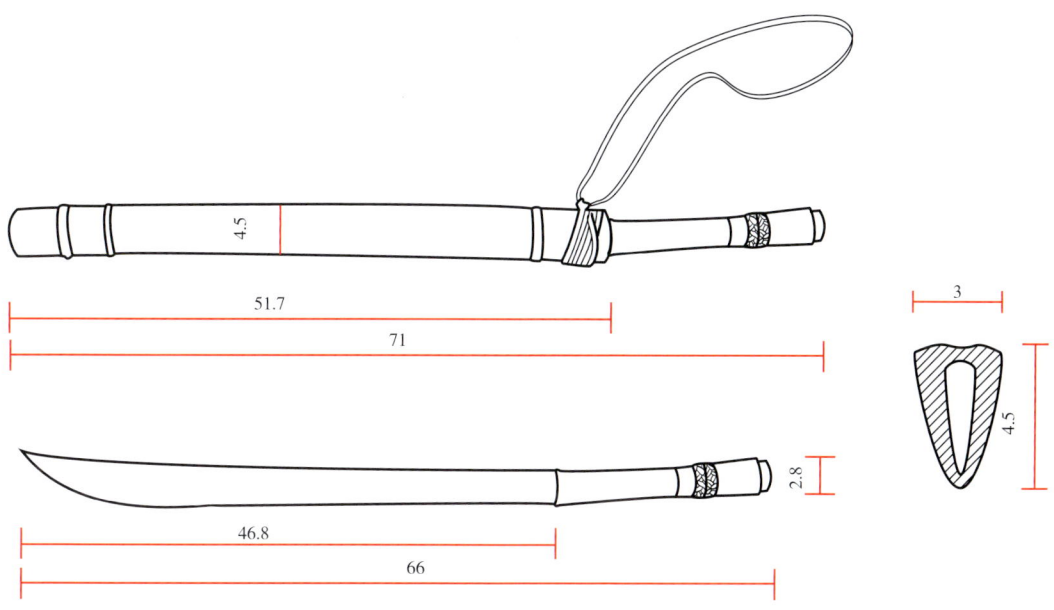

图三　傣族砍刀2最长者尺寸图（单位：cm）

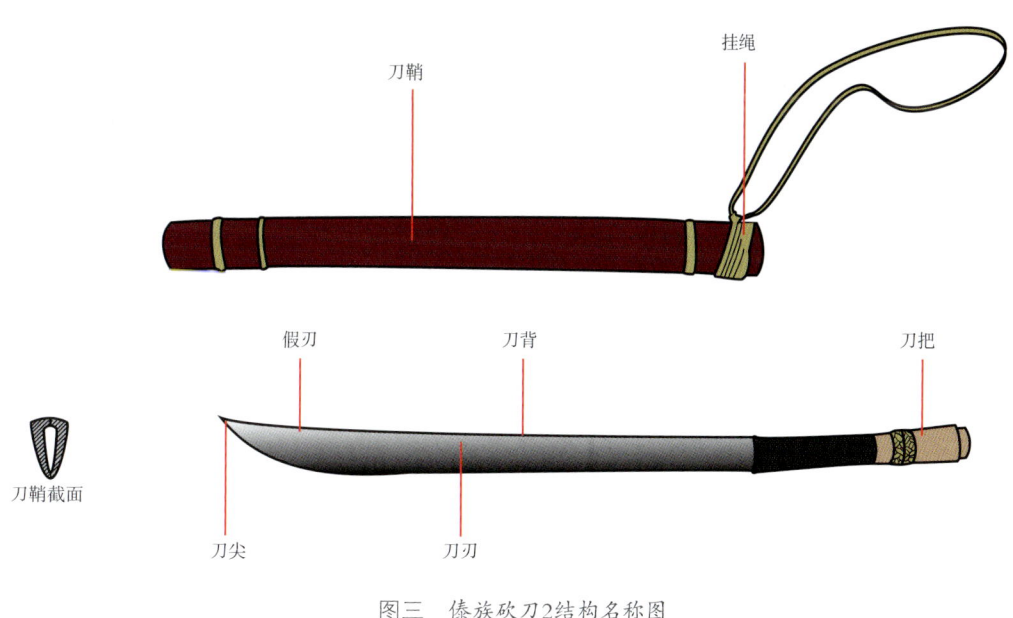

图三　傣族砍刀2结构名称图

（注：F为压力，N为阻力，G为重力，T为剪应力）

图四　傣族砍刀2操作受力分析图

图五　傣族砍刀2使用情境图

傣族笋壳扇

图一 傣族笋壳扇主图

本案例是云南西双版纳傣族的传统农具——笋壳扇，现藏于云南民族博物馆，由扇柄和圆形扇面构成，总长60厘米，扇柄长14.8厘米，扇柄直径2.6厘米，扇面横向直径47.3厘米。笋壳扇主要在农业生产活动中使用，同时在日常生活中也可作为扇风去暑的工具。

笋壳扇用西双版纳当地所产的竹子和笋壳共同制成。首先选取一根长约60厘米的竹竿，留出15厘米左右的距离作为手柄，手柄以下用刀将竹竿左右两侧的部分剔除，宽度以能塞进扇面为宜，这样竹竿手柄以下的部位就剩下前后两片竹片，用于夹住扇面。然后再选取皮质较厚、韧性较好、整洁干净的笋壳平压为扇面，并裁剪成圆形。为增加扇面的强度及重量，扇面周边用细竹条围边，然后再用细竹篾绕扎。在扇子两面的横向直径上还须再分别连接一根竹条，竹条两端与扇面边缘用细竹篾捆扎，以增加强度。最后再将制作好的扇面塞入事先做好的竹竿中，用细竹篾将竹竿与扇面边缘以及扇面上的两根横向竹条捆扎牢固，即可制成笋壳扇。

西双版纳傣族在收获稻谷后，会使用打谷棍进行脱粒，同时用笋壳扇扬除谷壳和草屑。笋壳扇是傣族的发明，这一劳作方式还影响了周边的哈尼族等少数民族。笋壳扇就地取材，制作简易，分量较轻，风量较大，劳作强度小，因而具有朴素实用的特点。西双版纳地区气候炎热湿润，在不进行劳作时，笋壳扇还是很好的消暑工具。

图片来源

图一　史俊伟　摄影

图二至图五　史俊伟　制图

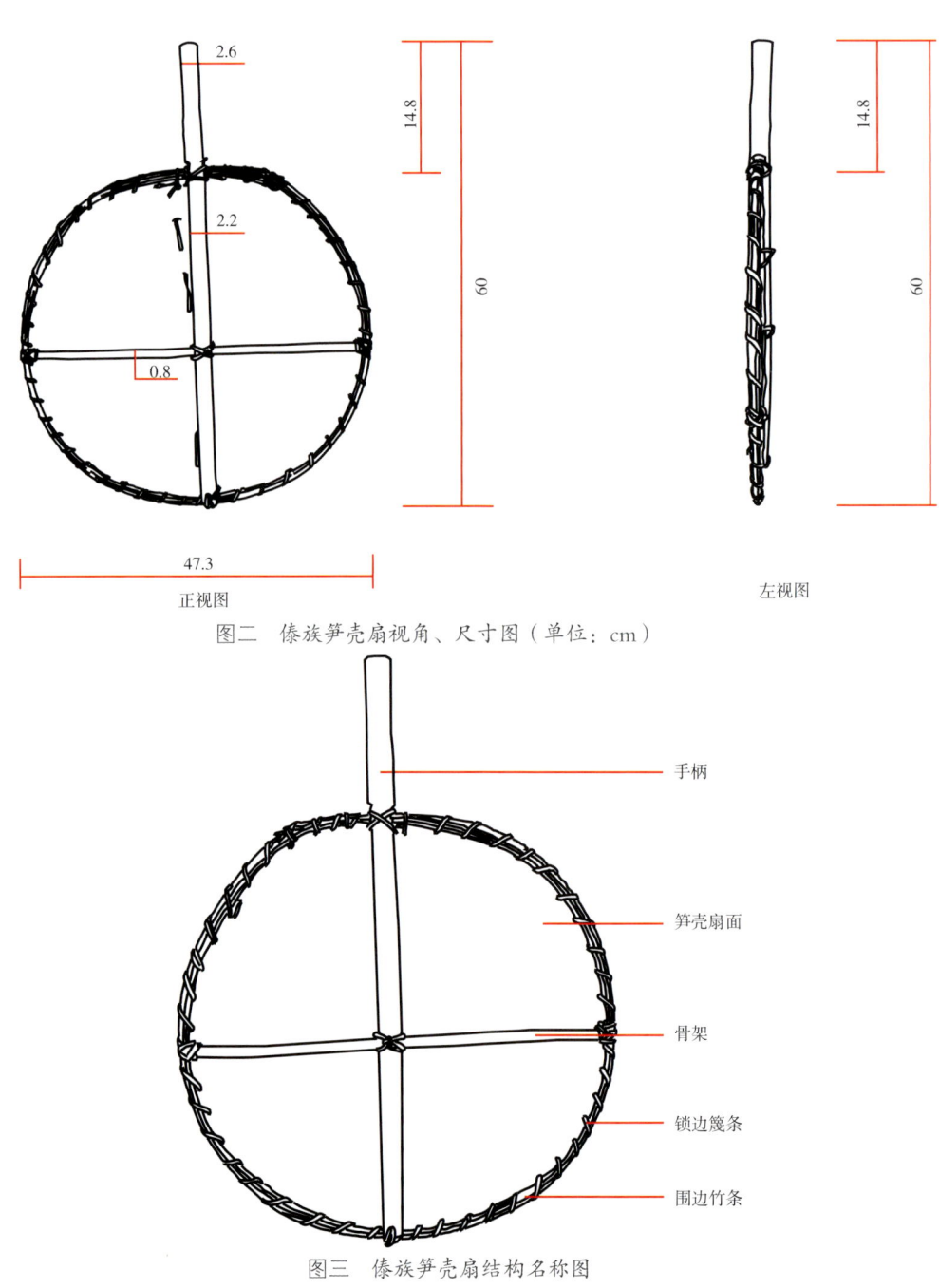

图二　傣族笋壳扇视角、尺寸图（单位：cm）

图三　傣族笋壳扇结构名称图

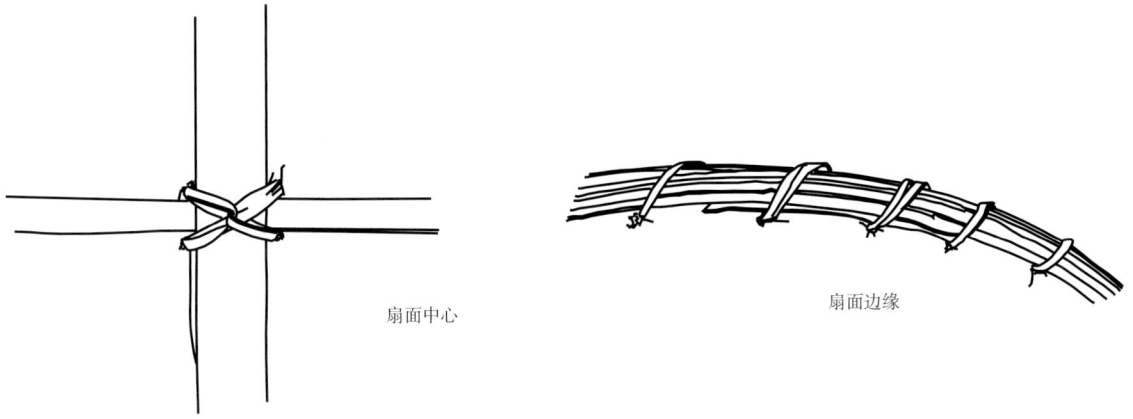

扇面中心　　　　　　　　　扇面边缘

图四　傣族笋壳扇细节图（一）

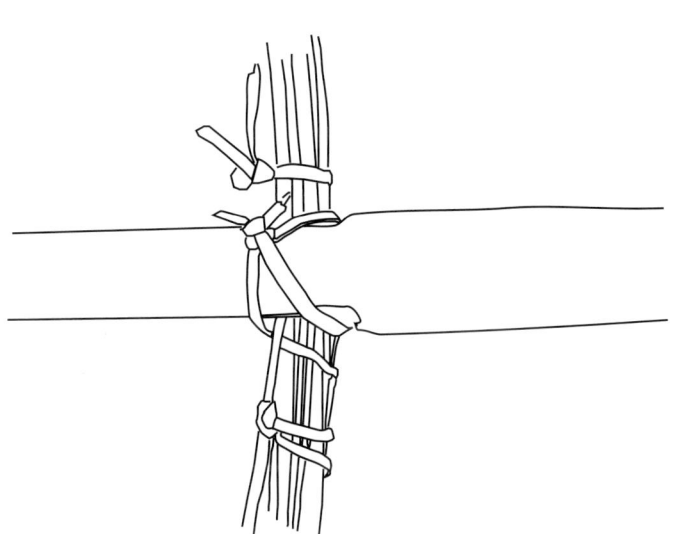
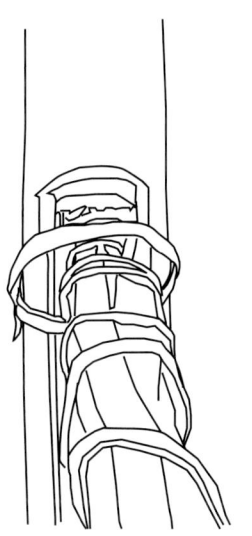

图五　傣族笋壳扇细节图（二）

第五章　傣族传统生产工具

351

傣族筛子

图一　傣族筛子主图

本案例为云南新平傣族的农业生产工具——筛子，整体造型为圆形，直径47厘米，高5.5厘米，口沿厚2厘米，以当地所产的竹子为原材料编织而成。受实际功能所限，该筛子的形制与其他地区和民族所使用的筛子基本相同，尺寸也比较适中，属于极为常见的类型。

筛子也称谷筛，是中国传统农业生产工具，筛子的编织工艺较为简单，筛眼由宽度大约0.5厘米的细竹篾采用"压二挑二"的斜纹编织法编成，相邻两根竹篾之间须留出一定距离，以形成排列整齐的方形筛眼。整个筛眼区域形成一个正方形，四角与筛沿相接，在筛眼区域与筛沿之间的空间里，纬篾变宽，也采用"压二挑二"的编法，形成了特殊的装饰效果。筛沿用竹条围编，并用篾条捆扎，筛底用九根较为宽厚的竹篾采取六角形编法进行加固。筛子的使用方法简单，将所要筛选的稻米放入筛网，然后双手握住口沿，悬臂进行往复的运动即可。

从筛子的设计上看，充分体现了功能性与审美性的统一。由于选材得当，筛子整体质量较小；由于结构合理、尺寸得当，筛子操作起来也很便捷；由于筛面上经篾和纬篾的交织形成了疏密相间、错落有致的纹理，视觉上也较为美观。

图片来源
　　图一　倪玉湛　摄影
　　图二至图五　倪玉湛　制图

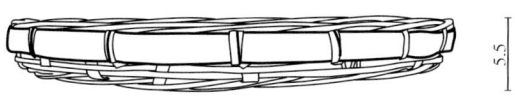

左视图

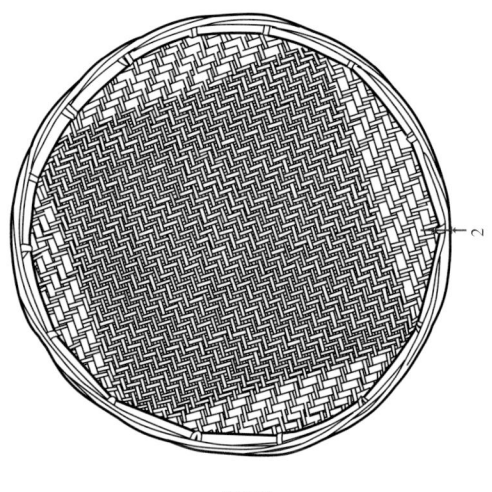

俯视图

图二 傣族筛子视角、尺寸图（单位：cm）

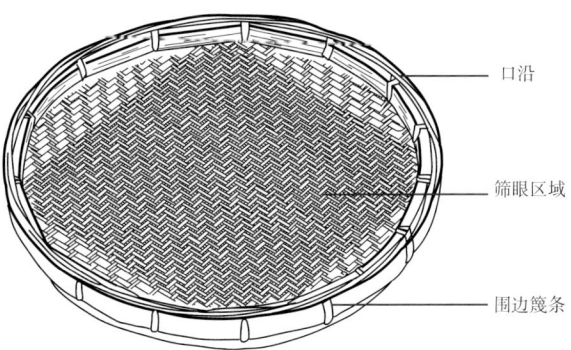

图三 傣族筛子结构名称图

图四　傣族筛子底部视图

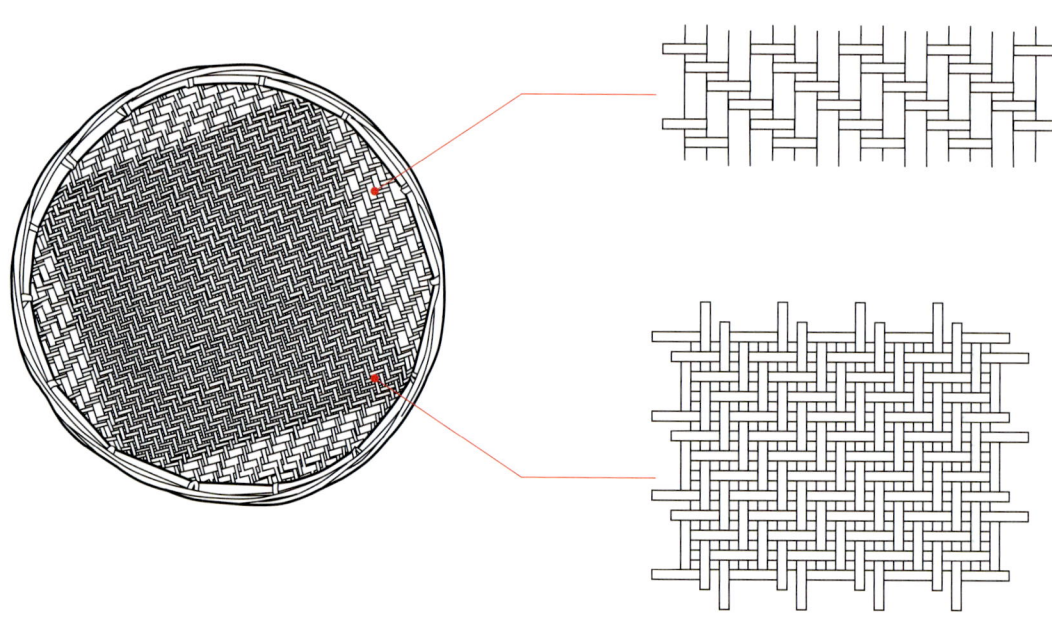

图五　傣族筛子编织纹理示意图

傣族贮种葫芦

图一　傣族贮种葫芦主图

葫芦也称"壶卢""蒲芦",是茎蔓生草本植物,环境适应性较强,在我国很多地区都有栽培,并且栽培历史悠久。葫芦在古代被视为多子、丰产的象征,与人类繁衍和农业生产密切相关。我国仰韶文化彩陶中就有葫芦瓶,主要用来贮藏种子,表明这一方式和观念起源甚早。

本案例是云南西双版纳傣族的贮种葫芦,主要用于贮藏农作物的种子,其主体部分为一葫芦,顶部有一开口,葫芦的下腹部用竹编包住,以便于放置。该器总高21厘米,竹编部分高16厘米,底宽15厘米,葫芦腹径13厘米。贮种葫芦在制作时需要选择生长成熟、体形较大、腹部圆鼓的葫芦,采摘后先进行晾晒,待其完全干燥后,在葫芦顶部先开一口,掏空里面的葫芦籽,然后再用竹编编织一个底座。葫芦腹部采用六边形编法,底部用较密集的纬篾进行收口和加固。

葫芦的口部须配置一个塞子，常用玉米瓤制作，简单方便。

在传统的农耕社会中，种子的贮藏是一个必须解决的问题，晾干的葫芦由于内部干燥，可以有效防止种子发霉变质。将种子置于葫芦之中，还有祈求农业丰产的深层意义。傣族的贮种葫芦既制作简单，又比较轻便，具有很强的实用性，体现了傣族人民的生活智慧。

图片来源
图一　史俊伟　摄影
图二至图五　史俊伟　制图

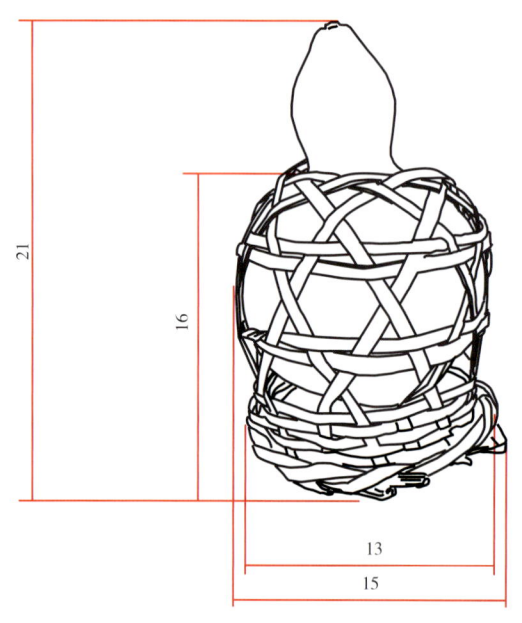
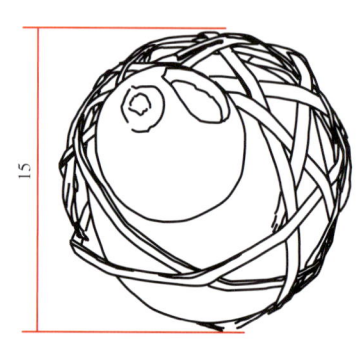

图二　傣族贮种葫芦尺寸图（单位：cm）

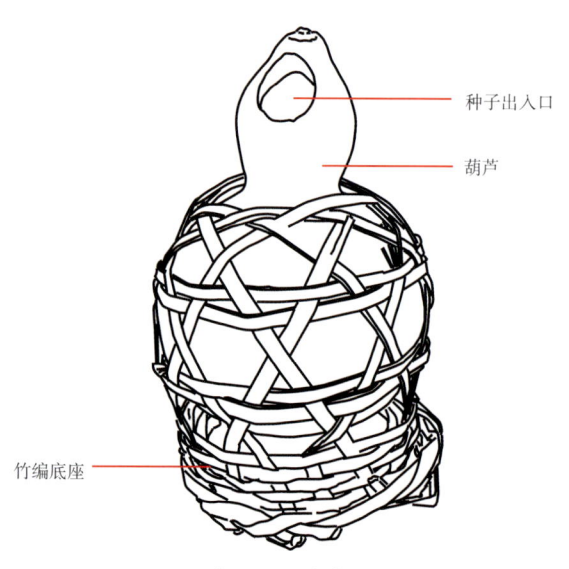

图三　傣族贮种葫芦结构名称图

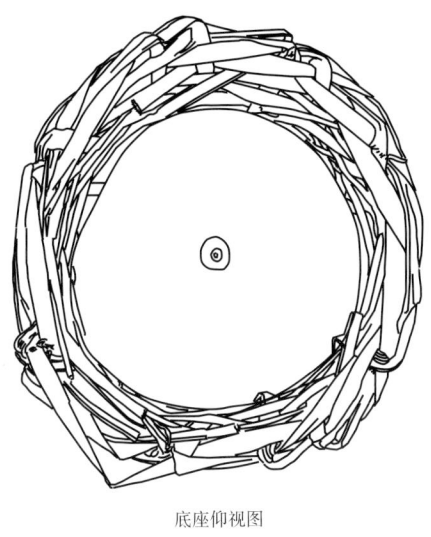

底座仰视图

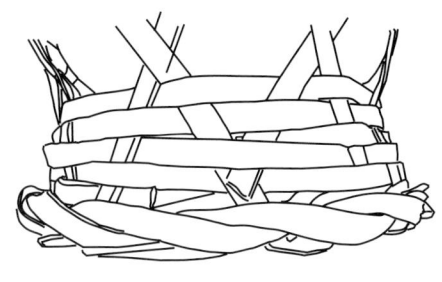

底座左视图

图四　傣族贮种葫芦底座视角图

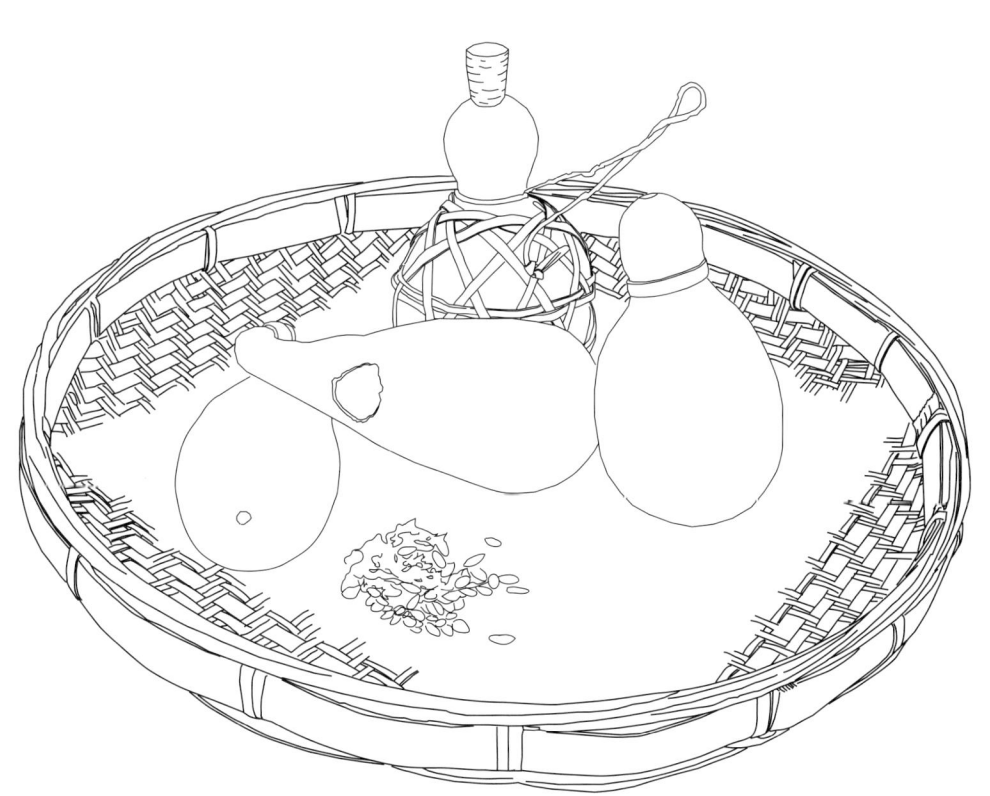

图五　傣族贮种葫芦使用情境图

傣族背篓

图一　傣族背篓主图

本案例为当代云南新平傣族竹编背篓，形体纵长，口近于圆形，方底。通高50.5厘米，口部长轴40厘米、短轴37.5厘米，底长31厘米、宽16厘米。竹编背篓是云南傣族日常生活中最为常见的生产与生活用具之一。

该背篓以竹篾为制作材料，采用"压一挑一"的方法编织而成，即经篾依次排好后，纬篾以压一根、挑一根的方法依次穿过经篾进行交织。背篓的上段和下段编织得比较密集，中段则较为疏朗，这样做的目的是既能从外部直接观察到背篓里面所装物品的状况，又可以产生疏密对比的艺术效果。由于背篓中部孔洞较大，会影响使用时的机械强度，故又在中间部位斜向穿插了一圈篾条加以强化。背篓口部以竹篾收束，编结成绳状，底部则编入宽竹条，也是为了增加强度。背带的设置往往较为随意，常以两根绳或布条捆扎在背篓的口沿和底部，形成双肩背带，以便背负物品。若背篓尺寸过高，则把两根背带从背篓中上部穿入篓内，然后再捆扎在一根横棍上，亦能满足强度要求。背篓盛装的物品范围较广，粮食、蔬菜、瓜果、工具、杂物等皆可以装篓背负。

云南地区多山，道路崎岖，行走不便，为在运输物品的过程中腾出双手并保持身体的平衡，背篓无疑是人们的首选运输工具。

制作背篓所选用的竹材，均为当地所产，具有很强的生态适应性，制作工艺也不复杂，同时还轻便、结实、耐用、美观，因而备受人们欢迎。

图片来源

图一　黄鹏　摄影

图二至图四、图六　黄鹏　制图

图五　倪玉湛　摄影

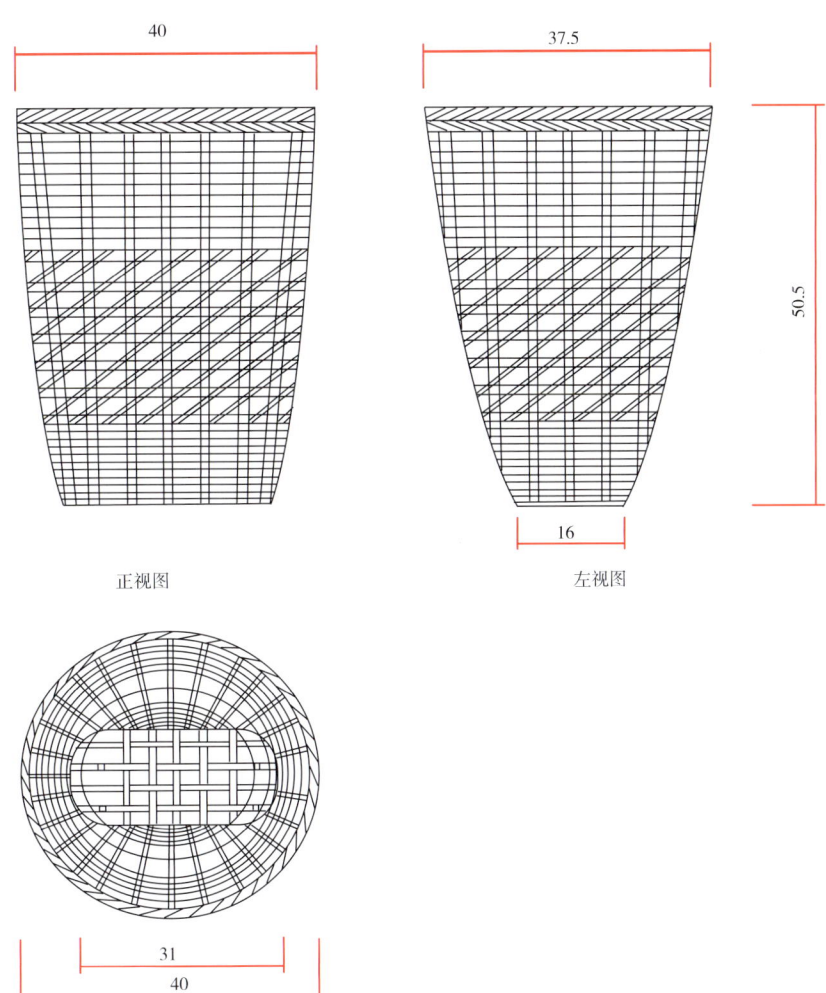

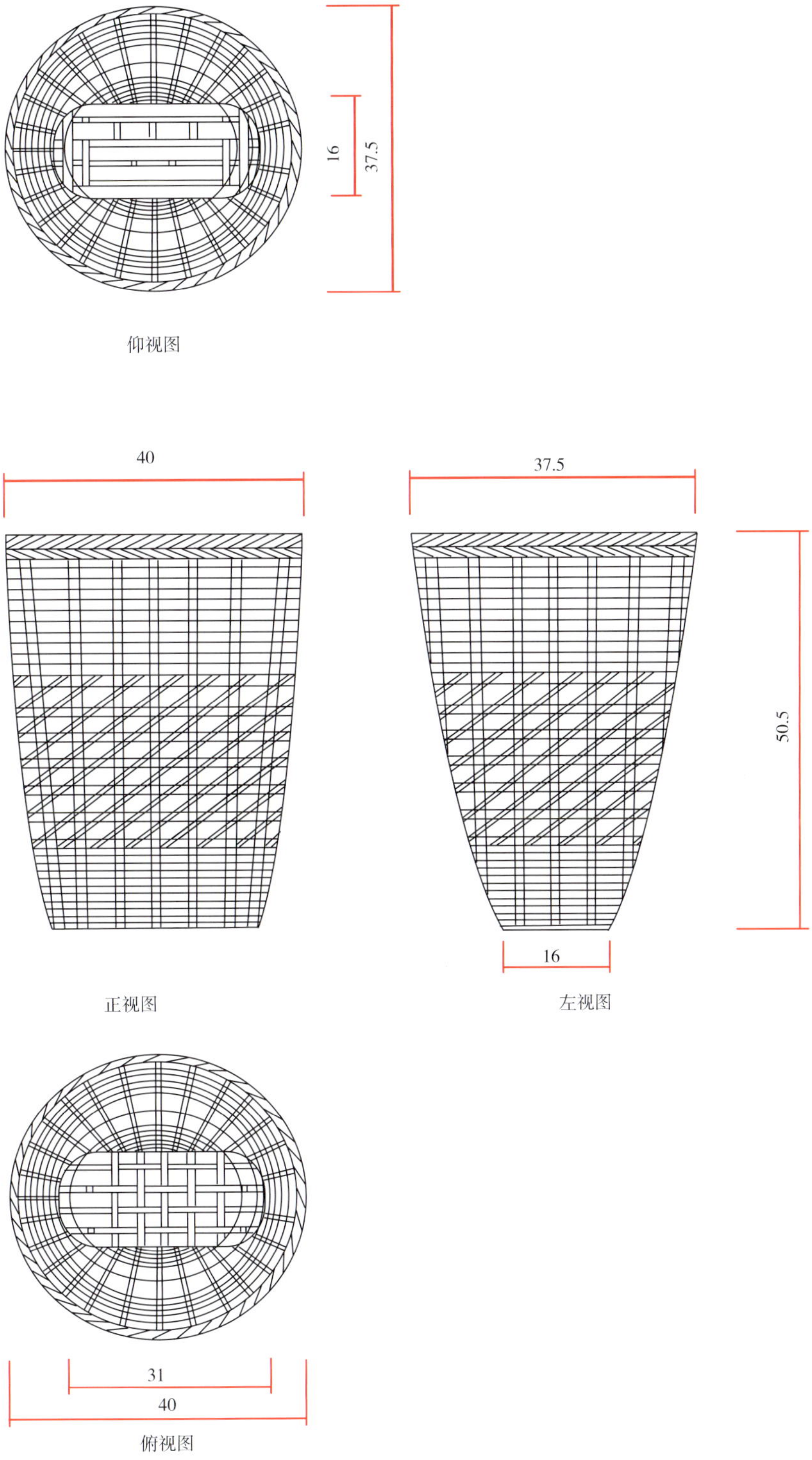

图二　傣族背篓四视、尺寸图（单位：cm）

第五章　傣族传统生产工具

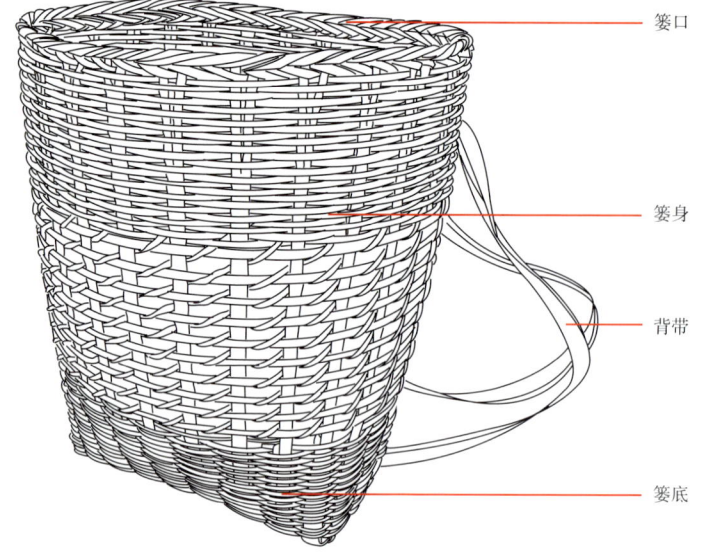

图三　傣族背篓结构名称图

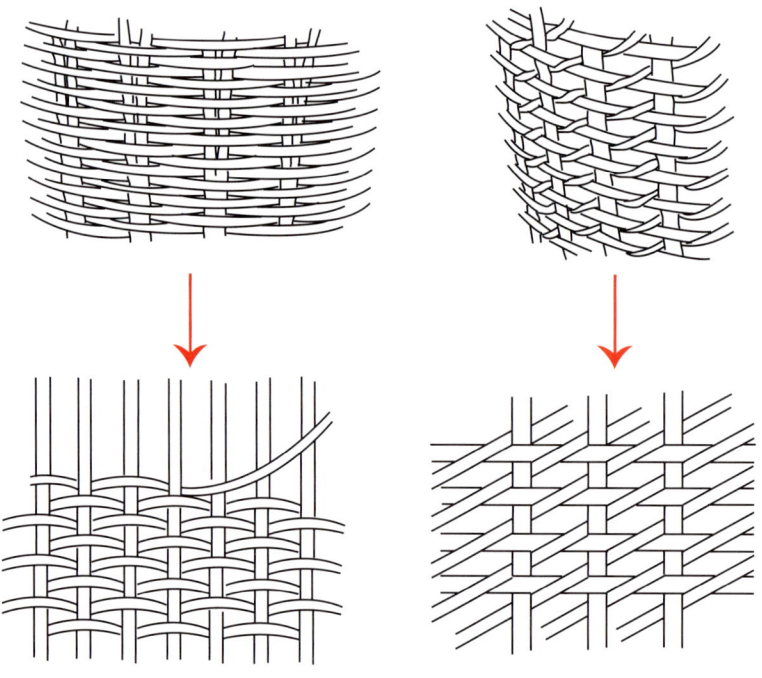

图四　傣族背篓编织纹理示意图

图五　傣族背篓背带捆扎示意图

图六　傣族背篓使用示意图

第五章　傣族传统生产工具

傣族挑篮

图一　傣族挑篮主图

　　本案例为云南傣族的传统农具——挑篮，采集自云南新平县戛洒镇大槟榔园村，由一个扁担和两个篮筐共同组合而成，是傣族人民日常生活和生产过程中使用频率较高的竹制工具之一，可用来挑粮食、蔬菜、瓜果、肥料、煤炭等。挑篮是傣族传统挑具的一种，傣族的传统挑具分为高挑和矮挑两种，高挑是扁担直接伸入篮筐的双耳，因而起落不便；矮挑则是篮筐两侧安置有较高的圆环状竹把手或绳索，用以延长扁担至篮筐之间的距离，也方便篮筐的起落，本案例属于矮挑的样式。

　　挑篮的扁担由一根宽竹片削制而成，总长125厘米，中间最宽处7厘米，厚2.5厘米，两端宽4.2厘米，厚1.3厘米。在扁担的两端，各有两个突起的竹质榫头，直径0.6厘米，伸出扁担较近4.5厘米，两榫头间距9.5厘米，最外侧榫头距扁担较近的端部6厘米。这两组榫头的设置体现了设计上的巧思，挑篮在放置不用时，榫头朝下可分别扣住篮筐的把手，挑篮在使用时，榫头朝上，可将篮筐的把手固定在两榫之间，不至于滑出扁担，设计得十分巧妙。

　　挑篮的篮筐有两个，形制、大小和工艺基本相同。篮筐加把手的总高为68厘米，其中篮筐高25.5厘米，其横截面呈椭圆形，长轴56厘米、短轴37.5厘米，外底29厘米、宽24厘米。筐体采用基本的"压一挑一"的方法编成，横向篾条较为密集，纵向篾条较为疏松，且纵向篾条为双股，口沿处用篾条斜向拧编收口。为增加筐底的强度,用四根宽度为2.1厘米左右的篾条进行加固,并且两两交叉呈"×"形,其中两根从底部向上穿插编织入筐体,并在筐口处收编,另两根则直接形成篮筐的把手。这样的编织方法较为简单,并且可以达到受力均匀的效果。

傣族的竹编挑篮显示了傣族人民巧妙利用材料的高超智慧,在没有使用任何金属材料的情况下,竹编挑篮的强度完全可以满足日常的负荷要求,不仅轻便,而且耐用。

图片来源
图一　倪玉湛　摄影
图二至图六　倪玉湛　制图

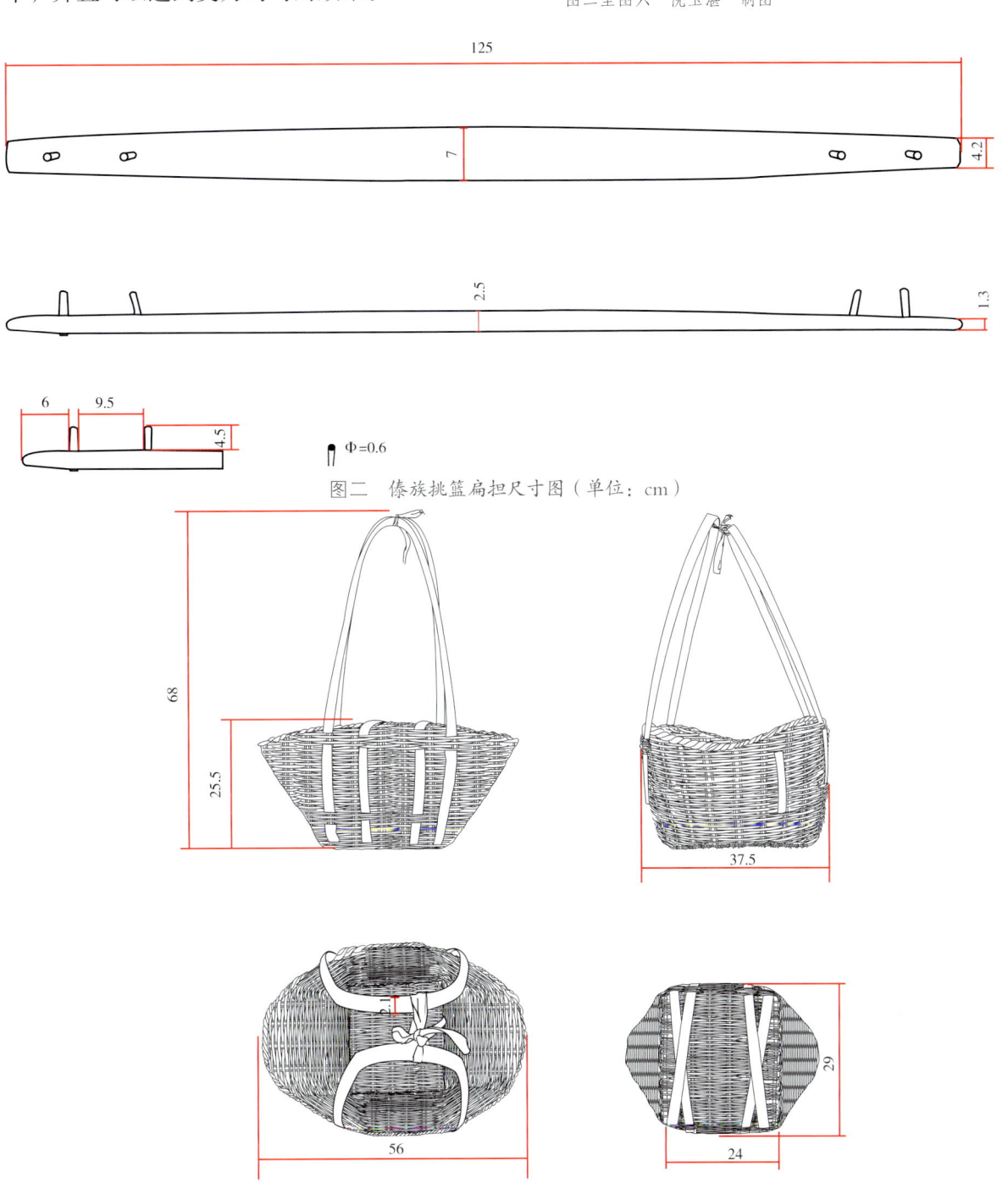

图二　傣族挑篮扁担尺寸图(单位:cm)

图三　傣族挑篮篮筐尺寸图(单位:cm)

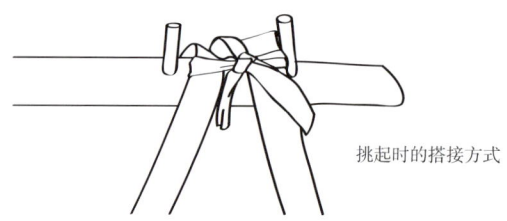

挑起时的搭接方式

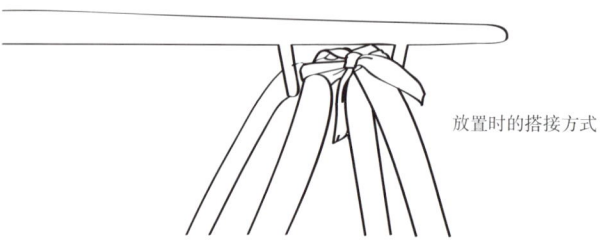

放置时的搭接方式

图四 傣族挑篮扁担与篮筐把手搭接图

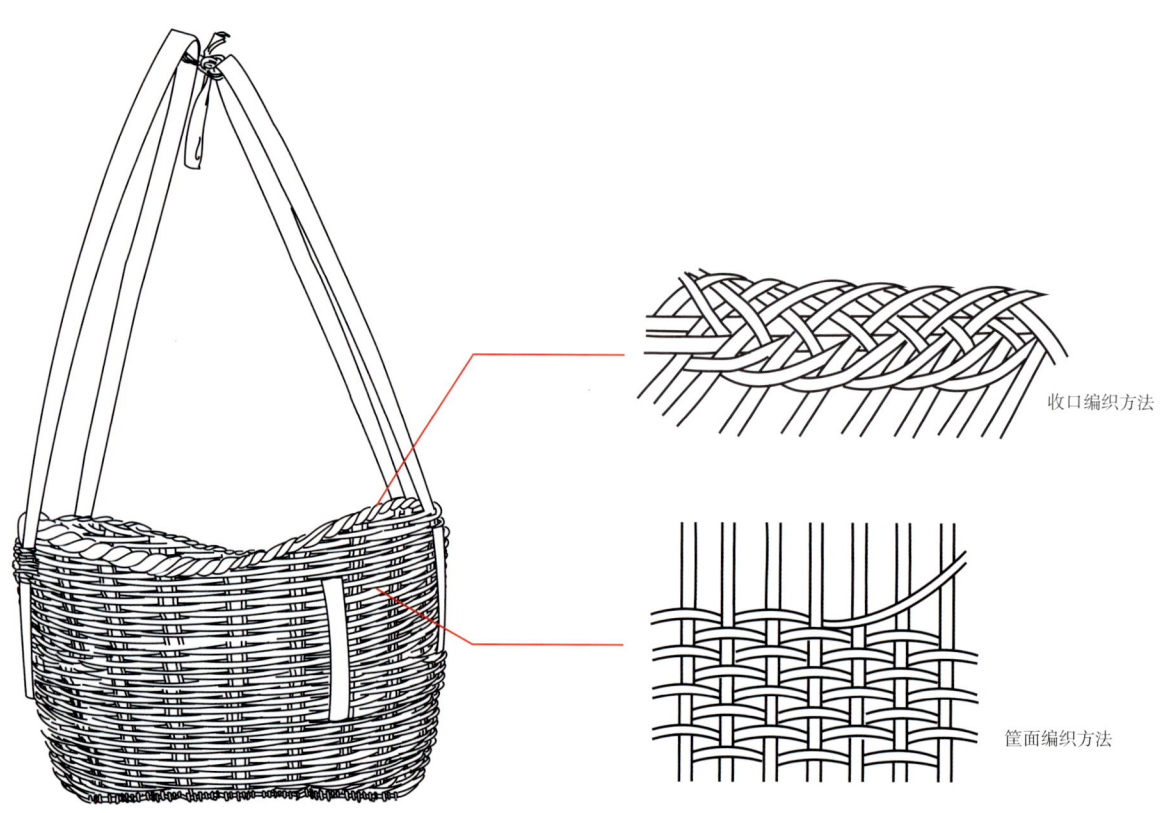

收口编织方法

筐面编织方法

图五 傣族挑篮篮筐编织细节图

图六　傣族挑篮使用示意图

傣族簸箕

图一 傣族簸箕主图

簸箕是一种常见的农业生产工具，它的起源很早，应用也非常普遍。《太平御览》引《世本》："少康作箕帚"。甲骨文、金文中有"箕"字，表明簸箕在夏商周时期就已出现。春秋战国时期簸箕的结构便已成熟。直至今日，簸箕仍是家家户户必不可少的劳动工具。本案例采集自云南新平戛洒镇大槟榔园村，由边框和箕身两部分构成，长59.5厘米，高14厘米，前端开口宽21厘米，后端最宽处49厘米，边框高2厘米，厚2.5厘米。

本案例的编织工艺较为简单，首先用宽窄不同的两种竹篾以"压一挑一"的方法进行编织，宽篾沿簸箕横向等距排列，窄篾沿簸箕纵向紧密排列。宽篾排好后，窄篾先从簸箕后端起编，两篾之间必须空出一条竹篾的宽度，当窄篾编至口端时须将其反向折回，然后再穿插编入事先预留好的篾缝中，直至回编至簸箕后端，最终使窄篾形成紧密排列的效果。箕身编好后，需用宽竹条进行收编，最后使用细篾条进行锁边，再使用细铁丝进行捆扎强化。簸箕主要用于簸除粮食中的秕糠和沙石碎物，使用时双手握住边框，用颠簸的方法使较轻的秕糠随风扬去，使较重的沙石碎物从口部簸除，同时把不含杂物的粮食颠至簸箕后端。

簸箕就地取材，廉价环保，对称的造型可使人在劳作过程中用力均匀，经纬交织编法呈现出特有的美观性。

图片来源

图一 徐贤如 摄影
图二 徐贤如 制图
图三、图五 黄鹏 制图
图四 黄鹏 摄影

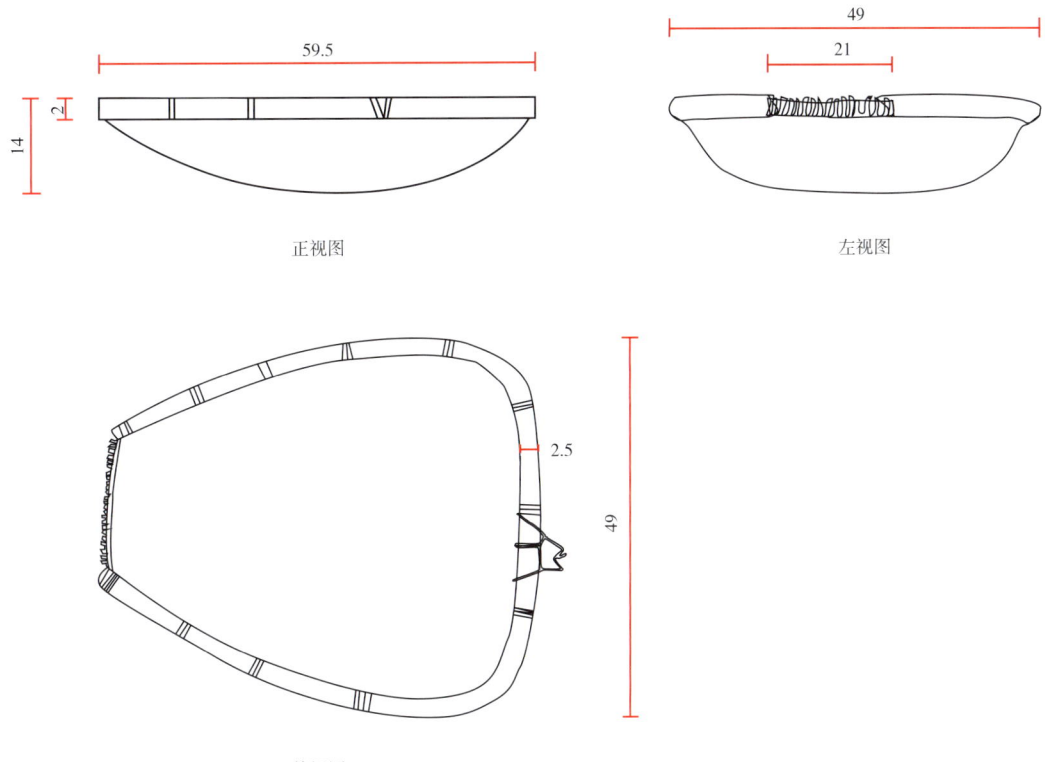

图二　傣族簸箕三视、尺寸图（单位：cm）

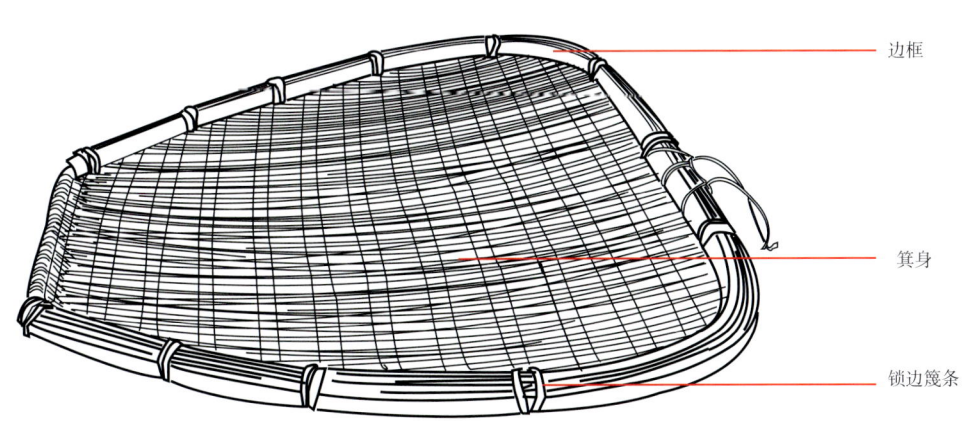

图三　傣族簸箕结构名称图

第五章　傣族传统生产工具

图四　傣族簸箕细节图

图五　傣族簸箕使用情境图

傣族撮网

图一　傣族撮网

本案例为云南傣族的传统捕鱼工具——撮网，采集自云南新平县戛洒镇大槟榔园村，口部长轴39厘米，短轴38厘米，网兜深21厘米。撮网在傣族捕鱼工具中较为常见，是用来撮鱼的工具。

所谓"撮鱼"，就是使用能够透水的兜状器具将鱼虾从水中淘捕出来的捕鱼方法。这种传统的捕鱼方法不仅起源早，而且目前仍普遍流行于汉族和各少数民族聚居的地区。云南少数民族的撮鱼工具可分软式和硬式两种。由于本案例的撮网由支架和软质的网兜组合而成，因此属于软式撮鱼工具。这种撮网的制作较为简单，整体由木质支架、铁丝圈和网兜三部分组成，铁丝圈和网兜的开口形状必须与支架内沿形状保持一致，组装时，先将铁丝圈穿入网兜边缘的孔洞中，然后再将二者通过支架上的圆孔与支架捆绑固定。使用撮网捕鱼的方法也很简单，由捕鱼者双手把持支架两端，将撮网没入水下，然后一直推着支架朝前走，在适当的时候将撮网迅速抄起，即可捕到鱼虾；或者将撮网没入水中静止不动，由另一人在远处驱赶鱼群，待鱼群临近时迅速抄起，也能达到相同的捕鱼效果。

这种形制和尺度的撮网只适合在河溪之中捕捉较小的鱼类和虾类。撮网的设计较为合理，充分考虑了鱼虾的行为特性和捕鱼时的客观条件，以实用性为主，所以在制作的过程中较为随意，朴实粗犷，不求美观。

图片来源
图一　黄鹏　摄影
图二、图三、图五　黄鹏　制图
图四　倪玉湛　摄影

参考文献
罗钰.云南物质文化·采集渔猎卷.昆明：云南教育出版社，1996.

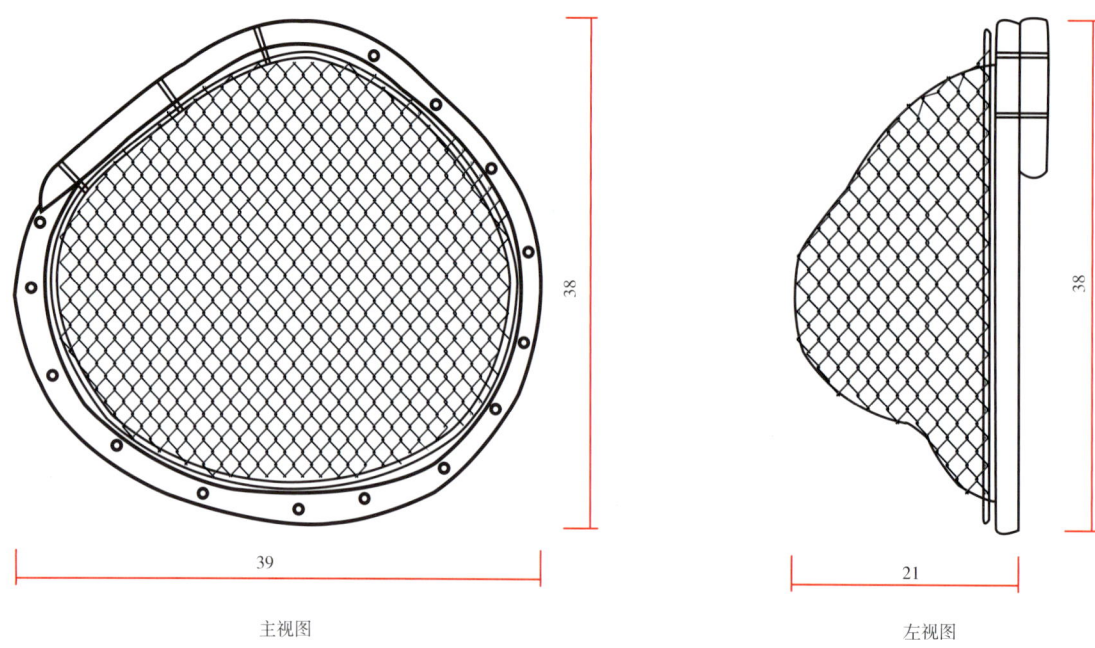

图二　傣族撮网视角、尺寸图（单位：cm）

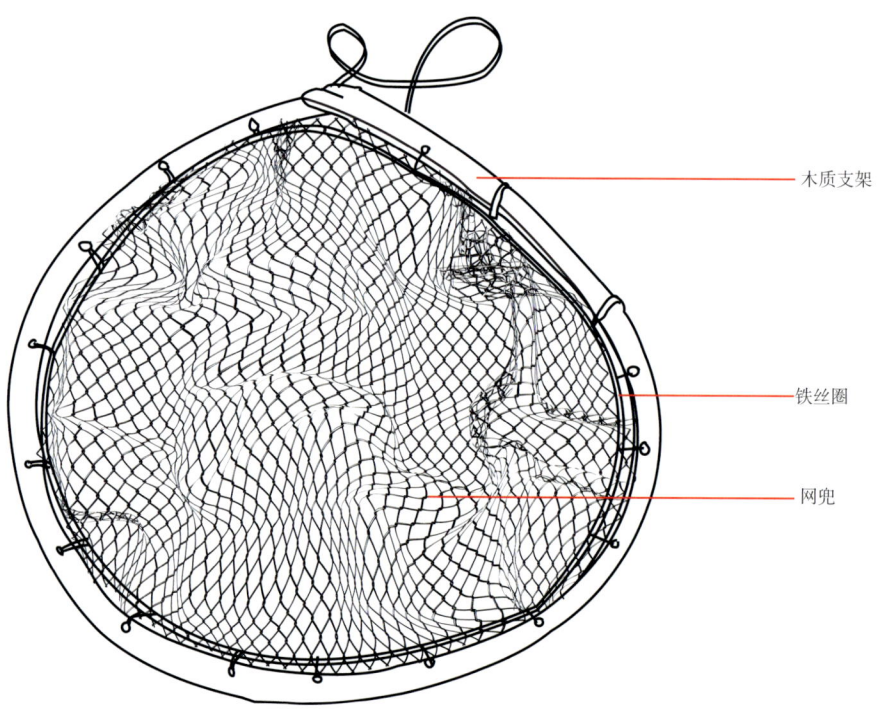

图三　傣族撮网结构名称图

图四 傣族撮网木质支架、铁丝圈、网兜连接示意图

图五 傣族撮网使用示意图

第五章 傣族传统生产工具

傣族夹网

图一　傣族夹网主图

捕鱼是我国历史上出现最早的生产活动之一，从目前的考古发现来看，可一直追溯至遥远的史前时代。古代捕鱼的方式有很多，如涸泽而渔、渔网捕鱼、渔钩钓鱼、渔篓捕鱼等等。时至今日，上述这些捕鱼方式仍普遍流行于我国各民族中。傣族由于傍水而居，捕鱼活动在日常的生产生活中较为重要，傣族捕鱼的方式也有很多，用渔网捕鱼就是其中的一种。

本案例为当代云南傣族的捕鱼工具——夹网，采集自云南新平县戛洒镇大槟榔园村，整体由竹竿和网面两部分构成。竹竿是捕鱼时的握持部分，共有2根，长128.5厘米，直径3.3厘米，竹竿两端各钻有一个直径1厘米左右的圆孔，用于绑缚渔网。夹网平展开时总长247.5厘米，渔网长196厘米，宽121厘米，渔网上有绳线与两边竹竿相连，网的侧边还有铅坠。过去傣族使用的渔网多为麻线织成，织法有多种，一般用梭子来完成，而且只有妇女才能织网。但随着社会的发展，人们观念在改变，傣族的渔网也有以化纤材料制作的，并且是成品，但夹网的结构和捕鱼的方式基本未变。

使用夹网捕鱼时，要求捕鱼者双手握持竹竿，此时渔网垂于身前，然后步入河溪之中。捕鱼时可将网兜沉于水下，再迅速将其提起。提网时要注意收拢网兜，防止鱼儿逃脱。傣族的夹网制作简易，实用高效，很好地满足了捕鱼活动的要求。渔网在不用时，还可将其从一端卷起，并收挂于墙上，十分方便。

图片来源
图一　倪玉湛　摄影
图二、图三、图五　王健、张子扬　制图
图四　王健　制图

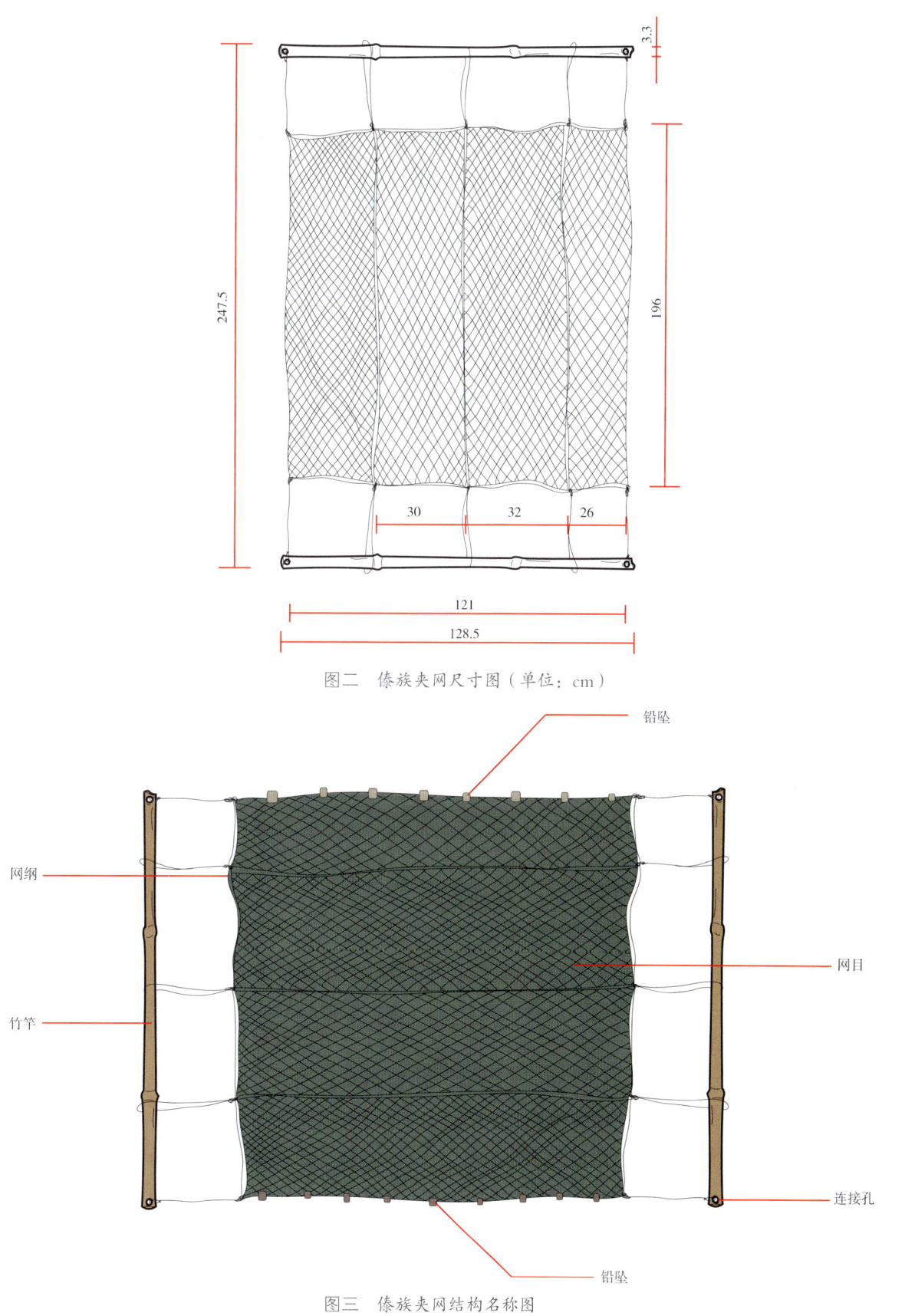

图二 傣族夹网尺寸图（单位：cm）

图三 傣族夹网结构名称图

第五章 傣族传统生产工具

捕鱼时手握竹竿将渔网沉入水底，当鱼儿从位置①游到位置②时，迅速抬起渔网

图四　傣族夹网使用示意图

图五　傣族夹网使用情境图

傣族鳝鱼笼

图一　傣族鳝鱼笼主图

本案例为云南新平傣族传统捕鱼工具——鳝鱼笼，采集自云南新平县戛洒镇土锅寨，如拳头般大小，横截面上圆下方，底部略收，高8.8厘米，口径3.5厘米，肩部直径10厘米，底宽7厘米；笼身一侧有六边形开口，高2厘米，宽2.2厘米，从开口处向内伸进六根"倒刺"，长度6厘米左右；鳝鱼笼带盖，盖外沿直径4.8厘米，内塞直径3.5厘米，高4.5厘米。

鳝鱼，又称黄鳝，是云南新平、元江等地傣族的桌上佳肴，因此，捕捉鳝鱼就成为傣家妇女农忙之余的重要活动。鳝鱼笼的编织方法十分巧妙，比如口沿部位的圆口，虽看起来由20根篾条围合而成，但实际仅用了10根，每根篾条均在顶部穿插2次，同时，鳝鱼笼底部的篾条和侧面的经篾均由这10根篾条构成（在侧面的开口处，有根经篾必须要断开）。由于这10根篾条同时形成了鳝鱼笼的顶部、底部和侧面的经篾，故而鳝鱼笼的强度较大。用鳝鱼笼捕黄鳝，又称"支鳝鱼笼"，傣语称"很巴"。捕捉鳝鱼的时间，一般是在夜晚。傣家的稻田，非常适合鳝鱼生长，傣家妇女常在农闲时，用竹竿挑上一二十个鳝鱼笼放在黄鳝经常出没的田埂边、沟渠里，笼内放置一些蚯蚓、螺肉、蛆虫、炒香的油枯等作为诱饵，鳝鱼一旦钻入笼中，由于倒刺的阻碍便很难再逃脱。

目前，用鳝鱼笼捕黄鳝已经成为新平傣族非常独特的文化景观。鳝鱼笼造型美观，制作精致，并且充分考虑了鳝鱼的特征和习性，操作简便，因而是十分高效的捕鳝工具。

图片来源
图一　倪玉湛　摄影
图二至图七　王健　制图

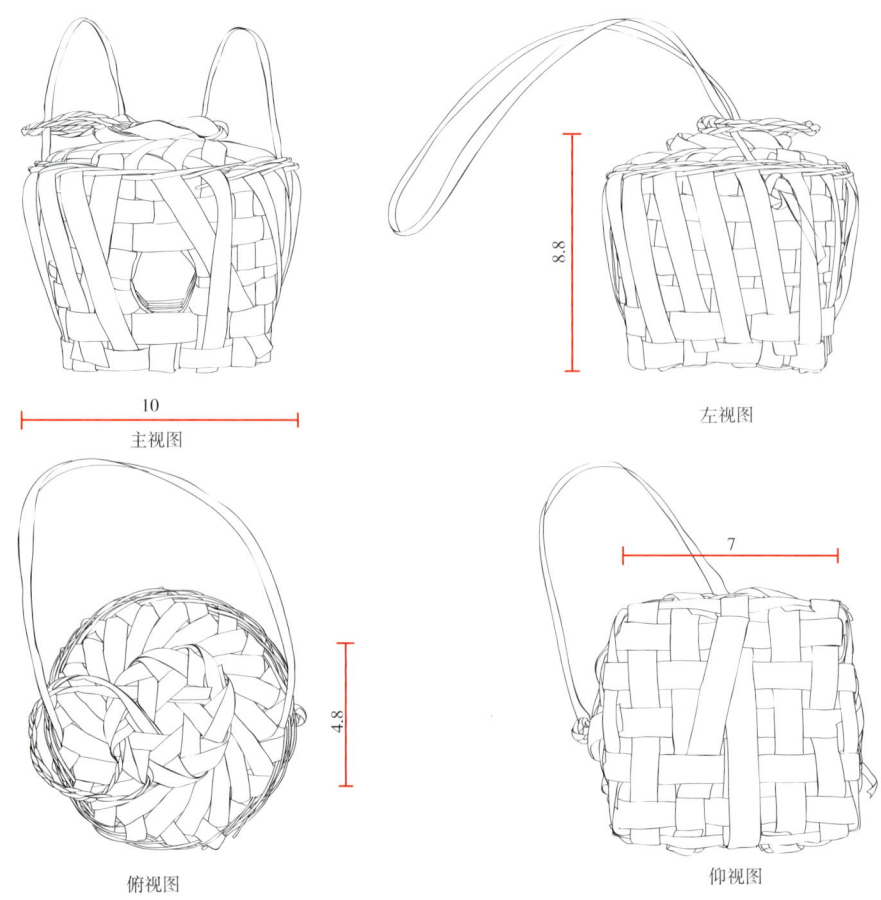

图二　傣族鳝鱼笼四视、尺寸图（单位：cm）

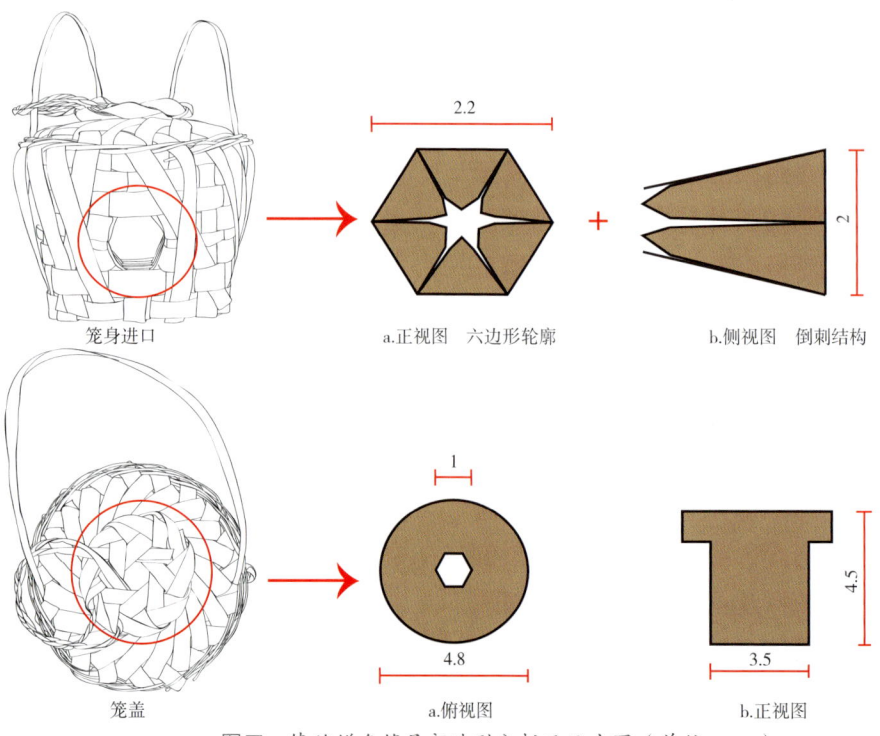

图三　傣族鳝鱼笼局部造型分析及尺寸图（单位：cm）

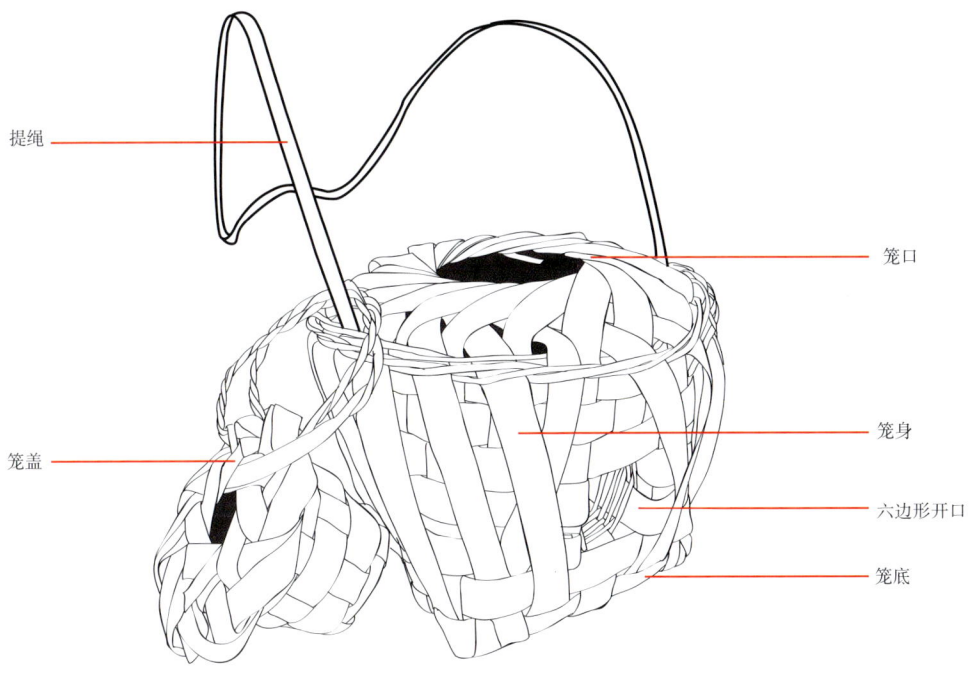

图四　傣族鳝鱼笼结构名称图

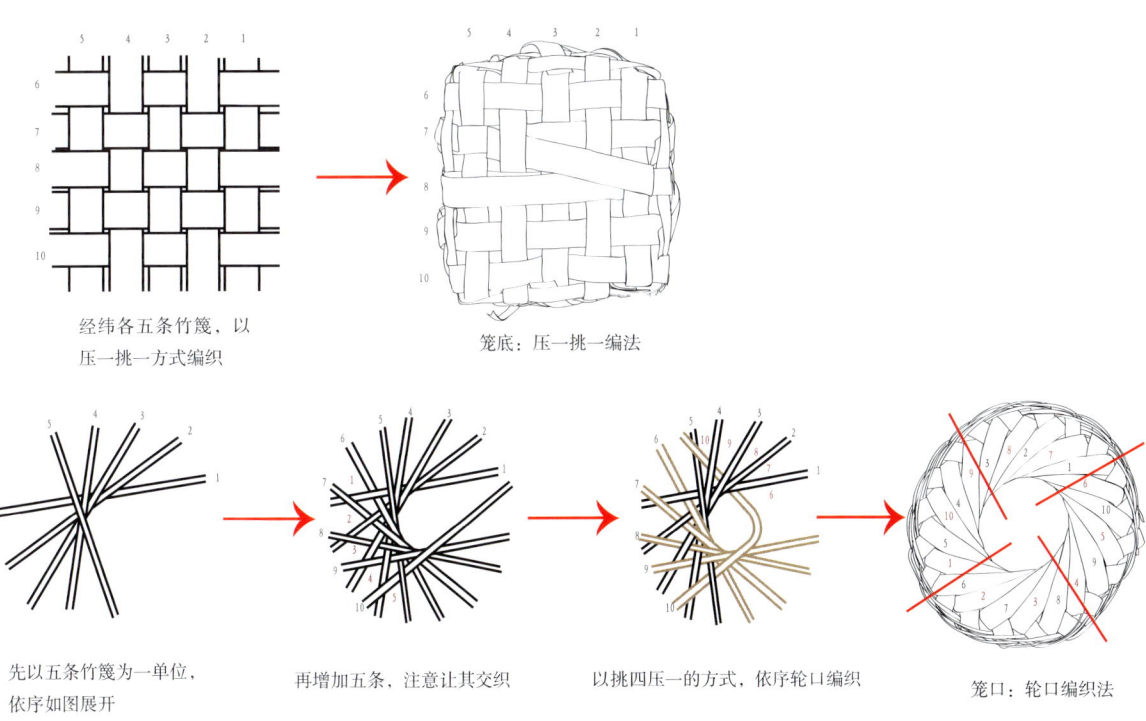

图五　傣族鳝鱼笼编织方式工艺分析图（一）

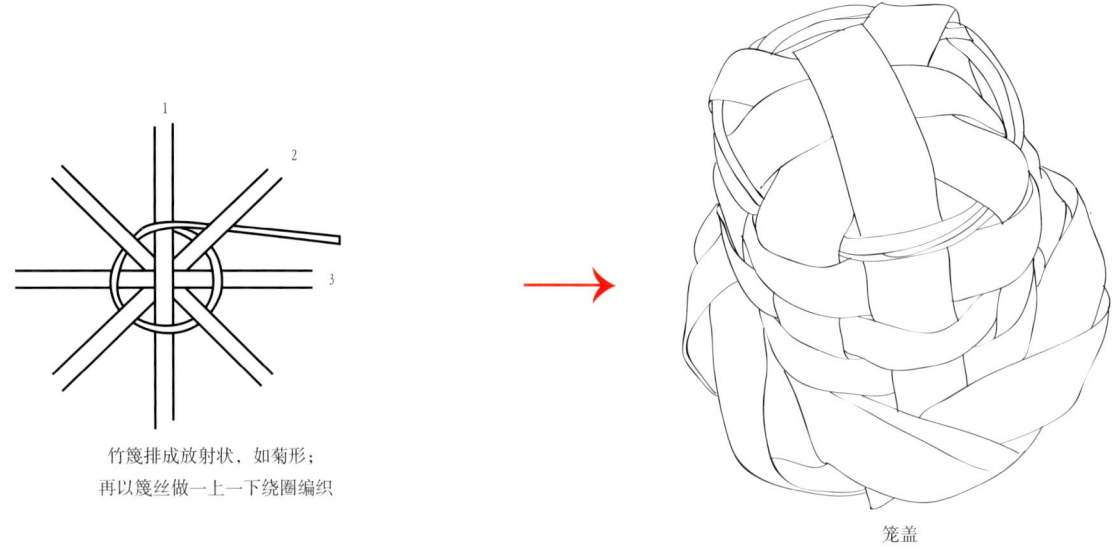

竹篾排成放射状，如菊形；
再以篾丝做一上一下绕圈编织

笼盖

图六　傣族鳝鱼笼编织方式工艺分析图（二）

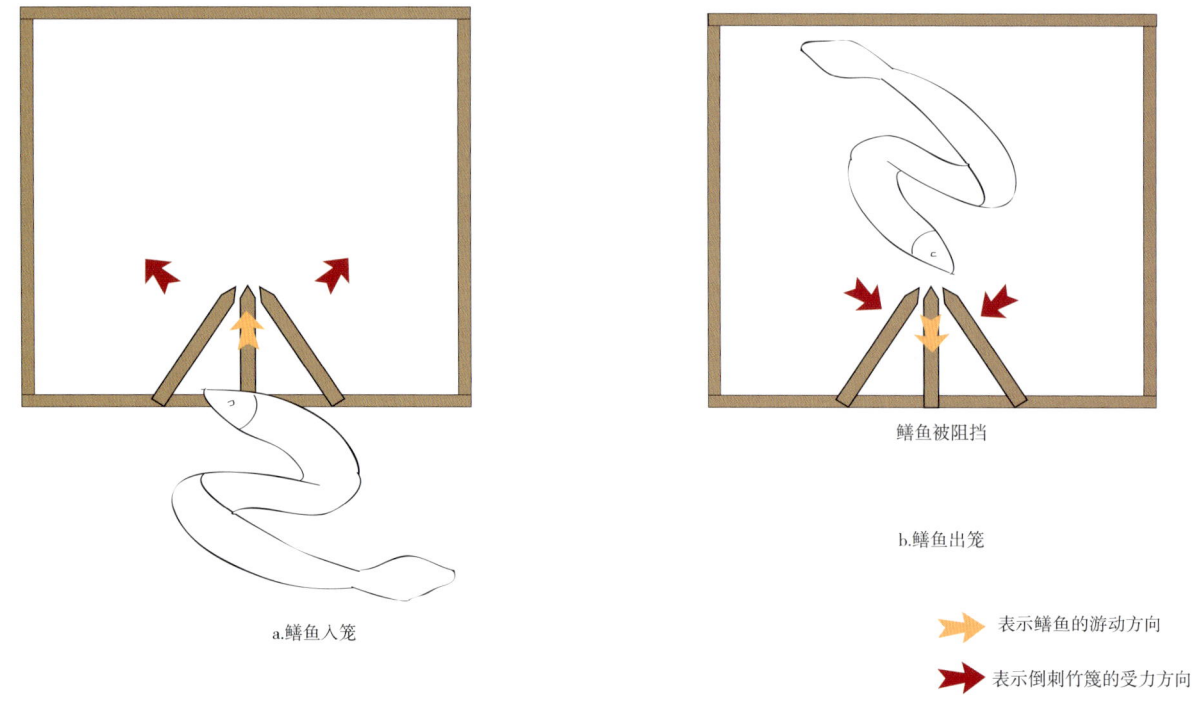

a.鳝鱼入笼

鳝鱼被阻挡

b.鳝鱼出笼

➡ 表示鳝鱼的游动方向
➡ 表示倒刺竹篾的受力方向

图七　傣族鳝鱼笼功能分析图

傣族渔篓

图一　傣族渔篓主图

　　本案例为云南傣族的传统捕鱼工具——渔篓，现藏于云南民族博物馆。渔篓整体形制近于长圆锥形，总高225厘米，底径79厘米，竹柄长52厘米、直径6.8厘米；篓底内部套有一圆锥形倒须器，高78厘米。该渔篓属傣族渔篓中尺寸较大者。

　　傣族多临河而居，捕鱼活动在傣族社会中极为流行，而渔篓捕鱼，则是最为常见的捕鱼方式。渔篓捕鱼的原理较为简单，即利用水流冲力或鱼类回游的特性。将渔篓或顺流或逆流置于河溪之中，鱼虾通过倒须器进入笼罩后便很难逃脱。该渔篓以竹材编织而成，具体编织方法如下：取一根直径6厘米以上、长约2米的竹竿，先预留50厘米左右的长度作为手柄，余下部分沿纵向劈开作为经篾，每条经篾宽1.5至1.8厘米，由于渔篓上窄下宽，越往底部经篾的间距就越大，故还须另外添加经篾，以防止底部孔洞过大造成捕鱼效果不理想；纬篾宽0.6厘米左右，3根一组，依次以"二上一下"的方式逐圈绕编在经篾上。倒须器是单独编织的，整体为圆锥形，编织方法与渔篓基本相同，只是在收口处采用两根较粗的圆篾条进行绞编，共3圈，并且排列紧密，目的是增加强度。倒须器末梢的经篾非常尖锐，这些"倒刺"可成功防止鱼儿逃脱。将编成后的倒须器塞入渔篓内，再将其底部和渔篓底部牢牢捆扎在一起，即完成渔篓的制作。

渔篓的竹材，均为就地所取，具有良好的环境适应性，编织的技巧也并不复杂，便于推广。渔篓的结构充分考虑了鱼类游动时的特点，捕鱼时也不需要时时照看，因而省事省力。渔篓的形态也较为优美，达到了功能与美观的和谐统一。

图片来源
图一、图四、图五　黄鹏　摄影
图二、图三　黄鹏　制图

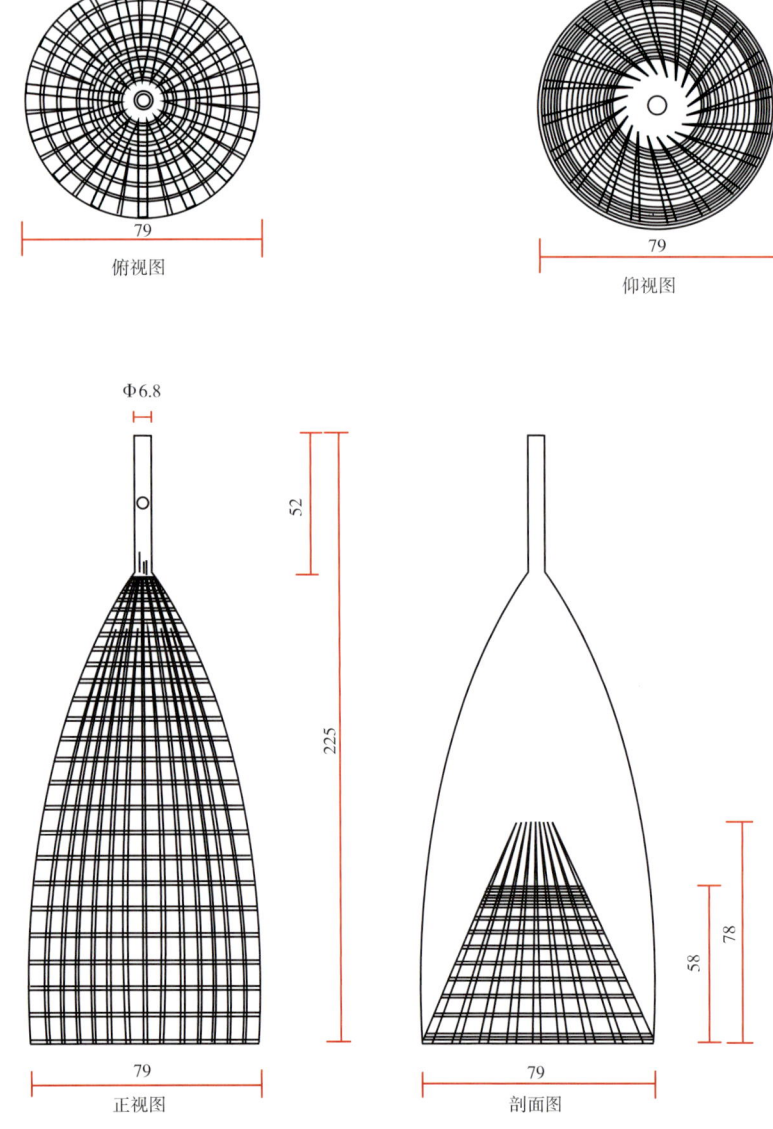

图二　傣族渔篓四视、尺寸图（单位：cm）

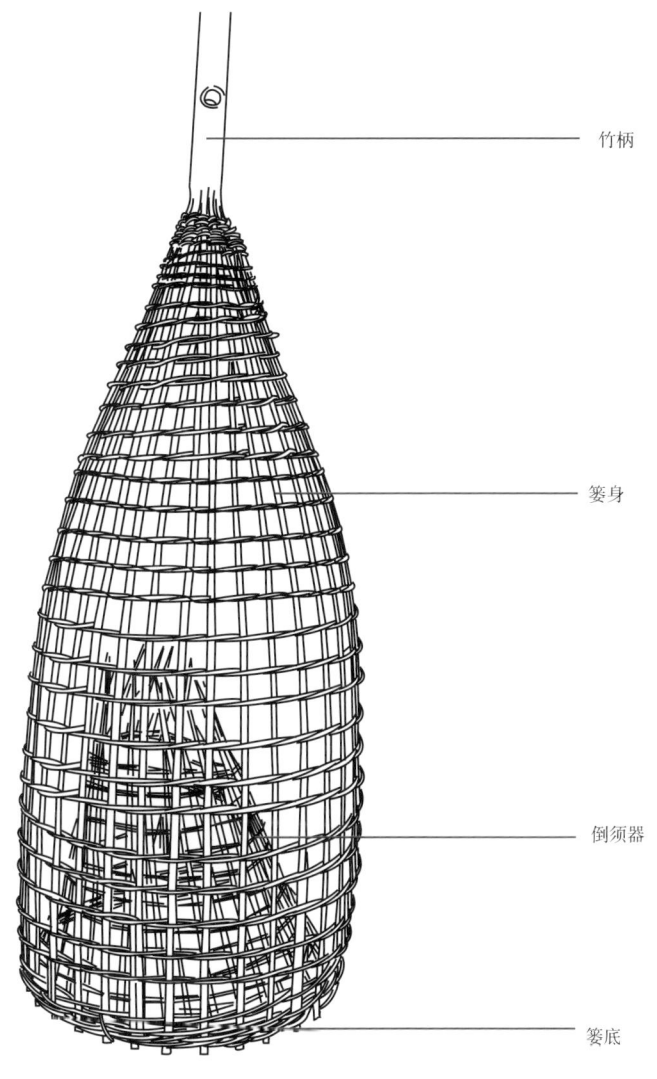

图三 傣族渔篓结构名称图

图四　傣族渔篓倒须器局部图

图五　傣族渔篓倒须器与篓底连接方式图

傣族捕鱼箩

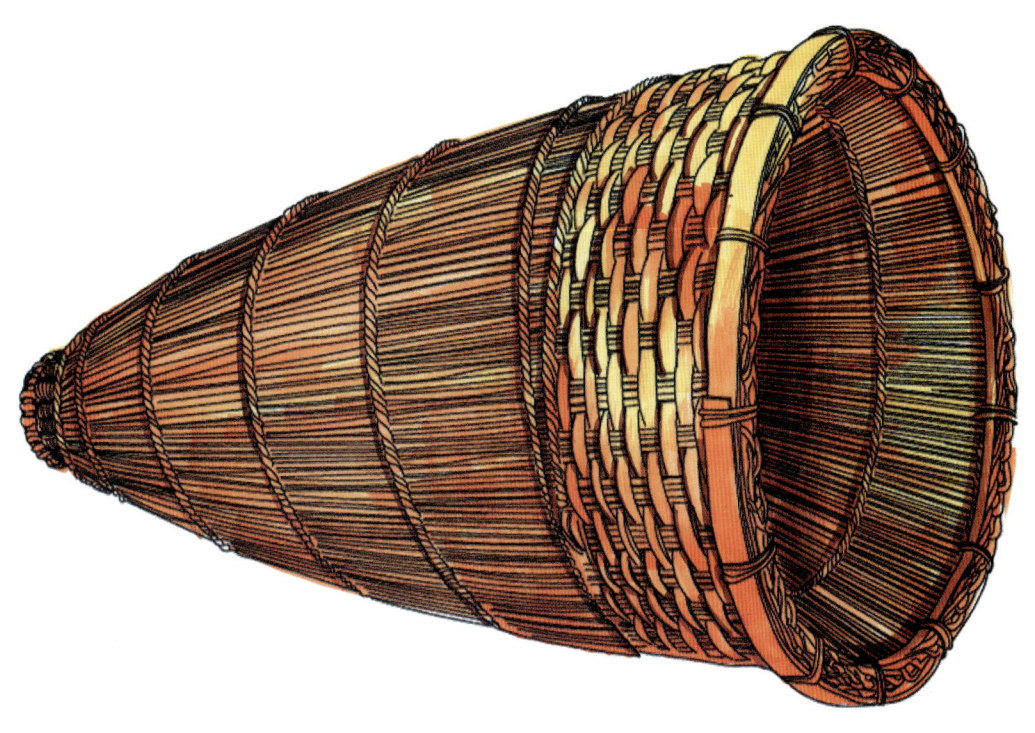

图一 傣族捕鱼箩主图

本案例采集自西双版纳，是傣族的捕鱼工具。在西双版纳澜沧江边的傣族，自古以来就是擅长捕鱼的民族。傣族捕鱼的历史悠久，方法也多种多样，下渔笼、支渔窝、药鱼、砍鱼、网鱼、炸鱼、钓鱼、罩鱼都是常见的方式。傣谚曰"客人不到不下河，闲谈片刻鱼上桌"，由此可见傣家高超的捕鱼技艺。对鱼的喜好及捕鱼、吃鱼的方式形成了傣族特有的文化。常用的捕鱼工具有抄网、捕鱼箩、渔篓、竹弹弓、竹弩等。

本案例的捕鱼箩大口，小底，长身。分为两部分：箩身和箩盖，箩身呈长漏斗形，箩盖也呈漏斗形，里面有倒须。箩盖扣在箩身口上，并将之固定。使用时，在捕鱼箩里面放上鱼饵，引鱼进箩觅食，鱼一旦进入箩内便很难逃走。捕鱼者只须将捕鱼箩置于河水进水口或大沟旁，一两天后再去取即可。

捕鱼箩用竹篾编制而成，箩底将小竹丝收束成一团后，竹丝发散平行排列，中间有几道纬线加以固定，在箩口用宽竹篾按照十字交叉的编织方法编制和收口。整个器形疏密得当，既透气，又结实，而且设计巧妙，充分利用了鱼的生活习性，箩盖内倒须的设置，让鱼可进入箩内而又不至于逃脱，这种捕鱼方法是傣族人民劳动过程中经验与智慧的结晶。

图片来源
图一　贺雪岚　制图
图二至图七　黄路　制图

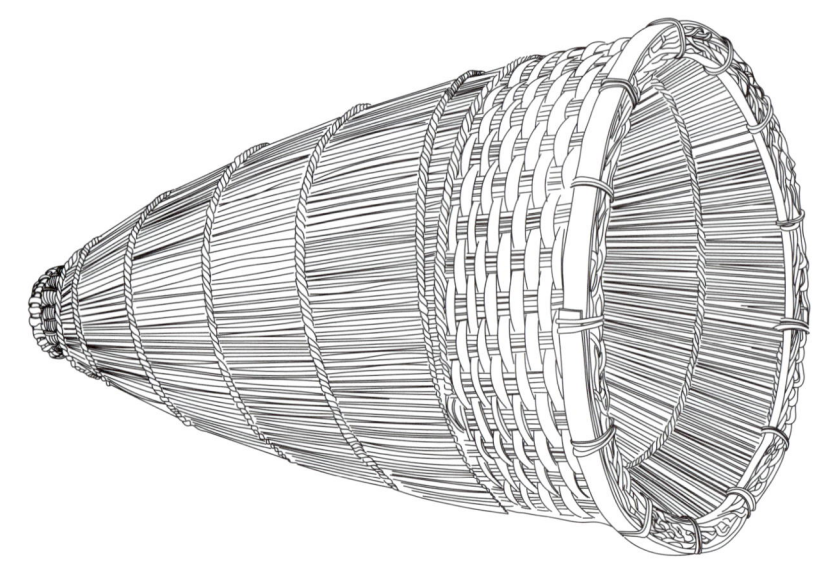

图二 傣族捕鱼篓线描图

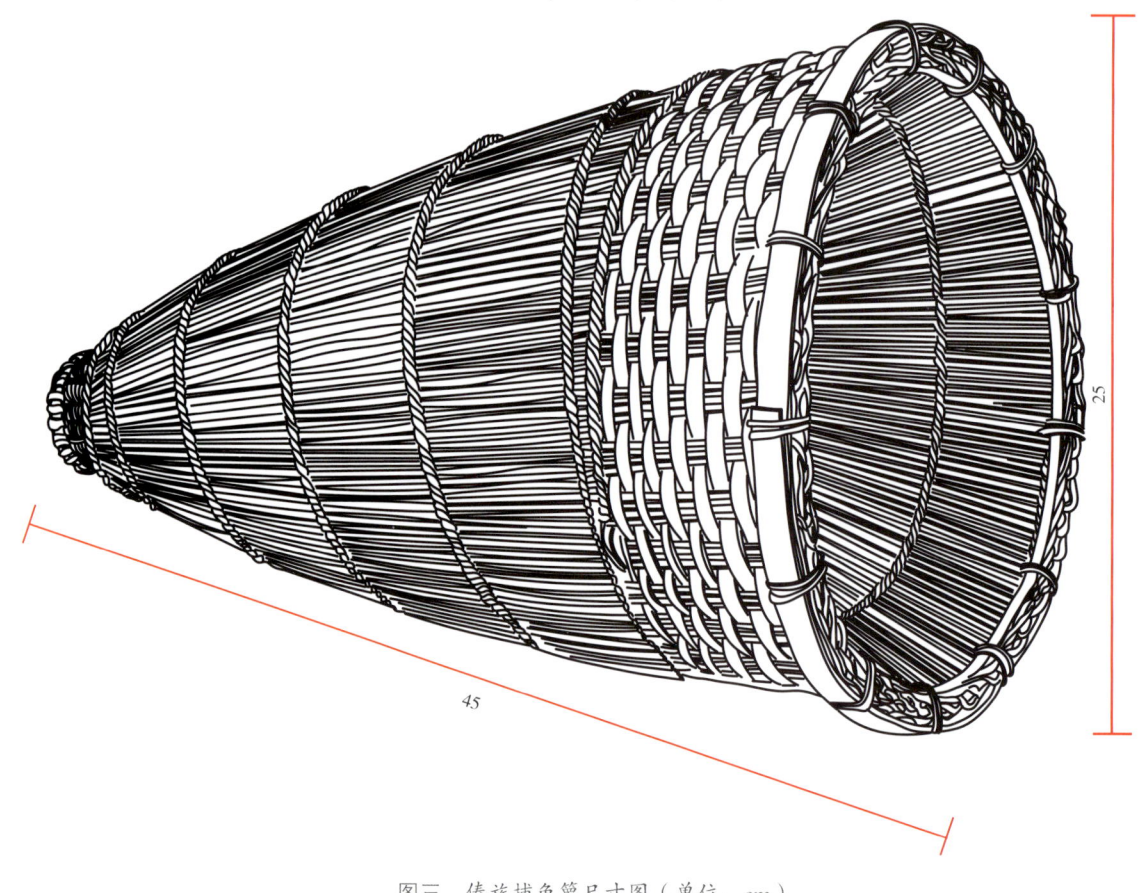

图三 傣族捕鱼篓尺寸图（单位：cm）

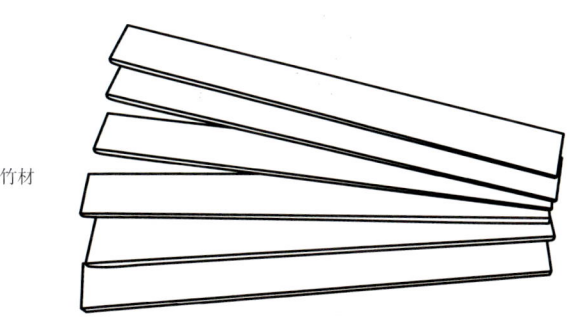

获取竹材

图四　傣族捕鱼篓材料来源图

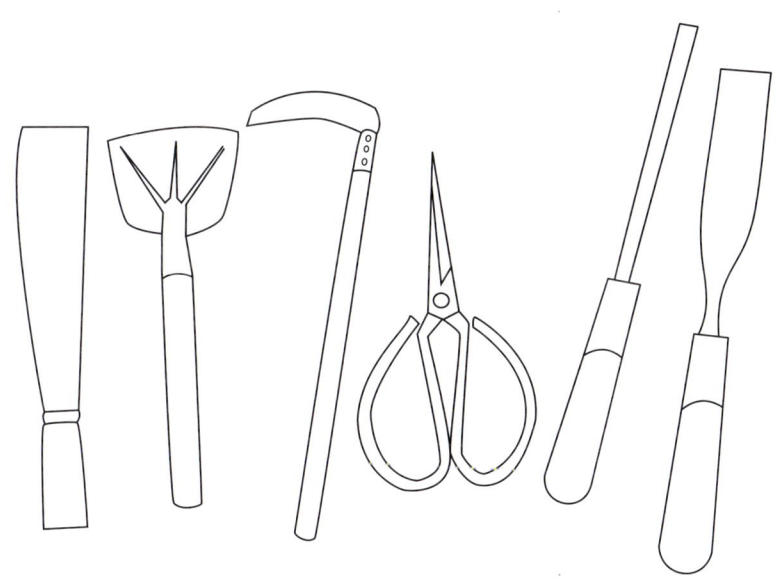

图五　傣族捕鱼篓制作工具图

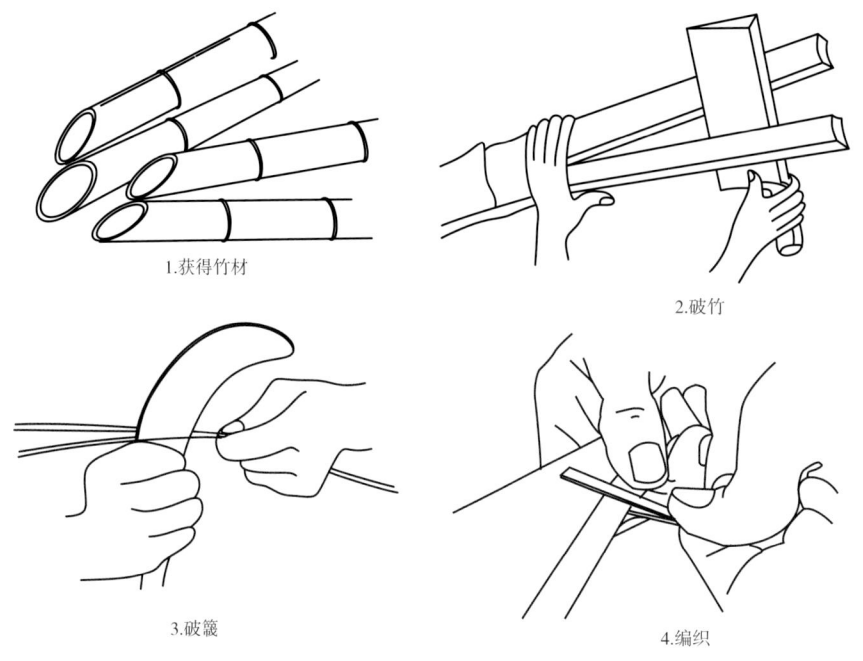

图六　傣族捕鱼篓制作流程图

1.获得竹材
2.破竹
3.破篾
4.编织

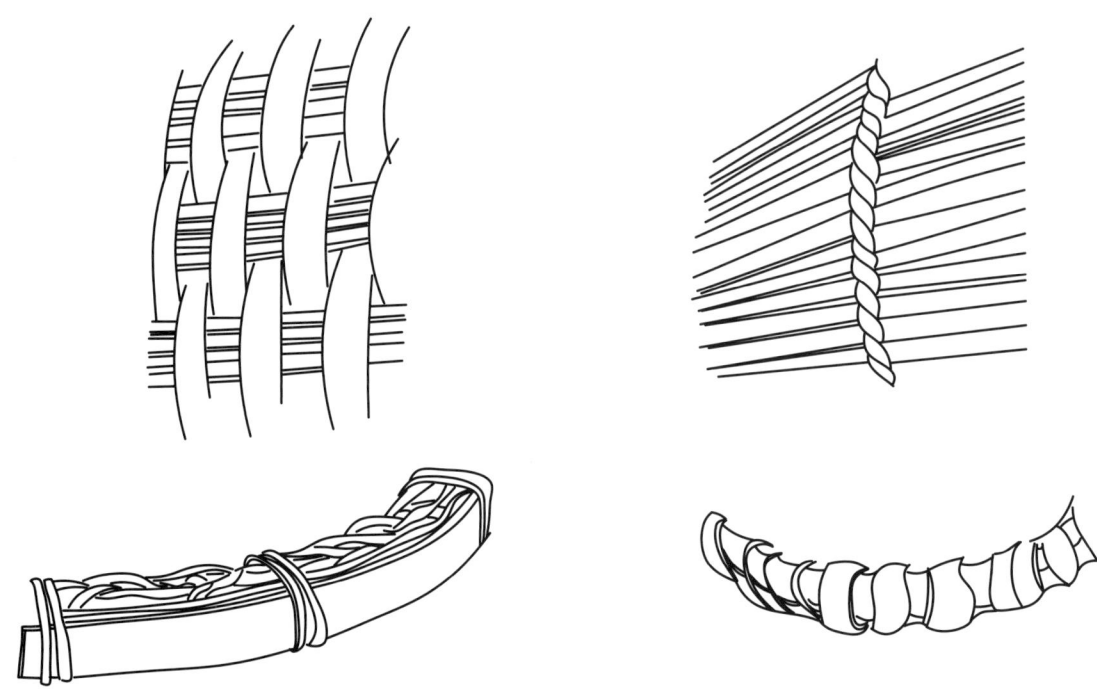

图七　傣族捕鱼篓编织细节图

第六章 傣族传统手工艺

傣族造纸

图一 傣族造纸主图

追溯傣族造纸历史可知，在元代及明初造纸业尚未进入傣族地区，元李京《云南志略》载："金齿百夷，记识无文字，刻木为约。"明景泰《云南图经志书》卷四载，"以缅字书其期约，而刻其多寡之数于竹上"。造纸业的传入应该是在明中晚期，明正德《云南志》卷七记载了景东有"青纸，其色胜于别郡所出"，明天启《滇志》也有记载，"景东青纸，青出于蓝，宜其多也"，现在的景东是石林彝族自治县，但明清时期是傣族的主要聚居地。

今天傣族地区如西双版纳临沧市等地还保留着比较完整的传统手工造纸技术，据调查，在西双版纳的曼召村的造纸过程可分为12道工序，具体步骤如下：

（1）采伐：砍伐树枝。构皮树是造纸的主要原料。

（2）剥皮：使用刀和手剥取树皮。

（3）剥外皮：用刀削外皮，仅留白皮使用。

（4）晒白皮：在阳光下晒一日。

（5）浸泡：在村落内的养鱼池中浸泡半日。

（6）煮熟：白皮经过浸泡约3小时后，用陶锅煮。先将木灰撒在盛水的锅里，加白皮，再撒木灰，上盖竹皮。偶尔用木棒搅拌。

（7）净洗：在水沟之中，将经过煮熟

的白皮清洗干净，注意洗去杂质和木灰。然后，将白皮分成糜烂和未糜烂的两种，分别用作优质纸和劣质纸的原料。

（8）捣浆：将经过净洗的白皮置于直径46厘米、厚14厘米的木板上，用木槌反复捶打，直至皮料烂熟、入水完全可以溶化为止。

（9）抄纸：纸槽以土砖和水泥制成，槽长200厘米、宽100厘米、深11厘米左右。也有拦住水沟流水，作为纸槽使用的。抄纸器是用木条制成框架，上面蒙以纱布，大的长149厘米、宽86厘米，小的长63厘米、宽54厘米。抄纸时，在纸槽或水沟中铺4块砖片或卵石，使纸模边框固定在上面，水位刚好超过纸模。然后将捣制好的纸浆放入纸模中，双手搅动纸浆，使其平均分布于布帘上，大体均匀后，再用手指背面反复拍打整个布帘，使纸浆下沉附着于布帘面。最后将纸模提起，移至阳光下晒干。这样每抄一张纸大约需要3分30秒。

（10）晒纸：晒纸一般需要半天的时间。

（11）砑光：在纸尚未完全干燥之时，用一个珐琅杯在纸面抹滚一遍，起到砑光的作用。

（12）揭纸：纸全干后，即用手自上而下将纸揭离布帘，到此造纸过程便全部结束了。

除了以上介绍的造纸程序外，还有几种造纸工具须加以介绍：纸帘，用竹子围框，纱布作帘，尺寸因需要而定，一般是长80厘米，宽70厘米；木墩，直径70厘米，高25厘米，捶打原料时使用；木槌，锤打原料时的工具。

傣族造纸多作为抄写经文之用，还广泛运用于各种民俗活动和日常生活、食品及茶叶的包装等，具有丰富的文化内涵和环保作用。

图片来源
图一　贺雪岚　制图
图二　蔡轩　制图
图三、图六　沈开婧　制图
图四、图五　蔡克中　制图

参考文献
唐立.云南物质文化·生活技术卷.昆明：云南教育出版社，2000.

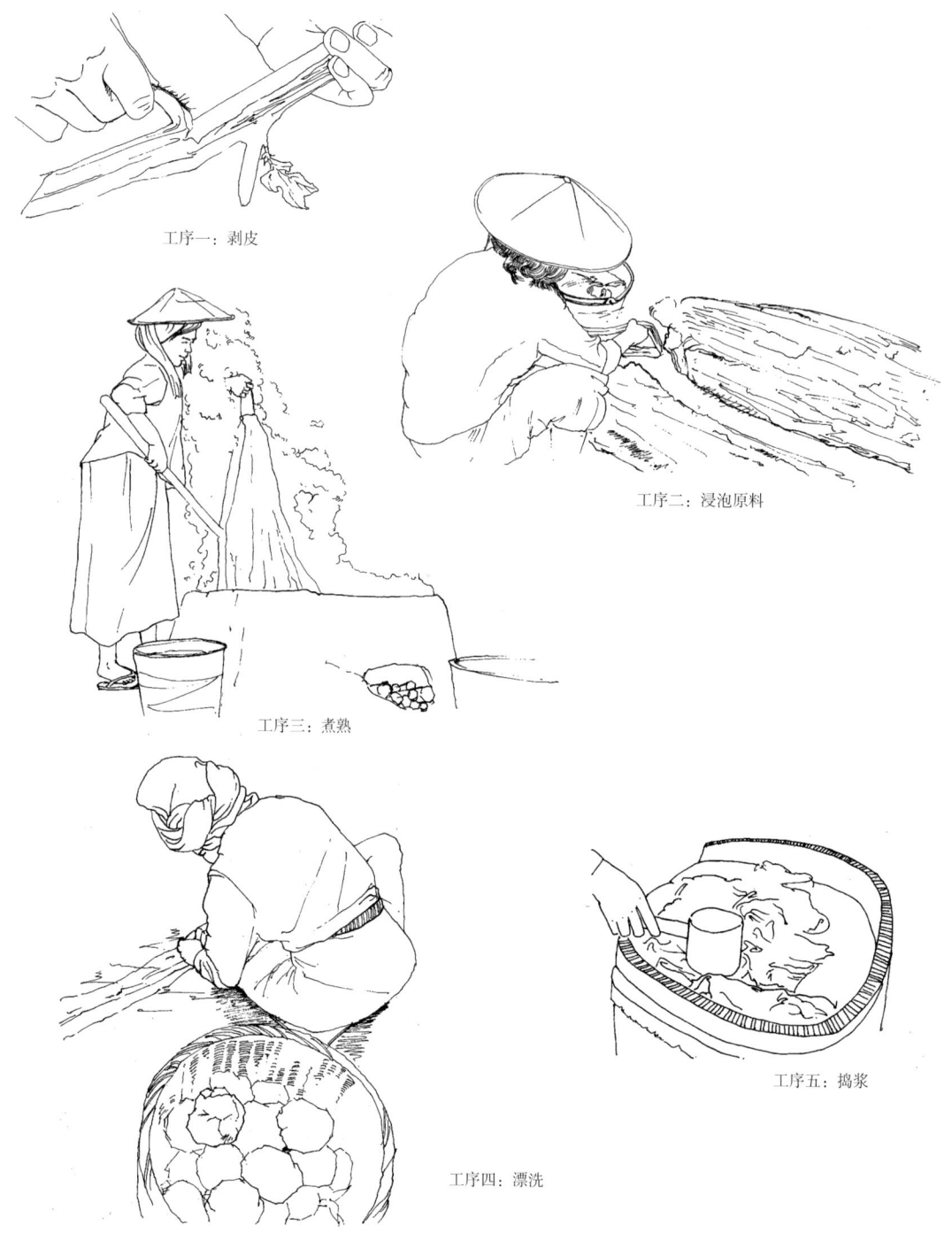

图二 傣族主要造纸工序（工序一至工序五）

图三 傣族主要造纸工序（工序六至工序九）

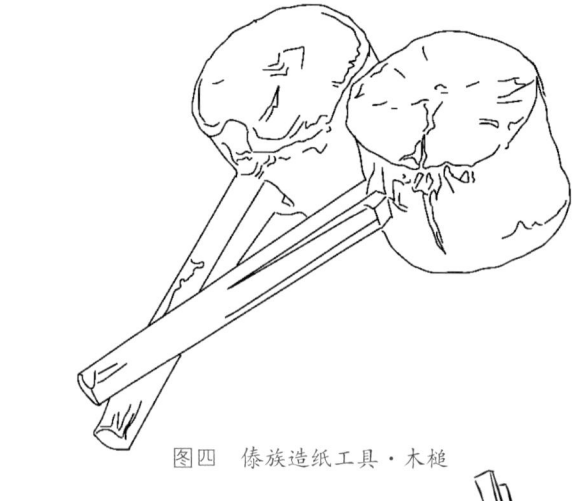

图四 傣族造纸工具·木槌

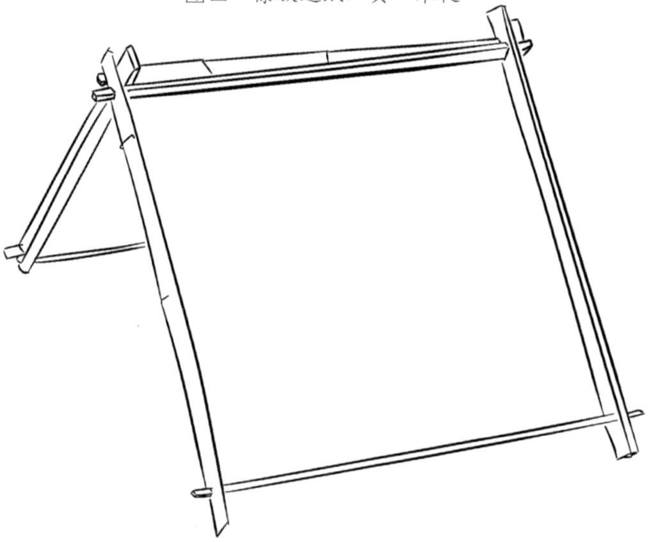

图五 傣族造纸工具·纸帘

图六 傣族造纸纸帘使用示意图

傣族剪纸

图一　傣族剪纸主图

本案例采集自云南德宏傣族景颇族自治州，是主要用于南传上座部佛教寺院的宗教题材剪纸。傣族剪纸的传统材料多为纸和布，喜事中常用金、红、黄、蓝、绿等颜色的剪纸，丧事中多用白、金、蓝、紫等颜色。傣族剪纸以金、银纸剪出的作品最为光彩亮丽，是傣族人喜好的赕佛用品。20世纪七八十年代，剪纸材料有所变化，铝皮、铁皮等金属材料也应用于剪纸，这些金属材料的剪纸作品具有牢固耐用、不易褪色变色、保存时间长、便于清洗等优点。金属剪纸使得传统平面剪纸演变为立体剪纸，剪纸的形式、技艺及意义得到进一步的拓展。

傣族的剪纸艺术自成一体，在剪纸的形式和技巧方面体现出明显的傣族风格和地方特色，尤其与傣族的佛教信仰及活动密切相连，所以傣族剪纸的图案类型和题材与南传上座部佛教相关，剪纸图案大致分为动物、人物、植物、几何、建筑等五大类，其中如佛像、菩提树、奘房、佛塔、莲花、孔雀、龙亭、花瓶、灯笼等是最具傣族文化特色的纹样。

傣族传统剪纸中的纸剪和布剪所使用的工具只有一把剪刀，剪纸人无需样稿，随手就剪，其剪纸纹样烂熟于胸，通过剪刀的灵活运用幻化出形象生动的剪纸图案。金属剪纸所运用到的工具较多，如铁皮剪、刻刀、凿子、锤子等，这些工具都是用精钢锻制而成的。金属剪纸的工艺较传统剪纸复杂，除了剪外，还有凿，通过不同工具的配合，剪出轮廓，凿去多余材料，再锻造出立体效果。金属剪纸发展了传统剪纸的技艺，创造出剪纸的一种全新面貌。

图片来源
图一　胡春涛　摄影
图二至图六、图八　黄路　制图
图七　蔡轩　制图

图二　傣族剪纸线描图

图三　傣族剪纸尺寸图（单位：cm）

图四　傣族剪纸工具图

图五　傣族剪纸纹样图

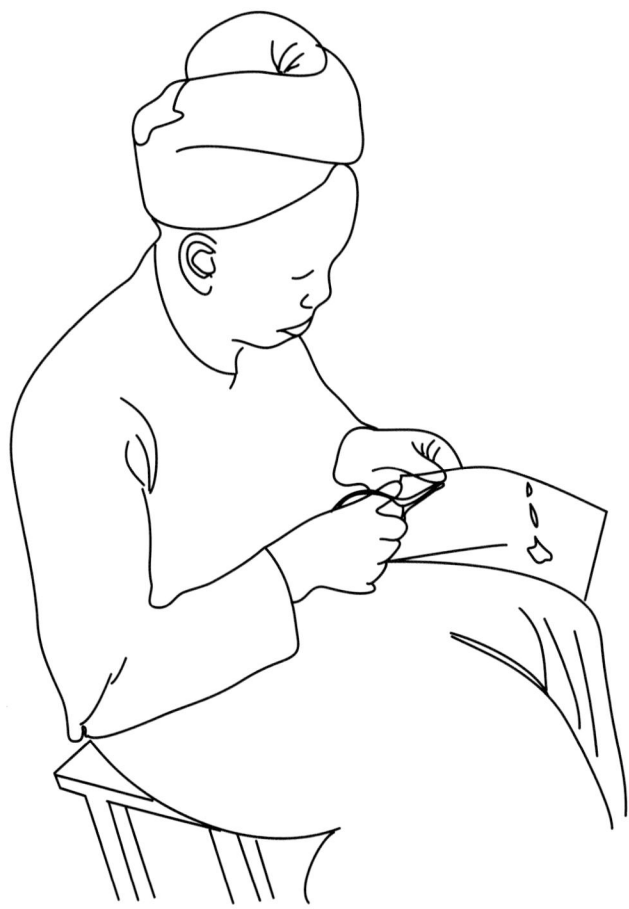

图六　傣族剪纸情境图

图七　傣族剪纸示意图

图八　傣族剪纸作品

傣族织锦

图一　傣族织锦主图

傣族织锦是具有悠久历史的傣族民间工艺品。早在汉代史籍中就有相关记载，《后汉书·南蛮西南夷列传》载"知染采文绣，罽毲帛叠，兰干细布，织成文章如绫锦"。唐宋时期傣锦的制作已经形成一定规模。南诏国时期，傣锦是当时非常重要的贡品。到了近现代，西双版纳、德宏、保山等地是傣锦的主要产地。

傣锦广泛用于制作生活用品和宗教仪式用品，如筒裙、披肩、筒帕、床单、佛幡等。制作的原料一般以丝和棉为主，女性是这一传统技艺的操作者和直接继承者，她们在农活之余从事织锦工作。棉花采摘后从纺线到上机织布，要经过多道工序，整个织锦过程非常复杂，整个过程为轧花、弹花、纺线、打线、浆染、沌线、落线、经线、刷线、作综、闯杼、掏综、吊机子、栓布、织布等。

傣锦是通过经纬线经提花、织造等工艺制作而成，这些工艺使得傣锦纹样具有简洁、明快的特点，抽象、简化是形象的基本处理手法，将事物最具特色的元素提炼出来，经过重复、再造等手段表现事物的形态、色彩与纹理。傣锦图案的组织方式有四方连续，也有二方连续，通过这些几何图案的组合、连接方式表达广泛的内容。傣锦图案有几何纹、植物花卉纹、神兽纹、动物纹、人物纹、建筑纹以及文字纹等等，是傣族人生活、生产活动的直接反映，也是他们思想意识、价值取向、审美观念的生动展现。傣锦图案也具有象征性与意象化的内涵，是傣族人民在长期的生产、生活中将最朴素的生活哲理付之于丝线加以表现的结果。傣锦中的黑色代表土地、森林等，蓝色代表天空、江河、秧田、树木等，红色代表太阳、云彩、彩虹、鲜花、火塘等，白色代表月亮、星辰等，这些具有象征意味的色彩与形象展现了傣族天、地、人和谐的哲学理念以及朴素的生态意识。

图片来源
图一　胡春涛　摄影
图二至图九　童翌　制图

图二　傣族织锦线描图（一）

图三　傣族织锦图案排列与色彩分析图（一）

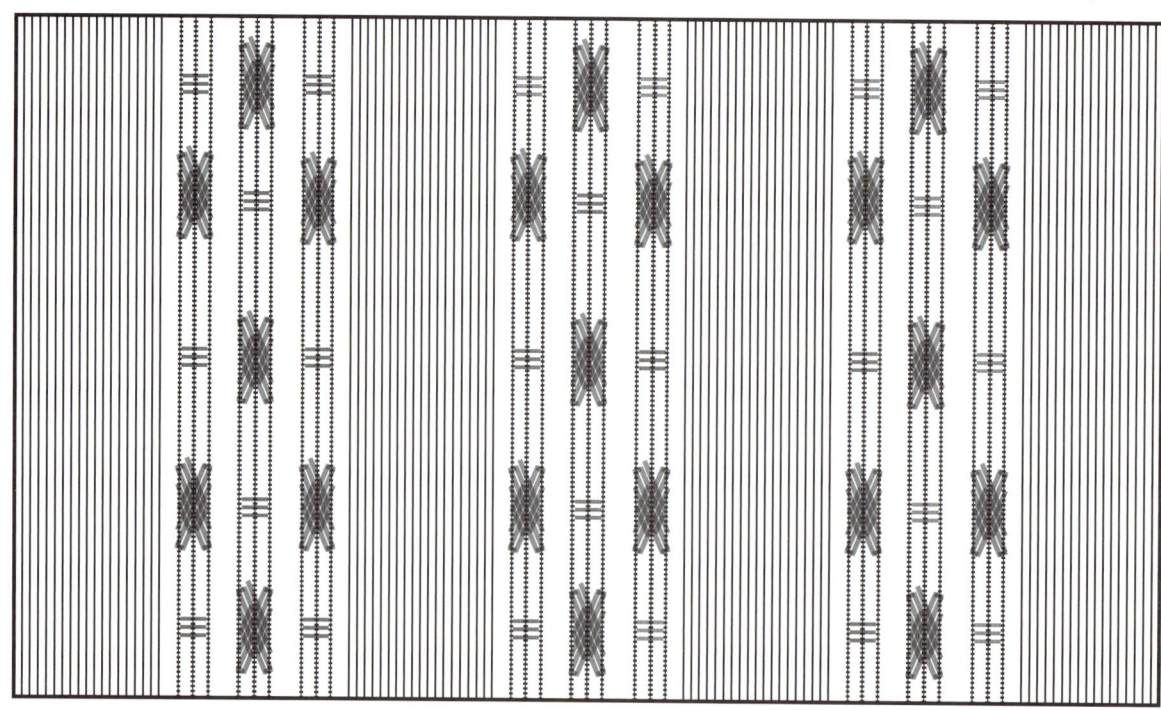

图四　傣族织锦线描图（二）

图五　傣族织锦图案排列与色彩分析图（二）

图六 傣族织锦线描图（三）

图七 傣族织锦图案排列与色彩分析图（三）

第六章 傣族传统手工艺

401

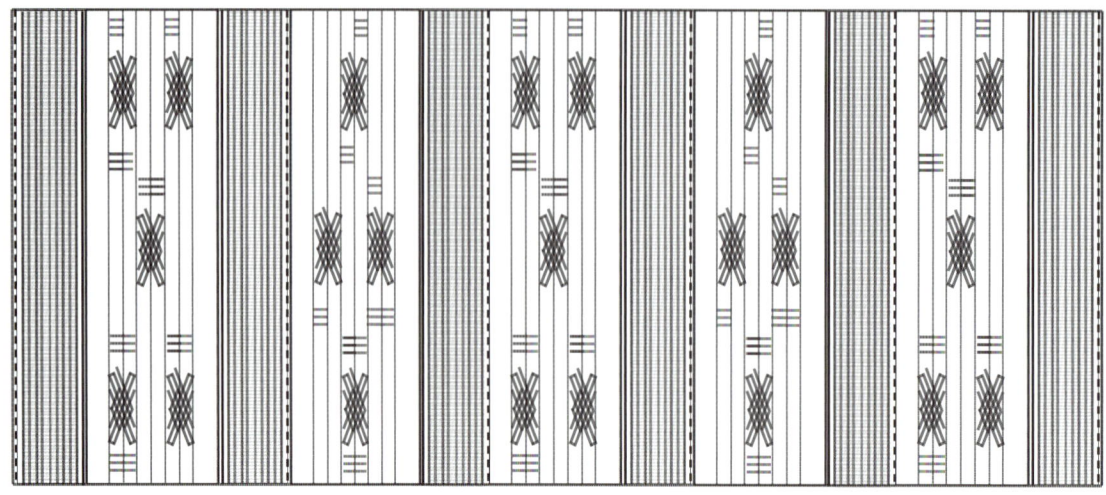

图八 傣族织锦线描图（四）

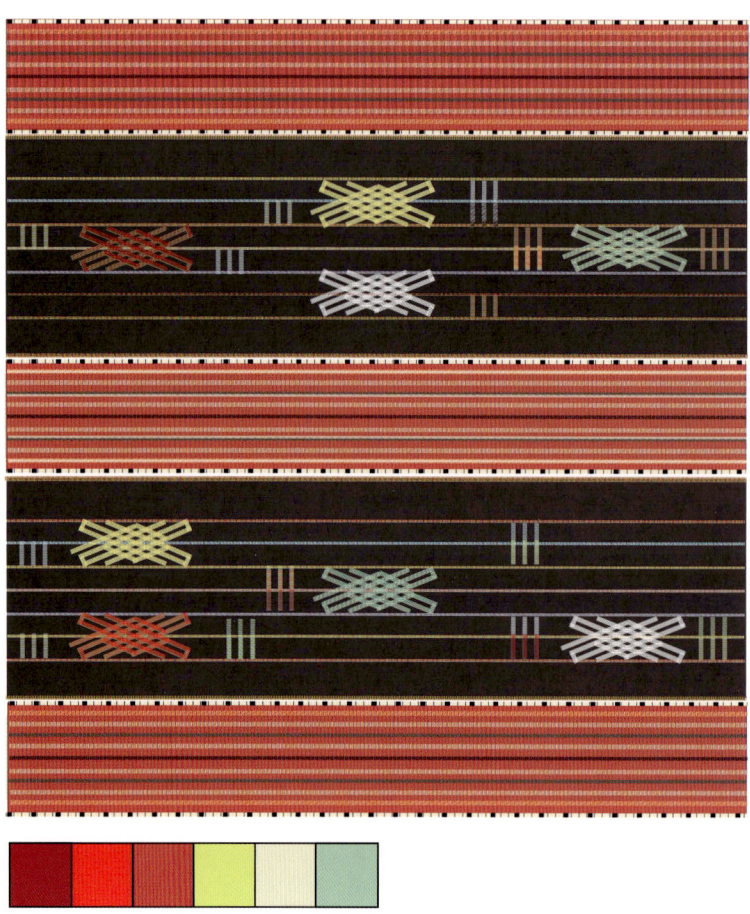

图九 傣族织锦图案排列与色彩分析图（四）

傣族鸟兽纹织锦花布

图一　傣族鸟兽纹织锦花布主图

本案例采集自西双版纳，是当地的鸟兽纹织锦花布。花布以白色为底，主要以红、黑、绿三色布置纹样。布的上部有五层纹饰，宽窄不一，第一层最宽，其次是第三层，其余三层相似。除第三层和第四层为大象、孔雀的动物纹饰外，其余几层都为几何纹样。纹饰的组织方式为二方连续，每组装饰带之间以细密的三角纹隔开。纹饰造型洗练，概括性强，动物纹饰尤其是孔雀的图形风格独特，夸张的、富有装饰性的鸟喙、尾巴以及几何形的肢体，其风格与商周至战国时期青铜器上同类图像保持了高度的一致。花布下方为交叉成网格状的线穗，其上还有一段无装饰的空白处，将几行细密的几何纹饰与花布的上部主要装饰带相隔开。

西双版纳的织锦花布富有典型的民族个性和民族风格。结构上采用横向的平行装饰带叠加组合而成，具有开阔、稳定的特点；每一条装饰带宽窄疏密不一，主次分明，具有很强的节奏感；题材内容相互区别，富有变化；图案采用本民族典型性纹样，热带雨林的动植物成为织锦的主题，如大象、孔雀一直被傣族视为吉祥物，寄寓吉祥、幸福、平安的意义。造型夸张、质朴，布局恰如其分，虚实相生。鸟兽纹花布以棉线织成白色的经线，用不同色彩的纬线起花，以白底为主，上织黑、红、绿纹饰，色彩明快，色调清丽高雅，整体效果明朗、突出。可以说鸟兽纹花布无论是工艺技巧还是设计创意都体现了浓郁的傣族特色，是傣族人民在长期的生活与生产实践中积累下来的智慧结晶。

图片来源
图一　胡春涛　摄影
图二至图五　童翌　制图

图二　傣族鸟兽纹织锦花布线描图

图三　傣族鸟兽纹织锦花布细节图与色彩分析图（一）

图四　傣族鸟兽纹织锦花布细节图与色彩分析图（二）

图五　傣族鸟兽纹织锦花布细节图与色彩分析图（三）

傣族花卉纹漆套盒

图一　傣族花卉纹漆套盒主图

本案例现收藏于上海博物馆，20世纪上半叶采集于云南，高20厘米，底径25厘米，是用来盛放槟榔的盒子。

此漆套盒呈圆柱体，分为三部分：盒身、盒盖和内套盒。套盒内胎为竹筒，通体髹漆。盒内刷有红色生漆，但无纹饰。盒盖和盒身底为黑色，施有花纹，盒盖正面中心为五个舞蹈人物纹，人物造型准确，姿态处理灵活，四周装饰有四层双圈弦纹，勾画细腻，富有装饰性；盒身搭配有傣族纹饰中常见的弦纹、莲纹等图案，纹饰用红色和掺了金粉的黄色漆料勾勒而成。内还套有一个小套盒，可盛放石灰、烟丝等物。

这件漆套盒具有鲜明的民族特色。色彩上以黑、红、黄为主色调，这些都是傣族人所喜爱的颜色，传达出与南传上座部佛教信仰相符合的但又追求朴素天真的自然崇拜观念。从现代艺术设计角度分析，红、黄属于高纯度的暖色系，黑色是明度上最深的无彩色，以黑色为底色，红、黄色的艳丽、纯净能够充分发挥出来，具有鲜明的色彩对比效果，色彩上富有强烈的视觉冲击力，亮丽夺目，层次感强。而在黄色漆料中加入金粉，更使得槟榔盒在阳光下有一种华丽的效果。

整体造型简洁，纹样清秀，具有浓郁的民族气息，是傣族漆器工艺的代表。

图片来源

图一　胡春涛　摄影

图二至图六　王志　制图

图二　傣族花卉纹漆套盒线描图

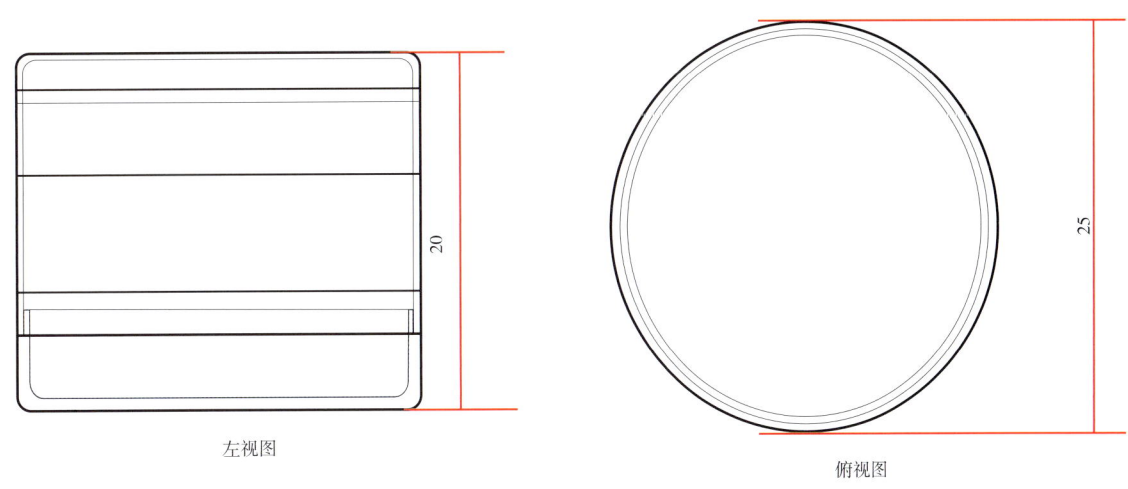

图三　傣族花卉纹漆套盒尺寸图（单位：cm）

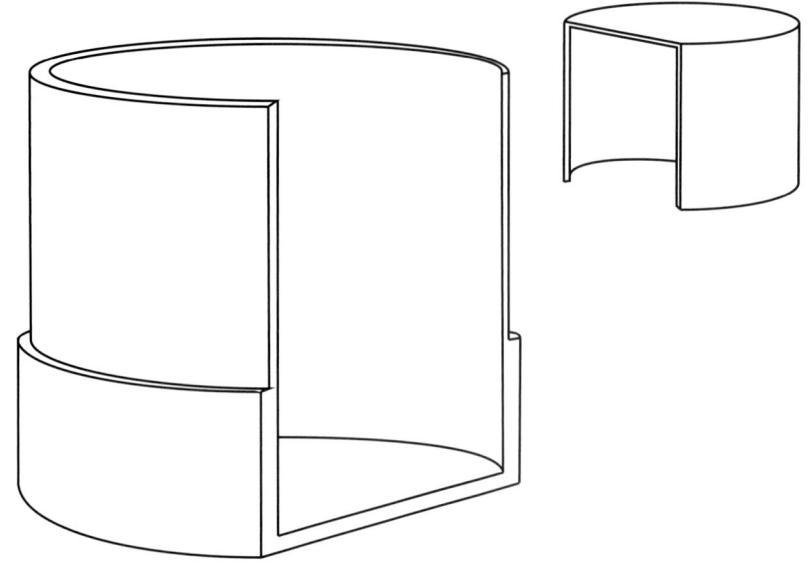

图四　傣族花卉纹漆套盒剖面图

图五　傣族花卉纹漆套盒细节图

图六　傣族花卉纹漆套盒打开状态图

傣族竹胎漆茶盒

图一 傣族竹胎漆茶盒主图

本案例现藏于云南民族博物馆，为民国时期制品，是用来盛放茶叶的器具。

茶盒呈圆柱体，分为盒盖和盒身，选竹为胎，通体髹漆，黑漆为底色，饰以象纹，最后髹之于漆，施以漆画文饰。盒盖中央、侧壁及盒身圆圈中间的大象纹饰用红色和掺了金粉的黄色漆料勾勒而成。其他凸起的边饰则涂上黄色漆。

象纹是傣族工艺品中的典型纹样，寓意吉祥如意，象征着风调雨顺、五谷丰登、和平安宁。傣族人崇拜大象，源于大象在古代傣族生活中所承担的显要角色，云南西双版纳自古盛产大象，它们在古代社会的战争、生活、生产中都具有十分重要的意义。除此以外，大象的特殊意义也与傣族原始宗教信仰相关，有关神象的神话传说深入人心，代代相传，大象意味一种安定人心的力量，也因为这种深厚的社会文化心理，象纹作为典型的装饰图案大量出现于傣族器物上。傣族将对大象的崇敬和感激之情，装饰在自己的生活中，寓意平安、吉祥。

茶盒主体色为黑色，大面积黑色为底，上面流动的细巧精致的红色云纹，给人以动感和深邃感，雍容华贵，在视觉上有强烈的冲击力。此茶盒在线条上的运用得心应手，线条的神韵也被发挥得淋漓尽致；在整体结构上注重秩序感和对称的均衡感。由此可见傣族漆艺手法的娴熟与技艺的高超。

图片来源
图一　胡春涛　摄影
图二至图八　邹毅　制图

图二　傣族竹胎漆茶盒线描图

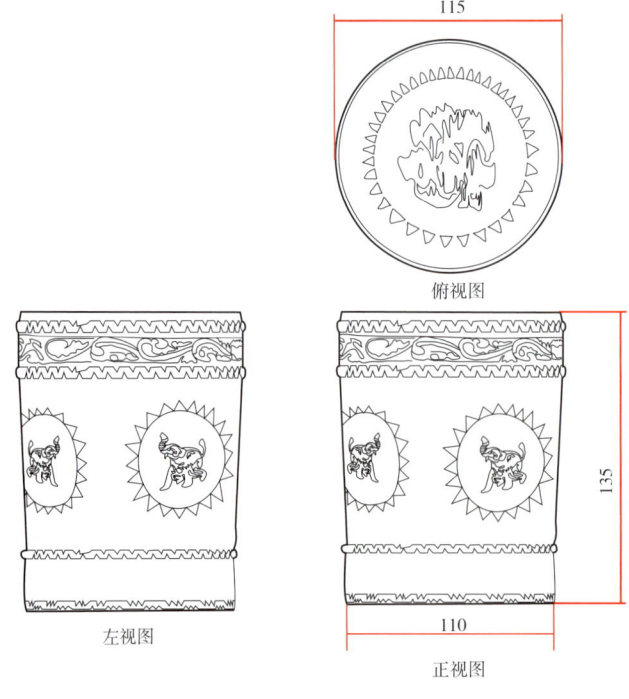

图三　傣族竹胎漆茶盒三视、尺寸图（一）（单位：cm）

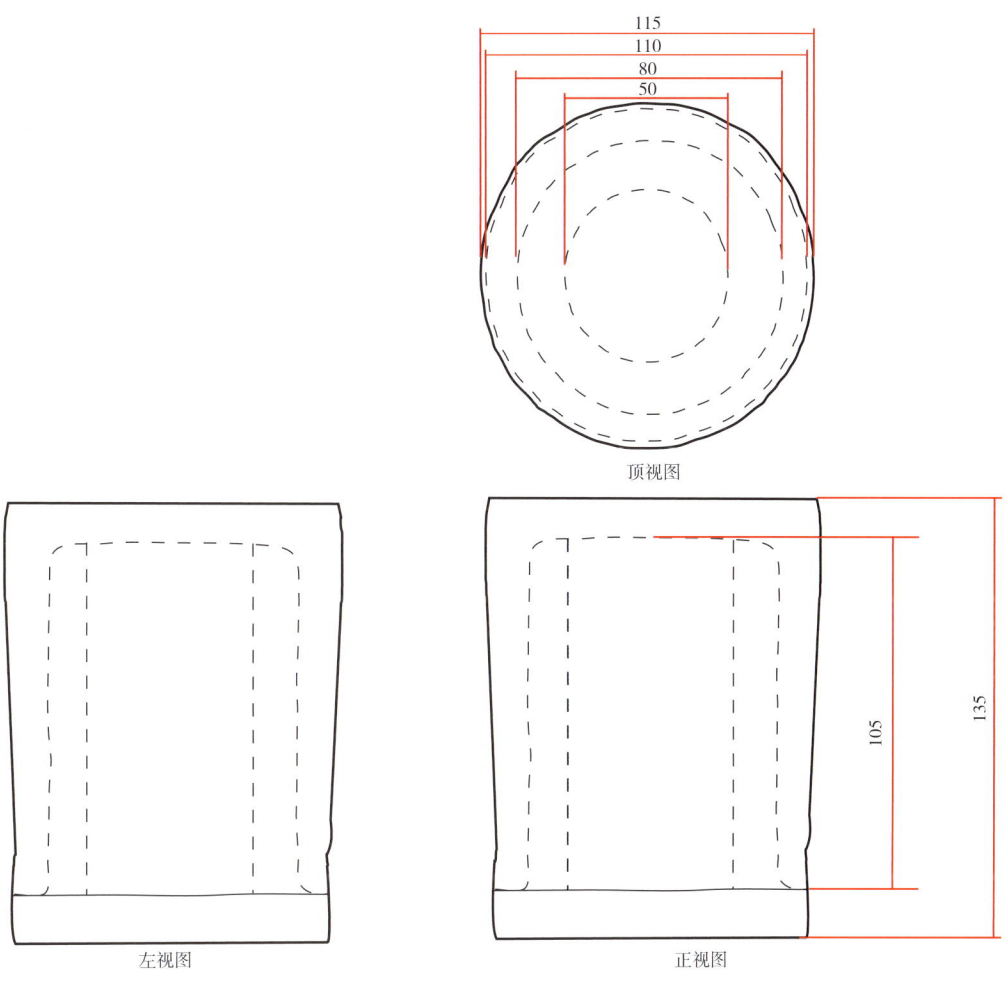

图四 傣族竹胎漆茶盒三视、尺寸图（二）（单位：cm）

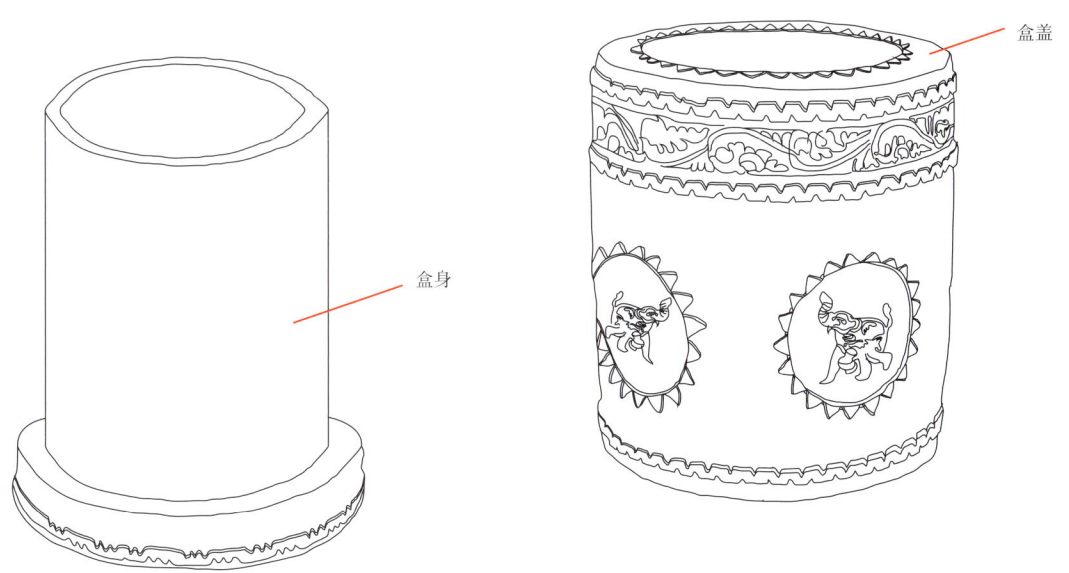

图五 傣族竹胎漆茶盒结构名称图

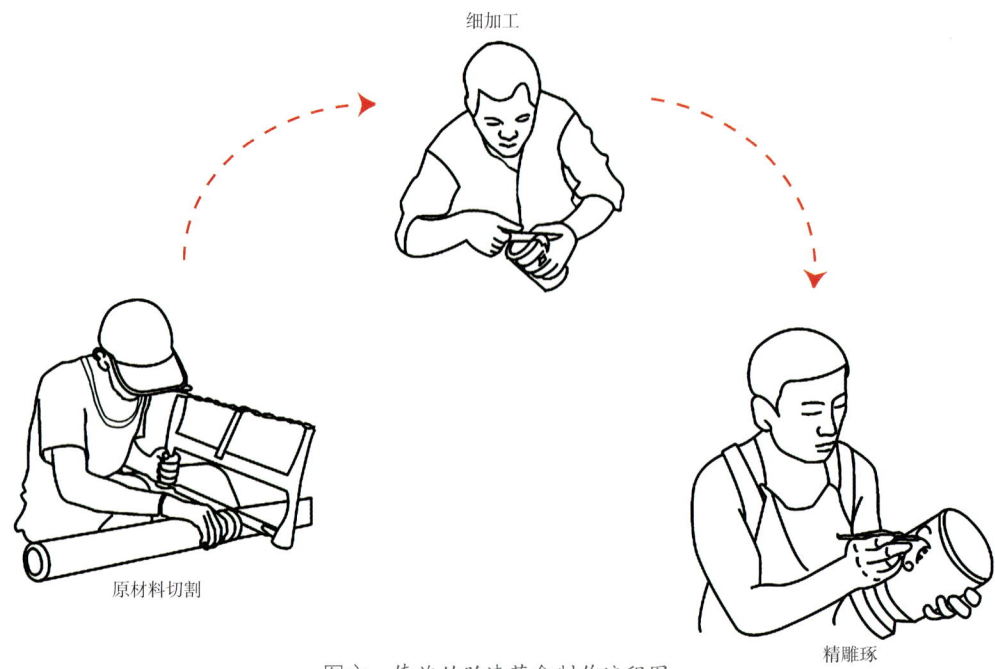

图六　傣族竹胎漆茶盒制作流程图

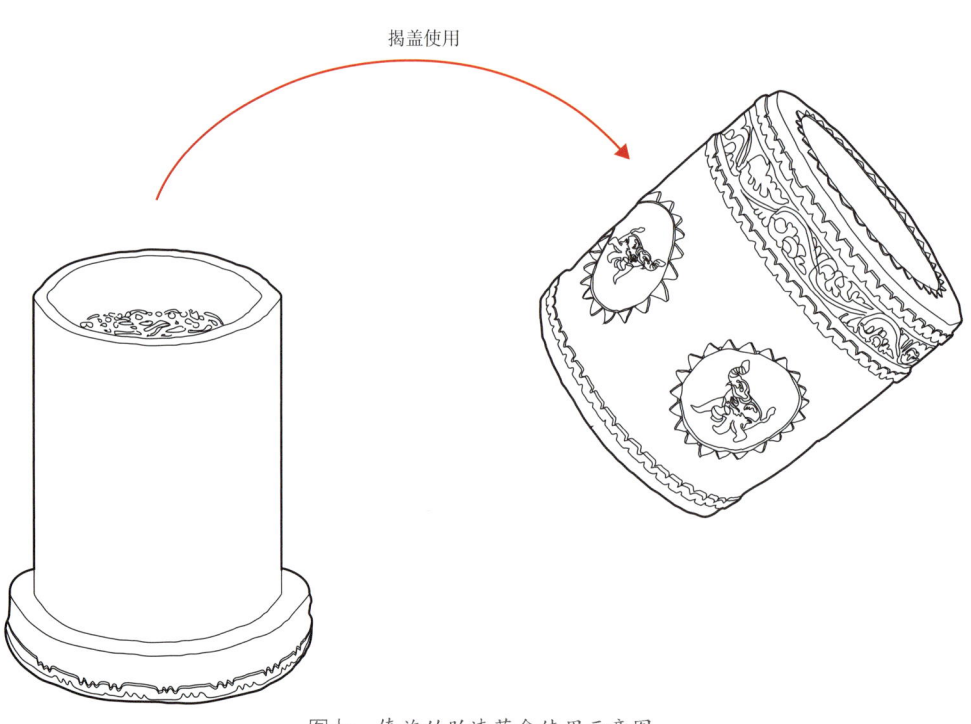

图七　傣族竹胎漆茶盒使用示意图

图八 傣族竹胎漆茶盒使用情境图

第六章 傣族传统手工艺

傣族竹胎髹漆槟榔盒

图一　傣族竹胎髹漆槟榔盒主图

嚼槟榔是傣族人颇具特色且重要的生活习俗。由于嚼槟榔在日常生活中占有重要地位，因而与槟榔相关的各种配料、工具和器具也受到人们的重视。槟榔盒就是盛放槟榔的重要器具，几乎家家户户都有专为盛槟榔、石灰、草烟用的槟榔盒。

本案例采集自景洪市。从形制来看，是大盒套小盒的子母盒。所用材料是获取方便的竹子。先选择一段竹子，保留上下两头的竹节，上部作盒盖，下部作盒身，中间一段为套入盒身的小盒。通体髹黑色漆，盒身内外及小盒在黑漆底上加饰红色漆，盒盖上下两端刷上红色漆，并且略施黄漆。整个槟榔盒以黑、红色为主色调，配以黄彩。纹饰上以弦纹和细腻的几何纹为主，纹饰风格远承战国以来青铜器图案的余绪，色彩则继承了汉代漆器传统，同时也展现了傣族鲜明的民族特色，在色彩上以黑、红、黄三色为傣族漆器延续至今的传统，传递了傣族最为纯粹的色彩观念。

竹胎髹漆槟榔盒，是傣族竹编工艺最具代表性的器型之一，其造型朴实大方，做工精细，色彩典雅而沉稳，装饰纹样生动而富有变化，且手感轻巧。槟榔盒凝结着这个民族长期以来积累的智慧和经验，同时也表现了傣族特有的审美情趣与审美观念。

图片来源

图一　山西博物院，云南民族博物馆编著.华彩滇韵：云南民族风情展.太原：山西人民出版社，2010.

图二至图七　肖永军　制图

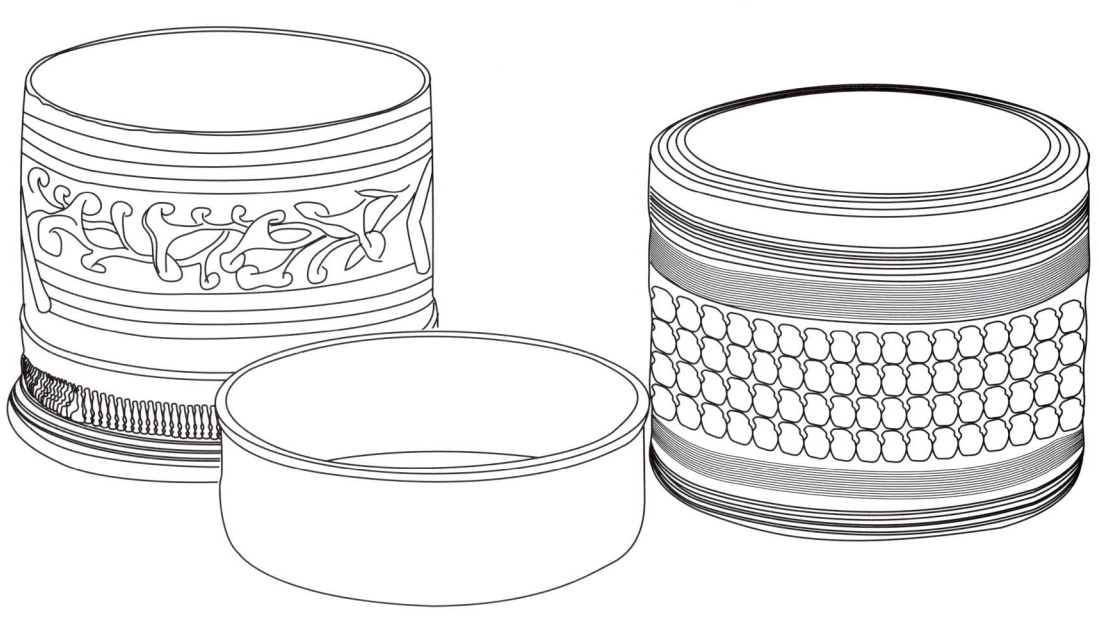

图二 傣族竹胎髹漆槟榔盒线描图

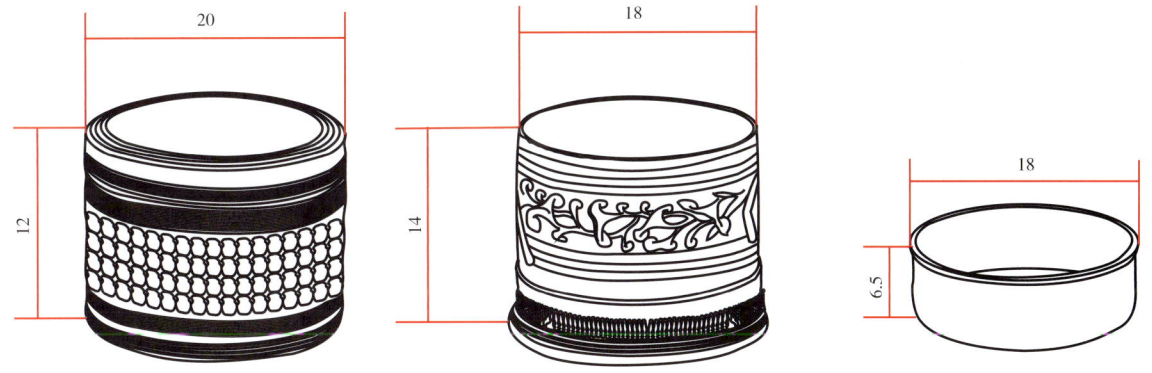

图三 傣族竹胎髹漆槟榔盒尺寸图（单位：cm）

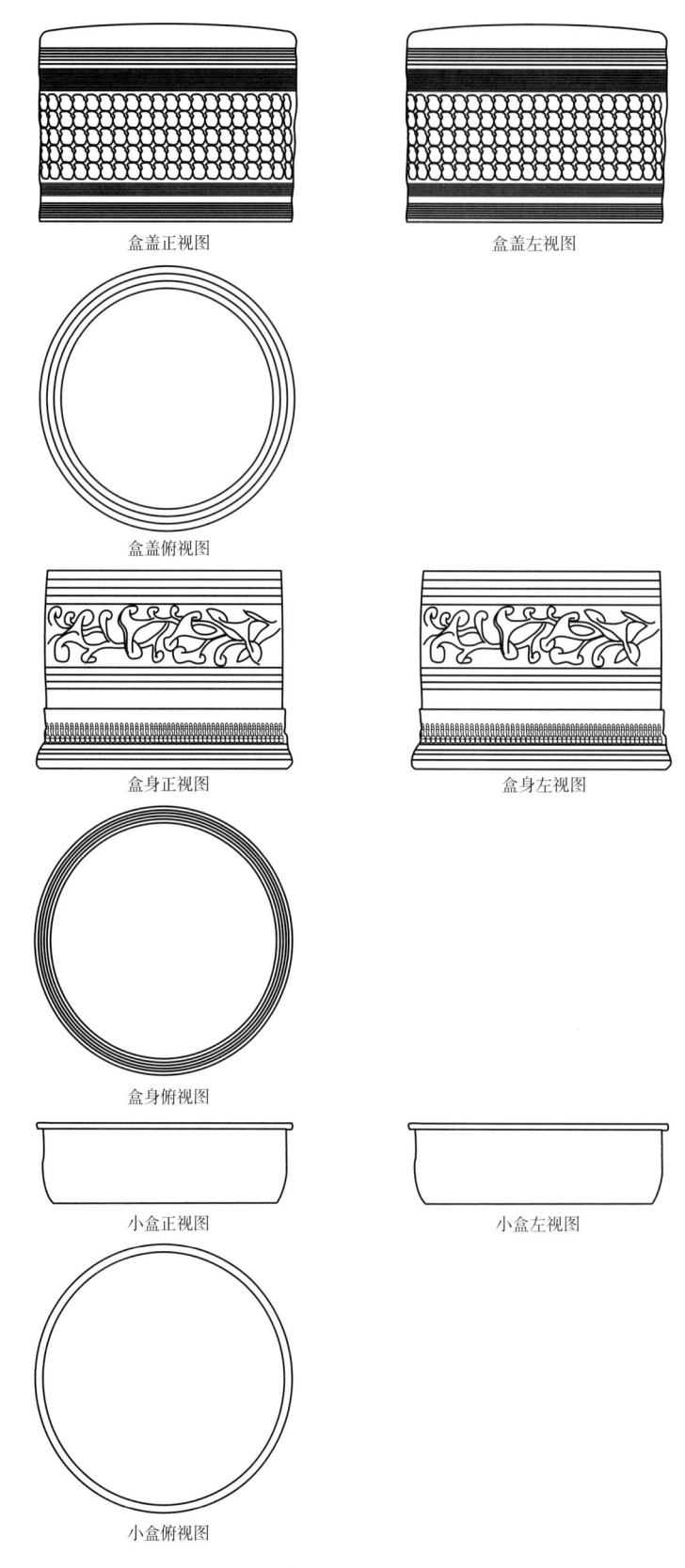

图四 傣族竹胎髹漆槟榔盒三视图

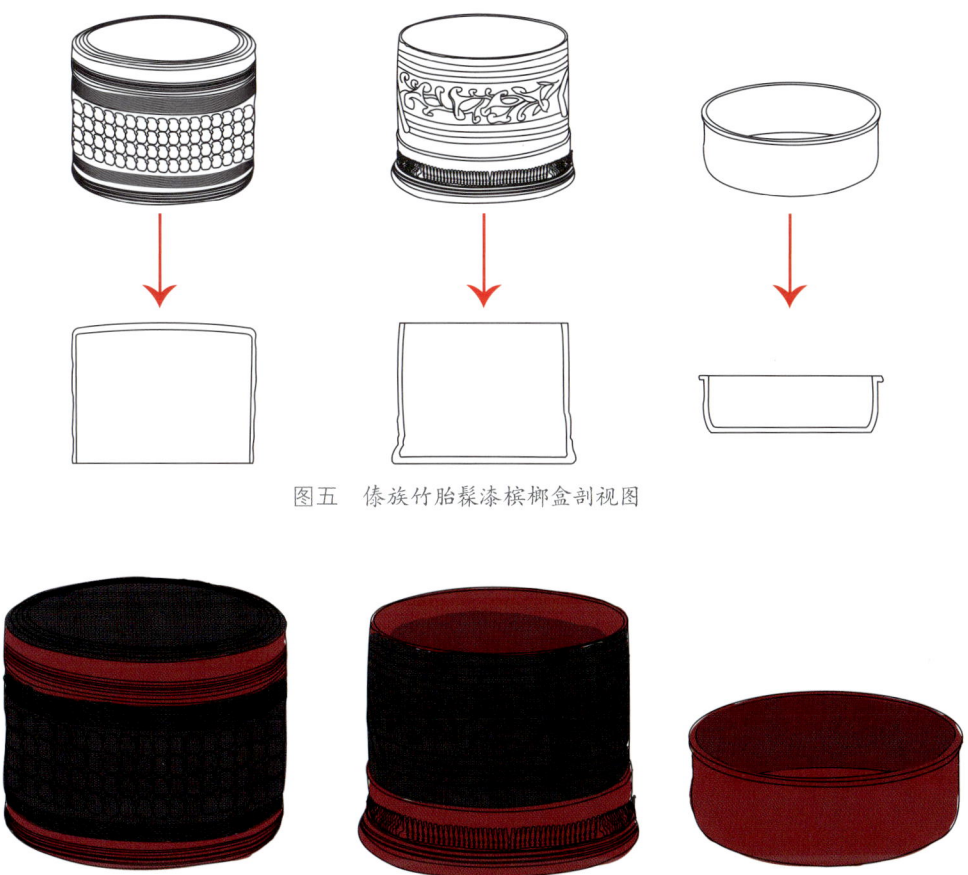

图五　傣族竹胎髹漆槟榔盒剖视图

图六　傣族竹胎髹漆槟榔盒工艺色彩图

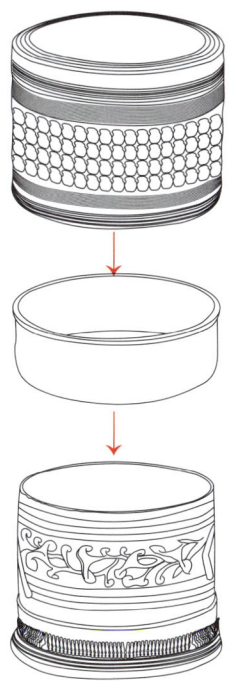

图七　傣族竹胎髹漆槟榔盒使用示意图

傣族竹编髹漆蜡条盒

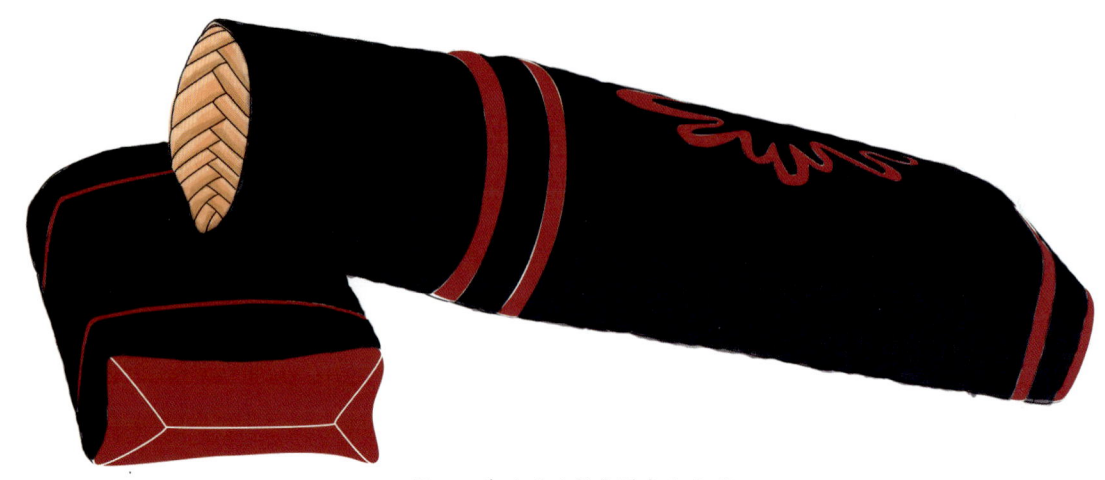

图一 傣族竹编髹漆蜡条盒主图

云南古代髹漆工艺在元代达到了辉煌，剑川、大理的髹漆作品品种多样，颜色丰富，图案精美，以刻花、雕琢、彩绘等工艺手法加工制作，称为"宋剔"。傣族的竹胎漆器可以作为当代云南髹漆工艺的代表，其中，傣族提箩、蜡条盒等颇为有名。本案例采集自景谷傣族彝族自治县，是用来盛放赕佛供品蜡条的器具。

蜡条盒整体呈长方体，四角抹圆，平底，四面坡顶，有盖，可抽出，内置蜡条。竹编蜡条盒通体施黑漆，只在顶部和盒身略施朱色漆，略饰花纹。本案例既是傣族最为常见的竹编器具，又是傣族漆器工艺品。

一般而言，制作傣族竹编漆器大致需要经过四道工序：第一，选材。傣族居住的地方有着丰富的竹材资源，这为傣族竹编奠定了深厚的基础。除了竹子外，染料、漆等材料也是必备的。第二，破竹。把竹子分别剖成不同的条状，如半指片、一指片、二指片、方条、细丝条等，用于编织所编物品的不同部位。本案例的蜡条盒使用的是一指宽的薄竹片。第三，编制。从器物的底部开始编制，先编出平地，然后按照人字纹路来编，经篾和纬篾之间均紧紧扣住。第四，上漆。编制好的蜡条盒最后要上漆，上漆之前要先上一层绿色的染料，待染料干了之后在蜡条盒的外表上两层黑漆，最后以红漆施在盒顶，在盒盖和盒身绘上环形线条和简易的花纹，红色的花纹在黑底的映衬下显得特别鲜亮，具有很好的视觉效果。

傣族的竹编髹漆蜡条盒具有胎薄体轻、坚韧耐用、耐酸防腐、色泽明亮等特性，是便捷的实用器具，也是傣族重要的工艺美术品。

图片来源
图一 贺雪岚 制图
图二至图八 谢婷婷 制图

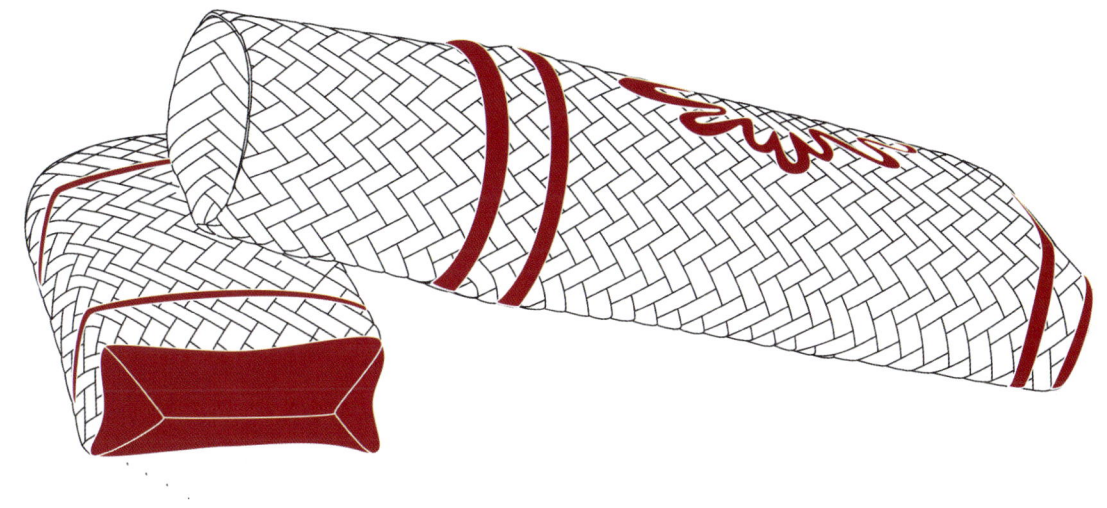

图二　傣族竹编髹漆蜡条盒线描图

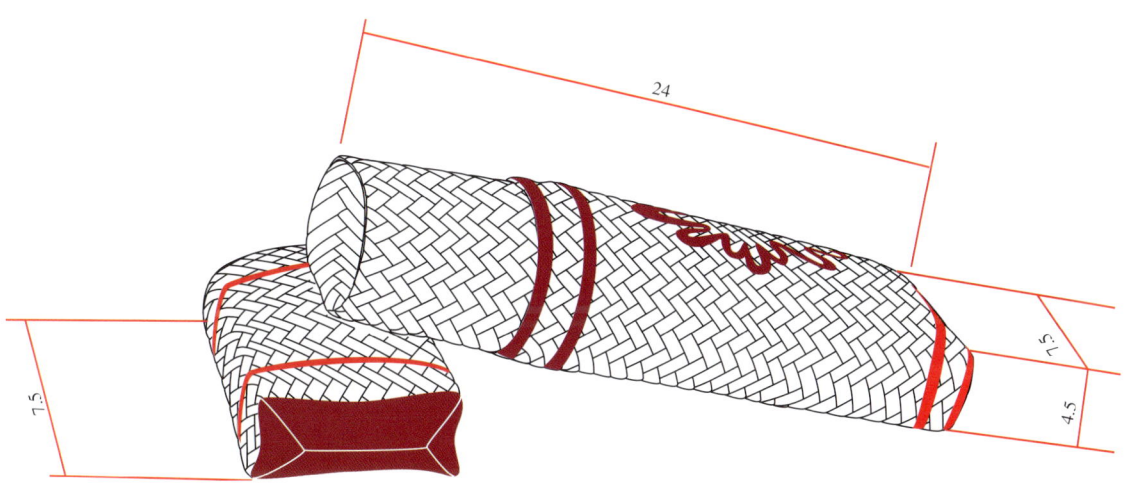

图三　傣族竹编髹漆蜡条盒尺寸图（单位：cm）

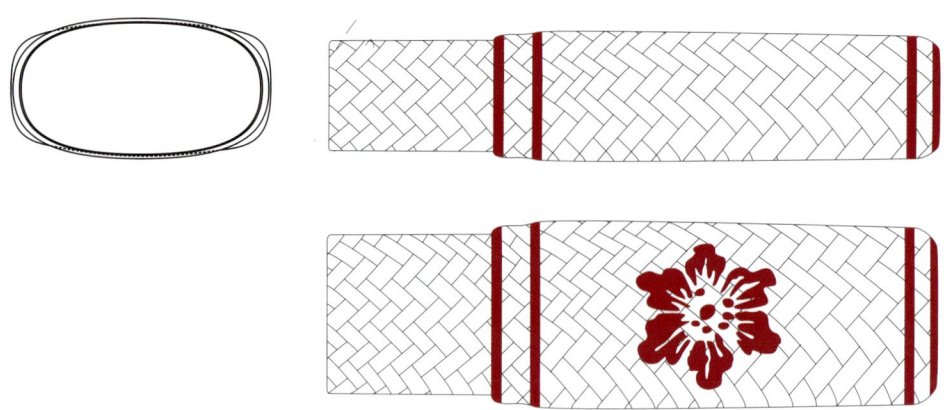

图四 傣族竹编髹漆蜡条盒盒身视角图

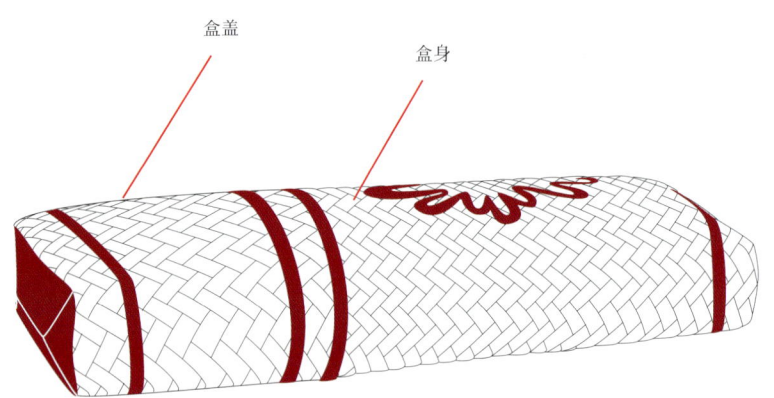

图五 傣族竹编髹漆蜡条盒结构名称图

1.选取竹节较长的竹子

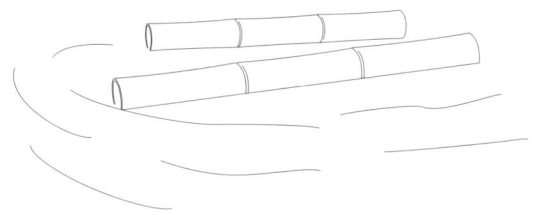

2.在水中浸泡一段时间，使竹质更加柔软坚韧

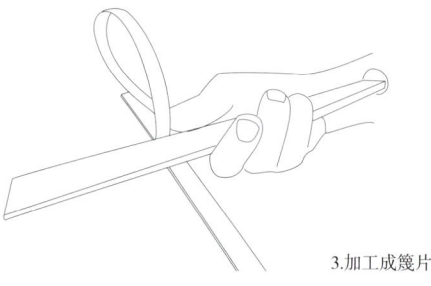

3.加工成篾片

图六 傣族竹编髹漆蜡条盒制作流程图（一）

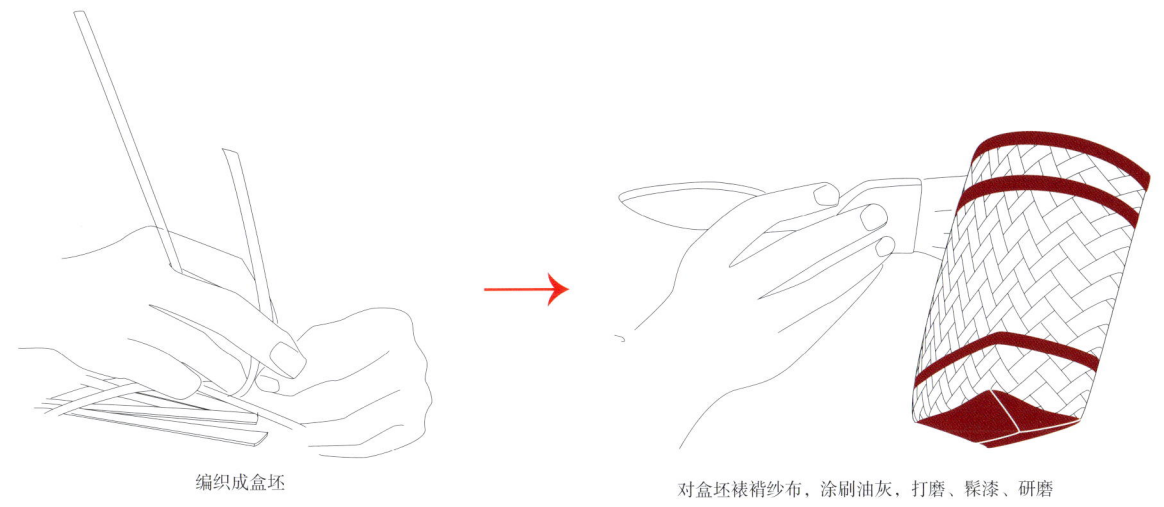

编织成盒坯　　　　　　　　对盒坯裱褙纱布，涂刷油灰，打磨、髹漆、研磨

图七　傣族竹编髹漆蜡条盒制作流程图（二）

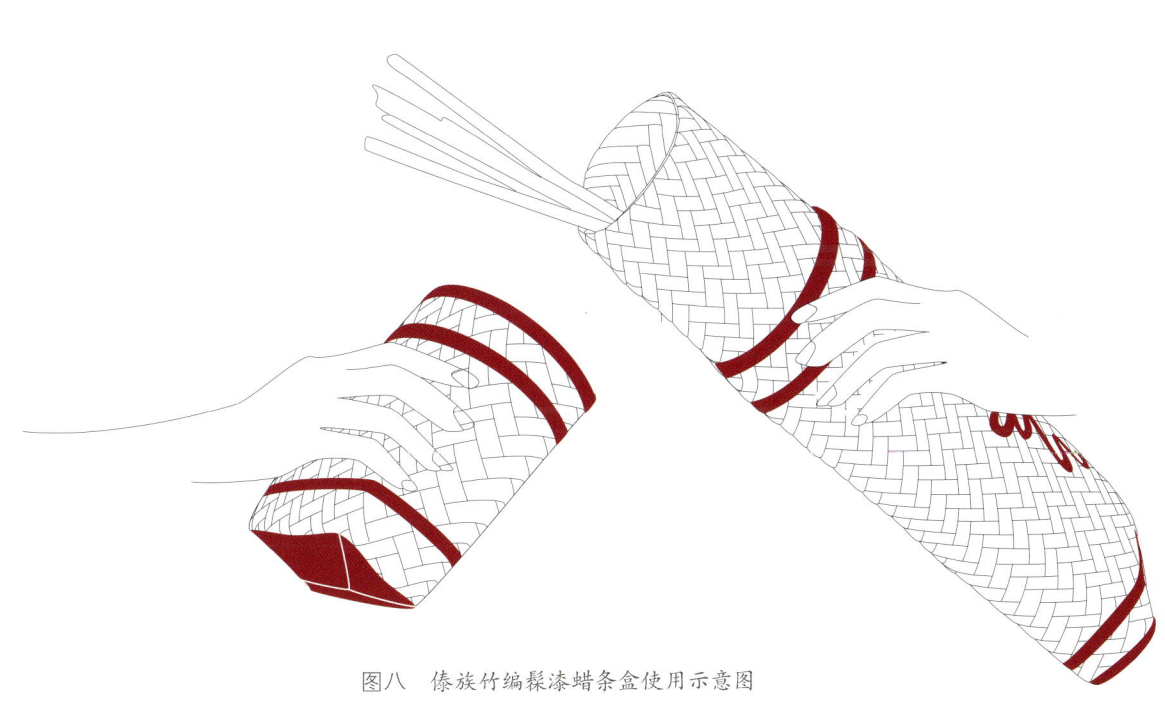

图八　傣族竹编髹漆蜡条盒使用示意图

傣族竹编髹漆提篮

图一 傣族竹编髹漆提篮主图

这里的提篮,又叫"撒毫",意为"饭箩",是傣族在从事佛事活动时的必要器具。在佛事活动中,老人用"撒毫"装着蜡烛等佛事用具到佛寺赕佛,子女用"撒毫"给父母送饭。平时则置于干燥阴凉位置较高的地方,不能随便存放其他东西,只能盛装佛事活动用具。

傣族"撒毫"的制作工序是:选一年生龙竹,将其破成宽窄两种竹篾,宽的用于编制篮底和篮盖,窄的用来编篮身。

宽篾分经纬交织起底编成正方形底部,逐渐向上收成网形,然后用窄篾为纬与宽篾交织,编至10—15厘米高处,将宽篾剩余部分用刀割断,在口沿部位内外各加一个篾环,用铁丝固定,篮身编制完成。

篮盖编制与篮底编制方法大致相同,用宽篾经纬交织,利用竹篾的柔韧性质,编制成穹顶形,与篮口大小相等,割去竹篾末端多余部分,上下各加一个篾环,用细铁丝固定,篮盖编制完成。

"撒毫"的提手选用宽2—3厘米、厚约0.4—0.6厘米、长约50—60厘米的竹片,两端用刀削尖,加热定形呈弧状。

"撒毫"的支脚,选用直径为3—4厘米的金竹或龙竹的末梢,刮去光滑外膜,用利刀削成如图形状。

将制好的提手,从篮身口沿对准篮底正方形两边的中点插入,用细铁丝固定,四个支脚从篮底正方形的四个角插入,仍用细铁丝固定好。为加强"撒毫"的承托力,在底部沿正方形对角线加两根宽约1厘米竹签,呈"+"字形,与支脚连接。用较粗的铁丝制成一个铁环,把篮盖与提手连在一起,组装成一个完整的"撒毫"。

"撒毫"的装饰,先前是用草木灰与牛皮胶拌匀后,均匀光滑地涂在"撒毫"的内外,晾晒2—3天,待完全晾干后,再用土漆上底色。"撒毫"装饰底色以黑色为主调,辅之以红色。篮盖外沿和篮口饰宽1—2厘米红漆条纹,四个支脚也施红漆,篮身腰部饰宽1—2厘米红漆带状纹,篮盖及篮身外壁剩余部分均上黑漆为底色,内壁通上金漆。提手两侧施黑漆,其他部分施红漆。

"撒毫"彩绘通常使用缅甸或泰国生产的金漆。纹饰以缠枝菊花纹为主,其余有龙、水波、蝴蝶、荷花、金鱼等图案。

图片来源
图一　山西博物院,云南民族博物馆编著.华彩滇韵:云南民族风情展.太原:山西人民出版社,2010.
图二至图七　温小伟　制图

图二　傣族竹编髹漆提篮线描图

图三　傣族竹编髹漆提篮尺寸图（单位：cm）

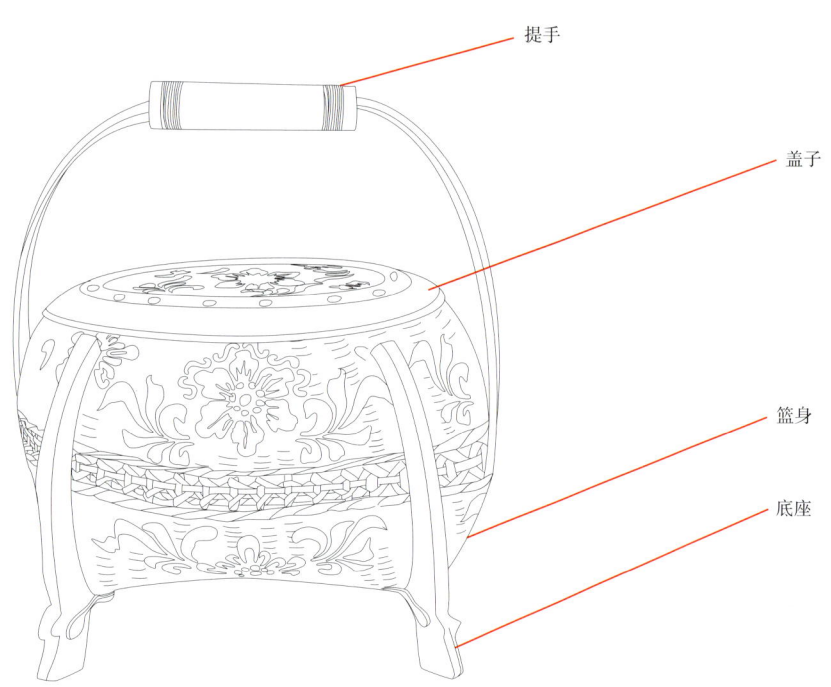

图四　傣族竹编髹漆提篮结构名称图

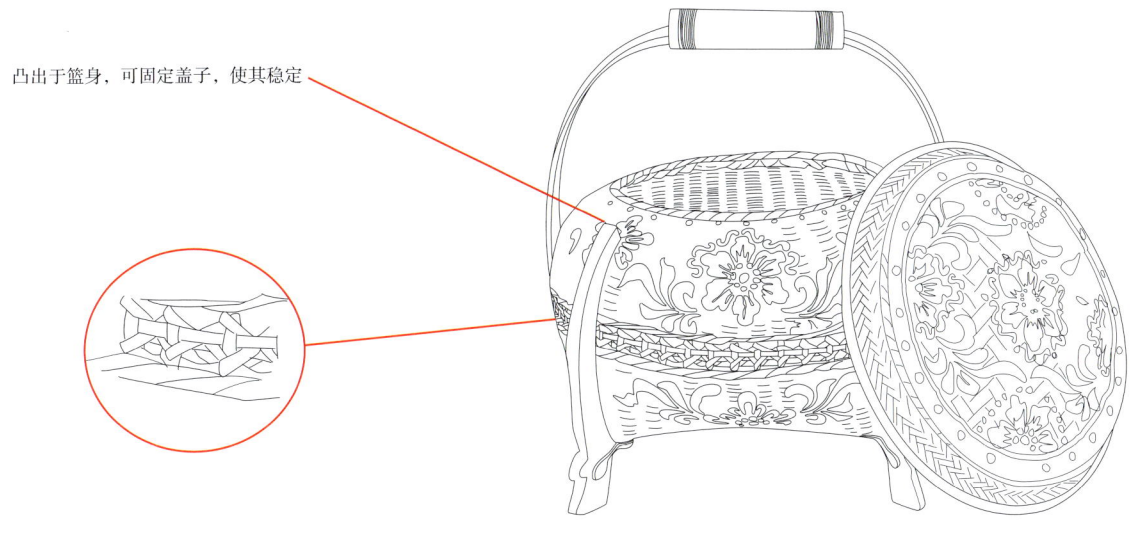

图五 傣族竹编髹漆提篮细节图

1.选取竹节较长的竹子

2.在水中浸泡一段时间，使竹质更加柔软坚韧

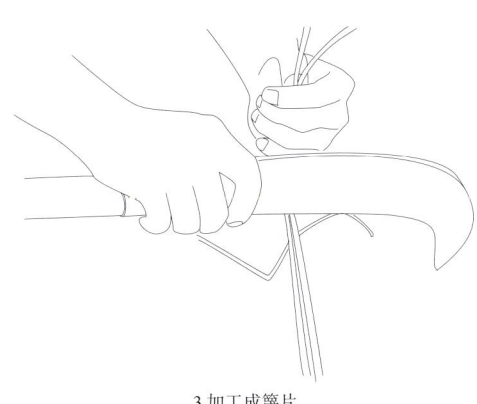

3.加工成篾片

图六 傣族竹编髹漆提篮制作流程图（一）

1.编织成篮坯

2.对篮坯裱褙纱布,涂刷油灰,打磨、髹漆、研磨

图七 傣族竹编髹漆提篮制作流程图(二)

傣族刻花竹罐

图一　傣族刻花竹罐主图

本案例藏于上海博物馆，采集于云南瑞丽。整高13.5厘米，口沿直径11厘米。

傣族居住地盛产竹子，用此为原料可以制作各种饮食器具，如竹罐、竹碗、竹盘、竹勺、竹筒等。其中，竹罐是用来盛饭的器具，尤其常用来盛放傣族人最爱吃的糯米。竹罐呈圆柱状，平底，整体分为两部分：盖子和罐身。盖子顶被削掉一圈，露出竹肉，盖子的下半部分表面刻有一圈缠枝花卉纹。罐身上半部分有单线刻花鸟纹，第一层为一对孔雀，孔雀是傣族工艺品中典型的图形，是吉祥的象征；第二层所刻图案与盖子上的图案相似，都为缠枝花卉纹。罐身的下半部分为一圈向内豁口，露出竹子内部的斑斑点点。

制作刻花竹罐选择一节较粗大毛竹，上下留有竹节，清水浸泡脱胶，去内膜，还要刮去外面的竹青，材料准备好了，就开始用刀凿去上下不需要的部分，盖子和罐身的连接处也需要进行处理，在盖口边缘从内往外凿取一圈竹子，而罐身口部边缘从外往内凿去一圈，与盖子凿去的部分刚好能吻合。在制作这件竹罐时傣族人民仍然做了精心处理，例如将盖子上部凿去，这样方便手抓。罐身底部凿出一道豁口，是为了缠绕绳子，方便提携。

竹罐盛糯米饭，蒸汽不易凝结成水，既可使米饭保持一定的湿度，又不使米饭变馊，便于捏团食用。盛的米饭还有一股竹子的清香。

图片来源

图一　胡春涛　摄影
图二至图七　张中勤　制图

第六章　傣族传统手工艺

图二 傣族刻花竹罐线描图

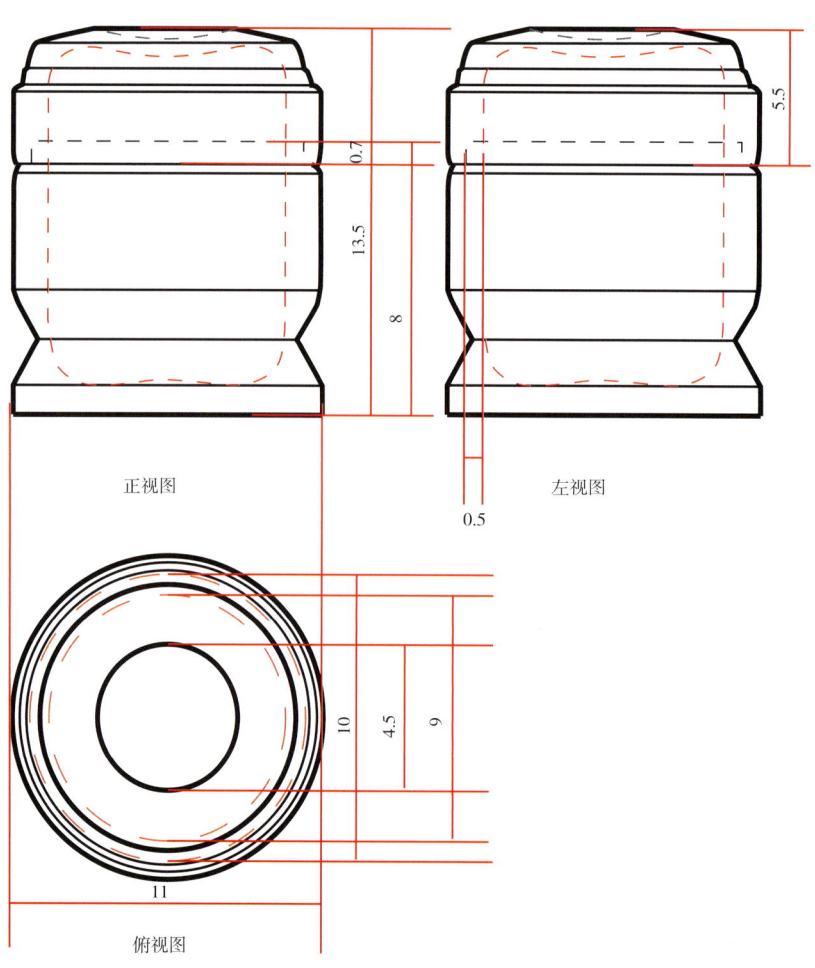

正视图　　左视图

俯视图

图三 傣族刻花竹罐三视、尺寸图（单位：cm）

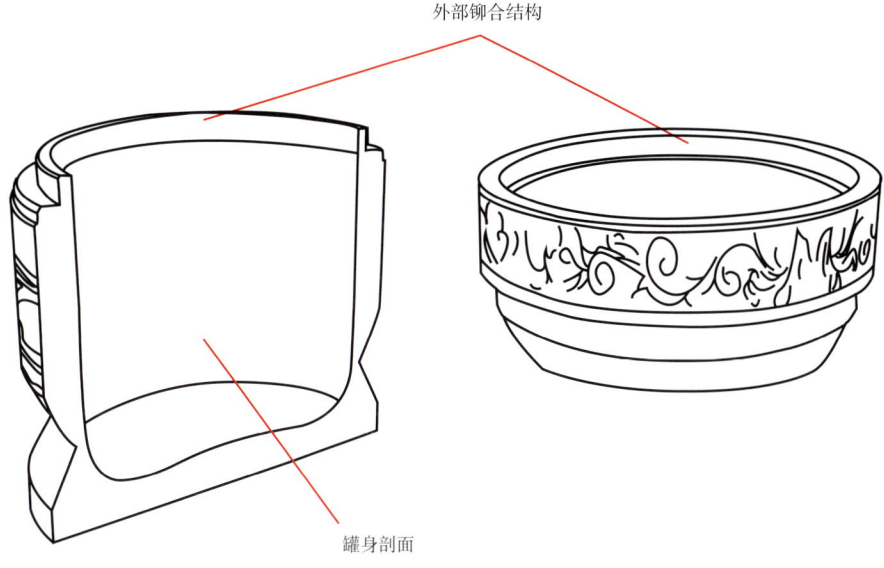

图四 傣族刻花竹罐细节图

1.获取原材料

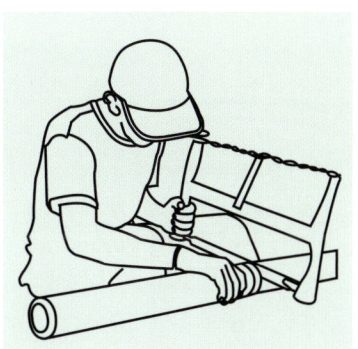

2.材料再加工

3.精细雕刻

图五 傣族刻花竹罐制作流程图

第六章 傣族传统手工艺

429

盖子花纹展开图

罐身花纹展开图

图六　傣族刻花竹罐花纹展开图

盖子揭开状态

加盖

图七　傣族刻花竹罐使用示意图

傣族木雕老人

图一　傣族木雕老人主图

本案例藏于云南民族博物馆，采集自西双版纳。

本案例为一件圆雕作品，描绘了一个踯躅的老人形象。老人脑袋很大，短发大耳，眼睛浑浊而有力，胡须不整齐，舌头微露，似要张口说话，犬牙豁出，额头皱纹清晰可见，凸起3个疙瘩，雕刻者着意突出老人的颧骨和额头的疙瘩，对其面部表情也进行了比较细腻的刻画，饱含沧桑。背微驼，左肩有背绳，左手紧拽。右手执人头形拐杖，右脚迈向前。穿短裤，系腰带。整体施褐色，头发、眼珠、短裤、拐杖为黑色，最后在眼白、犬牙、腰带、拐杖的扭转的缝隙处施以白色。另，在颧骨、额头和背带处施以黄色。

傣族雕刻工艺具有悠久的历史，其中彩绘木雕工艺精巧，是傣族的传统工艺，具有显著民族特色，雕刻图像以龙、麒麟、孔雀、人物、佛像及花卉为常见。应用广泛，龙舟的龙头翅尾，佛寺的门窗柱饰，牛车前直立的鹤头，屋架上悬挂的鱼鸟，乃至舀水、盛水用的竹瓢木桶也雕刻有精美的图案。彩绘栩栩如生、古朴大方，雕刻者有着极高的艺术想象力和创造才能。取材方便，雕刻用具多为刻刀和一些大小、形状各异的小凿。本案例的木雕具有很强的写实性，刀法细腻、比例恰当，具有很强的立体感。雕刻者既能抓住主体环节，又能恰如其分地把握人的表情、动作、姿态，并在细微处见精神，整体和细节都展现了傣族雕刻者卓越的观察力和高超的表现能力。

图片来源

图一　贺雪岚　制图

图二至图五　徐海峰　制图

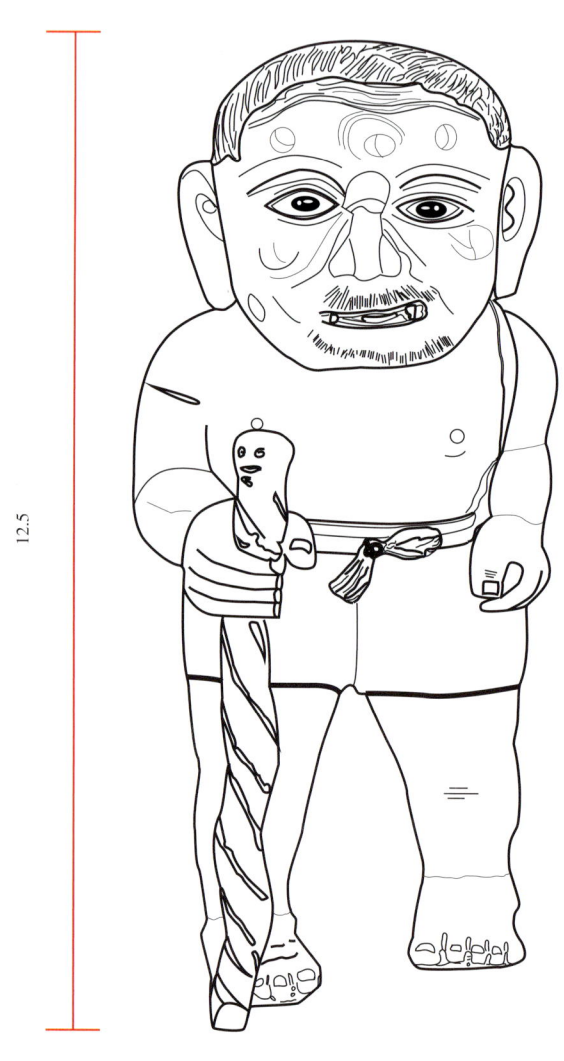

图二　傣族木雕老人尺寸图（单位：cm）

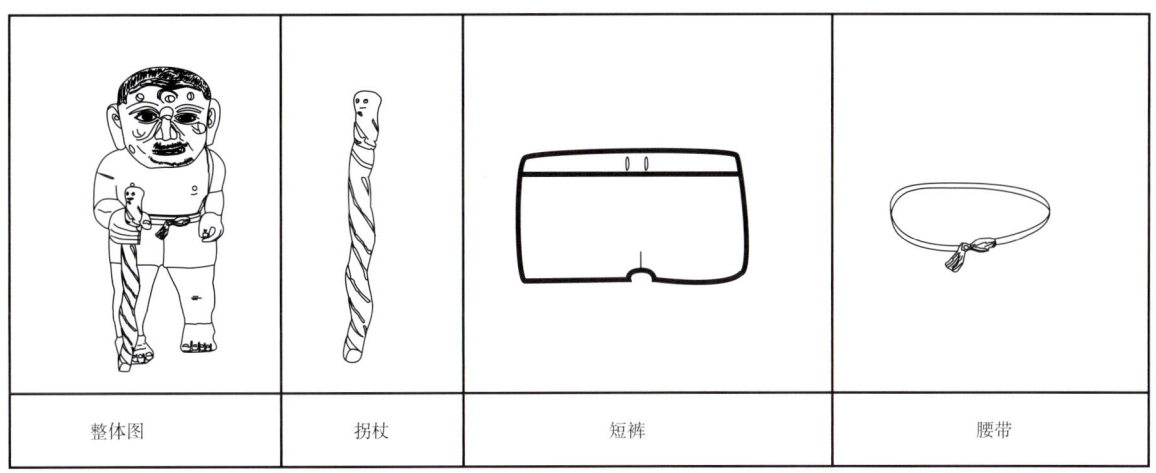

图三　傣族木雕老人部件图

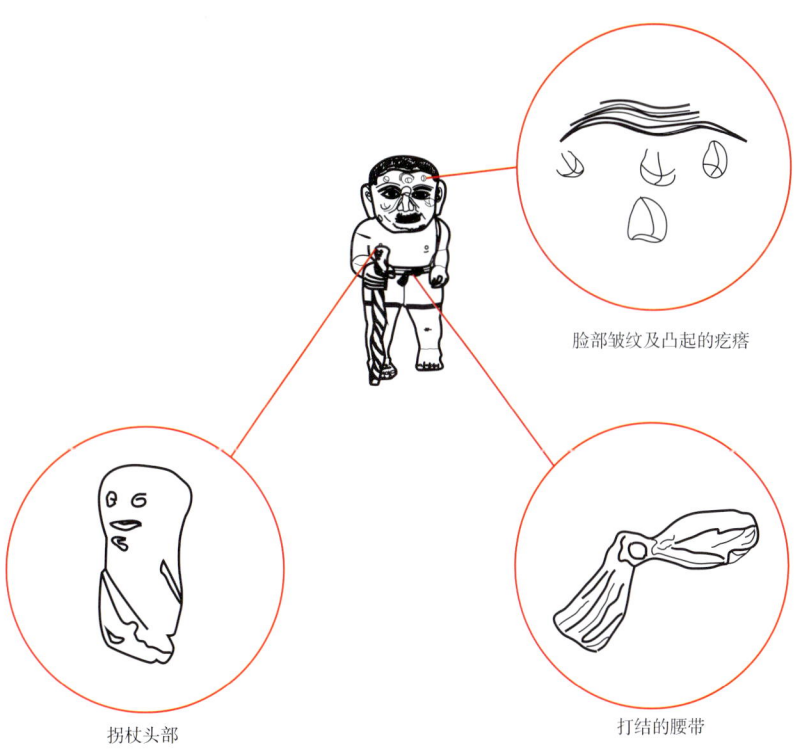

图四　傣族木雕老人细节图

第六章　傣族传统手工艺

433

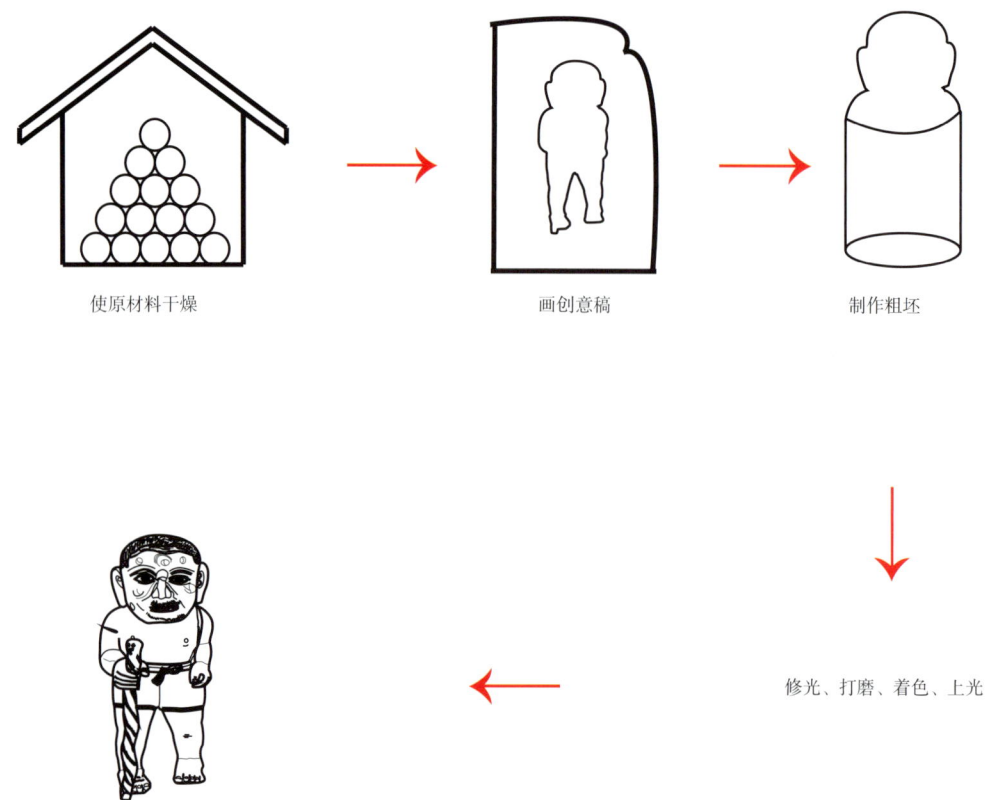

图五　傣族木雕老人制作流程图

傣族牙刻鱼图案圆印

本案例藏于云南省博物馆，采集自西双版纳傣族自治州，高10.3厘米，印部直径4.6厘米，为清代雕刻。

该印为牙刻鱼图案圆印，为清车里宣慰使刀承恩所用印。形状呈象脚鼓状，其印身一侧标示有两个由星点组成的三角形，用来指示用印位置，这种设计与明清以来通过刻款的方式来指示用印位置有异曲同工之妙。此印具体刻制时间不清楚，据传使用这种印已有400年之久，有阴刻和阳刻之别，图案内容及组织形式都基本相同，都刻有日月、山川、树木、河流、双鱼，这些图形都以对称形式组合而成；意义也相同，是权力与地位的象征，象征着这所有的一切都在宣慰司的管辖之下。

象牙印章具有非常悠久的历史。在我国汉代就有象牙官印，唐宋以后象牙印多作私印。此方牙刻鱼图案圆印牙纹清晰，包浆熟润，印文古拙，刻画间笔意纵横，布局留白呼应明显，且字口深峻。此印的造型与傣族重要的乐器象脚鼓形似，在造型设计上体现了傣族的民族特色。而材质及图像上则展现了这方印章不同于一般印章的属性，由于西双版纳封建等级制度的存在，象牙是领主贵族集团才能拥有和使用的，象牙制品更是这个阶级才能享用的奢侈品。而且这方印章的图像所具有的象征意义远远大于作为篆刻艺术品的艺术性，它代表了封建领主制下不可逾越的权力。

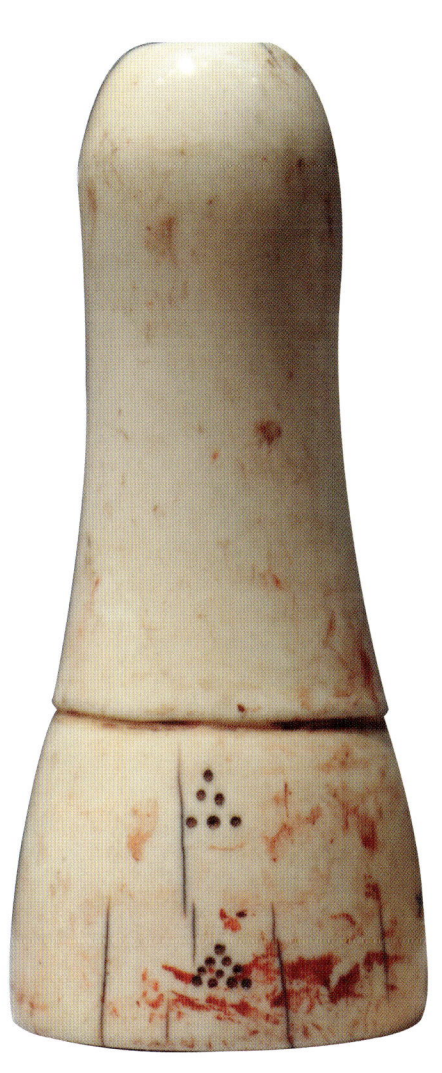

图一　傣族牙刻鱼图案圆印主图

图片来源
图一　胡春涛　摄影
图二至图六　谢婷婷　制图

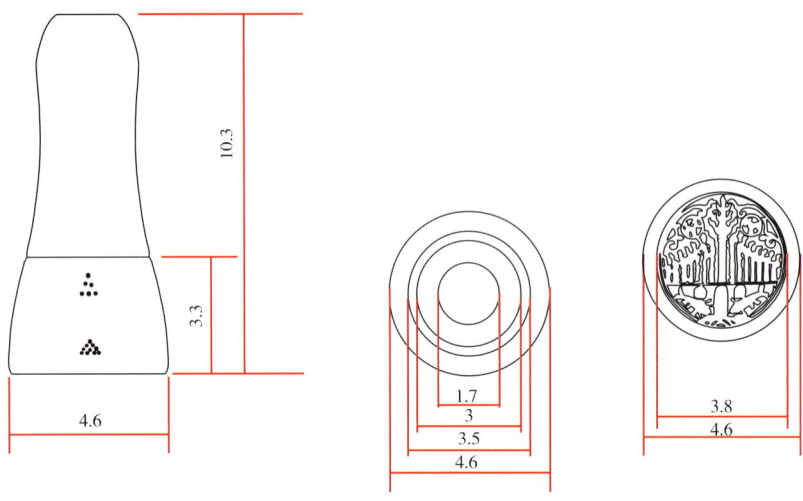

图二 傣族牙刻鱼图案圆印尺寸图（单位：cm）

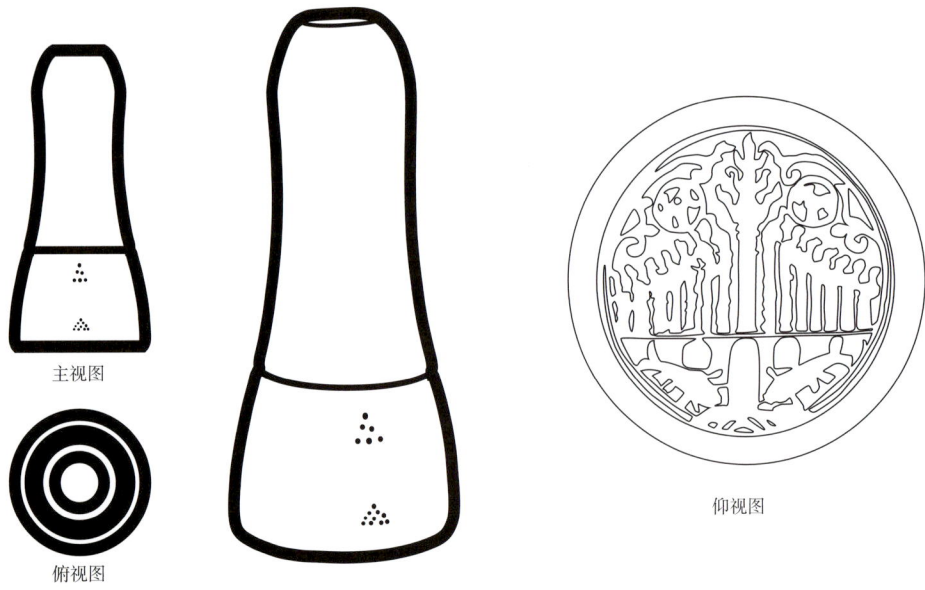

主视图

俯视图

仰视图

图三 傣族牙刻鱼图案圆印三视图

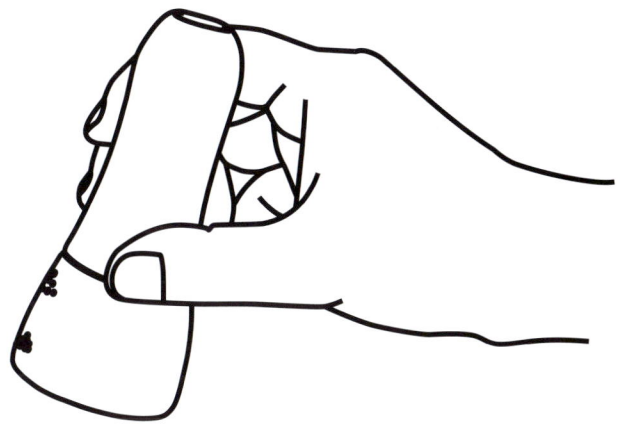

图四　傣族牙刻鱼图案圆印使用示意图（一）

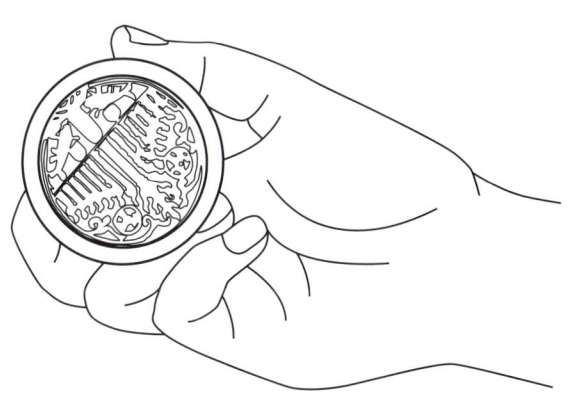

图五　傣族牙刻鱼图案圆印使用示意图（二）

图六　傣族牙刻鱼图案圆印盖印效果图

傣族木雕孔雀

图一　傣族木雕孔雀主图

木雕工艺是傣族喜闻乐见的一种艺术形式，不仅取材方便，而且作品的想象力极为丰富，民族风格浓郁。本案例的木雕孔雀，是傣族传统木雕工艺中的精品，现藏于云南民族博物馆，为一侧首、口衔花枝、双翅伸展、单腿立于底座上的孔雀形象，通高57.2厘米，孔雀头顶的翎毛至底部高47厘米，双翅间距36厘米，开屏部位的直径39.5厘米，厚1厘米，底座宽14.3厘米、厚13.2厘米。

木雕孔雀的制作采用了传统的圆雕工艺技法，孔雀的双翅单独雕刻，其余部分整体雕刻，然后再将两部分拼合成一个整体。除圆雕技法外，还使用了浮雕工艺，用来表现孔雀身上的翎毛和各种几何图案。雕刻、拼合完成后，又进行了髹漆工艺处理，正面均髹金漆，其余部分髹红漆。孔雀口衔的花枝以及尾羽开屏处还镶嵌有彩色的琉璃和亮片，以强化装饰效果。傣族的木雕在佛寺建筑上的运用最为普遍，木雕孔雀一般是位于佛寺屋脊上的装饰物，在阳光的照耀下，孔雀在屋脊上展翅欲飞、金光灿灿，身上装饰的琉璃和亮片反射出熠熠的光芒，人们仿佛置身于佛的圣境，具有非常好的装饰效果。

本案例中的木雕孔雀，造型灵动，工艺精致，髹饰华丽，既是傣族人民传统木雕工艺的代表作品，又是傣族人民原始图腾和宗教信仰的真实反映。

图片来源
图一　倪玉湛　摄影
图二　王健、王若霖　制图
图三至图五　王健　制图

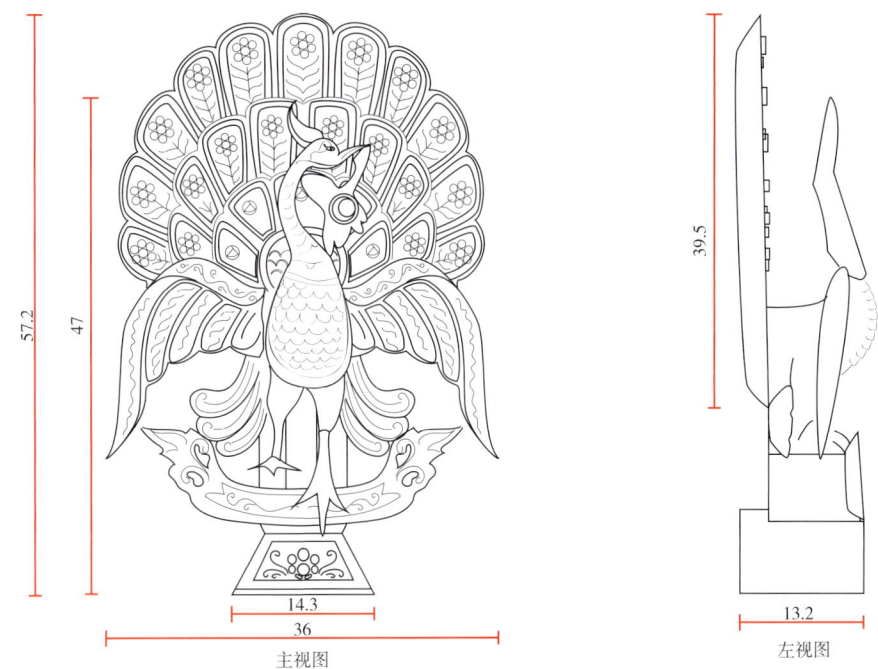

图二　傣族木雕孔雀视角、尺寸图（单位：cm）

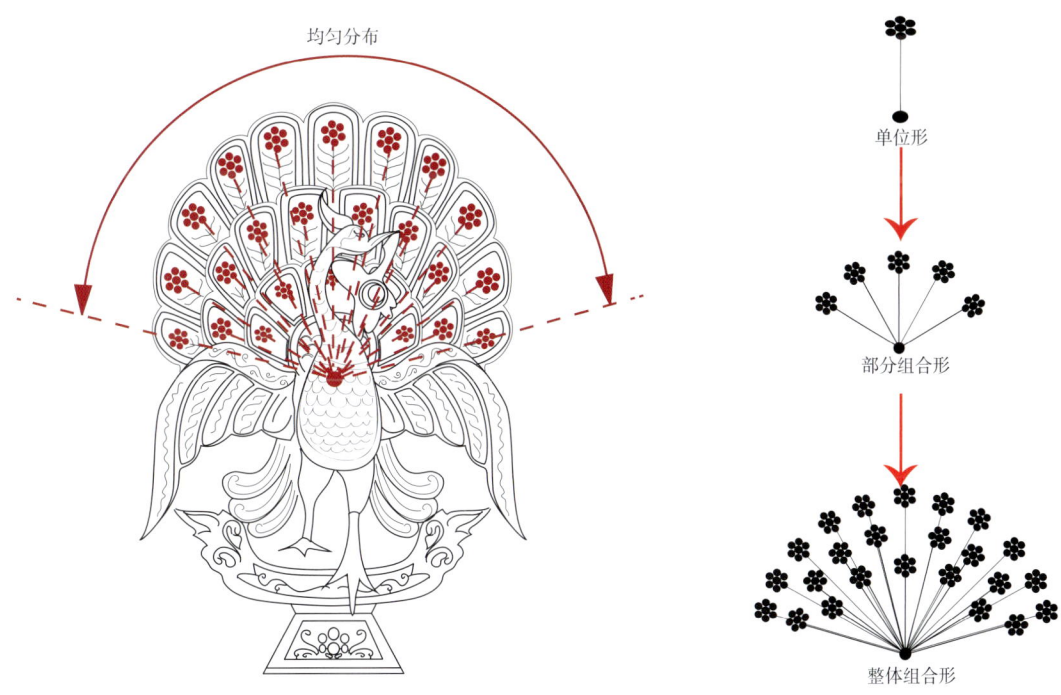

图三　傣族木雕孔雀形态结构分析图

第六章　傣族传统手工艺

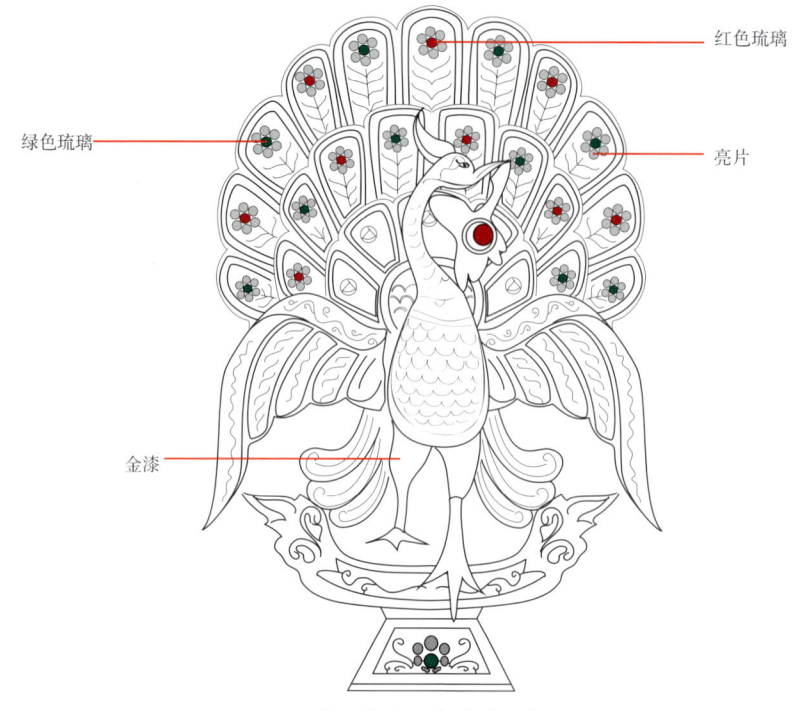

图四 傣族木雕孔雀装饰分析图

图五 傣族木雕孔雀细节分析图

装饰物　孔雀

层次分析图

造型写实　素材展示

傣族黑陶瓶

图一 傣族黑陶瓶主图

本案例采集自云南德宏,是傣族日常生活中的蓄水器具。西双版纳、普洱等地是黑陶瓶的产地。此件黑陶瓶外形上像傣族的佛塔,造型上吸收了南传上座部佛教笋塔的特点,小口宽腹,分为上下两个部分,下部为一钵形鼓腹,腹身刻画着一道道竖条纹;上部瓶颈有竹节状鼓沿,与瓶身相连,中间鼓起两头平窄,颈上也刻画着条形竖纹,造型灵巧古朴,十分耐看。

傣族黑陶瓶是用原始制陶术烧制而成,是一种历史悠久的黑色无釉陶器。黑陶瓶的制作原料是本地黑土,制作的时候要掺入一定的沙和黏土,混合后经沤透即可用来制作陶瓶。首先手工拉坯成型,然后在瓶身上刻画出纹样,最后晾干、焙烧即成。傣族黑陶瓶造型装饰简练精美,有美丽纯朴的黑色外表和充满个性特征的观赏与实用价值，因而受到人们的喜爱。

黑陶瓶，一般是生活中用作盛水的工具。由于黑陶瓶有良好的透气性，因而在炎热的傣乡长时间用它蓄水不仅水不会变质，而且能保持水的清凉。黑陶瓶还有一个用途是赕佛时作为祈吉的滴水器。傣族寺庙佛殿的柱脚处通常会有一个落水小洞，信徒到寺庙来拜佛时常跪在它的旁边，手持黑陶瓶向洞中慢慢倒水。水要呈直线注入洞内，不偏漏，就代表一帆风顺，万事如意，也由此可见黑陶瓶在赕佛过程中的重要作用。

图片来源

图一　李艺主编，杨德聪副主编.人类美学家的博物馆：云南省博物馆民族文物藏品选.昆明：云南民族出版社，2001：27.

图二至图六　薛莹　制图

图二　傣族黑陶瓶尺寸图（单位：cm）

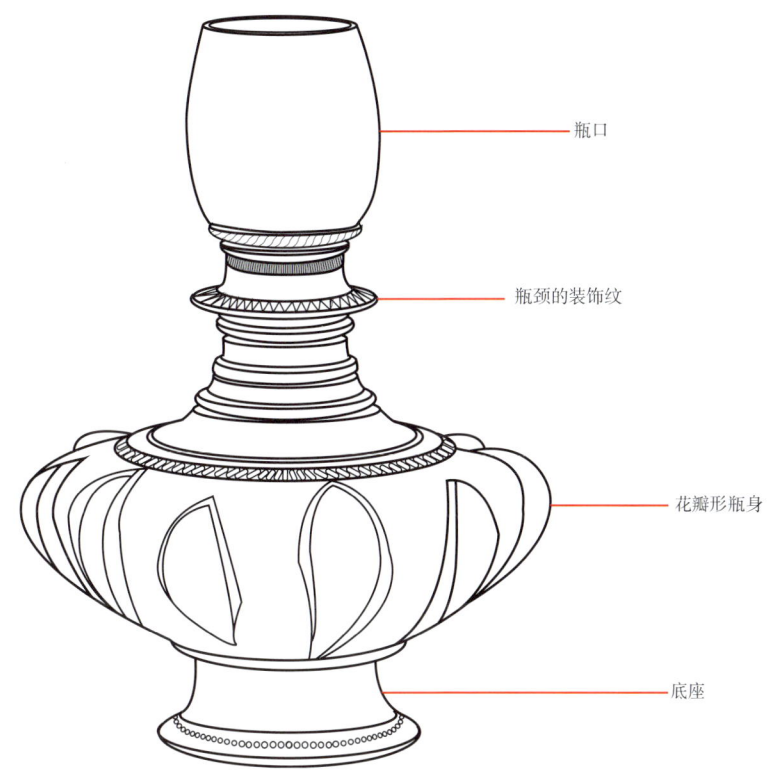

图三　傣族黑陶瓶结构名称图

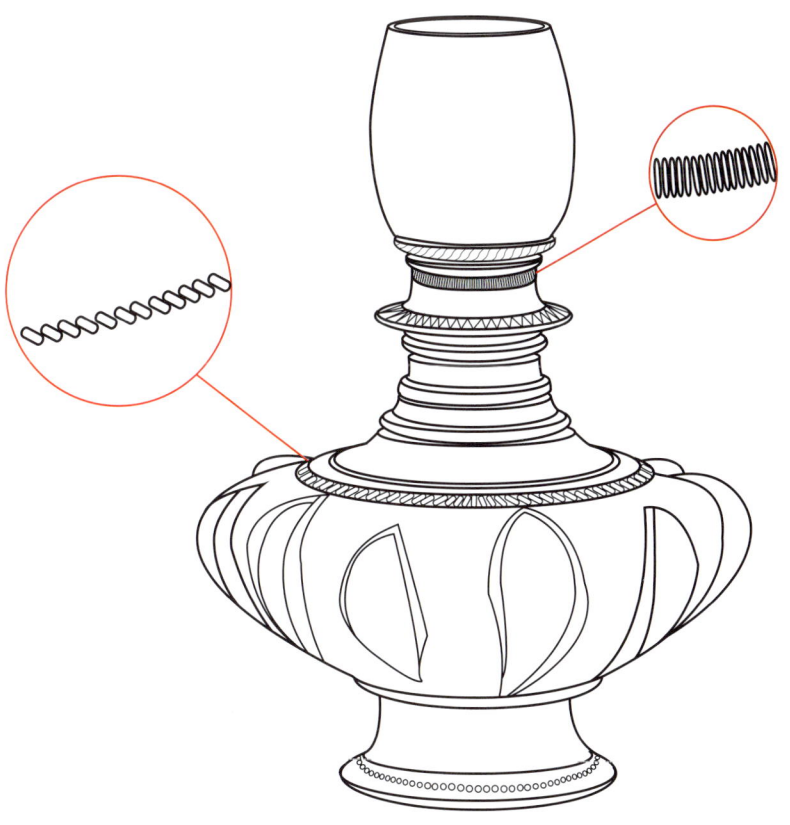

图四　傣族黑陶瓶局部分析图

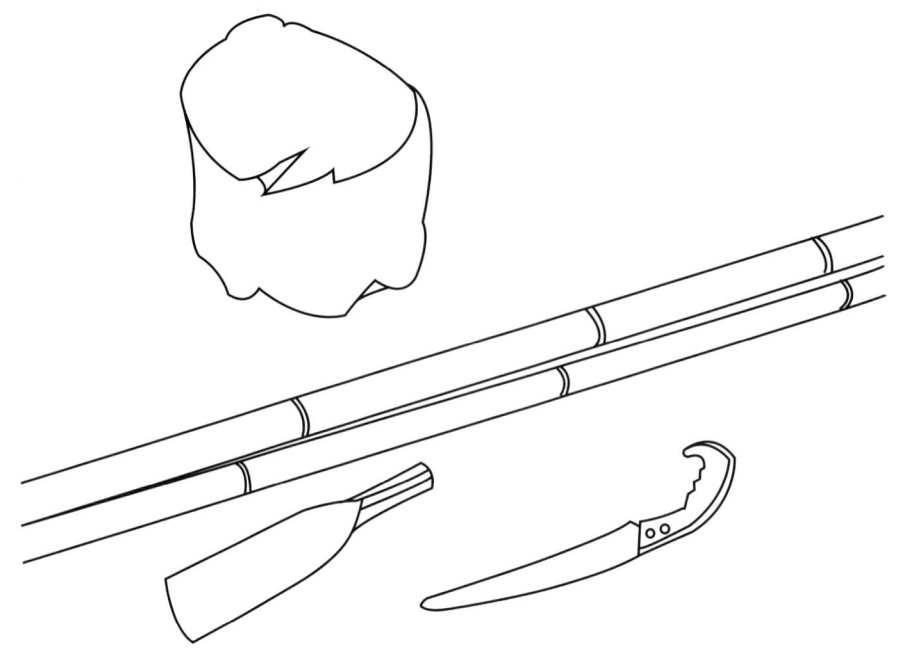

图五　傣族黑陶瓶制作工具图

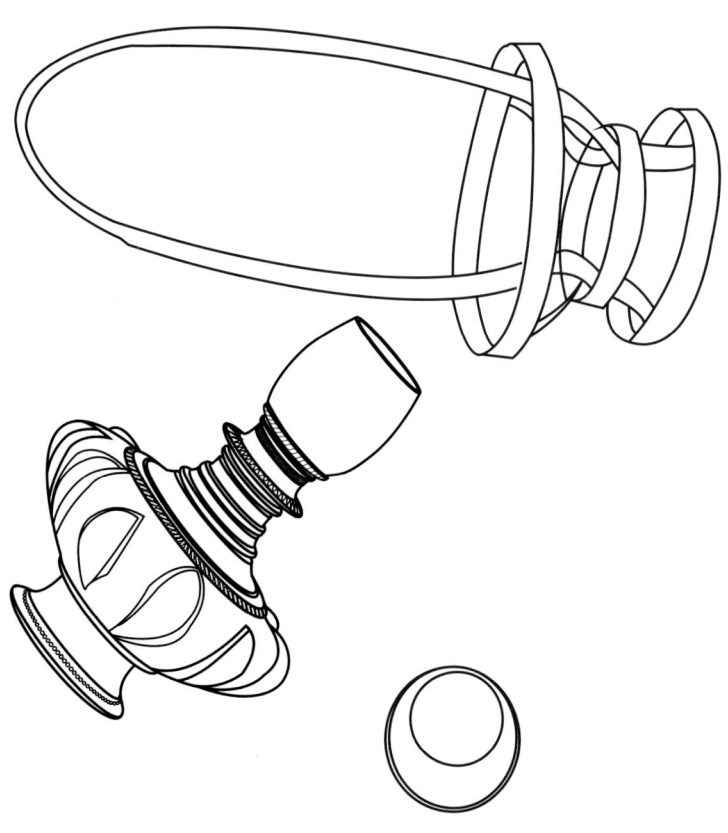

图六　傣族黑陶瓶使用情景图

傣族彩绘陶凤

图一　傣族彩绘陶凤主图

傣族彩绘陶凤，采集自云南西双版纳自治州景洪市，原为傣族佛寺屋顶戗脊上的建筑构件，现藏于云南民族博物馆。陶凤通高40.8厘米，长32.5厘米，双翼前宽16.8厘米、后宽8厘米。

《说文》，"凤，神鸟也"。凤凰是中国古代传说中的百鸟之王。傣族的凤凰信仰与汉族关系密切，凤凰在傣族的文化中是神圣、吉祥、爱情的象征。傣族民间流传有《双身凤》的爱情故事，傣族男女还用凤凰情书相互传达爱意，书信上画着栩栩如生的凤凰。傣族神话中由天神帕雅桑木底发明的竹楼，就是模仿凤凰展翅的姿势建造的，称作"哄哼"，意为"凤凰展翅屋"，这也是傣族使用凤凰作为屋顶装饰的原因之一。

本案例中的陶凤呈伫立状，昂首挺胸、高冠彩羽、五色齐备，十分美观华丽。陶凤左右对称，主体结构以捏塑法制作，双翅及部分附件单独制成后再与主体相接。陶凤以锦鸡为原型，凤首写实，冠部高耸，喙部尖

第六章　傣族传统手工艺

锐，鼻孔、眼睛刻画细致，凤首与凤冠施红彩。颈部翎毛塑制写实，前为三缕呈卷钩状的翎毛，脑后有两层披羽，并涂有白、蓝、红、黄等色彩。凤体通施金彩，腹部、腿部和爪部戳印月牙纹。双翅紧贴身体，表面亦阴刻月牙纹，还有麦穗纹和直线纹，用来表现羽毛。凤尾极为华丽，呈火焰状，曲线优美，层次分明，五彩缤纷。凤体下接底座，凤的肢爪贴于底座前部，底座中间有凹槽，当是与佛寺屋脊连接的部分。傣族彩绘陶凤塑制工艺精湛，彩绘华美，是傣族制陶工艺中的精品。

图片来源
图一　倪玉湛　摄影
图二至图五　王健　制图

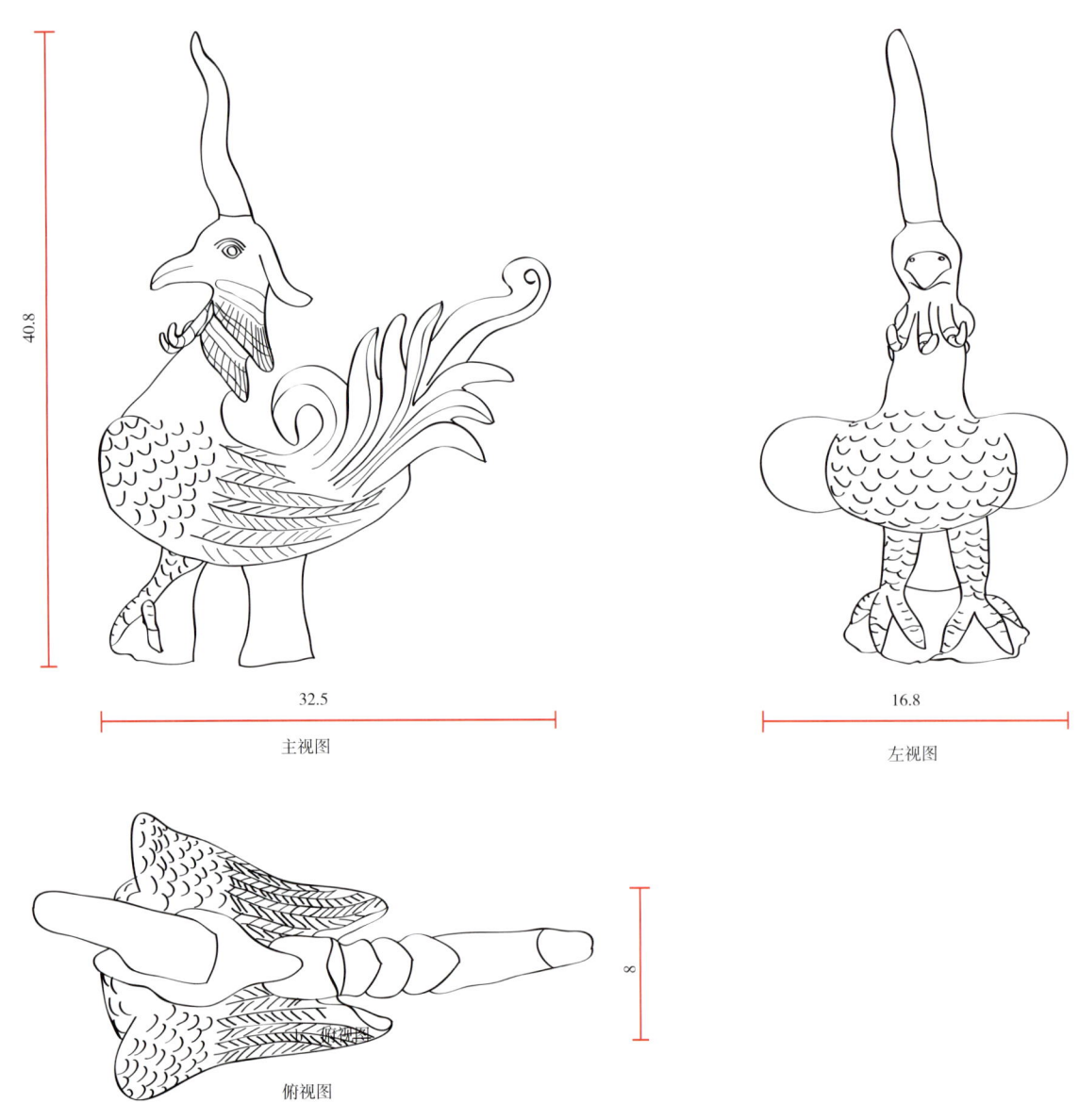

图二　傣族彩绘陶凤三视、尺寸图（单位：cm）

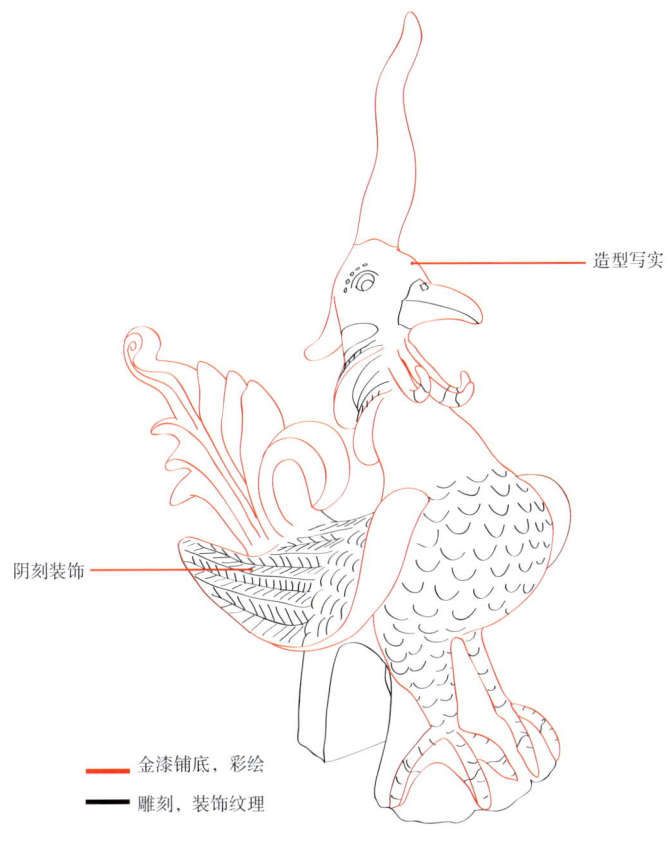

图三　傣族彩绘陶凤分析图

图四　建筑构件中陶凤的常见形态

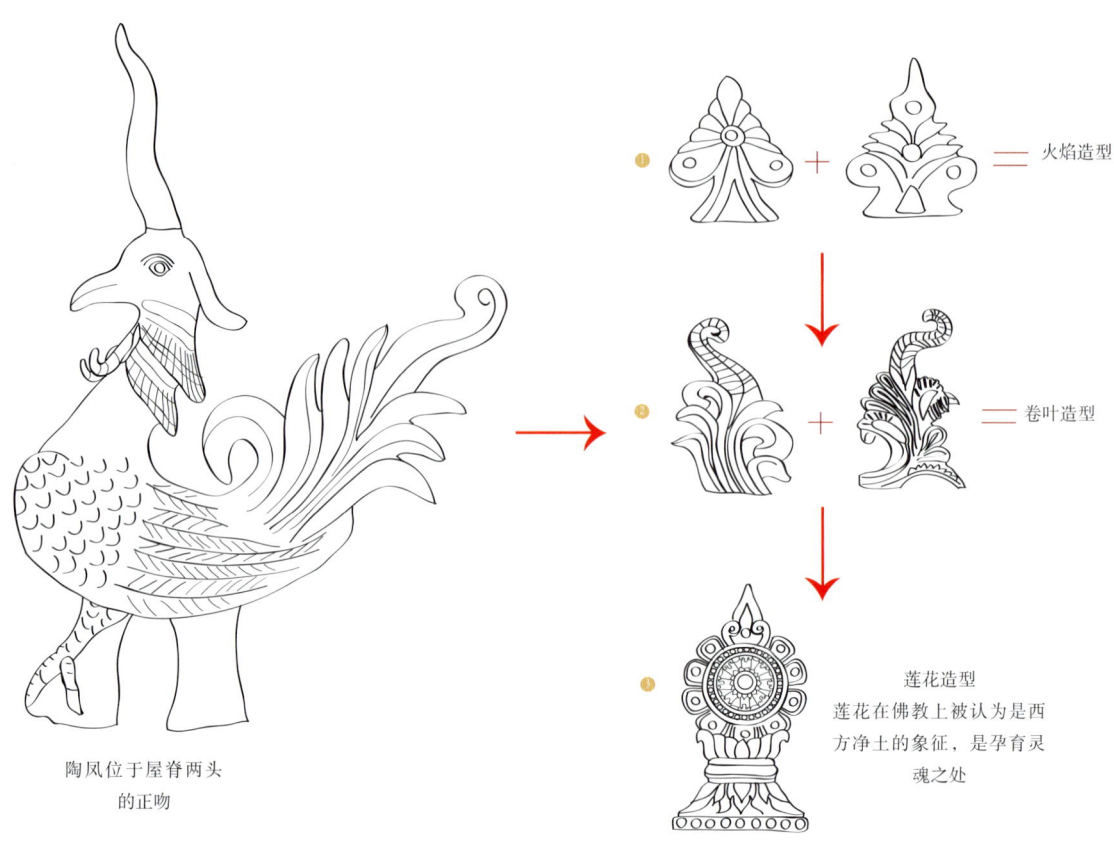

陶凤位于屋脊两头
的正吻

= 火焰造型

= 卷叶造型

莲花造型
莲花在佛教上被认为是西
方净土的象征，是孕育灵
魂之处

图五　傣族彩绘陶凤使用及延展分析图

傣族彩绘陶孔雀

图一　傣族彩绘陶孔雀主图

云南傣族彩绘陶孔雀，采集自西双版纳傣族自治州景洪市，现藏于云南民族博物馆，原为傣族佛寺屋脊上的建筑构件。陶孔雀总高33.5厘米，头部冠羽高32.5厘米，总长20厘米，尾屏宽23厘米，两翼前端宽18.5厘米，两翼末端宽7.5厘米。

陶孔雀体态端正，尾屏盛开，羽翼内敛，整体造型端庄质朴，结构均衡，重心平稳，与傣族陶凤极为相似，采用了相同的制作与装饰手法。孔雀的底座是连接屋脊的构件，由于是标准件，故须首先制作，然后再在底座上堆塑孔雀的身体。孔雀整体呈伫立状，腹部、肢爪与底座相接，双翅合拢。腹部、肢爪和双翅上均用阴刻的弧线来表现羽毛，十分规整。尾部有开屏，形似一圆形的花朵，直立于孔雀的身后。孔雀头部塑造写实，刻画细致，神态安详。孔雀羽冠施红色，双眼施白色和黑色，身体的其余部位施金色，开屏上有阴刻的线条，并有红色、绿色、黄色的彩绘，极为美观。

傣族聚居地被誉为孔雀之乡，孔雀在傣族人民的心目中是吉祥、幸福、美好的象征，傣族民间流传的很多故事都与孔雀有关。孔雀也与傣族地区小乘佛教的信仰关系紧密，在众多的佛传故事中，也不乏孔雀的身影。傣族的原始制陶工艺十分发达，而陶孔雀就是他们模拟日常生活之所见的典型范例，体现了鲜明的民族特色。

图片来源
图一　倪玉湛　摄影
图二至图四　王健　制图

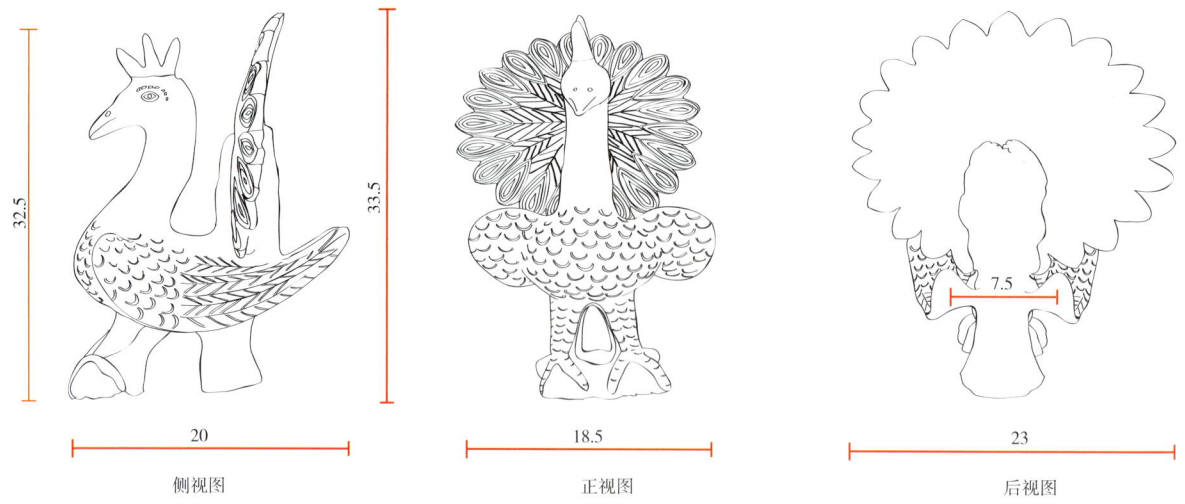

图二 傣族彩绘陶孔雀视角、尺寸图（单位：cm）

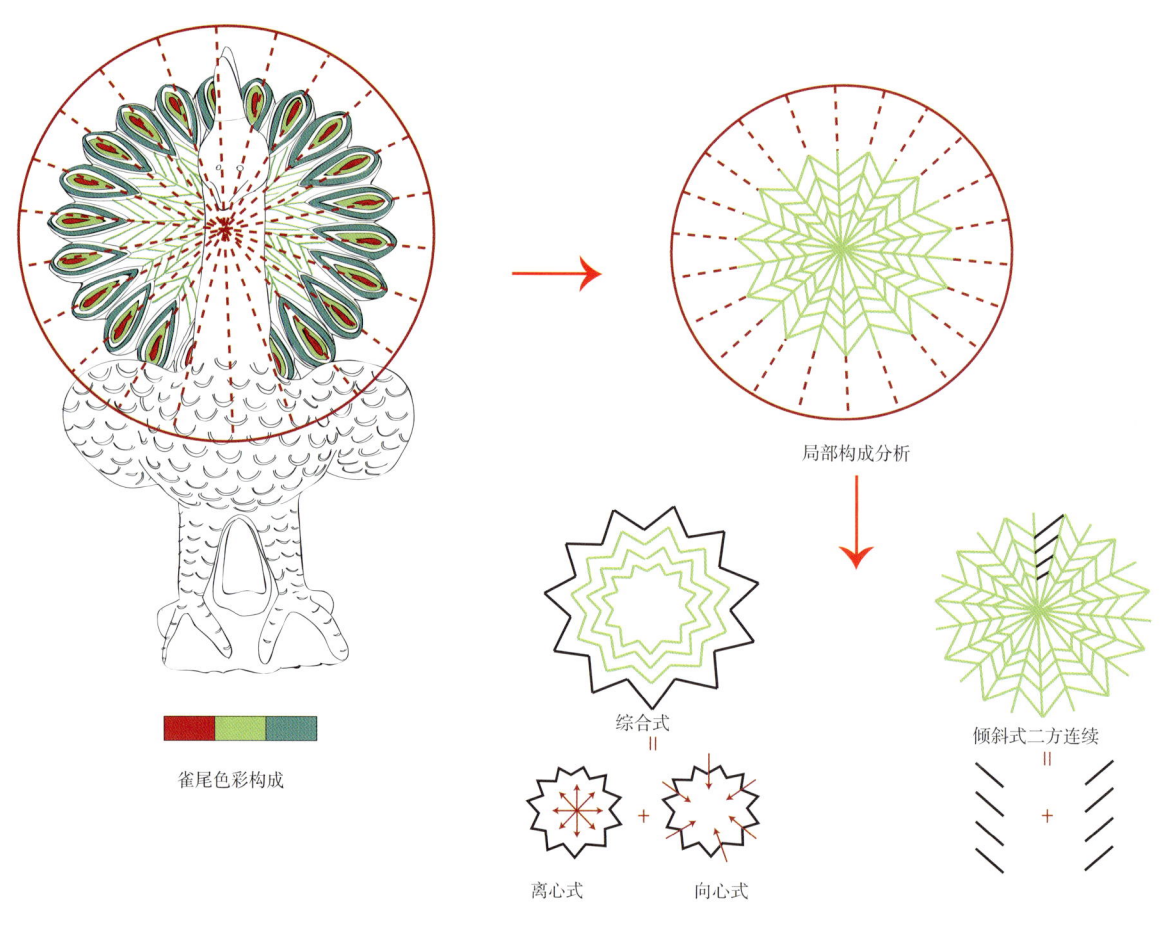

图三 傣族彩绘陶孔雀色彩及局部分析图

图四 傣族彩绘陶孔雀使用情境图

傣族彩绘陶麒麟

图一　傣族彩绘陶麒麟主图

傣族彩绘陶麒麟，采集自西双版纳傣族自治州景洪市，现藏于云南民族博物馆，原为傣族佛寺屋脊上的装饰物。麒麟整体呈蹲坐状，通体彩绘，高32厘米，前胸至尾端长29.2厘米，胸宽12.5厘米。

麒麟是古代传说中的灵兽，传说它集鹿角、龙首、狮眼、虎背、熊腰、蛇鳞、马蹄、牛尾于一身，是吉祥、太平的象征。傣族的麒麟，深受汉文化的影响，也具有吉祥的含义，同时也是威猛勇武的象征。麒麟不仅可作为屋脊上的装饰，还被放置在佛寺门口和佛塔周边，作为护法，以示威猛。

傣族的麒麟形象与汉族的类似，但亦具有较强的民族特色。本案例的彩绘陶麒麟整体为陶质，由于呈左右对称的样式，主体部分先行塑出，其余附饰单独制成后再与主体相接，尾部可能使用了模制法工艺。麒麟头部当为龙首，但又似狗头，长鬣高耸，自额部一直向脊背延伸，双耳直竖，怒目圆睁，口部微张，獠牙外露，鼻翼两端各有一根龙须延至耳根。在颈下和前胸处，又堆贴三层狮鬃，更显威猛。麒麟身上有阴刻的鳞纹，尾部上扬，后腿蹲坐，前腿曲立，腿侧有卷云形堆饰，前腿还有羽翼，动感十足。麒麟主体部分施红棕色，某些细微部分还使用了白色、黑色、蓝色、黄色等色彩，颜色绚丽。

彩绘陶麒麟集堆塑、模制、刻画、彩绘等工艺为一体，造型夸张、色彩艳丽，体现了傣族人民丰富的想象力，是傣族彩绘陶器的代表。

图片来源
图一　倪玉湛　摄影
图二至图四、图六　王健　制图
图五　王健　摄影

图二　傣族彩绘陶麒麟三视、尺寸图（单位：cm）

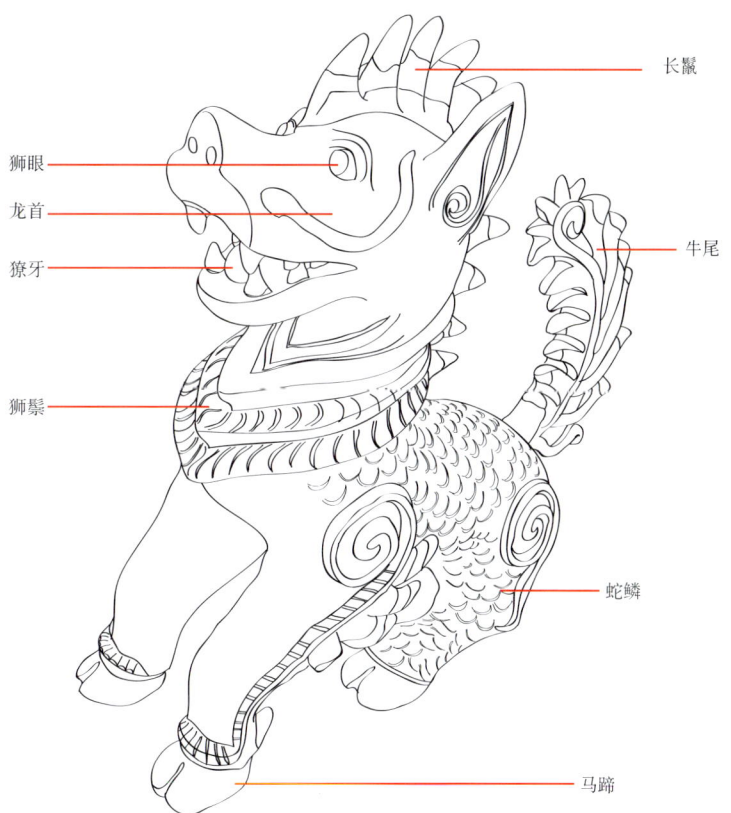

图三　傣族彩绘陶麒麟结构分析图

第六章　傣族传统手工艺

453

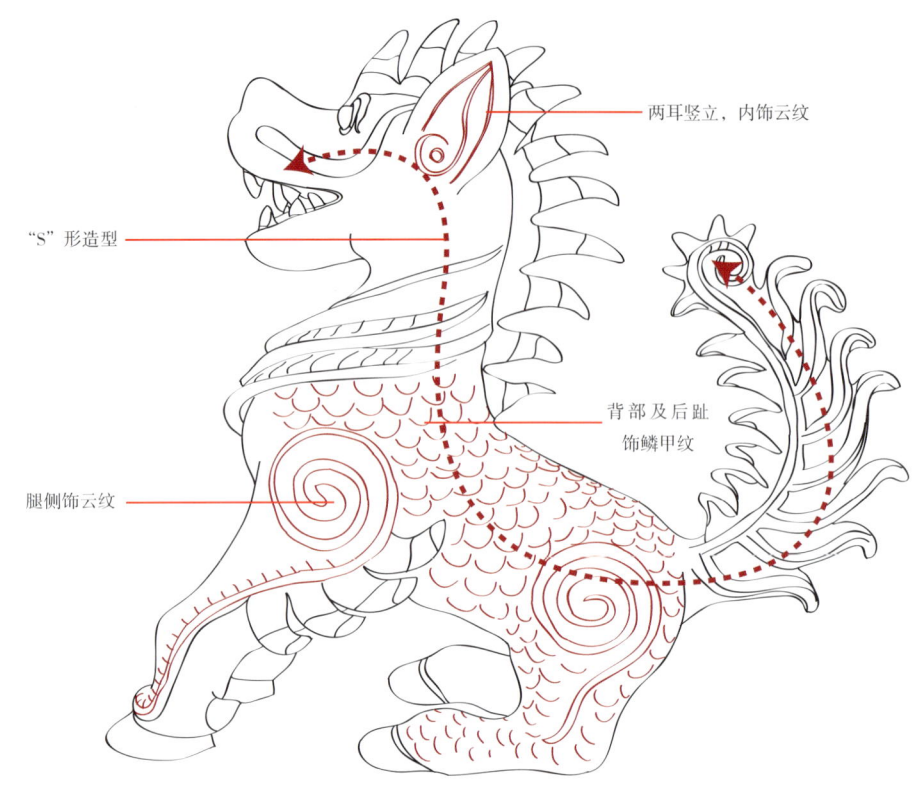

图四 傣族彩绘陶麒麟造型及纹饰分析图

图五 佛塔旁的麒麟　　　　　　图六 负塔式麒麟

傣族彩绘陶象

傣族彩绘陶象，采集自西双版纳傣族自治州景洪市，现藏于云南民族博物馆。该陶象为红陶制品，通体彩绘，总高37厘米，大象体长35.5厘米，高19.3厘米，大象背上有鞯，鞯上接有法船，其上支有铁质支架，上承伞盖。

陶象以手工捏塑而成，采用了刻画、戳印和彩绘等工艺技巧。陶象通体实心，头部、长鼻和身体先行塑出，然后再分别粘接象尾、象耳和象牙。象的双眼、眉毛、足趾以及额头、鼻脊、双耳和尾巴上的褶皱均用阴刻线条加以表现。象体通施金彩，象眉、象牙以及额头上的褶皱涂白色，极为华美。陶象的鞯制成两片莲瓣的式样，分别垂于象背两侧。鞯上有线刻的"S"形和"C"形纹饰，并用小竹管戳印出连珠纹，分别施以白色、黑色和红色，莲瓣中心位置还绘有蓝色、红色和黄色的三层折线装饰。鞯上所接之物应为法船，佛教认为它能帮助人们穿越死海，以到达涅槃的彼岸。法船单独塑制，边缘刻画出瓦楞纹，外侧壁戳有圆点纹，与鞯相接处还有戳印的红色连珠纹。法船内底后端插有一弯曲的铁丝，以支撑陶质伞盖。伞盖为喇叭形，通身施金彩，伞面上有蓝色和红色的彩绘线条。伞盖顶部似葫芦，又似宝塔，尖端施黄色、下部施红色。伞盖边缘用细铁丝挂缀菱形金属饰片。

大象与傣族人的关系十分密切，凡是有大象的地方就有傣族人聚居，凡是有傣族人

图一　傣族彩绘陶象主图

聚居的地方就有大象。古代傣族人民曾用大象耕作、驮物和打仗，大象还是五谷丰登、六畜兴旺的象征。在傣族的神话传说、民间故事和宗教艺术中，大象几乎无处不在。本案例中的陶象，当为赕佛用品，其形态逼真，结构严谨，装饰华丽，是不可多得的傣族红陶艺术珍品。

图片来源
图一　倪玉湛　摄影
图二至图五　王健　制图

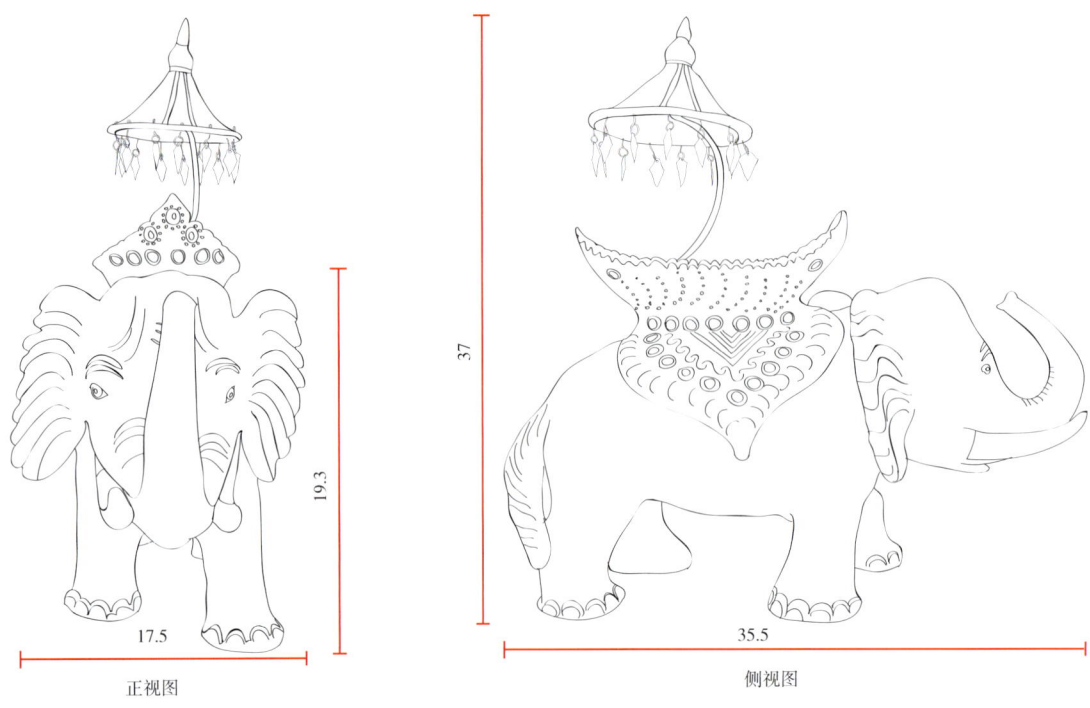

图二　傣族彩绘陶象视角、尺寸图（单位：cm）

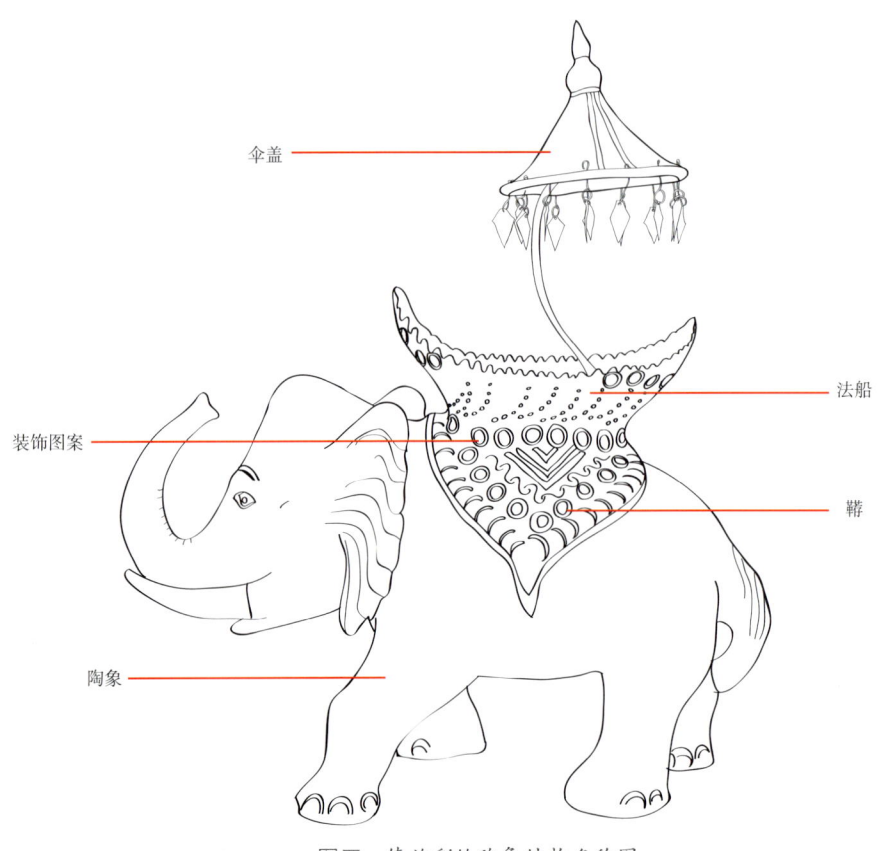

图三　傣族彩绘陶象结构名称图

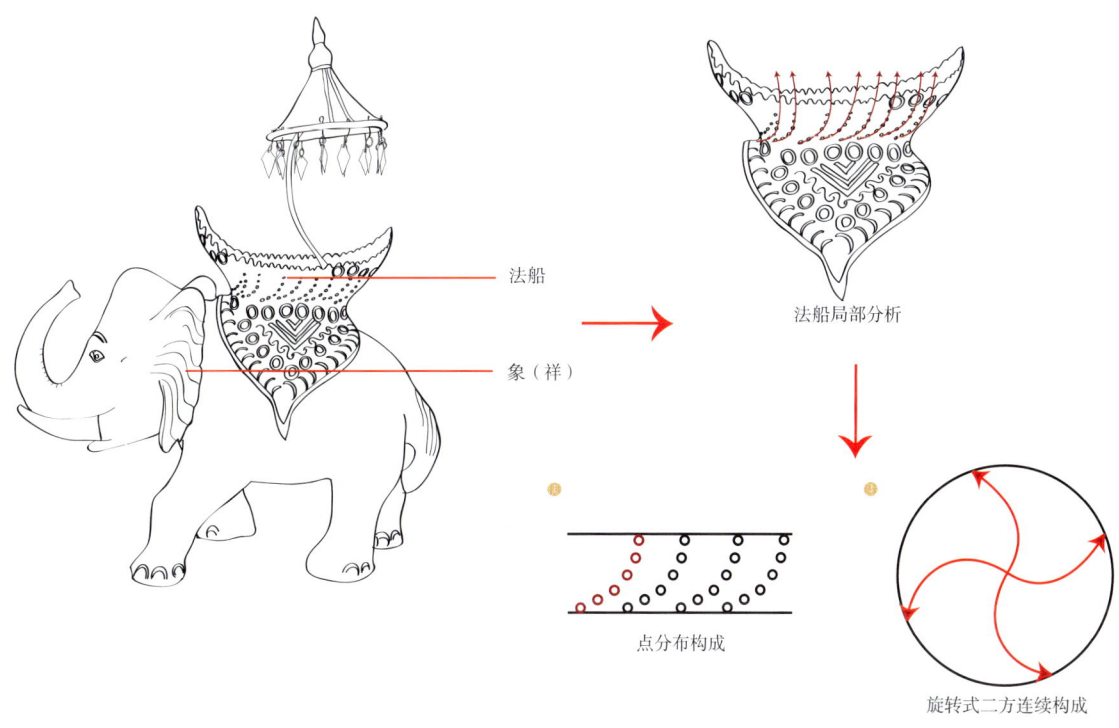

图四 傣族彩绘陶象寓意及局部分析图

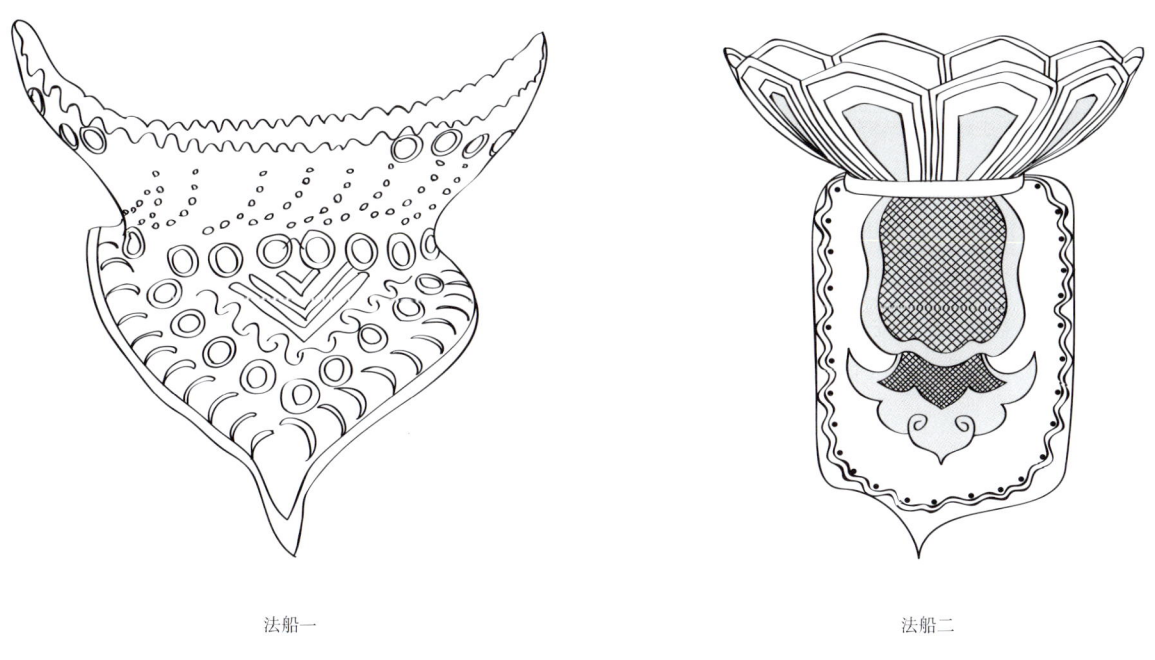

图五 傣族彩绘陶象身上常见的两种法船

傣族银槟榔盒

图一　傣族银槟榔盒主图

本案例现藏于云南省博物馆，采集自西双版纳。高16厘米，最大直径16厘米，是用来盛放槟榔的器具。槟榔盒为银质，材质贵重，制作也规整、精细，充分体现了傣族金银器制作的工艺水平。

此件银槟榔盒为圆形子母盒，即大盒套小盒，结构分为盒盖、盒身以及内盒，盖顶挑出飞檐，腰腹收起呈直筒形，底部撇足，其艺术性的表现最为突出的是纹饰繁缛，通体施纹。盖顶装饰分三层，中心为一只趴着的瑞兽，珠纹围绕；第二层环抱12只瑞兽，再以连珠纹环绕；第三层边刻四层几何花瓣纹。槟榔盒身也是布满精美繁杂图案，主题纹饰是位于盒身中部的十二个连续开光，内饰人物、瑞兽、鱼、花瓶等纹饰；主题纹饰上部錾刻六圈凸起旋纹并间杂六圈各色几何纹；下部也以旋纹和几何纹间隔装饰。银槟榔盒的图案纹饰丰富，展现了富有地方色彩和浓郁生活气息的艺术风格。

银槟榔盒工艺精细，主要采用了錾刻、焊接等工艺方法，錾刻用于装饰纹样的制作，纹饰凸起，形成浅浮雕效果，立体感很强，也极具审美性，欣赏价值很高。

图片来源
图一　胡春涛　摄影
图二至图五　谢亨渊　制图

图二　傣族银槟榔盒线描图

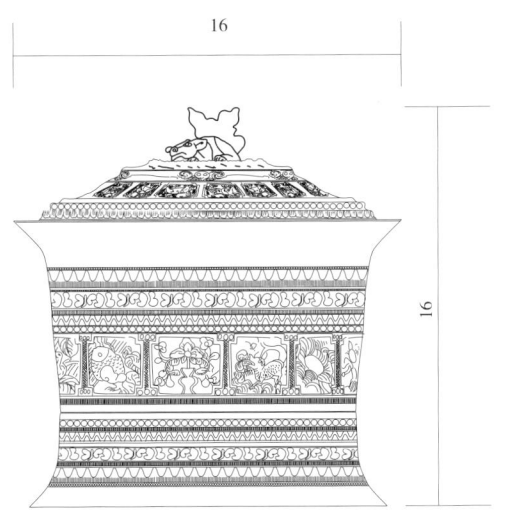

图三　傣族银槟榔盒尺寸图（单位：cm）

图四　傣族银槟榔盒俯视图

第六章　傣族传统手工艺

图五　傣族银槟榔盒开盖线描图

第七章 傣族传统民俗和宗教

傣族婚礼

图一 傣族婚礼主图

傣族婚礼一般选择在泼水节期间举行，而且仪式要在新娘家的竹楼上举办，届时亲朋好友都来祝福新人。婚礼前要做好准备，在女方堂屋的中央摆上1—3张篾桌当作婚礼桌，用芭蕉叶铺好桌面，上摆放煮熟的雌雄仔鸡一对，拿用芭蕉叶做成的圆锥形叶帽盖住，除此以外还须准备糯米饭、糖、米酒、食盐、芭蕉、红布、白布、白线等物。这些物品都富有吉祥寓意，如糯米饭寓百年好合，糖寓婚后生活甜蜜，盐寓生活有滋有味，而芭蕉象征两人一条心。

作好婚礼准备后，接下来就是举行结婚仪式了。婚礼以接受祝福和拴线为主要内容。新娘、新郎穿戴上婚礼服饰在亲朋好友的见证下举行婚礼。主婚人坐在婚礼桌正中位置，新人按照男右女左的顺序跪着面对主婚人，亲朋好友围绕着他们而坐。主婚人为新人诵祝词，表示祝福。

接下来举行拴线仪式。主婚人拿着长白线，从左至右绕在新娘、新郎的后背，将白线两端搭在婚礼桌上，然后用两缕白线分别缠在新郎、新娘的手腕上。在座的长者模仿此行为，边拴边念祝福语。拴线仪式寓意是将新人的心拴在一起，祝福新人百年好合，白头偕老。

拴完线后，仪式结束，接下来宴请宾客，新人向宾客敬酒致意。席间，还要请歌手唱歌祝贺。

傣族婚礼的整个仪式过程充满了祥和气氛，仪式与仪式过程中使用的器具都富含吉祥的寓意，充满了长辈对晚辈的祝福。

图片来源
图一至图五　贺雪岚　制图

图二　着婚礼服饰的傣族新郎、新娘

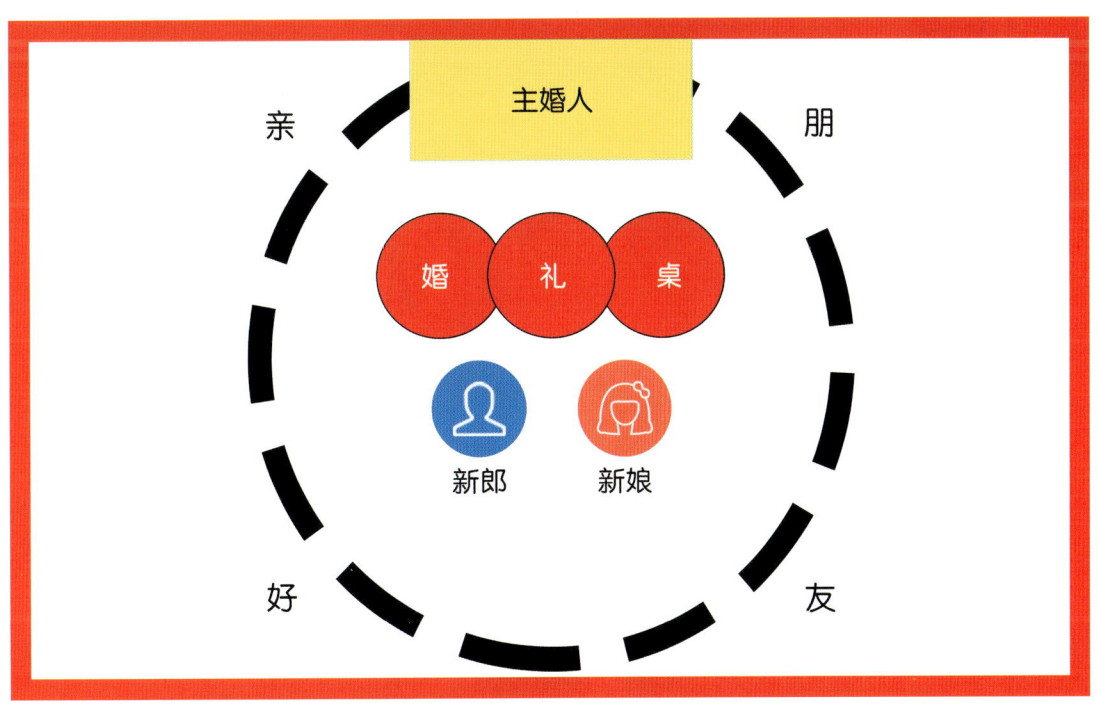

图三　傣族婚礼仪式座次图

图四　傣族婚礼拴线仪式

图五　傣族婚礼上的舞蹈

傣族丧葬礼仪

图一　傣族丧葬礼仪主图　火葬台

傣族丧葬形式大致有火葬、土葬、水葬、塔葬等几种，多数傣族人以土葬为主，寺庙里的佛爷、僧侣实行火葬和塔葬，而居住在澜沧江岸村落的村民多实行水葬。

土葬大致要经过入殓、停尸、出殡和下葬几个过程。人死后，清洗后用白布裹尸，用棺盛殓。棺材制作比较简单，用木板钉成或用竹子编成，入殓时先用白布铺于棺底，给尸体穿上生前衣服，平放于白布上再盖上上一层白布，最后盖棺。尸体在自家堂屋内停放一至三日，这期间要请佛爷来家念经超度。出殡时，佛爷在前引路，后面亲友送葬，沿途要扔掉死者生前使用的物品。每个傣族村寨都有自己的公共墓地，棺材埋于事先选择好的墓地，入土为安。

本案例选取的是佛爷火葬仪式，称之为"拉罗摆"仪式，是南传上座部佛教僧侣的最高葬礼。傣族佛爷丧葬程序大致为入殓、停柩、起棺、拉尸、火化和下葬等。其中拉尸是最为隆重的仪式活动。拉尸又称"拉罗"。"罗"是一个木架，木架的四脚有小木轮，能前后活动，架上系着数丈长的粗麻绳，能供众人拉动木架。灵柩移至"罗"内后，接下来是拉尸活动。先由佛爷寺院所在地的村寨村民拉着木架上的麻绳往火化的方向前进，而其他村寨的人朝相反的方向拉，开始夺棺。不分男女老少都可以参加活动，走了一批又来一批，反反复复持续数天后尸体才火化。参加拉"罗"的人能消灾增福；死者功德圆满，坐着"罗"进入极乐世界。

图片来源

图一至图五　贺雪岚　制图

图二　傣族丧葬礼仪装饰好的棺木

图三　傣族丧葬礼仪点燃的火葬台

图四 傣族丧葬礼仪上的金伞

图五 傣族丧葬礼仪情境图

第七章 傣族传统民俗和宗教

傣族泼水节

图一 傣族泼水节主图

泼水节是傣历的新年，因为在节日里泼水这项活动很特殊，所以统称之为泼水节。泼水节在东亚、东南亚等地盛行。它起源于印度，曾是婆罗门教的一种宗教仪式，后来又被佛教吸纳进来，约在12世纪到13世纪初经缅甸传入中国云南傣族地区，随着南传上座部佛教在傣族地区的流传与影响，泼水节的习俗也日益盛行起来。

泼水节，一般为三至四天。第一天，傣语称之为"麦日"，第二天，傣语称之为"恼日"，穿上节日盛装，挑着清水，先到佛寺浴佛，然后就互相泼水。第三天，傣语称之为"麦帕雅晚玛"，节日气氛达到了高潮。

傣族新年里的节日活动非常丰富，有放高升、赛龙舟、丢包、泼水、赶摆、浴佛、诵经、章哈演唱、孔雀舞、白象舞蹈表演、堆沙塔等。

泼水活动一般在第二天或第三天下午举行，是傣族乃至东南亚地区人民相互祝福的一种特殊方式。人们相互泼水祝福，清水象征着吉祥、友爱和幸福。泼水节是傣族甚至东南亚地区最隆重的节日。

图片来源

图一 德宏州文学艺术界联合会编.德宏摄影作品选集.昆明：云南民族出版社.2007：41.

图二 陈荣喆 制图

图三 蔡轩 制图

图四、图五 沈开婧 制图

图六 许晓蕾 摄影

图二　傣族泼水节放高升

图三　傣族泼水节划龙舟

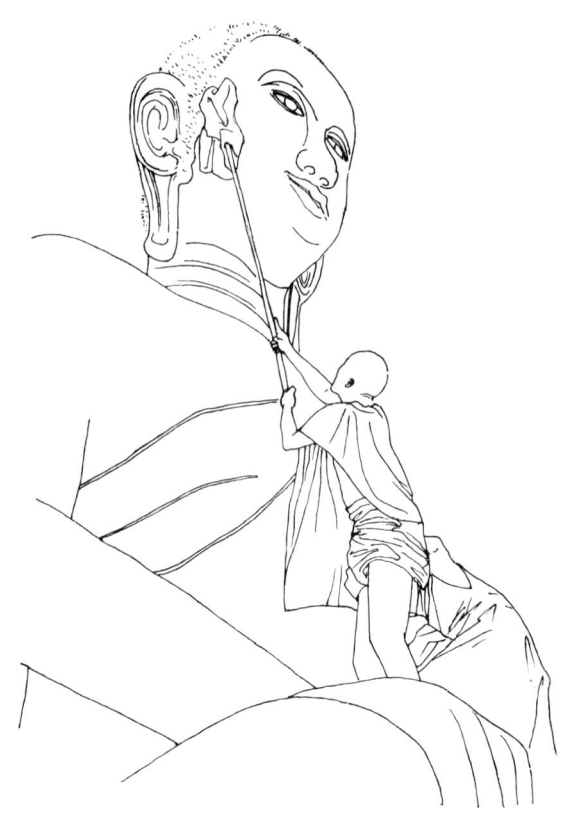

图四 傣族泼水节清洗佛像

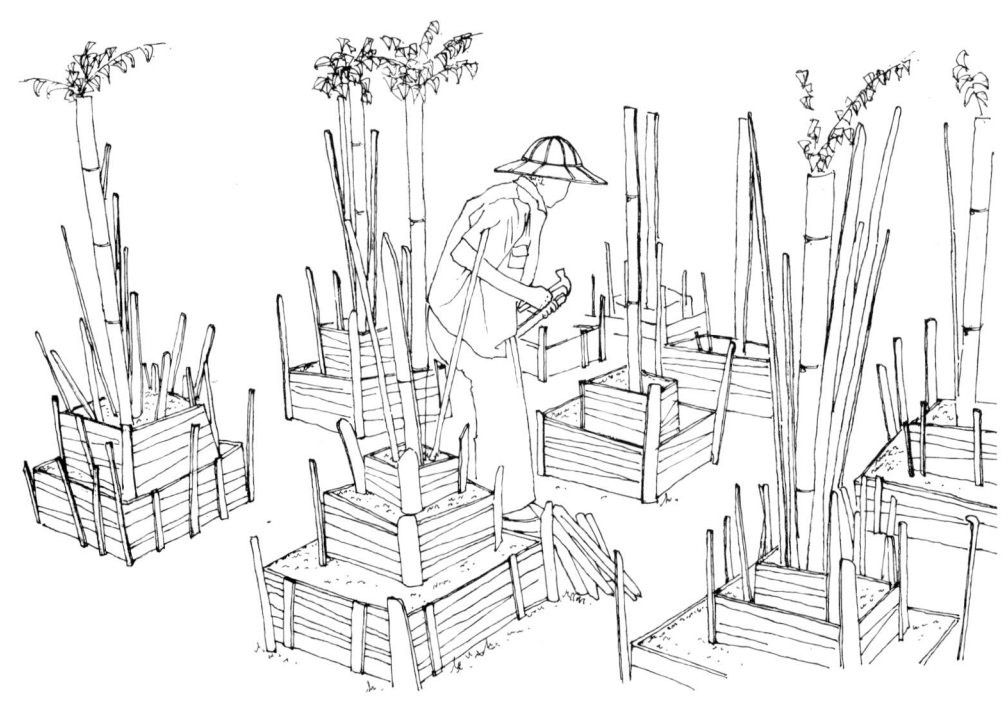

图五 傣族泼水节堆沙塔

图六 傣族泼水节现场

第七章 傣族传统民俗和宗教

傣族泼水节面具

图一　傣族泼水节面具主图

　　本案例中的两个面具藏于云南民族博物馆，采集自云南临沧，是泼水节舞者跳舞时所佩戴的面具。

　　临沧土质细腻，含有大量的胶体物质，可塑性强，为面具制作提供了方便。制作时先把胶泥做成模型，再用报纸一层一层裱糊在模型上。裱至15层，衬上棉纱布，再裱糊上棉纸，阴干后脱去内胎。用竹子裹边，使面具更具有固定形态。最后施以彩绘，加工五官。彩绘时要用红、黑、蓝、黄等颜色，色块之间用白色或黄色线画轮廓，极富装饰效果。面具后方缝制一块黑布，以便遮掩表演者的头发。经过这些繁杂的工序后，面具才算制作完毕。表演的时候把面具套在头上，穿上与面具相匹配的衣服，持相关的道具。泼水节面具最大特点是形状拙朴，用色大胆，富于生活气息。

　　在西双版纳，人们在泼水节跳孔雀舞时也佩戴面具，它是用龙竹的根和木头雕刻而成的。民间工匠们将木料砍出基本的模样后，在模型上画出各种造型，再雕刻出各种图案。形象一般有两种，一种是孔雀公主，一是魔鬼，但均是人形。孔雀为傣族的吉祥物，泼水节或赕佛期间，都要表演孔雀公主战胜魔鬼的舞蹈，以寄予善良必定战胜邪恶的美好愿望。傣族面具大多是质朴简洁的面具，透露着原始的气息、自然的神韵。

　　傣族面具一直被用于娱乐、演艺、祭祀

等活动中，与民间戏曲、歌舞、信仰观念等相互依存、相互融合渗透并交织在一起。

图片来源

图一 贺雪岚 制图

图二至图五 黄凌玉 制图

图二 傣族泼水节面具线描图

图三 傣族泼水节面具尺寸图（单位：cm）

图四　傣族泼水节面具斜侧面图

图五　傣族泼水节面具佩戴效果图

傣族丢包

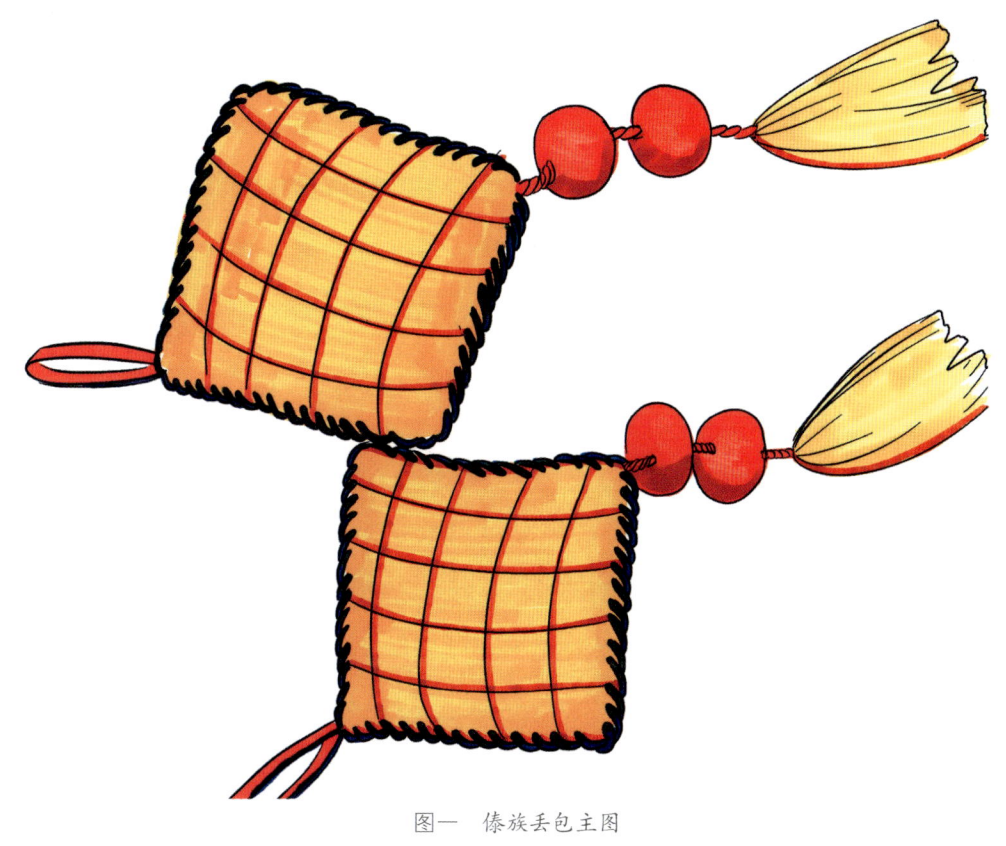

图一　傣族丢包主图

　　丢包是傣族新年时举行的一项传统的集娱乐和传情求爱于一体的文娱活动。每年泼水节期间，傣族青年男女互掷花包相互嬉戏。所掷的花包，是用各色花布条精心缝制而成的，包一般呈正方形，边长四五厘米，内装棉花籽、攀枝花籽或粗糠，上面绣有花、鱼、鸟、蝶等图案，包的四角饰以彩色布穗，中心钉一根布带作为提绳，方便丢包时甩动花包。花包是丢包活动中的娱乐用具，更是傣族姑娘们的爱情信物，凝聚着她们对爱情的憧憬和对幸福的向往，具有浓郁的傣族风情。花包通过用精巧的手工编结以沟通情意及表达心愿。

　　参加丢包活动的人是未婚青年男女，双方分列两队，相距二三十米远。首先女孩将花包丢给男孩，手提丢包提绳，甩动胳膊，将其抛出。如果对方接不住丢来的花包，就得赠送礼品以作纪念。活动一开始是漫无目的的，但进行到一段时间，就改为有目的地抛丢花包了，专门抛给自己的意中人，如果双方都有意，则在对丢一阵之后，趁人不备，不约而同地退出场地，寻找安静地方谈情说爱去了。活动中的花包是男女表达感情的媒介，通过你来我往的交流，达成双方情感的默契。

丢包是傣族传统的节日活动，同样也是傣族特有的社交方式，通过丢包活动，青年男女选择称心如意的伴侣，建立家庭。小小的花包成为传情达意、择偶的纽带。

图片来源
图一　贺雪岚　制图
图二　蔡克中　制图
图三　蔡轩　制图
图四　蔡轩、贺雪岚　制图
图五　高梦竹　制图
图六　高梦竹、贺雪岚　制图

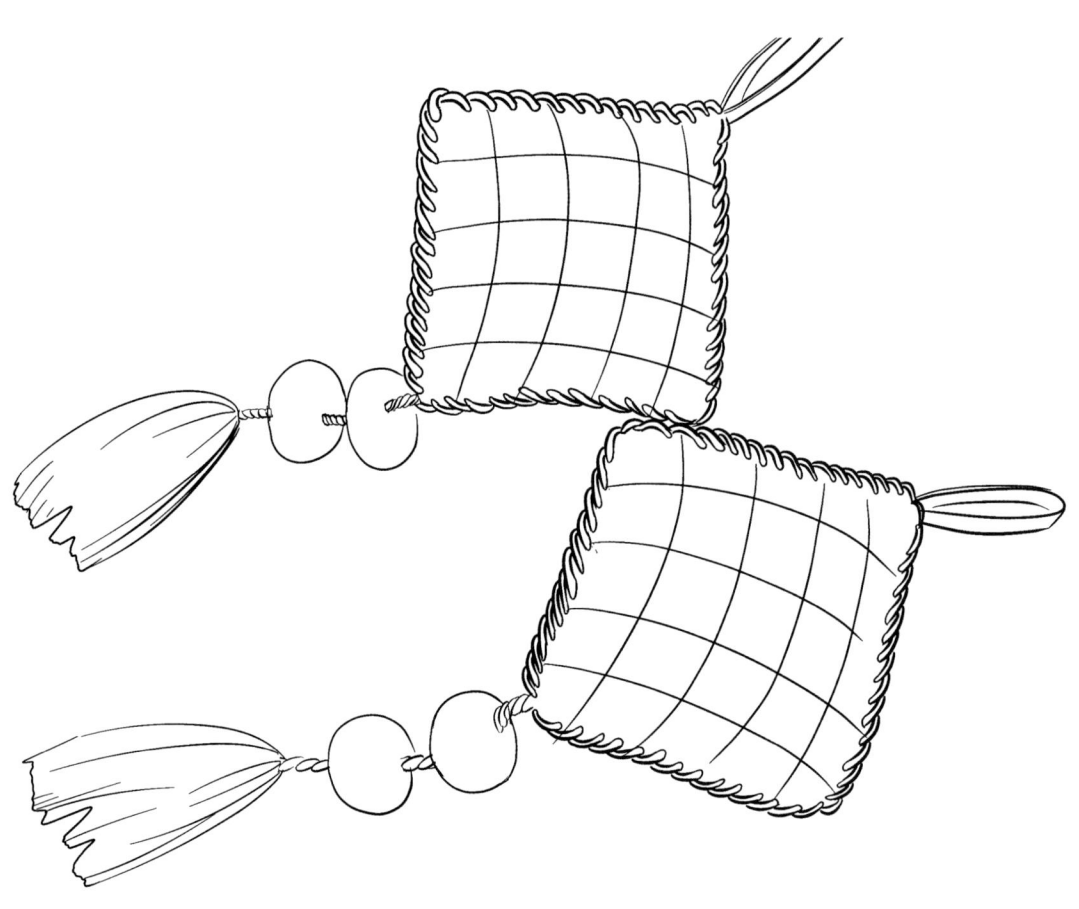

图二　傣族丢包花包线描图

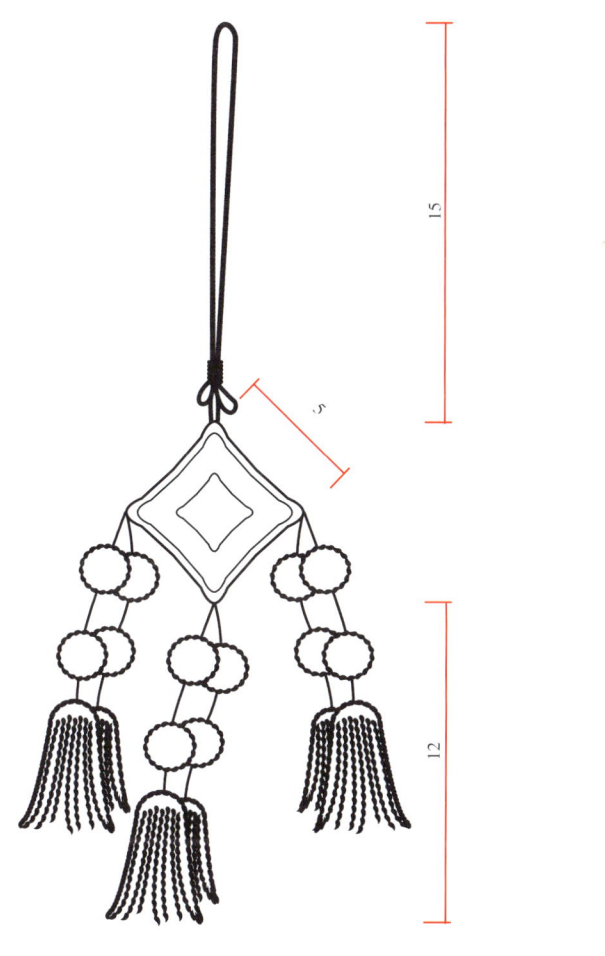 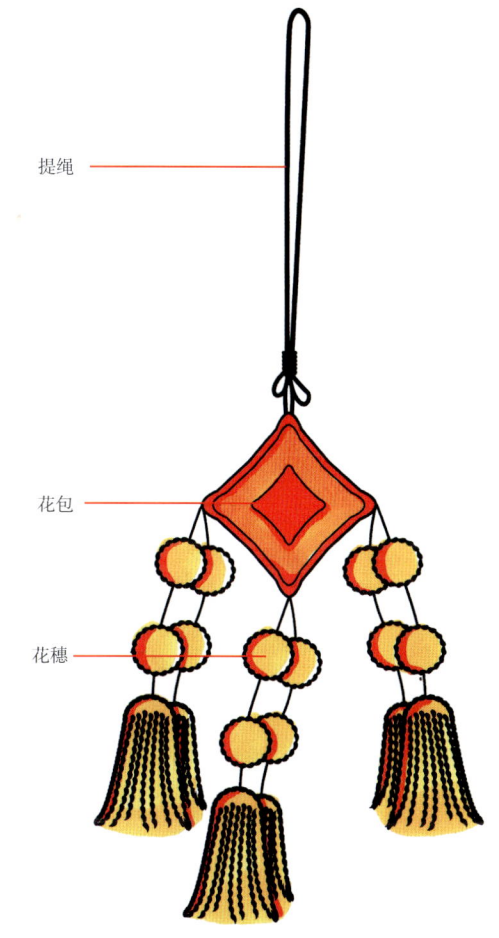

图三 傣族丢包花包尺寸图（单位：cm） 图四 傣族丢包花包结构名称图

图五　傣族丢包动作示意图

图六　傣族丢包活动情境图

傣族升小和尚

图一　傣族升小和尚主图

按照傣族习俗，每一个男孩一生中都要有出家受戒当和尚的经历，这样人生才算圆满。升小和尚仪式是傣族男孩进入寺庙学习、生活的第一步。

在举行升小和尚仪式的第一天，父母要为仪式准备道具——"桩"，其是用竹篾编织而成的，形状类似传说中释迦牟尼使用的轿子，用来盛放仪式中要穿的袈裟和从寺庙里借来的枕头、杯子等用品，并在"桩"上面挂上粽子、苤菜等食品，其目的是祈愿小和尚到佛寺以后能吃穿不愁。

第二天，父母请来佛爷念经。亲朋好友来到家里来祝贺，他们往往会带上礼物，一般为一碗米或者几元钱，有时候也会带上用布匹或者芭蕉叶包着的蜡条。为表示答谢，主人家要宴请宾客。下午父母开始准备为男孩洗澡，一般会邀请村里德高望重的老人为其洗澡以示仪式的隆重。洗净身体后换上新衣，由请来的佛爷再念上两三个小时的经。

第三天一大早，由家人背着盛装的男孩，家人和亲朋抬着"桩"，扛着装黄被和生活用品的木箱，村民、邻居相随送男孩来到佛寺举行升小和尚仪式。仪式在寺庙大殿里举行。小篾桌上盛放着黄被、经书等物品，老人们赕钱、赕物也置于其上。先是佛爷宣讲"五戒"，然后是小和尚求袈裟，再由佛爷念经总结，最后滴水完成才算升小和尚仪式结束。

图片来源
图一　陈海宁　摄影
图二至图五　蔡克中　制图
图六、图九、图十　陈荣喆　制图
图七、图八　高梦竹　制图

图二　傣族升小和尚道具（一）

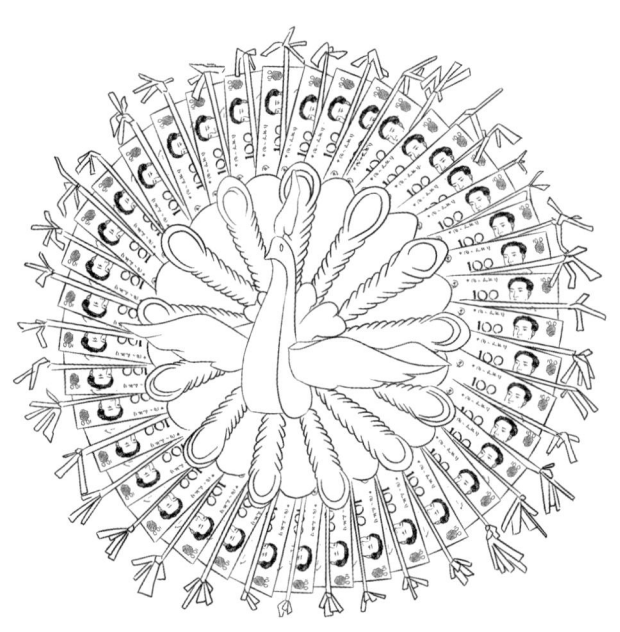

图三　傣族升小和尚道具（二）

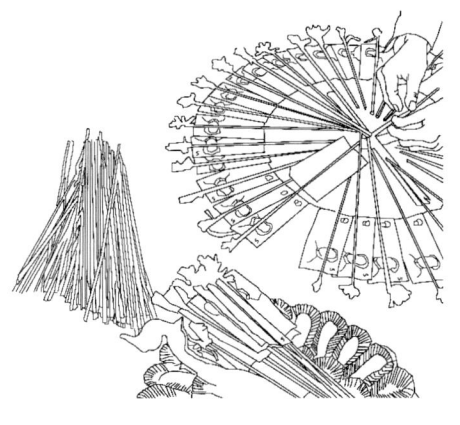

图四 傣族升小和尚道具(二)的制作

图五 傣族升小和尚道具(三)

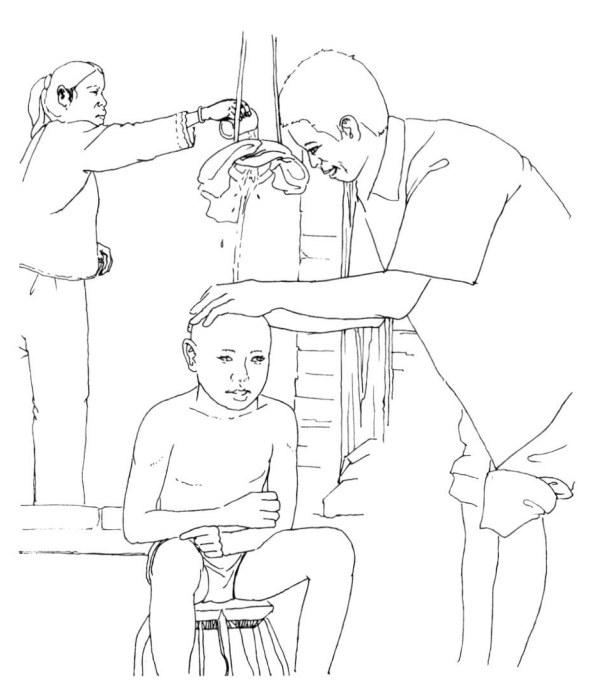

图六 小和尚在家净身

图七 小和尚更换新衣

图八　小和尚等待仪式开始

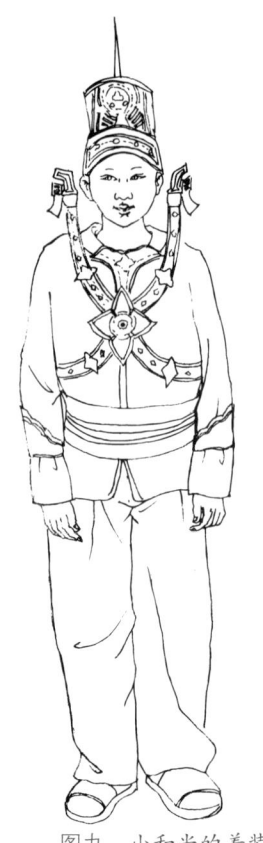
图九　小和尚的着装

图十　傣族升小和尚背送小和尚的队列

傣族赕白象

图一 傣族赕白象主图

景谷傣族每年冬春之交会举行赕白象活动，祈求死后能升入天堂。傣族的赕白象活动体现了原始宗教与南传上座部佛教的融合。在傣族神话里，白象是傣族所崇拜的吉祥物，它能消灾除难，保佑农业生产风调雨顺、五谷丰登，是和平安宁、幸福安康的象征。上座部佛教传入后，原始宗教信仰的白象被纳入佛教信仰之中，赕白象成为赕佛的重要仪式。

白象用竹篾扎制而成的，外粘棉花，象鼻和象腿用白布缝成长筒形，象背上挂有近十面圆镜，且披棉挂穗，正中还扎有一个帕隆八角亭金鞍，鞍上骑着开屏的朗诺金孔雀，宝珠耀眼。白象头系有彩绸，脖挂铜铃。开赕前，主赕人家要在寺里念经，并杀两头猪、一头牛，请寨子里的人来做客，大家热闹一番。赕白象活动开始后，象身下由两个小伙子将双脚套进白布套内充当象腿，佛爷、和尚在白象前引路，在一片有节奏的链锣、大钹、象脚鼓舞乐声中，由一位身穿傣家盛装的长者牵象人，手抓象鼻翩翩起舞。白象随鼓乐甩鼻摇首，前进后退，顿足踢蹬。跟随在白象后面的大妈边向人群抛撒米花，边同观众一起喝彩。赕白象的队伍要经过多家傣族村寨，意味着给这些人们带来希望、幸福，带来风调雨顺、五谷丰登。

赕白象是傣族赕佛礼佛的重要仪式，富有浓郁的小乘佛教文化气息，也传达了傣族人对生活的朴素情感与美好愿望。

图片来源

图一、图六 张孙民主编.风韵普洱.昆明：云南人民出版社，2008：129.

图二 蔡克中 制图

图三至图五 蔡轩 制图

图二　傣族赕白象白象骨架图

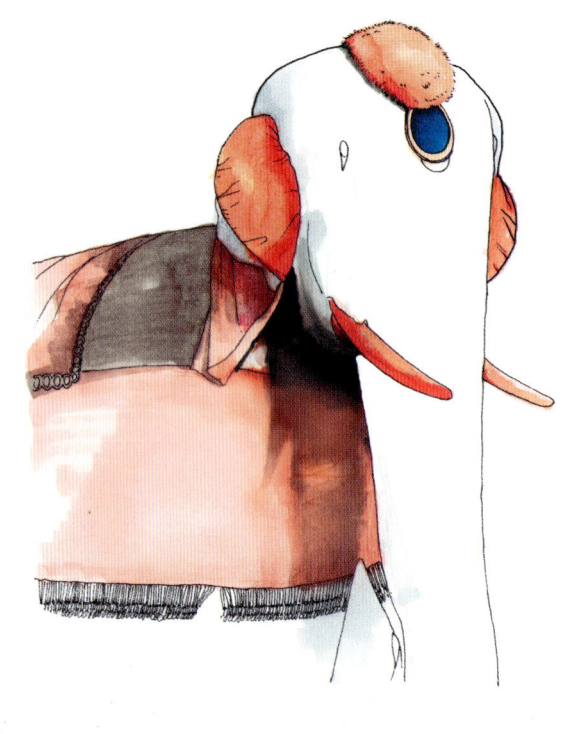

图三　傣族赕白象白象效果图

图四　傣族赕白象牵象示意图

图五　傣族赕白象仪式中祈祷的人群

图六 傣族赕白象活动现场图

第七章 傣族传统民俗和宗教

傣族象脚鼓舞

图一　傣族象脚鼓舞主图

象脚鼓舞是傣族舞蹈中流传最广、最具特色的一种群众性男子舞蹈，因舞者所挎鼓形似象脚而得名，在傣族文化生活中占有重要地位。每当节日、赕佛或赛鼓盛会，几十个甚至上百个象脚鼓舞者围成一个巨大的圆圈，或不断变换队形，激情狂舞，鼓声阵阵，直冲云霄。用手掌、肘部、脚、膝盖乃至脚后跟击鼓，随着身姿变换、动作轻重、节奏缓急，可以奏出不同的音色。

依据象脚鼓的大小，象脚鼓舞一般分为长象脚鼓舞、中象脚鼓舞、小象脚鼓舞三种。长象脚鼓舞，鼓长1.7米至2米。舞蹈由一人完成，左肩挎鼓，用双手交替敲击，边敲边舞。其特点是舞蹈动作幅度不大，基本是围绕击鼓动作展开，动作多为下肢步伐，具体如提蹲走步、原地单腿碾步、撩腿步、原地碎步、蹲丁步、大八字步蹲等。一般舞至高潮时敲"豪放鼓"，然后以"甩鼓"结束。

中象脚鼓舞，鼓长约1米。鼓身短、重量轻。中象脚鼓舞由鼓手、铓手、镲手三人配合在跳"嘎光"的同时穿插进行表演。舞者左肩挎鼓，右手每拍一次击鼓一次；下肢动作主要是双腿蹲挎步，以腹、胸部的挺收配合双肩的前后运动来带动象脚鼓做前后摆动，其动作源于对孔雀姿态的模仿，如孔雀摆尾、孔雀甩尾、孔雀开屏等。

小象脚鼓舞，鼓长0.7米，为西双版纳地区傣族所特有。表演形式有独舞、双人舞和群舞。独舞动作自由洒脱，舞蹈线路变化多端,讲究功底和韵味;双人舞的步法最为讲究,有蹬踮步、横梭步、颠踹步、提蹲步等步法,配合着掌击鼓、拳击鼓等手的动作;群舞队形呈方阵或圆形,动作较简单,但要求整齐划一。

象脚鼓舞必须有铓镲配合伴奏,跳中象脚鼓舞时,打镲的人也参加伴舞,特别是做转鼓、掖腿、吸腿跳等动作时,镲在鼓前伴奏。凡盛大节日如傣族的泼水节,象脚鼓舞成为烘托节日气氛,表达傣族人心情与情感的最佳方式。

图片来源
图一　权凯歌　摄影
图二　陈荣喆　制图
图三至图五、图八　沈开婧　制图
图六、图七　蔡轩　制图

参考文献
中国民族民间舞蹈集成编辑部编.中国民族民间舞蹈集成·云南卷(上卷).北京:中国ISBN中心,1999.

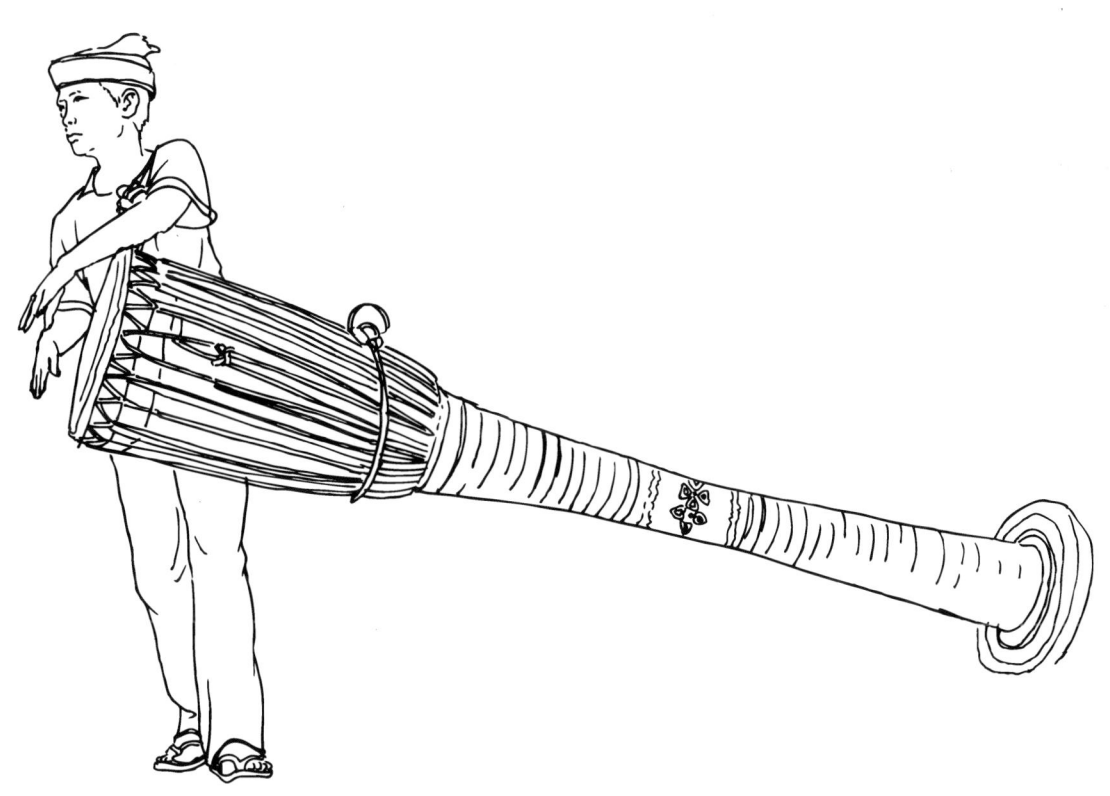

图二　傣族长象脚鼓演奏示意图

图三 傣族长象脚鼓舞动作·豪放鼓

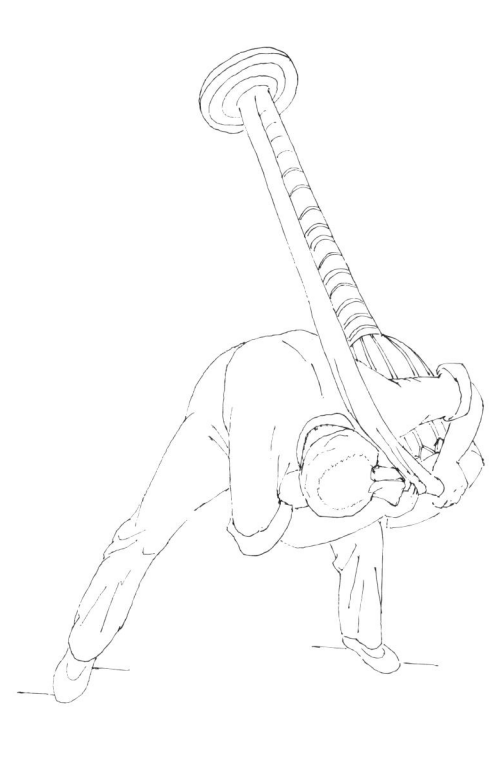

图四 傣族长象脚鼓舞动作·甩鼓

图五 傣族中象脚鼓舞动作·孔雀摆尾巴

图六 傣族小象脚鼓舞动作·横梭步击鼓

图七 傣族小象脚鼓舞动作·颠踹步击鼓

第七章 傣族传统民俗和宗教

图八　傣族小象脚鼓舞动作·提蹲步击鼓

傣族银乳钉纹钵

图一　傣族银乳钉纹钵主图

本案例收藏于云南银器博物馆。为清代银器，敞口、鼓腹、圈足，高8.3厘米，口径15.1厘米。钵体表面装饰有凸起的纹饰，较大的一圈为乳钉纹，其余有水波纹、三角纹等，这些凸起的纹饰一方面装饰了器表，使器物表面具有立体感；另一方面增加了手感，从实用的角度来看，增加了器物与手的摩擦力，具有防止滑落的功能特点。与凸起的钵体表面相对映，钵体内侧是凹下去的纹饰。与一般盛放食物的器具不同的是，这件银乳钉纹钵是盛放水的器具，在功能上具有礼仪性的特点，客人来到时，门口有傣家小卜哨（小姑娘）用银钵端着浸有花瓣的水，用树枝轻轻洒到客人身上。银乳钉纹钵就成了这种待客仪式中不可或缺的器物。

这件银乳钉纹钵工艺精湛，采用的是锤鍱工艺，是在贴好纸绘图案纹样的银片下，衬一块厚铅板，再用各种锤子、錾子一锤一錾地按图锤打出凹凸的轮廓，然后在正面施以细花錾刻。这种技艺广泛地应用于傣族的各色银器中，尤其对雕花图案有着比较突出的表现。这件银乳钉纹钵是傣族常用的盛水之器，这种器具往往因为内壁的凹凸不平而不适合作为食具使用，反而因此增强了其仪式性的功能，在宗教仪式中成为赕佛的一部分。

图片来源
图一　贺雪岚　制图
图二至图七　易挺　制图

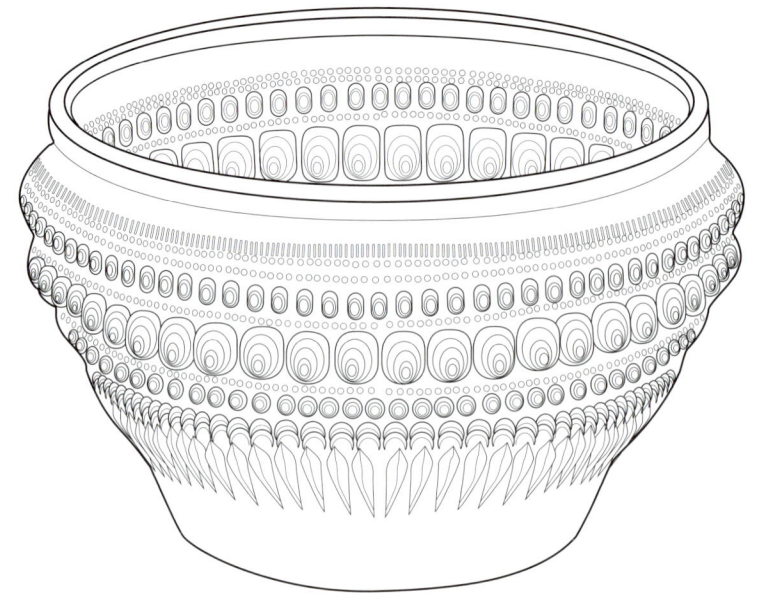

图二　傣族银乳钉纹钵线描图

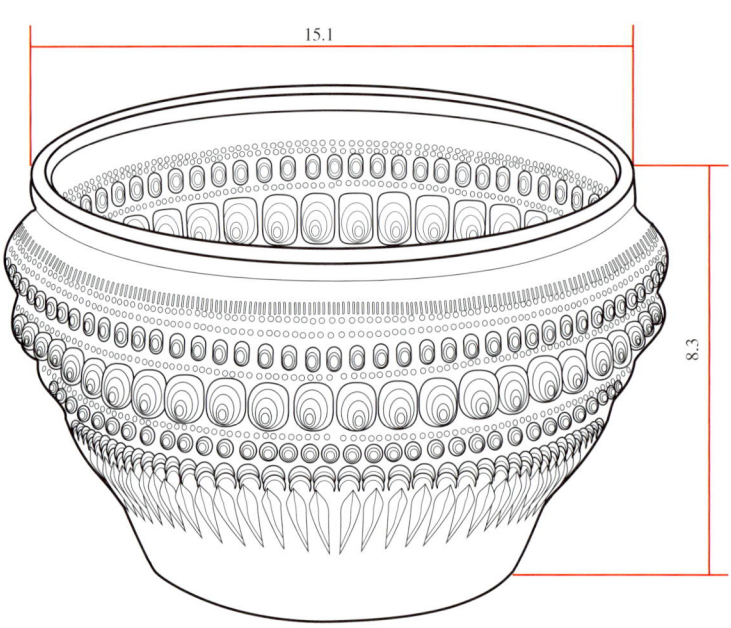

图三　傣族银乳钉纹钵尺寸图（单位：cm）

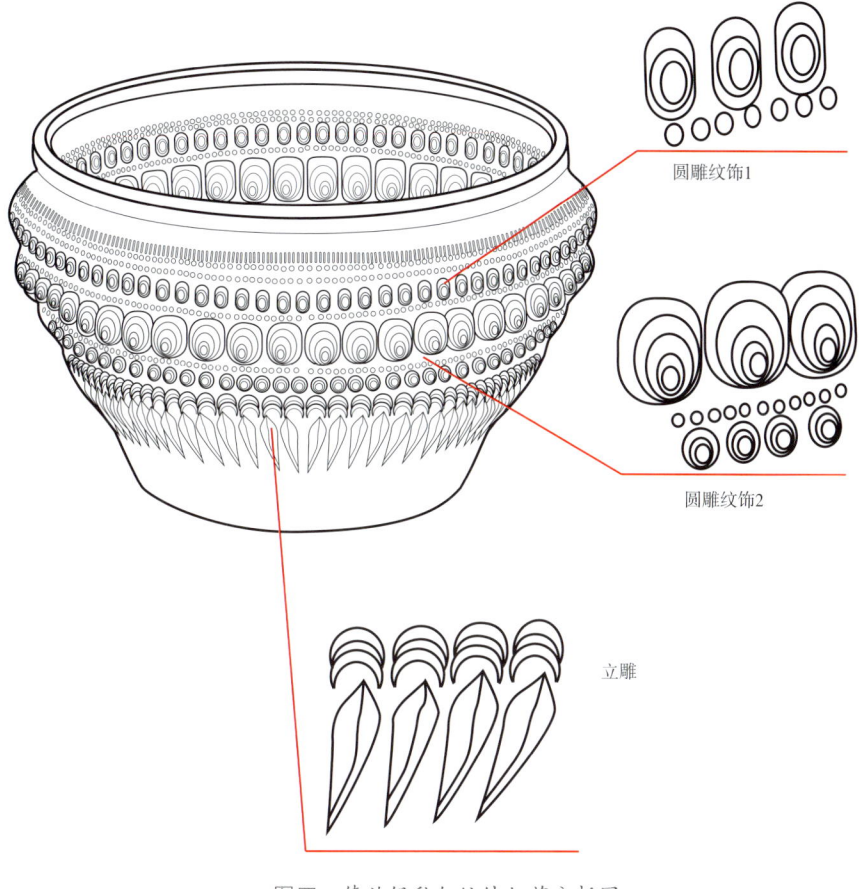

图四　傣族银乳钉纹钵细节分析图

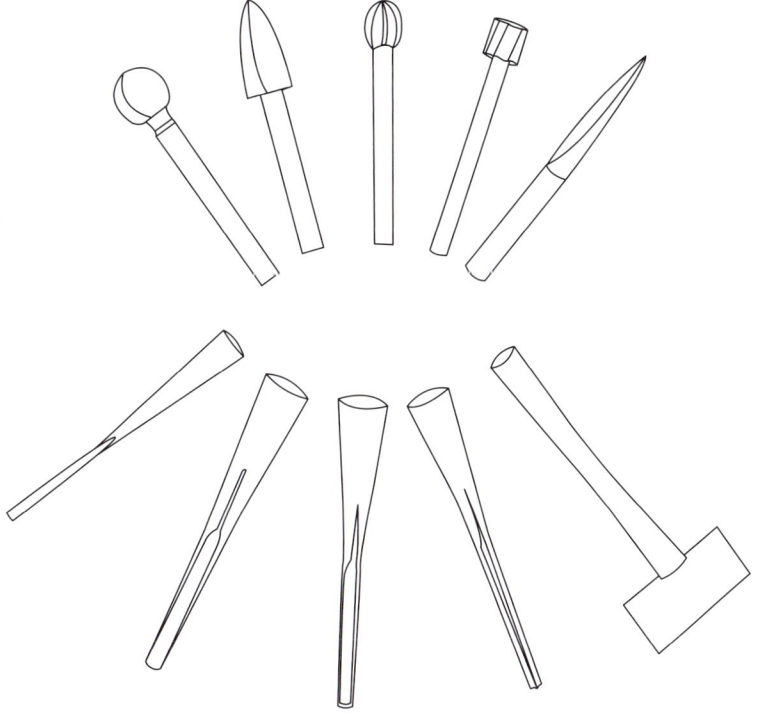

图五　傣族银乳钉纹钵錾刻、捶打工具图

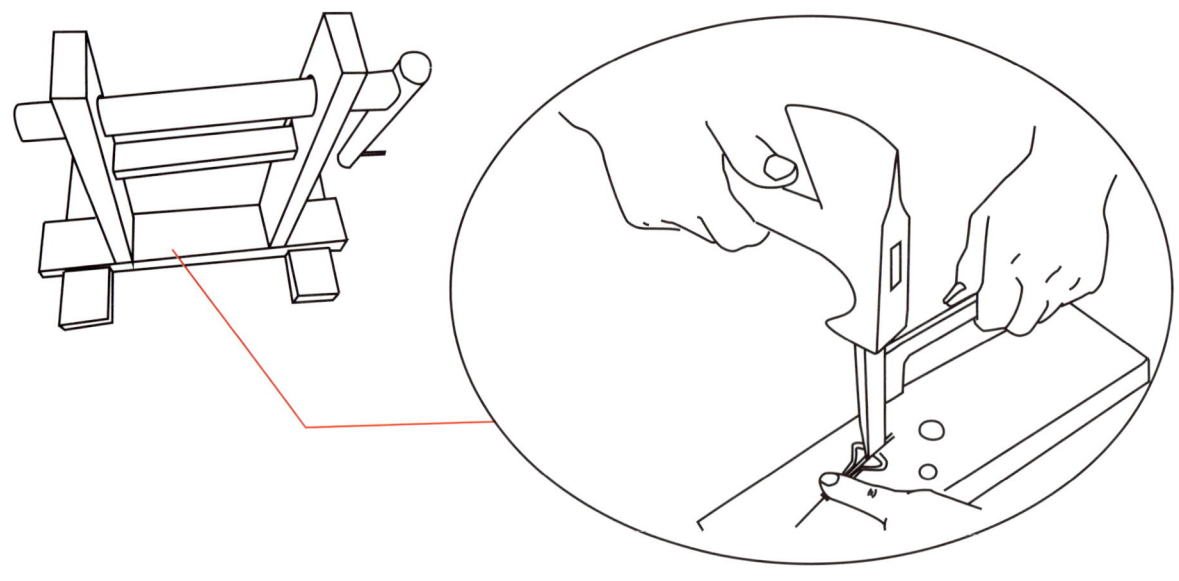

图六　傣族银乳钉纹钵主操作台图

图七　傣族银乳钉纹钵使用情境图

傣族银高脚连体钵

图一　傣族银高脚连体钵主图

本案例采集自西双版纳，是赕佛时用来盛水的器具。这件银钵分上下两部分，上大下小，整体上呈仰覆状，上部敞口，圆腹，形状像朵盛开的莲花，银钵表面为凸起的两层莲瓣纹，错落排布，莲瓣上还装饰有其他的花卉纹饰，这是典型的"花中添花"的装饰手法，这种装饰手法流行于元明以后。在银钵口沿和钵底装饰有凸起的连珠纹。与器表凸起的纹饰相反，器壁内侧的纹饰是凹下去的。银钵下部为座，比上部略小，造型和装饰纹样与上部一致，只是器口朝下。上部与下部之间以短杆相连。此件器物造型奇特，中间的连接杆看似使上部处于悬浮状态，但下部圈足仍然使器物完全接触着水平面，增加了整件器物的稳定性。尽管如此，下半部分所具有的装饰效果仍然大于实际的功能，其器表的纹饰与上半部分相照应，增强了器物的美感。细杆的处理，方便将手指插入其中，用整个手掌托起盛水的银钵，这种看似不经意的设计，满足了功能上的需求。整体造型像仰、覆莲花，莲花暗示了这件银钵与佛教的关联性，暗示了这件器物及其容纳物的圣洁与纯净。

银高脚连体钵采用了锤鍱、焊接等工艺，这些工艺技术为傣族人所熟练掌握，尤其是雕花工艺普遍运用在傣族金银器制作中，这种浮雕的效果增强了器物的美感，而典型的装饰纹样暗示了这件器物使用中的特殊功能。无论是从工艺还是从设计的角度来看，这件银钵都可称得上是成功的作品。

图片来源

图一 李艺主编，杨德聪副主编.人类学家的博物馆：云南省博物馆民族文物藏品选.昆明：云南民族出版社，2001：28.

图二至图七 易挺 制图

图二 傣族银高脚连体钵线描图

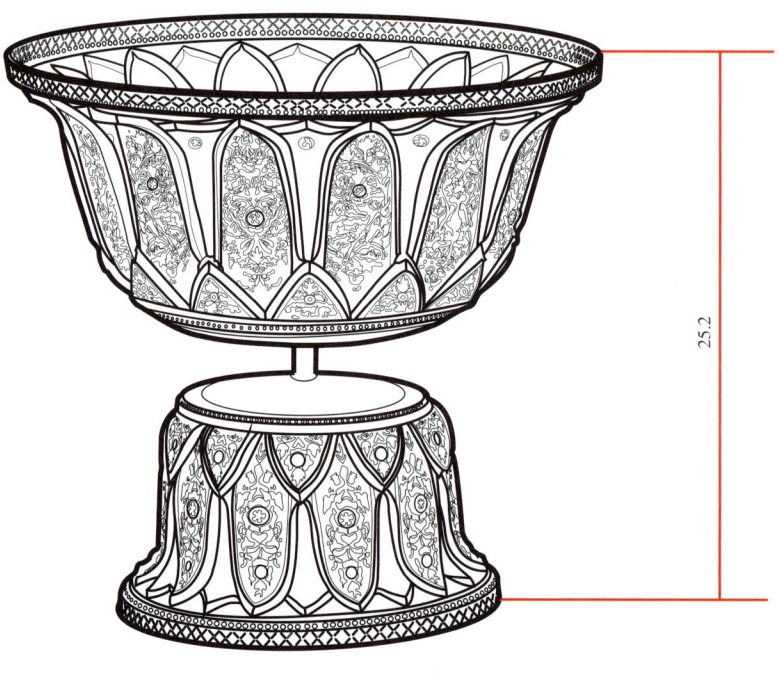

图三 傣族银高脚连体钵尺寸图（单位：cm）

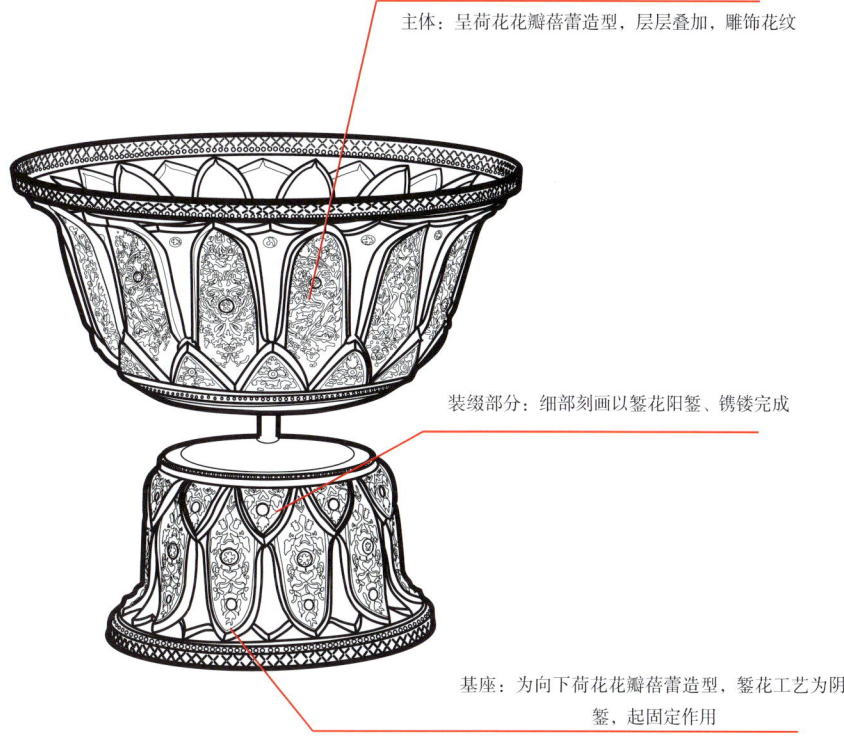

主体：呈荷花花瓣蓓蕾造型，层层叠加，雕饰花纹

装缀部分：细部刻画以錾花阳錾、镂镂完成

基座：为向下荷花花瓣蓓蕾造型，錾花工艺为阴錾，起固定作用

图四 傣族银高脚连体钵细节分析图

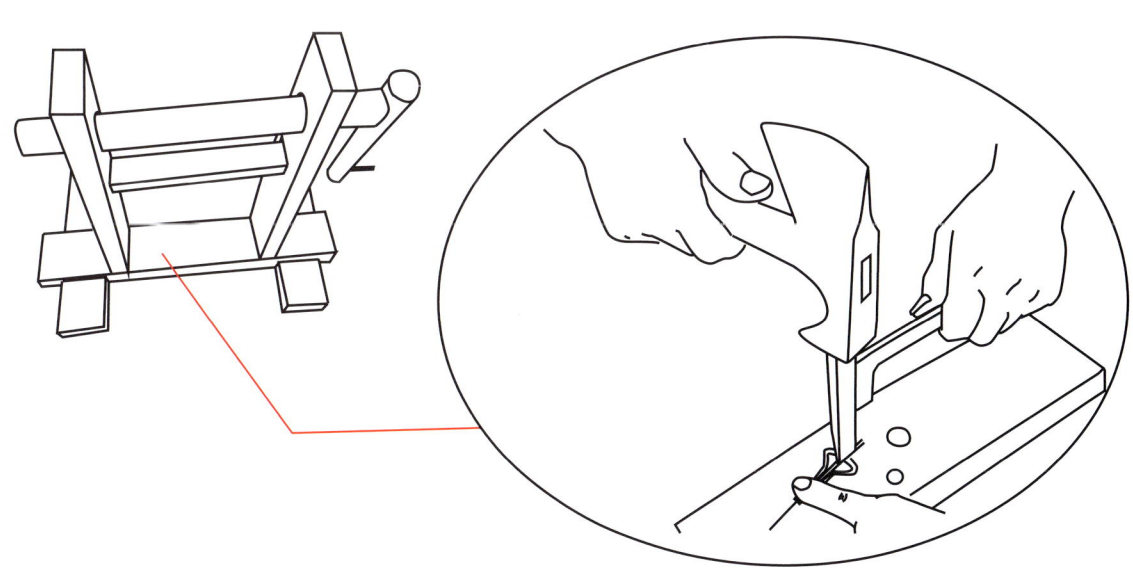

图五 傣族银高脚连体钵主操作台图

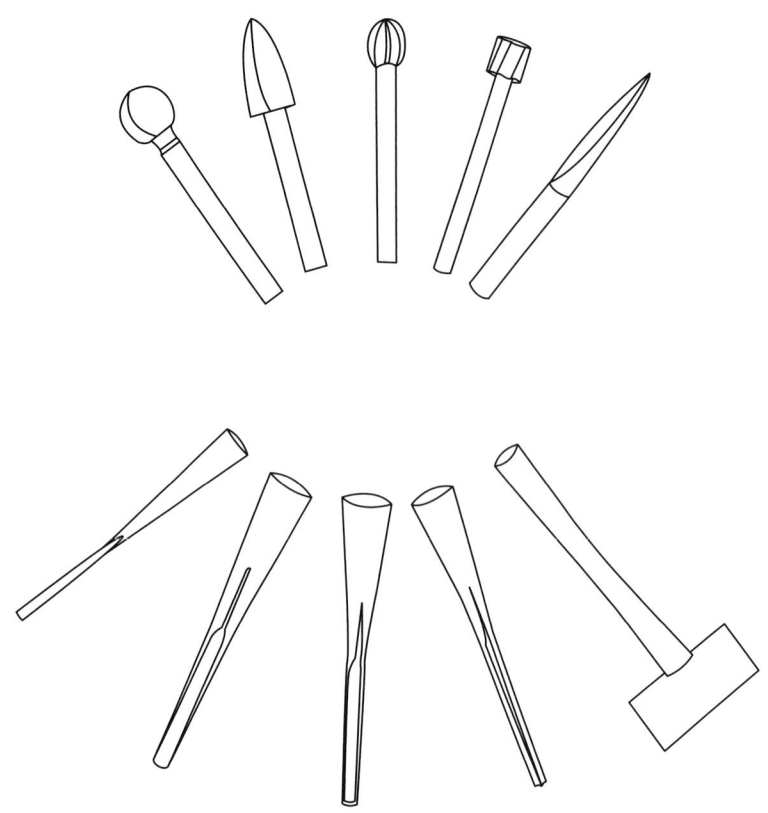

图六　傣族银高脚连体钵制作工具图

图七　傣族银高脚连体钵使用示意图

傣族金扇

图一 傣族金扇主图

本案例采集自云南芒市。金扇，是德宏傣族放于南传上座部佛教寺院中的吉祥物，通常拴于佛像之后，象征着权力和威严。金扇为一对，由扇身和竹柄两部分组成，扇身为圆形，中间为一羽金孔雀，孔雀屏张开，羽毛刻画精细，外环绕两层彩色玻璃珠，镶嵌的彩色玻璃珠与金色搭配，格外耀眼夺目。手柄为竹片制成，漆成红白相间的颜色，并套在龙形扇身的外侧。

金扇通常为布制或金属制，现在以金属制的居多，颜色为金色。制作工序一般分为设计画稿、剪凿图案、镀饰金漆、镶嵌饰品等，运用到的工具有铁皮剪、刻刀、凿子、锤子等，方法有剪和凿，铁皮剪用于剪铁皮、铝皮等，刻刀、凿子配合锤子用来凿除镂空部分，留下图案。在制作过程中要注意手握工具的姿势及力道的把握，下凿时手要垂直，敲击循序渐进，由里及外，由粗至细。

金扇运用了传统的剪纸技艺，并在此基础上发展出新的剪纸技巧，推动了传统剪纸的发展与革新。而且作为赕佛的主要供器，金扇的图案和形式特征完美地体现了傣族小乘佛教的特点，具有很强的宗教仪式性特色。

图片来源
图一 尹绍亭主编.云南大学伍马瑶人类学博物馆藏品图案集.昆明：云南大学出版社，2006：157.
图二至图六 徐海峰 制图

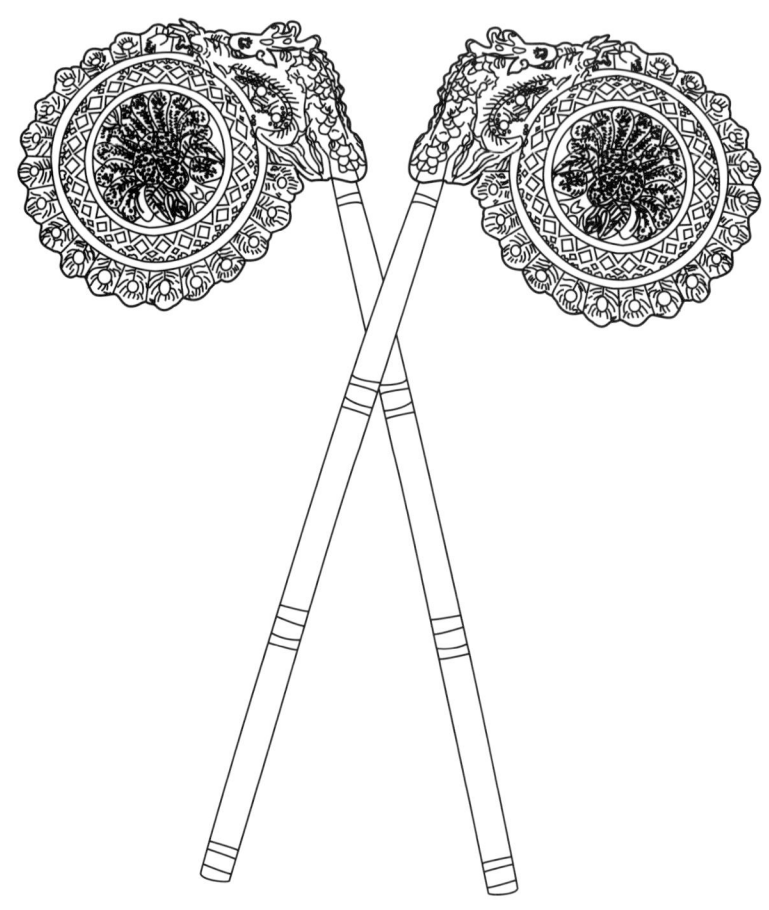

图二 傣族金扇线描图

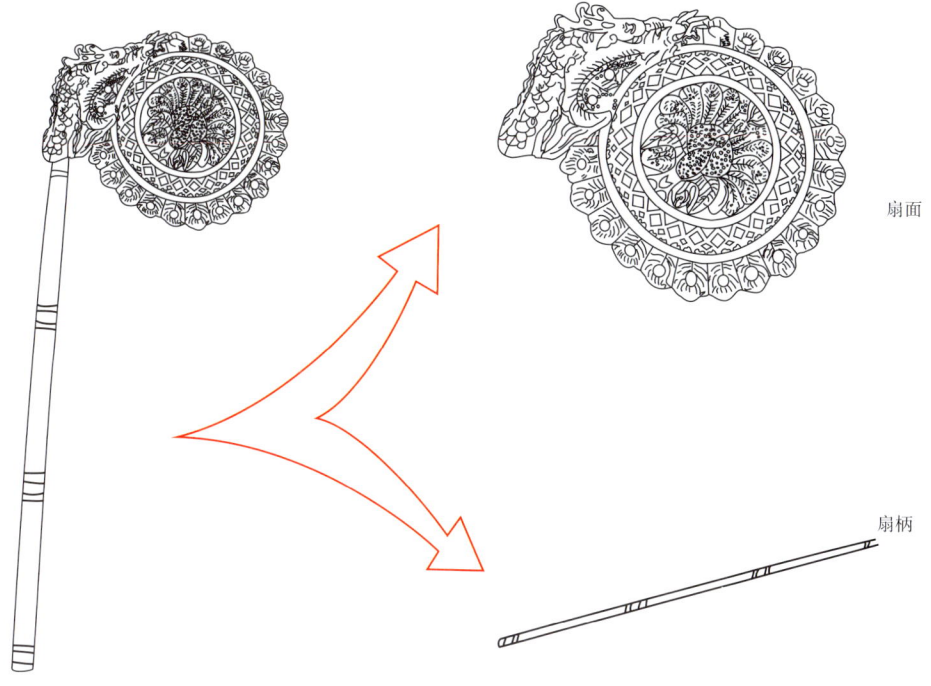

图三　傣族金扇结构名称图

图四　傣族金扇图案分析图

第七章　傣族传统民俗和宗教

501

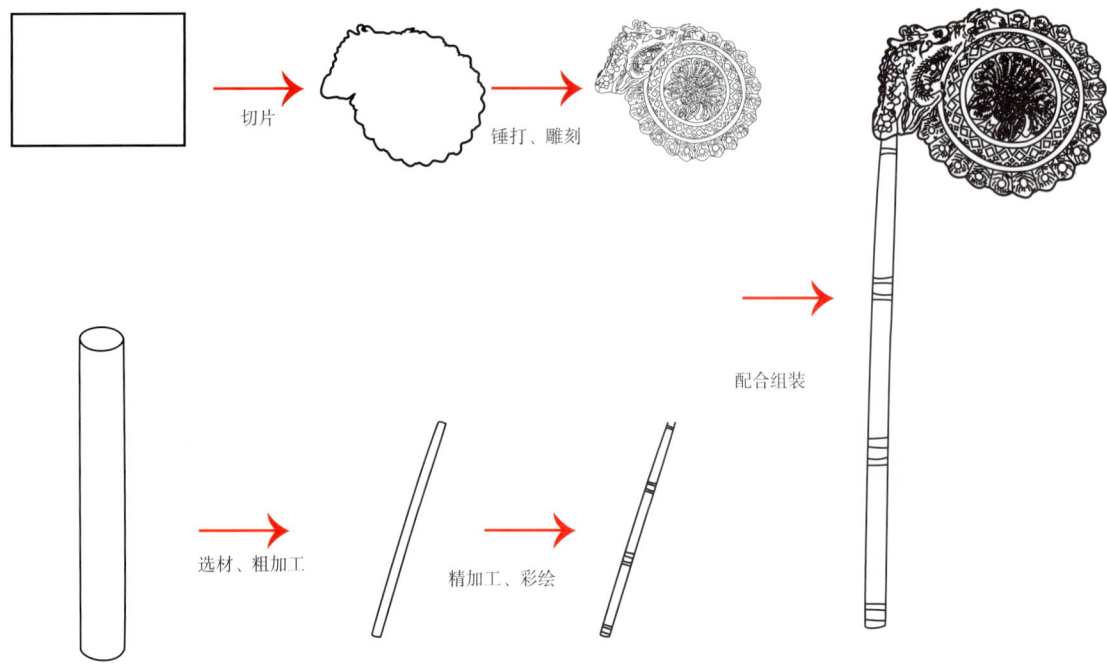

图五 傣族金扇制作流程图

图六 傣族金扇使用情境图

傣族文身

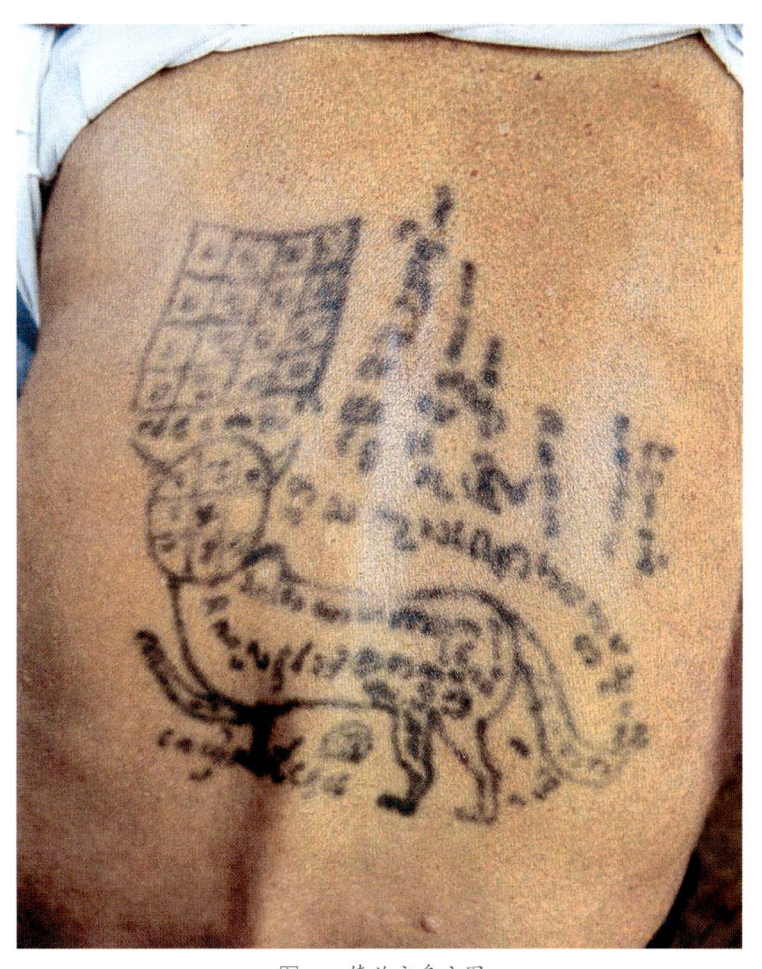

图一　傣族文身主图

在西双版纳各民族中，主要是傣族、布朗族的男子有文身的习俗。他们在腿、胸、背、臂等处，用针刺各种纹饰，涂以蓝靛或胆汁等成青色而终生不褪。

傣族男子文身的主要部位不是面部，而是腿部，傣族妇女的文身部位以手臂、手背和手指最为常见。傣族的文身元素主要有以下几类：一是动物类，包括龙、蛇、虎、豹、狮、麒麟、象、鹿、牛、羊、野猪、猴子、猫、兔、凤凰、孔雀、鸟、鸡、黄鳝、蝎子等。二是植物类，包括树叶、小草、竹壳、花朵、花瓣等。三是文字类，包括傣文、巴利文、缅文等。四是几何图形类，包括直线、曲线、圆形、椭圆形、三角形、菱形、方格形及鳞状几何纹等。五是宗教物象类，包括佛像、佛塔、佛寺、袈裟、宝伞等。六是人物类，包括各种人形及半人半兽形等。七是其他物象类，如剪刀、刀、剑、铃铛等。

不仅傣族文身元素种类多，而且同一

种文身元素往往有多种变体。如虎纹就有聋虎、哑虎、盲虎等，符咒纹有6、9、12、18、24、36格等多种。有些相似的图形，不同的地方或不同的人群，叫法也不同。文于大腿部的鳞状花纹，由于形状的不同，有的人称之为竹壳纹，有的人称之为梯田纹等。傣族文身元素和图像种类繁多，据实可辨，而且很多与傣族的原始宗教和南传上座部佛教信仰有关，因此，其象征意义也很丰富。

傣族的文身颜料主要有红、青蓝、墨绿和黑等色，其中黑色最为普遍。每个文身师都备有文身图谱。

傣族文身功能中最重要、最突出的是避邪祈福、护身保命的功能。除此以外，傣族文身的功能还有多种，如族群标志与情感的维系功能；成年的标志功能；宗教信仰的标志功能；等级和身份地位的标志功能；审美与异性吸引功能等。

图片来源
图一　吴梦溪　摄影
图二　陈荣喆　制图
图三、图四　蔡克中　制图
图五　贺雪岚　制图

参考文献
刘军.肌肤上的文化符号：黎族和傣族传统文身研究.北京：民族出版社，2007.

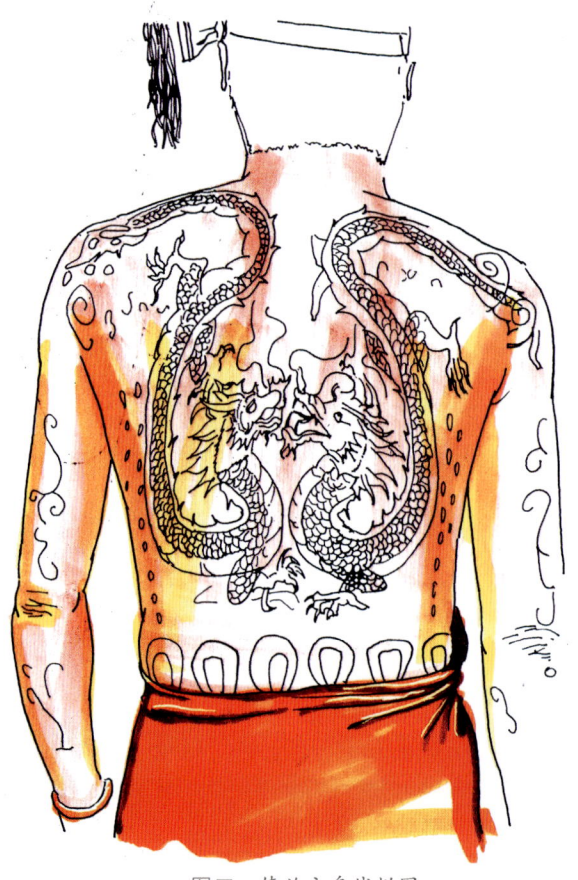

图二　傣族文身线描图

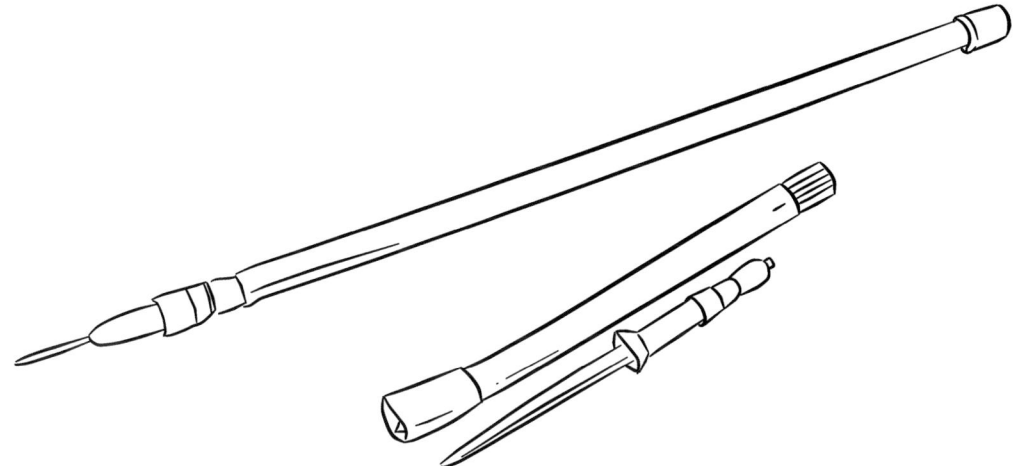

图三　傣族文身工具图

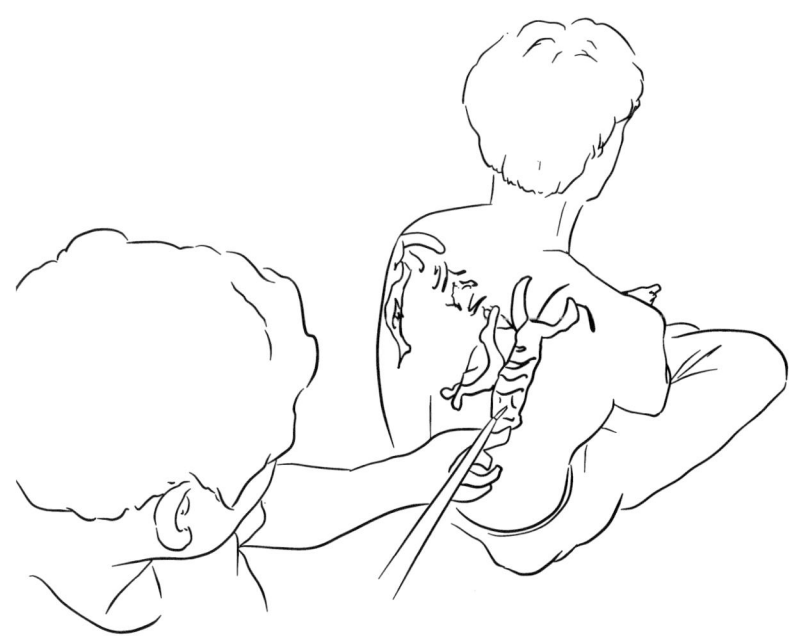

图四　傣族文身情境图

图五　傣族文身图谱

傣族莲花盆

图一 傣族莲花盆主图

本案例为云南西双版纳傣族的赕佛用品——莲花盆，采集自景洪，现藏于云南民族博物馆。该莲花盆为手工捏制而成的泥质红陶制品，侈口、高领、广肩、敛腹、平底。口沿处有类似荷花叶子的折样，共计16个褶皱，盆面呈密闭状，上面戳有15个直径大约1.8厘米的小孔，小孔分散随意，用以插放莲花。整件器物高12.2厘米，口径15.2厘米，颈高3厘米，颈部直径13厘米，肩径17厘米，底径10.5厘米。此类陶器是云南西双版纳傣族重要的宗教祭祀用品。

莲花盆造型独特，制作者先用慢轮手工捏制出呈侈口罐状的器身，再将事前戳好洞，并与陶盆口沿大小约略等同的陶饼覆盖在陶盆的口沿上，并用手捏合抹光，最后再将口沿捏成荷叶形的花边。俯视整个器型，又极像一个莲蓬。西双版纳傣族信奉南传上座部佛教，每年的傣族传统节日关门节期间都有一个比较重大的仪式——"赕坦"，"赕坦"意为献经，持续三天三夜，届时莲花盆中盛着水，插入采摘来的荷花，仿佛一个微观的莲花池，象征着释迦牟尼佛在莲花池边为众生传授佛法时的纯净祥和，有助于在寺庙中营造一种神圣的气氛。

虽然近年来人们往往用纸扎的花来代替莲花，但是生活方式的改变并未影响信仰的持续。莲花盆的使用，体现出莲花在佛教文化中的重要意义，折射出西双版纳傣族人民的传统宗教信仰。莲花盆的设计颇为巧妙，造型也极为优美。

图片来源
图一 倪玉湛 摄影
图二至图四 王健 制图
图五 张子扬 制图

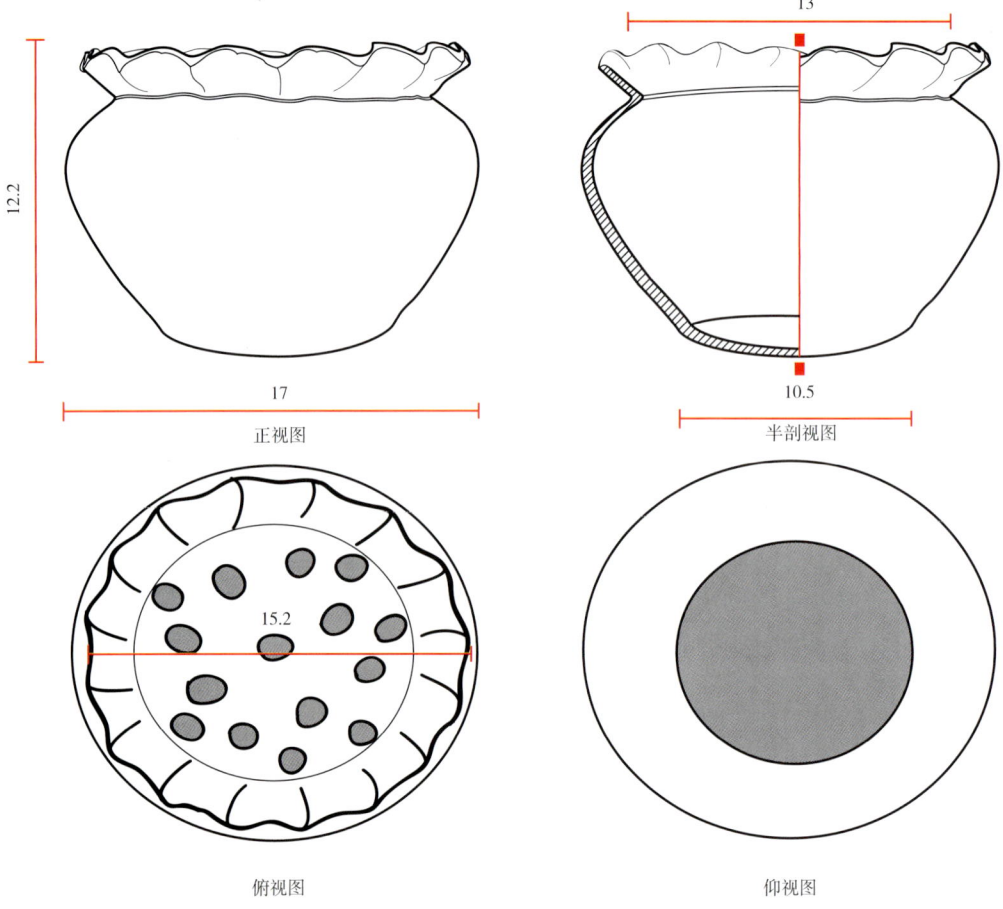

图二 傣族莲花盆视角、尺寸图（单位：cm）

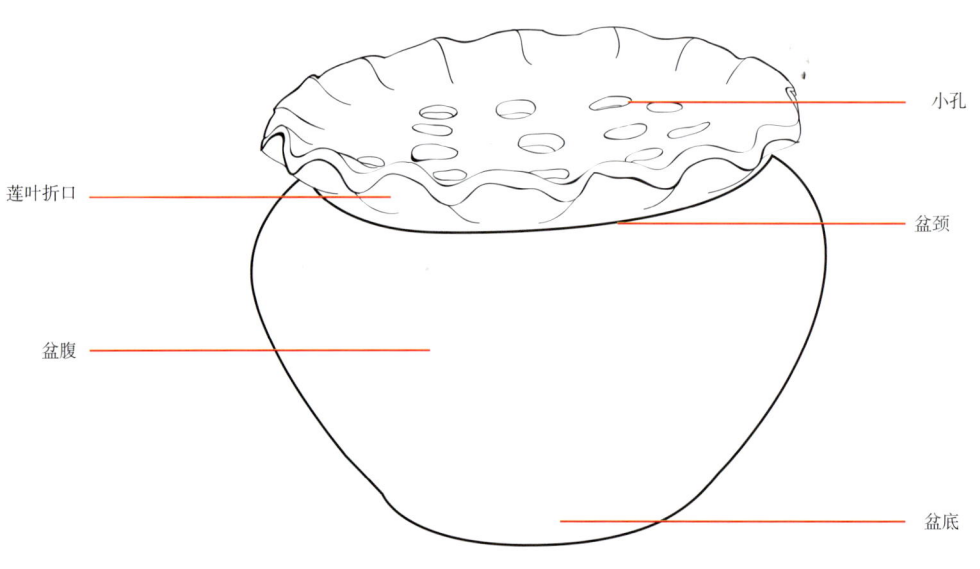

图三 傣族莲花盆结构名称图

图四　傣族莲花盆使用示意图

插放莲花

孔随意分布

图五　傣族莲花盆使用情境图

第七章　傣族传统民俗和宗教

傣族贝叶经

图一　傣族贝叶经主图

贝叶经是用铁笔在贝多罗树叶上书刻的佛教经文。本案例藏于云南省博物馆，采集于西双版纳自治州，长54厘米，宽5.5厘米。

贝叶经的制作工序大致分为：处理贝叶、装订成匣、固定格式、刻写经文、上色、穿孔穿线、装盒等。制作贝叶经的材料是贝多罗树叶，首先要对从树上采摘下来的贝叶进行修剪，修剪整齐后按照三五片为一卷捆好，加入酸角或柠檬一并放入锅中煮，目的是使贝叶表皮脱落，当贝叶颜色变成淡绿色，将其从锅中取出，拿到河边用细沙子搓洗，然后压平晒干；将晒干的贝叶夹在两片木匣中间，按五百至六百片贝叶订为一匣；用特制的墨线弓，把墨线打在贝叶上，方便以后刻写；刻写经文的时候将贝叶放在木架上，用一支铁笔正反两面刻写；刻好后的贝叶，要涂上颜料、油，擦拭干净后经文就显示出来了；十来张贝叶叠为一册，再经压平、穿孔、穿线，就形成一册贝叶经了；十多册或二十多册为一卷，在经本四边涂上彩漆或金粉，再配上布包或木盒。贝叶经做工精良，经过特殊工艺处理的贝叶，不受虫蛀、不受潮，且不变形变质，经久耐用。

贝叶经工艺材料的选用与制作以及装帧艺术形式都是从实用性的角度出发加以考虑的，制作者充分认识到贝叶这种材料的物理属性，加之后期特殊加工技术的处理，使之能长期保存；贝叶经的窄长条状形式，方便携带和翻阅；贝叶经上下夹板的设置以及上色、上漆等工艺有利于书籍的保护。贝叶经精良的制作以及优良的装帧形式也为现代实用性书籍装帧设计提供了可供参考的例子。

图片来源

图一　胡春涛　摄影

图二至图七　徐海峰　制图

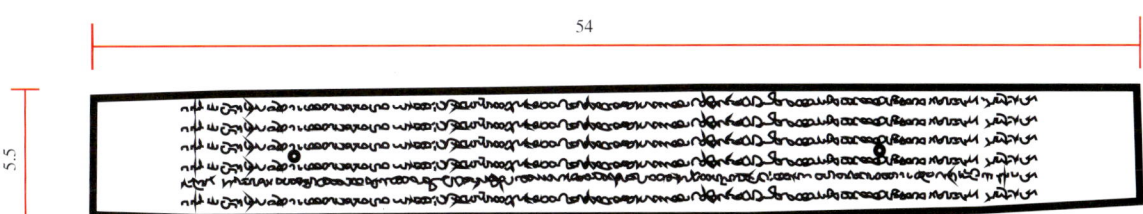

图二　傣族贝叶经尺寸图（单位：cm）

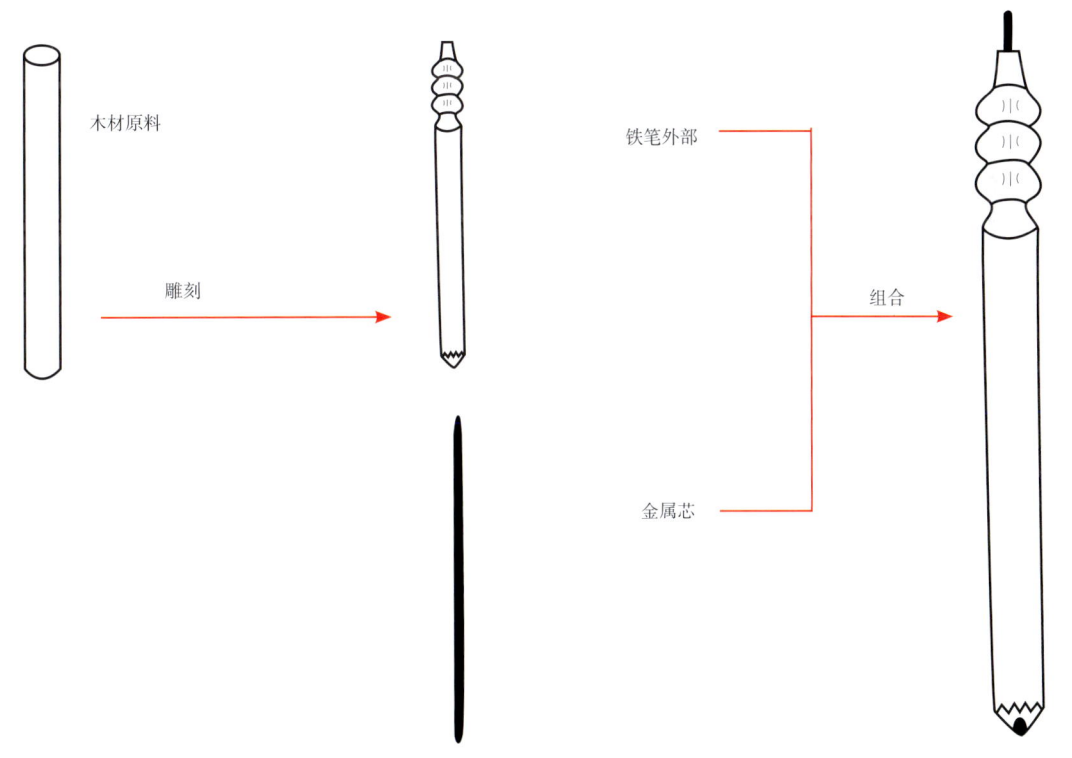

图三　傣族贝叶经铁笔制作流程图

第七章　傣族传统民俗和宗教

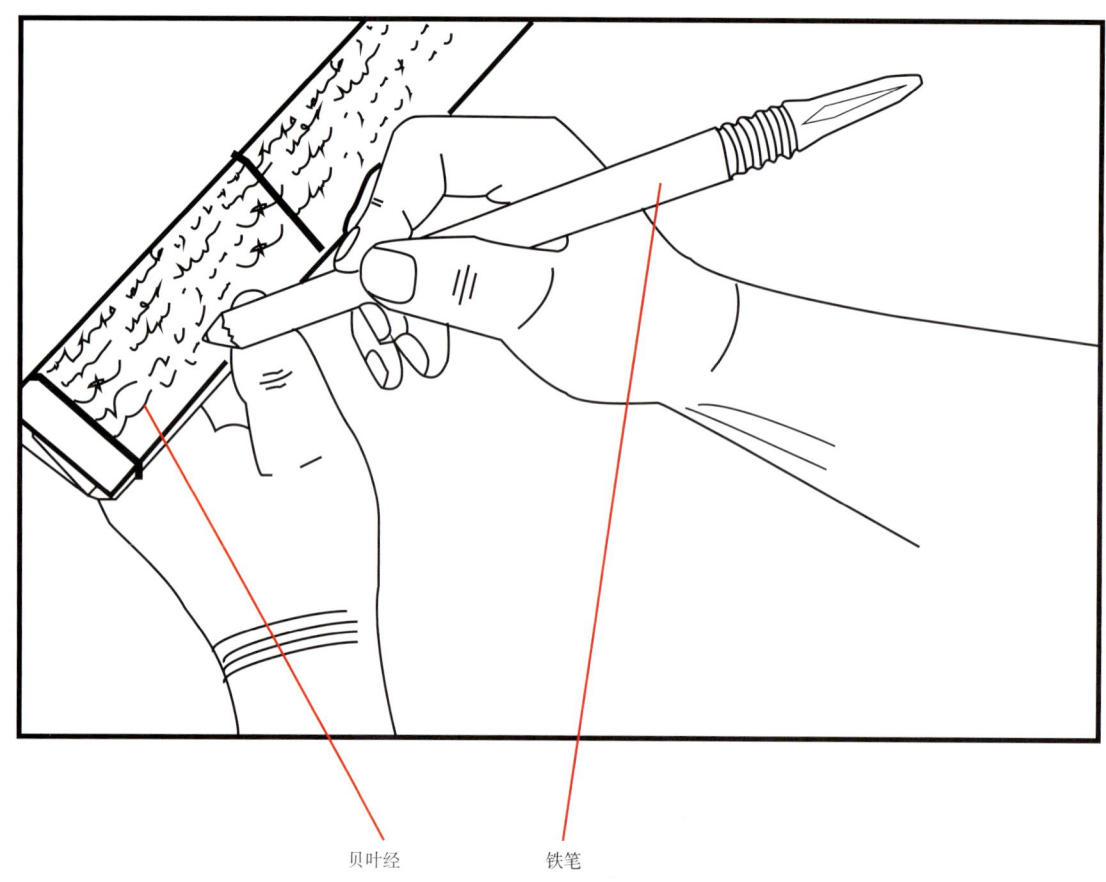

贝叶经　　铁笔

图四　傣族贝叶经刻字示意图

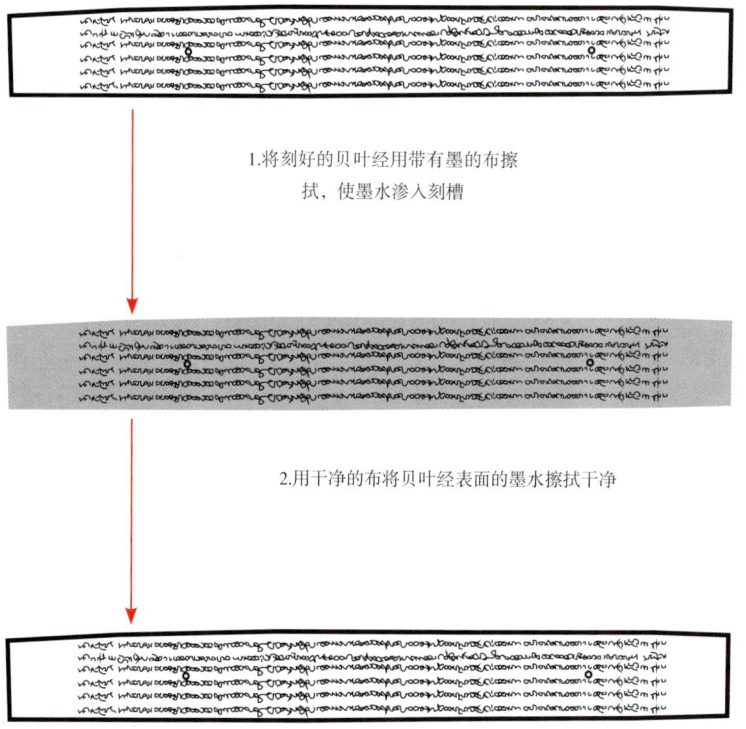

1.将刻好的贝叶经用带有墨的布擦拭，使墨水渗入刻槽

2.用干净的布将贝叶经表面的墨水擦拭干净

图五　傣族贝叶经上色流程图

图六　傣族贝叶经展开图

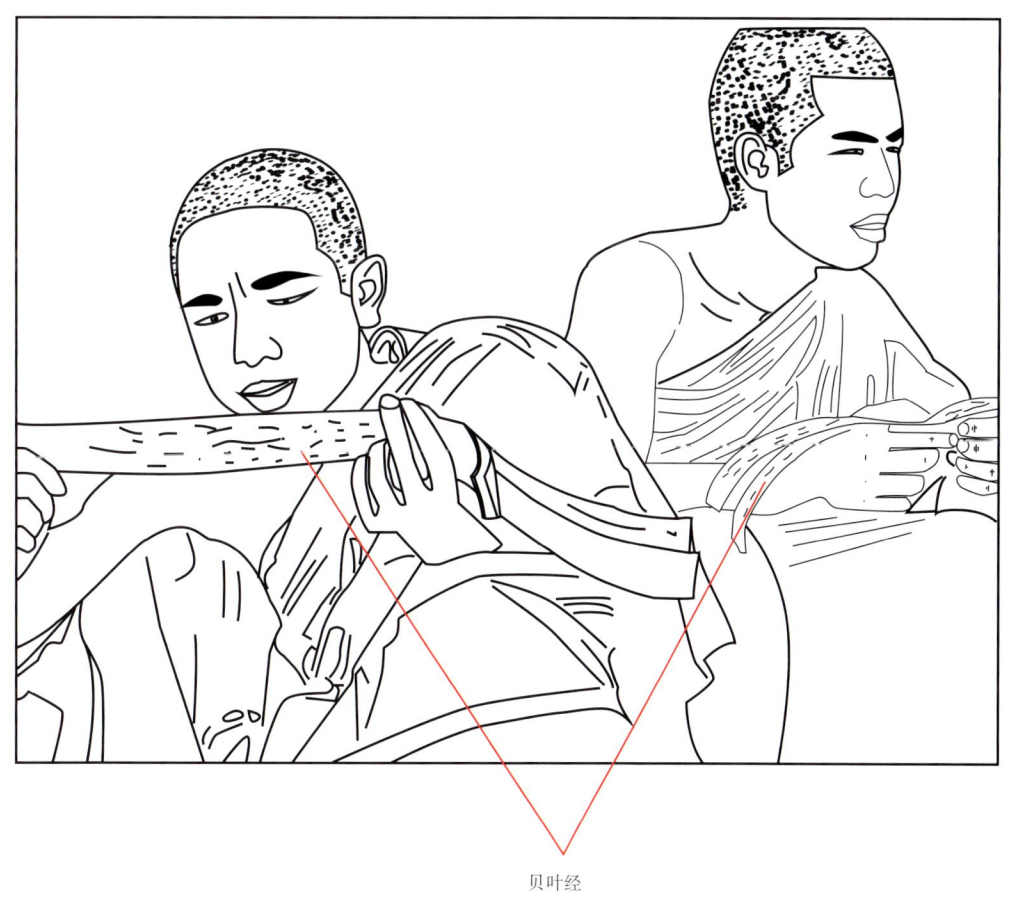

贝叶经

图七　傣族贝叶经使用情境图

第七章　傣族传统民俗和宗教

傣族木雕佛像

南传上座部佛教有独立的偶像系统，按照南传上座部佛教的信仰，所供奉的佛像为释迦牟尼像。寺庙主殿一般为大型佛像，室外也有独立供奉的大中型佛像，除此以外，一些小佛像随处可见，供奉于佛殿、戒堂、僧舍、佛塔等建筑内。本案例是信徒赕佛时所献的佛像，现藏于云南省博物馆。

此案例为一尊木雕佛像，头顶火焰发髻，表示释迦牟尼头上放出的光芒。耳朵为卷云状，眉清目秀，作微笑状，粗颈宽肩，颈上有三道，胸部凸起，着偏袒右肩式袈裟，左手施禅定印，右手置于右腿上，结跏趺坐，右腿压于左腿上。佛座为方形高台，侧面呈梯形，正面刻有经文。佛像通体施金粉。

南传上座部佛教塑像表现题材比较单一，通常的题材为佛陀降魔和说法。在造型特点方面与汉地大乘佛教和西藏藏传佛教雕像明显不同，南传上座部佛教塑像脸型一般呈卵圆形，神态安详端庄，重要的特点体现在顶髻，似火焰状直冲向天，颈细，肩宽，胸短，着袒右肩式薄袈裟。从整体看，小乘佛教雕像不重装饰，一般手无持物，身无饰物，或饰物很少，朴素写实。

图一　傣族木雕佛像主图

图片来源

图一　胡春涛　摄影
图二至图五　温小伟　制图

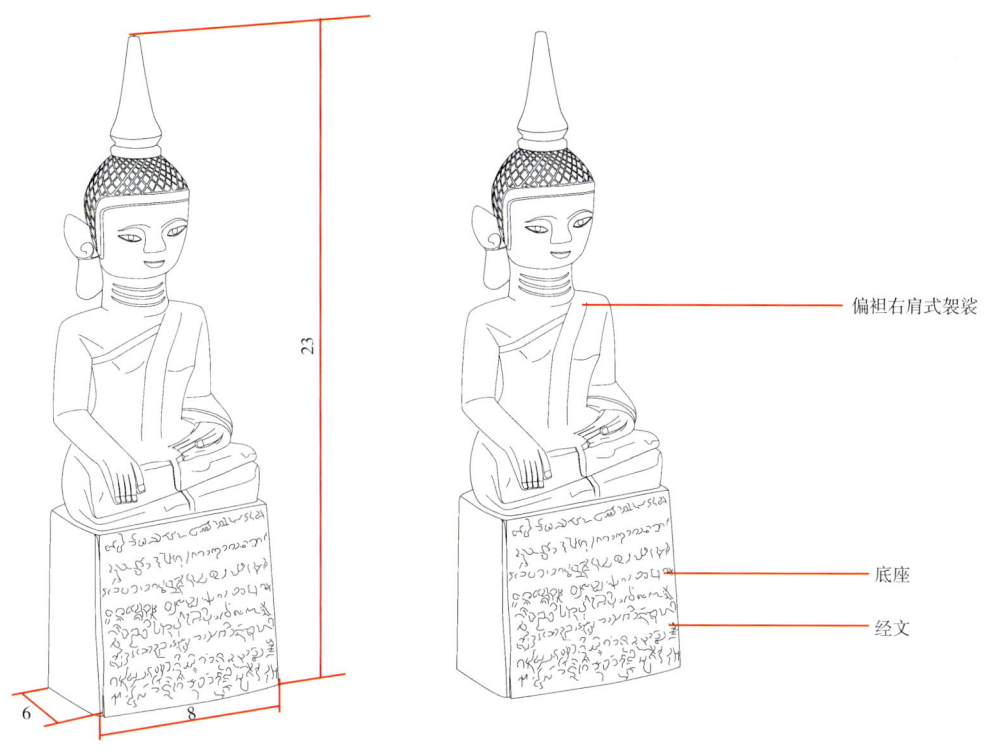

图二 傣族木雕佛像尺寸图（单位：cm） 图三 傣族木雕佛像结构名称图

图四 傣族木雕佛像局部分析图

第七章 傣族传统民俗和宗教

图五　傣族木雕佛像使用情境图

傣族铜佛像

图一　傣族铜佛像主图

本案例为傣族南传上座部佛教释迦牟尼小型铜佛像，现藏于云南省博物馆。这尊佛像呈稳定的三角形，整体造型简练概括，无繁缛细节。佛像面容圆润，弯眉细眼，嘴角流露微笑，耳为卷云状，发髻为螺纹，头顶呈火焰状，长颈，着袒右肩式袈裟，袈裟紧贴肉体，无衣纹。结跏跌坐，左手施禅定印，置于两腿之上，右手施降魔印，坐于仰覆束腰莲台座上。整尊佛像端庄，不失南传上座部佛教雕像的秀美与隽永。

本尊铜佛像采用了范铸的方法制作而成，大致分为制范、熔炼、浇铸、修饰等几个步骤。首先要制作模范，包括外范和内范。制作模范之前要制作一件与铜像一样的泥塑，用它来翻制外范，将泥浆抹在泥塑像上，等半干后用刀分成若干块，阴干后再用火烤，就制作好了外范。内范的制作是用泥巴塑一尊比铜像小但造型一致的泥塑像，其比例参照泥模减去器壁的厚度做成，同样阴干烤硬就做成内范。内范和外范组合于一体，外用绳子固定，再用厚厚的泥巴包裹，留出浇铸铜液的浇口和排出范内空气的孔洞。将铜和锡按照一定比例加热熔化成溶液，将其注入合范孔洞内，待冷却后，拆掉模范，内范和外范之间形成的就是佛像的造型了。制作出来的铜像再经过修饰打磨合范线等痕迹就可以成为一件独立的铜佛像了。有的佛像成型后还要采用镀金、焊接等工艺，镀金就是将金汞合金的溶液镀于佛像表面，使之具有光泽。焊接就是将分范浇铸的铜像部件结合在一起。

图片来源
图一　胡春涛　摄影
图二至图五　贺雪岚　制图

图二 傣族铜佛像线描图

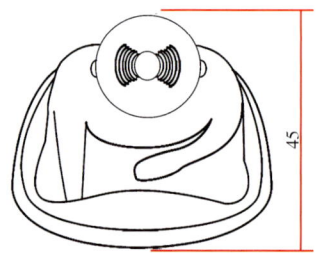

图三 傣族铜佛像尺寸图（单位：cm）

主视图　　　　　　　左视图

俯视图

图四　傣族铜佛像三视图

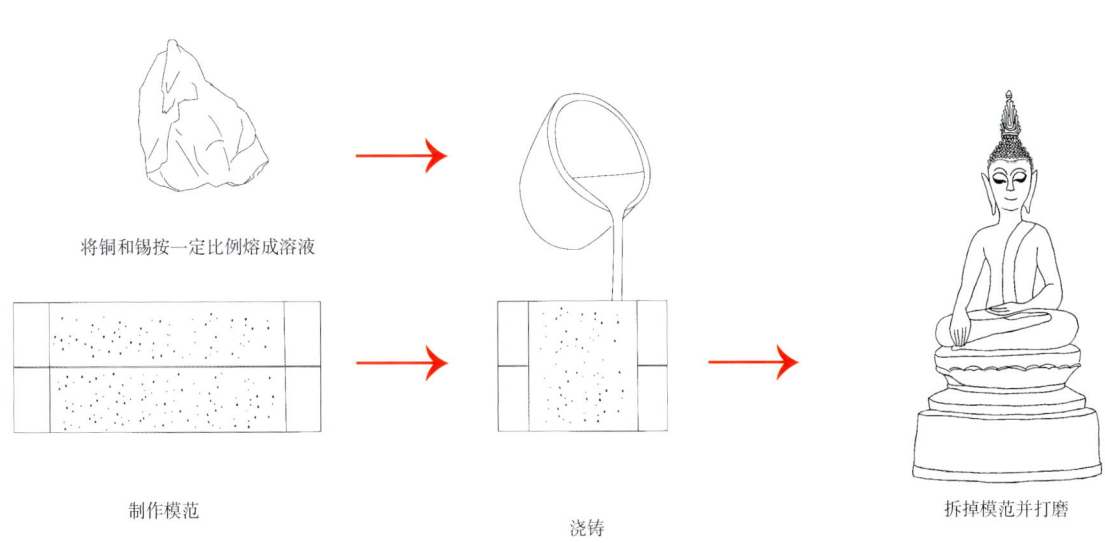

将铜和锡按一定比例熔成溶液

制作模范　　　　　　浇铸　　　　　　拆掉模范并打磨

图五　傣族铜佛像制作流程图

第七章　傣族传统民俗和宗教

傣族佛幡刺绣片

图一　傣族佛幡刺绣片主图

此案例藏于云南民族博物馆，采集自云南省沧源佤族自治县，为1985年制作。佛幡长34厘米，宽10厘米。

佛幡是傣族常用的一种佛教供品，佛幡种类多样，本案例的刺绣佛幡是用于室内装饰的，固定在大殿的列柱或横梁上。这四幅刺绣图描绘的是一个南传上座部佛教故事——《维先塔纳善施》。这是一个佛本生故事，讲述的是天神叭英考验佛教信徒维先塔纳是否具有乐善好施的品德，维先塔纳最终通过了考验。技艺高超的刺绣艺人用四幅画传达了"寂静苦修以求涅槃，信佛积善以修来世"的基本教义。

这四片刺绣片色彩配置强烈明快，选用翠绿及红黄色绸料作底，用五彩丝线刺绣人物、花草、房屋、动物等。造型稚拙、构思新颖、内容丰富，而且做工精细。制作时先用米浆将几层布料糊成一个的布块，并在其表面糊上底色布待用。将底样贴在已裱好的绸缎片上，底样一般为剪纸，是从老一辈艺人那里传承下来的。然后选择彩色丝线按底样进行刺绣。刺绣的方式有平绣、叠绣、长短针绣、缠针绣等，依据不同的形象采用不同的针法，繁而不乱、疏而不凋。中心图案绣完后，用深色线锁边即可完成。

图片来源

图一　胡春涛　摄影

图二至图五　齐瑞文　制图

图二　傣族佛幡刺绣片细节线描图（一）

图三　傣族佛幡刺绣片细节线描图（二）

图四　傣族佛幡刺绣片细节线描图（三）

图五　傣族佛幡刺绣片细节线描图（四）

傣族木雕神兽

图一 傣族木雕神兽主图

傣族木雕神兽，共2件，造型、纹饰与工艺基本相同，互为镜像对称，原初应为建筑饰件，相向放置，总长51.8厘米，高12.2厘米，厚1.2厘米，现藏于云南民族博物馆。

木雕神兽采用了透雕和线刻等木雕工艺技法，主体为透雕的龙形，昂首、挺胸、拱背、甩尾，龙首较圆，长吻微张，头顶有三撮呈火焰状的鬃毛，下巴上有垂须。龙的两条前腿向前伸，两条后腿支撑着"S"形的身体，仿佛积蓄着无穷的力量，随时准备腾空而起。龙尾部分为三叉，极似鱼尾。龙的腰部、腿部和尾部均阴刻有交叉的斜线纹和平行的直线纹等，用来表示龙鳞。龙身的绝大部分被限制在一个近于半梭形的木质框架中，在框架的底端、龙后足和尾巴的中间，还有一半圆形突起，上面亦阴刻有浅斜线。

龙在傣语中叫"纳"或"鄂"，与汉族人一样，他们也认为龙是自己的祖先。在傣族的原始信仰里龙也是水族神兽，并且与蛇的关系密切，甚至可以互换。当佛教传入后，傣族的龙图腾又与佛教信仰融合在了一起，如在傣族泼水节要举行浴佛礼，他们把佛像置于一条木龙的口下，然后往龙身上的水槽倒水，最后水从龙口流出，洒到佛像上，就达到了浴佛的目的。傣族人认为龙是驱除邪秽、保佑平安、吉祥如意的象征，故而在建筑、器具、织品和装饰上均能见到龙的形象。

图片来源

图一　倪玉湛　摄影

图二至图五　张帅　制图

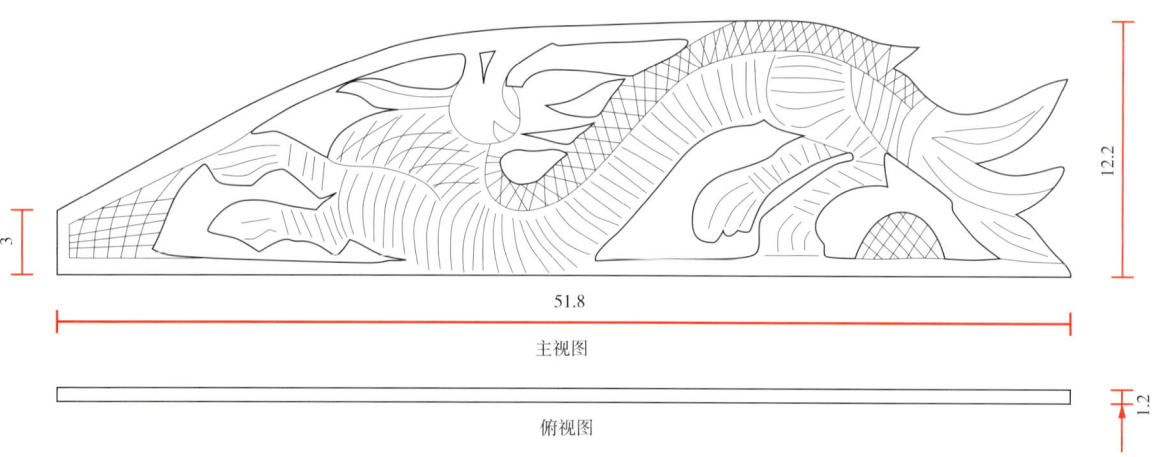

图二　傣族木雕神兽视角、尺寸图（单位：cm）

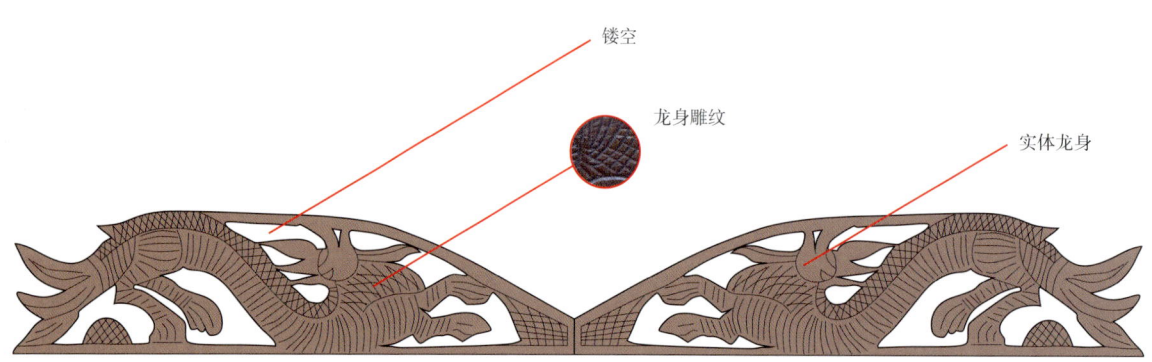

图三　傣族木雕神兽结构分析图

民族	形态结构	特点	寓意	色彩	材料	用途
汉族	头大且圆,有犄角,身体扁圆,脚爪像鹰爪	千姿百态、生动灵秀、精致、威严	吉祥、权威、庄严	青、赤、彩色、金色、白色	石、陶、铜、木、织绣、金、银	建筑、服饰、纺织等装饰
傣族	早期:头尖嘴扁,与蛇相似,无犄角,身形细长 后期:头部有小角,身体浑圆、肥实、脚短	大多呈伏卧状,温和	驱邪祈福,护佛法,吉祥	青、黑色、彩色	金、银、铜、木	建筑、纺织等装饰

引自 郝云华:《傣族龙图腾文化刍议》,载《云南民族大学学报(哲学社会科学版)》,2005年第5期。

图四 傣族与汉族龙的特点对比

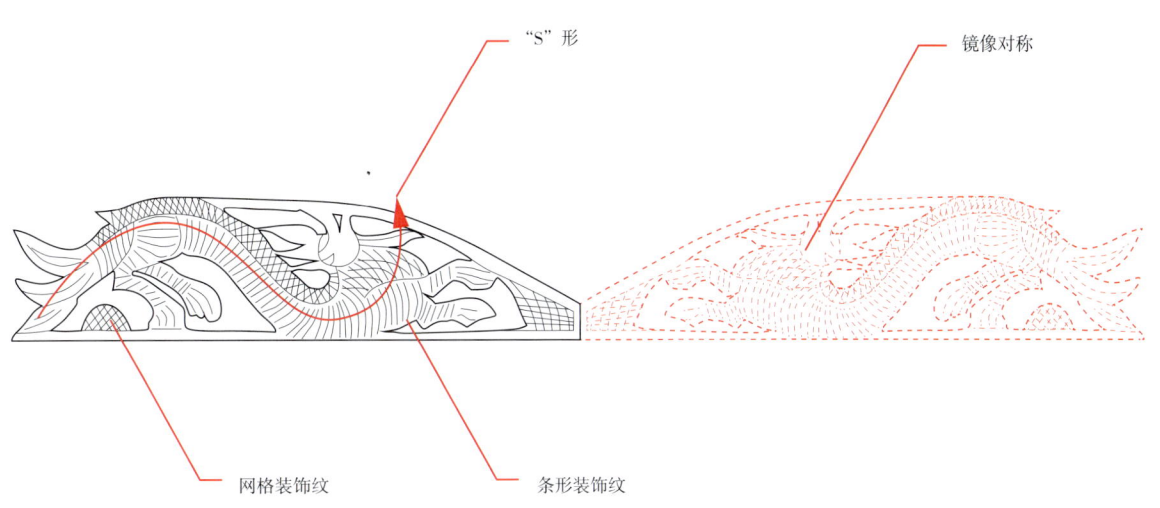

图五 傣族木雕神兽局部分析图

傣族阿索

图一　傣族阿索主图

"阿索"是云南傣族民间宗教法物，多为相拥在一起的两个人像，也有人与动物组合的形象，材料有木头雕制的、金属锻造的以及毛线编织的，还有将阿索的形象画于符咒上的。傣族的阿索过去是一种极为私密的巫蛊道具，仅在求爱或性爱巫术中使用，多是秘而不宣的，很难为外人知晓。

这六件阿索现藏于云南民族博物馆，均为木雕，表面髹漆，其中有三件为两两相拥、一件两两背靠背、一件掩面蹲坐、一件骑牛。现将每件阿索的具体形制和尺寸依从左至右、从上至下的顺序略述如下。

第一件阿索，两两直立相拥，身体紧贴，手臂置于对方的臀、腰部，通高16厘米，底宽4厘米，外髹黑漆。人像雕刻简略，较为圆润，其中一人头部浑圆，仅用短横线阴刻出双眼和嘴巴，当为男性；另一人头部扁大，口微张，脑后有两个犄角（或为发髻），鼻孔与双眼用小圆洞表现，或为女性，或为某种人格化的动物形象。

第二件阿索，两两直立相拥，身体紧贴，仅雕刻出大轮廓，刀痕明显，表面髹红漆，通高13.5厘米，底宽3.1厘米。

第三件阿索，为两两相拥的半身像，头部浑圆，阴刻出双眼和耳朵，眼睛为弯月形，似在欢笑，口鼻处紧贴，当在接吻，表面髹透明漆，通高10.5厘米，底宽5厘米。

第四件阿索，两两背靠背，掩面蹲坐于

三层台上，雕刻简略，更具几何化的效果，表面髹黑漆，通高11厘米，底宽4厘米。

第五件阿索，为一单独人像，作掩面蹲坐状，雕刻精细，人物的头发、衣着、双臂、腿脚均较写实，但性别不明，通身髹透明漆，高9.8厘米，底宽4厘米。

第六件阿索，为骑牛形象，雕刻精细，人物的五官、衣着、手势、腿脚均较写实（当为男性），牛的雕刻也很写实，眼睛、口鼻和蹄子等部位还有墨绘。通身髹透明漆，高12.4厘米，最宽处8.5厘米。

图片来源

图一　张帅　摄影
图二　张帅　制图
图三至图八　倪玉湛　摄影

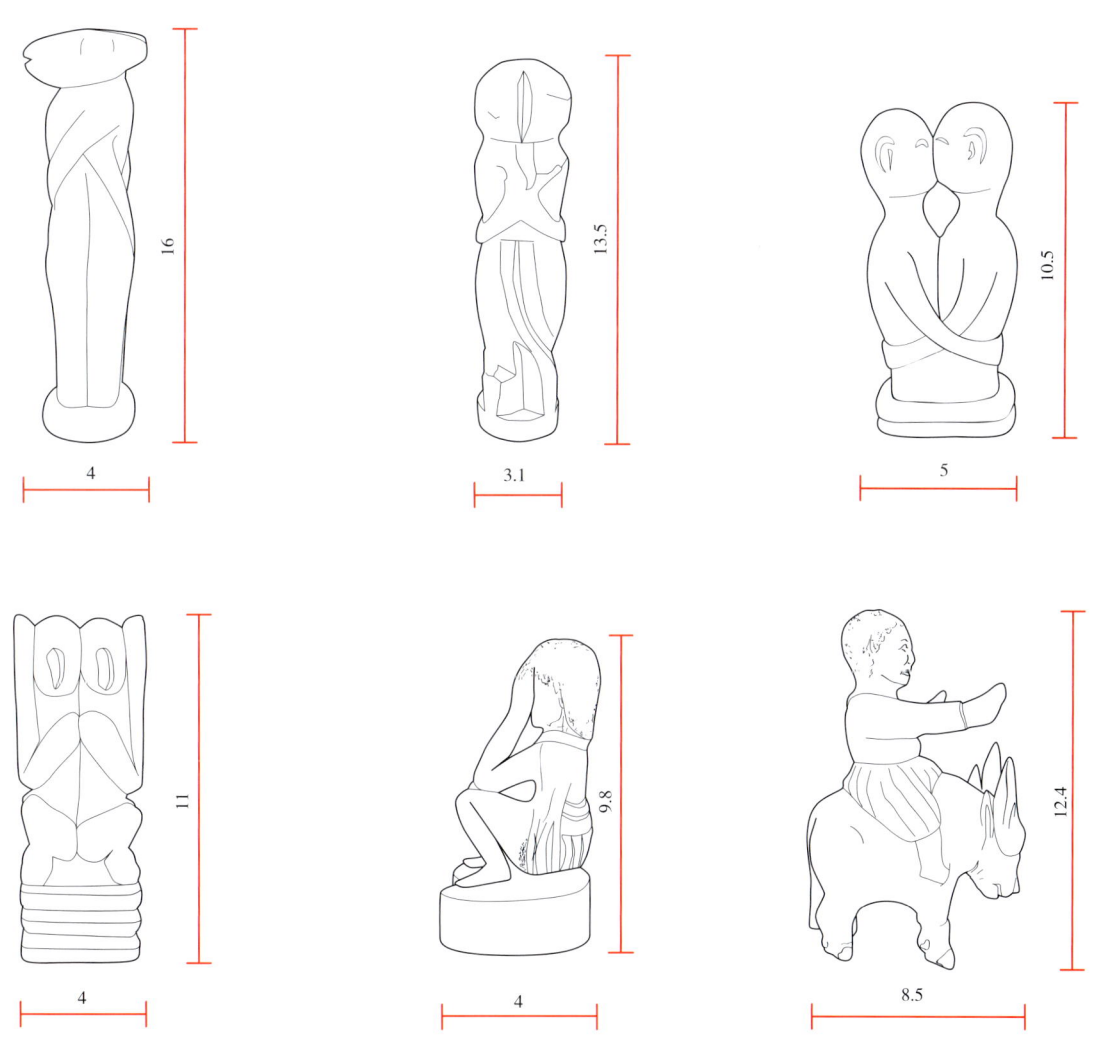

图二　傣族阿索尺寸图（单位：cm）

图三　傣族阿索三视图（一）

图四　傣族阿索三视图（二）

图五　傣族阿索三视图（三）

图六　傣族阿索三视图（四）

第七章　傣族传统民俗和宗教

图七　傣族阿索三视图（五）

图八　傣族阿索三视图（六）

傣族木雕龙杖头

此件木雕龙杖头高13.7厘米，宽2.7厘米，下有4.2厘米的插榫。杖头为一屈曲盘旋的龙，只有二足（还有一足在另一侧），足上只有二爪，口张齿露，身躯向上伸起，像凤尾一样的尾巴划过一个优美的弧线后折向下紧贴龙身。内罩有红漆，外涂有金粉。

整个龙杖头主要采用了镂雕的手法，更强调整体造型的平面性与虚实的结构处理。刀法简练，造型奇特但不张扬，富有流线美。

这件木雕龙杖头的设计更符合傣族原始宗教的精神。这件龙杖头曾经是傣族法师使用的祭祀法器神杖的一部分，而杖头是神杖着意雕刻的部分，现在的萨满教、东巴教的巫师们仍然使用这种神杖。

这件木雕龙杖头，遗留了一些傣族原始宗教的元素，是祖先崇拜与图腾意志的体现。

图片来源
图一　贺雪岚　制图
图二至图六　张中勤　制图

图一　傣族木雕龙杖头主图

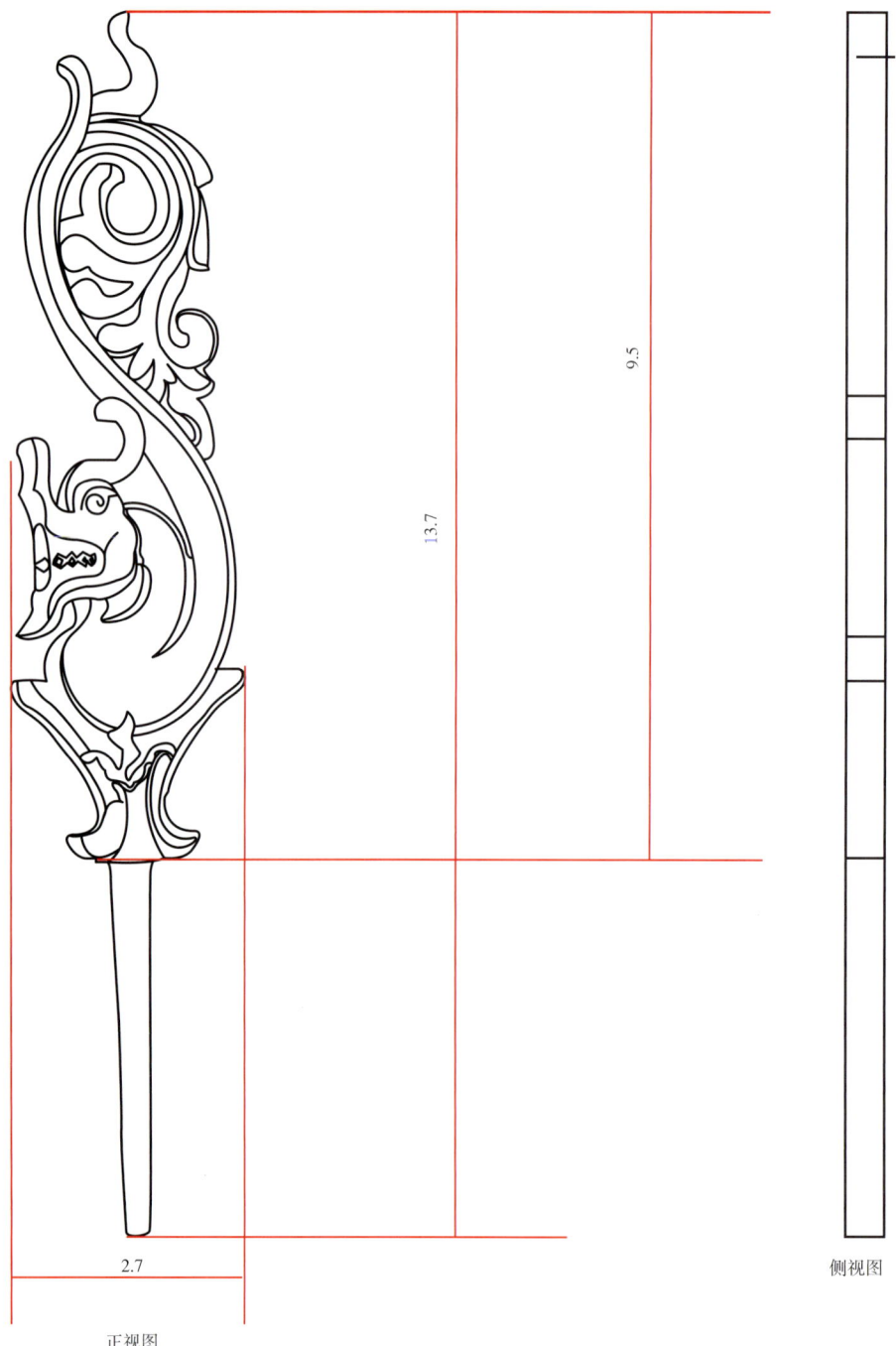

正视图　　　　　　　　　　　　　侧视图

图二　傣族木雕龙杖头视角、尺寸图（单位：cm）

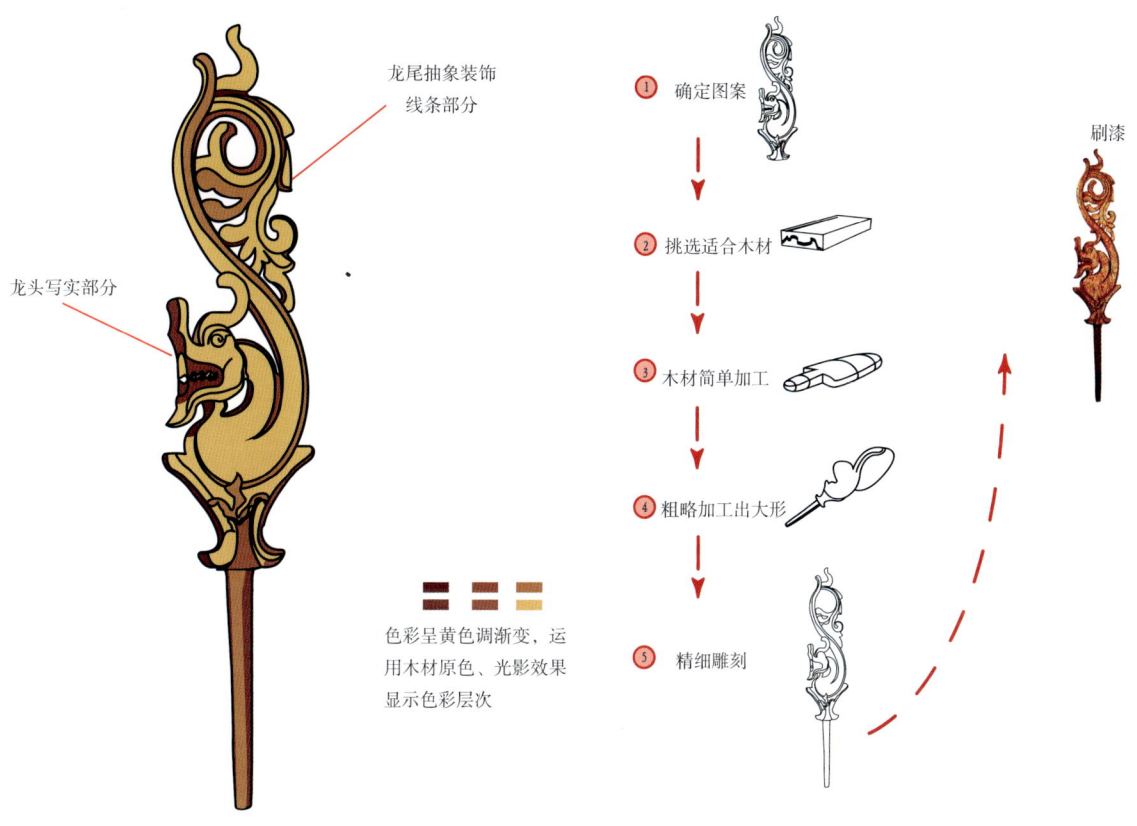

图三　傣族木雕龙杖头色彩、元素分析图

图四　傣族木雕龙杖头制作流程图

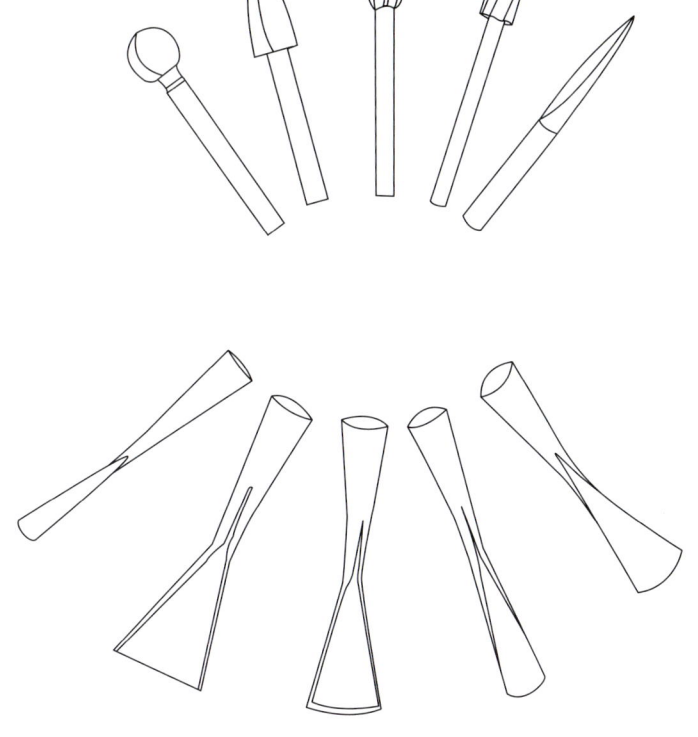

图五　傣族木雕龙杖头雕刻工具图

第七章　傣族传统民俗和宗教

图六　傣族木雕龙杖头使用示意图

傣族象牙镂雕

图一　傣族象牙镂雕主图

本案例藏于云南省博物馆。高80厘米，底径9厘米，重3915克，为19世纪雕刻的象牙作品。

此作品用整根象牙镂空雕成，无任何镶嵌、拼接，是难得的大型象牙工艺品。象牙上细下粗，雕刻图案顺势布局。整根象牙分为六层，底下四层，每层有三个佛龛，每个佛龛里有一尊佛像，表现的是三世佛的内容，佛像形象基本一致，身体比例匀称，耳大面宽，嘴宽唇薄，两眼微睁，凝视前方，身着袒露右肩袈裟，衣纹线条柔和，变化疏密有致，左手平放于右脚上，右手下垂置于右腿外侧，结跏趺坐，坐于束腰须弥座上。佛龛之间用浮雕手法刻双手合十的供养人像，身着紧身窄袖上衣、及膝短裙，肩部戴翘角装饰，有的梳发髻，有的戴两侧翘角佛塔帽，有的披发垂肩，跣足。象牙的最上面两层没有佛龛，佛像雕刻在镂空的缠枝花卉里。整根象牙雕刻了繁复的花叶纹，这些纹饰采用了透雕的方式来表现。从人物造型及组合结构来看，这件牙雕作品具有明显的南传上座部佛教雕像特点，是小乘佛教雕像的代表之作。

此象牙镂雕作品工艺精湛，采用了浮雕、高浮雕、镂雕、线刻等表现手法，作品光洁有质感，充分体现了象牙材质的触觉感受；整件器物采用上下分列方式，每层的表现形式一致，但上下层之间相互错开，空间布局既独立又统一，既不单调又不失佛教仪轨的法度。

图片来源

图一　云南省博物馆编.国宝集萃：云南省博物馆馆藏精品全集.昆明：云南人民出版社，2008：366.

图二至图六　陈安玲　制图

图二 傣族象牙镂雕尺寸图（单位：cm）

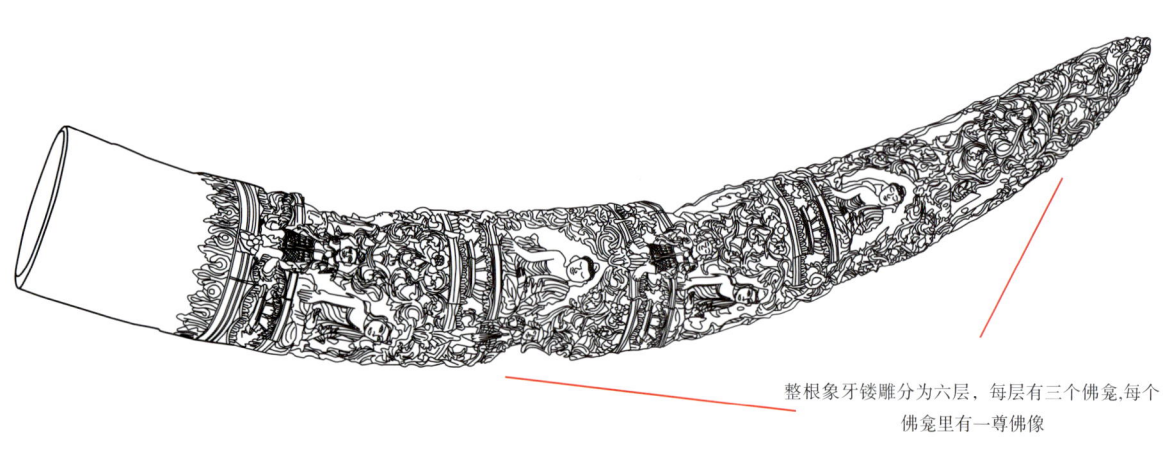

整根象牙镂雕分为六层，每层有三个佛龛，每个佛龛里有一尊佛像

图三 傣族象牙镂雕结构分析图

图四 傣族象牙镂雕细节图（一）

图五 傣族象牙镂雕细节图（二）

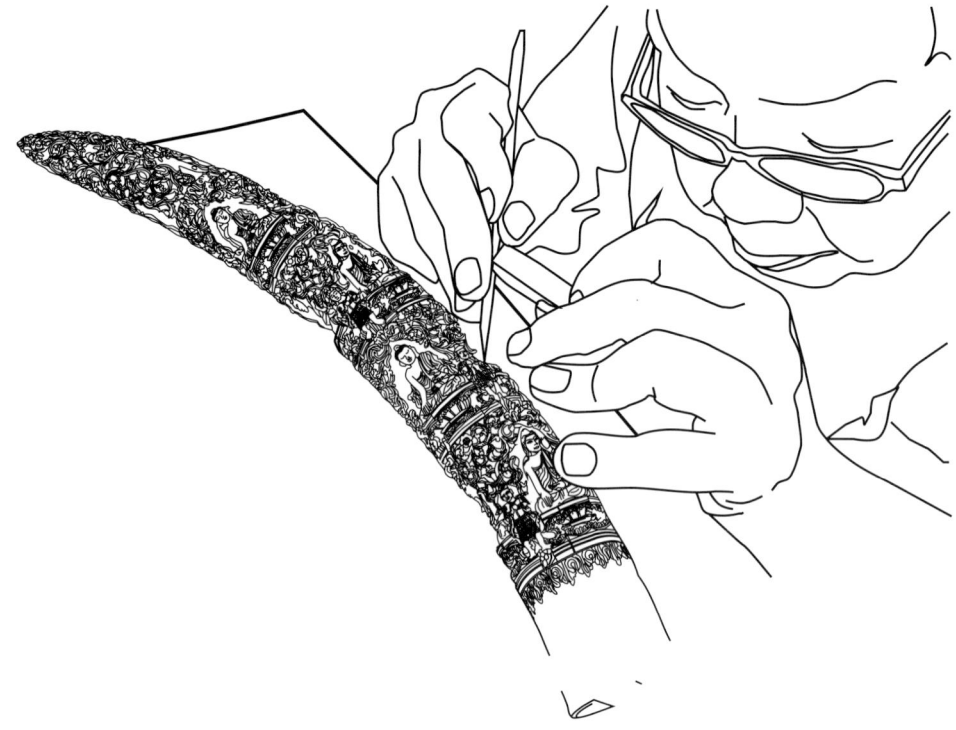

图六　傣族象牙镂雕雕刻示意图

傣族铜麒麟

图一　傣族铜麒麟主图

在傣族的雕塑艺术中，除了真实存在的大象、孔雀等吉祥动物图像外，一些想象的、传说中的麒麟、凤凰、蛟龙等神兽也是傣族雕塑中常常使用的题材。独立的动物雕塑如麒麟、龙、雄狮、白象等主要出现在山门、大殿、戒堂及佛塔的入口处，它们都是护塔、护寺、护井的神兽。而本案例是信众赕佛时向寺庙提供的小型供物，为清代的作品，现藏于云南省博物馆。

本案例的铜麒麟为一对，立式，头稍仰，脖子挺直，口大张，吐舌，鬃毛直直地向后发散，头顶有独角。威严刚正之气从麒麟的头部就可以感受到。躯体瘦直，上面装饰有螺发，与四肢基本构成一个方形，四条腿两侧饰有向外辐射的火焰纹，在前肩、后肩也装饰有似花叶一样的火焰纹，尾巴向上弯曲，平直向前伸，与鬃毛连在一起后又向后扬，整体呈"S"形。整只麒麟体态生动，凛凛有生气，蕴含着虎的威猛、狮的雄浑、鹿的矫健、龙的华美。

麒麟是中国的瑞兽，傣族的工匠们将这一幻想中的神兽以本民族的方式表现出来。造型上具有傣族的特点，与汉族塑造的麒麟形象有所区别。这对麒麟整体结构强调方直，彰显瘦硬与力度，但又能结合神态，恰到好处。雕刻精致，做工一丝不苟。尾部的设计也独具匠心，尾部的造型与结构充当了一个把手，方便抓举提放。

图片来源
图一　贺雪岚　制图
图二至图五　徐海峰　制图

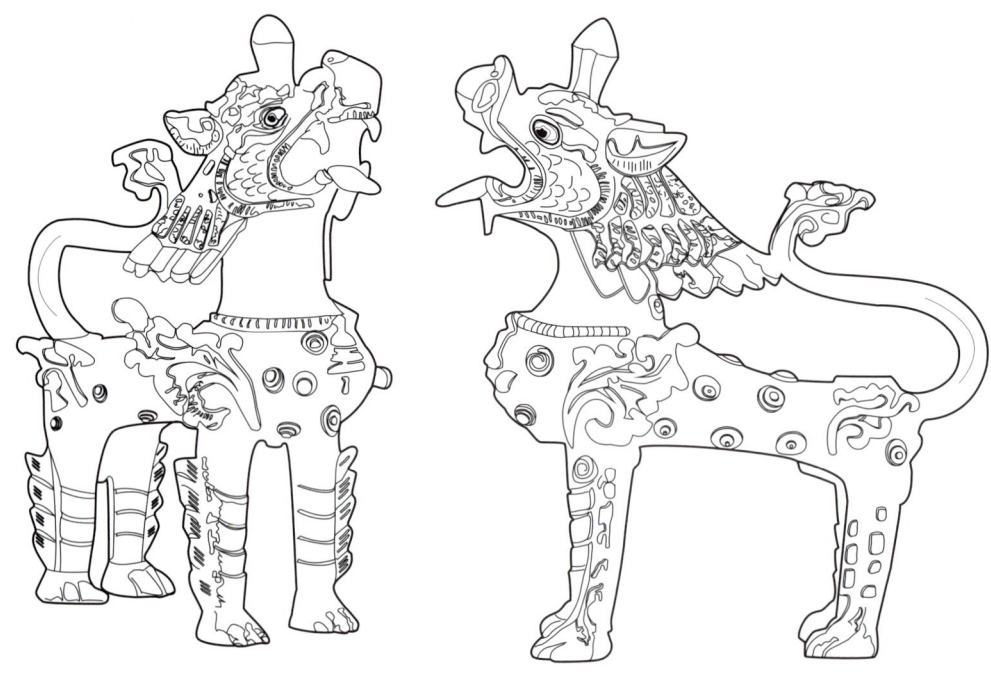

图二　傣族铜麒麟线描图

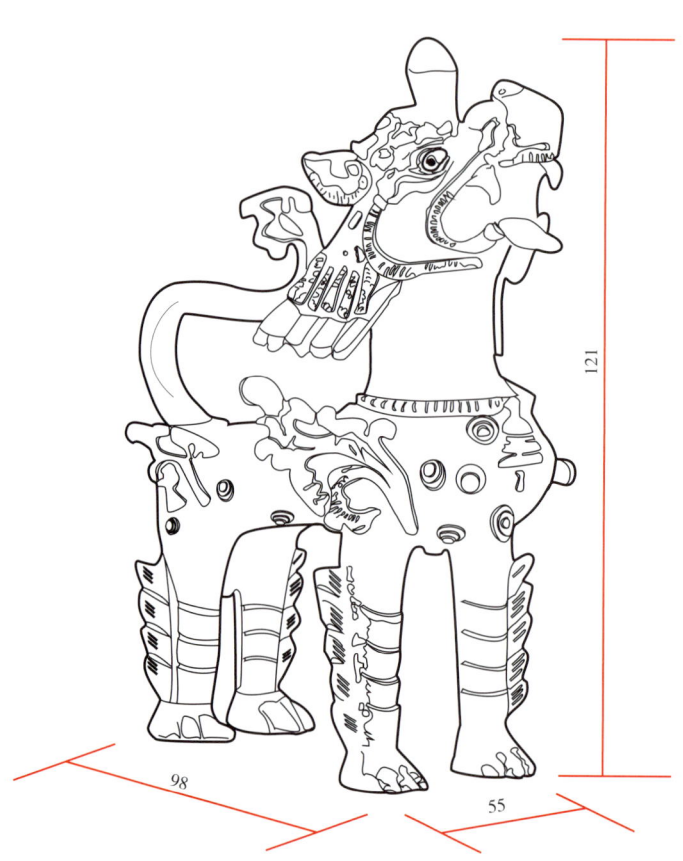

图三　傣族铜麒麟尺寸图（单位：cm）

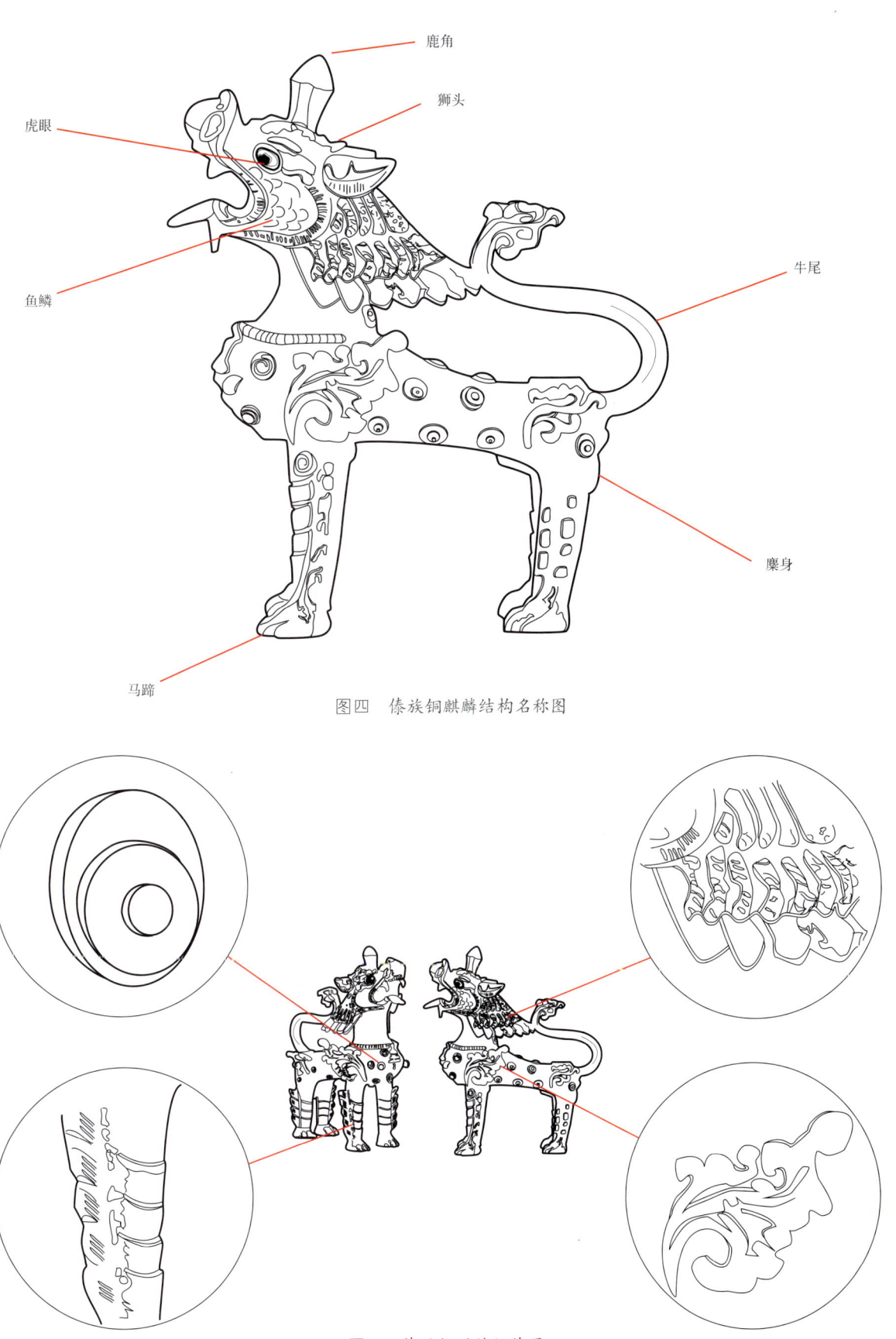

图四 傣族铜麒麟结构名称图

图五 傣族铜麒麟细节图

声　明

　　本书编写时收入的个别图片，因条件所限，未能同相关著作权人取得联系，获得授权，敬请谅解。请相关著作权人及时与编者联系，以便奉上稿酬。谢谢！